THASSILO VON SCHEFFER
DIE KULTUR DER GRIECHEN

THASSILO VON SCHEFFER

DIE KULTUR DER GRIECHEN

PARKLAND VERLAG

Reprint der Ausgabe von 1955

2001 Lizenzausgabe für Parkland Verlag, Köln
© Phaidon Press Ltd., London
Alle Rechte vorbehalten
Umschlagentwurf: Klaus Dempel
Druck und Bindung: GGP Media, Pößneck

ISBN 3-89340-007-9

Printed in Germany

ÜBERSICHT

VORWORT

EINLEITUNG
VOM SINN UND WESEN HELLENISCHER KULTUR

FRÜHESTE SPUREN
KRETA / DIE MYKENISCHE KULTUR / DIE FRÜH-HELLENISCHE EPOCHE

DIE WELT HOMERS

DIE ERSTEN GESCHICHTLICHEN JAHRHUNDERTE
(BIS 500 VOR CHRISTI)

ALLGEMEINES / STAAT UND ÄUSSERES LEBEN / RELIGION / KUNST
DIE DICHTUNG / PHILOSOPHIE UND WISSENSCHAFT

DIE BLÜTEZEIT
(5. UND 4. JAHRHUNDERT)

GESCHICHTLICHER ÜBERBLICK / STAATSENTFALTUNG UND
ÄUSSERES LEBEN / RELIGION - PHILOSOPHIE UND WISSENSCHAFT
DIE KUNST / DIE DICHTUNG

JEDER SEI AUF SEINE ART EIN GRIECHE, ABER ER SEI'S!
GOETHE

VORWORT

Eine allseitig umfassende, restlos befriedigende Kulturgeschichte der Antike gibt es nicht. Auch das vorliegende Buch erhebt nicht den Anspruch, diese Lücke auszufüllen. Dazu ist der Stoff zu ungeheuer und vieldeutig, die ständig sich mehrenden Ergebnisse der Forschung sind noch viel zu sehr in Fluß, und schließlich scheint die Aufgabe das Vermögen des Einzelnen zu übersteigen.

Wohl gibt es daher eine Menge guter und aufschlußreicher Einzeldarstellungen, die aber naturgemäß einem ersehnten Gesamtbild gegenüber fragmentarisch wirken; wo aber umfassende Darstellungen versucht worden sind, zeigen sie die bestehende Schwierigkeit sofort darin, daß jedes dieser Werke den Begriff einer Kulturgeschichte völlig anders deutet und darum den Akzent einseitig auf eine bestimmte Erscheinungsform des antiken Lebens legt, andere ebenso wichtige Gebiete daneben aber vernachlässigt. Liegen doch sogar aus berufener Hand hellenische Kulturgeschichten vor, die nicht einmal den Namen Homer erwähnen; einige wiederum widmen sich so stark der Schilderung von Kunst, Dichtung und Philosophie, daß sie darüber fast ganz den so bedeutungsvollen Ablauf der sonstigen antiken Lebensformen übersehen. Eine andere Gattung glaubt mit der Darlegung des geschichtlichen Verlaufs bereits Kulturgeschichte zu geben, wodurch natürlich die Entwicklung der äußeren Geschehnisse die Triebfedern des inneren Werdeganges gar zu leicht verdeckt. Trotzdem findet man oft gerade in diesen sich auch offen als „Geschichte" bezeichnenden Werken das Beste, was über die antike Kultur gesagt worden ist.

Natürlich sind auch umfassende Darstellungen vorhanden, wenn auch eher noch für Rom. Für Hellas wird dabei immer in erster Linie das ehrfurchtgebietende Werk von Jacob Burckhardt erwähnt, ja gepriesen werden müssen; aber einmal ist dieser von dem großen Gelehrten und Kenner noch undurchgearbeitet hinterlassene Torso durch die Forschungsergebnisse der letzten Jahrzehnte und die dadurch bedingte Umwälzung unsrer Anschauungen bedeutend überholt, dann aber entgeht er auch nicht der Gefahr einer subjektiven, wenn auch in ihrer Art grandiosen Anschauung, die von zeitlichen und örtlichen Verhältnissen des Verfassers bedingt wird. Bei einer wirklich schöpferischen Durchgeistigung des Themas wird eine solche allzu mächtige Einseitigkeit stets unvermeidlich, wenn auch stark fesselnd sein; gibt aber eine Kulturgeschichte den Stoff möglichst objektiv und vollständig, so mangelt ihrer Sachlichkeit meist die lebendige, geistige Schau, und es entsteht eine zwar zuverlässige, reiche, aber trockene Materialsammlung.

Wer also auf diesem klippenreichen Pfad einmal wirklich den Weg zu einer idealen Höhe finden und von der dort erlangten Überschau uns das ersehnte, große Gesamtbild in möglichst vollendeter, ebenso wahrer wie lebensdurchpulster Darstellung schenken wird, der muß vorher des oben erwähnten

Zwiespaltes Herr geworden sein und mit einer Einfühlungskraft ohnegleichen die Fülle des Stoffes so zu bändigen und uns nahezuführen verstehen, daß dann wirklich der ganze Reichtum der uns noch lange nicht genügend begreiflichen Antike organisch und lebendig neu erblüht.

Vorläufig noch ein schöner Traum, denn vielleicht kennzeichnet nichts so sehr als diese bisher unerfüllte Sehnsucht den unerschöpflichen Reichtum und die weltbestimmende Bedeutung der antiken Kultur.

Möge dieser bescheidene Versuch, der sich seiner Unzulänglichkeit voll bewußt ist, wenigstens dazu dienen, die auch heute noch so zwingende Notwendigkeit der Kenntnis des antiken Lebens fühlbar zu machen und eine begeisterte Hingabe neu zu beleben, die wir diesem vielleicht stärksten Leuchtpunkte der Menschheit schuldig sind.

THASSILO VON SCHEFFER

EINLEITUNG

SINN UND WESEN DER HELLENISCHEN KULTUR

*Erkenne dich selbst,
Erkenne den Gott.
(Am Apollontempel zu Delphi)*

Dem menschlichen Hang, die Schleier der Zukunft zu lüften, entspricht der ernstere Trieb, auch rückschauend sich der Vergangenheit zu vergewissern. Nicht um den bloßen Ablauf von Geschehnissen ist es uns zu tun, nicht nur historische Ereignisse suchen wir für die Erinnerung aneinanderzuketten. Wir streben unbewußt nach etwas Größerem, nach dem Verständnis unsrer eigenen Entwicklung und der Bedingungen, denen sie unterlag. Die Vergangenheit suchen wir heraufzubeschwören, um ihr Wesen kennenzulernen als die Wurzel, aus der unser eigenes Wesen gespeist wird. Wie wir uns unsrer eigenen Jugend erinnern als des Quells aller Kräfte, die wir im Verlauf des Lebens betätigen, so geht der Blick des Menschen suchend zurück nach dem Born weitentlegener Vergangenheit, weil wir die Gewißheit in uns spüren, daß wir dort ursprünglicher, reiner, klarer die Triebfedern erkennen könnten, nach denen wir heute handeln. In dem Gesetz des Antritts liegt die Notwendigkeit des Ziels, darum erfordert ein planvolles Wirken die Kenntnis seiner Fundamente, auf denen es von Anfang an beruhte. Vergangenheit als Erkenntnisquelle

Gewiß ist das Wort Goethes von der Unzulänglichkeit, mit der wir den Geist der Zeit zu erfassen suchen, bitter wahr — mehr aber für eine Vergangenheit, mit der uns selbst keine unmittelbaren Fäden verbinden und die wir wohl nur zu erschließen trachten um der Fülle des Wissens wegen, um das Gesamtbild abzurunden und vielleicht die Möglichkeit wichtiger Beziehungen aufzuspüren. Anders aber, wenn es Fleisch von unserem Fleisch, Blut von unserm Blute ist, dem wir ahnend nachgehen. Dann leiten uns geheime Fäden instinktiv sicherer Einfühlung die umdunkelten Pfade zurück, dann spüren wir Vertrautes und hören plötzlich am staunenden Ohr Laute klingen, uns anmutend wie Gesänge der Kindheit, die uns das erste Entzücken schenkten. Und nun ordnen sich die Bilder schon lichter und klarer, wir fassen Boden unter den Füßen, wir fühlen uns „daheim". Die Ahnenkette

Der Einzelne ist kein losgelöstes Stück. Er ist das Glied und Resultat einer langen Sippe, und das gilt genau so von den Völkern, ihrem Zusammenhang und ihrem Ursprung. Es ist dann stets eine innerliche Sprache, die da durchklingt, und von der wir sofort wissen, daß sie ausschließlich nur die unsre ist, und wo sie zu uns spricht, da blühen die Erkenntnisse, nach denen wir in abgeklungenen Zeiten zu unserm Stolz und unsrer Stärkung forschen.

Es mußte dies gesagt werden, denn gegenwartsstarke, gestaltwandelnde Zeiten sind in der Voreingenommenheit ihrer brausenden Aktualität oft nicht geneigt, ihr Ohr der Vergangenheit zu leihen. Sie übersehen zu ihrem Schaden, daß gerade die weite Distanz ihnen abgeklärten Überblick zur eigenen Orientierung schenken könnte. Darum muß man sie mahnen, daß es eine Treueverpflichtung gegenüber der eigenen Vergangenheit gibt, und daß man nicht ungestraft und nur zu eigener Verarmung solche Beziehungen verdorren läßt. Nicht trockene Historie gilt es zu ergründen, sondern Leben zu gewin- Treueverpflichtung gegen die Ursprünge nen aus der Lebendigkeit jener Elemente, die uns gebaut haben und heute und immer mit ungeahnter Stärke in uns weiterwirken.

Abendländische Sonderart

Unser eigenes Wesen, nach dessen Tiefenschau wir trachten, ist in seinem Urkeim eine ganz ausgeprägte Erscheinung für sich. Es ist das europäische Wesen, das abendländische, das uns deutlich von der ganzen anderen Welt unterscheidet, mögen auch noch so viele Fäden hin und her laufen, noch so viele Einflüsse dankbar oder unwillig aufgenommen worden sein. Welche Einheit vor der „Trennung am babylonischen Turme" geherrscht haben mag, wird nie ein Mensch zu fruchtbarer Erkenntnis ergründen; wir müssen uns begnügen mit den nebeneinanderlaufenden Erscheinungen der großen Völkerfamilien und sie wie ungeheure, charakteristisch ausgeprägte Individuen behandeln.

Die hellenische Bevölkerung gehört mit uns der großen indogermanischen Familie an und drang aus nördlicheren Breiten bis an die Peripherie Europas, wo sie auf eine Urbevölkerung stieß, die auch die Inseln und einen Teil Kleinasiens innehatte. Hier liegt der Schlüssel zu einem der bedeutungsvollsten Werte der hellenischen Kultur. Geschaffen von uns stammgleichen Völkern, erwuchs sie, ohne daß ihre Eigenart beeinträchtigt wurde oder gar verlorenging, als eine Vermittlerin europäischen und orientalischen Wesens,

Unsterbliche Antike

und da die ganze Folgezeit und auch die unsre auf der antiken Kultur beruhen, so bedeutet sie für uns außer ihren eigenen Werken auch die Anknüpfung an die weit älteren Errungenschaften des Ostens und Südens. Das Meer wurde nicht zu einer haltgebietenden Schranke, sondern zu einer Brücke und, statt zu trennen, verband es zwei, ja drei Erdteile, die in ihrer Wesenart denkbar verschieden waren, dies aber nicht in auflösendem, sondern in befruchtendem Gegensatz. Die Strömungen des Ostens und Südens haben bereichert und angeregt, den hellenischen Wesenskern aber maßgebend geändert haben sie nicht.

Hellas als Erzieherin Europas

Und weil nun dieses Wesen des gleiche ist, das nah verwandt in uns selber wohnt, darum müssen wir uns immer wieder seiner Erkenntnis zuwenden. Denn es hat seine Eigenschaften so klar ausgeprägt und zu so durchgebildeter Höhe erzogen, daß wir hier nicht nur unsre eigenen glänzenden Möglichkeiten erkennen, sondern auch immer wieder in eigener Verworrenheit von dieser Reinprägung lernen können, wie ja auch zwei Jahrtausende der weiteren europäischen Entwicklung dauernd von den hier gewonnenen Errungenschaften gelernt haben, ganz auf ihnen fußten und hier auf fast allen Gebieten des tätigen Lebens die Typen finden konnten, nach denen sie sich abgewandelt haben und weiter formen.

Ein verehrungsvolles Schicksal hat es gewollt, daß die genialste Zusammenballung menschlicher Fähigkeiten, die je die Erde in der uns überblickbaren Zeitspanne gesehen hat, der Frühzeit unseres eigenen Europäertums beschieden war und uns so als ein Lehrmeister und ein Beispiel von unermeßlicher Bedeutung voranging. Es ist damit natürlich nicht die einzige Art menschlicher Kulturentwicklung gegeben, aber die einzige, die uns letzten Endes gemäß sein kann, während der Ablauf und die Bildung anderer Kulturen eigene Wege gingen, die sich zwar mannigfach mit den unsern kreuzten, diese aber nicht in dem instinktiv erstrebten Zielpunkt beirren konnten.

Worin besteht nun das Wesen dieser so gepriesenen hellenischen Kultur? In welcher Form und Art schwebt es uns als ein einmaliges, nie wieder so erreichtes Ideal vor? Was kennzeichnet das Hellenentum vor allen anderen Völkern, die doch ebenfalls Ungeheures, nur anders und vielfach auf anderen Gebieten, geleistet haben?

Da müssen wir sofort an den so abgegriffenen und immer wieder mißverstandenen Begriff c u l t u r a anknüpfen, und wenn wir seinen eigentlichen Wortsinn festgelegt haben, dann stehen wir auch schon nahe an der klaren Erkenntnis dessen, was allein antike Eigenart gewesen ist. Wohl ist das Wort cultura dem Lateinischen entnommen, aber es bezeichnet völlig und einzig das Prinzip, das nur durch die Griechen die Formung der äußeren und weit mehr noch der inneren Welt bestimmte. Cultura bedeutet zunächst Pflege, jene Pflege und Bestellung, die dem Acker zuteil wird; es ist die zielbewußte Tätigkeit an der nährenden Erde selbst, um sie zu formen und zu bilden, „auf daß sie Frucht bringe". Nicht aber, daß diese Frucht als Gewinn der alleinige Endzweck wäre, nein — dieser liegt begründet in dem deutlich gefühlten Triebe, veredelnd zu gestalten und nur in diesem Gestalten Wert und Berechtigung des Menschen zu erkennen.

<small>Cultura</small>

Das prometheische Schaffen ist es in jener großartigen hellenischen Legende, wo der Titan sogar den Himmel verspielt, um Menschen zu formen und ihnen zu dienen. „Das Maß aller Dinge ist der Mensch", das ist ebenfalls hellenische Anschauung, und in dieser klaren Diesseitigkeit liegt das hellenische Wirken verankert, wenn es sich auch ruhig darüber, aber zugehörig und nicht in einer die Natur verlassenden Transzendenz, ein Reich des Geistes und des Glaubens ehrfurchtsvoll erbaut.

Die Keime des Schöpferischen liegen in allen Völkern, aber nie und nirgends waren sie so stark von einer entscheidenden Eigenart bestimmt: von dem unbeirrbaren Streben nach Harmonie, nach Ordnung, nach Vollendung und Gemäßheit. Das Schöpferische in glühendster Intensität, aber in edelster Bändigung: das war hellenische Naturanlage.

Ein anderes Wort — diesmal aus dem Griechischen selbst — mag uns da zu Hilfe kommen und zur Klärung des hellenischen Charakters den Reichtum des von uns nicht mehr ganz so verstandenen Begriffs enthüllen. Es ist das Wort K o s m o s.

Wohl liegt auch der Begriff des Weltganzen darin, wie wir es nehmen, aber beim Hellenen nur als Gegensatz zum Wort und Begriff C h a o s. Kosmos bedeutet deshalb auch Ordnung, dann aber auch Schmuck, also künstlerische Ordnung, und wer diesen Begriffskomplex restlos durchdenken kann, dem offenbart sich schon ein bedeutsamer Teil vom inneren Wesen des Hellenentums. In seiner Anschauungsform das Chaos zum Kosmos umzuprägen, den Kosmos aus dem Chaos als höhere, göttliche Schöpfung zu erblicken, war eine Vorbedingung des griechischen Geistes, ja eine so große, daß er ohne sie sich gar nicht menschenwürdig wähnte. Hier liegt der Sinn, die Schaffensnotwendigkeit des ungeheuren Mythos der Gigantomachie, der Knebelung der Titanen, der Bändigung wildester Urkräfte durch das Regiment der Ordnung und Gesittung, wohl aber auch — vergessen wir das nicht — lebt hierin das hellenische Bewußtsein von der elementaren Zeugungsgewalt der Urmächte, von dem ewig gültigen Mutterschoß und der drohenden Lebendigkeit dieser verhaßten Gefangenen.

<small>Kosmos und Chaos</small>

Daß ihre Verdrängung eine Verpflichtung bedeutete, dies Bewußtsein — ob klar oder mehr instinktiv — leitete stets das Bildungsbedürfnis, das der

Grieche an der Umwelt, in seinem Handeln, in seinem Denken zu betätigen trachtete. Sein äußeres Leben und seine Staatsformung sind ebenso davon bestimmt, wie seine Kunst und seine Ethik.

Ob in Wirklichkeit schon das erreicht wurde, was der Wille erstrebte, das ist eine andere Sache. Wer der Träger eines Titanenglaubens ist, der weiß auch wohl von der sprengenden Übermacht eigener Urgewalten. Die Hybris, das Übermaß, die Überhebung, war diesem herrischen, temperamentvollen Glanzvolk ein wohlbekannter Begriff, der immer wieder sein Haupt erhob und noch vor dem rächenden Blitz des himmlischen Vaters stolz in den Nacken warf. Aber die Weisheit, wie sie Athene verkörpert, stand daneben mit klar durchdringenden Augen, straff und herb, und der lichte Gott Apollon faßte dies brausende Lebenslied in die gebändigten Harmonien seiner goldenen Leier.

In dieser Art einer Selbsterkenntnis, einer Selbsterziehung, muß man griechische Götter, griechischen Geist betrachten, und so taten sie es selbst.

Denn nur vom Göttlichen aus muß hellenisches Wesen und hellenische Kultur betrachtet werden. Von hier beginnen alle Fäden zu laufen, nur von hier aus wird ihre Leitung verständlich, mag man dies Göttliche nun als Glauben, als Mythos, als Staatskirche oder als Kultbräuche fassen; alle Zweige des Lebens werden in ihrer Betätigung dadurch bestimmt.

Der Glaube der Hellenen

Aber wir müssen das ganz anders betrachten lernen, als wir es nach unsern eigenen Religionsansichten gewohnt sind. Von einer Metaphysik ist gar keine Rede; das griechische Göttliche ist anfangs durchaus physisch. Die Stellung des Menschen dem Göttlichen gegenüber ist viel freier, als wir das bei den asiatischen Religionen (das Christentum gehört durchaus dazu) gewohnt sind. Die Abhängigkeit ist anders; nur durch die größere Macht der Götter, nicht durch ihre Art wird sie erzeugt. Die Götter sind eigentlich zuhöchst gesteigerte Menschen, jedenfalls ein Stück Natur. Im hellenischen Glauben liegt Stolz bei aller Ehrfurcht, aber keine Demut. Man muß sich mit den hohen Herren abfinden, man muß sie besänftigen, aber durchaus immer befragen, denn sie sind weiser, sind die alles durchdringende höhere Potenz, sie sind das Ideal, die Vollkommenheit, die Schönheit selbst und damit die anerkannten Gebieter und Erzieher. Alles Quälerische, alles Fanatische, Dogmatische muß man sich aus der griechischen Religion ganz wegdenken, wie auch den allgemeinen Begriff der Sünde im christlichen Sinn; das Bewußtsein des Unrechts liegt auf ethischem und praktischem Gebiet, wenn auch die Götter, die ja selbst gar nicht davon frei sind, Frevel im Einzelfall bestrafen; denn meist verstößt er gegen sie selbst oder gegen eine gewollte Ordnung und Sitte und ruft die Vergeltung aus Gründen der Harmonie herbei, eben weil eine naturgewollte Schranke, eine zutiefst verwurzelte Bindung durchbrochen ist. Ein Betrug, selbst ein Mord können nach Bestimmungen gesühnt werden; ein Muttermord (Orest) ist etwas ganz anderes; hier sind Naturbande zerrissen, etwas Unsühnbares geschehen, und die Götter selbst, wenigstens jene des lichten Himmels und Lebens, haben die größten Schwierigkeiten, solch einen Schuldigen vor der Rache der finsteren Mächte zu bewahren. Die Erinnyen steigen grausig aus dem Schoße der Erde, die verletzte Natur wehrt sich. Ein Prinzip einer allgemeinen Vergeltung, einer Tatenbewertung mit Lohn und Strafe ist das nicht.

Jedenfalls gilt das alles für die Frühzeit. Später, unter den Einflüssen uralter und neuer Kultströmungen, besonders aber durch die sich immer stärker entwickelnde Philosophie wird manches erheblich anders, das Grundverhältnis der Menschen zu den Göttern aber bleibt doch das gleiche: es ist feierlich, festlich, voll Glanz und Ehrfurcht, es ist äußerlich und nicht innerlich, es ist mehr geschaut als empfunden, es ist eher Sache der Sinne als des Herzens. Hier klafft Unvollkommenheit, hier keimen Bedürfnisse, denen der poetische Glanz der Phantasie und wohl auch die immer wachsendere Macht der Mysterien auf die Dauer nicht genügen konnten. Einströmungen, Kritik, Zersetzung mußten unbedingt solche Breschen benutzen, sobald Zeiten von geringerer Geschlossenheit und Selbstherrlichkeit kamen, denen das hohe Licht der Schönheit nicht mehr den geistigen Gipfelpunkt bedeuten konnte.

Das Wort Selbstherrlichkeit könnte dazu verführen, den Griechen als einen ausgesprochenen Optimisten zu denken. Diese Anschauung hat tatsächlich lange bei uns bestanden und wurde genährt durch ein auf Unkenntnis beruhendes falsches Idealbild unserer eigenen klassischen Epoche, die nur die jugendliche, heitere Seite, das Blendende, das Harmonische der hellenischen Zeit sah und hervorhob und noch nichts ahnte von den Abgründen dieses Volkes, das ernste Denker das vielleicht unglücklichste genannt haben. In dem Sinn, wie der so griechennahe Goethe von sich behauptet, nur wenige Stunden wirklichen Glückes genossen zu haben, trifft das sicher zu. Daraus jedoch auf Pessimismus im heutigen Sinne zu schließen, wäre trotzdem ganz falsch. Aber eine ganz ungeheuerliche Tragik durchzieht das ganze Griechentum, ja der Begriff der Tragik ist eigentlich von ihnen erst festgelegt. Die Schatten tiefster Erkenntnis der Nichtigkeit alles Daseins lasten selbst schon in den starken, tatenfrohen Zeiten Homers deutlich auf diesem Volke, und nicht nur die abgeklärte Weisheit und Durchschauung der Bedingtheit alles Daseins, wie sie den großen Dichtern und Weisen eignet, mag Aussprüche erklären, nach denen es das größte Glück der Sterblichen ist, jung zu sterben, und ein größeres nur das, nie geboren zu sein.

Griechische Heiterkeit

Griechischer Weltschmerz

Von dem Homer-Wort:
Ganz wie der Blätter Geschlecht, so sind die Geschlechter der Menschen;
Streut doch der Wind auf den Boden die einen Blätter, die andern
Treibt der grünende Wald zur Zeit des knospenden Frühlings.
So von der Menschen Geschlechtern wächst eins, das andere schwindet.
(Il. VI, 146 ff.)
und der anderen Stelle:
Nichts Vergänglichers nährt die Erde als grade den Menschen
Von dem allen, was weit auf Erden wandelt und atmet.
Meint er doch, er könne kein künftig Übel erleiden,
Solange Götter ihn stärken und seine Glieder sich regen.
(Od. XVIII, 130 ff.)
ist es nicht mehr weit zu Salomons: Alles ist eitel.

Aber das zweite Zitat hat ein Nachwort:
Senden aber die seligen Götter die Tage der Trübsal,
Trägt er auch das, so sehr er sich sträubt, mit standhaftem Herzen.

Und nun sehen wir deutlich, daß kein passiver Pessimismus, sondern nur Resignation vorliegt, und zwar das große Geheimnis der t ä t i g e n Resignation.

Beharren im Vergänglichen

Vergänglichkeit, ja fast Sinnlosigkeit, erkennen und dennoch beharren, selbst gegen stärkste Mächte, das macht den Griechen so groß. Festeste Lebensbehauptung, schrankenloseste Verehrung des Lichtes geht bei ihm Hand in Hand mit tapferer Verachtung des Todes und der traurigen Finsternis des Jenseits. Je herrlicher er seine Dichtungen formt, desto dunkler spürt man darüber die drohenden Fittiche eines unabwendbaren Schicksals. Seine strahlendsten Tempel, die in der wunderbaren Gelassenheit ihrer Harmonie heiter und beglückend dastehen, errichtet er hoch auf dem Felsen über der Stadt, mit einem brausenden, haderzerrissenen Volke darunter, das gleichzeitig hart am Abgrund wildester, alles zerstörender Fehde steht und sich ihr schrankenlos und unbedenklich zu endgültiger Vernichtung preisgibt.

Gar viele Rätsel und Widersprüche dieser Art wären anzuführen, aber wir haben hier ja nicht eingehende Psychologie des griechischen Charakters zu geben, oder doch nur insoweit, als aus ihm die Schöpfung der hellenischen Kultur in ihrer Eigenart begreiflich werden sollte. Schließlich ist sie aber auch — selbst wo sie als Resultat anders wirkt — aus diesem zwiespältigen Charakter entstanden und wird erst in dieser Bedingtheit wirklich deutbar.

Wie aber kann das geschehen? Wie sind solche Gegensätze in der gleichen, doch auch wieder so einheitlichen Volksseele denkbar?

Es gibt nur e i n Mittel, das Rätsel der griechischen Psyche zu lösen, aber von dieser Lösung flutet es dann lichtbringend wie ein Scheinwerfer über das Gesamtbild aller griechischen Leistungen. Die Lösung heißt: „Genie", und diesen Begriff gleichgesetzt mit dem schöpferischen Widerstreit aller Naturkräfte des Lebens selbst. Nur vom Künstlerischen aus wird der Hellene wirklich verständlich; alles, was er unternimmt, trägt den Stempel des genialen Schaffens, die Inbrunst des Prometheus, die absolute Notwendigkeit, schöpferisch tätig zu sein und alle Äußerungen des Lebens in die ihm gemäße Form zu biegen. Aber — nur wer das Widerspruchsvolle, das Zersprengende, das Gefährliche selbst in der harmonischsten Künstlerseele bemerken und begreifen kann, wem die Entwicklung des Titanen zum Gott bewußt ist, nur der kann nachfühlen, was hier dauernd in einem ganzen Volke vorging, das — als einmalige Erscheinung — von der Weltordnung das Danaërgeschenk der Genialität erhalten hatte. Das Genie aber birgt alle Möglichkeiten vom Abgrund bis zum Himmel, und Gnade der Natur und Anlage ist es, wenn es ungefährdet dazwischen den Weg zur Höhe findet. Er ist mit dem heißesten Opferblut des Herzens überschwemmt; nur so sind die Größten der Welt aufzufassen und gleich ihnen das ganze Volk der Hellenen und ihre gesamte Kultur.

Das geniale Volk

Kulturgeschichte als Deutungsversuch

Kulturgeschichte ist Deutung der Denkweise und erst von diesem erlangten Resultat aus die Betrachtung des Geleisteten. Und da wir nun die Deutung im Genialen gefunden zu haben glauben, so muß man sich vergegenwärtigen, daß das Geniale immer mit unbeirrbarer Sicherheit auf das Wesentliche, auf den Kernpunkt einer Sache ausgeht und diesen dann so klar darzustellen weiß, daß er wie ein Typus wirkt, wie die reine Idee selbst unwidersprechbar und unwiderleglich in seiner Allgemeingültigkeit, ja natürlichen Selbstverständlichkeit.

Und das ist es, was die Hellenen so charakteristisch fast auf allen Gebieten des Lebens geleistet haben und warum sie unsere unübertroffenen Lehrmeister geworden sind. Sie haben überall das Wesentliche aufgefunden und es in seinen Grundzügen mit bewundernswerter Klarheit dargestellt. Alles andere erscheint demgegenüber als Variation, als weitere Ausbildung, die aber nur geschehen konnte, nachdem einmal der Ausgangspunkt entdeckt war.

Geistige Urzellen

Darum laufen alle unsre geistigen Betrachtungen, die Philosophie, die Wissenschaft in ihren mannigfachen Zweigen, die Kunst, die Dichtung ebenso von hier aus, wie die Formen der Staatsverbände, der Begriff des Gesetzes, die Gestaltung der Gemeinde, die Regelung der Erziehung und unzählige andere Domänen des Lebens, die man allesamt gar nicht aufzählen kann. Gewiß haben andere Völker in ihrer Art Teile davon ebenso selbständig gefunden und ausgebaut, niemals aber in so allumfassender Ganzheit und in so klarer Vollkommenheit als allgemein und immer gültige Werte, die rein und gesondert für sich stehen und nicht dumpf verquickt sind mit Beziehungen, die eigentlich gar nicht dazu gehören.

Wenn wir die einzelnen Zweige unsrer heutigen Kultur restlos auf ihren Ursprung hin analysieren, so treffen wir — über die Fülle reichster neuer Errungenschaften — in den Wurzeln immer wieder auf das Hellenentum und finden hier Klarheit, ja Korrektur. Es ist gar nicht auszudenken oder zu überblicken, was hier ein kurzer Frühlingssturm der Menschheit für Saatkorn ausgeworfen.

Renaissance und Humanismus

Nur noch einmal, aber weit einseitiger und lange nicht so allgemeingültig und rein, ging eine ähnliche Welle über die europäische Welt. Das war die Epoche der Renaissance. Aber gerade in diesem Namen liegt ja schon das Geständnis der Herkunft: es war im Anstoß eine Wiedergeburt der Antike und ganz als solche empfunden. Aus tiefer Verschüttung wilder und ganz anders gestalteter Jahrhunderte des Mittelalters (die man aber darum noch nicht dunkel und barbarisch zu schelten braucht) tauchte noch einmal die allbelebende antike Kraft empor, überall befruchtend und erweckend; ein neuer Rausch des Genialen brauste kurz über die Welt, und nachdem seine bildende Schöpfungskraft verebbt war, blieb bis auf unsere Tage hin die Frucht des Humanismus, dessen Begriff allgemeiner Menschenbildung, der humanitas oder cultura animi, aus der griechisch-römischen Geistespaarung des 2. Jahrhunderts erwachsen ist. „In cultura liegt der Nachdruck, in humanitas das Ziel: der Heranbildung des Menschen zu nichts anderem als zu sich selbst. Nur diese vergeistigte Form der reinen Herausgestaltung des ‚Menschlichen' sollte die Grundlage des europäischen Kulturbewußtseins werden."(1)

Klassik und Romantik

Was der Humanismus für die Entwicklung des abendländischen Denkens in allen Ländern bedeutet, ist gar nicht abzuschätzen, seine Geburt aus der antiken Vergangenheit aber gewinnt gerade für uns eine ganz besondere Bedeutung in dem Begriff und Wesen des K l a s s i s c h e n gegenüber der uns so überstark im Blut wallenden Romantik. Die ungeheure, erzieherische Wichtigkeit dieser Denkergänzung ist noch lange nicht genug begriffen; oder wo das Gefühl dafür noch dämmert, ist es in seiner praktischen Betätigung oft in ganz unlösbare Widersprüche verwickelt.

Die griechische Einstellung zur Welt und den Dingen, eben die klassische, ist eine völlig andere als die unsre; darum wäre es auch eine Torheit, ja eine Unmöglichkeit, sie restlos zu übernehmen. Aber als Korrektiv unsrer eigenen Einseitigkeit könnte und sollte sie durchaus bereichernd und erziehend neben unsre Denkweise treten. Der Grieche steht der Welt objektiv und betrachtend und damit ruhiger und klarer gegenüber, wir beziehen sie subjektiv in uns

EINLEITUNG

Plastisches und malerisches Weltgefühl

hinein. Darum gehen wir vom Individuum aus und unterliegen leicht der Gefahr inbrünstiger Isolierung und der Verschwommenheit des Gefühls. Dem Hellenen kommt es, ganz im Goethischen Sinn, auf klares Erkennen, auf freudige Beherrschung durch den Intellekt an, wobei ihn sein Genius noch über die beste Zeit hinaus vor kaltem Intellektualismus zu schützen wußte. So suchen die Griechen im oben angedeuteten Sinne des Kosmos die Welt zu sehen, zu formen, zu beherrschen. Sie ist ihnen völlig natürlich, und sie fühlen sich auf Erden als der Natur höchstes Produkt, als ihr Herr. Bei aller Demokratie der mancherlei Staatsverfassungen ist der Grieche durch und durch Aristokrat. Dieses griechische Wort sagt es ja selbst; er strebte bewußt nach der Ausbildung der Vereinigung des Besten und Stärksten in sich selbst. Nur das Edle ist ihm gültig, das Gemeine verfällt der Verachtung. Das Leben, das Schaffen, das Licht und die Schönheit im Sinne stolzer, ungebrochener Männlichkeit, das sind für ihn die Potenzen der Welt, durch die allein das fragwürdige Dasein noch gerechtfertigt sein mag.

Hellenische Klarheit

Der klassische Mensch strebt nach dem reinen Umriß der Form, nach dem Maß und der Harmonie in sich und außer sich, nach dem Exakten im Denken und dem wohltuenden Ausgleich aller widerstrebenden Elemente des Lebens. Wem es beifallen könnte, diese Wesenart kühl oder abstrakt zu nennen, der vergesse nicht das glühende Temperament ihrer Träger; lag doch auch das Mystische, ja das Orgiastische dem Griechen nicht nur nicht fern, sondern füllte ihn zu Zeiten ganz. Aber mit unsrer Romantik hat das wenig zu tun, dazu ist der Hellene ein viel zu bodenständiges, reines Kind der Natur oder vielmehr des natürlichen Lebens. In allen Stürmen der Erde haftet er treu auf ihr fest, und sein Geist erfüllt sinnenfroh die sichtbare Welt, die ihn bereichert und die er selbst wieder mit seiner unendlichen Phantasie bereichernd überschüttet.

Blickpunkt

Aus dieser Denkweise heraus, aus dieser Deutung hellenischen Wesens müssen wir an das Gesamtbild der griechischen Kultur und an ihre einzelnen Erscheinungsformen herantreten. Dann wird hinter der überall so schönen, gebändigten Fläche die seelische Tiefe offenbar werden und der lebendige Unterstrom, der das alles in rätselhaftem Reichtum emportrieb. Einmal auf der Welt klang hier Göttliches und Menschliches in ganz reinem Ton zusammen, und diese Harmonie strömt weiter durch die Jahrhunderte und sollte nicht aufhören, uns zu beglücken und zu ermahnen.

FRÜHESTE SPUREN

I. KRETA

Noch vor wenigen Jahrzehnten hätte man eine Kulturgeschichte Griechenlands mit Homer begonnen oder vielmehr mit den Zuständen, die den zwei großen Epen Ilias und Odyssee zugrunde liegen, ohne auch hierfür wesentlicheres Material zu besitzen, als die beiden Dichtungen selbst brachten. Damit wäre eine Epoche höchstens bis in den Anfang des 2. Jahrtausends v. Chr. erschlossen gewesen, und auch diese wäre nur undeutlich und ungewiß durch die Nebel der Vergangenheit und des Mythos sichtbar geworden. Diese Beschränkung auf nur zwölf Jahrhunderte vor unsrer Zeitrechnung hat sich aber grundlegend geändert, seit Schliemann in den 80er Jahren des verflossenen Jahrhunderts, mehr einer genialen Intuition als tiefen Studien folgend, in kühner Selbstsicherheit den Spuren Homers am mutmaßlichen, vom Dichter selbst genannten Schauplatz nachging und auf dem Hügel Hissarlik an der Nordwestspitze von Kleinasien den Spaten ansetzte, um das von ihm als historisch sicher vermutete Troja zu finden. Die Erfolge, die seinem Glauben und seiner Unermüdlichkeit, wenn auch von ihm selbst noch nicht ganz richtig gedeutet, hier so reichlich und überraschend beschieden waren, rissen auf einmal verschlossene Tore vor der Vergangenheit auf und eröffneten ein Blickfeld weit über den bisherigen Endpunkt hinaus. Das geschah nicht so sehr durch die Aufdeckung der für Troja geltenden Stadt selbst, sondern hier stellte sich nun heraus, daß die Siedlung, die den Schauplatz der Ilias bilden konnte, selbst nur in einer der in verschiedenen Schichten (Schliemann nahm an, in der zweiten, heute gilt hierfür nach Dörpfeld die sechste) aufeinandergetürmten Städte zu suchen war und daß ihr somit lange Perioden kulturellen Lebens vorangegangen sein mußten.

Noch weit verstärkt befestigte sich diese Erkenntnis dadurch, daß Schliemann sich nun nicht auf die Auffindung des alten Troja beschränkte, sondern auch der Gegenseite, von wo die Feinde von Ilios gekommen sein mußten, alle Aufmerksamkeit und Energie zuwandte und in der Landschaft Argos die alten Königssitze des Homerischen Agamemnon, Mykenai und Tiryns, aufdeckte. Damit wurde im alten Hellas selbst eine monumentale, heroische Kulturperiode von herber Größe bestätigt und der Wirklichkeitsgehalt der alten Epen bewiesen. Spätere Forschungen, die nach Schliemanns Tode hauptsächlich Dörpfeld leitete, dehnten sich auch gen Norden auf die Gebiete am Boiotischen Kopais-See aus, wo die Trümmer des alten Orchomenos das gleiche Bild in seiner ungeheuren Wucht wiederholten. Auch an vielen anderen Orten, in der Landschaft Elis, auf der Insel Euboia, ja selbst auf der Akropolis Athens traten Spuren dieser uralten Kultur überraschend zutage und erwiesen deren ungeahnte Verbreitung.

Wenn man nun aber voll Befriedigung glaubte, einen äußersten Posten der Vorgeschichte gefunden zu haben, hinter der sich für uns ein undurchdringliches Dunkel dehnte, so erfuhr dies etwas später abermals eine geradezu ver-

Schliemann

Spatenforschung

blüffende, auch heute noch vielfach rätselhafte Erhellung durch die Ausgrabungen des Engländers Evans auf Kreta, und nun erst ergaben sich die seltsamsten, wenn auch noch nicht ganz gedeuteten Zusammenhänge in der Vorgeschichte jenes ganzen Kulturkomplexes, der sich um das Ägäische Meer gruppierte, ja die Beziehungen dehnten sich noch viel weiter nach Kleinasien, besonders auch nach Ägypten. Bestätigt wurde dadurch aber auch die schon früher bemerkte Spärlichkeit asiatischer Einflüsse, die sich fast nur auf einige phoinikische Kultur- und Handelsgebiete beschränkten, wenn auch die Alten selbst geneigt waren, gerade hier stärkere Brücken vorauszusetzen.

Evans

Von den Einzelheiten dieser urgeschichtlichen Epoche wird weiter unten genügend die Rede sein, soweit sich überhaupt Abschließendes sagen läßt und nicht gar zu viele Hypothesen schwankend abwechseln. Denn noch sind alle Forschungen in Fluß. Jedes Jahr kann bei der emsigen Spatentätigkeit der Forscher neue, unvermutete Ausblicke und Erkenntnisse ergeben, die das uns heute deutliche Bild wesentlich umgestalten würden. Bedenken wir, daß die vielen Schriftfunde auf Kreta noch immer nicht enträtselt sind und sicher, sobald wir sie einmal lesen und deuten können, uns wohl die ersehnte Klarheit geben werden, mit was für einem Volke, mit welcher Sprache und Religion wir es dort eigentlich zu tun haben.

Grenzen der Geschichte

Aber auch aus den weiteren Randgebieten, aus Etruskersiedlungen, besonders aber aus dem kleinasiatischen Hethiterreich und dessen Steinbibliotheken (Bogatzkoi) kommen dauernd Überraschungen, wenn auch die kühne Hypothese eines Forrer, der aus den hethitischen Inschriften die Existenz eines großhellenischen Reiches unter einem argivischen König schon fast gesichert glaubt, heute doch nur vielfacher Skepsis in den Kreisen der Wissenschaft begegnet und weiterer Beweise bedürfte. Immerhin zeigen diese Vorgänge, wie vorsichtig wir unsere Schritte in die sich langsam aufhellende Dämmerung lenken und unsere Schlüsse ziehen müssen, wenn auch nun die Überzeugung feststeht, daß Homer für uns nicht mehr den Anfang einer kulturellen Betrachtung des Abendlandes bilden darf.

Grenzen des hellenischen Reiches

Beginnen wir mit Kreta als dem bisher ältesten Zeugen europäischen Geisteslebens. Da fällt es dann sofort auf, daß wir uns am äußersten Südrande der zu unserem Kontinent gezählten Gebiete befinden, also sozusagen auf einer Brücke zu außereuropäischen Kulturen, und die Besonderheit dieser geographischen Lage lenkt unser Augenmerk von selbst zunächst auf den Schauplatz der Betrachtung in der wachsenden Erkenntnis, wie eng im Leben der Völker Schauplatz und Schicksal, wenn auch nicht nur durch geographische Bedingungen, miteinander verknüpft sind.

Schauplatz und Schicksal

Die Bedeutung des Ägäischen Meeres, das von der langgestreckten, sich von Westen nach Osten dehnenden, reichen Insel Kreta im Süden geradezu abgeriegelt wird, liegt nicht etwa in der Scheidung zweier Weltteile, sondern ganz im Gegenteil bildet dieses Wasserbecken die glücklichste Verbindung zwischen Hellas und der Westküste Kleinasiens. Von unzähligen Inseln durchsetzt, die den Schiffer niemals in ganz landloser Sicht lassen, wirkt das Meer weit eher als eine Brücke, auf der sich ganz von selbst ein leichter, beschwingter Austausch ganz verschieden bedingter Kulturen ergab. Der östliche Rand, die kleinasiatische Küste, war an sich und besonders durch ihr Hinterland, eng an Völker und Staaten angegliedert, die eine lange, teilweise von Asien bedingte Kultur hinter sich hatten, im Westen dagegen erhob sich aus dem

Die Inselbrücke

Meere das von Gebirgen, Tälern und tief einschneidenden Buchten in unzählige Kleinbezirke abgeteilte Hellas, das noch isoliert und starr in der geringen Entwicklung wenig beweglicher, herb verschlossener Urvölker verharrte. Der nördliche Küstenbogen, der sich von Thessalien über Makedonien und die große Fläche von Thrakis zum Hellespont hinüberwölbte, war wohl durch geringere Besiedlung und durch die Wildheit seiner rauhen Bewohner weniger geeignet, als natürliche Landverbindung der zwei Kontinente zu wirken, wenn auch in späteren Jahrhunderten gerade von hier sehr wichtige Kulturströmungen, besonders auf religiösem Gebiet, entscheidenden Einfluß in Hellas finden sollten.

Wenn nun auch all diese Gebiete und die Fülle der Inseln, mit ihrer wohl dünnen Urbevölkerung, die man Leleger, Karer oder Pelasger nannte, ein kulturelles Eigenleben führten, so stehen sie doch völlig im Schatten der phantastischen Kultur Kretas, deren Ursprung uns vorläufig noch nicht erklärbar ist, die aber den ausschlaggebenden Faktor der ganzen Entwicklung dieses schicksalbestimmten Weltwinkels und damit später des Abendlandes bilden sollte.

Wie ein Märchen mutet uns an, was dort die Forschungen der letzten Jahrzehnte ergeben haben: Wenn auch schon bei Homer die Insel als reich und mächtig, besiedelt von hundert Städten geschildert wird, so hat der große Sänger doch kaum noch selbst eine dunkle Überlieferung von dem damals schon lang vergangenen Glanze gehabt, der nichts mehr zu tun hatte mit den Jahrhunderten, in denen die Epen weit später entstanden.

Evans' Ausgrabungen haben uns zunächst an Kretas nördlicher Küste in Knossos, später auch im Süden in Phaistos, die Reste von reichen Siedlungen und prachtvollen Palästen zutage gefördert. Hier muß ein mächtiges, stolzes Reich von stärkster Eigenart und besiedelt mit einem hochgebildeten, kunstbegabten Volke geblüht haben, das an Glanz und Genuß des Lebens ebenso seine Freude hatte wie an der ungeschmälerten Behauptung seiner Macht. Diese erste Blüte Kretas, der schon in der neolithischen Zeit (Ende des 4. Jahrtausends) eine weniger ausgeprägte Zivilisation vorangegangen sein muß, beginnt im dritten vorchristlichen Jahrtausend, und Evans, der ihr den Namen der Minoischen Kultur gegeben hat (nach dem von Herodot für einen Nichtgriechen gehaltenen, mythischen König Minos), unterscheidet drei gleich lange Epochen zwischen 3000—2100. Aber diese Vorzeit ist doch weit weniger wichtig als die nachfolgenden Jahrhunderte bis 1400, wo plötzlich durch eine äußere Katastrophe diese ganze Herrlichkeit in Trümmer brach und der Märchentraum jäh verblaßte. Wir erkennen nur in den Resten der ersten Siedlungen Spuren, die, zumal in der Architektur, in Elfenbeinstücken usw., nach Ägypten weisen, ja in den birnenförmigen Kuppeln fast an afrikanische Vorbilder erinnern, wobei aber die Schädelfunde nicht das geringste mit jenen Rassen zu tun haben, also uns bereits das erste Rätsel aufgeben. Alles andere deutet viel eher darauf hin, daß hier eine abgeschlossene Welt für sich allmählich zu eigen bestimmter Reife gedieh. Erklärbar ist das zunächst nicht, aber jedenfalls kommt der Orient als Befruchter kaum in Frage.

Erst um das Jahr 2000 wird das Bild deutlicher, und nun werden uns bereits Zusammenhänge und Kulturaustausch mit dem Ägypten der mittleren Dynastien erkennbar, wobei aber durchaus nicht immer Ägypten der gebende Teil zu sein braucht, ja gewisse anmutige Tendenzen der Tel-el-Amarna-

Minoische Kultur

22 FRÜHESTE SPUREN

Kretische Paläste

Kunst könnten eher auf Kreta zurückzuführen sein als umgekehrt. Auf dieser Insel wachsen nun in Knossos, Malia und Phaistos ausgedehnte und reich gegliederte Paläste zu mehrfacher Stockhöhe empor. Sie sind innen prächtig geschmückt; die glatten Wände auf Alabastersockeln tragen vielfach Freskomalereien, auf deren Farbenfroheit das südliche Licht durch große Fenster hereinbricht. Köstliche Gefäße aus Bronze, besonders aber aus wundervoll zart behandeltem Ton, die man nach dem Hauptfundort Kamares-Kunst benennt, zeigen ebenso die Höhe des Geschmacks und der Kunstfertigkeit, wie die Magazine und langen, steinernen Vorratskammern mit ihren Reihen mächtiger Steinkrüge von dem Wohlstand und der Genußfreude der Herrscher und des Volkes zeugen. Ganz anders muß hier das leichtbeschwingte, aufgeschlossene Leben verlaufen sein wie in den Despotien der umgebenden Länder. Das segelkundige Seevolk der Insel suchte und fand Beziehungen zu den Nachbargebieten und nahm leicht fremdes Kulturgut auf, dem es aber sofort aus starker Originalität und Schöpferkraft heraus eine durchaus eigene Note zu geben wußte. Auch eine Schrift ist schon für diese Epoche nachweisbar, aber nicht deutbar, wenn auch Ähnlichkeit mit ägyptischen Hieroglyphen vorhanden ist. Wir wissen nichts Genaues von den staatlichen Einrichtungen und von der Religion und den sonstigen Betätigungen dieser kretischen Zeit, nur könnte man aus der Pracht und Fülle des vielfach im Lande verstreuten Palastbaues auf eine geteilte Herrschaft schließen. Besonders aber fällt auf, daß alle diese Bauten, wie sonst nirgends, ganz ohne Wehr und Befestigungen dastehen, also ebenso auf eine im Innern völlig befriedete und von außen ungefährdete Nation hindeuten, wie wohl später gerade in dieser stolzen Sorglosigkeit der so überraschend schnelle Untergang begründet zu sein scheint.

Untergang der kretischen Antike

Jedenfalls brach schon ungefähr um 1700 die erste Katastrophe herein; ob lokal, elementar oder kriegerisch bedingt, können wir nicht ersehen. Die Pracht der Paläste sank in Trümmer, wilde Brände zerstörten die ganze Herrlichkeit, und Raub und Verwüstung scheinen erbarmungslos über die ganze Insel gestreift zu haben.

Auch hier wieder stehen wir bei der Frage nach der feindlichen Ursache vor einem Rätsel. Griechische Völker kommen bestimmt nicht in Frage, eher mag die Lösung in der Richtung jener auch noch nicht deutlich festgelegten Hyksos-Scharen zu suchen sein, deren Ansturm damals auch Ägypten unterlag. Jedenfalls ist auf Kreta der Name des großen Hyksosfürsten Chian auf einem Gefäß nachgewiesen, wobei aber auch leicht ein späterer Import in Frage kommen kann.

Zweite Kulturblüte

Die geschilderte Katastrophe bedeutete aber für Kretas Kultur keine endgültige Zerstörung. Im Gegenteil entsteht nun, nach der Pause von einigen Jahrhunderten, nach 1700 erst die eigentliche glanzvolle Blüte des kretischen Lebens, wieder ganz anders und unerklärbar geartet, wenn auch gewisse Zusammenhänge mit der früheren Periode durchschimmern. Was sich aber nun zeigt und immer mehr zu einem fast märchenhaften Wunder heranreift, das steht für die Zeit vorher und nachher so einzigartig und in so berückender Schönheit da, daß man die Einmaligkeit einer solchen Herrlichkeit trauernd begreifen muß. Wie ein Zauber durchzieht die neuen und noch viel prächtiger entstehenden Paläste, in deren überreicher Gliederung wir das Urbild des mythischen Labyrinths erkennen können, eine ebenso zarte wie

KRETA

beglückende Kunst von einer Grazie und Heiterkeit, einer sinnenfrohen, aber edlen Genußsucht, daß die Gefilde der Seligen verwirklicht zu sein scheinen. Alle Erdenschwere, alle Trauer löst sich vor diesen verführerischen Zauberbildern schlanker, edler Menschen, die durch die Zartheit prachtvoll stilisierter Pflanzen, Seetiere und anderer der Natur entnommener Ornamente dahinschreiten. Wenn ein moderner Vergleich nicht leicht irreführend wäre, könnte man von fern an beste japanische Kunst oder den Hauch Kopenhagener Porzellandekoration erinnert werden, ohne daß diese die volle Schönheit jener doch auch kecken, berückenden und fast alles verklärenden Wonne erreichen. Neben den Fresken, die diese fast mit jedem modernen Komfort ausgestatteten Baulichkeiten überziehen (Warmwasserheizung, eine Fülle von Bädern, Spülanlagen jeder Art, Lichtschächten, bequemen Freitreppen), glänzt diese Kunst auf köstlichen, später besonders als Beute oder Import in der Mykenischen Argolis gefundenen Goldwaren; prächtige, ebenso lebenswahre wie feinstilisierte Jagdszenen, Ornamente usw. schmücken goldene Becher, Dolche und andere Waffen, und im Heimatlande selbst steigen in Hagia Triada und anderen Plätzen die köstlichsten Vasen ans Licht.

<small>Überfeinerung als Lebensform</small>

Eine ganz neue Schrift, deren lineare Kursive uns aber auch noch verschlossen bleibt, tritt an Stelle der früheren Hieroglyphen, die Wandbilder zeigen Festspiele, eine beschwingte Tanz- und Turnkunst, raffinierte Frauenmoden, eine fast dandyhafte Eleganz der überschlanken Männlichkeit. Wie die Gebilde der Kunst von feinster Beobachtung der lebendigen Umwelt zeugen, scheint auch die Religion ganz der Natur verschwistert gewesen zu sein; einer großen Göttin mögen die im Freien gefeierten Kultbehandlungen gedient haben. Die spärlichen Reste kleiner Kultbilder, die durchweg weiblich sind, deuten vielleicht nach ähnlichen Urmütter-Religionen Kleinasiens. Überall an solchen Stellen finden wir auch das Bild der sicher wohl kultischen Doppelaxt und ebenso zu deutender Hörner.

Überhaupt ist bei aller stolzen und sicheren Leichtigkeit dieser kretischen Kultur ein femininer Einschlag nicht abzuleugnen, besser gesagt eine stark weibliche Note. Bei allem Reichtum und der Herrlichkeit der Architektur fehlt doch eine stark bedingte Struktur und jede gebietende Monumentalität. In diesem ganzen mehr malerischen Dasein, nicht nur in der Religion, scheint die Frau eine dominierende Rolle zu spielen; selbst bei den gefährlichsten Schaukämpfen ist sie mittätig abgebildet.

<small>Frauendienst</small>

Schon hier könnte man für die Vorgeschichte der hellenischen Kultur auf die immer noch so strittigen Hypothesen einer ganz frühen Weiberherrschaft, auf Mutterrecht und Amazonentum hinweisen, wie es seit Bachofens allerdings verblüffenden Intuitionen modern ist. Aber so wichtig und deutungsreich diese Anschauungen auch sein könnten, so tappen wir da doch einerseits noch zu sehr im Dunkel, andererseits werden sich unleugbare Einflüsse solcher uns ganz fremd gewordenen Kulturformen eher werten lassen, wenn uns später die Schauplätze von Lykien, Thrakien und einigen Inseln greifbar beschäftigen werden.

Um 1400 bricht, wie schon angedeutet, die kretische Kultur jäh zusammen und fällt einer endgültigen Zerstörung zur Beute. Es gibt eine Hypothese, die hierfür die dorische Wanderung verantwortlich macht; sie läßt die Dorier über die Inseln in das unbewehrte, sorglose Kreta einbrechen und von dort dann erst in den Peloponnes einwandern. Aber das alles ist unbezeugt und

<small>Der Tod der kretischen Hochkultur</small>

auch nicht recht glaubhaft, da man die dorische Wanderung ja etwas später ansetzt und ihr Weg wohl doch wahrscheinlicher vom hellenischen Festland aus erst später nach Kreta geführt hat. Allerdings wurde die Insel dann ganz dorisch; die Vernichter ihrer Kultur werden aber doch wohl anderswo zu suchen sein. Jedenfalls verschwinden die „Kafti", wie die Kreter in Ägypten genannt und deutlich abgebildet sind, plötzlich auch dort aus dem Gedächtnis, nachdem ihre Erzeugnisse bis nach dem Sudan hinein einflußreichen Import gebildet haben. Auch das Hethiterreich, die Philister der Bibel usw. werden als mögliche Zerstörer genannt. Es bleibt die Tatsache, daß die ganze, zuletzt wohl schon abwelkende und fast spielerische Herrlichkeit rasch und nicht durch eigenes Dahinsiechen versank.

Aber sie hatte bereits ihre Sendung erfüllt durch den großen Einfluß, den sie über die Kykladen-Inseln auf das jung sich entfaltende Hellas ausgeübt hatte. Wenn auch dieses in seiner weit männlicheren, starken Eigenart verharrte und sie zu der kraftvollen und heroischen Gestaltung der homerischen Epoche entwickelte, so war doch genügend von dem süßen Blütenstaube Kretas hinübergeweht, um dort manche schlummernden Kräfte derart zu befruchten, daß die schöpferische Schönheit späterer Jahrhunderte leichthin in solchen früheren, entlegenen Wurzeln eine teilweise Erklärung finden könnte.

II. DIE MYKENISCHE KULTUR

Ein ganz anderer Geist von fast polarer Gegenart beherrscht die kulturellen und machtgebietenden Erben der kretischen Herrlichkeit, jene „mykenischen" Herrscher und Völker des eigentlichen Hellas. Es waren das die Achaier des homerischen Epos, die schon viele Jahrhunderte vor der Trojazeit von Norden her stoßweise eingewandert waren und jene Urbevölkerung, die wir unter den verschiedenen Namen K a r e r (Herodot), L e l e g e r (Thukydides), und meist, wenn auch fälschlich, P e l a s g e r kennen, zwar unterwarfen, aber nicht ausrotteten. Ja, sie nahmen in Religion und Lebensführung vielerlei von den Besiegten an, und selbst in der späteren griechischen Sprache blieb eine Menge „pelasgischer" Elemente in Wortwurzeln und besonders in volltönenden, ungriechischen Namen wohl erhalten. Selbst durch Gewohnheit so griechisch anmutende Götternamen wie Athene, Apollon, Hermes muß man ebenso dazu rechnen wie die vielen Ortsnamen auf -inth, -ossos usw. Welcher Art diese Urbevölkerung wirklich war, ja ob sie überhaupt als Griechen anzusprechen ist, ist noch ungeklärt. Auch sie wird einst eher von Norden her die Ausläufer der Halbinsel, die Inseln selbst und Teile Kleinasiens bevölkert haben, als daß sie aus dem östlichen Orient stammt. Den Alten selbst war ein Unterschied zwischen ihnen selbst und jenen Urbesitzern hellenischen Bodens deutlich fühlbar und wurde stets von ihnen betont, aber doch nicht in dem Maße, daß auf eine feindliche, entgegengesetzte Rasse zu schließen wäre. Auch die spätere Verschmelzung spricht dagegen. Halten wir aber daran fest, daß die Träger der Mykenischen Kultur, ob man sie nun Hellenen, Thraker, Illyrier nennen mag, Indogermanen waren, die von Norden her, vielleicht schon von jenseits der Donau aus unbekannten Gründen langsam und in Etappen gen Süden vorrückten und sich

Griechische Völkerwanderung

DIE MYKENISCHE KULTUR

dann in zwei Zügen an der westlichen und östlichen Küste bis in den Peloponnes vorschoben, wobei aber der westliche Ast, schon durch die rauhere, schwer zugängliche Gebirgswelt stärker gehemmt, beharrender zurückblieb und weniger entwicklungsfreudig an der späteren Kultur nicht im gleichen Maße teilhat wie der Osten.

Wir sind schon vom Altertum her gewöhnt, Aioler, Ionier und Achaier unter den eingewanderten Stämmen zu unterscheiden, und jedenfalls liegen hier Eigenheiten vor, die sich besonders auch dialektisch trennend kennbar machen. Geographisch betrachtet, muß man den Aiolern die Gebiete Thessaliens südlich vom Olymp über Boiotien, vielleicht bis ins Attische, zuteilen, während die Achaier den Peloponnes beherrschen und die Ionier dazwischen Attika, Euboia, Achaia und einen Teil der Inseln besiedeln. Von dem Übergreifen dieser Völker auf die kleinasiatische Küste soll hier nur so weit die Rede sein, daß diese Gruppierung auch dort in ähnlicher Weise wirksam blieb, nur mit dem Zusatz, daß in späteren Jahrhunderten das ganze südliche Drittel rein dorisch wurde.

Dies war die Folge jener zweiten großen Wanderung, die wir die „dorische" nennen und in deren Verlauf die mykenischen Reiche zusammenbrachen und abermals einer neuen Kultur Platz machten oder in sie aufgingen.

Es ist eine seltsame Tatsache, daß die Hellenen selbst völlig die Erinnerung an die gewaltigen ersten Wanderzüge und ihr ursprüngliches Eindringen in Hellas von Norden her verloren hatten. Immer wieder betonen sie, daß sie autochthone, d. h. urentstandene Bewohner ihrer Scholle seien; dagegen war die zweite große Völkerwelle, der Einbruch der Dorier, ihnen ebenso bekannt wie die späteren Verschiebungen der einzelnen Stämme in Hellas selbst; im Mythos, besonders dem des Herakles und anderer Heroen, finden diese Völkerzüge ihre Verherrlichung, und zumal Sparta und der Peloponnes sind ebenso stolz darauf, unter die Herrschaft der Dorier gekommen zu sein, wie Attika stets hervorhebt, daß jene Welle an seinem Gebiet vorübergebrandet sei und daß somit seine Ionier die weitaus älteren, wirklich echten Hellenen seien.

Aber kehren wir zunächst zur vordorischen Kultur der mykenischen Welt zurück und betrachten wir ihren so wichtigen Gegensatz zur kretischen, da aus beiden Elementen zusammen jene erste große hellenische Kultur, die wir teilweise aus Homer kennen, erwachsen sollte, und die wir schon zur Unterscheidung des späteren, ebenso wichtigen dorischen Einschlags auch die achaiisch-ionische nennen können.

Die Kulturblüte Kretas konnte wohl im eigenen Lande welken, aber schon früher waren viele der nördlicher gelegenen Inseln mit ihr durchtränkt und gaben im Abglanz das Empfangene weiter an das Festland. Die karische Urbevölkerung auf diesen Inseln hatte wohl auch geistig eine Mittelstellung zwischen dem weiblichen Kreta und dem rauhen, männlichen Hellas inne. Wissen wir doch dort von Resten einer Monumentalplastik, die niemals auf kretische Einflüsse zurückgeführt werden könnte, ja bei der manche Forscher zweifelnd sogar an Afrika gedacht haben. Die Inseln selbst waren auf die Beweglichkeit des Handels angewiesen, der schon damals weit lebhafter, als wir gewöhnlich denken, weite Wege dehnte und von Böhmen bis zum Sudan, von der Ostseeküste bis tief nach Asien Spuren hinterlassen hat. Unter den Inseln war Melos wegen des nur dort vorkommenden Obsidian, eines harten,

Nachleben der kretischen Kultur

heißbegehrten Feuersteins für Waffen, wohl bekannt, Paros besaß seinen berühmten Marmor, Kupfer lieferte die Insel Kypros, silberne und goldene Kunstwerke kamen aus Kreta und wohl aus Phoinikien über die Inseln nach Hellas, wo die Kultur der Eroberer schon weit über die primitive Steinzeit ihrer ursprünglich nördlichen Heimat hinausgediehen war und neben dem für die Bronze so wichtigen Kupfer alle edlen Metalle zu schätzen wußte. Die Gräber von Mykenä haben uns viel von dieser Herrlichkeit erhalten, und es wird an solchen Stücken besonders deutlich, wie sich hier ein bewunderter Import mit versuchter Nachahmung nordischer und karischer Herkunft mischt.

All diese Schätze waren aber zunächst nur die Beute rauher, starker Herrschergeschlechter, die im Gegensatz zu Kreta stets kampffroh und kampfbereit in kolossalen, quadergetürmten Burgen saßen, die in der Dicke und Mächtigkeit ihrer Steinmassen wie von Riesen errichtet scheinen. Es war ein wildes, vielfach noch sehr primitives Geschlecht, das hier stark und wehrhaft unter der fast despotischen Gewalt großer Könige lebte und gerade in der Monumentalität seiner Bauten unserm Staunen noch heute zeigt, daß hier eine kretische Kultur wohl allmählich mildernd und verschönernd wirken konnte, dabei aber dann doch auf eine so starke Eigengewalt und so anders geartete Charakterbildung stieß, daß diese in ihrer heroisch harten Größe durchaus unerschüttert die Obermacht behielt.

Mykenische Burgen

Die Gebäudeanlage der Burgen zeigt den nordischen Typus des rechteckigen, langen Hauses mit dem Mittelpunkt des großen Männersaals (Megaron), der wiederum den Herd umschließt. Auf eine oder zwei vorgelagerte Hallen führt ein durch ein Tor abgeschlossener Weg. Hier finden wir auch in Mykenä über einem mächtigen Türsturz das berühmte Löwenrelief, ein Kunstwerk, dessen hohe Vollendung sich zwischen Kyklopenquadern doppelt merkwürdig ausnimmt. Im Mittelpunkt des Vorhofs stand der dem Zeus geweihte Altar. Die Frauengemächer und wohl auch die der Söhne schlossen sich in regelloser Art fest dem Hauptgebäude an. So suchte man äußerlich die Fülle kretischer Palastanlagen zu kopieren, wie man auch im Innern manches von dem Luxus der Insel, Badezimmer und dergleichen übernahm. Die Holzdecke des Megarons ruhte auf vier Säulen und der Mauer und war in der Mitte für den Rauchabzug geöffnet. Darüber erst breitete sich das eigentliche Dach auf Pfosten gelagert, damit durch die Zwischenräume Licht und Luft Zutritt hatten. All das ist natürlich nur ein Schema, das je nach der Macht des Besitzers, aber auch gemäß einer fortschreitenden Verfeinerung und größeren Beherrschung der Technik mannigfache Abwechslung erfuhr. Schon bald wird neben den Steinquadern der gebrannte Tonziegel benutzt; man überzieht im Innern die Wände mit Stuck und lernt von Kreta, sie malerisch zu schmücken.

Gigantisches Bauen

Staunend stand schon das spätere Altertum vor der Macht und Monumentalität dieser Gebäude, dieser oft 15 Meter hohen und 8 Meter dicken Mauern aus Steinblöcken, die meist weit hergeschafft waren, so daß man begreift, wie Herodot solche Bauten vergangener Giganten mit den Pyramiden Ägyptens vergleicht. Was aber uns noch weit bedeutender erscheint und vor der Wucht und Größe dieses gewaltigen Geschlechtes schauern läßt, das sind seine hügelbedeckten Grabbauten, die nun im Gegensatz zu den rechtwinkligen Herrensitzen durchweg riesige, bienenkorbartige Kegel bilden, die sich mit

DIE MYKENISCHE KULTUR

einem falschen Gewölbe überragender Blöcke nach oben kuppelartig zuspitzen. Die Gewölbe waren kreisförmig in Kassetten mit Metallrosetten aufgeteilt. Auf diese steinernen „Bienenkörbe" im Berginnern führte zwischen Mauern ein langer Gang bis zur Eingangstür. Wenn man bedenkt, daß in dem sogenannten „Schatzhaus des Atreus" der den Türsturz bildende Steinblock allein ein Gewicht von 120.000 Kilogramm haben muß, so gesteht man sich fast ratlos die Unmöglichkeit, auch nur die technischen Rätsel dieser Zeit annähernd lösen zu können. Das Grab selbst befand sich nicht in dem wohl nur der Opferfeier dienenden Rundbau, sondern war als Kammer angegliedert. Kuppelgräber dieser Art befinden sich verstreut auch sonst in Hellas, in Attika, auf Euboia und Salamis, besonders aber in der boiotischen Minyerstadt Orchomenos am Kopais-See, die als zweite, mächtige Residenz der Herrscher jener Zeit den Städten von Mykenä und Tiryns kaum nachsteht. Gerade in diesem boiotischen Gebiet finden wir noch ein anderes Gigantenwerk, dessen fast übermenschliche Ausführung uns unerklärbar bleibt; das sind die riesigen Emissare (Katabothren), die mit Benutzung von natürlichen Erdspalten tunnelartig durch das Gebirge getrieben sind, um den See zu entwässern. In späteren Jahrhunderten verstopften sich diese Abzüge, wodurch eine Versumpfung des Seegebietes entstand, die zum Sturz der Herrschaft in Orchomenos beigetragen haben mag. Erst in unsern Tagen hat man das uralte Riesenwerk wieder in Gang setzen können und durch den ungehinderten Abfluß der Wassermassen wertvolles Ackerland gewonnen. Solcherlei Emissare scheinen eine ausgedehnte Eigentümlichkeit jener verschollenen Epoche gewesen zu sein, denn man findet Spuren davon auch in Arkadien, besonders aber kennen wir sie an den Seen im römischen Albanergebirge. Es liegen da Kulturwerke von ungeheurem Ausmaß vor, deren Herstellung wir uns heute nicht erklären können.

Wenden wir nun den Blick wieder zurück zur Argolis. Außer den Kuppelgräbern, die wenig Inhalt boten, fand nun Schliemann dort nach Durchschreiten des Löwentors eine große, mauergestützte Terrasse, wo man ungefähr um 1400 alte, fürstliche Schachtgräber mit einem riesigen Kreis mächtiger Steinplatten schützend umgeben hatte, und in diesen fand sich nun neben den Leichen eine Fülle goldener Schätze, Waffen, Becher, Schmuck, besonders auffällig aber goldene Totenmasken auf den Gesichtern der Verstorbenen mit stark betonter Porträtähnlichkeit. Auffallend ist aber die nordische Schnurrbarttracht dieser Masken, während die über den Gräbern später errichteten Stelen mit ihren Reliefabbildungen (den ersten griechischen Skulpturen) die Gesichter bartlos zeichnen. *Der Goldschatz von Mykenä*

Die neuesten Forschungen glauben nun sowohl in diesem Steinring wie auch besonders in den Masken nordische, bis nach Irland reichende Einflüsse annehmen zu müssen, zumal erst jüngst auch in Illyrien diese seltsamen Totenmasken in allerdings jüngeren Gräbern gefunden worden sind. Man glaubt an einen Völkerzug weit aus dem Norden, der sich in Stationen verteilte und in Gruppen auch seßhaft wurde, wo er dann, wie im unwegsamen Illyrien, alte Bräuche durch viele Jahrhunderte länger bewahrte als das schnellebige Hellas. Diese etwas gewollte Hypothese hat aber auch starke Gegner, die eine autochthone Leistung oder ganz andere Einflüsse annehmen. *Nordischer Kulturkreis*

Das wenige, das wir über die kulturellen Einrichtungen dieser Epoche zu wissen meinen, kann man nur indirekt aus Resten und Trümmern erschlie-

FRÜHESTE SPUREN

Versuch einer historischen Rekonstruktion

ßen, oder man muß bei Homer zu erlauschen versuchen, was bei ihm noch wahre Überlieferung und nicht ein Bild der eigenen Zeit ist. Jedenfalls haben damals starke Königsgeschlechter über Vasallen geherrscht, die allerdings recht unabhängig und unbändig gewesen sein mögen. Auch ist ein Großkönigtum über weite Teile von Hellas und die Inseln, übergreifend auf die asiatische Küste, nicht ganz ausgeschlossen. Die Masse des Volkes wird sich in völliger Abhängigkeit um den Schutz zentraler Machtstätten geschart haben, soweit sie nicht verstreut das geschichtslose Dasein des Bauern und Hirten auf dem nicht sehr ergiebigen Boden führte. Sicher gab es schon allerlei Handwerk und Handel. Die kunstgewerblichen Stücke, die wir kennen, mögen ebensogut Beute wie Import sein, denn die damaligen Hellenen waren selbst noch zu rauh und zu nüchtern, um solche prächtigen Dinge zu schaffen. Ihre Keramik verharrt noch im geometrischen Stil, und erst viele Jahrhunderte später kamen Pflanzen- und Tierornamente auf. Weitgeführte Straßen, die von den Herrschersitzen ausliefen, sind heute noch erkennbar, zumal an ihren kyklopisch getürmten Brücken.

Sollte die sehr bestreitbare Annahme zutreffen, daß schon diese mykenischen Hellenen die Zerstörer der kretischen Kultur um 1400 gewesen wären, so möchte man auch die Fähigkeit zum Schiffsbau und zur Leitung ganzer Flotten voraussetzen. Homer nimmt ja dergleichen auch an, und wenn wir an die Theseussage denken, so sehen wir Athen bereits über See mit Kreta rivalisieren.

Kriegsdienst

Das einfache Volk wird zum Kriegsdienst gezwungen gewesen sein. Größe der Heere und Art der Kriegführung kennen wir nicht, dagegen werden die homerischen Waffenschilderungen, die schweren Lederschilde, die Rüstung, die wuchtenden Lanzen, die Schwerter (Thrakien war für deren Herstellung berühmt) wohl der Wirklichkeit in dieser Epoche ebenso entsprechen wie der Kampf der Helden herab von dröhnenden Kriegswagen, um die sich das Fußvolk scharte.

Unter den Völkern selbst wird wohl weit eher der Kampf und die Macht als vertragliche Abmachungen entschieden haben. Was von Recht bestand, war noch vielfach nur das Recht des Stärkeren, wenn auch schon damals der den Hellenen immer innewohnende Gerechtigkeitssinn die Einrichtung von Volksgerichten voraussetzen läßt. Die Richtschnur für den Einzelnen, soweit er Führer und Herr war, bildete aber nur die Sucht nach Ruhm, besonders nach langdauerndem Nachruhm für alle Zukunft. Das galt aber nicht nur dem Feind gegenüber, sondern unter ihresgleichen waren Hader und Rivalität bereits die Eigenschaften, die später Hellas verderben sollten. Schon damals wird die seltsame Einstellung gegenüber dem Leben geherrscht haben, die einerseits glühend am Dasein und Wirken im Lichte hing, andererseits es für den Ruhm achtlos aufs Spiel setzte, wobei doch vielleicht schon der bei Homer so deutlich ausgeprägte Lebenspessimismus, der sich später immer mehr verstärkte, im Keime vorhanden war. Das Ideal aber war ein durchaus männliches: Gesundheit, Stärke und Schönheit.

Geistige Stufe

Wenig wissen wir über die geistigen Erkenntnisse dieser Zeit. Nichts verrät uns Vertrautheit mit der Schrift, so geläufig diese auch schon in Kreta war. Vom Lesen und Schreiben ist selbst bei Homer noch kaum und dann vieldeutig die Rede; dagegen werden gewisse astronomische Beobachtungen vorauszusetzen sein, wenn sie auch hier im Gewande der Religion auftauchen.

DIE MYKENISCHE KULTUR

Aber die religiösen Vorstellungen sind uns auch schwer erkennbar. Die kretische Hauptverehrung weiblicher Gottheiten hat sicher in Hellas eine starke, männliche Ergänzung gehabt. Als Zentrum ihrer Religion brachten die Indogermanen vom Norden den Kultus des starken Himmelsgottes Zeus mit sich, und was Homer über das uralte Orakel dieses Gottes im epirischen Dodona angibt, können wir ruhig so alt hinaufdatieren. Nordisch genug klingt es, was hier von der Götterverehrung ohne Tempel, vom wahrsagenden Rauschen der Eichen berichtet wird, aber schwieriger ist die Stellung zu Herodots Behauptung, die Griechen hätten im Uranfang nur namenlose Götter gehabt, deren Benennungen dann aber von den Ägyptern empfangen.

Die neue Zeusreligion stieß aber jedenfalls bei der karischen Urbevölkerung bereits auf eine polar anders gerichtete Anschauung und Verehrung, die den dunklen Mächten der Tiefe, dem Kulte der Ahnen und abgeschiedenen Seelen galt, aber auch die ganze Natur von Geistern beseelt dachte. In dieser Epoche wurzeln wohl auch die Zusammenhänge der Götter mit Tiergestalten, die sie selbst annehmen konnten und allmählich nur noch in Emblemen oder Zunamen zeigten. Daß manche der bekanntesten griechischen Götternamen sich nicht aus hellenischen Wortwurzeln herleiten lassen, sondern dem sogenannten Pelasgisch-Karischen lautlich entstammen, wurde schon oben gesagt.

Die Verschmelzung zweier so verschiedener Religionstendenzen, wie sie die Urreligion des Landes und die der Eroberer aufwiesen, sollte auch späterhin stets beide Strömungen neben- und durcheinander laufen lassen, wobei die Epoche und der Glaube Homers eine Zwischenstellung einnehmen. Darüber wird später noch mancherlei zu sagen sein.

Autochthone und eingeführte Religion

Ob sich der Kultus des Apollon (den Wilamowitz für eine lykische Gottheit hält) und sein Orakel in Delphi (Pythos) schon zu so früher Zeit annehmen läßt, ist ungewiß, so stark auch Homer die große Rolle betont, den die Verehrung dieser Stätte und des Gottes schon in den urältesten Zeiten gefunden haben sollen.

Etwas aber für die Zukunft sehr Wichtiges geht aus dem allen hervor, daß selbst die Urhellenen bei aller Stammesrivalität und Zerrissenheit jedenfalls die Universalität eines obersten Gottes anerkannten, nicht nur für ihre eigenen Stämme allein, sondern für die Welt, und daß sie ferner keinerlei Intoleranz gegen Übernahme fremder Gottheiten und Kulte kannten. Wir wissen nichts von einer Priesterschaft, die dem hätte entgegentreten können; das oberste Priesteramt lag stets dominierend in den Händen der Könige und bediente sich höchstens geringerer Funktionäre oder gepriesener Seher. Die leichte Aufnahmefähigkeit des Fremden, wie sie nicht nur auf dem wenig geschützten Gebiete der Religion, sondern auch sonst zutage trat, war nicht ohne Nachteil und Gefahr. Das kraftvolle, stolze Geschlecht, das von Norden eingedrungen und über die weichen, aber viel kultivierteren Karer Herr geworden war, verschmolz derart mit ihnen, daß zumal bei der weiteren Expansion über die Inseln in rein karische Gebiete Kleinasiens die Eigenart und Stärke dieser Frühhellenen aufgesogen werden und verlorengehen konnten, wie es dann auch tatsächlich besonders in Lykien und auf Kypros geschah. Der weit verbreitete Zauber kretischer Hochkultur war zu stark für dies primitive, aber doch dem Genuß und der Daseinsfreude mit der ihm eigenen, elementaren Kraft ergebene Herrenvolk. Es war eine Befruchtung, die aus den Gegensätzen

Karer und Hellenen

Köstliches zeitigen konnte und schließlich ja auch zum Segen der späteren hellenischen Kultur hervorbrachte, aber sie barg daneben eine ungeheure Gefahr.

So ging auch die Kulturwelt der Achaier wirklich rasch und plötzlich durch äußere Gewalt unter, aber bevor sie zersetzt war und nur, soweit Herrschaft und Machtstellung in Frage kam; sie unterlagen dem Einbruch neuer, ungebrochener Hellenenkräfte, jener „dorischen Wanderung"; aber als Bestandteil dessen, was nun bald als hellenische Kultur in ihrer Eigenart und Größe heraufblühen sollte, blieben sie erhalten.

Dennoch war die Erschütterung zunächst so groß, daß die folgende Zeit gerade durch ihr völliges Dunkel wie eine Zerstörung oder ein ungeheurer Rückschritt anmutet, und es bedurfte einiger Jahrhunderte, um die Stabilität der hellenischen Kulturentwicklung wie aus neuen Wurzeln, aber im alten Erdreich, zu sichern.

III. DIE FRÜHHELLENISCHE EPOCHE

Ungefähr im 12. Jahrhundert trat dies Ereignis ein. Nicht auf einmal, aber doch verhältnismäßig rasch lösten sich, einem uns nicht bekannten Drucke folgend, aus dem Innern der Balkanhalbinsel oder sogar von noch weiter her neue, hellenische Stämme von frischer, unverbrauchter Kraft und von so geschlossener Eigenart, daß sie diese bis ans Ende ihrer geschichtlichen Laufbahn nicht nur beibehalten, sondern sogar zum Schluß noch gesteigert haben. Der Andrang dieses Volkes, das sich Dorier nannte, überflutete unwiderstehlich den ganzen Norden von Hellas, drang dann in das Geklüft der mittelhellenischen Landschaft, wo der mächtige, achaische Herrschersitz von Orchomenos nach langem Widerstand ebenso der Wucht der Eroberer zum Opfer fiel wie die alte Kadmeierstadt Theben, die aber als Stätte erhalten blieb, während Orchomenos in Trümmer sank. Nicht weit von hier, in der oberen Kephisos-Ebene wurde ein kleiner Kernteil der Dorier seßhaft und schuf sich einen wenig umfangreichen Staat, der unter dem Namen Doris dauernd erhalten blieb. Die Hauptmasse des neuen Volkes aber brach über den Isthmos in den Peloponnes ein und unterwarf ihn völlig. Attika aber blieb seitlich liegen oder wurde höchstens gestreift. So erhielt es sich auch für die Zukunft rein ionisch, ein Umstand, der von größter Bedeutung für die Folgezeit und die Gesamtentwicklung der hellenischen Kultur werden sollte. Denn in dieser östlichen Halbinsel von Mittelhellas mit der Hauptstadt Athen befand sich nun der deutliche Gegenpol gegen das dorische Zentrum, das nach Zerstörung der Herrschersitze von Argos sich im lakedaimonischen Sparta in exklusivster Eigenart stolz, herb und abgeschlossen und von fast unüberwindlicher Stärke bildete.

Mit der Erreichung der Südspitze von Hellas hörte aber die „dorische Wanderung" nicht auf. In den nun folgenden Jahrhunderten des großen Expansionsdranges, der, wie wir noch sehen werden, das lebhafte, stets nach der Ferne durstige, tatenfrohe Hellenenvolk ergriff, zogen die Dorier auch über das Meer, gaben Kreta ein ganz dorisches Kulturgepräge und dehnten dieses auch auf die Inseln Kythera, Melos, Thesos, Kos und Rhodos und das südliche Drittel der kleinasiatischen Westküste aus. Der mittlere Teil dieser

Dorische Wanderung

DIE FRÜHHELLENISCHE EPOCHE

Küste aber blieb ionisch, und die alten äolischen Stämme saßen nach wie vor im nördlichen Drittel und auf der Insel Lesbos.

In dieser Gruppierung ohne wesentliche Abänderung blieb nun auch das hellenische Volk für die Dauer seiner historischen Wirksamkeit.

Daneben aber hatten schon vom Balkan durch östliche Beiseitedrängung verwandte Stämme, wie die Phrygier, sich über Thrakien und den Hellespont ins Innere von Kleinasien gewälzt. Sowohl der Abbruch des troischen Unternehmens, soweit es historisch sein mag, wie auch vielleicht das Ende des Hethiterreiches mögen die Folgen gewesen sein. Jedenfalls störte nun kein Zwiespalt der inneren Stämme, kein Machthaber die hellenische Kolonisation an der Küste, während früher dort wohnende Völker, wie die Tyrsener (die in ihrem Ursprung trotzdem noch immer nicht erklärten Etrusker), auswanderten und sich auf der italischen Halbinsel eine neue Heimat suchten.

Hier wäre nun die gebotene Gelegenheit, sich einmal ein ganz deutliches Bild von dem gesamten Schauplatz zu machen, auf dem das große, historische Schauspiel der hellenischen Kultur weltbestimmend vor sich ging und der durch seine eigene Formung selbst äußerst viel zu dem beigetragen hat, was das griechische Wesen der Folgezeit kennzeichnen und auszeichnen sollte. Geographische, landschaftliche Bedingungen allein sind nie ausschlaggebend zur Erklärung von kultureller Eigenart und Leistung. Dennoch aber spielen sie in solcher Entwicklung eine so ungeheure Rolle, die man nie unterschätzen darf, so sehr es auch auf die blutmäßige Rasse der Bewohner und ihre spezifischen Eigenschaften ankommt. Gerade bei jenem Gebiet, das wir Hellas in engerem und weiterem Sinne nennen, tritt das augenfällig zutage.

Landschaft und Rasse

Gelegen an der gesegneten Südgrenze einer doch noch nordischen Zone, genoß es den ganzen lichtvollen Sonnenzauber des mittelländischen Klimas, ohne sich schon der gefährlichen Schwächung allzu warmer Bezirke zu nähern. Die rauhe, zerrissene Zerklüftung des ganzen Landes hatte damals infolge weit größerer Bewaldung auch noch nördlicheren Charakter als heute. Von selber erzog das Land seine Bewohner zu einem tätigen, ja oft harten Leben, denn die meist felsige und flußarme Natur bot nur wenig Raum für üppige Fruchtbarkeit. Das Leben mußte hier ständig errungen und durch Fleiß gesteigert werden und schuf so, zumal in abgelegeneren Gegenden, einen starken Bauern- und Hirtenstand als kräftigen, kerngesunden Urbestandteil der Bevölkerung. Trotz der Rauheit der Gefilde lagen diese aber doch sonnengesegnet in jener klaren, edlen Linienschönheit da, die Augen und Herz nirgends so sehr berauscht wie an den gegliederten Gestaden des Mittelmeers.

Diese reiche Gliederung nun, die fast phantastisch in dem wilden Durcheinander einer steilen Gebirgswelt das Binnenland zu der Betonung stark gesonderter Bezirke geradezu zwang, herrschte womöglich noch folgenschwerer in einer Küstenbildung, wie sie bunter und buchtzerschnittener gar nicht mehr gedacht werden kann. Nirgends in ganz Hellas gab es einen Ort, der mehr als 60 Kilometer vom Meere entfernt gewesen wäre, und so binnenländisch sich wohl in der Urzeit die Bevölkerung, wie überall sonst, verhielt, um so bestimmender wurde in der Folgezeit allmählich für die Hellenen das Meer sowohl in der köstlichen Fülle seiner wechselreichen Gebilde als auch in der ernsten Größe seiner länderverbindenden Ganzheit. Die geniale, fast schillernde Beweglichkeit des griechischen Geistes warf sich mit Wonne auf

Die griechische Landschaft

dies ihm so ähnliche Element und bestärkte aus ihm den angeborenen Weitblick und die weltumspannende Anlage seines Charakters. Ohne das Meer in Betracht zu ziehen, bleibt der Hellene unverständlich. Das Gute und das Schlimme seiner Art findet hier manch aufschlußreiche Erklärung, und was in der inneren Großzügigkeit dieser rauhen, neuen Einwanderer nördlicher Binnenländer bisher wohl nur geschlummert hatte, das blühte nun mit prachtvollem Schwung an der schimmernden Schönheit dieser Küsten auf und wuchs ausgreifend zu jener blendenden Fülle schöpferischen Lebens, die noch heute die Welt in ihrer Nachwirkung bereichert.

Sonderleben der Stämme

Aber auch dieser, wie jeder Segen, hatte seine dunkle Seite, indem der bizarre Reichtum der Gliederung und des Umrisses die schon von Natur nie sehr große Einigkeit dieser indogermanischen Stämme noch mehr spaltete und in ihrem eigenstolzen Absonderungswillen aufs gefährlichste bestärkte. An Hader und Zerrissenheit ihrer Stämme, die bis zur Selbstzerfleischung ausarteten, sind die Hellenen schließlich zugrunde gegangen, so kulturfördernd auch die Dezentralisation in ihren fast polaren Gegensätzen und die ständige Rivalität für die Steigerung einzelner Teilleistungen gewesen sein mögen.

Vom gleichen Himmel überspannt und die gleiche Sprache redend, waren die Hellenen in Religion und Dichtung geeint und fühlten sich blutmäßig ganz zusammengehörig und gegensätzlich abgesondert von allen anderen Völkern; innerhalb dieses stolzen Kreises, dieser fast als göttlich empfundenen Isoliertheit, wurden sie zerfressen von Streitsucht, Neid und der ungebändigten Kraft eines überschäumenden Temperamentes, sie, die gerade Maß, Harmonie und Besonnenheit als die größten Ziele eines in Schönheit und Stärke sich selbst bewußt erziehenden Lebens priesen. Hier rühren wir schon an die ungeheure Tragik und an die Abgründe eines dämonischen Zwiespaltes, der zwischen Theorie und Praxis dieses sonst so in eins geballten Volkes klaffte, und der es gerade als Zeichen seiner wahren Genialität ebenso aufpeitschte wie zerriß. Denn das Größte wird immer am bittersten erkauft. —

Halbinsel Griechenland

Kehren wir nun zum konkreten Schauplatz selbst zurück, der hier an der Prägung eines Völkerschicksals so mitbestimmend beteiligt war.

Das eigentliche Hellas gliedert sich klar in drei von Norden nach Süden abgestufte Teile. Die aus dem Balkan sich vorstreckende Halbinsel beginnt mit den beiden großen Landschaften Epirus im Westen und Thessalien im Osten, beide in Natur, Schicksal und Bedeutung recht verschieden. Wenn auch die frühen Hellenen aus oder über Epirus gezogen kamen und dort ihr Kultheiligtum Dodona lag, so hat doch später diese ihre ursprüngliche Heimat kaum eine kulturelle Rolle gespielt und verharrte in geschichtslosem Zustand rauher Berg- und Hirtenvölker. Ganz anders das Becken Thessaliens. Hier hatte schon die mykenische Kultur in zwei fruchtbaren Ebenen, die beide durch den Flußlauf des Peneios gebildet wurden, Fuß gefaßt und, verschmolzen mit noch früheren Völkern, starke Reiche gebildet, die den Landbau pflegten und die berühmten Rosse züchteten. Städte und Burgen waren spärlich, aber große Geschlechtsverbände teilten sich in das Land und unterstanden wohl einem Heerkönig. Ohne zur politischen Einheit heranzureifen, trat eine solche doch in der Abwehr feindlicher Randbevölkerung zutage. Die Gebirgsstöcke des Olymp, des Ossa und des Pelion schlossen das Land größtenteils vom Meere ab. Ganz südlich, abgetrennt durch das Othrys-Gebirge, dehnte sich die fruchtbare Ebene des Spercheios-Flusses, wo die Melier und die Doloper hausten, und wo wir nach Homer die Heimat des Achilleus zu suchen haben. Thessalien spielt insofern eine Doppelrolle im Rahmen der hellenischen Kultur, als es in der historischen Zeit ein ziemlich einflußloses Anhängsel mit stationären Zuständen war, dagegen aber zur Zeit des dorischen Einbruchs und noch früher durchaus als eines der wichtigsten Sammelbecken hellenischer Sagen und Mythen zu betrachten ist, ja es scheint, daß gerade Thessalien ursprünglich die Geburtsstätte vieler und bedeutender Legenden ist, die erst später anderswo lokalisiert wurden. Der Schwerpunkt hellenischen Wesens verschob sich eben allmählich erst nach Süden und verharrte länger oder kürzer auf Zwischenstationen. Schon die überragende Rolle des Götterberges Olymp in Religion und Sage, mag sein Name auch später allgemein den Himmel oder den Wohnort der Seligen bezeichnen, beweist durch seine Lage im äußersten Norden Thessaliens, daß in einer sehr alten Epoche hier die Wurzeln vieler Überlieferungen zu suchen sind. Auch daß sich in Thessalien mancherlei Ortsnamen finden, die später im eigentlichen Hellas ihre Wiederholung finden (Larissa, Olymp, Argos u. a.), läßt diese Landschaft klar als Wiege der mit solchen Namen verknüpften Kulten und Mythen erkennen.

Die spätere Isoliertheit Thessaliens beruhte zum Teil auf dem Umstand, daß die neuen Eroberer zwar das Herz der Landschaft mit ihren fruchtbaren Gefilden unterwarfen und es zum Tummelplatz ihrer adligen Reiter- und Ritterschaft machten, aber sie hatten die Frühhellenen nur teilweise unterwerfen und zu Leibeigenen (Penesten) machen können, die Mehrzahl entwich in die umgrenzenden Randgebirge und bildete hier voll Erbitterung einen feindlichen Gürtel um das Land. Diese Umwohner (Periöken) waren zwar nicht imstande, ihre Heimat wieder zurückzuerobern, aber die neuen Herren hatten Mühe genug, sich in immer wieder auflebenden Kämpfen zu behaupten, wodurch sie aber auch wiederum ihre in der Fruchtbarkeit des Landes leicht gefährdete Spannkraft voll bewahrten.

Noch stärker traf dies auf das im Norden von Thessalien in der Flußebene des Axios (Wardar) sich weit erstreckende Makedonien zu. Seine Schicksale brauchen hier noch nicht berücksichtigt zu werden, so bedeutungsvoll es auch in Hellas' Spätgeschichte für dessen Kultur und ihre Weltverbreitung werden sollte. Zunächst aber blieb es zu sehr in der illyrischen und thrakischen Einflußsphäre, wenn auch die Masse seiner Bevölkerung zweifellos hellenisch war. Aber sie lag abseits von dem Entwicklungsstrom und wurde von den Griechen nie für voll erachtet, bis der Verlauf der Geschichte ihnen von hier aus kraftvoll die fehlende Einheit schenken und alles Hellenische in seinen Bann schlagen sollte. Gerade die Unverbrauchtheit dieses Landstriches war wohl einzig dazu geeignet. Bis in das 4. Jahrhundert hinein hatten hier Ritter und freie Bauern ein rauhes, wildes Dasein unter einem Königtum geführt. Ihre Kraft war ungebrochen, und der für Hellas im Guten und im Schlimmen so bedeutungsvolle Gegensatz von Ioniern und Doriern spielte in diesen einst äolischen Gefilden keine Rolle. Der neue, nordwestliche Eroberer (die Dorier) zog an dieser Landschaft vorüber und gelangte nach der Besetzung Thessaliens durch den Thermopylen-Paß in den Gau Phokis, den das Gebirgsmassiv des Parnaß umschließt. Hier im oberen Tal des Kephisos hat, wie schon erwähnt, der kleine Gau Doris den Stammnamen der Eroberer erhalten, so daß später der Glaube entstehen konnte, daß dies das Kernland wäre, aus dem die Dorier erobernd sich über Hellas verbreitet

Makedonien

hätten. In Phokis hatte sogar die nun erliegende mykenische Herrschaft eine noch frühere Kultur vorgefunden, die uns durch die sogenannte Marinakeramik ersichtlich wird. Zu einer kulturellen Bedeutung haben es aber die Phoker in ihrer Gesamtheit nie gebracht. Rauh und verschlossen wie ihr Land blieben sie auch selbst, aber gleich ihren nördlicheren Nachbarn wurden sie so zu einem Reservoir urwüchsiger, ungebrochener Kraft, wie sie für den großen Schlußaufschwung der Hellenen sehr vonnöten werden sollte.

Delphi In seltsamem Gegensatz zu dieser primitiven Rauheit und bäurischen Schlichtheit barg nun aber gerade diese Landschaft am Südhang des Parnaß dem Meere zu die berühmte Orakelstätte von Delphi, diesen neutralen Sitz höchster Weisheit und staatsmännischer Lenkung für ganz Hellas, der jahrhundertelang als geographischer und geistiger Mittelpunkt der Welt betrachtet und als solcher ehrfurchtsvoll in Pracht und Schönheit ausgebaut und mit den herrlichsten Kunstschätzen in der Wildnis schwer zugänglicher Berge geschmückt wurde.

Nichts wissen wir von Alter und Ursprung des Heiligtums; nennt es doch Homer schon uralt, als hätte es immer bestanden, und so war wohl auch hier ein Zentrum der Götterverehrung lange vorher gelegen, ehe dann die Dorier, rückkehrend von ihrer Eroberung Kretas, hier den Kult des Apollon Delphinios auf der alten Orakelstätte Pytho gründeten und sich darum auch immer ganz besonders als die Schutzherren und gehorsamen Söhne Delphis fühlten.

Die Landschaft Phokis zerspaltete einen anderen Stamm, den der Lokrer, in drei nördlich und südlich gelegene Teile. Diese Zerrissenheit beraubte die Lokrer der Möglichkeit, der ursprünglich karischen Bevölkerung völlig Herr zu werden. Es herrschten infolgedessen bei ihnen viele uralte Bräuche und auch sprachliche Urreste in ihrem Dialekt; gezwungen aber, ständig auf Abwehr bedacht zu sein, beharrten sie desto fester in der Starrheit ihrer ursprünglich aristokratischen Formen, standen beständig unter Waffen, wie noch Thukydides für seine Zeit erwähnt, und wurden in diesem primitiven Zustand wenig von Hellas geachtet.

Der östliche Ansturm der neuen Eroberer büßte aber allmählich seine Stoßkraft ein. Noch genügte diese, sich zum größten Teil der Gefilde von Boiotien zu bemächtigen, die sich ebener und fruchtbarer östlich vom Parnaß, flankiert von den Gebirgsstöcken des Helikon und Kithairon erstreckten. Theben und die alte Kadmeierburg fielen ihnen zur Beute, aber die mächtige Minyerstadt Orchomenos im Norden der Landschaft an den Ufern des Kopais-Sees, dieser gewaltigste Sitz mykenischer Kultur, widerstand noch einige Zeit und blieb unter starker Herrschaft bis ins 7. Jahrhundert unabhängig. Nur die allmähliche Versumpfung des Seegebietes durch die Verstopfung der schon erwähnten ungeheuren Abzugskanäle nahm diesem Gebiete die Kraft und schenkte damit Theben das dauernde Übergewicht über die Landschaft.

Boiotien Aber was schon von Lokris hervorgehoben wurde, nämlich die Behauptung ursprünglicher Kulturelemente, gilt nun auch für Boiotien und seine neuen sich mit den alten Aioliern mischenden Bewohner. Auch hier verrät das schon der Dialekt und ebenso die Fülle ursprünglicher, erdgebundener Kulte, die mit ihren Sagen- und Heroenlegenden in eine weit ältere und eine ganz andere, dumpfere Einstellung weisen. Das sollte für die Entwicklung der hellenischen Kultur gerade auf mythisch-religiösem Gebiet von großem Ein-

fluß werden, denn hier faßte um 700 Hesiod den großen Sagenschatz seines Hesiod
Volkes in seine ernsten, schollengebundenen Dichtungen tiefreligiösen Inhalts, die in so schwerblütigem, frommem Gegensatz zu der fast frivolen, schimmernd-beschwingten Götterwelt Homers stehen. Ernste Ehrfurcht, strenge und ländliche Gediegenheit münden bei Hesiod in stark pessimistische Weltanschauung und verraten seine Abstammung aus aiolischem Bauerngeschlecht. Aber das ländliche Hirtendasein seiner Jugend ließ ihn in seinen Dichtungen nicht nur praktische Anweisungen und Kalenderdeutungen formen, sondern die innige Vertiefung in die Zauber der Natur und eine fromme Anhänglichkeit an die Mythen seiner Heimat gaben ihm doch hochpoetische Visionen einer göttlichen Schau und den Glauben, die Musen selber entstammten seiner Bergwelt des Helikon und hätten ihm das Ohr geöffnet und die Lippen zum Gesange gesegnet. Es wird nicht lediglich ein Zufall sein, daß dieser gleichen Landschaft 200 Jahre später der große Dichter Pindar entstammte, der zwar im Gegensatz zu dem ernsten Bauer Hesiod den ganzen Pindaros
Heldenglanz der Vergangenheit und seiner Zeit ebenso strahlend wie feierlich besang, aber auch stets bei dem begeisterten Reichtum seiner großartigen Chorlyrik mit tiefem Ernste der Väter Sitte und Glauben preisend betonte.

Bei aller Ehrfurcht vor diesen beiden großen Dichtern Boiotiens empfanden die Griechen aber doch die Bewohner dieses Landes als bäuerisch-dumpf, ja stumpfsinnig und ließen es nicht an Spott über diesen ganz ungriechischen Mangel an geistiger Bewegsamkeit fehlen. Auch hier wird wohl der fruchtbare Boden und eine gewisse Schwere der Luft die Ursache eines gesättigten Daseins gewesen sein. Aber gerade diese versonnene Beschaulichkeit mag auch die Liebe der Bewohner zur Musik erklären, die aus dem verbreiteten Röhricht der Heimat sich die Pfeifen und Flöten schnitt. —

Ehe nun unsere Betrachtung zu dem östlich benachbarten, ionischen Attika weiterschreitet, müssen wir zur Vervollständigung den Eroberungszug der Nordwest-Griechen an der ionischen Meeresküste von Hellas verfolgen. Hier wurden die Gebiete immer unwegsamer, rauher und wilder, selbst die mykenische Kultur war gar nicht oder nur spärlich eingedrungen, trotzdem uns die Inselsagen der Odyssee ein anderes, wohl dichterisch stark gesteigertes Bild zu geben scheinen.

Akarnanien, wo die Urbevölkerung der Leleger nebst den Aitolern hauste, Der Weg der
verblieb seinen Hirten und Bauern, nur die südliche Mündung der Ebene Eroberer
des starken Acheloos-Stromes lockte die Eroberer. Der Nachbargau Aitolien spürte stärker die von Norden einbrandende Erobererwelle, aber auch hier blieb es bei einem primitiven Barbarenland noch zu einer Zeit, wo das östliche Hellas schon in Hochblüte stand. Die alte Kultstätte des Apollon von Thermos darf nicht darüber hinwegtäuschen, daß alle diese Gebiete eigentlich aus der Kette hellenischer Entwicklung ausschalten und von den Griechen selbst so empfunden wurden.

Selbst die Inseln Leukas, Ithaka, Kephalonia, ganz zu schweigen von dem „Phaiakenlande" Kerkyra, teilten das gleiche Schicksal, obgleich sie von einer mykenischen Kultur überzogen waren und damals mehr bedeuteten als in den folgenden Jahrhunderten, bis erst spät von Korinth aus ihnen neues, kolonisatorisches Leben zugeführt wurde. War doch die ganze Tendenz hellenischer Kultur sich steigernd nach Osten und seiner weit reicheren Küstengliederung gerichtet. Der Westen blieb vernachlässigt. Er war an sich unzugänglicher, hafenärmer, einförmiger, und die stärkeren, durch die westlichen Meerwinde verursachten Niederschläge konnten ihn für diese Mängel nicht entschädigen und lockender gestalten.

Nicht ganz so traf das auf die beiden nordwestlichen Landschaften des Peloponnes, auf Achaia und Elis zu, wohin die Eroberer zu Schiff über die engste Stelle des Korinthischen Meerbusens leicht übersetzen konnten. Hier fanden sie nun eine zwar schmale, aber fruchtbare Küstenebene, die ihren Namen wohl daher führte, daß die Achaier sich besonders hierher vor den andrängenden Neulingen geflüchtet hatten. Auch Ionier saßen hier aus älterer Zeit und bewahrten der Landschaft manche Reste alt-mykenischer Kultur. Das Küstenland war zu eng für die eingesessene und die neue Bevölkerung, und so finden wir gerade von hier ausgehend eine starke und bedeutsame Kolonisationstätigkeit nach Westen, wo nun in neu gegründeten Siedlungen sich reicher und reifer die kulturellen Anlagen entfalten konnten.

Elis Nicht schwierig war der weitere Weg für die dorischen Eroberer südlich in das weitläufige Gebiet von Elis, das in seinem Charakter, man könnte sagen, nordisch von dem typischen Bild hellenischer Landschaft absticht. Zwei Flüsse, der Peneios und südlich von ihm der Alpheios, lenkten hier westlich ihre Wasser zum Meer durch ein mildes und sanft-idyllisches Land, auf dessen Äckern und Auen ein Hauch von stiller Beschaulichkeit und sanfter Schwermut ruht. Eine weiche, feuchte Luft umspielt die Büsche und Laubwälder. Herden beweiden friedlich die Triften, ernste Zypressen ragen zahlreich in den stillen Himmel. So war dieser hellenische Gau geradezu vom Schicksal für seine spätere Rolle vorgebildet, ein Friedensasyl, ein neutrales Schutzgebiet, ein Einigungsplatz aller Hellenen zu werden und gesondert neben den Kämpfen und der Selbstzerfleischung der anderen Staaten in edler und von allen geachteter Ruhe in wohltuendem Gegensatz zu stehen.

Natürlich zeigte sich dieser Charakter zur Zeit der nördlichen Invasion noch keineswegs derart ausgeprägt. Am Peneios faßten die Eroberer leicht Fuß, aber der Süden wehrte sich verzweifelt und tapfer, und man mußte mit der dortigen Bevölkerung Periöken-Verträge schließen, ähnlich den Verhältnissen in Thessalien. Ein ursprüngliches Erbkönigtum ging allmählich zerteilt auf die Herrschaft großer Geschlechtsverbände über, und in heftigem Wettstreit eiferten die beiden Städte Olympia und Pisa gegeneinander, wem die

Olympia und Pisa Leitung der uralten festlichen Spiele gebührte, die bei Olympia an geheiligter Stätte erst mit dem Kult des Kronos, dann dem der Hera und schließlich dem des Zeus verbunden waren. Auf die wichtige Rolle dieser Spiele im Kulturleben der Griechen wird noch an späterer Stelle zu verweisen sein. Erst 588 kam es durch die Eroberung Pisas zur endgültigen Befriedung des Landes, aber Elis blieb ein bäuerlich bebautes Gebiet ohne kulturstarke Städte. Gerade darum konnte es seine abseitige Ruhe bewahren und war mit seinem heiligen Zentrum gleich Delphi dem verderblichen Hader der rivalisierenden Ionier und Dorier entrückt.

Die Dorier Diese Dorier, in denen sich der straffe, herbe, männliche Teil der hellenischen Seele am stärksten ausdrückte, waren ursprünglich sicher nur ein Teil der nordwestlichen Eroberer und gaben darum, weil sie die ausschlaggebende Gruppe waren, der ganzen Wanderung den Namen. Unterscheiden muß man sie aber dennoch scharf von den Nordwestgriechen, was schon dadurch deutlich war, daß nur bei den echten Doriern die drei Stammesphylen der Hylleer,

Dymanen und Pamphyler nachweisbar sind und dauernd die Gruppierung des Stammes bestimmten. Diese dorische Kerngruppe der nördlichen Eroberer mag sich wohl erst in Mittelhellas deutlicher von ihnen getrennt haben, weil sonst wohl auch kaum der Name des Gaus Doris so klar auf sie hinwiese. Jene Dorier, die nicht auf Schiffen den Meerbusen überquerten, wandten sich von hier aus südöstlich und durchzogen die Landschaft Megara, die den nördlichen breitesten Teil der zum Peloponnes führenden Landenge umfaßte. Damit stand ihnen der Weg zu ihrem späteren Hauptgebiet, den peloponnesischen Staaten, offen, die nun für die ganze Dauer der hellenischen Geschichte das Zentrum der ausgeprägten dorischen Kultur wurden.

Wie die Eroberung des starken mykenischen Reiches in der Argolis und im weiteren Umkreis vor sich ging, auf welche Weise die mächtigen Herrschersitze von Mykenä und Tiryns überwunden und zerstört wurden, wissen wir nicht. Doch muß der Andrang so erbarmungslos und stark gewesen sein, daß nicht nur diese Herrschaften völlig in Trümmer gingen, sondern auch ihre Eigenkultur fast ganz vernichtet wurde. Die starken Königsburgen selbst blieben aber teilweise erhalten, nur daß sie jetzt von neuen Herren bezogen wurden. Unwillkürlich beeinflußte das die sonst freie Dorfbildung der Dorier dahin, daß sich die Siedlung stadtartig an die Burgen anschloß und daß mehrere solcher Herrschersitze miteinander rivalisierten, wobei allmählich die Hauptmacht auf Argos überging, das diesen Vorrang auch behauptete, nicht zuletzt durch sein Heiligtum und den Kult der Hera.

Gleichzeitig mit der Argolis waren Korinth und die reiche Nachbarlandschaft Sikyon in die Hände der Dorier gefallen. Hier erhob sich der mächtige, die Burg tragende Bergstock über der Stadt wie ein drohendes Bollwerk gegen jeden, der über den Isthmos in den Peloponnes einbrechen wollte, und die Dorier selbst werden an dieser Stelle ihren Einmarsch wohl nur schwer oder durch große Übermacht erzwungen haben.

Korinth war, wie schon sein altertümlicher Name zeigt, lange vor den Doriern der Sitz und ein Kulturzentrum der ionischen Frühgriechen, die sich durchaus nicht ohne weiteres den neuen Herren ergaben. Im Gegenteil, es trat eine Art Verschmelzung ein, die kulturell dadurch bedeutsam wurde, daß infolgedessen die Starrheit des Doriertums an diesem Platz gemilderter und beweglicher wurde, was sich dann besonders im Wesen der an sich dorischen, vielen und wichtigen Kolonien zeigte, die von Korinth aus gegründet wurden. Natürlich hing das mit der begünstigten Lage am geschützten Golf zusammen, die ja unwillkürlich zu Seefahrt und Handel anregte. Nicht nur die Bewohner selbst, sondern auch fremde Völker, besonders die Phoinikier, benutzten auf ihren Handelszügen lebhaft diesen schönen Hafen, ja, sie ließen sich sogar in der Stadt nieder und brachten neben ihren Waren manche orientalischen Einflüsse mit, die sich besonders in den religiösen Kulten (Aphrodite) und im Kunstgewerbe bemerkbar machten. Dieses gewann dadurch eine ganz eigene, für das gesamte Hellas bedeutsame und berühmte Blüte, so daß Korinth zum Ausgangspunkt eines zwar hellenischen, aber in Metallarbeit und Keramik stark orientalisch beeinflußten Stils wurde.

Korinth

Orientalischer Kulturimport

Auf die hier schon gestreifte Kolonisation muß später im Zusammenhang deutlicher hingewiesen werden; vorläufig bleibt nur zu erwähnen, daß erst von Korinth aus das schon von den Doriern durchzogene Megaragebiet nun ganz ihrer Stammesherrschaft anheimfiel, die sich dann auch folgenschwer genug auf die Insel Aigina erstreckte, die den Saronischen Golf beherrschte.

Überhaupt machte der Vorstoß der Dorier auf dem Peloponnes nicht halt, und ihre Scharen überzogen die südlichen ägäischen Inseln bis nach Rhodos, ja, sie gründeten an der kleinasiatischen Küste unter karischer Bevölkerung die dorische Hexapolis mit der Hauptstadt Halikarnassos.

Kreta unter den Doriern

Ganz besonders aber wurde Kreta ein völlig dorisches Zentrum so ausgeprägter Art, daß es in seiner Isoliertheit die urtümlichen Sitten des Stammes wohl am stärksten bewahrte, vielleicht weil die Absonderung und die dadurch gefährdete Lage zu ganz besonderer Betonung der kriegerischen, rauhen und harten Gewohnheiten zwang. Dies alte Kulturland einer einst anmutigen, vielfach mutterrechtlich bestimmten Lebensart wurde nun so exklusiv männlich und streng, wie nicht einmal die dorischen Zentren auf dem Peloponnes. Kein Hauch der alten Kultur blieb erhalten. Die Männerbünde (Hetairien) ließen keine Verfeinerung des Lebens aufkommen. Von früh auf wurden die Knaben in Strenge gemeinsam erzogen, und die Zuneigung der Älteren zu ihnen wurde hier zu einer Art bindender Staatseinrichtung, während das Familienleben ganz in den Hintergrund trat. So blieb Kreta noch bis in die Zeit Platons wie ein archaischer Kulturblock aus längst vergangenen Tagen starr und unentwickelt in einem eigentümlichen Gegensatz zu dem Zaubertraum seiner frühesten Zeit.

Lakedaimonien

Ein immerhin ähnliches, aber doch ein wenig anders orientiertes Gebilde entstand in Lakedaimonien, dessen sich die Dorier von der Argolis aus bald bemächtigt hatten. Die fruchtbare, zwischen zwei Gebirgen eingeschlossene Eurotas-Ebene weckte bald die dorischen Eroberungsgelüste und brachte ihnen das Tal auch rasch in Besitz mit Ausnahme des am äußersten Meere gelegenen, alt-ionischen Amyklai, das sich so heftig wehrte, daß es nur durch gütliche Übereinkunft und Gründung einer vierten Phyle in das lakedaimonische Staatsgebilde einbezogen werden konnte. In Lakonien selbst aber traf die Urbewohner ein hartes Los; sie wurden ganz zu Leibeigenen (Heloten) geknechtet und mußten sklavisch alle Arbeit verrichten, damit ihre kriegerischen Herren deren Früchte genießen und sich ausschließlich ihren ritterlichen Sitten und Übungen widmen konnten.

Diese derben, rauhen Gebräuche, die kein Eigenleben und nur den Staat als alles beherrschenden Faktor gelten ließen, sind ja bekannt genug. Sie haben Sparta ebenso die Suprematie in Hellas gebracht, wie seinen Ausschluß aus der geistigen Hochblüte verursacht. Wohl entstand durch das straffe System der Pflicht, des Gehorsams, der gewollten Armut und Einfachheit, der stolzen Betonung von Ehre und Männlichkeit ein geschlossenes Gebilde von ehrfurchtheischender Erhabenheit und Größe, und wohl nie und nirgends hat der Geist der Gemeinsamkeit bei völliger Unterordnung persönlicher Gelüste eine so reine und in seiner Art prachtvolle Prägnanz gefunden. Aber die geistige Herrlichkeit griechischen Lebens, all das, was weltbefruchtend für die Kultur des Abendlandes für Jahrtausende werden sollte, all das verdorrte unter dieser eisernen Disziplin. Es fand hier eine bestimmte Seite des griechischen Geistes, eben die dorisch männliche, die bewußt gestaltende und kraftvoll formende, ihre geradezu polare Ausbildung; hätte sie aber nicht in befruchtender Reibung zum Gegenspiel und zur Ergänzung die geniale Beschwingtheit und den schöpferischen Zauber des ionischen Brudervolkes gehabt, so würden wir heute nicht über Ewigkeitswert hellenischer Kultur reden und Sparta wohl nur mit respektvoller Bewunderung eine bizarre Monumentalität nicht absprechen.

Es war später eine Tradition Spartas, sich auf seine Macht zu beschränken, sich selbst in stolzer Isoliertheit zu genügen und darum keine auswärtigen Händel zu suchen. Diese Zurückhaltung zugunsten der Festigung innerer Bräuche geschah aber mit so drohender Stärke und mit dem Nimbus der Unantastbarkeit, daß auch wirklich niemand eine Herausforderung wagte. In der ersten Zeit nach der Eroberung Lakedaimons betonte Sparta allerdings dies Prinzip noch nicht, denn noch war die Eroberungsbewegung im Schwung, und eine große Beute lockte allzusehr, trotzdem der beabsichtigte Kampf teilweise sogar gegen Stammesbrüder ging. Messenien war es, die mildeste, gesegnetste Landschaft von ganz Hellas jenseits der steilen Schroffen des schneegekrönten Taygetos. Hier dehnte sich die prächtige Ebene, befruchtet vom regenbringenden West, eine Kornkammer ohnegleichen, in blühendem Reichtum, der den neuen Herren des weit kleineren Eurotastales gar zu lockend in die Augen sprang. Trotzdem hier als Besitzer auch bereits Dorier hausten im Verein mit Frühhellenen und noch älteren Stämmen, kümmerte das die beutelustigen Spartaner wenig. Schon um 700 rückten sie in Messenien ein und begannen den Bruderkampf, besetzten das Land und teilten sich in den reichen Boden. Ihn aber dauernd zu behalten, mußte Sparta drei volle Jahrhunderte in langen und gefährlichen Kriegen mit dem Gegner ringen, der im gebirgigen Südteil der Landschaft sich hartnäckig verschanzte. Das Endschicksal Messeniens enthüllt die ganze Brutalität und Unerbittlichkeit Spartas, wenn es eine kriegerische Aufgabe zu lösen galt. Mit eiserner Wucht knechtete es das Land zugunsten der eigenen Herrengeschlechter, aber es stand mit dieser despotischen Doppelherrschaft über zwei streng getrennte Gaue von Hellas ganz allein. —

[Marginalie: Sparta und Messenien]

Wenn im Hinblick auf die hellenische Kulturentwicklung auch etwas verfrüht, wäre es doch gerade hier angebracht, das dorische Staatswesen in diesem seinem Zentrum etwas näher zu betrachten, zumal wir uns bald den Gegenpol der ionischen Lebensform aus den nur stofflich früher zurückliegenden Dichtungen Homers vergegenwärtigen werden. Sparta zeigt zwar nicht ganz die fast absurde Strenge und Einseitigkeit des dorischen Kreta, wenigstens nicht in der ersten Zeit. Denn das Merkwürdige ist, daß sich in Sparta die herben Sitten nicht allmählich lockerten, sondern im Gegenteil mit der Zeit verhärteten, je mehr die Spartiaten zusammenschmolzen und darum immer verbissener zur Behauptung ihrer Macht ihre Eigenart steigerten. Bei Beginn ihrer Herrschaft aber machte sich doch die Verschmelzung mit dem Frühgriechentum, besonders der erzwungene Bund mit Amyklai, mildernd bemerkbar. Eine neue Staatsverfassung wurde gegen 800 durch den sagenhaften König Lykurgos geschaffen, der sich aber durch den weisen Rat des verehrten Orakels von Delphi und vielleicht auch durch kretische Kunde beeinflussen ließ. Einem Doppelkönigtum, das möglicherweise alter dorischer Tradition entsprach, stand ein Rat der Alten (Gerusia) aus dreißig Vertretern der angesehensten Geschlechter zur Seite. Viel später erst wuchs aus priesterlichen Funktionen und aus Vertretung der Könige während der Feldzüge die selbst über die beiden Herrscher hinausragende Macht des Ephorats empor; von diesen obersten Hütern der Ordnung und ihrem un-

[Marginalie: Spartanische Staats- und Lebensform]

widerstehlichen Einfluß wird bei gegebener Gelegenheit die Rede sein, denn in dieser Anfangszeit waren sie nur eine der sich gegenseitig kontrollierenden Aufsichtsbehörden.

Geleitet von den fünf Ephoren war die Bürgerschaft in fünf Regionen geteilt, aber diese hatten durch die ständige Versammlung der vollblütigen Spartiaten in der Hauptstadt dort ihre Zentrale und widmete sich, bis herab zu den Knaben, ganz der Kriegsausbildung und den strengen, staatlichen Anforderungen. Draußen auf ihren Landsitzen mußten die Heloten für sie arbeiten und ihnen die Hälfte ihrer Erträge steuern. Die Periöken der Randbezirke hatten es sehr viel besser; sie galten für frei und waren nur zum Kriegsdienst gezwungen, eine sehr kluge Maßregel, weil dieser Stand somit im eigenen Interesse seiner Unabhängigkeit eine Stütze der reinen Spartiaten gegenüber der so großen Zahl der Leibeigenen bedeutete.

Die bürgerlichen Sitten Spartas waren patriarchalisch und streng geregelt. Bei dem Zusammenleben der Männer in der Stadt kann allerdings von einem Familienleben kaum die Rede sein. Das spielte sich nur auf dem Lande ab, wo die Frau die Kinder bis zum siebenten Jahr erzog. Danach fielen sie dem Staate anheim. Aber damals noch kam der wohlige Genuß des reichen, ländlichen Daseins, die naive Freude an der Natur und die Verbundenheit mit der Scholle dem spartanischen Geiste mildernd zugute. Manche Kulte, die dann stets mit den Erdgottheiten und Dämonen der Jahreszeiten zu tun hatten, blieben aus mykenischer Zeit erhalten, und auch die Beobachtung des wechselnden Laufs der Gestirne spielte eine oft sehr einschneidende, beschlußregelnde und dadurch manchmal verhängnisvolle Rolle. Die göttliche Verehrung des Hyakinthos und das Erntefest der Karneien, das dem Apollon galt, waren gerade in Lakedaimon heimisch, besonders auch der Kult der Artemis Orthia, einer ursprünglich dorischen Natur- und Fruchtbarkeitsgöttin, an deren Altar die bekannte Geißelung der Epheben stattfand. So erhielten sich in Sparta viele uralte, mit seltsamen Festen verbundene Kulte. Man freute sich dieser Feiern und gab sich gern den liederumtönten Lustbarkeiten und Tänzen hin, und ein Schimmer von heiterer Anmut verklärte zu den Zeiten Homers auch das dorische Dasein, bevor dessen prachtvolle, männliche Stärke in eigener Überbetonung zur Verhärtung und Verknöcherung führte. Daß diese Tendenz nicht zu einem Gesamtschicksal von Hellas wurde, sondern nur eine nicht unwichtige, charakteristische Teilerscheinung blieb, verhinderte ein gütiges Geschick durch die polare Spaltung in dorisches und ionisches Wesen, die auch historisch, ethnisch und geographisch wohl begründet war und gerade durch diesen zwiespältigen und sich darum gut ergänzenden Doppelcharakter zur Befruchtung und Höchstleistung der hellenischen Kultur so unberechenbar viel beitragen sollte.

Der ionische Stamm gehörte zu jener ersten Einwanderung der Frühhellenen und hatte zwischen dem nördlichen aiolischen und dem im Peloponnes gesiedelten achaischen Stamm seine neuen Wohnsitze in Mittelgriechenland, dem eigentlichen Hellas, festgelegt, und zwar hauptsächlich in der Landschaft Attika und den Nachbargebieten, und verbreitete sich von hier aus auch besonders auf die Inseln. Ionisch war das nahegelegene Salamis, dann der fruchtbare Mittelteil des langgestreckten Eilands Euboia, und schließlich besetzten die Ionier die mittlere Inselgruppe der Ägeis, die nach Kleinasien führte, die sogenannten Kykladen, von denen nur die südlichsten dem do-

DIE FRÜHHELLENISCHE EPOCHE

rischen Stamm anheimfielen. Ihre meist felsige Natur bot zwar selten das erstrebte Ackerland, dafür waren hier aber kostbare Mineralien zu gewinnen, und vor allem dienten die Inseln mit teilweise guten Häfen als natürliche Brücke zu den reichen Gefilden der kleinasiatischen Küste. Daß aber auch kahle und dürftige Felsenlandschaft solcher Eilande Bedeutung gewinnen konnte, beweist das kleine Delos, das schon früh zum heiligen Mittelpunkt des Apollonkultes für alle Ionier wurde.

Von Chios und dem blühenden Samos aus kolonisierten Ionier nun den wichtigsten Teil der kleinasiatischen Westküste und haben hier, vermischt mit dem ihnen nicht so wesensfremden, karischen Volkselement, in den Städten Milet und Priene in der Maiander-Ebene, dann Ephesos und Kolophon an der Mündung des Kaystros, in Smyrna usw. schon in homerischer Zeit die ionische Eigenart zu hoher Blüte gebracht.

Bei aller fast ehrfürchtigen Gebundenheit, die auswärtige Siedlungen an ihre Mutterstadt fesselten, waren doch gerade solche kolonialen Plätze bei reicheren Lebensbedingungen und sich von selber ergebender größerer Freiheit tatkräftiger Auswanderer der geeignete Boden für kulturelle Hochentwicklung, die sich zwar der sozialen und staatlichen Formen der Heimat bediente, ohne ihnen aber zwangvoll und entwicklungshemmend unterworfen zu sein.

Das kleinasiatische Hinterland, die indogermanischen Lyder, beeinflußten die mit fremdem Geistesgut sich so leicht amalgamierenden, ionischen Lebensformen ebenso günstig, wie es die für ein Küstenvolk naturgemäß lebhaften Handelsbeziehungen zu östlichen und südlichen Gegenden der asiatischen Küste taten. Solange diese Siedlungen selbständig waren, was sie meist der Schwäche der immer unter sich hadernden Binnenreiche verdankten, konnten sie sich zu wohlhabenden und deutlich hellenisch bestimmten Kulturzentren entwickeln; als sie dann später in die Machtsphäre der lydischen und persischen Herrscher fielen, büßten sie naturgemäß einen großen Teil dieser Bedeutung ein, bis sie zur Zeit des Hellenismus in einer späten zweiten Blüte aufs neue die geniale Schöpferkraft ionischen Wesens in gewaltigen Werken der Architektur, Skulptur (Pergamonaltar) und in starker Beeinflussung der metaphysischen Geistesströmungen offenbarten. Neben dem alles überwiegenden Athen wird immer dieser kurze Küstenstrich mit zu den Gebieten gehören, die am stärksten die hellenische Kultur ausgebildet und der Nachwelt überliefert haben, beginnend mit Homer und endigend erst mit dem Ausklang des antiken Griechentums.

Asiens Griechenküste

Attika selbst war kein reiches Land, das seine Bewohner zur Üppigkeit verleiten konnte. Zwar boten sich Triften und Weiden für Rosse und Viehzucht, später gediehen große Ölbaumkulturen, der Weinbau trat hinzu, berühmten Honig lieferte das Hymettos-Gebirge, und später sollten die ergiebigen Silbergruben von Laurion das Land bereichern. Aber wirklich fruchtbarer Boden befand sich nur an den Küsten, bei Eleusis und in der Kephisos-Ebene, wo sich eine Stunde landeinwärts der Fels der späteren Akropolis erhob. Schon in mykenischer Zeit beherrschte von hier aus eine Burg die weite Ebene. Wir wissen aber nicht, wie weit der Machtbezirk reichte, doch lassen sowohl die Sagen, wie die ausgezeichneten, kunstgewerblichen Reste eine Siedlung von gewisser Bedeutung und hoher Entwicklung voraussetzen. Sicher herrschten anfangs hier starke Königsgeschlechter, denen dann durch allmähliche Beschneidung der Herrscherbefugnisse eine Adelsherrschaft folg-

Attika

te, die im 7. Jahrhundert bereits die ganze Landschaft zu einem staatlichen Gemeinwesen vereint hatte. Dieses betrachtete als seinen natürlichen Mittelpunkt die Stadt (Polis), die sich allmählich unter dem Schutze der hoch gelegenen Burg (Akropolis) entwickelte, die aber nicht tyrannisch als Zwingburg über den Bürgern thronte, sondern schon bald nur als Stätte gemeinsamer Götterverehrung diente, ein Vorgang, dessen harmonische Entwicklung so bedeutsam für den späteren Brennpunkt hellenischer Kultur werden sollte.

Euboia

Die doch nur sehr begrenzte Fruchtbarkeit Attikas mußte ganz von selbst die Lust zur Besetzung weiterer Gebiete fördern. So forderte die sich weit längs der Nordostküste erstreckende Insel Euboia geradezu zur Expansion heraus, doch waren nicht die Athener die einzigen Ionier, die sich des ungleich fruchtbareren Eilands bemächtigten und die frühere mykenische Bevölkerung verdrängten. In der Mitte der Insel lag das sogenannte Lelanthische Feld, eine sehr fruchtbare Ebene, bei der die Städte Chalkis und Eretria von großer Bedeutung zumal für die nur wenig später sich ausdehnende Kolonisation werden sollten, da ja naturgemäß Handel und Schiffahrt die Bewohner zunächst mit dem Festland verbanden, und diese dann erst in immer entlegeneren Gegenden neue Gründungen versuchte.

Das ionische Wesen, das in seiner Aufgeschlossenheit, in seiner genialen Beschwingtheit und Beweglichkeit dem dorischen so ganz entgegengesetzt ist, kommt also zunächst im Mutterlande selbst so gut wie gar nicht in Betracht und bleibt mehr oder minder mythisch umkleidet. Der Lebensnerv dieses wichtigsten aller hellenischen Stämme, der die ganze Schöpferkraft griechischen Wesens, aber auch alle seine Gefahren und Dunkelheiten in sich zu sammeln berufen schien, liegt noch ganz in den kleinasiatischen Kolonien, und erst ein bis zwei Jahrhunderte später, dann aber auffallend schnell, beginnt in Attika selbst jene Entwicklung staatlicher und künstlerischer Kräfte, denen es bestimmt war, die stärkste Ausbildung hellenischer Fähigkeiten zum höchsten Ziele zu führen. Zunächst also manifestiert sich der Typus ionischen Lebens überall dort, wo wir es in der Belichtung seines größten Sängers und in dem unwillkürlichen Kolorit seiner Dichtungen zu erkennen glauben.

DIE WELT HOMERS

*Mit Gesang steigen die Völker
aus dem Himmel ihrer
Kindheit in das tätige Leben.
(Hölderlin)*

Es ist ein eigen Ding um Homer und seine Dichtungen. Besäßen wir sie nicht, so würde eine undeutbare Lücke von Jahrhunderten zwischen den Anfängen hellenischer Kultur und dem zarten Beginn ihrer wesentlich anders gearteten, späteren Blüte problembeladen klaffen. Benutzen wir nun aber zur Deutung der Jahrhunderte zwischen 1200 und 700 jene unerschöpflich reiche, alle Lebenskreise umfassende Quelle der Überlieferung, so stehen wir sofort vor der kaum völlig zu beantwortenden Frage, für wann die Schilderung eigentlich Gültigkeit hat. Nicht allein, daß wir hier eine Scheidung versuchen müßten zwischen dem, was als Wirklichkeitsschilderung oder als poetische Phantasiesteigerung zu gelten hat; viel schwieriger noch ist der Umstand, daß Homer bewußt eine Epoche schildert, die um Jahrhunderte vor seiner eigenen Zeit der mykenischen Welt entsprechen soll und doch unwillkürlich von dem Dichter in das ionische Gewand seiner Welt und seiner Tage gekleidet wird. Vages und doch in seiner Art echtes Überlieferungsmaterial der Vergangenheit wird durchtränkt und beglänzt von dem genial erfaßten und geschilderten Zauber der eigenen Umwelt, so daß man fruchtbare Resultate der Erkenntnis aus dieser Quelle nur gewinnen kann, wenn man sich nicht in kritischer Analyse verliert, sondern in einer Art Querschnitt zu schauen versteht und ein Ohr dafür hat, daß — ohne damit die Einheit der homerischen Dichtung in Frage stellen zu wollen — doch die Ilias ein weit älteres und selbst für den Dichter archaisches Bild versunkener Zeiten aufbaut, während die dem Stoff nach doch zeitlich anschließende Odyssee den Ausblick auf viel entwickeltere Kultur und eine ionisch geschaute Welt eröffnet.

<small>Homers Rückschau</small>

Verbohren wir uns, wie gesagt, nicht in die unfruchtbare Aufgabe, hier sezieren, trennen und durchschauen zu wollen, denn unsre Erkenntnis wird dadurch ärmer statt reicher, jedenfalls weniger lebenswahr. Staunen wir lieber vor der unfaßbaren Ungeheuerlichkeit, daß Werke von solcher dichterisch in ihrer Art unerreichten Höhe hier an dem ersten wirklich deutlich sichtbaren Eingangstor abendländischer Kulturentwicklung stehen, und versuchen wir, uns wenigstens einigermaßen darüber klar zu werden, was es kulturell bedeutet, wenn ein Volk auf dieser anfänglich einfachen Stufe seiner Entwicklung solche Glanzgebilde unvergänglicher und gar nicht alternder Schönheit sich selbst zur Erbauung und Erziehung und seiner ganzen Folgezeit und der gesamten Kulturwelt der Zukunft zur Bewunderung und zum Muster bis auf unsre Tage aufbaut. Eine wirklich stichhaltige Erklärung versagt vor diesem Wunder. Wir können es nur ehrfürchtig und dankbar hinnehmen und ihm unzulänglich die kulturelle Wertung zuteil werden lassen, die es in müheloser Göttlichkeit wie selbstverständlich zu beanspruchen hat.

Bedenken wir doch besonders, daß sich rückschließend aus der Tatsache und der Vollendung dieser Gesänge ein Entwicklungsbild von größten Di-

<small>Die Bibel der Hellenen</small>

mensionen und einer unfaßbaren Intensität ergibt. Denn in Homer liegt ebenso ein Abschluß wie ein Beginn. Das, was bei ihm an Lebensformen, an Anschauungen, an religiöser Überlieferung mitgeteilt wird, kann doch nur ein Resultat sehr langer, kulturell sich entwickelnder Zeitläufte sein, ganz abgesehen von der rein äußeren, fast raffinierten Technik dieser Poesien, ihrem Aufbau, ihrer Durchgestaltung, ihrem vollendeten Versmaß, alles Dinge, die sich doch erst allmählich aus geringen Keimen und nicht in plötzlicher Blüte entwickeln können.

Allerdings rühren wir hier an ein fast mystisches Rätsel allgemeiner Art, daß so oft an scheinbarem Anfang von Kulturen ihre größten Taten wie ungeheure Themen stehen, nach denen sich der spätere Verlauf, die anfängliche Größe nie neu erreichend, abwandelt. Die plötzliche Existenz einer genialen Schöpferpersönlichkeit wäre keine genügende Erklärung, denn auch Genies sind Produkte ihrer Zeit und trotz aller ungewöhnlichen Steigerung doch nur aus ihr deutbar; aber selbst, wenn wir alles zusammennehmen, was wir — spärlich genug — von der Entwicklung hellenischer Frühzeit und vom inneren Leben jener ionischen Epoche zu wissen glauben, so können wir doch immer nur wieder mit Verzicht auf eine klare Erkenntnis dieser Genesis staunend das hinnehmen, was uns hier ein Genius von der Vergangenheit seines Volkes und von dem Weltbild seiner Zeit zu sagen hat.

Wir wollen nie vergessen, daß Homer bei aller Betonung seiner ionischen Gegenwart wie ein Scheinwerfer in fast unheimliche Tiefen der Vergangenheit hineinleuchtet und somit kaum für die hier zu deutende Kulturepoche seiner eigenen Daseinszeit als Quelle in Betracht zu kommen scheint, aber wir müssen ihm dennoch erst in dem Frühglanz des ionischen Wesens nahetreten und ihn als dessen stärksten Exponenten synthetisch in seiner Ganzheit werten und deuten. Es ergibt sich dabei mehr oder minder von selbst, was als mykenisch, aiolisch oder ionisch epochegestaffelt zu deuten ist.

Mythisches Erbgut

Die homerischen Gedichte bedienen sich für ihre Schilderungen eines mythisch verwurzelten Legendenschatzes, den sie durch Anlegung eines Wirklichkeitsgewandes sich historisch näherrücken und damit ursprüngliches Religionsgut plastisch in heroisches Menschentum umformen, dieses dann aber wieder, ohne aus der Anschauungs- und Ausdrucksweise ihrer Zeit herauszufallen, dennoch scheinbar soweit von sich in die Vergangenheit zu schieben suchen, daß ihm der mythische Glanz einer bewunderten, versunkenen Herrlichkeit bewahrt bleibt. Neben der ungeheuren poetischen Kunst verleiht dies Schöpfen aus dem Mythos den homerischen Gedichten ihre unwelkbare Dauer, was man nie außer acht lassen soll, denn dieser Born spendet Unsterblichkeit, solange er noch in einem Volke lebendig wirkt. Das war auch im Hellenentum aufs stärkste der Fall und nicht zuletzt dadurch, daß es seinen Homer wie eine „Bibel", wie ein großes Dokument der Volkserziehung und des leuchtenden Beispiels betrachtete, befragte und in Ehren hielt. Homer dient somit ebenso zur Erklärung der Vergangenheit wie auch ganz besonders seiner Folgezeit.

Ideale der Ritterzeit

Ein gut Teil hellenischen Wesens, wie es für die gesamte spätere Entwicklung bestimmend wurde, läßt sich aus den Gestalten und Charakteren der homerischen Dichtung klar erkennen, ebenso deutlich in den Licht- wie in den Schattenseiten. Ungebrochen und unbeeinflußt sind hier noch alle Kräfte in rascher Entwicklung tätig; die Männlichkeit und Heldenhaftigkeit, die unermüdliche Tatkraft, der Stolz und die Würde, all das eint sich in dem Vollbewußtsein der auserwählten Stellung unter den Völkern, die nun mit glühender Vaterlandsliebe geschützt und verteidigt wird. Tiefe Religiosität, aber furchtlos und unbefangen, durchtränkt alle Handlungen und gehört durchaus zur würdigen Haltung. Dem widerspricht keineswegs die seltsame Doppelschilderung, die Homer von den Olympiern gibt und die nur uns und unsrer, viel stärker metaphysisch betonten Religion als fast frivol erscheinen kann. Der Hellene handelt um diese Zeit und auch später durchaus aus seiner Religion heraus; sie durchtränkt ihn ganz und ist der Mutterboden aller Kultur. Wir können uns in unsrer orientalisch-christlich beeinflußten Religionseinstellung über die Art dieser unbeschwerten Inbrunst selten ein richtiges Bild machen, weil wir immer alles in grobem Irrtum auf unsre eigene Vorstellungswelt beziehen, und bei uns ethische Forderungen und die beengende Befangenheit theologischer Begriffe gar nicht diese freie und stolze Art der Götterverehrung begreiflich erscheinen lassen. Es liegt das mit daran, daß die Griechen gar keinen dominierenden Priesterstand, keine Theologie und geschlossenen Lehrzwang himmlischer Gebote kennen, sondern nur das deutliche Bewußtsein des Vorhandenseins einer strahlenden Überwelt, die auf Erden regiert, soweit es ihr paßt, und mit der man sich zwar mit gebührendem Schauer, aber doch ohne Furcht durch die Art seines Benehmens möglichst gut stellen muß.

Da uns die griechische Religion später noch ausführlicher beschäftigen wird und wir hier nur das Wesen des Hellenen, als des Trägers der ausgeprägten homerischen Kultur, in seiner Ganzheit verstehen wollen, so ersehen wir aus dem Gesagten zur Genüge, aus welcher Religiosität heraus der Grieche handelte.

Damals begann er das ganz bewußt zu tun, denn wir merken deutlich in dieser Epoche die Freude an der Ausbildung des erwachenden Intellekts und der maßgebenden Rolle, die er bei der Bändigung des Lebens spielen kann. Was sich später zu so prachtvoller Schärfe klaren Denkens und Formulierens steigern und dann schließlich in zu weit geführter Dialektik und Sophisterei und in die kalte Freude an der Alleinherrschaft des Verstandes umschlagen sollte, das kann man feinfühlig schon hier im Keim spüren und damit einen Schlüssel für europäisches Denken überhaupt gewinnen. Ja, das ganze Handeln, Empfinden, Fühlen dieser hellenischen Menschen ist so vollständig neu gegenüber all dem, was wir sonst zu dieser Zeit in Geschichte und Überlieferung der östlichen, bis dahin kulturentscheidenden Völker finden: es ist der abendländische Mensch in seiner ganzen Eigenart, seiner Aktivität und geistigen Einstellung, der uns bei Homer zum erstenmal deutlich entgegentritt und dessen Betrachtung darum so notwendig wird, um von der Wurzel aus die Entwicklung der ganzen Folgezeit weit über Hellas hinaus zu verstehen. Darum darf man aber auch nicht blind sein gegenüber der Kehrseite der starken, männlich-kräftigen Eigenschaften dieses Volkes. Seine Wertschätzung der Klugheit und des zweckmäßigen Handelns streifte oft an Verschlagenheit und Berechnung, wie in solchen Fällen das zweideutige Verhältnis zur Wahrheit und zum Eide sogar theoretische Beschönigungen findet, die uns ethisch unverständlich sind. Folgenschwerer aber ist die aus dem gesteigerten Selbstbewußtsein sich aufreckende Überhebung und ein übermütiger Stolz, für den man allerdings die Rache der Götter voraussagte und fürchtete.

Die Geburt des abendländischen Menschen

Nicht aber tat man dies bei der extremen Ruhmsucht, die alles andere, ja das eigene Leben, achtlos beiseite ließ und mehr um ihrer selbst wegen als wegen der damit verbundenen Taten anstachelte. Der Unsterblichkeitsglaube der Griechen, der nach Epochen und Stämmen sehr mannigfach variiert war, rettete sich in dieses Streben nach ewigwährendem Nachruhm, wodurch die Sucht, große Einzeltaten zu vollführen, ebenso genährt wurde, wie rivalisierender Neid und Haß. Überhaupt war es stets eine Eigenart der Hellenen, sich theoretisch der höchsten Ethik bewußt zu werden, praktisch sie aber oft dem Temperament und dem Augenblick zu opfern. Hier klaffen die menschlichen Unzulänglichkeiten des Genies und die Gegensätze stark schöpferischer Naturen, wie sie das Leben selbst überall zeigt.

In der homerischen Epoche erscheint das alles noch gemäßigter und ausgeglichener, wenn es auch nur in der überlegenen Weltweisheit des Dichters sich harmonischer spiegeln mag. Aber es ist doch nicht zu verkennen, daß in diesen frühen Jahrhunderten uns manches besser, natürlicher und anheimelnder erscheint als bei seiner späteren Ausgestaltung.

Homerische Sitten

Das gilt nun besonders für die Verhältnisse innerhalb der Familie, zumal für die Stellung der Frau. Homer schildert dies alles noch ungefähr in dem Sinne, wie wir es bei den alten Germanen wissen. Überall herrscht die Einehe, und die Vielweiberei, z. B. der Troer, wird bewußt im Gegensatz genannt. Die Ehefrau herrscht im Innern des Hauses, geehrt und geachtet, gebietet dem Gesinde und steht den Geschäften des Hauses vor, ja leise Anklänge an mutterrechtliche Verhältnisse älterer Epochen kommen selbst noch in den Epen vor. Die Erziehung der Kinder findet daheim statt, und erst einige Jahrhunderte später trat die Kollektiverziehung, zumal bei den Doriern, immer mehr in den Vordergrund. Natürlich darf man bei all dem nicht außer acht lassen, daß Homer sich eingehend fast nur mit der Schilderung des Herrenstandes beschäftigt. Neben diesem war die Lage des Volkes wohl dürftig und mehr oder minder abhängig, doch muß jedenfalls zwischen Freien und Leibeigenen unterschieden werden. Aber das dem Griechen stets innewohnende Gerechtigkeitsgefühl, sein Streben nach innerer Würde und Haltung, ließ ihm eine tyrannische Ausnutzung einer Machtstellung gegenüber Untergebenen verächtlich erscheinen. Einfache, patriarchalische, naturgegebene Verhältnisse machten das Leben nicht nur erträglich, sondern darüber hinaus herrschten natürliche Anmut und Heiterkeit, und die Freude am Glanz und edlen Genuß, an Gesang, Spiel und Tanz trug das ihrige zur sonnigen Verklärung, besonders des ionischen Daseins, bei.

Weltbild der Ilias

Treten wir nun den einzelnen Gebieten und Lebensphasen gegenüber, wie die Epen sie uns widerzuspiegeln scheinen. Da fällt nun zunächst, besonders auf dem Gebiete des Staates und der Gemeinde, der doch beträchtliche Unterschied auf, der die Verhältnisse der Ilias von denen der Odyssee archaisch abhebt. Das Iliasbild ist deutlich das achaiisch-mykenische. Hier gebietet noch ein erbliches Königtum zeusentstammter Geschlechter, wenn sich daneben auch schon die „Edlen" herrisch bemerkbar zu machen streben. Aber noch ist das Gottesgnadentum stark; es wird als solches anerkannt und ihm gehuldigt. Daß innerhalb solcher Herrscherfamilien deutlich eine Wertstaffelung besteht, läßt ja zumindest einen geschlossenen Verband der Stämme unter mächtiger Führung vermuten, ohne dies aber sicher behaupten zu können. Überall stehen die Städte, wenn man größere Siedlungen so nennen will, unter dem Schutze zentraler Herrscherburgen. Freie Handwerker, Gewerbetreibende, auch wohl Bauern bilden die Bevölkerung, außer in jenen Gebieten, die überhaupt höchstens dörfisch gegliedert waren oder auch den Landmann und Hirten nur in seiner Einzelexistenz kannten.

Interessant ist dabei aber doch, wie Homer zum Beispiel Kreta schildert, von dessen viel früherer Glanzepoche und auch von deren Zerstörung er — fast rätselhaft — nicht die leiseste Ahnung verrät:

<small>Homer und Kreta</small>

> Kreta ist ein Land inmitten des purpurnen Meeres,
> Fruchtbar und schön und ringsumströmt. Es leben dort viele
> Menschen, ja ungezählt, und neunzig Städte sind drinnen;
> Allerlei Sprachen sind dort gemischt: hier hausen Achaier,
> Dort die stolzen Urbewohner, dort wieder Kikonen,
> Dorier auch, dreistämmig, und schließlich erlauchte Pelasger,
> Unter den Städten ragt das hohe Knossos, das Minos
> Als Vertreter des großen Zeus neun Jahre beherrschte.
> (Od. XIX, 172 ff.)

So singt der Dichter; auch versäumt er nie, bei Städten auf die Weiträumigkeit, auf die zweckmäßigen Anlagen und die reichen Schätze hinzuweisen, so daß all die Urbilder dieser Schilderungen doch zumindest für seine ionisch-asiatische Heimat angenommen werden müssen.

Das gilt auch für die Baulichkeiten selbst. Die mykenischen Funde bestätigen fast auf Schritt und Tritt, was der Dichter erzählt; dann aber erhöht er wieder das Bild zu einer Pracht, die man selbst für die frühionische Kultur sich kaum als wirklich vorstellen kann, wie z. B. bei der Schilderung des Palastes des Phaiaken-Herrschers Alkinoos:

> Denn da war ein Glanz, als schienen der Mond und die Sonne
> In dem ragenden Haus des stolzen, phaiakischen Königs.
> Ehern zogen die Wände dahin zur Rechten und Linken
> Weit von der Schwelle ins Innre mit glasig-blauen Gesimsen;
> Tore von Gold verschlossen das Innere des stattlichen Hauses,
> Silbern waren die Pfosten und ragten auf eherner Schwelle,
> Silbern auch die oberen Balken und golden der Türring.
> Golden und silbern bewachten die beiden Seiten zwei Hunde,
> Die Hephaistos mit kunstvoll kluger Erfindung gefertigt,
> Daß sie das Haus des erhabnen Alkinoos herrlich betreuten,
> Denn sie alterten nicht und waren beide unsterblich.
> Innen lehnten gegen die Wand zur Rechten und Linken
> Sessel von der Schwelle bis tief ins Innre; darüber
> Lagen fein von Frauenhand gewobene Tücher,
> Und hier war beim Mahl der Sitz der phaiakischen Fürsten,
> Wenn sie schmausten und zechten; stets hatten sie volles Genüge.
> Goldene Knaben standen auf schön gefertigten Sockeln
> Ringsherum und hielten in Händen brennende Fackeln,
> Um beim Mahl die Nächte hindurch das Haus zu erleuchten.
> Fünfzig dienende Weiber sind im Palaste beschäftigt;
> Ein Teil mahlt auf Mühlen goldgelbe Körner des Feldes,
> Andere sitzen da, reihweis wie Blätter der schlanken
> Pappeln, und weben am Stuhl und drehen den Faden der Spindel;

Feuchtes Öl fließt nieder von dicht gekettetem Linnen.
Wie die Phaiaken vor allen Männern geschickt und erfahren,
Schnelle Schiffe durchs Meer zu steuern, so sind ihre Weiber,
Kunstgeübt im Weben, da ihnen allen Athene
Gaben verlieh'n zu köstlichen Werken und edler Gesinnung.
Außer dem Hof liegt nahe dem Tor ein geräumiger Garten,
An vier Morgen groß, umhegt die Länge und Breite.
Große Bäume stehen darin in üppiger Blüte,
Birnen, Granaten und Apfelbäume mit herrlichen Früchten.
Und auch süße Feigen und frische, grüne Oliven.
Ihre Früchte verderben nie und finden kein Ende,
Weder Winter noch Sommer das ganze Jahr, und ein weicher
West läßt stets die einen blühen, die anderen reifen;
Birne reift auf Birne, es folgt der Apfel dem Apfel,
Auch die Traube der Traube, es folgt die Feige der Feige.
Und dort sproßt dem König auch üppiges Rebengelände;
Ein Teil ist ein Trockenplatz auf ebener Fläche,
Sonnengedörrt, auf anderen werden Trauben geerntet.
Andere werden gekeltert, vorn sind die Trauben noch unreif,
Stoßen die Blüten ab, und andere färben sich leise.
Dort sind schön geordnet auch Beete am Rande des Weinbergs,
Mannigfach bepflanzt, und prangen dauernd das Jahr lang.
Drin sind auch zwei Quellen, die eine berieselt den ganzen
Garten, die andre indes fließt drüben unter des Hofes
Schwelle zum hohen Palast, dort pflegen die Bürger zu schöpfen.
Solche herrliche Gaben verliehen die Götter dem König.

(Od. VII, 84 ff.)

Diese Stelle aus dem siebenten Gesang der Odyssee wurde hier so ausführlich gebracht, weil sie wirklich ein konzentriertes Kulturbild für eine Epoche gibt, die uns sonst durch dunkle Schleier primitiv und rauh anmutet.

Die Kunst der Schilderung

Alles ist hier aufs natürlichste vereint und angedeutet. Wir sehen den Palastbau, den Männersaal, seine Bautechnik und Ausschmückung, die Form der Beleuchtung, die Art der Bedienung, und wir hören von der Beschäftigung des Gesindes und dem Treiben des Volkes. Immer wieder, nicht nur hier, schildert Homer Gartenanlagen und Fruchtgefilde, ebenso auf den Zauberinseln, die Odysseus auf seinen Fahrten berührt, wie auch später bei den sehr realen Einzelangaben des königlichen Gartens auf Ithaka, wo die Obstkulturen von Weinstöcken, Feigenbäumen, Ölbäumen, Birnen und Äpfeln erwähnt werden.

Das zeigt immer wieder, wie man den Griechen, selbst der frühesten Zeit, stets als ganz bewußten, ja begeisterten Kulturträger im eigentlichen Sinne des Wortes betrachten muß. Cultura gleich Pflege (in diesem Fall der Natur, des Bodens) war ihnen nicht nur ein Bedürfnis, sondern geradezu das wirklich Menschenwürdige. Der Hellene hat keine romantische Einstellung diesen Dingen gegenüber; für ihn ist alles nur da in bezug auf den Menschen und auf das, was er daraus veredelnd formen kann. Alles andere dünkt ihm barbarisch und wertlos. Irgendeine sentimentale Freude oder Versonnenheit vor dem Unberührten, Ungepflegten kennt er nicht.

Homer gibt dieser Einstellung einmal naiv und ausführlich, aber damit selten prägnant und aufschlußsam Ausdruck, wo bei ihm die Mißbilligung des Odysseus über die unbewohnte Ziegeninsel beim Kyklopenlande laut wird:

> Seitlich des Hafens streckt sich eine ebene Insel
> Nicht zu weit und nicht zu nah vom Land der Kyklopen.
> Wälder sind dort und drinnen leben in mächtigen Rudeln
> Zahllos wilde Ziegen, kein Schritt der Menschen verscheucht sie;
> Auch kein Jäger betritt jemals die Insel, im Bergwald
> Mühsal zu ertragen beim Schweifen über die Gipfel.
> Keine Herden bedecken das Land und keinerlei Äcker;
> Saatlos, ungepflügt liegt immerwährend die Insel
> Leer von Menschen, jedoch von meckernden Ziegen bevölkert.
> Bei den Kyklopen gibt es nicht rotwangige Schiffe,
> Keine Zimmerleute sind dort im Lande, die fleißig
> Tüchtige Schiffe bauen, die zu den Stätten der Menschen
> Eilen und alles besorgen, wie ja die Menschen so häufig
> Miteinander auf feuchten Pfaden des Meeres verkehren.
> Solche Leute hätten die Insel fleißig verwaltet;
> Ist sie doch nicht schlecht und brächte jederlei Ernte.
> Denn am Strande des grauen Meeres liegen dort Wiesen,
> Feucht und locker, auch würden die Reben immer dort tragen;
> Ebene Scholle ist dort, stets könnten sie üppige Saaten
> Ernten zur rechten Zeit, denn fett ist unten der Boden.
> Auch ein sicherer Hafen ist da, wo keinerlei Taue,
> Keine Ankersteine und kein Befestigen nötig,
> Sondern der Schiffer mag landen und ruhig die Stunden erwarten,
> Wann ihn sein Herz oder glückliche Winde zu segeln ermuntern.
> Blinkendes Wasser sprudelt am inneren Ende des Hafens
> Quellend aus einer Grotte, Schwarzpappeln stehen im Umkreis.
>
> (Od. IX, 116 ff.)

Tätiges Dasein

Die Anschauung, die aus solchen Versen spricht, ist aufschlußreich genug. Das tätige Dasein, das formt, das der Erde den Stempel schaffenden Menschengeistes aufdrückt, die Belebung brachliegender Scholle, die Nutzung und Einbeziehung aller Dinge in die Tätigkeit des Menschen, all das gehört zum innersten Wesen des Hellenen, zu den Triebfedern seines Handelns, ja er sieht überhaupt erst in solchem Streben die Berechtigung des Daseins überhaupt. Daß dieser Schöpfertrieb, dieser faustische Hang außerdem noch stets vom Streben nach Harmonie gebändigt wird und Geist und Hände immer bewußt nach einem Ideal der Schönheit schufen, hat über das Erdenbild, das die Hellenen hinterlassen haben, jenes ewige Leuchten gebreitet, dessen Strahl immer belebend und beglückend spätere Jahrhunderte befruchtete. Solche Schilderungen der Pflege des Landbaus finden sich vielfach bei Homer. Die Gebilde auf dem Schilde des Achilleus sind voll davon, aber wir finden dann auch häufig Hindeutungen auf soziale Verhältnisse, Gemeindeverwaltung, die Handhabung des Rechtes und manche staatlichen Einrichtungen.

Da, wo Homer archaische Zustände schildert, herrscht ja sicher noch ein strenges, gewaltiges Königstum, dem alles untergeordnet ist. Kriegerische, rauhe Zeiten bedingten ein straffes Regiment und gaben nicht Raum für demokratische Gliederung und Entwicklung des Volkes, von dem sich die Edlen „götterentstammt" getrennt fühlten. Aber der Gebieter herrschte patriarchalisch, würdevoll und wohl meist voll Menschlichkeit. In seiner Hand lag auch das priesterliche Amt. Aber wir wissen fast nichts von diesen Bräuchen. Aus allem jedoch, was wir hören, spricht das Verantwortungsgefühl der Edlen als Beispiel und als Schützer des geringen Mannes. Die Könige und Herren waren sich der Verpflichtung ihrer hohen Stellung bewußt und bedachten, daß von ihrer Tapferkeit, ihrem Gerechtigkeitssinn und Wohlverhalten das Glück des Volkes abhing. Immer wieder finden wir beim Hellenen selbst so früher Zeit dies Gefühl für die Notwendigkeit einer ausgleichenden Harmonie. Es wäre aber doch nicht griechisch gedacht, wenn man annehmen wollte, daß edles Verhalten rein um seiner selbst willen geübt wurde. Das Gefühl der Zweckmäßigkeit sprach bei der stets realen Lebensauffassung südlicher Völker ebenso mit wie der glühende Wunsch, rein und glänzend im Nachruhm weiterzuleben und schon zu Lebzeiten die Folgen guter Herrschaft zu genießen, wie z. B. Odysseus den Alkinoos preist:

> ... dein Ruhm ist hoch in den Himmel gestiegen
> Gleich wie der eines Königs, der gottesfürchtig und trefflich
> Über gewaltige Scharen von starken Männern gebietet
> Und Gerechtigkeit pflegt. Die dunkle Erde, sie trägt ihm
> Weizen und Gerste, und schwer von Früchten stehen die Bäume.
> Ständig gebiert das Vieh, das Meer schenkt Fische die Fülle
> Unter so guter Herrschaft, und glücklich blühen die Völker.
>
> (Od. XIX, 108 ff.)

Burgen und Gaue

Eine Menge Herrschersitze werden bei Homer genannt. In mauerbewehrten Städten scharte sich hier das Volk um den Palast des Gebieters. Schon damals wird die Identität von Stadt und Staat, die das Griechentum dauernd so stark auszeichnet, ebenso zu kulturfördernder Dezentralisation wie zu verhängnisvoller Zersplitterung geführt haben. Hier trifft sich die landschaftliche Abgegrenztheit mit dem Isolierungsbedürfnis eines individuellen Unabhängigkeitswunsches. Auch die Kulturentwicklung späterer Jahrhunderte hat da nicht einigend gewirkt, sondern die Gaueinteilung, die im allgemeinen konstant blieb, eher noch verstärkt. Das homerische Bild eines Großhellas, das sogar noch die westlichen Inseln umspannte, dürfte kaum oder nur kurze Zeit der Wirklichkeit entsprochen haben. Nur für einen kleineren Bezirk wird das berühmte Führerwort Homers gelten:

> Nimmer doch wollen wir alle uns hier wie Herrscher gebärden;
> Vielherrschaft ist immer ein Übel, e i n e r sei Herrscher,
> E i n e r König. Ihm gab's der Sohn des verschlagenen Kronos,
> Szepter und Rechte zugleich, daß ihrer er walte als König.
>
> (Ilias II, 203 ff.)

Nur zur archaischen Frühzeit und auch dann nur auf rein militärischem Gebiet, besonders gegenüber außerhellenischen Feinden, mag diese Maxime eine gewisse Geltung gehabt haben.

Homers eigene Zeit fällt jedenfalls schon in die Übergangsepoche vom alten

DIE WELT HOMERS

Königtum zur Aristokratenherrschaft. Die adeligen Geschlechter, die ursprünglich in ihren Häuptern eine Ratsversammlung um den Herrscher bildeten, wußten sich immer stärkere Rechte zu sichern. Stammesgruppen vereinten eine feste Zahl von Geschlechtern zu besonderen Verbänden. Die kriegerische Unrast aus der dorischen Wanderzeit verebbte allmählich und machte geruhsamer Seßhaftigkeit Platz, bei der nun Reichtum und Besitz an Land und Leuten bald eine ausschlaggebende Rolle spielten und in der Regierung der Staatengebilde Einflüsse starker Persönlichkeiten wachriefen, denen das Erbkönigtum erlag. Eine „ritterliche" Welt begann, die sich durch die Arbeit vieler Hörigen und Leibeigenen frei und arbeitverachtend erhielt und zunächst noch wenig von einem Aufbäumen gegen soziale Ungleichheit zu spüren bekam. Die Höfe der Edlen, besonders auf ionischem Boden, wissen dabei sich mit dem Glanze eines genußfrohen Daseins zu schmücken; dort erklangen bei frohen Festen jene Gesänge, jene Klänge der Begeisterung über eine heldenhafte Vergangenheit, wie sie Homers Poesie nicht nur schildert, sondern selbst darstellt, und stachelten zur Nachahmung der großen Taten der Väter an.

„Aber das Leben erschöpft sich nicht in Streit und Jagd, so sehr sich jeder Einzelne zu bewähren hat. Zwischen den Kämpfen liegt die Zeit des friedlichen Zusammenlebens der Männer, da sie im Wettkampf sich messen, gemeinsam raten, schmausen, den Liedern des Sängers lauschen, da sie bei Opfern und Festen sich ihres Daseins erfreuen. Nicht dumpf dahinbrütend auf dem Bärenfell liegen diese Helden in Zeiten der Kampfesruhe. Mit der Anmut, die ein beneidenswertes Geschick den Menschen des Südens gegeben, mit der geistigen Wachheit und Helligkeit, die aus ihnen und vornehmlich aus den ionischen Griechen strahlt, genießen sie unbewußt jeden Augenblick ihres Seins, jedes Ding, das sie erblicken oder berühren, alles, was die Natur in leuchtender Schönheit um sie gebreitet hat: das tiefblaue Meer, die Fluren, Bäume, die Quellen und Täler des Landes, jedes Tier, das schweifend oder dienend sich bewegt, den Menschen in seinem aufrechten Wuchs, der Bewegung seiner Glieder, im Wort, das aus seinem Munde tönt." (2)

Ritter und Sänger

In diesen vortrefflichen Worten, die dem besten, modernen Werk über Griechische Geschichte entnommen sind, klingt schon laut und deutlich an, was später die Hochblüte hellenischer Kultur auszeichnen sollte, wenn auch mit manch anderen geistigen Voraussetzungen und in einem weit demokratischeren Rahmen.

Bei Homer selbst hören wir noch nicht viel von der Gliederung der Gemeinde. Zusammenschlüsse der Familien zu Sippen sind schon ersichtlich, wie auch die betonten Bande enger Blutsverwandtschaft.

Die Familie als der Zellkern, aus dem Staaten, wenn auch nicht immer, zu entstehen pflegen, steht nun für die homerische Kultur vielfach als ein weit höheres und edleres Gebilde da als im späteren Hellenentum. Wenn auch eine solche mindernde Entwicklung durchaus begründet ist, so stellt sie nach unsern Begriffen doch einen kulturellen Abstieg dar, und desto lichter strahlt der Glanz edler, häuslicher Würde, den wir immer wieder so stark empfinden, wo bei Homer von der Familie, von dem Verhältnis der Gatten untereinander, der Erziehung, dem ganzen Leben „daheim" die Rede ist. Man denke nur an die Gestalten der Penelope, der Andromache, der Phaiakenkönigin Arete und ihrer lieblichen Tochter Nausikaa, die anmutet, als wäre

Griechische Frauen

sie ein Geschöpf Goethischer Poesie. Ganz zu schweigen von dem Glanzgebilde der Zeustochter Helena, besonders wo von ihr nach dem Kriege am Hofe ihres Gatten Menelaos die Rede ist.

Der Grund für diese von der Folgezeit so abweichende Schilderung Homers liegt in der viel höheren Wertung der Frau in jenen ionischen Zeiten, die uns auf diesem Gebiet vielfach an germanische Verhältnisse unsrer eigenen Frühzeit und des Mittelalters erinnert. Nirgends wo Homer die Sphäre des friedlichen Lebens besingt, findet er so reine und starke Töne wie bei der Darstellung der Gattenliebe und des Familienglücks, und immer ist es die Frau, deren Treue und Tugend, deren Würde und Häuslichkeit er preist. Immer wieder, wenn der Stoff dazu führt, tritt diese warme, natürliche Herzlichkeit, dieses patriarchalisch gesunde Verhältnis der Gatten zutage. Gewiß sind es zumeist die Herrschergeschlechter, denen der Dichter seine Aufmerksamkeit zuwendet, aber nicht das geringste spricht gegen eine Verallgemeinerung solcher Sitten, die der Frau eine edle, kameradschaftliche Stellung neben und nicht unter dem Manne gaben. Auch hier befinden wir uns in einer neuen, europäischen Atmosphäre; denn es ist doch sehr bezeichnend, daß Homer, der die troischen Feinde wie Angehörige seines eigenen Volkes schildert, nur in diesem Punkte abweicht, in dem er die dortige Vielweiberei in asiatischer Form hervorhebt, ohne sie aber irgendwie ethisch zu kritisieren.

Wenn wir nun im Verlauf der hellenischen Kulturentwicklung eine Änderung dieser Sittlichkeit feststellen, so müssen wir uns sehr hüten, zu werten. Wertungen solcher Art fördern selten das Verständnis und zeigen nur die Einseitigkeit des Standpunktes, der nicht an die Willkürlichkeit der Maßstäbe denkt. Zu leugnen ist allerdings nicht, daß es schon einer sehr tiefen Einfühlungsfähigkeit, eines weisen Verständnisses bedarf, um das Wesen hellenischer Eigenart in diesem anscheinend kulturellen Absinken richtig zu empfinden.

Da es sich gerade auf diesem Gebiet um einen der stärksten Gegensätze der Frühzeit gegen die so blendende Hochkultur handelte, so wäre bei der gleichmäßigen Dauer der späteren hellenischen Einstellung wohl schon hier der Ort, diese uns seltsam anmutende Zurückdrängung des weiblichen Elementes etwas näher zu begründen, denn gerade in solcher Eigenart, die doch zutiefst in das ganze Dasein einschneidet, offenbaren sich am ehesten formende und hindernde Kräfte hellenischer Kulturentwicklung.

<small>Vom Frauendienst zum Männerkult</small>

Grundfalsch wäre es, wenn man für die geringe Stellung, ja Nichtbeachtung der Frau, wie sie sich nach der homerischen Epoche entwickelt, irgendwelche asiatischen Einflüsse annehmen wollte. Davon kann schon bei der stets erhaltenen Einehe der indogermanischen Rasse gar keine Rede sein. Der Grund liegt viel tiefer. Das hellenische Gefühl richtet sich an sich gar nicht gegen die Frau, und von einer Mißachtung kann gar keine Rede sein, aber das durchaus männliche Gefühlsleben der Hellenen, die kriegerische Sitte der an Stelle der Familie tretenden und ebenso staatsfördernden Männerbünde, die bewußte Erziehung einer wehrkräftigen Jugend und das stetige Bestreben der Älteren, im Jüngling den edlen Charakter heranzubilden, all das förderte jenen Eros, wie er bei genialen und schöpferischen Persönlichkeiten — und das muß hier einmal in der Weltgeschichte für ein ganzes Volk gelten — oft androgyne Einschläge zeigt, die noch durchaus keine Entartung zu bedeuten brauchen. Was für die späte Römerzeit zum dekadenten Laster wurde, lebte bei den Hellenen in einer keuschen, fast herben, jedenfalls geistig befruchtenden Form, ohne daß ihnen die im guten Sinne blutvolle Sinnenfreude, ja eine gewisse derbe Sinnlichkeit, ohne die überhaupt nichts Griechisches verstanden werden kann, ganz abzusprechen wäre.

Wer diese Seltsamkeit hellenischer Psyche und ihre zeitweilige Berechtigung nicht nachzufühlen versteht und zu der Homoerotik der Griechen keine richtige Einstellung findet, der wird immer wieder unbelehrt und unbelehrbar in Mythos, Religion und Kunst, in Philosophie und Dichtung und den Betätigungen des öffentlichen Lebens, wie Erziehung, Festspiele, Sport, vor Rätseln stehen oder achtlos und unverständig an Tiefen vorübergleiten, in denen der hellenische Dämon oft am wurzelechtesten schafft und wirkt.

Nur diese in dem stürmischen Aufwärtsdringen der hellenischen Kultur immer ausgeprägter wachsende Einstellung läßt das weibliche Element verblassen, das ja selbst in den Göttinnen das Herbe und Jungfräuliche so stark bevorzugt. In der Masse des Volkes, in der Fülle des Lebens wird die Frau und Gattin durchaus die normale, ihr zukommende Rolle gespielt haben; sehen wir doch auch besonders in den dorischen Staaten, die die Sitten der Männerbünde am stärksten pflegten, die Einbeziehung der weiblichen Jugend in den Zwang einer harten, staatsbetonten Erziehung, und wenn wir in Athen z. B. an die Lysistrata des Aristophanes denken, so läßt uns das nicht gerade eine Ohnmacht des Ewigweiblichen empfinden. Eine Lücke wird im Hellenentum hier aber dennoch stets fühlbar bleiben, was durchaus nicht nur unsrer heutigen Einstellung zuzuschreiben wäre. Faßt man die Antike als ein Ganzes, so denke man neben den Idealbildern Homers auch an das völlig andere römische Empfinden und die ehrfürchtig gebietende Stellung, die sowohl Matronen wie Vestalinnen, ja die Frau des Hauses überhaupt einnehmen.

Unsre Betrachtung der Familie hat uns über die ionischen Glanztage Homers in eine spätere Entwicklung hinausgeführt. Kehren wir zu dem Dichter selbst zurück und zu dem, was er uns über die weitere Ausgestaltung von Gemeinde und Staat berichtet.

Wenn auch der Familienzusammenschluß zu Sippen und Verbänden besonders bei dem herrschenden Adel deutlich wird, so muß doch neben der bevorzugten Kaste und ihren Hörigen jedenfalls ein freies Bürgertum angenommen werden, sonst würden nicht schon Gemeindeversammlungen, öffentliche Amtswaltung und Gerichtsbarkeit so klar genannt werden. Jedenfalls macht sich schon hier das Gefüge bemerkbar, das sich später so reich im demokratischen Sinne ausgestalten sollte. Durch Gesetze und Satzungen war es sicher noch nicht geregelt, jedenfalls nicht in schriftlicher Fixierung, gegen die sogar eine gewisse Abneigung noch in späteren Jahrhunderten bestand; noch war Sitte und Herkommen bindend genug zur Staatserhaltung, zumal bei dem Ordnungs- und Formungsbedürfnis selbst der frühesten Hellenen und bei dem geringen Umfang der einzelnen Gaue.

<small>Bürgerliches Gefüge</small>

Von einem Bauernstand spricht Homer nirgends, sooft er auch den einzelnen Landmann, den Hirten, den Jäger und andere naturverbundenen Stände und Personen nennt. Daß Ackerbau und Viehzucht reichlich betrieben wurden, wenn auch wohl nur von den Hörigen, haben wir schon gehört. Die Schilderung pflügender Könige und viehweidender Prinzen gehören bei Homer wohl dem Bilde der Vergangenheit an.

Auch das Handwerk tritt schon geschlossen auf, wie auch Ärzte, Seher, Herolde usw. deutliche Amtsfunktionen besitzen; besonders aber spüren wir schon das Entstehen eines Handels- und Kaufmannsstandes, was bei der jetzt immer lebhafter einsetzenden Kolonisationsepoche durch das Hinaustragen hellenischer Kultur in die weite Welt von ganz besonderer Bedeutung werden sollte.

So sehr der Grieche sich abgeschlossen und auserwählt anderen Völkern gegenüber fühlte und dies ja auch bei einzelnen Stämmen in fast eigensinniger Beschränkung auf den eigenen Gau deutlich zeigte, so war bei anderen die Elastizität und die Beweglichkeit, die Aufnahmefreudigkeit fremden Lockungen gegenüber bei aller betonten Absonderung doch so groß, und selbst bei dem so seßhaften Dorierstamm, und noch weit mehr bei den Ioniern, die Lebendigkeit, der Betätigungswille so stark, daß er über die Heimatgrenzen hinausgriff und sich fruchtbar über Inseln und Gestade des Mittelmeeres ausdehnte. Da wir zu Homers Zeiten doch schon die später so blühenden Städte an der kleinasiatischen Küste ebenso vorhanden wissen, wie die Besiedlung der Inseln, so muß der Beginn der Kolonisation schon lange vorher eingesetzt haben und wohl noch mit der Stoßkraft der Wanderungszeit in Verbindung gebracht werden.

Lockung des Meeres

Nicht wenig dazu hat auch die schon erwähnte seelische Verbundenheit mit dem wandersinnfördernden Meer beigetragen, mag dieses Element auch ursprünglich dem aus dem Binnenlande stammenden Volk eher unheimlich erschienen sein. Dann aber zwang die Küstenzerklüftung tief in das Land springender Buchten geradezu zur Schiffahrt schon wegen des notwendigen Austauches von Lebensmitteln und Waren und weckte den im Hellenen schon immer schlummernden Handelssinn. Alleinbestimmend war aber dieser für die ersten Siedlungen nicht, denn sie stehen noch ganz im Zeichen des Ackerbaus und nicht dem einer Faktorei oder eines kaufmännischen Hafenplatzes. Homer betont noch zu ausschließlich die hierin führende Rolle der Phoiniker, die er stets als Bringer und Verfertiger seltener Waren, aber auch als Sklavenjäger und Piraten hervorhebt, worin ihnen die Etrusker (Tyrsener) nicht nachstanden. Später allerdings wurden beide Völkerschaften von den rasch lernenden Griechen weit überflügelt oder an die Peripherie verdrängt (Karthago), bis es dann allerdings viel später im Westen zu blutigen Auseinandersetzungen kam.

Phoinikischer und hellenischer Handel

Die hellenische Sphäre dehnte sich so schon früh und rasch weit über das eigentliche Heimatland aus, und wenn der Handel meist noch in phoinikischen Händen lag, so gehört er doch sicher auch mit zu den Triebfedern dieser Expansionslust. Das setzt schon eine stark ausgebildete Technik im Schiffsbau voraus, und Homer spricht oft und ausführlich davon, wie wir ja auch bei ihm schon in der Gestalt des Odysseus die ganze seemännische Wander- und Abenteuerlust dieser Hellenen verkörpert finden. Eine solche überseeische Betätigung, die nicht nur der oft erwähnten Personenbeförderung diente, setzt natürlich schon allerlei Fortschritte der praktischen Ausgestaltung im gegenseitigen, materiellen Verkehr der Völker voraus. Eine Methode zum Messen und Wiegen muß es gegeben haben, und wenn auch das Münzwesen erst etwas später über Lydien Eingang fand, so muß man sich erinnern, daß wir sogar schon beim alten Kreta von geeichten Gewichtsteinen und ähnlichem hören.

So spricht ja Homer schon am Anfang der Odyssee von Schiffen, die im unteritalischen Temesa Eisen gegen Erz eintauschen wollten. In dieser kurzen Bemerkung, die gar nicht etwas Absonderliches bedeuten will, wird ebenso die örtliche Ausdehnung des Handels deutlich, wie auch das sehr interessante Verhältnis der homerischen Eisenzeit zu dem vom Dichter besonders in der Ilias geschilderten, längst vergangenen Bronzezeitalter.

Zur Stahlbereitung aber war man damals noch nicht gediehen, bloß das Härten des glühenden Eisens in Wasser wird erwähnt.

Die Begeisterung, mit der Homer die Auslandware und fremde Kunstwerke preist, beweist zur Genüge, daß hellenische Gebiete noch lange nicht zu solcher Betätigung fähig waren und eine solche auch nicht einmal selber erstrebten. Diese Epoche ist noch so kriegerisch eingestellt, daß man den Handel gern den Fremden überließ und mit deutlicher Nichtachtung auf solche Betriebe hinabsah. Das hindert den Dichter aber nicht an der Bewunderung und genauen Schilderung fremden Kunstgewerbes, woraus wir klar erkennen können, welche Muster für spätere Kunstbetätigung vorlagen.

Handel und Handwerk

Noch aber schienen ihm die gepriesenen Stücke Götterwerke zu sein, oder er nennt phoinikische und andere auswärtige Plätze als Herstellungsorte. Über eine heimische Technik erfahren wir von Homer nur zufällig und wenig genug. Maurer, Zimmerleute, Stellmacher, Tischler, Riemer, Schmiede werden jedenfalls von ihm erwähnt und als Gewerbetreibende bezeichnet. Ebenso blühte die Hausindustrie, besonders die der Handarbeit und Webereien, aber auch hier wird der Import aus Sidon, daneben aus Lesbos, hervorgehoben.

Töpfer und Goldarbeiter werden öfters genannt, und bei ihnen treffen wir schon den Übergang vom Handwerker zum bildenden Künstler. Dies gilt auch vom Schmied, bei dem man ja stets den Ausgang aller Kunst vermuten möchte. Sowohl für Waffen wie für Schmuckstücke sehen wir ihn tätig und hören Näheres über die Art der Ausführung. Aber so köstliche Stücke uns auch die mykenische Epoche, zumeist wohl aus Kreta, erhalten hat, so hatte Homers Zeit sicher noch lange nicht diese frühere Höhe und Fähigkeit erreicht, die in den wirren Zeiten seit der Wanderung mehr oder minder verlorengegangen war.

Überhaupt tappen wir, wenn wir nach hellenischer Kunstbetätigung im Zeitalter Homers fragen, weit mehr im Dunkel als Jahrhunderte vorher. Das kann nicht nur an dem Zufall der Funde liegen, wenn auch zu erwarten ist, daß der ionische Schauplatz in Kleinasien wohl sicher dem Spaten noch manche Überraschung bieten wird, sobald diesem Gebiete erst einmal eine so sachgemäße Erforschung wie die der Insel Kreta oder der Argolis zuteil werden kann.

Homer wenigstens selbst redet herzlich wenig von einheimischer Kunst. Siegel, Ringe, Gemmen, Steine erwähnt er gar nicht. Sicher aber war die Keramik schon sehr ausgebildet. Sie ist naturgemäß das verbreitetste und darum auch uns am meisten erhaltene Produkt, an dem wir die Stilwandlungen der homerischen Zeit am deutlichsten ablesen können. Sie hatten alle „das in der kretisch-mykenischen Keramik ausgebildete Malmittel der dunklen Glasur und Firnisfarbe übernommen und damit aus jener untergegangenen Kunst eine wichtige Errungenschaft bewahrt, die für die ganze Entwicklung der griechischen Vasenmalerei grundlegend geworden ist". (³)

Frühgriechische Vasen

Der eben erwähnte Gelehrte macht auf zwei deutlich geschiedene Gruppen aufmerksam, die sich nach Charakter und Einflüssen wesentlich voneinander abheben und damit viel Zukunftsreiches für die Entwicklung der griechischen Kunst nach Homer offenbaren. Winter unterscheidet eine westliche und eine östliche Gruppe, die eine in Hellas, die andere auf den Inseln. Die ältesten, sogenannten Dipylon-Vasen, die man zuerst 1872 in Attika fand, beabsichtigen Vorgänge zu erzählen, nicht aber sie dem Leben abzulauschen, haben also nichts mit der so starken Beobachtungsgabe der kretischen Künstler gemein. Nur auf den Inhalt kommt es ihnen an ohne naturalistische Absicht. Diese Bilder sollen also mehr gelesen als nur betrachtet werden und sind so in der Fülle ihrer Szenen für uns eine unerschöpfliche Fundgrube kulturhistorischer Erkenntnisse. Das Zusammentreffen der westlichen und östlichen Stilkreise hatte ein sehr fruchtbares Ergebnis. Der etwas nüchterne, gemessene Linearstil wird von Osten her durch den Hinzutritt des Pflanzenornamentes und der Darstellung wilder Tiere, ähnlich der kretisch-orientalischen Dekoration, belebt, und dieser Zusammenklang hat allmählich in immer steigender Vollendung zu jenen herrlichen Schmuckformen geführt, die uns die spätere Blüte der hellenischen Kunst zeigt.

Frühgriechische Architektur

Auch in der Architektur kann man eine Milderung des nordwestlichen Stiles durch die reichere Entfaltung des Südens feststellen, aber sie bleibt noch durchaus in der Domäne des Linearen. Wie weit Homers Zeit bereits eine eigene Architektur herangebildet hat, ist schwer zu sagen. Seine Epoche benutzte jedenfalls noch erweiternd die Bauten der mykenischen Zeit, die ja selbst wieder an den prähistorischen Stil anknüpften. Diese Erweiterung muß man aber wohl mehr nach dem Vorbild der prächtigen, alten Paläste Kretas annehmen, sonst würden die begeisterten Schilderungen Homers von dem Glanze solcher Fürstensitze denn doch gar zu sehr aus der Luft gegriffen sein.

Aus dem mykenischen Megaron erwuchs dann wohl die Grundgestaltung des einfachen späteren Tempels. Auch die Säule ist ein Ergebnis der konstruktiv linearen Tendenz, jedenfalls ist die dorische Säule in ihrer frühen Gestaltung auf diese geometrische Zeit Homers zurückzuführen; doch wird davon später ausführlicher die Rede sein. Alles in allem bewahrte diese Zeit die schon vorhandenen Schöpfungen, bildete sie jedoch weiter und legte dadurch den Grund zu der spezifischen Gestaltung der späteren griechischen Architektur, der Dekoration und damit auch indirekt zur Skulptur. (4)

Noch aber können wir von einer solchen ebensowenig reden, wie von einem richtigen Tempelbau, wenn auch Homer für Troja solche Gebäude erwähnt. Diese herrlichsten Schöpfungen griechischer Baukunst setzen erst später ein, wohl im 8. bis 7. Jahrhundert, und ihr Entstehen wird später geschildert werden.

In nichts wird uns die homerische Epoche so deutlich wie in ihrem geistigen Wesen, ihrer Religion und dem allgemeinen Verhältnis des Menschen zur Welt. Durchweg ist in den Dichtungen das Pathos dieser Einstellung das gleiche und überall fühlbar. Wollen wir es aber an Einzelheiten feststellen, dann wird das Bild oft wieder schwankend und unbestimmt; die Stadien der Entwicklung scheinen, manchmal fast widersprechend, örtlich und zeitlich durcheinanderzufließen und nur in Auffassung und Schilderung des Dichters selbst ihre Einheit zu finden.

Die tiefe Weisheit, die hohe Überschau, die maßvolle Gelassenheit des

Dichters sind aber doch selbst ein Produkt dieser Zeit, wenn auch vielleicht ihr höchstes, bestes und seltenstes. Dennoch ist die ausgeprägte Klarheit dieser geistigen Kultur, diese gar nicht zeitgebundene, ewig gültige Menschlichkeit, das männlichreife Ethos doch nicht nur das Ergebnis einer langen Entwicklung des Volkscharakters, sondern wirkt nun auch durch das prägnante Exempel ihrer dichterischen Zusammenballung weit in die Zukunft bestimmend und erzieherisch. Homer hatte für die Griechen eine kanonische Gültigkeit gerade bei der ethischen Prägung ihrer Jugend, und mit der Formung, die er rückblickend dem ungeheuren Schatze der Überlieferung im Wesen seiner eigenen Zeit und Natur zuteil werden ließ, formte er auch im voraus alldurchdringend die Gesinnung und das Sein der ihm folgenden Geschlechter.

Homerische Weisheit

Homer selbst wurzelt noch völlig in dem alle geistigen Betätigungen und Bezirke vereinigenden Mythos, wenn er auch dessen unbekannten, höchstens indogermanisch zu deutenden Urquellen schon sehr fernsteht und manches nur noch tastend und unverstehend berührt. Dennoch ist er noch ganz gläubig und erfüllt von den geistigen Vorstellungen einer langen Vergangenheit, nur daß er sie aus dem unbestimmten Dämmer einer noch gar nicht kulturell geeinten Vorzeit in das helle Licht einer plastischen Anschauung emporzwang und dort zu jener geschlossenen Einheit gruppierte, die nun für alle unwiderlegliche Gültigkeit gewann.

Homer ist keineswegs der Schöpfer der griechischen Religion, wenn er auch uns, ja den Griechen selbst zuweilen so erscheinen mag. Sein religiöses Weltbild ist keine poetische Eingebung eines Einzelnen. Es findet nur in ihm nach unberechenbar langer, uns verborgener Entwicklung zum erstenmal den greifbaren Niederschlag, der aber in dieser Form gar nicht als Religionslehre beabsichtigt oder gedacht ist, sondern nur den Mythos durchtränkt und bei dessen Schilderung in Erscheinung tritt. Die griechische Religion hat, wie schon früher gesagt wurde, nie eine Theologie gekannt, ebensowenig wie heilige Schriften oder einen dominierenden Priesterstand, und gerade dieses Volk, bei dem das Religiöse durchweg für alles das Bestimmende, Leitende, Belebende gewesen ist, wie es ausgeprägter nie in Erscheinung getreten ist, gerade diese Hellenen hatten das Glück, ihre Religion nie als Fessel, nie als peinigendes Dogma, nie als erstarrende Übermacht zu erleben, sondern sie ganz natürlich zu genießen als die selbstverständliche Hingabe an übermenschliche Mächte der Höhe und Tiefe, als eine geistige Schau göttlicher Potenzen von verklärter, himmlischer und dunkel dämonischer Art, wobei ein auf ihnen selbst ruhender Abglanz ihnen stolz ebenso fühlbar wurde, wie sie scheu die Abhängigkeit der armen Sterblichen von diesen Wesen höherer Art spürten.

Die Religion bei Homer

Wollten wir wirklich von einer zusammenfassenden hellenischen Theogonie sprechen, so dürften wir höchstens auf Homers schon erwähnten Zeitgenossen Hesiod deuten, der wohl wirklich in seinen Werken seinem Volke bewußt und, wie er sagt, von den Musen inspiriert, eine Art Götterlehre und religiöses „System" geben wollte. Aber ganz ohne den Schwung und Glanz des großen Ioniers und ergreifend, ja erhebend nur durch die Schlichtheit der bäurisch-ernsten Eindringlichkeit, wie sie der Naturverbundenheit eines stillen, weltfernen Hirten boiotischer Herkunft gemäß war. Hesiod nähert sich damit in herber, naiver Größe jener ganz unhomerischen Ergänzung der

Die Theogonie des Hesiod

griechischen Religion, nämlich den uralten, erdgebundenen Kulten des eigentlichen Hellas, die dort, geknüpft an die zahlreiche, lokale Heroenverehrung, aus wohl vorhellenischer Urzeit bestanden und in das strahlende Bild der erst so siegreich eindringenden, neuen Zeusreligion die dunklen Schatten ihrer unausrottbaren Vorstellungen wieder höher und höher wachsen ließen.

Die Unüberwindlichkeit dieser dämonischen Mächte läßt sich ja auch leicht als Ergänzung des allzu Strahlenden, völlig anthropomorph geschauten Bildes der homerischen Götter erklären, die mehr dem hellschauenden, ionischen Wesen und seiner Klarheit und Beweglichkeit in der weit gelockerten Gebundenheit der kolonialen Gebiete entsprachen, während beim späteren Zurückfluten der kulturbildenden Kräfte ins alte Heimatland die Herbheit und die stärkere Schwerblütigkeit dieser Umgebung eines anderen, ernsten Ausdruckes bedurfte und ihn dann auch, zumal in der späteren Weltanschauung der großen Tragiker, fand.

Wir werden auf die spätere Ergänzung der homerischen Religion durch den dunklen Urväterglauben der Heimat, sowie durch das orgiastische Erlebnis des Dionysos-Kultus und der orphischen Mystik noch zu sprechen kommen.

Apollinisch und dionysisch

Homers Götterbild entspricht durchaus dem, was wir seit Nietzsche in polarem Gegensatz zu der eben gestreiften Art das apollinische Wesen zu nennen gewohnt sind. Zwischen den Zeilen der großen Dichtungen spürt man schon, daß auch jene dunklen und brausenden Vorstellungen bereits sehr fühlbar wurden, aber der Ionier Homer lehnt zumindest den Dionysos-Kult gerade durch seine Ignorierung deutlich ab, während die Mächte des Schicksals, des Todes und des Jenseits auch bei ihm sich nicht der ernsten Inbrunst heimischer, dunkler Gebundenheiten entziehen können.

Dadurch kommt bei Homer gerade in diese Vorstellungen eine Zwiespältigkeit, die vielleicht durch spätere Einschübe zu erklären sein mag, die andere aber wiederum durchaus für uralte Teile erklären. Rein äußerlich genommen, zeigt sich das am deutlichsten bei der Bestattungsart und den Schlüssen, die man daraus ziehen zu müssen glaubt. Bei Homer herrscht durchweg die Verbrennung, während in der von ihm geschilderten Epoche, wie es uns ja die mykenischen Gräber lehren, bestimmt die Erdbestattung üblich war. Die gelehrte Begründung, daß Homer Kriegszeiten schildert, in denen das rasche Verbrennen sich als notwendig erweise, klingt gar zu rationalistisch und gekünstelt. Weit eher wird der von Norden mitgebrachte indogermanische Verbrennungsbrauch vorübergehend die urtümliche Beerdigungsart verdrängt haben. Später laufen beide Formen der Bestattung nebeneinander her, wobei die Beerdigung überwiegt.

Darum will es auch keineswegs einleuchten, daß, wie behauptet wird, bei Homer der heimatliche Ahnenkult, der Glaube an die mögliche Wiederkehr des Toten, in eine fast atheistische, Unsterblichkeit leugnende Weltanschauung umgeschlagen sei. Das sind alles kalte Verstandeserklärungen, die dem wirklichen Wesen solcher religionsdurchtränkten und ganz geistig bestimmten Zeiten in keiner Weise gerecht werden, nur daß natürlich die verschiedenen, neben- und nacheinander in Hellas eingewanderten Griechenstämme die merklichen Unterschiede des Temperamentes, der Auffassung und des Charakters auch in der Form ihres Glaubens und ihrer Religionsbehandlung deutlich spüren lassen. „Der Ionier Homers ist durchaus Augenmensch. Ihm offenbart sich auch das geistige Dasein in deutlichen Umrissen und in sich beruhender Form. So projiziert er seine Innenwelt aus sich heraus und findet für seine Gefühle und seine Phantasie immer eine reale Gestaltung. Alles Träumerische, Vermischte, Unbestimmte liegt ihm ebenso fern wie unsre Romantik oder ein Steckenbleiben im Gedanklichen und bloßen Gefühl. Er zerspinnt nicht formlos sein Verhältnis zum Übersinnlichen, sondern begreift es überhaupt nur, indem er ihm im Sinnlichen eine Stätte schafft und es dort so hoch verklärt, wie das dann noch möglich ist." (5)

Die Götter Homers sind ein vitales Idealbild zuhöchstgesteigerter Menschlichkeit. An ihnen können wir im Guten und Schlimmen ablesen, was der Hellene dieser Zeit innerlich erstrebte. Ethisch diese Religion zu werten, hieße das Verhältnis solcher Zeiten zu ihrer Götterwelt vollkommen verkennen und von einem ganz falschen Standpunkt beurteilen und törichterweise immer nur an dem messen, was wir von Asien her als Religion gewöhnt sind. Eben daß diese Zeit sich ihre Götter als wundervolle, erbarmungslose Hochgeschöpfe dachte, die sich um das verächtliche Menschengeschlecht nur soweit kümmerten, wie es ihnen paßte, ist sehr aufschlußreich, auch für die ganze Einstellung der Höheren und Niederen unter sich. Leidenschaften und Laster der Götter stehen über jeder Kritik. Innerhalb dieser Glorie sind sie so, wie sie sind, vollkommen und nichts anderes als der Gegenstand einer restlosen Bewunderung, einer selig-ehrfürchtigen Hingabe. Es liegt Größe darin, durchleuchtetste Schönheit und jene Vornehmheit im feudalen Sinn, die außerethisch und undefinierbar jenseits von Gut und Böse liegt. Die ethische Regulierung seines Verhaltens — und er legte schon damals durchaus Wert darauf — fand der praktisch und real denkende Hellene in einem stark sittlichen Bewußtsein von Verantwortung, im Wunsch nach guter Beurteilung und Nachruhm und in dem ihm stets innewohnenden Streben nach Harmonie und Ordnung, nach Gerechtigkeit und Vollendung.

Dagegen gingen die seelischen Bedürfnisse der Not, des Leides, der Anlehnung, des Trostes leer aus. Wir lernen daraus, wie heroisch und hart jene Zeit noch war, fern von einer heute geforderten Humanität, die sich höchstens individuell in dem Bestreben äußern konnte, stets edel zu handeln. Diese Lücke eben macht es schon allein erklärlich, daß die homerische Religion der schwächeren Folgezeit nicht genügte und den Einbrüchen anderer metaphysischer Vorstellungen offenstand, ja ihrer stärkeren Warmblütigkeit bedurfte, um nicht an der Herrlichkeit ihres kalten Glanzes zu sterben.

So werden wir noch sehen, wie sich die Götter Homers später mit tieferem Leben füllen und veredeln, ohne dadurch an Schönheit zu verlieren. Denn diese ist es ja, deren Vorstellung die ganze Pracht späterer hellenischer Kunst bedingt. Die Götter Homers sind sozusagen die platonischen Ideen für die ganze Skulptur und Plastik von Hellas, die bis auf unsre Tage wirkt. Daß diese Epoche geistig so und nicht anders schauen konnte, öffnet unsre Augen noch heute.

Daneben aber, wie schon oben angedeutet, kennt auch die homerische Zeit bereits eine tiefere, religiöse Spekulation, die sich ihres Ernstes naturgemäß da bewußt wird, wo Menschenkraft versagt und zusammenbricht, wo ein grausames Schicksal zermalmend und anscheinend ungerecht, jedenfalls aber mit unerbittlicher Notwendigkeit waltet, und wo das Erlöschen des Lebens

Die Götter Homers

Heroismus und Humanität

Göttliche Schönheit

Grenzen der Menschheit

allem blendenden Tatendrang ein Ziel setzt. Hier mischen sich die Jenseitsvorstellungen mit einer bei Homer sonst nicht üblichen Vergeltungslehre, besonders streift die Idee der Moira, des selbst die Götter beherrschenden Schicksals, fast schon an mystische Philosophie. Wenn auch Homer die Götter stets als alterlos ewig preist und gerade hierin ihren Hauptvorzug vor den Menschen sieht, so spielt doch hin und wieder neben der sicher angenommenen Beschränkung des Götterwillens durch das höhere Schicksal ein fast unverstandener Klang hinein von einem möglichen Ende der Götterwelt, von der Vergänglichkeit selbst dieser ewigen Herrlichkeit, als ob schließlich nichts anderes übrigbliebe, als der unerbittliche Zwang einer Notwendigkeit und allgemeine Vernichtung. Hier liegen die Wurzeln jenes großen Pessimismus, jener erschütternden Tragik im Hellenentum, die uns erst sehr spät in dem sonst so tatenfrohen und besonnten Bilde des Altertums deutlich geworden sind und ohne deren tiefste Erkenntnis wir niemals griechisches Wesen recht verstehen könnten.

Moira

Das Vorkommen solcher dunklen Ideen, wie wir sie sogar der homerischen Epoche nicht absprechen können, bedeutet natürlich einen bereits sehr vorgeschrittenen Zustand religiöser Entwicklung, und, bezeichnend genug, hört hier die sonst so greifbare Plastik des hellenischen Pantheons auf. Der Versuch, auch die Moira „mit Gestalt zu umgürten", bleibt vage und unsicher. Wir müssen uns mit der folgenschweren Tatsache abfinden, daß die dunkle Schicksalsidee schon in den ältesten Sagenstoffen Griechenlands herrscht, um dann später von den Verwaltern des griechischen Religionsgutes, den Tragikern, ganz besonders stark ausgeprägt zu werden.

Die Orakel

In dieser kurzen Schilderung des homerischen Glaubens würde eine Lücke klaffen, wenn wir nicht noch einer der wichtigsten, religiösen Institutionen, der Orakel, gedächten. Diese Zentren religiöser Leitung aller hellenischen Stämme können in ihrer kulturbestimmenden Rolle und Tätigkeit gar nicht hoch genug eingeschätzt werden, denn sie haben nicht nur in der historischen Zeit bis zu deren Ausgang dominierend gewirkt, sondern werden sogar schon bei Homer mit einer Selbstverständlichkeit erwähnt, als bestanden sie seit Urzeiten. Es ist das schon deshalb so wichtig, weil wir ja hervorheben mußten, daß das gelockerte und zerteilte Kultleben der Hellenen nicht von der Herrschaft einer theologisch bestimmten Lehre und Priesterschaft abhängig war. Das Bestehen der Orakel durchbricht diese Feststellung nicht; denn diese Stätten griffen ebensowenig in die Bestimmung des Glaubens ein, wie man sie sich in törichter Gewohnheit als nur prophetische Zentren zu denken hat. Sie sind weit eher Beratungsstätten und seltsam kundige, weise abwägende und leitende Mächte, die ihre Weisungen als eine Art Offenbarungen religiös umkleiden und so als Vermittler göttlichen Willens und himmlischer Gebote rückhaltlos und sogar weit über das hellenische Volk hinaus verehrt wurden. In einer Art Trancezustand, in einer mystischen Hingabe der murmelnden Priesterin glaubte man den Spruch der Gottheit zu vernehmen, und es war Sache der Priester, ihm eine Ausdeutung, meist in gebundener Form, zu geben. Nicht nur die durch Dämpfe erzeugte Verzückung der Pythia im Orakel von Delphi, das Homer schon wohlbekannt ist, ergaben den Stoff zu solchen Ausdeutungen; auch die Träume des Tempelschlafes, das Wiehern der Rosse, das Rauschen der Eichenwipfel konnten den Willen der Götter vermitteln. Für letzteres kam besonders der „pelasgische" Zeuskult des epi-

DIE WELT HOMERS

rischen Orakels von Dodona in Betracht, das von Homer mit seltsamen Priestergebräuchen geschildert wird. Später trat es aber ganz gegen das Heiligtum des Orakelgottes Apollon in Delphi (Pytho) in den Hintergrund. Schon die Ilias erwähnt hier die Anhäufung reicher Schätze, und die allgemeine Verehrung, die zu solchen Spenden selbst aus weiter Ferne trieb, muß man durchaus als einen Ansporn zur Steigerung des Kunstschaffens in Rechnung bringen.

Das Wichtigste aber war die ethische Macht, die besonders Delphi über alle Hellenen ausübte; eine kluge Lenkung, wenn auch nur in der Form von Beratung oder Warnung, griff hier nicht nur bei privaten Anliegen und Fragen ein, sondern beeinflußte große Staatsentscheidungen, wie auch besonders die Kolonisation, die zweckmäßigste Richtung solchen Expansionsdranges, die Wahl der Führer, Entscheidungen innerhalb der Gemeinden und Parteien, kurz, es schwebte hier, soweit man sie in Anspruch nehmen wollte, eine göttliche Aufsicht über den Hellenen, die die apollinische Kultur harmonisch mit den alten Erdkulten verband und damit auch die Weltanschauung immer abgeklärter aus dem Banne dunkler Mächte zur lichten Höhe einer weisen Überschau zu leiten trachtete und so zu einem nie mißbrauchten Segen von ganz Hellas wurde.

Orakel, Ethik und Politik

Die Orakel allein sind auch der Anlaß gewesen, daß zu ihrem Schutze doch ein gewisser Zusammenschluß in der unheilvollen Zersplitterung der hellenischen Staaten stattfand. Da sich die Griechen wenigstens in der Verehrung dieser Stätten geeint fühlten, so entstanden zum Schutze der Heiligtümer, besonders Delphis, sogenannte Amphiktionen, d. h. Bünde der im Umkreis benachbarten Staaten, zu dem einzigen Zweck, das Orakel und seine reichen Schätze zu schützen und daneben wohl auch Kriege zwischen diesen Bundesmitgliedern zu verhindern. Die guten Absichten waren, wie in manchen späteren Bünden, ziemlich machtlos; Abgeordnete traten zweimal jährlich in Delphi und den Thermopylen zusammen. Man beriet, besprach, stimmte ab und einigte doch Hellas dadurch nicht im geringsten. Dem delphischen Bund gehörten zwölf Staaten an; andere Zusammenschlüsse galten Onchestos und Delos, dem asiatisch-ionischen Heiligtume auf dem Mykale-Berge usw. Es sollte damit die Neutralität dieser Stätten, ihr gesicherter Zugang für Pilger, Deputationen und Abgesandte garantiert werden.

Orakelschutzbünde

Es ist klar, daß bei einer solchen Hingebung an die großen Orakelzentren überall Verehrung von Sehern, Weissagern, Deutern von Vogelzeichen und Opfern nebenher lief, daß Sitten und Bräuche, zufällige Ereignisse, ungewohnte Erscheinungen und allerlei Vorgänge in Natur und Leben prophetisch gewertet und gläubig gedeutet wurden. Wird man sich darüber klar, daß das gesamte hellenische Leben bis in seine späteste Entwicklung in allen Verästelungen immer religiös bestimmt blieb, wie selbst Kriege und Schlachten und epocheändernde Entscheidungen auf das Folgenschwerste von religiösen Anschauungen und oft fast unscheinbaren Geboten abhingen, so bedarf es nicht der Aufzählung von Einzelheiten.

Das Übersinnliche

Die Hellenen haben es fertiggebracht, diese fromme Einstellung des ganzen Volkes mit jenen unendlichen Freiheitsflügen hochstrebender Gedanken zu vereinen, wenn naturgemäß auch solche Entwicklungen nicht immer in den Banden der Religion blieben, sondern sich fast staunenswert losgelöst von ihr entwickelten.

Die Geburt der freien Wissenschaft

Denn schon keimt in den Gefilden und zu den Zeiten Homers die große, rein hellenische Schöpfung der freien Wissenschaft um ihrer selbst willen empor, anfänglich noch in einem Gemisch von Religion, Naturdeutung und Philosophie, schon aber mit dem vollen kritischen Erkenntnisdrange, der hier die Grundlagen und Methoden des ganzen abendländischen Denkens entdecken und bestimmen sollte.

Bei Homer selbst ist noch nichts davon erwähnt, aber man muß bei dem Epiker aus einer Nichterwähnung nicht immer schließen, daß etwas noch nicht vorhanden war. Das ist besonders bei dem Streit geschehen, ob Homer und seine Zeit schon die Schrift gekannt haben und ob seine eigene Überlieferung rein auf mnemotechnischem Wege vor sich gegangen sei. Es ist aber doch ganz ausgeschlossen, daß solch ein aufgeweckter, intelligenter Volksstamm wie die Ionier ohne Schrift gewesen sein soll, zu einer Zeit, wo alle Nachbarländer, Hethiter, Kreter, Phönizier, von den Schriftsystemen der alten Ägypter und Babylonier ganz zu schweigen, längst schon Schriftzeichen gekannt und so reichlich benutzt haben, daß sogar uns noch die Fülle ganzer Bibliotheken davon erhalten ist. Der Dichter selbst erwähnt nur einmal dunkel und nicht unzweideutig Zeichen einer Botschaft, die auf ein Täfelchen geritzt war. Die Sage schreibt ja dem Kadmos die Einführung der Buchstabenschrift aus Phönizien zu. Sicher sind die Buchstaben ursprünglich semitischen Ursprungs, und Herodot erwähnt für das alte Theben solche „kadmeischen" Inschriften, die seinerzeit noch einigermaßen lesbar waren. Erschließen können wir ferner aus Homer das Vorhandensein von allerlei astronomischen und medizinischen Kenntnissen. Wie wäre es auch anders möglich, wo doch die Sternenkunde des nahen Orients in weit grauere Zeit hinaufreicht, und wo die Heilkunde sicher wohltätige und giftige Kräuter kannte und besonders schon in Ägypten zu einer Art Wissenschaft ausgebaut war. (6) Die Ilias erwähnt sogar zwei Helden als ausgesprochene „Militärärzte", die zwar „Söhne" des Asklepios-Gottes genannt werden, aber ihre Funktionen, selbst chirurgischer Art, ganz sachgemäß ohne Verquickung mit religiösen Machenschaften ausüben. Auch dies zeigt auf kleinem Gebiet die charakteristisch-hellenische Geistesfreiheit.

Noch viele Schlaglichter würde die homerische Dichtung auf das Kulturbild jener Zeit werfen, doch muß es bei dem Gesagten sein Bewenden haben. Lassen wir uns an dem Wenigen genügen, denn selbst in der poetischen Steigerung der großen Epen fühlen wir deutlich die helle, klare, kenntnis- und tatenhungrige Zeit, die hier heraufzieht; allerdings nicht in harmonisch fortlaufender Steigerung, aber doch als die nur zeitweise wieder verdunkelte Grundlage der nun bald und rasch sich zu strahlender Höhe erhebenden hellenischen Kultur.

DIE ERSTEN GESCHICHTLICHEN JAHRHUNDERTE
(bis 500 v. Chr.)

I. ALLGEMEINES

Der hellenischen Kultur war es nicht gegeben, kampflos und stets ansteigend in ruhigem, organischem Lauf zu ihrer Höhe emporzureifen, und noch weniger ist es uns vergönnt, dies schicksaldurchbrochene, stark bewegte Auf- und Niederwallen klar zu überblicken.

Machen wir uns noch einmal in ganz kurzer Überschau die vergangenen Phasen klar, weil sie sämtlich noch einer vorgeschichtlichen Zeit angehören, die uns nur bruchstückartig aus Funden, Mythen und Poesie bewußt wird, ohne irgendwie als lückenlose und überlieferte Historie gelten zu können.

Nach einem wohl nie aufhellbaren Dunkel vielhundertjähriger Entwicklung taucht, wie wir schon sahen, plötzlich und ganz überraschend vor unsern Blicken der noch immer undeutbare Märchenzauber der kretischen Kultur auf. Ohne heute schon zu wissen, ja mit einem starken Zweifel, ob ihre Träger indogermanischen Blutes waren, müssen wir das hochgezüchtete Dasein auf dieser Insel in seinem weitreichenden, alles durchdringenden Einfluß doch durchaus in den Kreis unsrer Betrachtung hellenischer Kulturentstehung einreihen. Schon aber senkt sich mit unerklärlicher Plötzlichkeit ein dunkler Vorhang vor das lichte Bild. Es entschwindet ohne kenntlichen Übergang. Eine noch undeutbare Lücke klafft.

Torso Weltgeschichte

Die mykenische Epoche der rauhen, starken Achaier beginnt im eigentlichen Hellas, in das diese nordischen Frühhellenen gewaltsam eingebrochen sind, um sich allmählich mit der weicheren, karischen Urbevölkerung, die ihnen nicht unverwandt gewesen sein mag, wenigstens teilweise zu mischen. Wiederum entsteht ein Bild, herb, stolz, heroisch. Es wuchtet so getürmt und quaderstark, greift weit und voll über den ursprünglichen Rahmen aus und wirkt wie das unzerstörbare Fundament weiter, großer Kulturentwicklung, die noch dazu fruchtbar, aber vielleicht gefährlich mit dem Zauber der kretischen Errungenschaften bereichert wird.

Wiederum jedoch greift das Schicksal ein. Abermals wälzt sich ein griechischer Kernstamm, die Dorier, alles zermalmend, aus unbekannten, nordischen Tiefen heran, überflutet und zerstört alle archaische Kultur, und nur wie durch einen Zufall bleiben die Reste altionischer Stämme, wenigstens in Attika, unberührt. In gewisser Weise könnte man von einem Kulturzusammenbruch, einem furchtbaren Rückschritt, einer fast radikalen Zerstörung reden. Aber solche Urteile sind gefährlich und irreführend und sollten jedenfalls nicht zur Grundlage einer Wertung dienen. Jedenfalls aber ist wieder ein normaler Ablauf gehemmt, ein Bild verwischt; tieferes Dunkel als zuvor verbirgt uns lange Zeit die keimende Gestaltung neuen Lebens. Immer noch kann von Geschichte im eigentlichen Sinne keine Rede sein.

Da erklingen auf einmal an unser staunendes Ohr die großen Heldengesänge der Ionier, die in dieser so problematisch verhüllten Epoche ihr lebendigstes Wesen an der kleinasiatischen Küste und auf den Inseln betätigen, wohin die Ionier fliehend und wandernd sich ausgedehnt haben. Ihre Heimat aber, das hellenische Attika, ist uns noch rätselhaft entrückt und verschleierter als die dorischen Gefilde.

Schon glauben wir mittels der Gesänge Homers festen Boden unter den Füßen zu gewinnen, greifbare Keime zu kontinuierlicher Entwicklung in Händen zu haben und eine Frühzeit deutlich zu erblicken, an die nun lückenlos anknüpfend und ansteigend sich das hellenische Wesen noch stärker und fruchtbarer, jedenfalls aber deutlich und deutbar zu entfalten braucht, um uns so eine mühelose Erklärung der so wunderbar raschen, späteren Hochblüte zu gewähren.

Erinnerungsaugenblicke aus der Kindheit

Aber auch dies ist Täuschung. Nach dem Erklingen der homerischen Gesänge, nach dem Aufleuchten ihres doch schon so klaren und kulturell reichen Lebens, wird es wiederum still, dunkel, unfaßbar. Zögernd nur und vereinzelt wird es hier und da laut, blitzt es auf, tritt nun wirklich in dämmerhafte Erscheinung. Aber nach aller Verschollenheit, nach den mythischen Nebeln, nach poetischen Glanzträumen, spüren wir nun doch den ersten Daueratem lebendigen Daseins, es „gürtet sich mit Gestalt", es ringt sich empor, die hellenische Kultur erlebt ihre eigentliche, sich nun historisch und organisch entwickelnde Jugend, wenn auch alles früher Vergangene zu ihrer Erklärung notwendig bleibt und sie sozusagen in gewaltiger, dämonisch starker Vorexistenz gespeist und bedingt hat, wie ein Genie aus den Reihen großer Ahnen resultiert, aus ihnen dankbar aufgebaut ist und sie doch alle überraschend und strahlend in gesegneter Ballung sämtlicher Kräfte überragt.

Gerade aber diese Häufung schicksalgewollter Einschübe, dieses Ringen, Zerstören und Wiederaufblühen, dieses Durcheinanderschütteln von Entwicklungen, die doch alle sich befruchtend in einer Richtung liefen, dieses Sichdurchsetzenmüssen hochgespanntester Kräfte, all das war wohl nötig und wirkte kräftigend und reinigend auf ein Übermaß und Überschäumen elementarer Anlagen, die erst so zur Formung und zur harmonischen Entwicklung zusammenschießen und gebändigt werden konnten.

Im Kampfe gegen die Titanen

Erst wenn ein wogendes Element prometheisch in sich den Hang zur Bildung spürt, wenn es lernt, um harmonische Gestaltung ungeordneter Kräfte zu ringen und sich auch dieser Entwicklung als höchster Aufgabe bewußt wird, erst dann kann Großes entstehen und zum Segen der Welt weiterwirken.

Dieses Erlebnis ist in den Hellenen zur Tatsache geworden und ist ihre höchste Ehre. In ihrem eigenen Mythos, der Überwältigung ihrer allmächtigen, aber für den Kosmos unfruchtbaren, ja zerstörenden Titanenkräfte durch weise und strenge Bändigung, durch sittlich-gestaltende, um wirkliche Werte ringende Betätigung spiegelt sich der Werdegang und seine ethische Reifung. Daß diesem Volke seine Größe, sein Genie nicht wie eine reife Frucht mühelos in den Schoß fiel, daß es sich selbst hart erzogen und bewußt ausgebildet hat und mit dem verliehenen Pfunde überreicher Begabung wucherte, statt es spielend zu vergeuden, das macht seine Größe und ewige Bedeutung aus und läßt es als einen in seiner Art höchsten Typus der Menschheit über alle Völker und durch alle Zeiten in ewiger Jugend leuchten.

Es ist ein althellenischer Grundgedanke, daß unsterblich zu den Göttern nur der eingeht, der sich diesen Lohn durch Leistung erkämpfte. Bei den

Griechen handelte nicht nur der Einzelne danach, sondern ein ganzes Volk. Nimmt man nun aber den Hellenen in volklichem Sinne als ein Ganzes, so muß man sich völlig klar sein, daß eine solche Geschlossenheit nach außen nur gegenüber allen anderen Völkern gefühlt wird und nach innen bloß für einzelne einengende Bande gilt, die alle Hellenen als solche anerkannten, in deren Bezirk aber die polarsten und betontesten Gegensätze nicht nur staatlich und stammesgemäß, sondern auch in Charakter, Sitten, Bräuchen scharf gesondert auftreten.

Neben dem ganz instinktsicheren Gefühl der Blutsgemeinschaft liegt das Einigende vor allem in der Sprache mit ihrem herrlichen Wohllaut, ihrem Reichtum und ihrem so charakteristischen Gepräge. In ihrer Sprache fühlten sich alle Hellenen stolz abgesondert von der übrigen Menschheit, die für sie nur aus Lallern und Stammlern bestand. Gerade dies bedeutete die bei den Griechen für alle Außerhellenen gebräuchliche, den Sinn so klangdeutlich malende Bezeichnung „Barbaren". Und was für die Sprache gilt, mußte ja noch mehr ihrer gesteigerten Form, der Poesie zugute kommen. Ihre Lieder und Epen gehörten den Hellenen gemeinsam. Waren diese doch auch genährt von gleicher, uralter Überlieferung, vom Mythos, der zwar aus allgemeinen, indogermanischen oder noch tieferreichenden Wurzeln stammte, aber doch ein ganz spezifisch hellenisches Gepräge erhielt durch den Reichtum an Phantasie, durch die Fähigkeit zur plastischen Schau geistiger Dinge, durch die „Lust am Fabulieren", Deuten, Ausgestalten des Stoffes, besonders aber auch durch die so ausgeprägte Anlage, die ganze Natur zu be„geistern", sie überall göttlich belebt zu denken und sie in all ihren Äußerungen göttlich zu personifizieren. Dieser Hang traf sich gut mit dem erdgebundenen Glauben der karischen Urbevölkerung, der ohne Schaden, ja als vertiefender Gewinn absorbiert wurde.

Rasse und Sprache

Die Religion war somit das weitere große Bindeglied aller Hellenen trotz ihres Zerfalls in unzählige Kulte. Oder gerade deshalb, weil dies tolerierende Nebeneinander von vornherein jede Spaltung ausschloß und kein Dogma eine Erweiterung auf die zahlreichen, landschaftlich bedingten Verehrungen verhinderte. Das durchgängige Gemeinsamkeitsgefühl wird ja auch aus der Verehrung und Beschützung der Orakelstätten ersichtlich und kommt besonders bei den ganz religiös bedingten Festspielen, zumal denen von Olympia, zum Ausdruck. Hier fühlte sich Hellas unter sich und eins, und die streitsüchtig trennenden Elemente verloren ihre Macht nicht nur unter sich, sondern sogar vor den staatlichen Bezirken solcher Heiligtümer. Die Hellenen wußten sehr wohl um ihre kulturelle und rassische Einheit. Aber die staatlichen Gegensätze und Anlagen, die sich temperamentvoll in ihnen auslebten, erschweren ebenso wie die Landschaft praktisch jeden größeren Zusammenschluß.

Nation und Religion

Zeigen sich also schon hier Einheit und dezentrale Variation auf dem gleichen Gebiet, so gilt das auch für die Sitten und Bräuche. Auch von ihnen sind viele durchgängig bei allen Hellenen üblich und sondern sie bewußt von anderen Völkern ab (schon erwähnt wurde die Einehe, die Bestattungsart usw.), daneben aber haben Lebensart, Stammeseigentümlichkeit und Landschaft doch ein sehr abwechselndes Bild erzeugt. Immer wieder muß man also bei den Hellenen die Einheit der gleichen Charakterrichtung aus einer Vielheit der Methoden und äußeren Erscheinungsform zusammenschauen, genau so wie zwar Hellas an sich, selbst mit Einschluß seiner ausgedehnten Kolonisation, ein bestimmtes nationales Ganzes ist und dennoch politisch nie selbständig zu einer Einheit gelangt ist. Diese folgenschwere Zersplitterung darf aber nie täuschen über die prägnante Zusammengehörigkeit und die Herkunft so vieler Verästelungen aus der gleichen und alle mit gleichem Leben spendenden Wurzel.

Daher machen sich auch zeitlich in den verschiedenen Stämmen und Gauen fast stets die gleichen, großen Strömungen geltend, die dann allerdings in den verschiedenen Zentren schneller oder langsamer, klarer oder trüber, ergiebiger oder hindernder verebben. Dies gilt ganz besonders für die Entwicklung des Staats- und Gemeindewesens, das im großen und ganzen überall die gleichen Stadien durchmacht und in ähnlichen Phasen verläuft. Die logische Einheit des gleichen, lebendigen Volksorganismus verlangt naturgemäß nach einem mehr oder minder parallelen Ablauf aller Funktionen.

Stämme und Stile

Diese starke Betonung und der deutliche Hinweis auf hellenische Einheit waren notwendig, weil nun allerdings mit dem Eintritt in das hellere Gefilde der Geschichte gerade das Gegenspiel der Kräfte, besonders der ionisch-dorische Gegensatz entscheidend bemerkbar wird und zuweilen zu ganz verschiedenen Resultaten zu führen scheint. Aber auch hier bedeuten Gegensätze fruchtbare Ergänzung und Reibung neues Leben. Das vergesse man nie, wenn von verschiedenen Stilen, abweichenden Kunstrichtungen, getrennten geistigen Strömungen die Rede ist. Sie alle sind nur Bereicherung des gleichen Bildes und des nämlichen Charakters eines zum Höchsten berufenen Volkes, das seine Sendung in der Weltgeschichte in einmaliger Größe erfüllte und aus eigener Kraft nur auf dem e i n e n Punkte nationaler Einheit versagte, bis auch hierin der Abschluß ein weltumfassender wurde.

Zwei Vorgänge und Erscheinungsformen des griechischen Lebens sind es, auf denen die ganze hellenische Kultur und ihre Verbreitung beruht, und ohne deren genaue Beachtung man sich nur ein undeutliches und unvollständiges Bild dieser weltbeeinflussenden Entwicklung machen kann. Beide hängen eng miteinander zusammen und sind in gewissem Grade doch auch wieder Gegensätze.

Polis und Kolonie

Es ist dies einmal die Staatengründung in Form der Polis (Stadtgemeinde, städtisches Staatswesen), also die feste Siedlung und Begründung der Heimat. Das andere Moment ist die Kolonisation, also die Betätigung des Expansionstriebes, das Fortschweifen in die Ferne, das dann dort aber wieder in die alles bestimmende Form der Polis ausläuft.

Beide wichtigen Prozesse liegen in ihren Anfängen weit zurück, ja sie gehen über die historische Zeit in graue Vergangenheit hinaus; ihre Höhepunkte aber erreichen sie in den Jahren 800—600 v. Chr., wobei naturgemäß die Gründung der heimatlichen Polis vorangeht.

Die griechische Polis, die wir in ihrer ganz singulären Eigenart voll verstehen müssen, ist etwas völlig anderes als die Städte der großen orientalischen Reiche oder Ägyptens. Bei diesen handelt es sich dem Wesen nach meist um Herrschersitze, Emporien oder sonstige städtische Menschenanhäufungen in größeren Reichen, denen sie eingeordnet sind. Sie sind dort volkreiche Mittelpunkte, entstanden aus gewissen Ursachen oder zu bestimmten Zwecken, haben und beanspruchen aber kein abgesondertes Eigenleben, sondern sind Teile eines Ganzen ohne das Bestreben eines in sich abgeschlossenen, politischen Zellkerns, der von den Bürgern gebildet wird und ihnen allein zukommt.

Das Wort Bürgerschaft gibt hier schon den Unterschied an. Die Polis ist stets eine bewußte Staatsgründung einer zur Bürgerschaft zusammengeschlossenen Stammesgruppe mit eigenem, innewohnendem Gesetz, nach dem sie sich entwickelt. Sie wünscht auch zunächst nichts weiter zu sein: Stadt und Staat fallen in eins. Die Absonderung, das Kleinstaatliche, ist notwendige Folge. Die Idee, von hier aus ein Reich zu gründen und Hauptstadt eines Reiches zu werden, liegt der Polis ganz fern. Sie bezieht auf sich und zu sich hinein und kennt keine Tendenzen umgekehrter Richtung; ihr etwaiges Ausdehnungsbedürfnis oder die Notwendigkeit dazu äußert sich eben in der Kolonisation, die eine deutliche Abtrennung vom Zellkern, nicht aber dessen machtpolitische Erweiterung ist, wenn auch ein starker Zusammenhang, mindestens ein betontes Pietätsverhältnis, mit der Mutterstadt bestehen bleibt.

Die alten Städte auf Kreta oder die der mykenisch-achaiischen Epoche, darunter auch Mykenä, Tiryns, sind darum auch keineswegs als Poleis anzusprechen, deren Wesen und Seele ja noch gar nicht in ihnen lebt. Sie waren Siedlungen, die sich Schutz suchend um starke Herrschersitze gruppierten und einer höheren Gewalt untertänig waren.

Den Ursprung der Polis als solcher zu ergründen, ist nicht leicht, ja wohl unmöglich, aber nach zwei Richtungen deutet sich doch eine Erklärung an. Die Entstehung und die ersten Spuren dieser ausgeprägten Eigenart hängen zeitlich mit der dorischen Wanderung und ihren Folgen zusammen; es muß aber natürlich nach erlangter Seßhaftigkeit aller der Stämme, die Hellas überfluteten, in diesen selbst schon dem Charakter nach das Bedürfnis politischer Staatsbildung, mag diese auch noch so klein sein, stets geschlummert haben, diese Formung des Gemeinschaftslebens und die ausdrückliche Betonung eines sich selbst nach eigenen Gesetzen genügenden Zentrums. Es kann dieses abgeschlossene Wesen gefördert worden sein durch die Notwendigkeit der Verteidigung und aller Maßnahmen, die einen Schutz nach außen garantierten; andererseits kann aber dies Kristallisationsbedürfnis auch Anregung von außen und zwar von Phoinikien gefunden haben. In Phoinikien allein von allen außerhellenischen Gebieten hatten sich Städtegründungen oder deren Ausprägung in ähnlicher Art ereignet, bezeichnenderweise aber nur an der Küste. Seestädte, die durch Handel erblühen, erzeugen stets eine selbstbewußte, eigenmächtige Bürgerschaft. Die Rivalität der einzelnen Plätze untereinander isoliert sie dann, und so bildet sich nun etwas Ähnliches wie die Polis aus. Wir sehen einen parallelen Vorgang ja noch zwei Jahrtausende später bei den italienischen Hafenstädten oder bei der deutschen Hansa und anderswo, wo ähnliche Vorbedingungen gegeben waren. Nur daß bei den Hellenen die überaus starke Staatsbegabung und der politische Hang weit mehr den Antrieb gaben als irgendein Handelsbedürfnis oder Seegeltung, zumal es sich ja auch vielfach um Landstädte handelte und jeder Gau sich seine Polis im Innern oder seltener an der Küste schuf.

„So oft eine konzentrierte politische Kraft geschaffen werden sollte, erfolgte eine solche Sammlung einer Bevölkerung in e i n e m Bürgerverband, mit gemeinsamen Lasten, Verpflichtungen und Rechten, innerhalb einer meist schon vorhandenen, jetzt erst mit voller Befestigung versehenen Ortschaft, doch auch nicht selten an völlig neugewählter Stelle... So hätte man

_{Ursprung der Polis}

68 DIE ERSTEN GESCHICHTLICHEN JAHRHUNDERTE

es gerne überall gehabt, und alles griechische Wesen drängte auf diese seine ausschließliche Gestalt, die Polis, hin, ohne welche die höhere griechische Kultur gar nicht denkbar wäre." (7)

Die Entstehung dieser „festen politischen Körper" ist die Vorbedingung und das Fundament allen hellenischen Staatslebens und damit auch aller späteren europäischen Staatsformen, soweit sie hier Lehre und Beispiel in typischem Gepräge fanden; und auch da, wo ganz aus eigenem Volksleben heraus sich im Abendlande staatliche Gemeinwesen bildeten, haben später oft kulturelle Beeinflussungen und Strömungen durch die Jahrhunderte hindurch von diesen so scharf konzentrierten und straff zusammengeballten städtischen Staatsorganismen der Polis größeren Einfluß gehabt, als ein flüchtiges Denken wähnt.

Stadtstaaten gegen Landkultur

Sieht es nun danach aus, als hätte hier menschliche Betätigung restlos Großes und Beispielhaftes geleistet und einer wirklichen Kultur, die ja immer nur aus geregeltem Zusammenleben von Menschen erwachsen kann, einen wertvollen, ja verehrungswürdigen Boden bereitet, so muß man doch dagegen auch auf die großen Schattenseiten und Bedenken aufmerksam machen, die mit der Polis und ihrer Begründung zwangsläufig verbunden sind. Der Fanatismus dieser Gründungen führte notwendig zur Zerstörung oder mindestens starken Beeinträchtigung eines Bauernstandes, eines dezentralisierten Landbaus und damit einer sozial glücklicheren, weil unabhängigeren und natürlicheren Existenz. Was für das Zentrum gewonnen wurde, ging für den Umkreis verloren. Wie eine große Spinne zog die Polis alles Eigenleben im Umkreis nicht organisch und als natürliche Folge, sondern meist mit brutaler Gewalt und bei starkem Widerstand in ihren Bann; sie fühlte sich allein als gültige und berechtigte Macht und betätigte dieses Gefühl mit drückender Herrschsucht und eiserner Brutalität dem ganzen Umkreis gegenüber. Dies staatspolitische Machtgelüst, so klein es auch territorial in unsern Augen sein mag und so sehr es nach innen statt nach außen strebte, griff tief und oft vernichtend in eine alte Kultur und fast geheiligte Bindungen ein. Wurden doch dadurch Siedlungen, Weiler, Dörfer, ja ganze Landstädte kleineren Ausmaßes verödet, ja absichtlich dem Sterben zugeführt, damit sie der Polis nicht schädlich oder aufsässig werden konnten. Lokalkulte, pietätvolle Anhänglichkeit an Urväterscholle, an heilige Herde, Gräber, Ahnenverehrung konnten der egoistischen Rücksichtslosigkeit der Polis und ihrem aufsaugenden System allenthalben leicht zum Opfer fallen, und ob hier nicht diese höchste Ausprägung einer Stadtkultur die Landkultur derart getötet hat, daß später daran ganz Hellas starb, bleibt noch eine offene Frage, zumal in Verbindung mit einem zweiten Bedenken, das sich gegen den Wert der Polis äußern läßt.

Die Eifersucht der Stadtstaaten

Dieser zweite schwere Nachteil der sonst so bewunderungswürdigen Gebilde, die auf dem Gebiete menschlichen Gemeinwesens wie seltene Kunstwerke anmuten, ist vielleicht noch größer. Durch die verschiedenen Poleis und die eigensinnige, ja wütende Betonung ihrer Selbständigkeit und Eigenart wurde in all den blühenden, griechischen Jahrhunderten jeder gemeinsame Zusammenschluß im Sinne eines größeren panhellenischen Ganzen verhindert, ja im Keim erstickt, denn die Amphiktionen zum Schutze der Orakel und andere gelegentliche Bünde kommen demgegenüber nicht in Betracht. Es kam bei dieser Eifersucht nicht einmal zu dem Wunsche einer Einigung oder zu dem Gefühl eines solchen Bedürfnisses, selbst als die drohende Vernichtung durch äußere Feinde bereits kaum mehr abzuwenden war, und nur entschlossener Zusammenhalt schleunige Rettung hätte bringen können. Was damals an gegenseitiger Hilfe geleistet wurde oder zur Not Hand in Hand wirkte, war doch mit lauter kläglichen Neidereien und Reserven durchtränkt, und ohne die fortreißende Genialität einiger großer Männer wäre das Verderben nicht mehr aufzuhalten gewesen. Und diese Retter machten sich dadurch noch verhaßt, ebenso wie auch die Poleis selbst überall mit einem Gürtel von Haß der Hörigen und Vergewaltigten umgeben waren.

ʻSo wenig man sich also Hellas und seine großen Leistungen ohne die Zentren dieser städtischen Staatswesen, diese Poleis, denken kann, so sehr muß man sich hüten, politische Formungen der Griechen als Ideal oder gar als nachahmenswert anzusehen. Unsre Bewunderung braucht durch solche Einschränkungen nicht geschmälert zu werden, denn alles Menschenwerk muß stets aus dem Wesen seiner Träger verstanden und unter dem Gesichtspunkt betrachtet werden, daß es nach seiner Art notwendig war und nichts Großes ohne große Opfer geleistet werden kann.

Die einzelnen Gründungen der Unzahl griechischer Poleis, wie sie sich durch die ganze Geschichte der Hellenen hindurchziehen, auch nur den Hauptorten nach anzuführen, würde viel zu weit führen und den Grundgedanken doch keineswegs variieren. Denn dieser bleibt stets der gleiche, mag auch das Wesen sich noch so verschieden gebärden, mag es dorisch oder ionisch, mag es aristokratisch oder demokratisch sein. „Die Bildung einer Polis war das große, das entscheidende Erlebnis im ganzen Dasein einer Bevölkerung. Die Lebensweise, auch wo man fortfuhr, die Fluren zu bebauen, wurde von der ländlichen doch eine vorwiegend städtische; bisher waren es ‚Landwirte‘ gewesen, nun, als alles beisammenwohnte (Synoikismus), wurden es ‚Politiker‘." (8) Und nur in diesem Sinne ist die Charakterisierung des Aristoteles vom Menschen als dem „zoon politikon" zu verstehen. Etwas Gewaltsames haftete den Poleis immer an; geht man tiefer auf ihre Gründungen ein, so kann man auf sehr düstere Vorkommnisse, auf Menschenopfer u. dgl. stoßen, denen dann aber stets ein religiöser Gedanke, ein mystischer Ur- und Aberglaube, irgendein Lebenssymbol zugrunde liegt. Von den unmißverständlichen Berichten des Mythos bis in die Tatsachen der Diadochenzeit konnte sich dergleichen ereignen. Die Polis auf die Summe ihrer Schmerzen zu untersuchen, sollte man lieber unterlassen und sich eher an ihre positiven Leistungen halten, zu denen besonders das heroische Zusammengehörigkeits- und Gemeinschaftsgefühl der Bürger gehört. Denn das Wesentliche der Polis ist nicht die Stadt, nicht der Ort, es ist die Bürgerschaft an sich, und jeder einzelne in ihr, soweit er frei ist und nur dann, ist ein lebender Teil der Polis.

Staatsorganismus

Ihre ganze Struktur verlangt es, daß sie nie übergroß werden darf, um nicht in Unübersichtlichkeit ihren eigentlichen Charakter zu verlieren. Wenn auch später einige Städte sich viel mehr erweitert haben, muß man mit 10 000 Bürgern als dem Idealmaß rechnen. Denn die geschlossene Einheitlichkeit des Willens ist ein Grundzug der Polis, der bei einer Entwicklung zur Großstadt nicht mehr aufrechtzuerhalten wäre. Stets von der Vaterstadt aus muß man den Griechen verstehen; er ist ihr Produkt, und was die Heimat dann etwa ihm verdankt, stammt in edler Wechselwirkung der Wurzel nach doch aus ihr. Eine solche Isolierung, eine so starke, ausschließende Lebensballung ist dem modernen Denken nicht zugänglich; sie ist in dieser Intensität einzig und allein hellenisch; sie wird in ihrer Allmacht schon zur Religion und hat sich auch häufig als solche symbolisiert (Tyche, Stadtgöttin). Meist geht aus der Gottheit der Charakter der Stadt hervor und umgekehrt.

<small>Tyche</small>

Bei der so großen hellenischen Fähigkeit der individualen Steigerung des Einzelnen war dessen eiserne Bändigung unter das Allgemeine wohl eine ausgleichende Notwendigkeit, wenn nicht schließlich alles von der Vehemenz solcher Persönlichkeiten zersprengt werden sollte. Auf diesem Gegensatz beruhen die erschütterndsten Tragödien im Einzelschicksal der großen Männer Griechenlands. —

Mitbestimmt von ihm, wenn auch auf größere Gruppen bezogen und noch vielfach anders motiviert, ist das zweite so wichtige und folgenschwere Phänomen griechischer Vitalität: die Kolonisation.

Auf diesen Hang zur kolonialen Ausdehnung und der Beherrschung ferner Küsten wurde ja schon früher verwiesen. Setzte er doch nicht nur schon vor der homerischen Zeit ein, sondern der Stoff, zu dem sich der Mythos in den homerischen Epen gestaltete, schildert ja selber ein Stück hellenischer Kolonisationsbestrebungen, wenn auch in der Form kriegerischer Verwicklung.

<small>Die Küsten des Mittelmeers</small>

Von den Ursitzen der alten Hellenen aus betrachtet, sind schließlich alle Gründungen in Griechenland als Kolonisation anzusprechen. Aber nicht darum handelt es sich, sondern um die unzähligen Abspaltungen nach erlangter Seßhaftigkeit. Die staunenswerte Fülle dieser Erscheinungen setzt eine biologische Fruchtbarkeit und eine geistige Vitalität und Spannkraft voraus, die in diesem Ausmaß fast unbegreiflich ist.

Jedenfalls nehmen nun die kolonialen Entsendungen und Gründungen in einem Maße zu, daß man sich immer wieder verwundert fragt, wie die Heimatstädte eine so große Fülle von Bürgern abstoßen konnten, ohne an solcher Schwächung zu verbluten. Staunen muß man auch vor dieser weit ausgreifenden Wanderlust, dem Unternehmungsgeist und der elastischen Spannkraft dieser Bewegung, die selbst die so seßhaften Dorier erfaßte. Dieser für die Verbreitung der hellenischen Kultur so bedeutsame und folgenschwere Trieb ist nicht bloß mit dem Hinweis auf Übervölkerung, heimische Enge und Nahrungsnot erklärt, wenn dies alles auch oft stark mitgesprochen haben mag. Auch der ungeheure Stoß der sogenannten „dorischen Wanderung" hat wohl nur anfangs durch gewaltsame Vertreibungen die ersten Kolonien hervorgerufen. Ein zahlenmäßig so kleines Volk von geringerer Beweglichkeit und weniger hochfliegender Abenteuerlust hätte sich nie zu einer so frohen, tatkräftigen Überflutung ferner Gegenden entschlossen, zumal alle diese Unternehmungen doch nicht von vornherein gesichert, fruchtbringend und gefahrlos erscheinen konnten. Man hat bei einer Gesamtbetrachtung dieser Siedlungen fast das Gefühl der Planmäßigkeit, so klug und sicher gründet jeder Staat und jede Mutterstadt an den wichtigsten, zweckmäßigen Küsten und Plätzen, und in der Tat hörten wir ja schon von einer zwar nicht aufdringlichen, aber doch sicheren Oberleitung durch das Orakel von Delphi und die dort erbetenen Ratschläge. Es zeugt das allerdings von einer fast unheimlichen Sachkenntnis der Priesterschaft, und wir können nur schwer eine Erklärung hierfür namhaft machen. Jedenfalls leitete Apollon fast die gesamte Kolonisation, und ohne diese höhere Weisung und Beratung wurde keine Gründung vorgenommen. Dadurch wuchs aber auch die Macht

<small>Delphi als oberstes Kolonialamt</small>

ALLGEMEINES

des dankbar verehrten Orakels ins Ungemessene, und die von ihm inspirierten Gedanken beherrschten die Küsten der Welt und drangen von hier aus in das Innere der Länder. Die kolonialen Gründungen blieben also stark religiös bestimmt, wie auch die Auswanderer stets das heilige Herdfeuer und die Abbilder ihrer Stadtgötter mit sich führten. So bleibt eine geistige Verbindung immer bestehen, selbst da, wo sich die äußeren Bande durch allzu große Entfernung oder eintretende Ereignisse lockern sollten.

<small>Die Auslandsgriechen</small>

Die Gründe der Kolonisation sind zwar in den Einzelfällen recht verschieden, im allgemeinen aber doch auf wenige bestimmende Anlässe zurückführbar. Die ältesten Kolonien hängen noch mit dem Trieb der Wanderzeit zusammen und sind fast als deren Ausläufer wenigstens insofern zu betrachten, daß durch die schließlich erlangte Seßhaftigkeit der Mutterstadt doch noch Trieb und Unrast früherer Zeiten vibrierten und eine weitere Absonderung ganz natürlich erfolgen ließen. Dazu kam aber vor der Klärung staatlicher Verfassungen und möglichst geordneter Verhältnisse daheim der vielfache Hader und die Gruppenspaltungen im Innern der Bürgerschaft. Diesem Zwist, oft auch dem drückenden Schuldrecht entzog sich der minderbegünstigte Teil in eine mit größerer Freiheit lockende Ferne, und tatsächlich haben die Auswanderer ja stets in gelockerteren Verhältnissen gleichmäßig und gleichberechtigt ihre Kräfte viel vorteilhafter entwickeln können, ohne von den alten Ständetraditionen derartig beeinträchtigt zu sein wie daheim. Diese Entlastung weckte die Betätigung; aus ihr und dem rascheren Lebenstempo entstand der Wohlstand, der dann in blühender Kultur die alte Heimat zwar als einen ehrwürdigen Ursprung, aber doch als zurückgebliebenes, enges Vätertum betrachtete.

In ganz früher Zeit war natürlich die Gewinnung neuen Ackerbodens und fruchtbringender Gefilde das treibende Moment, und in solchen Fällen mag wirklich die Kargheit der Heimat zur Auswanderung gezwungen haben. Die neuen Siedlungen wurden auch ganz in diesem Hinblick angelegt und verraten noch nichts von einem Streben nach günstigen Faktoreien oder der Ausnützung von Handelsbeziehungen. Dazu war der Sinn noch zu patriarchalisch beengt, das Leben und seine Funktionen zu schollenmäßig bedingt. Man wiederholte, ja kopierte genau das mütterliche Gemeindewesen, fühlte sich auch äußerlich von dort abhängig und ihm innerlich sehr verbunden und übernahm höchst konservativ die heimische Tradition.

<small>Zweifache Heimat</small>

Natürlich änderte sich das allmählich durch die Einflüsse der neuen Umgebung, durch steigende Macht und gewonnenen Reichtum, durch größere Ausdehnungsfreiheit und daneben wohl auch durch zeitweilige Erschwerung der Verbindung mit „daheim". Besonders die größere Beweglichkeit und Empfänglichkeit des ionischen Stammes führten bald zu betonterer Selbständigkeit.

Erst allmählich, wohl vom 7. Jahrhundert an, fängt der Handel an, eine ausschlaggebende Rolle bei der Kolonisation zu spielen. Bis dahin meist in den Händen der verschlagenen und berechnenden Phönizier gelegen und eng mit Seeraub verquickt, geht nun die länderumspannende, kaufmännische Betätigung, aber auch das Piratentum, fast ganz auf die Hellenen über, die nicht minder dazu begabt waren, ja einen für damalige Verhältnisse verblüffenden Aufschwung eines systematisch und klug betriebenen Handels herbeiführten und jene Kraftfülle, Energie und Weltsichtigkeit gewannen, für

<small>Das Volk der Künstler und Händler</small>

die wir eine nicht unähnliche Parallele bei der deutschen Hansa finden.

Zu den Zeiten Homers allerdings war bei den Edlen die Wertung einer solchen Tätigkeit noch sehr negativ eingestellt, so sehr man auch bereits des Warenaustausches und der fremden Händler bedurfte. Aber betont ritterliche und einseitig kriegerische Zeiten haben noch immer gedacht wie der Sohn des Alkinoos:

> Nein, o Fremdling, nein. Du scheinst mir nimmer in Kämpfen
> Kundig, wie sie so vielerlei die Menschen betreiben.
> Eher halte ich Dich für einen Führer von Schiffsvolk,
> Der in berudertem Schiff gleich einem Händler umherzieht,
> Stets auf Ladung bedacht und späht, wo Güter zu haschen
> Und Gewinn zu erraffen. Doch scheinst Du mir nimmer ein Kampfheld.
>
> (Od. VIII, 129 ff.)

Im Zusammenhang klingen diese Worte noch viel wegwerfender und kränkender. Aber das ändert sich bald. Denn Wohlstand und elastische Freiheit gewinnen ja stets leicht ein Übergewicht über kleinere, gebundenere Verhältnisse.

„Der Handel versteht sich nämlich bei den Griechen nicht so ganz von selbst, und vollends die Industrie nicht, weil gegen alles Banausische, alles, was der geistigen und gymnastischen Ausbildung im Wege war, und vollends gegen jede Arbeit in bezahlter Abhängigkeit von anderen ein starkes Vorurteil bestand, und selbst der eigenhändig betriebene Ackerbau mit der Zeit kaum noch als etwas Würdiges galt. Dieses Vorurteil konnte nur durch sehr großen Nutzen und großes Bedürfnis aufgewogen werden; man mußte Barbarenländer aufsuchen, welche gegen die eigenen, relativ wohlfeil produzierten Waren wertvolle Naturprodukte jeder Art hergaben." (9)

Import-handel
Der griechische Handel hatte anfangs wohl zum Hauptzweck das Einholen lebenswichtiger Erzeugnisse, besonders wertvoller Metalle für Waffen und Gebrauchsgegenstände, dann aber vor allen Dingen Korn, da der spärliche Ackerboden der Heimat für die anwachsende Bevölkerung nicht mehr ausreichend war. Aber auch an Vieh mangelte es, an Pferden, ja vor allem an Sklaven. Auch Honig und Wachs wurden eingeführt, man lernte das Einsalzen von Fischen und benutzte dazu die größere Ergiebigkeit ferner Meere. Auch hören wir von einem lebhaften Handelserwerb von Produkten, die uns nur noch dem Namen nach bekannt sind, wie das begehrte Silphion, ein Kraut oder eine Frucht, die nur aus dem nordafrikanischen Kyrene zu Heil- oder Toilettenzwecken kam. (Köstlich humorvolle Vasenbilder sind uns besonders von diesem Handelszweige erhalten; Paris.) Das Zinn, das im hellenischen Bereich viel zu selten und darum zumal für den Bronzeguß ebenso notwendig wie kostbar war, fand bereits den Weg aus England die Rhône abwärts zu der uralten Kolonie Massilia (Marseille). Auch Medikamente metallischer und pflanzlicher Art mußten vielfach importiert werden.

Export-handel
Griechenland hatte dagegen besser gefertigte Geräte, Waffen und auch Produkte seiner Webekunst zu bieten, an Nahrungsmitteln konnte es sich die Ausfuhr von Öl und Wein leisten. Die hellenischen Kolonien an den fremden Küsten wurden daher vom Ausland durchaus nicht als Eindringlinge feindlich betrachtet, im Gegenteil. Der Siedlungsplatz war ja bis dahin

unbesetzt und in seiner nun klug erkannten Eignung bisher gar nicht ausgenutzt. Seine Bebauung störte also nicht, die neue Polis beschränkte sich ja ohne weitere Ausdehnungsgelüste auf ihre eigene Ausgestaltung, und das dahinter anschließende Binnenland war froh, für seine Produktion einen Absatz zu finden und selber bessere oder bei ihm gar nicht vorhandene Ware einzutauschen. Zu Konflikten kam es also höchstens später durch Erstarkung binnenländischer Reiche, die dann selbst die Angreifer waren, oder die Kolonie geriet in den Wirbel anderer kolonialer Konkurrenz, wie die der Karthager, der Etrusker usw., und auch eigener Neidereien; die Blüte mancher Stadt wurde dadurch geknickt, einige Plätze ganz vernichtet, und schließlich in weit späteren Jahrhunderten fiel zumal die westliche Kolonisationssphäre von Unteritalien und Sizilien erst in die Hände der afrikanischen Phönizier, dann der Römer.

Will man nun einen Überblick über die gesamten Kolonien erhalten, so kommt es darauf an, ob man es örtlich, zeitlich oder nach Stämmen, also den verschiedenen Kulturarten, unternehmen will. All das geht völlig durcheinander, und so wollen wir rein geographisch verfahren und zeitlich uns ganz im allgemeinen merken, daß die urältesten Kolonien an der ionisch-kleinasiatischen Küste, wie Milet, Priene, Ephesos, Smyrna und im Südteil der Westküste die dorische Hexapolis mit der Hauptstadt Halikarnassos, die ja alle hier schon erwähnt wurden, tief in eine historisch noch nicht aufgehellte Epoche hineinragen, und dann das 8., 7. und 6. Jahrhundert den Höhepunkt der Kolonisation bilden. Ganz aufgehört hat sie nie, aber vom 5. Jahrhundert ab läßt der Drang nach; es überwiegen die Interessen und auch die schweren Bedrängnisse der Heimat und konzentrieren dort die Kräfte, bis dann die Zeit Alexanders des Großen wieder, wenn auch in ganz anderer Form und unter anderen Gesichtspunkten, als eine neue, phantastische Periode hellenischer Kolonisation auf dem Wege der Eroberung aufgefaßt werden muß.

<small>Alexander und der griechische Wanderdrang</small>

Der eigentliche große Strom der Siedlungen geht von Chalkis auf Euböa und von Korinth aus, beides Orte, deren schmales Fruchtland für den Ackerbau und die Menge der Bevölkerung nicht mehr genügte. Von Chalkis aus wurde nördlich und östlich erst die dreifingrige Halbinsel Makedoniens mit 32 Siedlungen versehen und erhielt daher den heute noch gültigen Namen Chalkidike; beachtenswert bleibt, daß jener Teil, der heute die Athos-Klöster trägt, unbesiedelt blieb. Die thrakische Küste schloß sich an. Seit Mitte des 8. Jahrhunderts siedelten hier Chalkis, dann Milet und die Insel Andros. Städte wie Akanthos und Stageiros (Heimat des Aristoteles) entstanden hier neben vielen anderen. Kulturell wurde die Besitzergreifung dieser Gegend dadurch äußerst wichtig, daß von hier aus nun im 6. Jahrhundert der Einbruch des thrakischen Dionysosdienstes den Kult dieses Gottes für Hellas selbst im höchsten Maße steigerte.

<small>Chalkis</small>

Gehen wir weiter östlich, so haben allein von 680—630 Milet und Megara eine ganze Kette von Gründungen über die Propontis und ihre beiden Meerengen geschüttet. Chalkedon und Byzanz sind besonders zu nennen. Und nun wurde das Schwarze Meer selbst Schauplatz einer Kolonisation, die zahlenmäßig und biologisch kaum mehr begreifbar ist. Allein Milet gründete hier in kürzester Zeit 90 Städte. Die Flußmündungen des Don, der Donau, die ganze Krim, das Asowsche Meer und auch die Nordküste von Kleinasien waren längs der See bedeckt mit griechischen Pflanzstätten (Odessa, Sebasto-

<small>Am Schwarzen Meer</small>

pol, an der Südküste Trapezunt). Die Nordküste übte ihre Anziehungskraft besonders durch die Fruchtbarkeit der weitgedehnten Getreidefelder aus; hier entstand eine Kornkammer für Hellas, und umgekehrt war für die hier wohnenden, indogermanischen Skythen die Berührung mit den Griechen und ihren begierig aufgenommenen Kulturerzeugnissen von größter Bedeutung und machte das Barbarenvolk so reich, daß es sich alles, was an Geräten, Schmuck, Waffen usw. zum Besitz reizte, in Menge erwarb. Die zahlreichen Spuren, die Fülle von Funden, die diesen gegenseitig so fruchtbaren Austausch immer neu und stärker beweisen, sind trotz der Bemühungen einiger Gelehrter vielleicht noch gar nicht genügend ausgewertet für die Folgerungen, die man für die Entwicklung der nordischen Kultur, nicht nur deren äußere Betätigung, sondern auch für das geistige, ja religiöse Leben, den germanischen Mythos usw. ziehen könnte.

Am Adriatischen Meer

Wenden wir uns nun dem Westen zu, so wurde das Adriatische Meer, das sich von dem durch Korinth kolonisierten Korfu nördlich erstreckte, weniger bedacht, als man meinen sollte. Man hörte von den reicheren Gefilden jenseits des hier so schmalen Meeres, und da die ganze Tendenz westlich und nicht nördlich gerichtet war, wurden die beiden großen Landzungen Unteritaliens derart stark besiedelt, daß sie später deswegen Groß-Griechenland genannt wurden; ganz besonders wurde dann die Insel Sizilien der Schauplatz der wohlhabendsten, einflußreichen und später auch historisch so bedeutsamen Kolonien. Wenn man einen Vergleich mit modernen Verhältnissen wagen darf, so entsprechen diese Gebiete für Hellas ungefähr dem, was Amerika für Europa bedeutet.

Griechenkolonien in Italien

Eigentümlich ist, daß die in Italien am meisten nördlich vorgeschobene Kolonie, nämlich Kyme, am Golf von Gaeta, zu den allerältesten gehört (von Chalkis im 9. oder 8. Jahrhundert gegründet). Ein weiteres nördliches Vordringen auf dem italienischen Festland verhinderten zwar die unwirtlichen Sümpfe. Wie anders wäre vielleicht die Weltgeschichte und ihre Kultur verlaufen, wenn über das Gebiet von Rom hinweg ein unmittelbarer Anschluß an die Etrusker im heutigen Toskana erfolgt wäre. Aber auch ohne solche direkte Angrenzung war dieser nördlichst vorgeschobene Posten der chalkidikischen Expansion von größter Bedeutung für die spätere geistige Entwicklung Italiens. „Gerade Kyme hat in dieser Weise als Ausstrahlungspunkt eine große, geradezu welthistorische Bedeutung gewonnen, indem von hier aus gewerbliche Erzeugnisse und künstlerische Formen der Griechen, das Alphabet in der chalkidikischen Form, Mythen und Kulte hellenischer Gottheiten nach dem italischen Hinterlande verbreitet worden sind. Weder die etruskische Kultur, in der seit dem 7. Jahrhundert das griechische Element bestimmender Faktor wird, noch das Aufsteigen der italischen Hirten- und Bauernvölker aus dumpfer Barbarei zu historischer Wirksamkeit kann ohne den befruchtenden Einfluß Kymes, der ionischen Gründung, gedacht werden." ([10])

Von Kyme aus wurde später auch Neapel (Parthenope) besiedelt, nachdem es wohl schon viel früher von Phöniziern gegründet und von Rhodiern erweitert worden war.

Bleiben wir zunächst in Unteritalien und gedenken der kolonisatorischen Wirksamkeit der peloponnesischen Achaier.

Gerade bei dieser Völkerschaft, die sich ja als der Rest des früheren Her-

ALLGEMEINES

renvolkes vor dem Vordringen der Dorier in die nördliche Küstenlandschaft des Peloponnes gerettet hatte, lag es nahe, daß ihre Menge auf einem so kleinen Gebiet kein Genüge fand und daß diese Not, verbunden mit der politischen Bedrängnis, sie der Heimat immer mehr entfremdete und in die Ferne trieb. Sie wandten sich besonders dem Golf von Tarent und der Halbinsel Kalabrien zu. Hier sind das reiche Sybaris und das ihm später so verhängnisvolle Kroton besonders zu nennen, während Tarent selbst eine rein dorische Gründung, die einzige in Süditalien, darstellt. Der dorische Charakter dieser so bedeutsamen Handelsstadt, die später in Süditalien alleinige Herrscherin war, nahm allerdings eine von dem heimischen Wesen vielfach abweichende Färbung an, die einerseits auf der sehr frühen Gründungszeit durch das damals noch nicht erstarrte Sparta zurückzuführen ist, andererseits schuf der blühende Handel, die reiche Umgebung bei den gelockerteren Verhältnissen des Auslandes die großzügige Art einer selbstbewußten, freidenkenden Weltstadt, die nicht den kulturhemmenden Knebelungen und patriarchalischen Einengungen der Heimat erlag.

Nördlich schob sich die archaische Kolonisation bis in die Interessensphäre von Kyme; Poseidonia ist hier zu nennen, das heutige Paestum, dessen wundervolle Tempelreste dem Nordländer zuerst das unvergeßliche Erlebnis einer Berührung mit dem alten Hellas so eindrucksvoll, noch gesteigert durch die heutige grandiose Einsamkeit, vermitteln.

Mit Übergehung vieler anderer, wichtiger Kolonialstädte in Unteritalien springen wir nun von dem chalkidischen Rhegion nach Sizilien hinüber, das zum wichtigsten und größten Tummelplatz der Kolonisation fast sämtlicher griechischer Stämme wurde. Die Chalkidier besiedelten den nördlichen Teil der Ostküste, zumal Zankle, Katane, zwischen die sich dann später ein Teil der vertriebenen Messenier in Messana, dem heutigen Messina, ansiedelten. Etwas südlicher gründeten die Korinther das später so wichtige Syrakus, dessen ältester Teil, wie heute der ganze noch lebendige Rest der antiken Herrlichkeit, auf der vorgelagerten Insel Ortygia entstand. *Die Griechen in Sizilien*

Die südliche Küste der herrlichen Insel des Helios fiel an die Dorier, besonders an Kolonisten aus Rhodos und Megara. Hier erhob sich nun bald bis zu dem am westlichsten vorgeschobenen Himera eine prächtige Stadt neben der anderen, von denen wir nur Selinus mit seinen heute noch so eindrucksvollen Trümmern, ferner Gela nennen wollen, vor allem aber das herrliche Akragas (Girgenti). „Schon um 500 glänzte es als eine der leuchtendsten Perlen in der Kette sizilischer Griechenstädte. Die schönste Stadt der Sterblichen schien es wenig später dem Pindar." (11)

Aber die Griechen blieben selbst in dieser Epoche nicht allein bestimmend für die gesegnete Insel. Diese wurde bei Beginn der hellenischen Kolonisation von einer heute noch dort nachweisbaren europäischen Urrasse bewohnt, die sich vor den Fremden in das Innere zurückzog und hier ziemlich unbehelligt blieb, da ihren felsigen Sitzen schwer beizukommen war. Daneben kennen wir mit Namen ein Volk der Elymer, das wir aber in keiner Weise näher bestimmen können. Sie saßen anfänglich im westlichen Sizilien, dann in dem uralten Segesta, in das sie von den karthagischen Phöniziern verdrängt worden waren. Es wäre ja auch ein Wunder gewesen, wenn nicht die große Tochterstadt des syrischen Tyros, Karthago, auch ihr Augenmerk auf das ihr nördlich vorgelagerte Sizilien geworfen hätte. Zunächst traten die Karthager mit den Griechen nicht in Rivalität, sondern besiedelten den westlichen, flacheren und weniger schönen Teil der Insel und von hier aus auch den Nordrand, wo also Panormos (das jetzige Palermo) eine karthagisch-phönizische und nicht eine griechische Gründung ist. —

Griechische Siedlungen in Südfrankreich

Wenn wir nun auch früher für das italische Festland Kyme als den nördlichsten hellenischen Kolonisationspunkt bezeichneten, so gilt das nur für diese Halbinsel. Die Abenteuerlust der hellenischen Siedler wagte sich bis an die südfranzösische Küste, wo Massilia (Marseille) schon im 7. Jahrhundert von Phokäern gegründet wurde; Antipolis (Antibes) und Nikaia (Nizza) schlossen sich hier an. Man kann sich leicht ausmalen, wieviel diese so frühen griechischen Siedlungen für Südfrankreich kulturell bedeuteten, zumal das Rhônetal wie ein klarer Weg nach Norden wies und all den kulturstärkeren Einflüssen der so lebenskräftigen und regsamen Fremden offenstand. Jeder aufmerksame Beobachter kann das jetzt noch leicht feststellen; sind doch auch die Frauen von Arles noch heute berühmt wegen ihrer klassisch-antiken Schönheit. Bis nach Burgund weisen die hellenischen Spuren, ja Handelsbeziehungen müssen, wie schon früher erwähnt, bis nach England gereicht haben.

... und in Spanien

Für Spanien wird es in der Hauptsache bei flüchtigen Beziehungen geblieben sein, und diese beschränkten sich auf die Ostküste. Das am Ausfluß des Guadalquivir an der Westküste gelegene Tartessos, dessen Reste noch in diesen Tagen vergeblich gesucht wurden, war eine phönizische Siedlung.

Kolonie und Kultur

Welche bis in unsere Tage spürbare Nachwirkung die hellenische Kolonisation in diesem Westbecken des gesegneten Mittelmeeres haben konnte, wird umgekehrt gerade durch das Gegenteil so deutlich, wenn man sieht, wie heute noch jene Gebiete zurückgeblieben sind, denen damals keine hellenische Berührung zuteil wurde. Das gilt besonders von der so verschlossenen, kulturarmen und rückständigen Insel Sardinien. Es würde wohl auch anders damit stehen, wenn der ursprüngliche, im 6. Jahrhundert gefaßte Plan der Milesier, auch hier Kolonien zu gründen, ausgeführt worden wäre. Er mußte aber aufgegeben werden, weil die Festsetzung der Phönizier hier doch schon allzu seßhaft und ausgedehnt herrschte. Etwas anders verhält es sich mit Korsika. Hier gründeten die Phokäer Alalia, aber bald mußten sie nach vernichtender Niederlage um 540 der vereinten feindlichen Macht der Karthager und Etrusker weichen, denen der Erz- und Holzreichtum der Insel allzu bekannt war.

Aber nicht auf Europa allein beschränkte sich die hellenische Kolonisation. Seinem Namen getreu, muß das Mittelmeer besonders für diese Zeiten stets als ein vermittelndes Meer, als Mittelpunkt der damaligen Kulturwelt aufgefaßt werden, als eine Überbrückung und nicht als eine Trennung. Alle seine angrenzenden Teile haben im gegenseitigen Austausch kulturelle Errungenschaften zu spüren bekommen, wenn auch in sehr verschiedener Intensität, und manchmal ganz einseitiger Richtung, wie ja auch, mit Ausnahme der frühphönizischen Beziehungen, der eigentliche Orient bis zu den Perserkriegen auffällig wenig zu dieser Wechselwirkung beigetragen hat.

Ägypten und Hellas

Weit bedeutender aber war, wie hier schon mehrfach erwähnt werden mußte und immer wieder hervortreten wird, ein solcher Zusammenhang von Ägypten und Hellas vorhanden, und so kann es uns nicht wundernehmen, sogar in dem damals doch noch recht abgeschlossenen und fremdenfeindlichen Pharaonenlande eine griechische Kolonie zu finden.

Wieder ist es das so staunenswert vitale Milet, das schon im Jahre 650 innere ägyptische Zwistigkeiten klug benutzte, um im Nildelta die Konzession zu einer Handelsgründung zu erhalten. Aus kleinen Anfängen vergrößerte sich dort Naukratis rasch und gewann solchen Einfluß, daß man der Kolonie von seiten der Pharaonen sogar eigene Sonderkulte des Zeus, der Hera und des Apollon gestattete, was nicht ohne Rückwirkung auf eine Ausgestaltung der späteren ägyptischen Religion blieb.

Weit wichtiger aber noch in Afrika, und von der heutigen Wissenschaft besonders heiß und erfolgreich umworben, wurde die rein dorische, weit nach Westen vorgeschobene Kolonie Kyrene am Golf von Barka. Es lassen sich hier Niederlassungsspuren sogar schon kretisch-mykenischer Art nachweisen. Der Name, der ja heute noch in der italienischen Provinzbezeichnung Kyreneika mit der Hauptstadt Benghasi fortlebt und vielleicht „Quelle" bedeutet, zeigt an, daß hier Wasserreichtum die Karawanen mit ihren Schätzen aus dem Innern Afrikas an die Küste lockte. Auch die Landschaft selbst war fruchtbar und brachte besonders das schon erwähnte rätselhafte und viel begehrte Silphion hervor. Die Kolonie lag sehr einsam und abgetrennt; so konnte sie entweder nur untergehen oder sehr stark werden. Der dorische Geist erreichte das letztere, aber verbunden mit politisch kluger Anschmiegsamkeit an die afrikanischen Nachbarvölker. Das führte zu eigentümlichen Einflüssen und Mischungen in Blut, Sprache und Sitte, die es vielleicht erklären, daß Kyrene bis weit in die christlichen Jahrhunderte hinein Einfluß und Wohlstand behielt, trotzdem es nach Verlust der Selbständigkeit (beim Tode Alexanders des Großen) ständig seine staatliche Zugehörigkeit von Ägypten über Rom bis zu den Arabern, Türken und jetzt Italienern wechselte. In Kyrene wurden der berühmte Dichter Kallimachos (310—240 v. Chr.), der Gelehrte Eratosthenes (275—195 v. Chr.) geboren, und der große Bischof Synesios, der Freund der neuplatonischen Philosophin Hypatia in Alexandria, der in wundervoller Harmonie christliche Lehre und neuplatonische Philosophie zu vereinigen suchte, war das Kirchenoberhaupt Kyrenes, das dem Christentum schon auffallend früh seine Tore öffnete. Wie gesagt, ist von den außerhellenischen Griechenstädten Kyrene heute ein besonderes Zentrum der archäologischen Forschung, die schon reiche Ergebnisse gezeitigt hat.

Schließen wir mit diesem Hinweis auf einen bis heute bestehenden Zusammenhang diese nur flüchtige Übersicht über Reichtum und Fülle der hellenischen Kolonisation. Daß sie wie mit einer Perlenschnur die sämtlichen Küsten der damals bekannten Welt umsäumte, veranlaßte eine mehr oder minder große, aber stets nachweisbare Einbeziehung all dieser Gebiete in den Rahmen der hellenischen Kultur. „Im ganzen haben wir uns die Einwirkung der hellenischen Kolonien auf die ganze Welt unermeßlich groß zu denken." (12) Aber man muß beachten, daß das keineswegs eine systematisch befolgte Absicht der Hellenen war; sie dachten gar nicht an eine solche Kulturdurchtränkung, sondern nahmen eben nur die Stätten in Besitz, die ihnen paßten. Ähnlich aber den heutigen Engländern, blieben die Hellenen stets Hellenen, wohin sie auch kamen und so bereitwillig sie auch fremde Einflüsse zu eigener Verarbeitung hinnahmen. An dem ständig festgehaltenen Grundcharakter änderte das nichts. Aber die hellenische Denkweise überwand in den Kolonien die schroffen Gegensätze der Heimat. Sie glichen sich im

Seemanns- und Handelsleben und der freien Gliederung der Bürgerschaft mehr und mehr aus und übertrugen so ein allgemein-griechisches Wesen auf die fremden Völker, die sie aus ihrer einzelnen Isolierung nun miteinander wie ein gemeinsames Band in regem Verkehr und auch im geistigen Austausch verbanden. So wurde Hellas, das selbst so zerspaltete, zu einer Einigungsmacht der Welt.

Wie es aber später durch die Abwehr der Perser Europa von einer zwar indogermanischen, aber doch asiatischen Überflutung bewahrte, so hat es schon viel früher Ähnliches durch seine Kolonisation getan, denn es gab Augenblicke, wo die starke Macht des phönizisch-semitischen Karthago diese Mission übernommen hätte, allerdings in völlig anderer Art, da die karthagische Kolonisation stets die Ausdehnung brutalster Herrschaft, aber nicht geförderte Kultur, ja meist ihr Gegenteil bedeutete.

Sehr wichtig war auch der so frühe Zeitpunkt, in dem die griechische Kolonisation begann, denn so konnte sich diese lebenskräftig festsetzen und entwickeln, noch bevor die große Geistesblüte in Hellas sich entfaltete. Diese fand nun für ihre weiteste Verbreitung den Boden materiell schon vorbereitet und konnte sich in ihrem Einfluß auf die Welt ganz anders und viel rascher durchsetzen, als wenn sie selbst erst erobernd hätte wirken müssen.

Wenn wir nun aber schon staunend diese die Grenzen der Heimat sprengende Kraft, diese elementare Gewalt einer solchen Kulturmission für die ganze Welt beim jugendstarken Antritt des hellenischen Volkes feststellen können, was sollen wir dann dazu sagen, daß sich einige Jahrhunderte später, als in Hellas selbst alle Macht im Absterben war und nur noch ein resigniertes Ermüden über einem Trümmerfeld früherer Größe lagerte, doch noch einmal unter dem gewaltigen Impuls Alexanders des Großen und seiner unverbrauchten Makedonier der gleiche Vorgang wiederholte. Zwar in ganz anderer Form, jedoch mit dem wesensgleichen, aber weit vergrößerten Resultat einer Welteroberung, nicht nur politisch, sondern noch viel mehr kulturell. Nun wurden alle Länder des Mittelmeeres, nicht nur die Küsten, wirklich hellenisch oder jedenfalls derart von hellenischem Geist überzogen, daß bis zu dem Ausgang der Antike, ja weit darüber hinaus, dieser Geist der kulturell bestimmende wurde. Beugte sich ihm doch auch gerne ja bewundernd und begeistert, das ganze Römerreich unter vielfachem Verzicht auf seine ureigene Kultur. Griechische Bildung wurde d i e Bildung der zivilisierten Welt, griechische Sprache das allgemeine Idiom geistiger Vermittlung.

Diese Kräfte des Hellenentums sind also stärker gewesen als sein ganzes politisches und staatliches Wirken, und wohl durch kein anderes Beispiel der Geschichte könnte der Primat und die Macht des Geistes in Leben und Entwicklung der Völker gegenüber ihrer äußeren Behauptung schlagender demonstriert werden. Mit der griechischen Städtekolonisation setzte dieser Vorgang ein, mit einer Hellenisierung der Welt schloß er ab. Seine Stärke war es, daß das alles gar nicht mit bewußter Absicht und rein äußerer Gewalt geschah, sondern von innen heraus wie mit der Unüberwindlichkeit eines Naturgeschehens, eines durch seine echte Kraft geheiligten Schicksals.

II. STAAT UND ÄUSSERES LEBEN

Betrachten wir nun die äußere Lebensform, das staatliche Gepräge, das sich die verschiedenen nebengeordneten Stadtstaaten, die Poleis, in Hellas selbst und in den unzähligen Kolonien gaben. Im allgemeinen herrschten daheim und auswärts ungefähr gleiche Entwicklungstendenzen und auch nur in gering variierenden Zeitperioden. Natürlich haben Eigenart des Stammes und auch der landschaftlichen Lage den verschiedenen Staaten und Städten auch in dieser Hinsicht charakteristisches Sondergepräge gegeben, und ganz ausdrücklich muß man das konservativ erstarrende, allen Neuerungen stets abholde Sparta und seine Einflußsphäre ausnehmen. Von hier aus schauten die stolzen, harten Dorier mißliebig und feindselig auf die oft gewaltsame, brausende Entwicklung der anderen Zentren; besonders die Tyrannis war ihnen stets derart ein Dorn im Auge, daß Sparta diese Staatsform, wo es konnte, wenigstens mittelbar zu Fall zu bringen trachtete. Das könnte bei dem selbst so tyrannisch geleiteten Dorierzentrum seltsam anmuten, wenn man nicht bedenken müßte, daß Sparta extrem aristokratisch war und blieb, während der Wandel in den anderen Städten, selbst da, wo er zu Gewaltherrschaften stolzer und willensstarker Persönlichkeiten führte, gerade vom unzufriedenen Demos herkam, und den aristokratischen Verbänden oft ein bitteres Schicksal bereitete. Wenn also im folgenden von staatlicher Entwicklung die Rede ist, so läuft diese ohne, ja im Gegensatz zu Sparta, und dessen immer rigorosere Ausbildung der Verfassung wird uns erst im fünften Jahrhundert interessieren, wo die Verknöcherung und trotzdem oder gerade deswegen die Macht der Dorier ihren mit harter Verbissenheit und schonungsloser Konsequenz errungenen Höhepunkt erreicht.

Das aristokratische Sparta

Bei den anderen Staaten bemerken wir schon in den homerischen Epen und der Zeitspanne, die sie umfassen, den allmählichen Zerfall des absoluten Königtums, dessen Rechte immer mehr durch Unbotmäßigkeit und Übermacht des Adels eingeschränkt wurden, bis diese Geschlechter selbst in ihrer Gemeinsamkeit die gesamte Macht errungen hatten und nun das Regiment verkörperten. Es ist aber das natürliche Schicksal aller solcher Oligarchien, daß unter den ursprünglich nebengeordneten Familien allmählich eine deutlich hervorragt, sei es durch Reichtum, Tüchtigkeit oder Herrschsucht. Die gegenseitige Eifersucht befördert dann den endgültigen Sieg eines besonders starken Geschlechtes und trägt dessen Oberhaupt an die Spitze des Staates, sofern es sich um eine energische, herrschgewillte und meist hochbegabte Persönlichkeit handelt. Vereinigen sich dann mit dem eisernen, egoistischen Machtwillen große staatsmännische Fähigkeiten, so pflegt eine solche Tyrannis, so hart sie auch zuweilen sein mag, zum Glück und zur ungeahnten Blüte des Gemeinwesens auszuschlagen, die erst zu welken beginnen, wenn nach dem Tode des großen Machtbegründers seine Würde auf schwächere und minder fähige Nachkommen übergeht.

Da alle diese Tyrannen aus dem Adel selbst hervorgegangen waren, so sind sie durchaus nicht dessen Freund, da sie die neidvolle Rivalität ihrer Standesgenossen fürchten mußten. Um so mehr lehnten sie sich auf die Masse des nach Rechten und Besitz dürstenden Volkes und wirkten demnach vielfach als Beglücker und wenigstens teilweise Befreier von sozialen Lasten und als gerechtere Verteiler besonders des so heiß begehrten Bodens.

Monarchie und Demokratie

Griechenland und seine Pflanzstädte haben dieses Schauspiel mehrfach, ja fast in allen Staaten ziemlich gleichmäßig erlebt, wobei jedoch, wie in allen Dingen, das dorische Sparta und andere rein dorische Zentren sich in starrer Sonderstellung beiseite hielten, ja sogar diesen Tyrannen so feindlich gesinnt waren, daß mehrfach von Lakedaimon aus der Sturz solcher Herrscher vorbereitet wurde.

Betrachtet man ohne Voreingenommenheit und unbeeinflußt von falschen Freiheitsidealen die Reihe dieser gewaltsam an die Spitze getretenen „Tyrannen", so wird man gerade sie als die Präger oder zumindest Erwecker neuen, starken Kulturlebens finden, das diese ganze, ungefähr zweihundertjährige Epoche kennzeichnet und ihr Glanz und Stärke verleiht.

Schriftliche Verfassung

Es gehören zu dieser Gruppe vom 7. Jahrhundert an ja auch alle jene Staatsmänner, die das Volk selbst berief oder duldete in dem richtigen Gefühl und klaren Wunsch, Ordnung in überlebte und verworrene Verhältnisse, zumal in sozialer Beziehung, zu bringen. Mit steigender Bildung und Kultur lief das auf das Begehren nach einer Verfassung und deren schriftlichen Niederlegung in gesetzlichen Bestimmungen hinaus, so daß nun die ersten umfassenden legislativen Gebilde entstehen und uns sehr aufschlußreich das Wesen der jeweiligen Staatskultur enthüllen. Das öffentliche Recht, das Strafrecht, Zivilrecht, die Prozeßordnung, all das wurde nun erst geschaffen und abgesondert geformt, und — es ist wichtig — daß hier nicht nur die Muster für die Folgezeit entstanden, sondern daß diese unbeeinflußt, ganz selbständig und original aus den jeweiligen Bedürfnissen des Staatsorganismus erwuchsen und sich immer deutlicher formten.

Staatsbildende Kräfte

Landschaft und Stammesart haben da viele Variationen hervorgerufen, aber alle zeigen die nämliche große Fähigkeit des hellenischen Geistes zur systematischen Bildung eines Staatswesens und seiner geordneten Verwaltung, woraus dann immer eine Steigerung des ganzen Lebens und aller Betätigungen festzustellen ist. Und da die Tyrannen meist prachtliebend waren oder wenigstens des Glanzes und der fortschrittlichen Entwicklung ihres Landes zur Erhöhung ihres Ansehens im Inland und zum Eindruck auch auf die oft befragten auswärtigen Orakel bedurften, so bedeuten die Zeiten dieser verschiedenen Herrscher fast immer die Heraufführung kultureller Blüte. Andererseits sind diese Gewaltherrschaften ein Zeichen, daß die eigentlich staatsbildenden Kräfte und Ideen im Volke selbst, wenigstens auf kolonialem Boden, noch wenig entwickelt waren.

Kriegerische Bedrohung

Nur insoweit braucht uns hier der geschichtliche Ablauf dieser verschiedenen „Tyranneien" zu kümmern, als sie zur Entwicklung des hellenischen Lebens bedeutsam mitgewirkt haben. Denn vielfach überwiegt doch auch bei ihnen das Kriegerische, begründet in Hellas selbst durch Bedrohung benachbarter Staaten, in Kleinasien aber durch die notwendige Abwehr äußerer Feinde. Die erste Entwicklung der ionischen Städte hatte von der politischen Kraftlosigkeit des Binnenlandes profitiert. Nun aber erstarkte das Lyderreich unter einer Reihe starker Herrscher von Gyges bis auf den legendenberühmten Kroisos, und dazu kam ein wilder Barbareneinfall der wohl thrakischen Kimerier. Wohl wurde man dieser Verheerung schließlich Herr, der Macht Lydiens aber konnten die ionischen Städte in Kleinasien auf die Dauer nicht widerstehen. Der große Tyrann von Milet, T h r a s y b u l o s (um 600), wußte allerdings noch in schweren Kämpfen gegen den König Alyattes den Feind im Schach zu halten.

Milet

M i l e t ist um diese Zeit und bis zu seiner Zerstörung durch die Perser (494) die führende griechische Stadt, die Hochburg des geistigen Lebens, die entwicklungsstärkste Metropole echt ionischer Beweglichkeit. Hier ist auch

STAAT UND ÄUSSERES LEBEN

die Stelle, wo sich zum erstenmal die große Mission von Hellas, die Durchdringung fremder Kultur mit griechischem Geiste bemerkbar machte, aber in sehr fruchtbarem Austausch, da auch wichtige Fortschritte und Geistesströmungen aus Lydien Aufnahme fanden. Zwar kann man behaupten, daß von dort später griechische Dichter wie Alkman von Sardes ausgingen, wie auch die große Verehrung des letzten lydischen Herrschers Kroisos für Delphis Orakelstätte den König immer wieder veranlaßte, Prachtstücke griechischer Kunst in Auftrag zu geben und dem Heiligtum zu schenken. Milet aber wiederum übernimmt von Lydien die dortige Erfindung des Metallgeldes, das den Tauschhandel ablöste, und führte die Münzen ein, von denen wir prächtige Stücke mit dem Löwenwappen noch heute besitzen. Auch auf religiösem Gebiete ist der karisch-lydische Einfluß unverkennbar, und fremde Kulte, wie der des Branchos, dringen ein. Allerdings werden diese Kulte hellenisch assimiliert, aber doch nur so, daß griechisch benannte Götter hier ganz ungriechische, orientalische Züge gewinnen; man denke an die große Artemis von Ephesos, die mehr der Erdenmutter und Göttin der Fruchtbarkeit gleicht als der gleichnamigen herben Götterjungfrau und Jagdherrin in Hellas.

Hellas und der Orient

Milets fast unbegreifliche und unerschöpfliche Kolonisationskraft wurde schon erwähnt. Der Hellespont und die Küste des Schwarzen Meeres waren besät mit milesischen Gründungen. Weit in das dahinterliegende Barbarenland wirkte hellenische Kultur, deren Spuren noch heute bis über die Krim hinaus bemerkbar sind. Und ebenso weit ging ionischer Einfluß nach Süden; zu Zehntausenden standen griechische Söldner im Dienste der Pharaonen, und das große Heiligtum des Apollon von Didyma bei Milet wurde von den ägyptischen Herrschern durch reiche Geschenke geehrt.

Der wachsende Sinn für monumentale Tempelbauten, der von Milet ausging, mochte mit durch den Anblick großer ägyptischer Architektur geweckt worden sein, denn nun auf einmal beginnen diese Hellenen aus der Dürftigkeit und Kleinheit bisheriger Gestaltung zu grandiosen, sich überbietenden Maßen ihrer Gotteshäuser, ihrer Statuen überzugehen. Wir werden von der Errichtung dieser prächtigen Riesenbauten und ihrer Rückwirkung auf das Mutterland noch später hören.

Ägyptisches Vorbild

Wuchs doch auch das religiöse Leben über die alten, ionischen Göttervorstellungen hinaus, mystische Strömungen machten sich bemerkbar. Wie die staatlichen Verhältnisse waren auch die geistigen in Fluß. Hier wurde T h a l e s zum Begründer der griechischen Philosophie und förderte in erstaunlichen Berechnungen die astronomischen Kenntnisse; P y t h a g o r a s kam aus der vorgelegenen Insel Samos, A n a x i m a n d r o s und H e k a t a i o s bereicherten die Erdkunde. Es herrschte eine Regsamkeit auf allen Gebieten, von der im Mutterland erst schwache Spuren bemerkbar waren. „Ohne Frage ging Milet im 6. Jahrhundert allen Städten der Welt voran. Wie sie die Erde entdeckt und Kultur auf Jahrtausende hinausgetragen hat, so hat sie das Tor aufgetan, das ins grenzenlose Reich der Wissenschaft führt, und stürmisch haben seine Denker es durcheilt. Einseitig, wie das Genie zu sein pflegt, hat sie Poeten und Künstler nicht geboren, aber praktische Männer, Herren des Verstandes, stärkste Persönlichkeiten" (13).

Die Wissenschaften in Milet

Die hier nur kurz skizzierte Blütezeit Milets erstreckte sich allerdings auf einen Zeitraum von über 150 Jahren und wurde durch die erwähnte Tyran-

82 DIE ERSTEN GESCHICHTLICHEN JAHRHUNDERTE

Thrasybulos von Milet

nenherrschaft des Thrasybulos erst eingeleitet. Auf seinem nach innen und außen straffen Regiment beruhte aber die spätere Größe. Charakterähnlichkeit verband ihn selbst freundschaftlich mit einer gleichgearteten Persönlichkeit im Mutterlande selbst, die sich dort allerdings in den engeren Verhältnissen nicht ganz so glänzend entfalten konnte, wie das den Herrschern der ionischen Pflanzstätte möglich war. Immerhin ist es interessant zu sehen, wie eine gleiche Welle der Entwicklung, die über die ganze hellenische Welt ging, damals allerorts ähnliche Zustände, geleitet von ausgeprägten Persönlichkeiten, hervorrief.

Kypselos von Korinth

Dieser Freund Thrasybuls war der große Periander von Korinth. Schon sein Vater Kypselos hatte dort das einheimische Geschlecht der mächtigen Bakchiaden, das einst die Könige gestürzt hatte, beseitigt. Auch Kypselos bewirkte eine reiche Kolonisation gegen Westen, zumal auf die ionischen Inseln; ehrfurchtsvoll bereicherte er die Kultstätten von Delphi und Olympia, und im Innern seines Fürstentums suchte er soziale Erleichterungen durch starke Begünstigung des Handels zu schaffen. Korinth war ja von alters her durch Fleiß, kunstgewerbliche Erfindungsgabe und stark ausgeprägte Eigenart auf diesem Gebiete berühmt; so ist es kein Wunder, wenn wir in der Kunstgeschichte, zumal bei Erörterung der Mythenstoffe, immer wieder auf die sogenannte Kypselos-Lade stoßen, die, herrlich aus Zedernholz gefertigt und geschmückt mit Mythendarstellung aus Gold und Elfenbein, von den Nachkommen des korinthischen Tyrannen nach Olympia gestiftet worden war.

Periander

Kypselos' größerer Sohn Periander begann seine Herrschaft ebenfalls mit einem Kampf gegen die starken Geschlechtsverbände, deren Latifundien er zerschlug, um einen tüchtigen Bauernstand landfroh an die Scholle zu fesseln; das Handwerk aber ließ er, trotz seiner örtlichen Bedeutung, in der noch wenig geachteten Stellung. Dafür stärkte er die Handelsflotte und schuf ihr zum Schutze eine Kriegsflotte, denn er dehnte die schon zur Zeit seines Vaters so starke Kolonisation noch weiter nach Osten und Westen aus. Auch das Münzwesen wurde nunmehr hier eingeführt, denn die Beziehungen reichten weit, von der Chalkidike bis tief nach Ägypten. Dennoch muß man sich Korinth um diese Zeit doch noch weit mehr agrarisch als merkantil vorstellen, dem dorischen Wesen galt der Heimatboden stets höher als ein schweifend gewonnener Reichtum. „Periander ist die erste ausgeprägte Persönlichkeit der griechischen Geschichte, die wir trotz aller Entstellungen in der Tradition einigermaßen greifen können, ein Mann von ungebrochener archaischer Leidenschaftlichkeit, von schneller und tiefer Reue, gewaltsam und kühn in seinen Taten wie in seinem Geist. Künstler aller Art zogen an seinen prächtigen Hof, hier ward dem Bauerngott Dionysos der Dithyrambus zur Kunstform gestaltet. Baumeister legten auf des Fürsten Wunsch eine Wasserleitung an, eine Durchstechung des Isthmos wurde geplant, auf daß Korinths Emporion noch reicher sich entfalte. Es ist, als einten sich in Perianders Wirken die beiden am Isthmos wurzelnden Volkskräfte, ionische Freiheit und Sinnenfreude mit herber dorischer Kraft" (14).

Kleisthenes von Sikyon

Stärker noch zugunsten des ionischen Wesens trat in dem Korinth benachbarten Sikyon der bedeutende Kleisthenes ein (595—569). Nicht seine geschichtliche Tyrannis macht ihn uns wichtig, sondern ein starkes, antidorisches Wirken, daß diesem peloponnesischen Gau ein ganz neues Gesicht gab. Nicht nur sozial brach Kleisthenes die Rechte des Adels und schuf dem Bauernstand lebenswichtige Entwicklungsmöglichkeiten; er begünstigte auch stark den Kultus des ländlichen Gottes Dionysos und lokaler Gottheiten, ja er ging so weit, die homerischen Epen mit ihrer so ganz anderen, feudal gerichteten Geistesart zu verbieten, eine, angesichts des dorischen Rittertums, fast ungeheuerliche Verordnung, die aber grell den Umschwung in der Denkweise dieser Zeit beleuchtet.

Die sämtlichen Tyrannen dieser Zeit anzuführen, würde zu weit führen. Ihr Bild und ihr Wirken gleichen mehr oder minder den zwei gegebenen Beispielen. Entweder tritt bei ihnen die kriegerische Seite mehr hervor wie bei P h a i d o n von Argos, der dort wie ein alter dorischer König waltete, oder es wiederholt sich die kluge Staatsführung eines Periander, z. B. bei P i t t a k o s auf L e s b o s, der zu den sieben Weisen gezählt wurde.

Diesen Männern stehen anderswo durchaus nahe jene großen Gesetzgeber, denen das Volk selbst die Vollmacht gab, die verwirrten Zustände in Verfassungen zu sanieren. Von Z a l e u k o s in L o k r o i (um 660) sagt man, daß er der erste Gesetzgeber in Hellas gewesen sei; gleichzeitig schuf C h a r o n d a s im sizilischen Katanien zuerst eine Art Handelsrecht. Für die Anfangszeit dieser Entwicklung muß als der bekannteste Gesetzgeber der fast berüchtigte und in seiner Art doch große D r a k o n (um 620) von Athen genannt werden. Im Auftrage des Volkes schuf und schrieb er die erste athenische Verfassung und Gesetzgebung. Berühmt gemacht hat ihn die übertriebene Schärfe seiner Strafbestimmungen. Von einer Linderung des schweren Loses der kleinen und abhängigen Leute, zumal der fronenden Landarbeiter, war bei diesem harten Aristokraten noch keine Rede.

Gesetzgeber

Die Unzulänglichkeit, Einseitigkeit und Überspannung auch dieser anfänglichen Regelung führten darum in Athen als Drakons Nachfolger den ersten wirklich großen, weisen Staatsmann herauf, dessen Bild und Ruhm nie erloschen und auf dessen Wirken die ganze spätere Blüte Athens dankbar beruhte. S o l o n war es, von altem Königsblut, den sich das Volk selbst im Jahre 594 zum „Versöhner" und Ausgestalter der Verfassung, der Rechte und Gesetze erwählte. Bezeichnenderweise war dies Vertrauen durch ein leidenschaftliches Gedicht Solons wachgerufen worden, indem er auf die Reformbedürftigkeit der Zustände hingewiesen hatte. In diesem Manne nun verkörperte sich die beste und schöpferische Seite des ionischen Wesens so sehr, daß sein Lebenswerk einer etwas eingehenderen Betrachtung bedarf. Solon kannte die damalige Welt; er hatte als Handelsherr auf Reisen viel gesehen und das Gesehene auf seinen Wert durchschaut. Seine Weisheit fußte auf tiefster Religiosität, und seine Milde und Klugheit paarten sich mit starker Männlichkeit und wahrhaft ritterlicher Gesinnung. So in der Parteien Mitte stehend, fühlte er sich ganz als Diener seines Volkes, als Vollstrecker einer höheren sittlichen Aufgabe, bei der ihm seine eigene Person nichts galt und jeden Ehrgeiz hemmte, seine Macht und die ihm erwiesenen Ehren zu mißbrauchen oder sich gar zum Tyrannen seiner Vaterstadt zu erheben.

Solon

Solon war aber nicht nur ein großer Staatsmann, sondern, wie schon angedeutet, ein ebenso eindringlicher Dichter, und beide Fähigkeiten leuchten vereint aus seinen ganz politisch orientierten Elegien, von denen uns ein gütiges Geschick eine größere Anzahl erhalten hat. Besaß doch auch noch um diese Zeit das gebundene Wort eine ganz besondere Gewalt und fast religiöse

Einprägsamkeit, und wen die Götter mit dieser Fähigkeit begnadet hatten, erschien dem Volke wie das Sprachrohr himmlischen Willens. Gerade wegen seiner dichterischen Kraft erwählte ja das Volk diesen weitgereisten Mann, der durch seine Poesien die Athener zu der so wichtigen Eroberung der Insel Salamis begeistert haben soll.

Die Zustände, die Solon neben der erst so kurz bestehenden Verfassung des Drakon in Athen vorfand, waren verworren genug, denn noch klaffte ein Abgrund zwischen Adel und Volk und schwerste, innere Streitigkeiten, ja wilde Revolution drohten hereinzubrechen. Auch Solon, bedingt von den Anschauungen seiner Zeit, konnte hier noch keine ideale Lösung finden, so sehr er sich auch um einen Ausgleich bemühte. Aber er beseitigte wenigstens vor dem Gesetz die Ungleichheit von reich und arm; er staffelte das Volk nach seinem Besitz in mehrere Klassen (Timokratie), schaffte die Schuldsklaverei ab und milderte die ungeheuerlich angestiegenen Lasten, die die Landbewohner bis zur Unerträglichkeit bedrückten, da ihnen schließlich nur noch der sechste Teil der Produktion gelassen wurde. Da ihm der Ausgleich natürlich nur bis zu einem gewissen Grade möglich war, wurden dem edlen Mann sowohl Aristokraten wie Proletariat abhold, und den einen erschien er zu demokratisch, den anderen zu reaktionär.

Das Wichtigste aber für die spätere Entwicklung und Leistung dieser ganz ionischen Metropole war Solons ganz antidorische Einbeziehung sämtlicher Bewohner von Attika, also auch der Gewerbetreibenden, der kleinen Landleute und der Landlosen in ein einziges, großes Gemeindewesen, das nach dem Besitz in Scheffeln oder deren Umrechnung, also nach dem Vermögen eingeteilt war und dies besonders im Hinblick auf die Ausrüstung des Heeres. So forderten erhöhte Rechte auch stärkere Pflichten. Wer aber auch die geringsten Leistungen nicht aufbringen konnte, blieb vom Bürgerrechte ausgeschlossen. Dadurch, daß Solon neben dem seit uralten Zeiten bestehenden Adelsrat des Areopags eine für alle Bürger geltende Volksversammlung schuf, tat er den großen Schritt von dem im Innern allein durch Macht regierten Staate zur Verankerung des Staatsbewußtseins im ganzen Volke selbst. Diese Volksversammlung hatte nicht nur zu entscheiden, zu wählen, Gesetze zu geben, sondern war auch richterlich die höchste Instanz, an die jeder appellieren konnte. So weckte Solon bei seinen Mitbürgern Selbstvertrauen und staatliches Verantwortungsgefühl und wurde dadurch der Schöpfer eines Gemeindewesens im modernen Sinne.

Solons Volksstaat

Wir finden somit in den Grundzügen wie in der näheren Ausgestaltung dieser Verfassung, die hier ja nicht in allen Einzelheiten angeführt zu werden braucht, eine wesentlich andere Einstellung als in den ionischen Pflanzstädten, die ursprünglich wohl in ihrer Entwicklung fortgeschrittener waren, dafür aber in einer vernunftbedingteren und rein materiellen Weise ihr Leben regelten, während auf dem alten Heimatboden ein tiefer, ethischer Grundzug vergangenheitsbedingt und veredelnd allen Neugestaltungen zugrunde lag und darum allen Formungen in sittlicher Festigung Dauer gab. Der athenische Bürger war sich seiner Staatsverpflichtung nicht aus Zwang, sondern in heiliger Verbundenheit mit dem Ganzen bewußt. Auch die Hochvermögenden fühlten, wozu Ansehen und Reichtum sie nötigte. Nicht nur um der Ehre willen unterstützten sie auf ihre Kosten die Götterfeste, stärkten die Landesverteidigung, speisten das Volk.

Solon hatte auch dieses Bewußtsein zu entwickeln und wenigstens zu stärken verstanden. Auch anderen Gefahren des ionischen Geistes, der Lässigkeit, der Genußfreude, der Maßlosigkeit beugte seine umfassende Gesetzgebung vor; überall bewies er die edle Würde seines Stammes und jenes Streben nach dem harmonisch begrenzten Maß, das für den griechischen Geist in seinen besten Exemplaren so typisch ist.

Dafür hat ihn die Legende auch unter die Zahl der sieben Weisen gereiht.

Stärker als die Herren dorischer Gaue erfaßte der Staatsmann vorausahnend den wesentlichen Wert des Handelsverkehrs, ganz besonders für seine Vaterstadt. Ging doch sein Bestreben überhaupt darauf aus, die alleinige Wertbetonung des Großgrundbesitzes zu brechen, ohne deshalb dem Ackerboden seine bindende Bedeutung zu nehmen. Solons Weitblick ging an keiner Kleinigkeit achtlos vorüber: es war klug von ihm, statt der äginetischen die chalkidikisch-ionische Währung anzunehmen, die einen weit größeren Geltungskreis hatte und dadurch den Verkehr mit dem Osten erleichterte. Fruchtbar auswirken mochte sich das alles ja erst später, und noch vieler Kämpfe und Reformen bedurfte es, um das großangelegte Werk wirklich auszugestalten. Es bleibt aber Solon der unvergängliche Ruhm, der führenden Stadt hellenischer Kultur jene erste rettende Regelung des inneren und äußeren Lebens gegeben zu haben, auf der fußend jenes Glanzgebilde entstand, das wir in Athen als den Höhepunkt hellenischen Wesens verehren und wohl auch heute noch in vielen Auswirkungen spüren.

Grundbesitz und Handel

Aber noch zu seinen Lebzeiten mußte der alte Solon erleben, daß sein Werk zwar nicht zerstört wurde, aber doch auf das schlimmste gefährdet schien durch eine der glänzendsten Persönlichkeiten in der Reihe der damaligen großen Tyrannen. Es ist zwar nicht historisch verbürgt, wird aber sehr bezeichnend berichtet, daß Solon nach der Vollendung seiner Gesetzgebung in edler Selbstlosigkeit, aber vielleicht doch nicht ganz freiwillig, auf zehn Jahre sein Vaterland verließ. Er nahm dem Volk das Versprechen ab, daß diese Zeit über seine Gesetze nicht angetastet werden sollten, um ihre Vortrefflichkeit zu erproben. Aber da die Begüterten und der alte Adel sich in ihren Rechten geschmälert, die Armen aber in ihren Hoffnungen nicht voll befriedigt sahen, so war bereits dem Zwiespalt Tür und Tor geöffnet. Ein wildes Parteigetriebe mit wechselnden Siegern begann, bis sich schließlich der erfolgreiche Feldherr Peisistratos mit Hilfe einer Leibwache der Akropolis und damit der Herrschaft über Athen bemächtigte. In ergreifender Anklage wandte sich damals der alte Solon an sein Volk:

Solons freiwillige Verbannung

> Wenn ihr Schweres erfuhrt durch eigene Schuld und Verkehrtheit,
>   Klagt um euer Geschick nicht die Unsterblichen an.
> Selbst ja zogt ihr sie groß und machtet sie stark, die Tyrannen,
>   Und nun seufzt ihr dafür unter dem schmählichen Joch.

Peisistratos wurde wieder durch das mächtige Adelsgeschlecht der Alkmäoniden vertrieben, gelangte jedoch 546 abermals zur Macht und verjagte die stolzen Gegner, die ihm später gerade in der Verbannung durch den Einfluß auf Delphi sehr gefährlich werden sollten. Der große Tyrann und später seine Söhne beherrschten nun 36 Jahre lang Attika und wahrlich nicht zum Schaden des Landes, so sehr auch der Haß gegen alles Tyrannische ihr Bild in der Geschichte lange Zeit verzerrt hat.

Kämpfe um die Macht in Athen

86   DIE ERSTEN GESCHICHTLICHEN JAHRHUNDERTE

Von allen hellenischen Gewalthabern ist Peisistratos wohl der weitaus bedeutendste, und seine Persönlichkeit und seine Taten, die tiefe Spuren in der Entwicklung des attischen Lebens hinterließen, müssen darum eingehend besprochen werden. Formte sich doch erst unter ihm Athen äußerlich und innerlich zu einem umfassenden Kulturzentrum auf allen Gebieten und ließ nun erst die Bedeutung ahnen, zu der es als Mittelpunkt des ganzen hellenischen Lebens emporreifen sollte. Ein Überblick über die kurzen drei Jahrzehnte der Peisistratos-Herrschaft gibt das deutlichste Bild von der höchsten Entwicklungsstufe, die damals das griechische, wenigstens das ionische Leben erreicht hat, während Sparta und die dorische Welt, wie wir noch sehen werden, in lapidarer Einförmigkeit erstarrten.

Peisistratos einen Tyrannen zu nennen, entspricht eigentlich nur einer etwas irreführenden Charakterisierung durch die antike Welt. In Wahrheit gehört er als der zweite in die lange Reihe jener großen Männer, die sich stets in der Führung und Ausbildung des athenischen Staates ablösten und, mit Solon beginnend, sich über Kleisthenes, Miltiades, Themistokles, Kimon, Perikles bis zum Verlust der staatlichen Freiheit an die makedonischen Herrscher reihten. Sie alle regierten Attika mehr oder minder selbständig, und es ist eigentlich nur ein formaler Unterschied der Benennung, ob sie mit Zustimmung des Volkes oder durch eigenen Nachdruck die Führung innehatten, jedenfalls ein starker Beweis, daß auch so demokratische Staatswesen wie Athen nur dann vorwärtskommen, wenn eine überragende Persönlichkeit sie zu ihrem Besten leitet.

Reformen des Peisistratos

Peisistratos tat dies auf sehr milde und staatskluge Weise. So ließ er nicht nur die Gesetze und Verordnungen des Solon unangetastet, ja selbst die Volks- und Ratsversammlungen und die Wahl der Archonten blieben ruhig bestehen. Obgleich er selbst aus altem Adel stammte, durchschaute er doch die egoistische Herrschsucht seiner Standesgenossen zu gut, um nicht weise zu erkennen, daß eine wirklich soziale Gesundung des Staates noch weit über Solons Reformen nur durch Stärkung des kleinen Mannes und ganz besonders des Bauernstandes erreicht werden konnte. In dieser Richtung wirkte er mehr mittelbar und im stillen als durch einschneidende Verordnungen oder gar Landverteilungen. Dafür hob er aber überall den Wohlstand, sorgte für Anpflanzungen, für Kultivierung großer Gebiete durch Öl- und Weinbau, feuerte selbst die Landarbeiter an, gab, oft unerkannt, gute Ratschläge. Durch Verbesserung der Landstraßen, durch Anlegung von Wasserleitungen, durch Erteilung von großen, arbeitsfördernden Staatsaufträgen hob er überall die Lebenshaltung, besonders aber erkannte auch er rasch und weitschauend die Bedeutung des Handels für Athen und eine gesunde Regelung von Import und Export. Überall knüpfte er fruchtbare Verbindungen an und ebnete durch solche Beziehungen die Wege des Kaufmanns und der Staatsflotte. Da Attika die wachsende Zahl seiner Bewohner nicht mehr in reiner Autarkie zu ernähren imstande war, ließ er Korn in Menge aus Südrußland einführen. Klug erkannte er dabei die Wichtigkeit einer Beherrschung des Hellespontes für diese Zufuhr und schreckte nicht davor zurück, sogar durch harten Kampf das dort gelegene Sigeion den Lesbiern zu entreißen. Nun konnte er nicht nur diesen Handelsweg kontrollieren, sondern dort auch fremde Schiffe mit Abgaben belegen oder, wie das damals fast überall üblich war, gewaltsam zu eigenem Nutzen kapern, ja, seine Machtpläne gingen noch weiter, indem er hier eine neue Tyrannenherrschaft gründete, die aber Athen unterstand.

Die starke Aufmerksamkeit, die Peisistratos auf den Handel richtete, führte von selbst dazu, den athenischen Hafen des Piräus zu erweitern, der aber erst unter Themistokles seinen wirklichen Ausbau erfuhr. Denn in erster Linie widmete sich Peisistratos der Stadt Athen selbst, um sie nicht nur gut zu regieren, sondern sie auch groß und prächtig auszugestalten und mit monumentalen öffentlichen Bauten zu schmücken. Am Ilissos legte er den großen Tempel des Olympeions an, am Südhange der Burg den des Dionysos, und besonders schmückte er bereits die Akropolis da, wo sich später der Parthenon erhob, mit einem Ausbau des Hekatompedons, den er rings mit einer Säulenreihe umgab und dessen Giebel er bereits mit Marmorfiguren aus dem prachtvollen Material der Steinbrüche des Penthelikon schmückte.

Peisistratos als Bauherr

Hier oben auf der alten Burg thronte der Tyrann wie ein großer König der Vorzeit; hier sah er hinab auf sein geliebtes Athen, das er mit allen Kräften zu wahrer Größe emporführen wollte. „Kaum ein zweiter Hellene vereinigte in sich so viel kecken Mut mit staatsmännischer Klugheit, so viel Durchtriebenheit mit unverwüstlich guter Laune. An Bildungsfreudigkeit aber reicht er an die größten der Mediceer heran: er und niemand anders ist es, der zu der Großmachtstellung, die Athen späterhin auf dem Gebiete der Kunst behauptete, den Grund gelegt hat" (15).

In Athen selbst waren bis dahin noch keine Künstler von der Bedeutung erstanden, wie sie Peisistratos für seine Zwecke benötigte und wie sie die freieren und reicheren Verhältnisse des Ostens schon längere Zeit hervorgebracht hatten. Darum zog der kluge, prachtliebende Tyrann auch möglichst alle großen Meister seiner Zeit an seinen Hof und ließ sie zum Schmucke Athens wirken. Besonders von den Inseln der Ägeis kamen die bedeutendsten Bildhauer, von Naxos, von Samos, zumal aber von Chios, wo eine Kunst von noch nicht gekannter Weichheit und Eleganz Schule machte; aber auch Hellas selbst schickte solche Meister aus Argos und von der Insel Aegina. Sie wurden die Lehrer der Athener und blieben vielfach ganz in der neuen Heimat, deren herberes, eigenartigeres Schaffen sie bereicherten und ausbildeten, aber zum Heil der Kunst nicht erstickten. So weckte das Kunstverständnis des Peisistratos die großen, teilweise noch schlummernden Fähigkeiten seiner Landsleute, ohne daß er selbst ahnen konnte, was er der Welt damit schenkte. Wie nun hier aus schlichten Anfängen rasch die große attische Bildhauerkunst erwuchs, wird später im Zusammenhang deutlich werden.

Fremde Künstler in Athen

Der Tempelschmuck und die Fülle von Skulpturen, die Peisistratos Athen schenkte, waren aber nur der äußere Rahmen für die starke Erneuerung des religiösen Lebens und der kultischen Feste, die auf ihn zurückzuführen sind. Hier erst erkennen wir die wahre geistige Größe des seltenen Mannes. Die Verehrung der Athena als Schutzgöttin der Stadt wurde nun erst richtig ausgebildet, ja sie mußte dem Tyrannen selbst auf wirtschaftlichem Gebiete dienen, da er dadurch die reichen Anpflanzungen des für Attika so wichtigen Ölbaums, der ja Athena besonders geheiligt war, begründen und durchsetzen konnte. Vor allem aber lockerte Peisistratos die kultischen Bindungen, die die Athener an die sehr dorisch orientierten Feststätten in Olympia und auf dem Isthmos fesselten, indem er der Stadtgöttin zu Ehren ein eigenes großes, mit prächtigen Wettkämpfen verbundenes Weihefest, die Panathenäen, ein-

Religion als Politik

führte. Diese bewußte Betonung eines religiösen Eigenlebens in Attika übte er noch stärker durch die Förderung des Demeter-Kultes und der Weihen von Eleusis aus. Wie stark mußte es zumal auf die Landbevölkerung wirken, wenn die uralte Erdmutter der heimischen Scholle nun zu der höchsten Ehre gelangte und sie ihr auch äußerlich durch prächtige Bauten bezeugt wurde. Peisistratos knüpfte so wieder an den heimischen Glauben an und belebte ihn dadurch bewußt gegenüber dem strahlenden, aber ethisch doch viel oberflächlicheren Glanz des homerisch-olympischen Himmels, der den tieferen Seelenbedürfnissen und Fragen so wenig genügte. Und so entwickelten sich allmählich diese Mysterien von einer lokalen Angelegenheit Attikas für die ganze andere hellenische Welt zu einem Mittelpunkt eines wirklich geistig fundierten Glaubens und einer tiefen Hingabe an die geheimnisvollen Mächte der Natur.

Abkehr vom Apollinischen

Aber noch einer dritten Gottheit galt die Verehrung und Fürsorge des Peisistratos und dies wiederum infolge seiner Verbundenheit mit dem Landvolk und dem heimischen Boden. Der orgiastische Naturgott Dionysos (Bakchos) war's, auch er trotz seines lebenssteigernden Rausches verwandt den uralten Göttern der Tiefe und der Verwobenheit des Menschen in den Ablauf des Werdens und Vergehens. Wohl flutete dieser Kult wie eine heiße, alles mit sich fortreißende Welle aus Thrakien oder von noch viel weiter her auch in Attika ein, aber er fand hier nicht nur seine erste ernste Kultstätte und die Einführung der großen Dionysienfeste, sondern die weiter reichende Verbundenheit des Gottes mit Attika erhellt ja schon aus dem alten Mythos der Kreterin Ariadne, die aus den Armen des athenischen Nationalheros Theseus in die des Bakchos als dessen Gemahlin überging.

Delphi als Sammelpunkt der Tyrannisfeinde

Zwei für Athen sehr ungleiche und wohl ungeahnte Wirkungen von größter Bedeutung entstanden aus diesen religiösen und kultischen Einstellungen des Peisistratos: die eine war der fühlbare Gegensatz dieser attisch lokalen Götterverehrung gegenüber den panhellenischen und besonders dorisch beeinflußten Heiligtümern, zumal Delphis, das durch solche Nebenbuhlerschaft eifersüchtig seine einzigartige religiöse Übermacht über ganz Hellas gefährdet sah. So wurde es jetzt zum Sammelpunkt aller der Tyrannenherrschaft feindlichen Geister, sowohl der dorischen Gaue, die scheel und bös auf die ihnen so unsympathische Entwicklung in Athen sahen, besonders aber der von Peisistratos verbannten Aristokraten. Unter ihnen war es an erster Stelle das mächtige und reiche Geschlecht der Alkmäoniden, das hier grollend auf Rache wartete und nicht vergeblich; denn es machte sich den Gott und die delphischen Priester dadurch willig, daß es aus eigenen Mitteln den niedergebrannten Apollontempel prächtig neu erstehen ließ.

Ursprung der Tragödie

Aber dies sollte sich erst nach Jahrzehnten auswirken und ebenso die andere ganz unermeßliche Folge der neuen Götterverehrung. Wohl war Peisistratos, bei dem ja alle Interessen, Fähigkeiten und Förderungen unter gleichem Gesichtspunkt eng ineinandergriffen und sich bedingten, ein ebenso großer Freund der Dichtung. Auf ihn ist wohl auch die Sammlung und Aufzeichnung der von ihm leidenschaftlich verehrten Epen zurückzuführen. Aber schwerlich konnte dieser Mäzen voraussehen, daß seine Festlegung des Dionysoskultes zum Ursprung der attischen Tragödie und damit zu einem der höchsten und durch alle Zeiten und Völker über die europäische Kultur wirkenden Wunder der Weltdichtung werden sollte.

Das Wort Tragödie bedeutet ursprünglich Bockgesang, und wir werden später hören, wie aus den Chören als Böcke verkleideter Bauern bei den großen Dionysos-Feiern sich ein mit Gesang verbundener Dialog entwickelte. Schon im Jahre 534, das man als das Geburtsjahr des attischen Theaters und damit des Dramas überhaupt bezeichnen kann, schuf zu dieser Feier der Dichter Thespis eine dramatische Dichtung im ionischen Jambus, und die rasende Vehemenz, mit der hellenische Ausbildung aus kleinsten Anfängen den Gipfel zu stürmen pflegt, brauchte nur wenige Jahrzehnte, um bereits den ersten großen Tragödiendichter Aischylos hervorzubringen. Den Anfang dieser Bewegung hat also Peisistratos jedenfalls noch erlebt, und damit, daß er ähnliche, dichterische Versuche aus dem Bezirk bäurisch-ländlicher Spiele in die Feiern städtischer Götterfeste einbezog, gab er echt primitiver Volkskunst die Möglichkeit, sich aus verborgenem Keim zu höchster poetischer Höhe zu entwickeln.

Unsichtbar scheinen die Götter, die dieser große, später viel und zu Unrecht geschmähte Mann verehrte, ihm geholfen zu haben, all das einzuleiten, was in der Folgezeit als der gar nicht abzuschätzende Begriff „Athenische Kultur" in die Geistesgeschichte der Menschheit übergehen sollte. Darum mußte in der Gestalt dieses Mannes eine ursprünglich nur soziale und politische Bewegung des kleinen Attika hier so stark hervorgehoben werden.

Wohl wandelten die Nachfolger, die Söhne des Peisistratos, anfänglich ganz in den Fußstapfen des Vates, und gerade auf dem Gebiet der Mysterien und der Orakelkunde war Hippias der unbestritten größte Kenner seiner Zeit. So kräftig die Söhne aber auch die großen Anfänge ihres Vaters ausgestalteten, erlagen sie doch dem politischen Ansturm innerer und äußerer Feinde, und dies für die hellenische Kultur so bedeutsame Geschlecht ging durch Mörderhand und Verbannung zugrunde.

<small>Die Erben des Peisistratos</small>

Das Bild der griechischen Gewalthaber würde nicht vollständig sein, wenn wir nicht — außer den sizilischen Gebieten, die einer geschlossenen Betrachtung bedürfen — gerade zum Abschluß dieser politischen Epoche auf eine Persönlichkeit verweisen könnten, die nun wirklich in einer packenden, glanzvollen Weise das Wort „Tyrann" mit allen Licht- und Schattenseiten verkörpert, ohne daß sie, wie bei den anderen bisher Genannten, veredelt erscheint durch staatsmännische Fähigkeit und die Absicht und Notwendigkeit sozialer Bereinigungen.

Polykrates von Samos aber steht vor uns nur als Machthaber, als genialer Usurpator, mit allen prachtvollen Eigenschaften und blendenden Lastern eines hochbegabten Ioniers, der das Leben ergriff wie ein kühner Pirat, der er im wörtlichsten Sinne auch war. Nachdem ihn Unzufriedenheit unterer Klassen an die Spitze getrieben, kam es ihm nur darauf an, seine Macht zu sichern, sie mit dem höchsten Glanz zu umgeben, sich lebensstrotzend zu behaupten, ohne jede Rücksicht auf die Zukunft seiner Sippe und seines Staates. Strahlend in dem Vertrauen auf ein unerhörtes Glück, entspricht er ganz dem Bilde der Schillerschen Ballade, die aber auch, gleich den Alten selbst, an das Schicksal dieser Glanzpersönlichkeit die tiefe Weltanschauung vom Neide der Götter gegen den allzu Glücklichen und von der Unbeständigkeit aller irdischen Größe in echt hellenischem Sinne knüpft. Der Rausch dieser fünfzehn blendenden Herrscherjahre war so groß, daß selbst der schließliche grausige Zusammenbruch zunächst nicht die Bewun-

<small>Der Tyrann Polykrates</small>

derung für dies kühne, sprühende Dasein auslöschen konnte. Auch hinterließ das Wirken des Tyrannen, so sehr es auch nur seiner eigenen Verherrlichung galt, tiefe Spuren eines wundervollen Aufschwungs ionischer Lebensmöglichkeiten. Die ausgedehnte, geradezu tolle Seeräuberei, durch die Polykrates sich und sein Eiland bereicherte, war damals zum Schrecken des doch schon sehr lebhaften Handels überall üblich. In Samos aber wurde sie ethisch mit dem Vorwand verkleidet, daß der Raub zur Bereicherung der Landesgöttin Hera geschähe. Ihr erbaute nun aus der Beute Polykrates einen der herrlichsten Tempel, dessen kürzlich aufgefundene Bruchstücke in ihrer technischen Vollendung unsre Bewunderung wachrufen. So berühmt war dieser Tempel, daß von allen Seiten die schönsten Weihgeschenke geschickt wurden und noch all den bildnerischen Schmuck vermehrten, den schon Polykrates selbst seiner Hauptstadt schenkte.

Der Palast des Polykrates

Bauwütig wie meist solche genialen Gewalthaber, ließ er aber auch sich selbst einen prächtigen Palast errichten, der an Größe und Ausstattung alles in den Schatten stellte, was seit den längst vergangenen Tagen der kretischen Blüte in hellenischen Gauen gesehen worden war. Man muß aber zugestehen, daß es Polykrates nicht bei solchem mehr persönlichen Aufwand bewenden ließ, wenn er wohl auch nur sich zum Ruhme und zur Sicherheit den Bau riesiger Stadtmauern veranlaßte. Gemeinnütziger noch war eine gewaltige Wasserleitung, für die das Gebirge in einem eineinhalb Kilometer langen Stollen durchbrochen werden mußte.

Daß ein so aufgeschlossener Geist wie der des Polykrates in stärkstem Grade anziehend wirken mußte, versteht sich bei der griechischen Lebendigkeit von selbst. So strömten an seinen Hof auch die Dichter und Sänger seiner Zeit, denn für ihre Lieder und nicht zuletzt seine Verherrlichung im Gesange hatte Polykrates ebenso ein williges Ohr und eine freigebige Hand, wie er die bildende Kunst förderte, wo er konnte. Anakreon aus der gegenüberliegenden Küstenstadt Teos und Ibykos aus dem fernen italischen Rhegion ließen ihre Saiten auf Samos ertönen, nicht zuletzt zum Preise der Schönheit und Liebesseligkeit, wie es dieser lustgeschwellten Umgebung entsprach, über die Polykrates zügellos und unbeschwert herrschte wie einer der homerischen Glanzgötter, solange diese ihm noch gnädig waren.

Das Ende des Gewaltherrschers

So sehen wir im Wirken dieses Mannes immerhin eine gewisse Größe und Kühnheit, die jedem kleinlichen Zagen abhold war. Hart lag seine Hand auf dem Landadel, und eine große Zahl dieser Familien zog es daher vor, die Insel zu verlassen; sie gründeten die Stadt Puteoli in Süditalien, um endlich wieder die Luft der Gerechtigkeit und Freiheit zu atmen. Bei etwas längerer Geduld hätten sie daheim im Jahre 522 erleben können, daß das tolle Schaukelspiel der äußeren Politik, das Polykrates in treulosestem Wechsel mit den befreundeten Pharaonen wie mit den persischen Königen trieb, ihn schließlich stürzte, aber es hat doch etwas Tragisches, wenn wir hören, wie dieser so glückbegünstigte, glanzumstrahlte Mann unerwartet durch den Satrapen von Sardes gefangengenommen und ans Kreuz geschlagen wurde, auf der Mykale-Höhe an der ionischen Küste, von wo er noch zuletzt sein herrliches Heimateiland erblicken mußte. „Nur in Polykrates hat sich das östliche Ioniertum des 6. Jahrhunderts frei und großartig in seiner ganzen Eigenart entfaltet. Die unpolitische Gewaltherrschaft dieses Mannes war seine einzige ‚politische' Tat" (16).

Deutlich aber wird an Polykrates vielleicht stärker als an allen anderen großen Persönlichkeiten dieser lebensgewaltigen Zeit, welche Vehemenz und welche Möglichkeiten kultureller Steigerung im frühen Hellas wirksam waren. Entwicklungen, zu denen andere Völker Jahrhunderte brauchen, gehen hier in Jahrzehnten vor sich und zeigen nicht zuletzt durch dies lebendige Tempo einen Glanz und einen jugendlichen Schwung, daß Herz und Sinne immer wieder staunen über dieses wundervolle Spiel genialer, schöpferischer Kräfte, auf welchem Gebiet des Lebens es auch immer sei.

III. RELIGION

Wenn auch alle diese Formungen und Regelungen der verschiedenen Staatswesen nur aus äußeren Gründen und nur nach praktischer Innenpolitik willkürlich oder zwangsmäßig zu erfolgen scheinen, so muß man sich doch auch hier immer wieder ins Gedächtnis zurückrufen, daß nichts im Leben der Hellenen ohne ein engstes Verhältnis zur Religion zu denken ist und man stets hier die innerste Verwurzelung und die Triebfedern suchen muß. Ohne diese Grundlage alles hellenischen Seins zu beachten und ohne sich über den Glauben und die religiösen Anschauungen dieser Zeit bewußt zu werden, würde jede Kenntnis dieser Epoche unzulänglich, ja fehlerhaft sein und keinen wirklichen Boden unter den Füßen spüren.

Ist doch alles im Leben der Hellenen voller Ausdruck ihres Seins; nirgends aber tritt das deutlicher zutage als in ihrer Religion. Das Urerlebnis dieser Vorstellung ist uns nicht mehr bekannt; es liegt in einer indogermanischen Gesamtheimat. Was wir dann zum erstenmal bei Homer hören, ist schon späte, reife, ja vielleicht überreife Gestaltung eines vollerblühten Mythos, in dem noch ältere und gewaltigere Überlieferungen oft nur noch halb verstanden zu ahnen sind.

Wir hatten ja bei Betrachtung des homerischen Weltbildes bereits gehört, welche Vorstellungen die Griechen sich von ihren Göttern machten, wenigstens in der strahlenden Form des ionischen Glaubens; aber es wurde auch schon auf die ernsteren, ja oft düsteren Kulte der Heimat hingewiesen. Im großen und ganzen änderte sich dies Bild auch in den ersten historischen Jahrhunderten nicht, und sein Verblassen beginnt erst, als die wundervolle, reiche Hochblüte der hellenischen Kultur in flachere Verbreitung sich aus dem geschlossenen Rahmen der Heimatstaaten löste und sich mit intellektualem Genuß der Zersetzung einer dialektischen Kritik preisgab.

Ritterliche und bäurische Religion

Die historische Zeit bis auf Perikles war noch durchaus „fromm", aber wenn sie auch die homerischen Götter voll gelten ließ, so bekamen diese doch eine gewissermaßen durchgeistigtere, oder besser gesagt, schlackenreinere Form. Man muß das nicht mit einer Ethisierung verwechseln, denn das hieße, vorgefaßte Meinungen von heute voll Anmaßung an diese Wundergestalten, diese mythischen Erlebnisse der Griechen, herantragen und sie damit verfälschen. Dennoch aber kann man deutlich wahrnehmen, wie das Kolorit dieser Götter ernster und reiner wird und ihr eigentlicher, volkserziehender Charakter sich aus dem lebhaften Wechselspiel der Mythen zu

92 DIE ERSTEN GESCHICHTLICHEN JAHRHUNDERTE

ruhiger Erhabenheit abklärt. Der Apollon Homers, dem man immer noch etwas die fremde Herkunft anmerkt, streift seine düstere Rache- und Todesseite ab, er verjüngt sich und nähert sich mehr mit der goldenen Leier als mit dem Bogen den Lichtgefilden der Sonne. Seine fast blutdürstige, einsame Schwester Artemis mildert im lichten Schimmer des Mondes ihre Wildheit zu jungfräulicher Herbheit. Die kriegerische Pallas hält schützend den Schild vor ihre Lieblingsstadt Athen und erfüllt sie mit Einsicht und Weisheit, und so könnte man durch das ganze griechische Pantheon hindurch zwar nicht einen Gestaltwandel der Götter, aber doch eine Art Veredlung, vielleicht auch Abschwächung, feststellen, wie das ja beim Aufstieg einer Kultur aus gemäßigterer Bändigung des Lebens ein ganz natürlicher und sich stets und überall wiederholender Vorgang ist.

Gezähmtes Pantheon

Es lag das auch mit daran, daß sich nun allmählich der Schwerpunkt der prächtigen kulturellen Entwicklung von dem lebhaften, heiteren Ionien immer mehr zurück auf das ernstere, herbere Heimatland verschob, das die Leichtlebigkeit und auch den Leichtsinn der ionischen Kolonien nicht so sprühend kannte und schon durch die ständige Ausübung alter Urkulte zu größerer, ja oft mystischer Vertiefung geneigt war. Vor allem aber herrschte in Hellas mit seinen traditionsgebundenen Verhältnissen ein weit älteres Verantwortungsgefühl, das dem frischen, tatfrohen Glanz die dunklere, nachdrückliche Pflicht entgegensetzte.

Wenn sich auch Glaube und Mythos selbst nicht ändern, so kann man einen Wandel doch aus einer Verschiebung der Akzente auf andere Idealfiguren leicht ersehen. Die Verehrung des strahlenden Heroismus eines jung zum Tode eilenden Achilleus büßt zwar nichts an Intensität ein, aber die immer stärkere Betonung einer anderen Heroenart, wie des schwer ringenden und nur durch Leid und Opfermut aus der Vollendung großer Taten zu den Göttern aufsteigenden Herakles, gibt doch zu denken. Der Lohn des Himmels muß durch bittere Erfüllung von Pflichten errungen werden; es genügt nicht mehr ein jauchzender Ansturm, um die Ruhmeskrone des Lebens durch dessen heldische Verachtung zu erringen, der tapfere Kampf des Kriegers verwandelt sich in den weit schwereren des Daseins überhaupt, und neben den Stolz und die köstliche Ungebundenheit der Mächte des Himmels treten neu bestimmend die dunklen Verflechtungen der lebenspendenden und -verschlingenden Erde.

Herakles als Beispiel

Auch von dieser war schon die Rede mit dem Hinweis, daß selbst im Homer neben seinen strahlenden Olympiern diese dämonischen Gewalten mit scheuer Verehrung genannt werden. Die Zeus-Religion der letzten Eroberer von Hellas, die diese als indogermanisches Erbgut mit sich brachten, konnte leicht zur Zeit kriegerischer Unrast und raffender Wanderlust den Anschein erwecken, als sänken vor ihr und ihrem Licht die schwerblütigen, beschatteten Erdenmütterkulte, die natürlich an heilige Scholle gebunden waren, wesenlos und wehrlos in die Tiefe. Aber einerseits konnte dieser leichte Scheinsieg nicht von langer Dauer sein, andererseits muß man sich auch fragen, ob es nicht nur an der ionisch-kleinasiatischen Herkunft der homerischen und demnach einzigen Überlieferung liegt, daß wir die neuen Götter so hell aufglänzen sehen und zu der Annahme verführt werden, sie hätten die alte Religion in den Hintergrund gedrängt oder ihr wenigstens stark Abbruch getan. Würden wir mehr von den gleichzeitigen religiösen An-

Chthonische Kulte

schauungen im Heimatlande und in den außerionischen Bezirken wissen, so würden wir wahrscheinlich entdecken, daß die Macht der alten Kulte niemals ernsthaft beeinträchtigt war. Beide so grundverschiedenen Anschauungen drängten zu einer Verschmelzung oder wenigstens zu einem friedlichen Abkommen, das sie nebeneinander in gegenseitigem Respekt bestehen ließ, und diese große Auseinandersetzung bäumt sich auch mit unheimlicher Eindringlichkeit in den lapidaren Dramen des Aischylos, im Prometheus und besonders in der Orestie, auf. Hier zeigt uns die frühe Dichtung des 5. Jahrhunderts, welcher Kampf der religiösen Gedankengegensätze Hellas in seiner geschichtlichen Frühzeit belastet haben muß, bis der Trieb zu harmonischem Ausgleich auch hier jeder göttlichen Macht den ihr gebührenden Platz anwies. Vielfach fand dabei ein ähnlicher Prozeß statt, wie ihn das Christentum bei seiner Überwältigung der heidnischen Religionen in kluger Mäßigung vornahm, indem es die Göttergestalten und hauptsächlich die Feste und Feiern, auf die es stieß, nicht immer ausrottete, sondern nur mit dem eigenen Sinn erfüllte und auf sich umdeutete. Die Griechen, die ja allem Fremden stets wohlwollend und aufnahmefähig gegenüberstanden, konnten das noch viel leichter tun. Sie nahmen ruhig die fremden Kulte an, nur erhielten diese bald ein rein hellenisches Wesen. Mancherlei Varianten alter Göttermythen werden dadurch erklärbar, und die betonte Lokalisierung der aus dem Norden mitgebrachten Götter an bestimmten Orten und unter verschieden gefärbten Aspekten wird sich wohl immer als eine Verschmelzung mit einer ursprünglichen Heimatgottheit herausstellen. Hier tritt wirklich ein starker Gestaltwandel der Götter ein, und diese wechseln ursprüngliche Funktionen und Machtbezirke, sobald die Nordgötter in den magischen Bann der Ortsdämonen und der großen lokalen Heroenverehrung gelangen.

Gestaltwandel der Götter

Es mußte ja zu einem solchen Wandel der homerischen Götter kommen. Allzuwenig waren sie mit der Not der Sterblichen vertraut und dennoch auch wieder zu rein menschlich gefaßt, wenn auch im höchsten Glanz, um allen Bedürfnissen religiöser Hingabe und Fragen zu genügen. Die Götter der Tiefe, an die ja alles Leben und Sterben, alles Gedeihen und Vergehen viel stärker und sichtlicher gebunden war, verlangten gebieterisch ihr naturbestimmtes Recht. Die große Mutter Erde mit ihren geheimen, unbezwinglichen und spürbar wirkenden Kräften, all die gütigen, ernsten, aber auch entsetzlichen Mächte, die ihr dienten und alle organischen Lebensnotwendigkeiten leiteten und deren Verletzung unerbittlich rächten, nahmen den Menschen in ihre Hut und ließen ihn seine Abhängigkeit fühlen. Die sittlichen Bindungen, die der homerischen Religion fast ganz fehlten, wirkten hier weit stärker in Form natürlicher, organisch-logischer Lebensgesetze, die instinktsicher gespürt wurden und gnadenlos befolgt werden mußten. „Der alte Glaube ist erdgebunden und dem Element verhaftet, ganz wie das alte Dasein selbst. Erde, Zeugung, Blut und Tod sind die großen Realitäten, von denen es beherrscht wird. Jede von ihnen hat ihren eigenen heiligen Umkreis von Bildern und Notwendigkeit, und sie lassen sich durch keine Freiheit der Vernunft etwas von der Strenge ihres Hier und Jetzt abdingen. Gütig und segensreich für den, der ihnen treu bleibt, furchtbar für jenen, der sie — einerlei ob aus Willkür oder aus Not — mißachtet, schließen sie das Leben der Gemeinschaft und des Individuums in ihre unabänderlichen Ordnungen ein." (17)

Die Götter der Höhe und die Götter der Tiefe

94 DIE ERSTEN GESCHICHTLICHEN JAHRHUNDERTE

Die Urmutter

Das weibliche Element, das immer der stärkere Vertreter heiliger Ordnungen und Satzungen ist, mußte die sorglose und strahlende Männlichkeit der homerischen Götterwelt ersetzen, die ja selbst in ihren weiblichen Repräsentanten diesen herben, heldischen Charakter zeigt. „Es ist ein mütterliches Reich von Gestalten, Spannungen und Ordnungen, deren Heiligkeit das ganze menschliche Dasein durchdringt. Im Mittelpunkt steht die Erde selbst, als Urgöttin, unter vielen Namen. Aus ihrem Schoße quillt alles Leben und alle Fülle; in ihn sinken sie wieder zurück. Geburt und Tod, beide gehören ihr und schließen in ihr den heiligen Ring. Aber so unerschöpflich ihre Lebenskraft, so reich und gütig ihre Gaben, so heilig und unverbrüchlich sind ihre Satzungen. Alles Sein und Geschehen muß sich einer festen Ordnung fügen." (18) Wehe dem Menschen, der diese Bande bricht: er ruft die Rachegötter der Tiefe, die Erinnyen, gegen sich herauf, denn er hat sich am Sinn, am Kernpunkt des Lebens selbst versündigt, und deshalb ist ein Entweichen oder eine Gnade etwas ganz Unmögliches. Das wußten und fühlten die Griechen genau, und darum gerade nahmen sie diese schrecklichen Hüterinnen innerer Lebenssatzungen gleichberechtigt in den lichten Kreis ihrer Gottheiten auf, wie es uns der Ausgang der Orestie ebenso ergreifend wie tief-weise schildert.

In dieser Hingabe an die geheimen Lebensquellen, an die wirklich spürbaren Kräfte des Daseins, wurzeln die nun immer deutlicher werdenden Mysterienkulte, die die Verwobenheit des Menschen mit der kosmischen Gewalt ebenso lehrten, wie sie seine innere Reinigung und Veredlung durch solche Erkenntnis bezweckt haben mochten.

Griechische Mysterien

In der Kosmogonie und in dem Pantheon der Griechen bevorzugen diese Mysterien das ältere von der Zeusreligion beiseite gedrängte Göttergeschlecht, zwar nicht die gebändigten Titanen, aber jene ehrwürdigen, meist weiblichen Glaubensgestalten, die wohl autochthoner Herkunft waren, aber dann der Zeusfamilie als eine Ursippe eingeordnet wurden. Unter solchen Göttinnen des Feldes, der Früchte, des Erntesegens, des Werdens und Vergehens und damit auch der Unterwelt steht die große Demeter an erster Stelle. Wie auch Athene, Apollon und andere in früherer Zeit solchen Bezirken verhaftet waren und sich von Göttern der Naturvorgänge oder der Verschmelzung mit solchen zu rein geistigen Potenzen abklärten, können wir hier nicht näher untersuchen. Auch nicht den Wandel des Poseidon von einem Landgott zu einem Meergott und ähnliche Änderungen des Helios, der Aphrodite, des Hermes usw.

Worauf es allein ankommt, ist die allmählich stärkere Betonung jener Urgötter der Nacht, des Herdes, des Schicksals, wozu dann auch die alten Titanenmythen, wie die des Prometheus, Kraft gewinnen und das religiöse Leben durch Verehrung und Feier bereichern und vertiefen. Bei einem so phantasiebegnadeten Volk mußten sich ja die religiösen Bilder und Vorstellungen mit immer reicherem Rankenwerk schmücken, wobei eine Rückkehr zu älteren Teilen ebenso festzustellen ist wie neue Abspaltungen, Varianten, Ausgestaltungen, ja sogar verschleiernde Wesenänderungen.

Nicht diese Wandlung der religiösen Formenwelt war kulturbedingend, sondern die Einstellung des Volkes zu der Fülle solcher Überlieferungen und seine Pflege nicht nur der offiziellen „Staatskulte", sondern die sehnsuchtgeborene Hingabe an mystischere, vagere, ja wildere Mächte, an Dämonen, Naturgeister u. dgl., die man aber nicht in germanischer Weise als eine Art Spuk, sondern ganz plastisch nehmen muß, wie jede griechische Vorstellung.

Schon mehrfach mußten wir hier auf das scheinbar Zwiespältige im hellenischen Wesen hinweisen, das seine Einigung immer in der Wechselfülle des Genialen und seiner Möglichkeiten findet. Dies wird nun auch im Religiösen deutlich. Der allbekannte und viel weiter gedachte Gegensatz a p o l l i - n i s c h und d i o n y s i s c h nennt ja geradezu zwei göttliche Repräsentanten solcher polaren Strömungen und führt uns gleich an die konfliktreiche und sturmgleiche Ergänzung der homerisch-apollinischen Götterwelt durch das Phänomen des rätselvollen Dionysos. Ganz ungriechisch, maßlos, orgiastisch, asiatisch, fast zerstörend mutet dieser Gott bei flüchtiger Hinschau an; tiefere Einfühlung jedoch spürt bald die organisch-notwendige Lebensglut, die vulkanische, naturelementare Seite des Genies.

Man kann Dionysos (Bakchos) und seinen Kult bestimmt nicht zur Religionsvorstellung homerischer Art rechnen, so gut der große Epiker ihn auch kennt und nennt, aber auch nicht unmittelbar zu der uralten, autochthonen Naturreligion von Hellas. Sehr schwer wird es sein, all die Hypothesen von seiner Herkunft über das Meer oder aus Thrakien, Phrygien, Asien zu sichten, ja man möchte sehr dazu neigen, Dionysos doch als einen uralten, rein griechischen Gott zu nehmen, dessen Kult dann nur plötzlich am Ende des 7. Jahrhunderts neu mit ungeahnter, jäher Heftigkeit aufflammte und alles in seinen Taumel und Bann riß. Es ist aber bezeichnend, daß dieser Ansturm vor den dorischen Schranken haltmachte; so befruchtete diese magische Gewalt, diese Verzückung mit ihrem Rausch, ihrer Festfreude und ihrem dithyrambischen Naturgenuß gerade das ionische Hellas und seine Nachbargaue und wurde hier später zum Erzeuger der höchsten Poesie: der attischen Tragödie.

<small>Dionysos in Attika</small>

Der Gott des Weines und des Wahnsinns mit seinem tollen Gefolge, mit seiner Aufpeitschung der weiblichen Psyche scheint mit seinem orgiastischen Schwarm gar nicht zur olympischen Welt zu passen und nur künstlich in sie eingegliedert zu sein. Er ist farbenschillernd, ebenso ein rasender Zerstörer wie ein Heiland, er stammt vom Himmelsgott und einer Sterblichen, und wie die lichte Begeisterung ihn in die Bruderschaft Apollons reißt, taucht er doch auch in die verborgensten Finsternisse des Leides und des Todes. Dionysos enthüllt uns die dunklen, chaotischen Möglichkeiten griechischen Geistes und treibt ängstlich in den verborgenen Geheimniswinkeln des menschlichen Herzens gehütete Triebe in entsetzte Deutlichkeit empor, prachtvoll, sinnberückend und schauerlich zugleich. In Bakchos findet die plastische Abgeklärtheit griechischer Religion und ihre ruhige Toleranz eine ungeahnte Ergänzung durch einen wütend lärmenden Fanatismus, durch eine Ausschließlichkeit und einen Enthusiasmus des Bekennens, der in diesen Bezirken hellenischen Geistes ganz neu ist, aber auch mit ganz neuen Möglichkeiten schwanger geht.

Kann man den neuen Kult des Dionysos in seiner notwendigen Ergänzung griechischen Wesens nicht als bloße Sekte ansprechen, so stellt sich diese Bezeichnung eher bei der parallelen Erscheinung, der orphischen Religionsströmung, ein, die nun auch wie eine Zauberwelle in das offene Bedürfnis nach geistiger Vertiefung und Versenkung hineinbrandete und die Geister mit einem seltsamen, mystischen Bann belegte.

96 DIE ERSTEN GESCHICHTLICHEN JAHRHUNDERTE

Die Orphiker

Man kann die Orphiker trotz vieler Gegensätze als eine spekulative Ergänzung des Dionysoskultes, als eine fremdartige, fast unhellenische Weisheitslehre der mystischen Naturerklärung betrachten und findet auch hier eine geforderte Versenkung, eine feste, kultgebundene Lehre, nur daß diese Weihen zur Askese und Besinnung, nicht aber zum Taumel und Genuß leiteten.

Auch hier waren bisher unerfüllte Glaubensnotwendigkeiten lebendig. Aber wo kam diese zunächst auch von Thrakien ausgehende, uralte Lehre eigentlich her? So vieles mutet ganz indisch in der Religion der Orphiker an. Sprach doch diese Geheimlehre von der Notwendigkeit schlackenloser innerer Reinigung, von harter Askese, von schlimmen Strafen im Jenseits und einer dauernden Seelenwanderung bis zur Erlangung einer Art buddhistischen Heiligkeit und Auflösung. Hier meldet sich im Griechentum die sonst fehlende Theologie. Auch die Orphik hat eine große, mystische Poesie hervorgerufen, sie hat aufs stärkste die aufblühende Philosophie beeinflußt und ist den Weisesten ihrer Zeit heilig gewesen. Ihrerseits befruchtet und vermählt mit mancherlei späteren geistigen Strömungen, ist die Orphik lange in Griechenland und darüber hinaus bis in das späteste Altertum wirksam gewesen. Aber so hingebend diese Lehre auch in vielem dem tastenden, religiösen Bedürfnis entgegenkam, so ist sie doch „ein Symptom der gleichen suchenden Unsicherheit und beeinflußbaren Unmündigkeit des eben ins bewußte Leben getretenen Menschen, die ihn in jener Zeit auch der Tyrannis sich beugen ließ. Ihm schien die Orphik das Sichhingeben und Ausströmen des eigenen Selbst, wonach seine jugendliche Kraftfülle verlangte, und in ihren peinlichen Riten einen festen Halt zu gewähren, zugleich in ihren kosmisch mystischen Spekulationen dem beginnenden eigenen Denken über die Welt Wege und Ziele zu weisen. Je mehr aber in der Folgezeit der Grieche sich und seine eigene Form fand, je mehr der Staat, in den er hineingewachsen, all seinen Lebenskräften Raum, Befriedigung und Gestaltung gab, um so mehr trat die orphische Lehre zurück, wie sie denn dort, wo der Staat bereits zur gültigen Lebensform geworden war, in Sparta, nicht hatte Wurzeln schlagen können" (19).

Mysterienkult der Demeter

Dauernd sich aber gehalten und trotz allen undurchdringlichen Schleiern des Geheimnisses, die darauf ruhten, doch wohl sehr segensreich gewirkt haben die Mysterienkulte, besonders der schon erwähnte Kult der uralten attischen Erdenmutter Demeter in Eleusis. Dem Sinne dieser Kulte war der einfache Landmann ja von jeher verbunden, denn die Götter der Natur lagen ihm zunächst noch näher als die homerische Herrlichkeit, die ja auch schon bei dem bäuerlichen Hesiod in seiner Theogonie bei gleicher Gestalt doch ein wesentlich anderes Kolorit erhält. Das Aufkommen des Bauernstandes und seine wachsende Bedeutung hob auch diese Kulte stärker in die allgemeine Religionsbetätigung.

Das Geheimnis der Mysterien selbst, das nie verraten ward, wird etwas vom Sinne der Freimaurerlehren im 18. Jahrhundert gehabt haben; es wird von den kosmischen Urkräften, vom Entstehen und Fortwirken des Lebens über den Tod hinaus gehandelt und in diesem Sinne sittlich gewirkt haben. Jedenfalls erhielt dadurch die olympische Religion die Ergänzung einer seelischen Vertiefung, die ihr selbst gänzlich fehlte.

Heilige Bräuche, die keiner verraten, verletzen, erforschen
Darf: denn heilige Scheu vor den Göttern bindet die Stimme.
Selig, wer von den irdischen Menschen je sie gesehen!
Wer aber unteilhaftig der Weihen, der findet ein andres
Schicksal, wenn er verblichen weilt im dumpfigen Dunkel. [20]
(Demeter-Hym. 478 ff.)

Die Gestalt der Demeter als alter Fruchtbarkeitsgöttin und ihrer Tochter Persephone (auch Kore = Mädchen genannt), die vom Gotte der Unterwelt geraubt wurde und die Hälfte des Jahres im Hades weilen mußte, daneben aber auch der Demeter-Sohn Jakchos, der aber später auch als eine zweite, ja dritte Verkörperung des Bakchos aufgefaßt wurde, ergaben die Symbole der eleusinischen Mysterien, die nur Eingeweihten nach schweren Riten der Reinigung zugänglich waren, um ihnen neu das Glück eines ernsten Glaubens an ein ewiges Leben zu schenken. Unzählige tiefer veranlagte Gemüter, die nach solcher geistigen Hingabe verlangten, begehrten und erhielten Zutritt zu den Mysterien, die auch in Unteritalien und anderswo bestanden. Jeder Unterschied der Geburt und Stellung war hier vor dem Heiligsten aufgehoben, ja Sklaven, Frauen und Kinder hatten ebenso Zutritt wie Fremde und zuweilen selbst Barbaren. Die großen Feiern der eleusinischen Mysterien ergriffen das ganze athenische Volk. Prozessionen, Tänze und vielerlei symbolische, nach festem Ritus vorgenommene Handlungen gingen vor sich. Ehrfürchtige Schauer umhüllten diese uralten Gottesdienste, deren Handhabung erblich einem auserwählten Geschlechte von Königsrang zukam. Die Umzüge, Gesänge, die Darstellung des Demeter-Mythos mußten mit der Zeit zu festen Mysterienspielen führen, die von einem heiligen Drama allmählich zu der großen Dichtung der hellenischen Szene führte.

Mythos der ewigen Fruchtbarkeit

Die weite Ausbreitung der Mysterien und ihrer asiatischen Abartungen in der hellenistischen Zeit, ihre bedeutende Rolle in Rom und ihr Verhältnis zum späteren Christentum gehören natürlich noch nicht hierher.

So sehen wir ein reiches, religiöses Leben, dessen Schilderung sich ja noch nach allen Seiten erweitern ließe, diese noch echt fromme und gläubige Zeit ganz erfüllen. Die Durchtränkung der gesamten hellenischen Kultur mit Glaube und Religion gab dieser Epoche die große, geschlossene Stärke, Lebenssinn und die Inbrunst schöpferischer Kraft auf allen Gebieten. Gerade der ausgesprochene Polytheismus der Hellenen machte diese Vielfältigkeit, diese Eingliederung so mannigfacher Religionsbetätigung überhaupt erst möglich. Schwächte sich doch sogar eine gewisse monotheistische Tendenz Homers, die in der alles überragenden Gestalt des Himmelskönigs Zeus lag, erheblich ab, und die nicht viel später einsetzenden Anläufe eines erhabenen Glaubens an eine einzige, die Welt regierende Gottheit blieben alleinige Domäne einiger Dichter und Philosophen.

Monotheistische Tendenz Homers

IV. KUNST

A. ARCHITEKTUR

Kann man sich die griechische Kultur ohne ihre bildende Kunst vorstellen? Jedenfalls ist sie der stärkste und dauerndste Ausdruck des hellenischen

98   DIE ERSTEN GESCHICHTLICHEN JAHRHUNDERTE

Wesens geblieben; sind die Griechen in ihrer Gesamtheit doch alle Künstler, wenn auch nicht alle in der Ausübung. Bilden, formen um jeden Preis — wie eine Besessenheit geht das durch die gesamte antike Welt, als wolle sie den ganzen Schöpfungsakt noch einmal in totem Material wiederholen, sei es im Einzelgeschöpf, sei es in Bauten von so vollendeter und klarer Harmonie, als unterständen sie der Bedingtheit kosmischer Gesetze.

Wesen der griechischen Kunst

In ihrer Art bildet die griechische Kunst einen nie wieder erreichten Höhepunkt der Menschheit, der auf diesem Wege auch gar nicht mehr zu überbieten wäre. Gewiß, es gibt sehr verschiedene Ausdrucksformen des bildenden Schaffens, und die griechische Kunst ist nur eine von ihnen. Was sie aber so groß macht, ist die restlose Vollendung, die absolute Natürlichkeit, die aber nicht Realistik ist, sondern diese bis zum höchsten tpyischen Schönheitsideal verklärt und sublimiert. Diese unerreichte Mischung klarster, sinnlicher Lebenslinie mit einer schon gar nicht mehr wirklichen, traumgeborenen Schönheit, und dies beides eng verbunden, gestellt in die edelste Ruhe höchster Harmonie, das ist griechische Kunst. Vielleicht gibt es unter den armen Worten dafür nur den Ausdruck Verklärung, aber er muß nicht spirituell, sondern diesseitig und sinnlich genommen werden: die letzten Möglichkeiten lichtgeborener, irdischer Schönheit im Sinne des homerischen Olymp, wobei die Ausgeglichenheit der Oberfläche uns nicht über die ungeheuren inneren Spannungen dieser Kunst und ihrer Schöpfer hinwegtäuschen darf.

Der Traum der Schönheit

Die düster getürmte Grandiosität Ägyptens, die monumentale Wucht Babylons, die ätherstürmende, materiallösende Geisteskraft der Gotik, die phantastisch überströmende Fülle Indiens, all das darf man in Hellas auch nicht andeutungsweise suchen. Die höchste Steigerung ist hier niemals übersteigert. Nie ist in die Form mehr hineingelegt, als sie im besten Fall enthält, niemals wird Romantisches und Bizarres nach nur ephemerer Wirkung trachten; nie verliert sich das Persönliche im Individuellen. Ein einziges Mal versuchte hier die Welt für den abgeklärtesten Traum der Schönheit Form zu finden. Die Hoheit dieser Kunst redet nicht, sie wirkt; sie drängt sich nicht auf, sie ist da. Es liegt auf ihr der Hauch des Unvergänglichen, der stärksten Lebensmöglichkeit, aber dabei entrückt in eine solche Ferne göttlicher Reinheit, daß sie nicht bei jedem wie Beglückung, sondern zuweilen wie kühle Unnahbarkeit auf die verworrene, so hoher Pfade nicht mehr gewohnte Anschauung heutiger Tage wirkt.

Wie aber auch die Strömungen laufen mögen, die sich der griechischen Kunst begeistert zuwenden oder ablehnend die Befriedigung heutigen Kunststrebens ganz anders zu suchen trachten, immer wird die in den hellenischen Gebilden herrschende Norm, deren ständige Auffindung auf allen Gebieten ja zu den größten griechischen Geistesgaben gehört, den bildenden Menschengeist lehrend und beglückend in ihren Bann ziehen und ihm Grundlagen bieten, die wegen ihrer einfachen und doch so schwer erreichbaren Selbstverständlichkeit gar nicht umgangen werden können, abgesehen von der unglaublichen, gar nicht auszuschöpfenden Fülle der Anregungen und Ausdrucksmöglichkeiten.

Natürlich hat die griechische Kunst diese letzte Vollendung nicht von vornherein besessen. Aber in genialer Sicherheit hat sie doch fast aus dem Nichts den Weg zur Blütenhöhe mit einer Schnelligkeit gefunden, daß selbst die

Schilderung dieses verblüffende Tempo kaum innehalten und glaubhaft machen kann.

Den Ursprung dieser Kunst zu erklären ist fast schwerer, als ihn örtlich und zeitlich festzulegen. Wie sie selbständig ganz ohne Vorbild zu erwachsen scheint, so gilt in Wahrheit das doch nur für das eigenartige, rein hellenische Gepräge, das schon die primitivsten Anfänge deutlich zeigen. Immerhin ist sowohl für den Tempelbau wie für die Skulptur auf vorgeschichtliche Spuren oder Beziehungen hinzuweisen, die nicht ohne Einflüsse gewesen sein werden.

Schon einmal wurde darauf hingedeutet, daß der Expansionstrieb der Griechen, der sie schon in frühesten Zeiten in die weite Welt und so auch nach kulturälteren Ländern, z. B. Ägypten, trieb, dort ihren offenen, empfänglichen Augen monumentale Bauformen, architektonische Möglichkeiten und eine mächtige Skulptur zeigte, die sie selber noch kaum ahnten. Nachahmung war nie hellenische Sache, aber um so mehr die Aneignung fremder Errungenschaften in eigener Prägung. Leicht kann es also sein, daß an den noch aus der mykenischen Zeit stammenden Bauten, z. B. an dem Megaron des archaischen Herrenhauses, sich allmählich die typische Grundform des griechischen Tempels entwickelte. *Herrenhaus und Tempel*

Die von Homer in größerer Vergangenheit geschilderten Kulturen haben den Tempel jedenfalls noch nicht gekannt, wenn auch vielleicht spätere Stellen in den Epen Tempel erwähnen. Denn zur Zeit des Dichters selbst wird man bereits mit dem Beginn solcher Bauten zu rechnen haben. Die Notwendigkeit, aus der sie geboren wurden, mag einmal daraus erklärbar sein, daß eine neue Verehrung glänzender Götter zu größeren Kultbildwerken führte, für die nun eine Behausung weit notwendiger wurde als für die kleinen, sehr primitiven Idole der Wanderzeit. Dann mag der allmähliche Übergang der Unrast zur Seßhaftigkeit das Bauen begünstigt und es nahegelegt haben, der Gottheit im Bezirk heiliger Haine, wo ihr an dem stets im Freien befindlichen Altar geopfert wurde, ein würdiges Haus zu geben, das gleichzeitig als Aufbewahrungsort für Weihegaben, Tempelschätze und Priestergeräte dienen konnte. Denn man vergesse nie, daß der antike Tempel nicht gleich unsern Kirchen dem Zweck dienen sollte, den Altar zu umschließen und darum dort eine andächtige Menge zur Feier einzulassen. Daher auch die verhältnismäßig geringe Größe des Tempelkerns (Cella), seine Fensterlosigkeit und seine mehr als Folie dienende äußere Geschlossenheit.

Es gibt eine geistreiche Hypothese, die die Entstehung des Tempels als einen Ersatz des von Baumgipfeln überdachten Freiraums annimmt, wobei nun die Stämme sich zu den Säulen des Tempels verwandeln. Denkt man an gewisse Pflanzenerklärungen der ägyptischen Säule und dann an die Tatsache, daß alle ersten Säulen hölzern waren, so bekommt diese Hypothese etwas Bestechendes, ohne aber Beweiskraft zu besitzen. Jedenfalls klingt die Anlehnung an die primitive Säulenstützung des alten Achaierbaues, zumal der zwei Säulen zwischen den Antenvorsprüngen des Vorbaus, weit wahrscheinlicher, wie auch das Klima und die damit verbundenen Gewohnheiten zu gedeckten, aber im Umkreis offenen Räumen verleitet haben mögen. *Entstehungshypothesen für den Tempelbau*

In der Architektur der geschichtlichen Zeit tritt im Rang der Tempel völlig an Stelle des alten Palastes. Die Baukunst lebt sich jetzt also nicht mehr an gewaltigen und prächtigen Profanbauten (Burgen, Palästen) aus, sondern widmet sich in ihrem künstlerischen Teil ganz den religiösen Be- *Vom Profan- zum Sakralbau* dürfnissen, den Götterbehausungen. An ihnen allein entwickelt sich die Architektur, bis sie dann auf ihrer Höhe freilich auch anderen Zwecken künstlerisch diente.

Geschichte der Säule

Da die Grundform des Tempels im großen und ganzen stets die gleiche bleibt und die allmähliche Ausgestaltung fast nur die Verhältnisse, den Säulenschmuck, also äußere Umkleidung, ändert und hier verschieden ausgeprägte Stilarten hervorruft, so sei dem charakteristischsten Gebilde griechischer Architektur, der Säule, gleich ein kurzer Überblick vergönnt. Säulen als Stützpunkte des Daches und Gebälkes finden wir als notwendige Bauglieder in Ägypten und im Orient seit Urbeginn. Wir finden sie auch im Kreta des 2. Jahrtausends und in der mykenischen Epoche. Diese letztgenannten Säulen verjüngten sich aber nicht nach oben, sondern nach unten, wodurch das Tragen mehr betont wird als die verwurzelte Stehkraft. Die kretische Säule steckt überdies im Boden, ähnelt also wirklich einem Baum, der sich oben zur Krone breitet. Diese umgekehrte Verjüngung, die uns so seltsam und ungewohnt anmutet, hat auch die mykenische Säule, aber sie steckt nicht in der Erde, sondern ruht bereits auf einer Steinbasis. Die ältesten griechischen Säulen sind auch aus Holz gebildet, gehen aber sehr bald zum Kalkstein und erst später zum Marmor über.

Wie die Säule überhaupt, so lernten auch ihre Gliederungen die Hellenen im Ausland kennen, am ehesten in Ägypten, aber in ihrer Hand wurde die Fülle der Formen und auch ihre Verwendung sehr bald auf einige Grundtypen eingeschränkt und dann nur noch in dieser Beschränkung meisterhaft ausgebildet. Säulenfluchten, Säulenwälder als Deckenstützung großer Hallen wurden von den Griechen nicht übernommen. Wie sie sich einen Tempel ohne Säulen gar nicht denken konnten, so verwendeten sie diese auch anfänglich fast ausschließlich für diese Zwecke. Von einer einfachen Stützung der Vorhalle, später auch einer rückwärtigen Halle, gingen die Griechen bald zu einer einfachen Säulenumkleidung des ganzen Tempelkerns über. Es lag nahe, daß spätere Prachtliebe und die Sucht, sich durch immer reichere Gebäude zu überbieten, die Säulenmenge verdoppelte, erst an den Giebeln, schließlich um den ganzen Kern. Diese verschiedenen Formen im einzelnen klarzulegen, gehört in das Gebiet der Kunstgeschichte, wohl aber müssen wir dies für die Formen der Säule selbst tun, weil das die Verschiedenartigkeit hellenischer Stämme und ihres Charakters so deutlich zum Ausdruck bringt, daß man diese Formen schon fast symbolisch genommen hat.

Die Griechen hatten empfunden oder wohl durch Augenschein in der Fremde gelernt, daß eine Säule organisch sich hauptsächlich in die Basis, den Schaft und das gebälktragende Kapitell gliedert. Hier kristallisieren sich nun aus der überwuchernden Formenquelle der Fremde drei klare Typen heraus, die ihren lebendigen, inneren Gesetzen nach sich bis zur höchsten Vollendung ausbildeten, um erst in der Zerfallszeit durch Überwucherung der einzelnen Motive, zumal im Kapitell, auszuarten.

Die drei Stile

Besonders nach dieser dreifachen, ganz anders gearteten Kapitellform, die aber natürlich auch mit weiteren Abwandlungen Hand in Hand ging, unterscheidet man die dorische, die ionische und die korinthische Säule, woraus dann naturgemäß drei getrennte Baustile entstanden. Diese Benennungen, die schon das Altertum kannte, sind aber ganz willkürlich und haben nichts mit Beschränkung auf die gleich genannten Stämme und Landschaften zu tun. Sie finden sich, wenn auch verschieden stark betont, durchaus über ganz Hellas durcheinander verstreut. Man braucht ja nur zu bedenken, daß der typischste Bau des ionischen Stammes, der athenische Parthenon, im dorischen Stil errichtet ist und daß daneben gerade Athen auch sonst die schönsten Beispiele dieses Stils besitzt.

Dennoch liegt nicht nur ein Kern richtiger Charakterisierung in diesen Bezeichnungen, man hat sie auch noch darüber hinaus — obgleich der Wirklichkeit gar nicht entsprechend — als Symbole für drei aufeinanderfolgende Entwicklungsstufen griechischer Kultur genommen, wie sich z. B. im späteren Abendland Gotik, Renaissance und Barock folgen. Den inneren Entwicklungsmöglichkeiten und dem Wesen und Schmuckreichtum dieser Säulenarten nach ist das ein ganz hübscher Vergleich, aber mit einem historischen, sich ablösenden Ablauf hat er nicht das Geringste zu tun, denn die Säulenarten sind keineswegs auseinander entstanden oder haben sich gar in der Verwendung abgelöst, sondern treten gleichzeitig, wenn auch die korinthische etwas später, auf.

Die dorische Säule (den dorischen Baustil) finden wir zwar zunächst wirklich auf dorischem Gebiet im Peloponnes um 680 v. Chr. Schlicht und wuchtig erhebt sie sich mit starker Verjüngung basislos auf dreistufigem steinernem Untergrund. Interessant ist, wie die Alten diesen Stamm und seine glatte Fläche nicht nur durch eine durchgehende Kannelierung belebten, sondern ihre Feinfühligkeit gab dazu noch der Säule in der Mitte eine leichte Anschwellung (Enthasis). Es kommt dadurch nicht nur Leben und Elastizität in die sonst vielleicht eintönige Schaftlinie, sondern diese Baumeister müssen wohl gemerkt haben, daß ohne eine solche Anschwellung der Augeneindruck leicht das Gegenteil, eine Einbiegung, wahrzunehmen glaubt. Es ist dies eine mehr als interessante Kleinigkeit. Denn sie zeigt mit frappanter Deutlichkeit, in welch lebendigem, genial fühlendem Verhältnis der Hellene zu dem Stoff steht, den er nicht nur mit Verstand und Sinnen formt, sondern intuitiv beseelt. Das Kapitell dieser schlichten, aber durch die Kannelierung doch so markant beschatteten und belichteten Säule ist einfach und natürlich; über einem etwas einschnürenden Halsring quillt ein runder Wulst, auf dem als wieder sehr fein erdachter Übergang zu dem geradlinigen Gebälk eine quadratische Steinplatte ruht. Man wäre also wirklich versucht, diese monumentale Schlichtheit mit dem Charakter des dorischen Stammes zu erklären.

Die dorische Säule

Die ionische Säule ist viel problemreicher und, wenn man so sagen darf, innerlich lebendiger. Das letzte erklärende Wort über diese interessante Form ist vielleicht noch nicht gesprochen. Auch diese Säule trägt insofern ihren Namen mit Recht, als sie im ionischen Kleinasien zuerst auftaucht, jedoch wenig später als die dorische im Heimatlande. Sie ist schlanker, leichter, gefälliger und bietet auch viel mehr Schmuckmöglichkeiten, da der ebenfalls aber weniger scharf kannelierte Schaft auf einer stilistisch notwendigen Basis steht, die mit dem sehr seltsamen, noch nicht ganz in seinem Ursprung enträtselten Kapitell harmonisch korrespondiert. Dies Kapitell besteht aus zwei Voluten, wie wenn ein Kissen sich unter der Wucht des Druckes an beiden Seiten nach unten zusammenkrümmt. Dies oft gewählte, aber doch nicht ganz zutreffende Bild würde man technisch eher durch das „Sattelholz" ersetzen, das die Zimmerleute bei Stützen einzuschieben pflegen. Die Voluten, die den Anblick so elastisch und beschwingt machen, sind damit

Die ionische Säule

allerdings noch keineswegs geklärt, so daß daneben eine Hypothese auf ägyptische, später in Assyrien abgewandelte Blütenkelchkapitelle mit abwärts gebogenen Lilienblättern verweist.

Der Baukünstler findet hier nun gegenüber der dorischen Säule eine weit größere Fülle von Möglichkeiten, sein Feingefühl variabel auszuleben, wobei auch noch Säulenbasis und Säulenhals ornamental verziert werden können, ja müssen. Nur eine ganz dünne, meist verzierte Platte liegt zwischen den Voluten und dem Architrav. Ganz köstliche Gebilde dieser Gattung sind zumal in Athen entstanden und zeigen, wie sicher diese Künstler die schwierige Mitte zwischen notwendiger Flächenbelebung und rein schmückendem Reichtum zu treffen wußten.

Auch die ionische Säule legt es verführerisch nahe, sie aus dem Wesen des ihr gleichlautenden Hellenenstammes zu erklären, aber auch ihr Verbreitungsraum ist durchaus nicht allein auf ionische Landschaft beschränkt.

Die korinthische Säule Weniger wichtig, und auch erheblich später entstanden, ist die korinthische Säule, deren Kapitell aus stilisierten Akanthusblättern besteht und so den Baumcharakter der im übrigen dem ionischen Stil ähnlichen Säulen schon deutlicher macht. Wir haben hier also mehr eine Schmuckform als ein organisch bedingtes Bauglied vor uns, aber gerade weil sich hier Pracht und Fülle einten und die Phantasie sich glanzvoll ausleben konnte, wurde diese Säule in späterer Zeit, zumal im kaiserlichen Rom, sehr beliebt, denn ihr Reichtum und ihre Eleganz kamen ja einem üppigen Geschmack sehr entgegen. Die Anregungen für das korinthische Kapitell stammten wohl ebenfalls aus Ägypten. Aber erst die Griechen gaben diesen dankbaren und dekorativen Motiven eine klassische, immer noch reichen Varianten zugängliche Form.

Daß zur Erreichung eines harmonischen Gesamteindrucks diese drei Säulenstile in ihrem so verschiedenen Charakter stark die übrigen Bauglieder des Tempels beeinflußten, ist selbstverständlich. Wie sich hier je nach Wucht oder Leichtigkeit die anderen Teile, der Architrav, der Fries und seine Triglyphen und Metopen, der Giebel mit und ohne Skulpturenschmuck abwandeln, muß der reinen Kunstgeschichte zugewiesen werden, so befruchtend auch für die gesamte Architektur des Abendlandes all die interessanten, wichtigen Einzelheiten des griechischen Tempels wurden.

Stilwanderung Blieben diese Tempel doch durchaus nicht auf Hellas und das asiatische Ionien beschränkt, sondern gerade Sizilien und Unteritalien (Agrigent, Segeste, Selinunt, Paestum), ja sogar Afrika (Thugga, Sufetula) und später die riesigen Tempel in Palmyra und Baalbek in Syrien zeigen uns heute noch wunderbare und zum Teil auch älteste Reste, desgleichen auch Olympia. Gerade an diesen sieht man besonders die dorische Form mit der oft allzu herben Strenge ihrer ersten ernsten Wucht ringen, die uns in ihrer Erhabenheit erschüttert, aber noch weit entfernt ist von der abgeklärten Vollendung des athenischen Parthenons, der ja immer die Krone all dieser Bauten bleibt. Aber gerade die Bauwerke auf und neben der Akropolis weisen Meisterbeispiele des ionischen (Erechtheion, Niketempel) und sogar des korinthischen Stiles auf (Denkmal des Lysikrates), in Korinth selbst dagegen stehen noch die gedrungenen Reste eines dorischen Tempels. Man muß die griechischen Tempel also nicht nach ihren Stilarten lokalisieren. Am häufigsten und weitesten verbreitet findet sich wohl der dorische Tempel, der aber auch wegen seiner wuchtigen Stabilität den Unbilden der Zeit und Elemente stärker widerstanden haben mag.

Man muß nun aber nicht annehmen, daß in allen von Hellenen bewohnten Gauen überall eine Fülle von Tempeln stand, wenn wir auch oft gerade in entlegenen Gegenden einsam die herrlichsten Bauten finden (Arkadien). Erst Rom, das ja künstlerisch nie Maß zu halten vermochte, überbot auch hierin die Griechen bei weitem. Im alten Hellas war doch wohl immer die an einen lokalen Bezirk gebundene Verehrung von Göttern und Heroen die Vorbedingung solcher Bauten, die ja auch ganz bestimmten und nicht willkürlich wechselnden kultischen Festen dienten. Da standen die Tempel lichtübergossen in ihren leuchtenden Farben, denn so befremdlich das unsrer Vorstellung auch ist, müssen wir uns den antiken Tempel stets farbig getönt oder in Rot und Blau bemalt und mit vielen bunten Farbornamenten denken. Es mag diese Sitte auf Schmucknotwendigkeit der alten, ursprünglichen Holzbauten zurückzuführen sein, jedenfalls aber muß unser heutiges Farbenempfinden und die ganz andere Sonnenseligkeit der Mittelmeerländer hier mit Geschmackurteilen sehr zurückhalten, zumal wir bloß an die uns ebenso ungewohnte Buntheit des Inneren bei alten romanischen Domen zu denken brauchen. —

Licht und Farbe

Neben dem griechischen Tempelbau tritt an Bedeutung in der hellenischen Frühzeit die gesamte andere Bautätigkeit als unwesentlich zurück. Unwesentlich, aber nur in künstlerischer Hinsicht, denn für das praktische Leben schuf daneben eine schon weit entwickelte Architektur doch noch eine Fülle beachtlicher Bauten wie Mauern, Kanäle, Wasserleitungen, Räume und Plätze für Bürgerversammlungen. Den privaten Hausbau, die städtischen Straßen und Siedlungen müssen wir uns allerdings noch bis in die späteste Zeit ziemlich primitiv, klein und winklig vorstellen. Wirkliche große Kunst wandte sich immer nur öffentlichen und allgemeinen Aufgaben zu, wie das ja aus dem weit mehr im Freien und in Gemeinschaft verlaufenden Leben südlicher Völker nach Gewohnheit und Klima erklärlich ist.

B. DIE BILDHAUERKUNST

Hat nun die griechische Architektur der Frühzeit bereits alle Grundformen, zumal im Tempel, gefunden und so weit ausgebildet, daß spätere Epochen nur noch schmückend und variierend weiterbilden konnten, so muß man auch bei der Skulptur diese erstaunlich rasche Entwicklung aus fast rohen und primitiven Anfängen feststellen.

Diese beseligte Wut, mit der die Griechen in unerschöpflicher Fülle Gestalten schaffen mußten, vervollkommnete die Leistung nicht nur durch die dem nordischen Menschen gegenüber viel stärkere Betonung des Schauens, des Erfassens durch das Auge, es kam dazu, daß sich dem Blick auch wirklich das Schönste an menschlicher Gestaltung fortwährend bot. Denn seit 700 war die völlige Nacktheit bei allen gymnastischen Spielen eingeführt worden, und da diese Spiele und das ganze Trachten der Hellenen darauf ausgingen, die Leiblichkeit in Schönheit und Leistung zur vollendetsten Form durchzubilden, so prägte sich ein an sich schon prachtvolles Menschenmaterial unausgesetzt in geradezu idealen Mustern dem unersättlichen Blick des Künstlers ein und verwöhnte ihn derart, daß dem Meister nun auch nur das Beste

Glücklicher Süden

als genügend vorschwebte und ihn antrieb, das Geschaute in möglichst hoher Vollendung darzustellen.

Vorläuferin Phantasie

Es hat sich ja überhaupt das Formenideal menschlicher Darstellung beim Griechen früher in der Phantasie als in der Kunst selbst gebildet, und nicht zuletzt haben die alten epischen Dichtungen mit ihrer Schilderung herrlicher Götter- und Menschengestalten den Künstlern innerlich Ideale eingepflanzt, denen sie nun an der Hand der Wirklichkeit nachzueifern trachteten. So mußte ja die Steigerung der Fähigkeit und die leichtere, schließlich virtuose Bewältigung des Materials das Wunder der griechischen Plastik in natürlichem Verlaufe wie von selbst herbeiführen. Sehr wichtig aber ist, daß das so erleichterte Studium des nackten Körpers nun aber nicht zur realistisch individuellen oder gar porträthaften Nachbildung führte, sondern daß es dem griechischen Wesen gar nicht anders möglich war, als alles in der Richtung eines Ideals, eines Typus vom Rein-Naturalistischen abzutrennen oder vielmehr das Naturgegebene, ohne ihm untreu zu werden, aufs höchste zu veredeln. Nur dem Griechen ist diese Synthese in solcher Vollendung gelungen. Bei der Kunst anderer Völker finden wir entweder eine monumentale, streng stilisierte und damit ganz gebundene Kunst, oder sie geht bei der Darstellung geschauten Lebens auf weit tieferem Niveau sofort zu bürgerlicher Realistik über und leistet dann dort auch, zumal genrehaft, Vorzügliches. Erst wenn man den hellenischen Gegensatz hierzu wirklich begreift und durchdenkt, nähert man sich dem Kernpunkt griechischen Wesens. —

Natur und Kunst — Wirklichkeit und Wahrheit

Freiheit der Kunst

Der Entwicklung der griechischen Plastik kommen nun aber noch zwei andere glückliche Umstände, die beachtet werden müssen, zugute. Bei den Hellenen war die Kunst im allgemeinen nicht an den Dienst eines Herrschers geknüpft, selbst da nicht, wo die Gewalthaber fördernd sich ihrer bedienten. Sie blieb doch immer freie Äußerung freier Bürger, und selbst in ihren Anfängen, die ganz der Religion dienten, gab es doch keine die Anschauung einengenden Bindungen an etwaige Vorschriften von Kulten und Priesterschaften wie anderswo. Ferner darf man nie aus den Augen verlieren, daß der Grieche nicht durch eine innere Sucht, in stets origineller Darstellung einen Ruhm zu suchen, angetrieben war. Zum Heil der Kunst und ihrer höchsten Ausbildung lag ihm ein solcher rein persönlich gestimmter Gedanke, der im modernen Schaffen viel Unheil anrichtet, ganz fern. Dagegen bemühte man sich, gegebene Themen und Motive immer vollendeter auszugestalten, was ja im Einzelfall freie Erfindung gar nicht ausschloß. Dadurch kommt eine wundervolle Stetigkeit in die zur Vollendung emporstrebende Gestaltung, und ohne daß das Eigentümliche im Schaffen gestört wird oder zurücktritt, steht dem hellenischen Bildner, wenigstens dem der früheren Zeit und der Hochblüte, die Sache weit über persönlicher Eitelkeit, und die ängstliche Vermeidung einer Entlehnung, nur um eigenartig zu sein, liegt ihm ganz fern.

Genie und Tradition

All das sind grundlegende Erwägungen, die notwendig sind, um den Werdegang der hellenischen Kunst über die bloße Bewunderung hinaus wirklich zu verstehen.

Die Entwicklung selbst geht örtlich und zeitlich ziemlich parallel die gleichen Wege, die wir schon bei der Architektur kennengelernt haben und später wieder bei Betrachtung der Dichtung finden werden. Was Kreta und die mykenische Epoche auf dem Gebiet der Skulptur weit früher geschaffen, versank und blieb einflußlos. Mußte doch das ganze hellenische Leben mit dem 8. Jahrhundert seine Ausbildung so gut wie neu beginnen. Wieder sind es die kleinasiatischen Küstenstädte und bald darauf die nahen Inseln, wohin uns die ersten Spuren hellenischer Plastik weisen. Das Mutterland, das dann später in Athen die Führung zum höchsten Aufstieg so glänzend übernahm, stand damals noch weit zurück. Ja, in Athen kann man wirklich erst im Gefolge von Solons Staatsreform von wesentlicher Kultur reden.

Wie der erste Tempelbau, so bediente sich die Plastik anfänglich auch nur des Holzes als Material, und als man zum Kalkstein (Poros) überging, fühlte sich die Technik zuerst noch an die gewohnte Form gebunden, und als sie sich davon befreite, wirkte nun wieder die Poroskunst zu Beginn auf den neu benutzten Marmor. Aber diese Übergänge gingen ziemlich rasch vor sich, wenn wir leider auch nicht annähernd genügende Unterlagen haben, um im einzelnen diese Fortschritte zu klären. Ist doch z. B. von der Holzskulptur gar nichts erhalten, aber sie läßt sich aus dem Stil späterer Steinfunde leicht erschließen. Doch hier handelt es sich schon um den Versuch gelöster Rundfiguren, während man als Beginn der bildenden Kunst das Relief annehmen muß, und wirklich zeigen ja schon die Grabstelen in Mykenai sehr beachtenswerte Stücke, die allerdings noch wie plattgewalzt erscheinen. Auch Homer erwähnt noch keine Statuen, wohl aber muß man an die Reliefs seiner Schildbeschreibung denken, die sich in dem Gedichte vom Schilde des Herakles (fälschlich Hesiod zugeschrieben) wiederholt. Dadurch, daß sich doch allmählich diese Reliefs plastisch rundeten und stärker hervortraten, wie z. B. in den noch sehr archaisch derben Metopen von Selinunt, mußte sich ja eine Lösung der Gestalten vorbereiten.

Es gehörte Mut dazu, sich zur Rundplastik zu entschließen, und die ersten Versuche stehen auch so zag und befangen da, als trauten sie gar nicht ihrer Selbständigkeit. Vollends aber galt es als staunenswerter Fortschritt, die streng gebundenen, steif geschlossenen Glieder zu lösen, und hier erwähnen die Alten selbst den sagenhaften Daidalos von Kreta als den ersten, bei dem „die Bildnisse zu laufen begännen". Auch dieser uns nicht faßbare, kretische Meister muß noch ausschließlich in Holz gearbeitet haben. Erst im 7. Jahrhundert wird man zu dem weichen Poros und dann erst zum Marmor übergegangen sein. Daneben darf man nie die bevorzugte Bildung aus Erz vergessen; sehr viele antike Bildwerke, die uns nur in Marmorkopien erhalten und geläufig sind, gehen auf Erzoriginale zurück. Erst hat man die Holzgebilde noch mit Erz umhämmert, dann erfand Glaukos von Chios um 600 das Löten, und erst um 500 war das Verfahren mittels Guß, zumal in Samos, ausgebildet und wirkte von dieser Inselschule aus und in dem dort geläufigen Stil weiter auf ganz Hellas.

Überhaupt zeigt uns die Plastik sofort die Stile und Charaktereigenschaften ionisch und dorisch, die sich erst später in der Kunst wohltuend vermählten. Auf dorischem Heimatgebiet, und so auch in Sizilien, strebte man nach statuarischer Gestaltung straffherber Männlichkeit; der durchtrainierte Jünglings- und Athletenkörper stand frontal und soldatisch da. Dem berühmten Apollon von Tenea (München), der die lange Reihe der sogenannten „Apollinis" einleitet, ohne daß die Statuen wirklich den Gott darstellen sollten, enthält bei aller technischen Befangenheit des ausgehenden 6. Jahrhunderts doch schon alle Versprechungen späterer Kunstvollendung. Ihm geht sicher

Anfänge der griechischen Plastik

Älteste Nachrichten

Die Eroberung der dritten Dimension

Archaische Plastik

eine lange Entwicklungsreihe primitiver Gestalten voraus, die aber bei aller Unzulänglichkeit und Naivität doch einen großen, ja monumentalen Reiz haben. Solche dorischen Stücke befinden sich z. B. in Delphi (der sogenannte Kleobis), und ganz stark wirkt dieser Reiz in der stehenden Göttin des Berliner Museums, die wohl am stärksten von allen erhaltenen Stücken die hocharchaische Epoche des 7. Jahrhunderts repräsentiert.

Bezeichnenderweise und in glücklicher Ergänzung bevorzugten dagegen die ionischen Schulen den weiblichen Körper, denn hier konnte die Lust dieses hellenischen Stammes an Eleganz und Weichheit sich leichter ausleben. Schon um 600 blühte, wie bereits erwähnt, auf Chios eine derartige Schule und überliefert uns hier auch den ersten historischen Künstlernamen. Archermos war es, der sogar schon den kühnen Versuch unternahm, eine fliegende, nur auf einen Gewandzipfel gestützte Nike zu bilden, obgleich auch er noch nicht einmal das Problem gelöst hatte, wie man die Frontalhaltung des Oberkörpers mit der Profilstellung der Beine zugunsten einer natürlichen Haltung überwinden konnte.

Schule von Chios

Die eben erwähnte Bildhauerschule von Chios erinnert uns an die frühere Erwähnung, daß Peisistratos als kunstliebender Tyrann von Athen dorthin die namhaftesten Künstler seiner Zeit von weither berief. Athen, das doch sehr bald die Führung jeder Kunst in sichere Hand nehmen sollte, stand damals noch weit zurück; aber als die Begabung seiner Bürger mit den Meistern von Chios und Samos in Berührung kam und die allzu gefällige Weichheit der Inselkunst sich mit der ernsten, auch noch vom dorischen Stil beeinflußten Männlichkeit des Mutterlandes mischte, da dauerte es nur ganz kurze Zeit, bis wirkliche, den höchsten Anforderungen genügende Meisterwerke entstanden. Seltsamerweise hat eine große historische Zerstörung uns hier prächtige und für unsern Einblick in die Entwicklung der Kunst sehr wichtige Stücke erhalten. Die zweimalige Vernichtung der schon damals geschmückten Akropolis durch die Perser hinterließ einen Trümmerhaufen, der nach Besiegung der Feinde von den Griechen zur Einebnung der Burgfläche benutzt wurde, und dieser „Perserschutt" gibt nun erst seit einigen Jahrzehnten immer wieder köstliche Stücke her, die uns teuer sind, den raschlebigen Hellenen aber, die schon in stürmischer Entwicklung weit über ihr künstlerisches Anfangsstadium hinausgewachsen waren, als veraltet nicht mehr der Erhaltung für würdig galten. Ein besonders schönes und archaisch bezeichnendes Stück für diesen Übergang zu der neuen Kunst, wie sie die Sieger im befreiten Vaterland pflegten, ist die sitzende Göttin neben dem schon erwähnten stehenden Kultbild — schlagender und augenfälliger kann man den Fortschritt griechischer Plastik während eines knappen Jahrhunderts nicht demonstrieren.

Der „Perserschutt"

Mit einer erschreckenden Geschwindigkeit war diese Entwicklung vor sich gegangen, erschreckend, weil ja die Raschheit schnell aufsteigender Kurven fast wie ein Naturgesetz den schnellen Abstieg bedingt. Was schon vor der Hauptperiode die alte Kunst geleistet hat und welche Fülle von prächtigen Werken unwiederbringlich durch die Perserkriege verlorengegangen sein mag, lehren uns noch andere, erstaunlich große Bildwerke, wie z. B. das schönste antike Stück Roms, der Aphrodite-Altar des Museums Ludovisi, und ferner die Bronzegruppe der Tyrannenmörder Harmodios und Aristogeiton, die der Bildhauer Antenor gefertigt hat und von der uns die schlecht ergänzte Marmorkopie im Neapler Museum eine ferne Ahnung gibt. Da die Benennung erwiesen ist, so kennen wir auch die Entstehungszeit, bald nach 514, und wenn wir auch nur die erwähnte Kopie von Kritias und Niesotes von 480 besitzen, so ist sie doch sicher dem Original, das dem Einfall des Xerxes zum Opfer fiel, ziemlich genau nachgebildet und zeigt uns trotz mancher archaischer Bedingtheit schon Gestaltungskraft der Gruppierung und Beherrschung der Technik. Doch sind das nur Anzeichen für eine Steigerung, die bald im großen 5. Jahrhundert bis an die Grenze menschlicher Vollendung gehen sollte.

C. MALEREI

Vielleicht würden wir das alles mit gleichem Recht von der Malerei der hellenischen Kultzeit behaupten können, wenn uns nicht infolge der leichten Zerstörbarkeit des Materials fast alle Reste entzogen wären. Darum soll von der Malerei, die sonst als der natürliche Anfang der bildenden Kunst zu bezeichnen wäre, hier erst im Anschluß an die Architektur und Skulptur die Rede sein. Damit ist aber keineswegs angedeutet, daß die Malerei in dieser Zeit nicht auf gleicher künstlerischer Höhe wie die Skulptur gestanden hätte oder damals weniger bedeutete. Es ist sogar eher das Gegenteil anzunehmen, und so zeigt sich, daß das Urteil späterer Tage über vergangene Epochen meist von den Zufällen einer Überlieferung abhängt und darum so oft nur relativen Wert haben kann. Auch kommt es einer Gegenwart ja meist mit einem gewissen Recht darauf an, wie weit sie sich von der früheren Leistung abhängig und beeinflußt fühlt, und wenn dies — wie in unserem Fall — infolge frühzeitiger Zerstörung nicht zutrifft, so ist sie geneigt, die Höhe der Leistung mit Unrecht in Frage zu stellen oder sie zu ignorieren.

Ob es antike Gemälde in der ältesten Frühzeit überhaupt gegeben hat, darüber wissen wir kaum etwas, weniger noch als über die viel früher liegende kretisch-mykenische Epoche. Denn aus jener Zeit leuchten uns ja noch einige prächtige Reste von den Trümmerwänden kretischer und argivischer Paläste, und da sehr viel dergleichen vorhanden gewesen sein muß, so wissen wir ja gar nicht, ob das zufällig Erhaltene als Höhepunkt oder Unbedeutendes zu werten ist. Jedenfalls schlugen die wirren Zeiten der dorischen Wanderung nicht nur diese Objekte selbst in Trümmer, sondern erstickten auch zunächst die Lust und Fähigkeit solcher künstlerischen Ausübung. Wäre sie vorhanden gewesen, so würde Homer nicht so völlig darüber schweigen, wo er doch so gern und intensiv die Pracht innerer Palasteinrichtungen schildert und preist.

Deutlich aber und gesichert bleibt die Tatsache größter Farbfreudigkeit selbst der frühen Hellenen. Die polychrome Behandlung der Tempel und anderer Bauten, die Bemalung der Skulpturen, ganz besonders der ältesten aus Holz oder Terrakotta gefertigten Stücke, aber auch des Kalksteins, zeigen uns dies nahe Verhältnis zur Farbe und ihrer lebhaften Anwendung, nicht nur zur Unterstützung des natürlichen Eindrucks, sondern sicher auch aus einer reinen Freude an der lebendigen Leuchtkraft. Damit ist aber noch nichts über das Vorhandensein von Gemälden in dieser Zeit gesagt, und die ganz unbegründete Behauptung mancher Gelehrten, daß wahrscheinlich die inneren Tempelwände der Cella solchen Schmuck getragen hätten, ist unbeweisbar und klingt so unwahrscheinlich, daß man sie besser fallen läßt.

Polychromie

108 DIE ERSTEN GESCHICHTLICHEN JAHRHUNDERTE

Vasen-bilder

Nun besitzen wir aber trotzdem auf dem Gebiet der Malerei für diese Epoche zwar keine erhaltenen großen Gemälde, dagegen hat die antike Vasenkunst mit ihrer reichen Bemalung uns quantitativ und qualitativ solche Schätze hinterlassen, daß eine noch junge, kritische Sichtung des Materials erst in den letzten Jahrzehnten uns voll die Augen geöffnet hat für die einzigartige Vollendung dieses malerischen Kunstzweiges, mag er sich auch nur am Kunstgewerbe und dort nur in zeichnerischer Form äußern. Allerdings verlangen diese Gebilde zur Schätzung und Beurteilung ein feineres und intensiveres Empfinden und Einleben als die den gewöhnlichen Sinnen weit zugänglichere Skulptur, aber ich stehe nicht an zu behaupten, daß gerade die antike Vasenmalerei imstande ist, ein noch viel helleres Entzücken zu erwecken, und berufen sein mag, heutigem Schaffen mehr Anregung zu geben als die viel bewunderte, aber in ihrem Einfluß schon etwas ausgeschöpfte Bildhauerkunst der Antike. Jeder, der offene Augen hat, sollte, wo er kann, diese reiche Fundgrube zeichnerischer Vielseitigkeit und feinster Beobachtung, diese verblüffende Verschmelzung von Realistik mit Stilisierung, diese Fülle des scharfäugig und ebenso ernst wie humorvoll betrachteten Lebens genießen. Hier liegen noch die weitesten Möglichkeiten eines neuen Lebendigwerdens antiker Schöpfung für uns selbst, ganz abgesehen von der genießerischen Begeisterung, die uns immer wieder vor der unendlichen und auch sehr verschiedenartigen Kette dieser Bilder erfaßt.

Ist doch die Vasenkunst, schon ohne näheres Studium ihrer noch viel verzweigteren Einzelheiten, die Vermittlerin von vier verschiedenen Gebieten hellenischen Schaffens. Sie lehrt uns einmal auf keramischem Gebiet den Stand der Technik, gibt uns dann Aufschluß über viele Gewohnheiten und Bedürfnisse des täglichen Lebens, gewährt ferner einen bewundernden Einblick in die Formbeherrschung des Materials und die so edel und natürlich empfundenen Linien dieses Kunstgewerbes und schenkt uns dann schließlich in der malerischen Behandlung ihrer Oberfläche den schon oben geschilderten Aufschluß über die Kunsthöhe und auch über das Leben und Treiben der damaligen Zeit, wahrlich, eine unerhörte Häufung nicht nur interessanter, sondern schönster Schöpfungen des Altertums.

Wertung der antiken Kunst

Es hat längerer Zeit bedurft, bis dies Empfinden und diese Einsicht bei uns wirklich intensiv aufkeimten; die Fülle immer neuer Funde allein ist dafür keine genügende Erklärung, denn prachtvolle und zahlreiche Objekte waren ja längst bekannt und von Kennern gewürdigt, aber gegenüber den anderen antiken Leistungen doch lange nicht in dem Grade, der dieser wirklich hohen Kunst zukommt. Vielleicht traf eine erst jetzt errungene Technik wundervoller Reproduktionen mit einem neuen Feingefühl zusammen, das sich schon bemerkbar machte oder geweckt wurde bei der Entdeckung der ostasiatischen Kunst vor ungefähr 50 Jahren.

Sehen wir zunächst vom Künstlerischen ab und fragen nach dem sachlichen Zweck der Keramik und ihrer Benutzung, so greifen wir fast in alle Gebiete des praktischen Lebens, und da die Keramik wohl zu den ältesten und ausgebreitetsten handwerklichen Betätigungen gehört, so gewährt sie die zahlreichsten Einblicke in die Gepflogenheiten und Sitten der Völker. Denn so zerbrechlich das Material auch ist, wurde es gerade dieser Anspruchslosigkeit wegen nie absichtlich zu weiterer Benutzung zerstört, wie es beim Marmor der Fall war; unbeachtet blieben die Scherben liegen, die, neben den unverletzt erhaltenen Stücken, für die Forschung von unschätzbarem Wert geworden sind, so daß sich ein ganzer Wissenschaftszweig der Archäologie ausschließlich der Vasenkunde gewidmet hat.

Wir kennen in Griechenland nicht nur die übliche Verwendung der Gefäße zur täglichen Benutzung für Getränke und Speisen, auch für die Vorratskammern dienten sie schon auf Kreta in riesigem Ausmaß zur Einfüllung von Korn, Öl usw. Neben diesem lebendigen Hausgebrauch, der auch Teller, Platten, Schalen, Büchsen, Toilettengegenstände usw. umfaßt, darf man aber auch die Bestattungsurnen nicht außer acht lassen; ja, die prachtvollen Preisvasen, wie sie, allerdings ölgefüllt, bei den Panathenäen verliehen wurden, lassen schon an ein Kunstgewerbe zum Schmuck ohne sonderliche Zwecke denken. Finden sich doch unter der Keramik Kostbarkeiten allerersten Ranges und gelten nicht nur uns als solche, sonst würden nicht, wie heute beim Porzellan, besondere Prägungsstempel für die Form und die Herkunft und bei den Bildern die Namenszeichnung der Künstler üblich gewesen sein. Diese Signaturen haben viel zur Datierung und damit zur Entwicklungskunde der Keramik beigetragen; sie zeigen auch, wie noch jetzt die Künstler selbst ihre Eigentätigkeit auch auf diesem Gebiet ebenso wie bei Tafelbildern einschätzen. Wir aber können nun ganze Schulen und individuelle Stile unterscheiden und eine Menge ausgeprägter Künstlernaturen auch namentlich verzeichnen und verehren.

Vasenkunde

Auch die hellenische Vasenkunst weist uns in ihrer Entwicklung zuerst nach dem asiatischen Ionien, aber doch nicht so ausschließlich wie die Anfänge der Architektur und Skulptur. Denn da Keramik stets und überall geübt wurde, so sind doch immer Schmuckformen damit verbunden. Der geometrische Stil der noch rein linearen Dipylon-Vasen vor der dorischen Wanderung ist schon erwähnt worden. (Die allerjüngste Forschung hat durch ganz neue Funde den Beweis erbracht, daß dieser Stil nichts mit den Doriern oder einer nordischen Einführung zu tun hat, sondern ganz autochthon ein Erzeugnis des ionischen Stammes ist, der schon seit dem zweiten Jahrtausend unberührt in Attika saß.) Erst im 7. und 6. Jahrhundert ging man bei der Ausschmückung der Gefäße über das rein Lineare hinaus zu Palmetten, Rosetten, stilisierten Tieren u. dgl. in friesartigen Bändern über. Die Motive und Darstellungen werden nicht nur immer abwechslungsreicher, sondern beginnen nun auch für die besonderen Teile der Gefäße, die Basis, die Bauchung, den Hals, genau die richtige, gemäße und steigernde Ausdrucksform zu suchen. Es dauert gar nicht lange, daß auch menschliche Darstellung angewandt wird und die Vorgänge aller möglichen Lebensphasen anschaulichst schildert. Die unerschöpfliche Fülle des Mythos und der Sage muß dazu ebenso dienen wie humorvolle Szenen aus dem Volksleben, der Schule, dem Handwerk; besonders aber floriert die Erotik und gibt sich oft mit einer so drastischen Offenheit, wie wir es in gezügelter Verbildung nicht gewohnt sind. So haben Milet und Samos ihren besonderen Stil, so zeigt Böotien ganz primitive Frühkunst. Die protokorinthischen Vasen von Sikyon sind schon im 8. und 7. Jahrhundert bekannt; Korinth selbst mischt infolge seiner Handelseinflüsse sehr viel orientalische Motive in seine üppigen Vasenbilder. Aber selbst im etruskischen Caere und überall dort finden wir eine Menge ionischer Vasen und erkennen daraus die ausgedehnte Handelsverbreitung dieser Ware; auch das afrikanische Kyrene ist voll von dorischer Keramik,

Entwicklungsgeschichte der griechischen Vasen

Antiker Vasenhandel

für die man jetzt Sparta als Erzeugungsort nachgewiesen zu haben glaubt. Das weitaus Beste und Vollendetste kommt aus Athen, wo die Töpferkunst mit am stärksten und längsten blüht; sie wurde dort zu einem großen, landbereichernden Exportartikel, so daß ein ganzer Stadtteil, der nach den Meistern des Tons Kerameikos genannt wurde, sich allein der Herstellung dieser Erzeugnisse widmete. Über vierzig Malernamen können wir hier auf den Gefäßen nachweisen; aber auch das nahe Euböa produzierte besonders in Chalkis viel kostbares Geschirr und hat ganz besonders und für uns sehr aufschlußreich die Darstellung des Mythos gepflegt.

Schwarzfigurige und rotfigurige Vasen

Zwei ganz gesonderte, aufeinanderfolgende Arten der Technik müssen wir bei der Vasenmalerei unterscheiden. Alle älteren Vasen tragen ihre Figuren als schwarze Silhouetten auf hellem Grunde und ritzen in sie nur etliche Konturen ein. Das wurde jahrhundertelang geübt, und selbst herrliche Prachtstücke, wie z. B. die berühmte große François-Vase in Florenz, zeigen diesen Stil. Dann aber kam es in Athen schon zur Zeit der Peisistratiden zu der bedeutsamen, das Verfahren ganz umkehrenden Erfindung, die ganze Vase mit dem für das Tonmaterial sehr dienlichen schwarzen Firnis zu überziehen und die Gestalten hell auszusparen. Nun konnten diese in sich selbst auf das feinste gezeichnet und ausgestattet werden, und die Charakterisierung machte dadurch so große Fortschritte, daß der alte Vasenstil ganz dagegen abfiel und aus der Mode kam. Bei der Verbreitung der attischen Waren vom Po bis zum Schwarzen Meer und vielleicht auch tief in die anschließenden Länder hinein siegte die neue Technik auf der ganzen Linie und gab der Vasenmalerei einen gewaltigen Auftrieb und eine Fülle neuer Ausdrucksmöglichkeiten. Die Zeichnung wird nun nicht nur im Umriß von einer verblüffenden Feinheit und Sicherheit, einer souveränen Beherrschung der kompliziertesten Stellungen und einer erstaunlichen anatomischen Durchbildung.

Die Vasenkunst hat aber nicht nur unsrer künstlerischen Freude genügt, sie hat auch unsre Kenntnis ganz unvermutet auf zwei andern Gebieten gefördert. Es wurde nämlich bald üblich, Vorgänge und besonders Personen durch Inschriften zu kennzeichnen. Einmal beweist uns dies besonders bei älteren Stücken die frühe Verbreitung allgemeiner Schriftkenntnis, dann aber auch sind die Schriftzeichen selbst für uns sehr aufschlußreich für die Entwicklung der Sprache, und diese selbst wieder bevorzugt auf den Vasen die Dialekte, deren Spuren uns nun oft nur hier erhalten sind. So wird dieser Zweig hellenischer Kunstbetätigung immer bedeutsamer und anregender für uns.

Die Gefahren des Materials

Sie blühte jahrhundertelang in erstaunlicher Fülle und Schönheit und starb nach höchster Vollendung erst im 3. vorchristlichen Jahrhundert ab, als vielfach an Stelle des Tons Edelmetall, besonders Silber zur Verwendung kam. So förderte der wachsende Wohlstand die Kunst nicht immer, sondern zerstörte sie hier in einer ihrer subtilsten Leistungen, wobei wir doch wohl auch ein Sinken künstlerischen Feingefühls annehmen müssen, schon ehe Hellas mit dem Verlust seiner politischen Selbständigkeit dem roheren Empfinden Roms zur Beute fiel.

D. DIE MUSIK

Man müßte erwarten, daß bei einem so musik-liebenden und -ausübenden Volke, wie es die Griechen jederzeit waren, unsere Betrachtung der frühhellenischen Kunst sich nun auch ihrer Herrschaft im Reich der Töne zuwenden würde, denn daß eine solche wundervoll und umfassend bestanden hat, kann ja nach allem, was darüber verlautet, nicht bezweifelt werden. Aber hier stehen wir mit noch weit leereren Händen als bei der Malerei, und noch viel stärker wird das Fragmentarische jeder von zufälligen Resten abhängigen Kulturbetrachtung vergangener Zeiten fühlbar. Es ist das besonders schmerzlich, weil uns von der Malerei durch die Vasen doch wenigstens ein Abglanz geblieben ist und weil die Musik in noch weit höherem Grade nicht nur der Ausdruck hellenischen Empfindens gewesen sein muß, sondern es auch in stärkstem Grade beeinflußt hat. Auf diese Tatsache und auf die Wichtigkeit hellenischer Musikausübung wurde hier schon früher verwiesen, und die Dürftigkeit der Überlieferung läßt dies nur immer wieder eindringlich betonen, ohne viel Neues und Genaueres zufügen zu können. Die Tatsache, daß die ganze Poesie nur musikbegleitet zu denken ist, daß sie beim Unterricht nur so gelehrt wurde und die Erziehung der Jugend, selbst in dem wenig musenfreundlichen Sparta, ebenso eng mit der Musik verbunden war wie der Marsch der Krieger und die Chöre und Tänze der kultischen Festlichkeiten, muß uns vorerst genügen, denn was wir darüber hinaus über Instrumente, Tonarten, Rhythmen usw. wissen, gibt nur dem Fachmann Fingerzeige, ohne unser Kulturbild wesentlich zu erweitern, und auf die starken, magischen Beziehungen zum Reich der Töne und ihre heilende und erhebende Wirkung auf Gemüt und Leib hier zu verweisen, würde sofort in mystische, nicht jedem verständliche Tiefen führen, deren Betreten darum hier nicht angängig ist.

<small>Erziehung durch Musik</small>

Man braucht ja aber bloß an die dämonische Macht der Töne bei primitiven Völkern zu denken, um sich auszumalen, wie die so sensible, hellenische Rasse, die mit unwahrscheinlich feinen Ohren begabt gewesen sein muß, bei ihrer fanatischen Musikliebe auf solche Einflüsse reagierte. Denn unser heutiges Geschlecht hat bei aller Kunstbeflissenheit keinen Rest und keine Ahnung mehr von der Intensität derartiger Wirkungen bei Menschen, die den Geheimnissen der Natur und ihren Schwingungen weit näher standen.

<small>Die Macht der Töne</small>

Mit steigender Entwicklung der Kultur nahm das innige Verhältnis zur Musik, oder wenigstens ihre äußere Einflußzone und öffentliche Bedeutung, noch erheblich zu, und was an mystischem Bann geschwunden sein mag, wird ersetzt durch reichere Vervollkommnung, die besonders durch das Drama und seine Chöre hervorgerufen wurde. Später, wenn uns diese nächste Epoche beschäftigen wird, werden wir sehen, daß die öffentliche Rolle der Musik eine viel breitere, aber anders orientierte werden wird und vom Sakralen auch ins Profane übergleitet. Aber auch dann noch entzieht sich die Eigenart der hellenischen Tonkunst einer genauen Vorstellung und einem Vergleich mit dem, was wir heute unter Musik und ihren Ausdrucksmöglichkeiten verstehen.

V. POESIE

Nichts kennzeichnet wohl so sehr den Umschwung von der noch fast mythischen Zeit Homers zu den frühesten Jahrhunderten der geschichtlichen Epoche als die ganz andere Einstellung zur Poesie. Die Zeit der großen Epen war nicht nur nach ihrem Stoff und ihren geschilderten Zuständen vorüber, sondern diese große, höfische Kunstpoesie einer adeligen Welt besaß, da sie

<small>Wechsel der Zeit, Wechsel des Stils</small>

aus dem Volksmythos geboren war, wohl noch schrankenlose Verehrung, aber in unmittelbarer Wirkung nicht mehr den innerlichen Widerklang, wie wir ihn doch zu Homers Zeiten aus seiner eigenen Schilderung gesangpoetischer Darbietungen voraussetzen müssen. Mit dem Erlöschen der epischen Schaffenskraft, die ja immer in der fast sagenhaften Frühepoche eines Volkes am stärksten blüht, mußte naturgemäß — wenn die Poesie nicht sterben sollte — eine ganz andere Gattung dichterischen Schaffens aufkommen. In der Not einer schweren und herben Zeit, die, fühlbar für jeden einzelnen, hart um ihr neues Gepräge kämpfte, suchte auch die Not des Herzens nach persönlicherem Ausdruck in der Poesie sowohl bei den Dichtern selbst wie bei dem liederbedürftigen Volk.

Volkslieder   Schon bei Homer erfahren wir hin und wieder durch zufällige Äußerung von volkstümlichen Liedern, vielleicht ganz primitiver Art, die neben den Heldengesängen herliefen. Siegesgesänge junger Krieger werden ebenso erwähnt wie Lieder bei Hochzeitsfeiern, bei Traubenlese und Ernte und rhythmische Totenklagen bei Bestattungen (Threnos). Auch die religiösen Feste, die Opferfeiern müssen von formelhaften Götteranrufen begleitet gewesen sein, die ebenso als der Ursprung späterer Hymnen betrachtet werden müssen, wie die Chorlyrik, wenigstens nach ihrer Wortbezeichnung zu folgern, an die Tanzfeste mit ihren Gesängen angeschlossen werden mag (Choros = Tanzplatz).

Die Götterhymnen   In ihren ältesten Stücken und als Übergang zur lyrischen Epoche wäre hier vor allem jene Sammlung von Götterhymnen einzureihen, die — wenn auch fälschlich — unter dem Namen Homers geht, sich aber in ihrer Abfassung auf ein paar Jahrhunderte erstreckt und in den einzelnen Stücken von sehr unterschiedlichem Wert ist. Das Wort Hymnos deckt sich hier nicht mit unserm heutigen Begriff. Diese Poesien, die sich noch des alten Hexameters bedienen, sind in ihren längeren und älteren Teilen Mythenerzählungen zur Begründung der Verehrung einzelner Götter, des delischen und des pythischen Apollon, des Hermes, der Demeter, Aphrodite usw. Auch Dionysos wird zweimal besungen, und daran schließen sich eine Anzahl Dichtungen, die wie Proëmien oder Gebete wirken. Mancherlei erfahren wir aus diesen teilweise prachtvollen Hymnen über die alten Kulte, ihr Entstehen, ihre Handhabung und Lokalisierung. Die Bilder, die da vor uns aufrollen, sind noch sehr altertümlich, und wären nicht die Gebetsanrufe, so müßte man die Hymnen noch ganz der Epik zurechnen, nur daß durch die Rhapsoden, die sie verfaßten und vortrugen, schon eine persönliche Note hineinspielt. Auch hat das Heimatland an ihnen ebenso Anteil wie die Inseln und das ionische Kolonialgebiet.

Subjektive Dichtung   Die wirklich neue Poesie erklingt aber mit ganz anderem Ton zuerst nur in den kleinasiatischen Pflanzstätten und auf bevorzugten Eilanden. Das freiere soziale Leben der Bürger, ihr realerer Weltblick, die notwendige Selbstbehauptung nahe der gefährdeten Grenze, all das stärkte das Persönlichkeitsgefühl und forderte eine Betonung der Gegenwart, vor deren lebendiger Aktualität die heldischen Mären der Vorzeit an Interesse verloren, trotzdem sie stets als historische Wirklichkeit geglaubt wurden. Der große, allgemeine Mythos tritt zurück hinter dem subjektiven Empfinden, das hier zum erstenmal um originalen Ausdruck ringt, wie es sich auch schon in der bildenden Kunst schüchtern versuchte.

Die neue Lyrik ist ein Ausdruck neuen Lebens. Rein und abgesondert entstand sie für sich aus den ewig gültigen Bedürfnissen des Herzens, ohne daß fremde Vorbilder, religiöse Einflüsse und Vorschriften ihr junges Blühen bedrückten. Sie schildert nicht mehr wie die Epik, sie malt nicht mehr vergangene Geschehnisse der Außenwelt. Aus dem Innern selbst dringt elementar die Stimme, und nach dem Ablauf eines noch konventionellen allgemeinen Empfindens gab jetzt ein Gott einzelnen Begnadeten zu sagen, was sie litten. Daß der griechische Geist nach dem Verklingen der Epen überall das Glück und Leid umfassende Gefilde der Lyrik betritt und sich hier zu erlösen sucht, ehe er sich in einer dritten Phase der erhabenen Macht und dem dunklen Ernst der tragischen Muse beugt, ist seelisch wohl das bedeutsamste Phänomen dieser Morgenzeit griechischen Lebens. Eine Jugendfreude des Entdeckens klingt in ihr, ein innerer quellender Reichtum wird offenbar, der bisher verschlossen schlummerte und nun um so stärker zum Lichte drängt. Rein menschlich und mit ewig gültiger Natürlichkeit erstrebt diese dichterische Kunst noch nichts anderes als den Ausdruck inneren Empfindens, wie es dem einzelnen in den lichten und dunklen Wechselfällen des Lebens gegeben ist, und diese Lyrik, die zwischen den Höhepunkten der Epik und der großen Tragödie als der poetische Ausdruck ihrer Zeit erklingt, so reich wie später nie wieder, ist ganz große Kunst. Sie ist der Weg von dem gottgebundenen Gesamtempfinden, in das alles Menschliche mündete, zu dem ersten Laut des eigenen Ichs, auch einem Urton gleich dem Mythos, aber ganz anderer Art. Nicht leicht hatten es die Dichter dieser Zeit, sich mit ihr und sich selbst abzufinden, um beides in einen nicht immer geglückten Einklang zu bringen. Der Taumel äußerer und innerer Gegensätze stürzte über sie her; ihr glühendes, elementares Empfinden sah sich noch nicht auf ein gegebenes Fundament, sondern nur auf sich selbst gestellt, also auf einen Grund, der erst errungen werden mußte. Der Geist fühlte sich aber noch immer an das Göttliche gebunden, nur daß er beginnt, sich mit diesem auseinanderzusetzen, und nach dem rhythmischen Ordnungs- und Rechtsgesetz der Welt sucht, dem man sich anvertrauen darf. Wohl birgt er sich noch innerhalb einer Gottheit, aber das Verhältnis ist zu einem persönlichen geworden, das darum auch nach Erlösung in persönlichem Ausdruck sucht. Denn das Gefühl der Abhängigkeit von einer höheren Macht bleibt bestehen, wie in den Epen über allem die Notwendigkeit der Moira herrscht und wie später der Riesenschatten des unabwendbaren Schicksals schwer lastend über den großen Tragödien schwebt.

All dieses Ringen äußert sich natürlich bei den einzelnen recht verschieden, und wo der eine einen Ausgleich gefunden zu haben meint oder ihn gar nicht so ernsthaft erstrebt, starren dem anderen noch Probleme. Der eine wird mit seinem Herzen nicht fertig, der andere nicht mit den äußeren Geschehnissen seiner Umwelt. Darum aber auch der dichterische Reichtum dieser Zeit, der neben der allgemeinen poetischen Schöpferkraft in den persönlich so ganz verschiedenen Einstellungen liegt und durch sie etwas ganz Neues heraufführt.

Sehr wesentlich ist nun aber, daß wir bei dieser ersten im Abendlande aufblühenden Lyrik nicht den modernen Begriff dieses Wortes in seiner ganzen Breite und ungebundenen Art zum Vergleich heranziehen dürfen. Die antike Lyrik ist kein schrankenloses dichterisches Bekennen nach selbstgesuchten Regeln, dafür waren die Bindungen der antiken Künste jener Zeit an die ihnen gemäßen Möglichkeiten öffentlicher Äußerung viel zu groß. Gedichte wurden nicht in schriftlicher Fixierung lebendig, sondern durch ihr Erklingen bei gegebener Gelegenheit, bei Festen, Tänzen, Zusammenkünften jeder Art. Man sang nicht „sich selbst zur Feier". Vor allem aber vergesse man nie, daß die Lyrik ohne Musikbegleitung, ohne eine entsprechende Weise, ohne das tönende Instrument ganz undenkbar war. Will man also einen Vergleich mit unsrer eigenen Literatur wagen, so muß man sich nicht an heute, sondern weit eher an die ähnliche Erscheinung der mittelalterlichen Poesie, ja der alten Meistersinger halten, so groß auch die Gefühlsunterschiede sein mögen. Dieser musikalische Rahmen hat die griechische Poesie stets umkränzt, wie überhaupt die Entwicklung griechischen Wesens ohne Beachtung der durchgehend so wichtigen und einflußreichen Musik immer nur einseitig und schief erfaßt werden könnte. Ein Volk, das ein derartig geniales Ohr für Rhythmus und Klang besaß und dessen erregbare Seele das Tönende der ganzen Natur mit so feinen Nerven auffaßte, daß sogar die harmonische Musik der kosmischen Sphären zu seinen frühen Ideen gehörte, einem solchen Volke konnte keine bloße Gedankenlyrik genügen, wenn sie sich nicht harmonischen Klängen einfügte. Werden wir doch gerade bei den Lyrikern hören, daß einige sich so sehr der Ausbildung instrumentaler Möglichkeiten hingaben, daß ihr dichterisches Schaffen demgegenüber verschwindet. Bis in die dunkelsten Tiefen von Sage und Mythos sind Sänger und Dichter stets identisch, wie ja überall in den früheren und schlichteren Epochen der Völker. Bei den Griechen aber steigert sich das bis zu dem Bilde ihrer leierspielenden Götter, und um jede Erfindung und Ausbildung eines Instruments oder einer Tonart rankt sich sofort eine Fülle von Legenden. Die Musik war den Griechen nicht nur ein Genuß, sie wurde ihnen darüber hinaus bewußt ein Mittel der Geistesbildung, sogar der Pädagogik, ganz zu schweigen von dem oft entscheidenden Einfluß auf die Erregung kriegerischer Instinkte. Da in der griechischen Musik der Rhythmus überwog, wird dieser untrennbare Zusammenhang mit der streng geformten Dichtung vom Epos über die Lyrik bis zu den Chören der Tragödie besonders überzeugen.

So eng verbunden die Musik mit dem hellenischen Geistesleben ist, so problemreich die Armut ihrer instrumentalen und polyphonen Entwicklung neben dem erstaunlichen und differenzierten Reichtum ihrer harmonischen Tonfolgen anmutet, demgegenüber wir uns fast wie Barbaren vorkommen können, so würde doch ein näheres Eingehen auf dieses Gebiet den Rahmen einer Kulturbetrachtung allzusehr ausdehnen, wobei man aber nie vergessen darf, welches Gewicht für die Ausbildung der Jugend sogar noch ein Platon in eingehendster Erörterung — allerdings negativ — auf dieses Thema legt.

Möge durch diese notwendige Abschweifung eine der wichtigsten Begleiterscheinungen griechischer Dichtung genügend deutlich geworden sein, und wenden wir uns nun dieser selbst und ihrer persönlichen Ausgestaltung zu.

Schon die umfangreichen Dichtungen des Hesiod in Boiotien, über die wir berichteten, vereinen Mythenbericht mit persönlichem Geständnis; aber sie sind doch noch völlig archaisch und konventionell gebunden, wie schon allein die vorgeschriebene Prägung in Hexameterform zeigt.

Nun aber drängte, besonders im ionischen Staat, das neue poetische Zeitempfinden echt künstlerisch auch zu neuen Formen, und die Dichter rühmten sich sogar der Erfindung solcher Varianten. Natürlich müssen selbst den ersten tastenden Versuchen wohl in einer Art Volkslied Entwicklungsstufen vorangegangen sein, die wir nicht mehr erschließen können. Sind doch selbst die poetischen Reste dieser geschichtlichen Zeit so spärlich, daß wir uns von der Ausbildung oder Fülle der damaligen Poesie nur eine schwache Vorstellung machen können.

Die poetischen Formen, die nun zur Geltung kamen und für ihr Gebiet bis in die Gegenwart Anregung und Muster blieben, waren gegenüber dem reinen Hexameter dessen Verbindung mit dem neugefundenen Pentameter, die beide zusammen das Maß der nun entstehenden Elegie bestimmten. Ganz neu war daneben die Tonverlegung auf das jambische Versmaß, dessen biegsame Geschmeidigkeit so sehr von dem herrischen Schritt und Temperament des Trochäus abstach. Nun rief das Gemisch der Metren eine Fülle freier Liederformen in allen möglichen Varianten hervor, so daß vom Volkslied bis zur künstlerischen Ode der neuen Lyrik ein weitgedehnter Tummelplatz erblühte. Von den schlichtesten Tönen des Herzens bis zu den Anfängen der großen Chorlyrik, wie sie besonders der dorische Stamm formte und pflegte, finden wir hier zahllose Möglichkeiten der neuen poetischen Ausdrucksfähigkeit vor und gewinnen dadurch den Einblick in jene große Wandlung der ganzen seelischen Einstellung des Volkes. Die heroische Welt, diese Riesenfresken, die wie an den Himmel gemalt erscheinen, verblassen und machen einem subjektiven Einzelschaffen Platz, in dem uns nun nach der unpersönlichen Größe der Vergangenheit der ganze Reichtum und die wandlungsfähige Lebendigkeit des griechischen Geistes blutvoll und menschlich nahe entgegentritt.

Neue Versmaße

Nun lösen sich auch aus dem neutralen Hintergrunde der Zeit, in dem noch eine Riesengestalt wie die Homers wesenlos, jedenfalls unfaßbar, versinkt, die ersten greifbaren, deutlich umrissenen Persönlichkeiten, wenigstens die Hauptträger jenes neuen Ausdruckes. Sehen wir von dem schon erwähnten, noch ganz archaischen Hesiod ab, so können wir den neuen Seelenklang, der nun ebenso zart wie leidenschaftlich, hold und aufpeitschend hervorbricht und echt hellenisch Anmut und Stärke, Schlichtheit und Pathos zu vereinen weiß, endlich an Namen, an deutliche Individualitäten binden und an ihnen sehen, wie variabel und verschiedenartig der Beitrag der einzelnen griechischen Landschaften zu dieser neu aufblühenden Poesie einzuschätzen ist.

Gesicht und Name

So beklagenswert wenig uns von dem überquellenden Reichtum dieser frühhellenischen Lyrik erhalten ist, so sind uns doch genügend Namen ihrer Hauptvertreter und ihre besonderen Noten bekannt. Noch sind es nicht so sehr persönliche Erkenntnisse als äußere Zwecke, die diese Dichter singen ließen. Der Abklang des heroischen Zeitalters lag noch so nahe, daß es vor allem Kampf und Krieg waren, denen diese Poesie diente. So befeuerte ein K a l l i n o s von Ephesos mit seinen Weisen in den neuen Formen der Elegie den Mut seiner Mitbürger; ihm gleich tat es auch etwas später sein junger Zeitgenosse, der große A r c h i l o c h o s von der Insel Paros, nur daß wir von ihm bei anderer Gelegenheit eine weit reichere Dichtung werden feststellen können. Ganz aber diente dem kriegerischen Zweck der so berühmte T y r t a i o s, dessen mutaufpeitschenden Gesängen allein die schon fast erliegenden Spartaner den endlichen schweren Sieg im zweiten Messenischen Kriege verdankten. Die Legende läßt ihn als Athener (und noch dazu

Kriegslieder

116 DIE ERSTEN GESCHICHTLICHEN JAHRHUNDERTE

als buckligen Schulmeister) den Spartanern zu Hilfe eilen, und die Wissenschaft ist sich heute noch nicht klar, ob er ein eingewanderter Ionier war oder ob Sparta in ihm wirklich seinen einzigen großen Dichter selbst hervorgebracht hat. Dem Geiste nach ist er aber jedenfalls ein Typus der dorischen Heldenhaftigkeit, und andererseits zeigt seine Erscheinung, wie offen und empfänglich sich um diese Zeit noch der immer musikergebene spartanische Geist für den Schwung echter Kunst zeigte.

Lyrik in Sparta

War doch schon einige Jahrzehnte früher (675) von der liederberühmten Insel Lesbos der Sänger Terpandros nach Sparta gewandert und hatte hier zu der von ihm erfundenen siebensaitigen Leier feurige Chöre zur Ehre der Götter und zur Freude der kriegerischen Jugend gesungen. Ebenfalls aus der Ferne, aus dem lydischen Sardes, kam um 625 der weit bedeutendere Alkman ins lakedaimonische Land und brachte den Spartiaten die Poesie, die sie zwar begehrten, aber nicht selbst hervorbringen konnten. Auch Alkman paßte sich vollkommen der dorischen Art an. Neben einer wechselreichen Fülle frischer Liebes- und Trinklieder und auch tiefer Stimmungsgedichte verschmolz er eigenartig den religiösen Hymnenton mit weltlich-persönlicher Lyrik, und in dieser Art wurden am berühmtesten seine Parthenien, Mädchenchöre, die er für die Tänze der Jungfrauen bei Götterfesten verfaßte. Herrschte doch in dieser glücklicheren und freieren Zeit in Sparta noch nicht die starre Überbetonung des Männlichen, wenn auch für eigene Schöpfungen die Musen dieser kriegerischen Zentrale stets abhold blieben.

Archilochos

Darum darf man sich auch nicht wundern, wenn die neuen Weisen zwar in Sparta ertönen, ihre Vermittler jedoch aus dem östlichen Kolonialland kommen. In diesem selbst finden wir nun als Zeitgenossen der eben Genannten einen der genialsten Begründer der neuen lyrischen Kunst, den schon erwähnten großen Archilochos von der ionischen Insel Paros. Eine seltsame, zwiespältige Persönlichkeit, halb Krieger, halb Sänger, voller Unrast und Poesie. Ein Neutöner von größtem Reichtum poetischer Ausdrucksmittel, unter denen er dem Jambus zuerst zu hoher Kunstform verhalf und daneben auch den schlichten Ton volkstümlicher Lyrik zu treffen wußte. Er muß ein wilder, leidenschaftlicher Mann gewesen sein, aber darum gab er seine Seele auch voll und ganz der Poesie hin und sprengte ihre althergebrachten Formen, um sie mit neuer Gesetzlichkeit zu binden.

> Diener bin ich des Ares, des Schlachtgebieters, und Meister
> Jener lieblichen Kunst, die mir die Musen geschenkt, (21)

so singt er von sich selbst, wie er überhaupt als echter Dichter sein wechselvolles Leben verschwenderisch in seine Verse ergoß.

> Der Freuden freue dich, und im Mißgeschick
> Betrübe dich nie zu hart!
> Erwäge, wie wechselnd Menschenschicksal sei. (22)

Leider ist uns von ihm nicht viel erhalten, aber in jeder dieser wenigen Zeilen atmet eine starke, unbändige Persönlichkeit. Unbefriedigt von Land zu Land getrieben, fiel dieser Krieger und Sänger im Kampf gegen die Insel Naxos.

POESIE

Benachbart dem Heimateiland des Archilochos lebte gleichzeitig auf der Insel Amorgos der Dichter S i m o n i d e s. Zwar fehlten seiner Poesie der Schwung und Glanz jenes großen Landsknechts, dafür blitzte er in beißendem Spott und führte damit auch diese echt griechische Eigenschaft in die Poesie ein. Sein Zeitgenosse M i m n e r m o s aber, ein milder Ionier aus dem kleinasiatischen Kolophon, gilt als der Schöpfer der Liebeselegie und begann mit seinen zarten und weichen Tönen die unabsehbare Reihe der von Eros geknechteten Dichter.

Eris und Eros

> Unter aller Sonne, was ist Süßes
> Ohne dich, o Liebe?
> Ohne Liebe
> Will ich lieber sterben. ([23])

Gleich an Wert mit der Liebe steht ihm die Jugend. Nur ihre kurze Blüte gibt dem Leben Reiz; wehmutsvoll trauert er ihrem Entschwinden nach, von Grausen geschüttelt vor dem häßlichen, beschwerlichen Alter, ganz so, wie wir es ja auch schon bei Homer gewohnt waren.

Bei Mimnermos tönte die Elegie schon als ganz echte Lyrik um ihrer selbst willen. Vollends aber reifte sie um die Jahrhundertwende zu so köstlichen Gebilden, wie sie in ähnlicher Vollendung, Reinheit und unfaßbarer Schönheit in der europäischen Poesie wenig Gegenstücke hat. Die isolierte Lage meerumrauschter Inseln mit einem in sich geschlossenen, urkräftigen Volksleben scheint die Dichtkunst zu fördern: wieder ist es ein Eiland, das äolische Lesbos, die sangesfreudigste aller Inseln, wo diese Kunst reifen sollte, der man es deutlich anmerkt, daß sie auf einem Boden erwuchs, wo noch die alten, frischen Lieder des Volkes voll im Schwange waren. Dies war die Heimat der S a p p h o. Wie sollte man der dichterischen Größe dieser unvergleichlichen Frau in wenigen Worten gerecht werden, „ein Gesamtphänomen, über das man nicht reden soll, wenn man nicht Silbe für Silbe diese köstlichen Verse nachfühlend deuten kann". ([24]) Wenn die ganze griechische Lyrik verblaßt sein wird, so werden dennoch unverwelklich und ewig gültig Sapphos Verse durch die Jahrtausende blühen. Wieder einmal — ach, so selten in der Poesie — einten sich hier höchste Formvollendung und einfachste Natürlichkeit. „Sapphos Verse sind Kunstwerke, die eine ganz eigentümliche, reine Innerlichkeit widerspiegeln, ein Wort, das wir nur hier, hier aber mit vollem Bewußtsein anwenden dürfen. Nur aus einer Innerlichkeit, die formelhaft in sich selber ist, entspringen solche Lieder: darin liegt das Wunder in der Erscheinung dieser Dichterin." ([25]) „Die Charis ihres Wesens, daß alles so einfach, so durchsichtig, so unstilisiert ist und doch so schön, das ist das Wunderbare, das Sapphische." ([26])

Sappho

Unwillkürlich fühlt man sich veranlaßt, sich fremder Äußerungen über die Wundererscheinung Sappho zu bedienen, denn immer und immer wieder haben die Berufensten aller Jahrhunderte versucht, den unauslöschlichen Eindruck, den selbst diese armen, kleinen Reste auf sie gemacht haben, in angemessene Worte zu bannen. Wie groß muß diese Kunst sein, wenn das wenige, das von ihr erhalten ist, so lebendig und begeisternd bis in unsre Zeit weiterwirken konnte. Schon die Alten nannten Sappho die zehnte Muse, und das Genie dieser Frau, die zum erstenmal als solche ihr volles, glühendes Herz mit fast erschreckender Offenheit in den Wohllaut und den Formen-

Sapphos Wirkung

reichtum ihrer Verse zu legen wagte, überwältigte nicht nur die antike Welt. Der alte Solon wünschte mit diesem Klange im Ohre zu sterben, selbst ein Pindar konnte sich dem Einfluß nicht entziehen. Sophokles und Euripides verehrten die Intensität ihrer Verse, ihren tiefen Einblick in die Doppelseitigkeit der Liebe mit ihrem Leid und ihrer Seligkeit; Platon nennt sie wunderbar, Strabo meint, daß sie alle Dichter ihres Jahrhunderts überträfe.

> Mond sank hinab,
> Hinunter die Plejaden.
> Mitternacht kam. Die Stunden
> Eilen vorbei, und noch
> Lieg ich allein.

Oder:

> Kühle Tropfen rieseln
> Von den Zweigen der Quittenbäume;
> Aus dem Rauschen der Blätter fließt
> Schlaf zu mir nieder...

Die Insel Lesbos

Das ist ein schwacher Abglanz von Tönen, die bis dahin nicht erklungen waren. In der Fülle der kultischen Hymnen, der Mythengesänge, Trink- und Totenlieder, der Oden, von denen eine Formung ihren Namen trägt, all der Elegien und Epigramme — weit mehr als neun Bände kannte das Altertum — sind es doch immer wieder die leidenschaftlichen Bekenntnisse der Liebe, die diese Frau stets zu ihrem eigenen Geschlechte zog. Man erinnere sich, wie anfangs auf die Homoerotik der Griechen verwiesen wurde, ohne deren Kenntnis sie oft unverständlich bleiben. Aber ob nun Sappho die schönen Mädchen von Lesbos besingt, die sie in Musik und Tanz unterwies, immer ist es diese Wundervereinigung von Zartheit und Glut, von Wonne und qualvollem Schmerzenssturm, die die geheimsten Tiefen rein menschlichen Gefühls in ihre Verse bannte. Und die Mächte dieses Abgrundes stehen nun rein und klar da: erschütterndste Bekenntnisse eines heißen Herzens, dem die Götter vergönnten, die höchste Schönheit in gebändigter Form zu finden.

Die lyrische Wunderinsel Lesbos gab Sappho einen Gegenspieler in Gestalt des Alkaios. So groß auch er als Dichter ist, vor der genialen Frau, mit der er befreundet war, mußte er zurückstehen. Gleich Sappho mußte der ritterliche Mann, der den Tod des Tyrannen Myrsilos in glühenden Versen bejubelte, vor der Gewaltherrschaft auf Lesbos nach Sizilien fliehen, aber die Milde des Pittakos, der ja nicht umsonst zu den sieben Weisen von Hellas gezählt wird, erlaubte ihnen beiden die Heimkehr. Stark und schön sind die Verse des Alkaios, voll Waffenklang, voll Trinkfreude; auch er war wie Archilochos ein Landsknecht von überschäumendem Temperament, das ebenso in Haß wie Liebe brauste, und seine Lieder und Oden, von denen eine Art auch als seine besondere Erfindung gilt und seinen Namen trägt, wirkten noch viele Jahrhunderte nach bis auf Catull und Horaz, wie es uns die Verschmelzung von starken Bildern mit süßer Hingabe schon in wenigen Versen, die fast an Hafis erinnern, begreiflich erscheinen läßt:

> Unwetter stürzt von Zeus, und gewaltig braust
> Der Sturm, vereist ist aller Gewässer Lauf;

Die Wälder ächzen schwer im Frostwind,
Und auf den Gipfeln erglänzt der Bergschnee.
Vertreib den Winter, schüre des Feuers Glut;
Mit süßer Traube gieß die Pokale voll;
Zum Trunk auf Polstern hingelagert,
Lehne das Haupt in die weichen Kissen. (27)

Noch einen Dichter schenkte uns in dieser Zeit die Insel Lesbos, von dem uns nichts erhalten ist, der aber dennoch durch die Legende einen großen, auch in unserer Literatur (Ballade von A. W. v. Schlegel) gefeierten Namen hat: A r i o n. Er soll den Dithyrambus und Flötenlieder für Chöre zum Preise Apollons erfunden haben, und die sich um ihn rankende Sage des Delphinrittes, die schon Herodot mit Bildwerken zu erklären sucht, verkörperte geradezu in Arion die Allmacht des Gesanges über die Natur. Seine Lieder ließ er, trotz seiner nördlichen Inselherkunft, am Hofe des großen Periander von Korinth erklingen.

So fand neben der ionischen und dorischen Mundart durch mehrere große Dichtergenies auch die äolische ihre Bewahrung, Ehrung und Verbreitung in Hellas selbst. Ja, gerade in ihr erreichte die Lyrik nicht nur für das 7. Jahrhundert einen Höhepunkt.

Aber noch weiter ins sechste Säkulum glitt die volle Welle lyrisch-dichterischer Kraft und ließ überall bedeutende und eigenartige Sänger erstehen, jetzt auch im Mutterlande und im Westen.

Eine dieser überragenden Persönlichkeiten ist uns schon begegnet, aber auf einem ganz anderen Feld der Wirksamkeit: S o l o n, der große Staatsmann Athens. Er bediente sich, schon um der stärkeren Einprägsamkeit willen, des gebundenen Wortes in der neuen Form der Elegie, die er, wie uns 280 noch erhaltene Verse beweisen, meisterhaft handhabte. Ernster, herber und männlicher als in den ionischen Pflanzstätten klingt die Muse des Atheners, der seiner Vaterstadt auch auf dem Gebiete der Poesie die erste feste Grundlage gab. Wie umfassend muß der Geist dieses Mannes gewesen sein, der als ein starker Gesetzgeber wirkte, ein milder Weiser war, als vaterlandsliebender Krieger focht und diese dreifache Tätigkeit auch noch in Poesien von männlicher Kraft und großer Vollendung kleidete. Nicht nur die Elegie wußte er zu meistern, auch das neue, aufrüttelnde Maß des Jambus benutzte er zweckmäßig und sicher als erzieherisches Mittel für sein Volk:

Solon: Staatsmann und Dichter

Ihr habt euch selber euer Los geschaffen,
So gebt den Göttern nicht die Schuld daran.
Dummheit und Feigheit bieten selbst die Waffen,
Daß freche Niedertracht sie knechten kann.
Fuchsschlau ein jeder für die eignen Ziele,
Seid ihr als Ganzes für das Ganze blind
Und gaukelt noch mit eitlem Redespiele,
Wenn dreiste Taten schon im Werke sind. (28)

Schon Solon zeigt, daß um diese Jahrhundertwende große Dichtkunst nicht nur in den östlichen Kolonien oder seltener im Mutterlande entstand. Auch der äußerste Westen brachte starke Dichternaturen hervor, besonders S t e -

Westgriechische Dichtung

sichoros aus Himera in Sizilien (640—555). Da seine Muse sich in prunkvollen Chorliedern einer Neubelebung des heroischen Mythos, besonders des troischen Kreises, widmete, so entsteht das reizvolle Schauspiel, daß der große Epenstoff wiederum an der hellenischen Peripherie, aber diesmal in der Homer entgegengesetzten Richtung, poetische Form gewann. Man hat Stesichoros darum „den lyrischen Homer" genannt, (29) und er besaß ganz die dichterische Gestaltungskraft, die diesen Namen rechtfertigt. Interessant und aufschlußreich ist es, daß die Heimatstadt des Stesichoros eine dorische Gründung war, denn das erklärt eher den Rückgriff auf die große Heldensage, die der Dichter aber in ganz neuer, balladesker Gestalt formte, wobei er ionischen und dorischen Dialekt mischte. Wie ein seltsamer Zufall mutet es an, daß auch von Stesichoros berichtet wird, er sei blind gewesen. 26 Bücher hat er mit seinen berühmten Dichtungen, die die Sage neu belebten und durch Motivierungen bereicherten, gefüllt, aber nur armselige sechs Verse sind uns erhalten geblieben; auch von seinen Bukolien wissen wir nichts weiter, als daß der Dichter die Volksfigur des Hirten Daphnis in die Literatur einführte.

Wie anders und um wieviel größer noch würden uns die griechischen Dichter dieser Frühzeit erscheinen, wenn uns ein gütiges Geschick den vollen Umfang ihrer Werke erhalten hätte.

Ob auch aus erheblich späterer Zeit (525), möge hier der durch Schillers Ballade so bekannte Ibykos erwähnt werden. Stammte er doch gleich Stesichoros aus dem Westen, aus dem italischen Rhegion, und zog erst von hier aus an den schönheitsdurstigen Hof des Polykrates nach Samos, wo er seine leidenschaftlichen, wohl auch von Anakreon beeinflußten Liebeslieder sang. Sonst aber fußt er stark auf seinem westlichen Vorgänger aus Himera, und wir wissen, daß auch er dorische Chorlieder sang, deren sieben Bücher uns leider ebenfalls verloren sind.

Anakreon

Schon wurde eben Anakreon genannt. Seine spielerische, leichte Muse, deren Reiz ja noch im 18. Jahrhundert bei uns eine ganze Dichterschule hervorrief, hat ihn unsterblicher gemacht, als es diese tändelnde, aber liebenswürdige Dichtung verdienen mag, der ja sogar ein Goethe gelegentliche Übersetzungskunst lieh. (30) Gleich Ibykos war Anakreon ein Wanderdichter und weilte mit ersterem zusammen auf Samos bei Polykrates und später bei Hipparchos in Athen. Da er von Theos stammte, dichtete er zwar ionisch, war aber vom Zauber der äolischen Lyrik nicht unberührt. Wie bei dieser waren Dionysos und Eros seine Götter, denen er bis ins Greisenalter mit seiner Muse diente. Seine glühenden Liebeslieder an schöne Knaben wechseln ab mit sangbaren Trinkliedern, und seine Verse waren stets so anmutig und gefällig, daß sie sich leicht ins Ohr schmeichelten und mit diesem heiteren Ton immer wieder ähnlich geartete Diener einer liebenswürdigen Muse stark beeinflußten. Allerdings standen ihm auch beißende Töne zu Gebote, und der zum Spottlied so geeignete und beliebte Jambus wurde auch von ihm mit eleganter Schärfe gehandhabt.

Der Spötter aus Ephesos

Sein Zeitgenosse Hipponax aus Ephesos aber, der den Hinkjambus erfand, übertraf ihn mit seiner Lästerzunge bei weitem, denn die Bosheit dieses scharfen Kopfes exzellierte in solchen Ausfällen und Parodien, wobei er der größeren Wirkung zuliebe unbedenklich die Reinheit der griechischen Sprache opferte und sie mit lydischen und phrygischen Kraftworten verbrämte. Auch Hipponax' Satire hat auf die Dichtung der Folgezeit großen Einfluß ausgeübt: noch weit über Alexanders Zeit hinaus spüren wir seine Nachwirkung in diesem ja immer zum Spott geneigten Volke.

Beim Ausgang des Jahrhunderts und der Dichtung der Frühzeit strömt ihr Gedankengut in einer großen Sentenzensammlung zusammen, von der uns 624 Distichen erhalten sind. Dies umfangreiche Werk, das für uns wie ein Sitten- und Lebensspiegel seiner Zeit wirkt, geht, mit Einflechtung vieler fremder Stücke, unter dem Namen des Theognis, den die Demokratie aus Megara vertrieben hatte. So nahe seine Vaterstadt dem Athen Solons lag, ist die Dichtung dieses verbitterten, schroffen Aristokraten wenig von der milden Weisheit des großen Staatsmanns berührt. Aber auch Theognis war eine starke Dichterpersönlichkeit und ein sittlich hoch stehender Charakter, wenn er auch in einseitiger Einstellung manches verzerrt sah. Es bleiben aber unter seinen Sentenzen und Elegien, seinen Trink- und Liebesliedern viele Verse, die uns heute noch an das Herz gehen. Die ganze Anthologie gruppiert sich um ein langes Spruchgedicht, in dem er eine ausführliche erzieherische Unterweisung in Lebensart und Lebensweisheit dem jungen Kyrnos gibt und ihm Unsterblichkeit beim Klange der Flöten durch dies Lied prophezeit. Und sein Selbstbewußtsein sollte recht behalten. —

<small>Sprüche in Versen</small>

All die hier genannten Dichter des 7. und 6. Jahrhunderts waren erst die Vorläufer ihrer großen, weltbedeutenden Brüder, sie waren in vielem nur ein Anklang, in wenigem allerdings schon eine Vollendung.

Denken wir an die Fülle von Poesie zurück, die, hier kaum angedeutet, ein Volk ganz aus sich selbst in jugendlichem Aufbruch zu noch viel erhabeneren Leistungen sich und der Welt geschenkt hat, so kann man immer nur wieder staunen über diesen Reichtum an Begabung, an persönlichem Leben, an Schöpferkraft und der unübertrefflichen Fähigkeit, all dem einen mustergültigen Umriß, eine heute noch gültige Form zu geben. In allem, was die Griechen berühren — und nicht zuletzt in ihrer Lyrik —, treten der Wille und die Kraft, ja die Leidenschaft zutage, für alles Menschliche, ob geschaut oder empfunden, ein klares, harmonisches Gepräge zu finden und auch noch das wildeste Temperament, die Unermeßlichkeit des Leides, die Schauer des Abgrunds nicht zu verdecken, aber in Bändigung zu verklären und mit Hoheit zu adeln.

<small>Blühender Frühling</small>

Wahrlich, diese Hellenen waren vom Blute der Götter, geboren, um stolz zu leiden und in einem stürmischen Frühlingsdrange aus diesem Leid die schönsten Früchte zu gewinnen. Und sie reichten sie uns in goldenen, sonnebeleuchteten Schalen, rasch, ehe sie selbst, dieser genialste Jugendtraum der Menschheit, wieder abtreten mußten von diesem zerquälten, schattenvollen Schauplatz einer unbelehrbaren Welt.

VI. WISSENSCHAFT UND PHILOSOPHIE

Es ist zwar im Leben der Völker eine überall feststehende, wohlbegründete Erscheinung, daß sich, entgegen einer leicht begreiflichen, aber falschen Annahme, die geistigen Äußerungen des Wortes immer anfangs einer strengen Bindung und ihrer Wirkung bedienen und sich erst viel später zur Prosa lockern. Das Verhältnis der Menschen zum Wort und zur Sprache ist in den

<small>Rhythmischer Beginn</small>

Anfängen viel intensiver, beziehungs- und bedeutungsreicher, es rührt noch an Wurzel und Wesen der Dinge und spürt diese Verbundenheit bis zum Unheimlichen. Alles, was darum irgendwie über ganz gewöhnliche und profane Mitteilung hinausgeht, was einzelnes genau dem Wesen nach bezeichnen oder geistiges Gut übermitteln will, gibt sich naturgemäß in einem eindrucksvollen Rhythmus, in einem ganz besonderen Klang, in strenger Bindung und mit dem Anspruch und Erfolg einer bannenden Macht. Solche Äußerungen, die anfangs rein sakral sind, gehen dann in mythische Poesie über, und ein freies Schrifttum wird niemals den Anfang bilden, sondern stets einer viel späteren Entwicklungsstufe entsprießen. Erst mit einem völligen Umschwung des Empfindens, mit einem Erwachen des reinen Intellekts und der Freude an dessen Ausbildung und wachsender Beherrschung ergibt sich die Notwendigkeit, neue Erkenntnisse auszusprechen und zu übermitteln, und es bilden sich, wenn auch anfangs noch stark im Bann von Religion und Poesie, die ersten Spuren von Wissenschaft und Philosophie.

*

Durchaus nicht überall ist es zu dieser harmonischen Lösung und folgerichtigen Entwicklung gekommen, jedenfalls aber finden wir bei den Hellenen diese Stufen klar ausgebildet und müssen darum die Griechen in ihrer Leistung und prägnant geistigen Richtung als die Schöpfer und ersten Betätiger eines rein intellektualen Denkens betrachten, das von hier aus bestimmend und maßgebend für das gesamte Abendland ausging und in seiner Art und Methode eine spezifisch europäische Einstellung geblieben ist.

Koloniale Freiheit — Die ersten großen Geister, auf die wir hier diesen Fortschritt menschlichen Denkens zurückführen können, sind wiederum im ionischen Kleinasien zu suchen, das wir in seiner größeren Entwicklungsfreiheit und darum reicheren Entfaltung einer unbegreiflich großen Begabung immer wieder als den Ursprungsort neuer hellenischer Entwicklungsstufen und damit als einen Quell für die ganze Welt kennengelernt haben. Nur in der Atmosphäre einer gedanklichen Freiheit und Selbständigkeit war so etwas möglich; die glückliche Unabhängigkeit von jedem geistigen Drucke, etwa durch eine dogmatische Religion oder durch die Lebensauffassung einer aufgezwungenen Staatsgewalt, verband sich mit einem Emporblühen der äußeren Lebensbedingungen und dem helläugigen Erwachen vieler Interessen und Einblicke, wie es nur im Umkreis dieser „weltmännischen", lebhaften Handelszentren möglich war. So einigten sich hier — und nur hier — all die fruchtbaren Vorbedingungen einer ganz neuen geistigen Entwicklung. Nicht mehr dumpf gebunden, sondern in gutem Sinne kritisch stand hier der Mensch der Welt gegenüber und begann erst tastend und schüchtern, aber doch schon mit dem Versuch einer präzisen und umfassenden Lösung, sie zu erklären und sich begreiflich zu machen. Das Erstaunliche hierbei ist die Instinktsicherheit, mit der die Denker sich nicht nur sofort den wesentlichen Problemen nähern, sondern sie sogar so weit einer richtigen Lösung zumindest nahebrachten, daß wir heute nach zweieinhalb Jahrtausenden immer noch bewundernd und im Kern nicht viel klüger dastehen.

Die Schrift — Vorbedingung für ein ersprießliches Wirken dieser ersten Lehrmeister Europas auf dem Gebiete der Wissenschaft und des philosophischen Denkens war natürlich die erlangte Fähigkeit, solche Erkenntnisse zur Weiterverbreitung fixieren zu können, d. h. die Möglichkeit des Schreibens und Lesens mußte gegeben sein, ja sogar eine beachtliche Verbreitung im Volke gefunden haben. Und das ist um diese Zeit in der Tat der Fall. Schon vom 10. Jahrhundert an kann man eine Berührung mit der phönizischen Buchstabenschrift voraussetzen, während die kretische, heute noch unentzifferte Schrift, wie ja die ganze kretische Kultur, für die Epoche nach der dorischen Wanderung völlig ausschaltet. Der semitische Ursprung der Buchstabenschrift und des Alphabets ist heute zweifellos erwiesen, wichtig aber ist auch hier wieder die Fähigkeit der Griechen, fremdes Geistesgut nicht bloß zu übernehmen, sondern sofort individuell umzuformen, zu bereichern und dem eigenen Wesen anzupassen. Die große Neuerung der Hellenen war die Hinzufügung von Zeichen für die Vokale, deren Angabe in der ägyptischen und semitischen Schrift fehlen. Mit dieser Vermehrung ist das griechische Alphabet Ursprung und Modell für alle europäischen Schreibweisen geworden, also schon die bloße Technik der gedanklichen Fixierung wurde von Ionien aus für unsern Erdteil ein Geistesfundament bis heute.

Das steinerne Gesetzbuch von Gortyn auf Kreta, eine dorische Mauerinschrift größten Stils und Umfangs, stammt aus der Zeit um 500, und diese Form einer juristischen Bekanntgabe beweist, daß sie die Bürger auch bereits lesen konnten. Aber für die Beherrschung der Buchstabenschrift durch das gewöhnliche Volk haben wir schon hundert Jahre früher einen Beleg, der merkwürdigerweise aus Abu Simbel in Nubien stammt, indem dort die griechischen Söldner, die, wie schon früher erwähnt, um 600 im Dienste der Pharaonen standen, ihre Namen in die Basis steinerner Monumente nicht anders eingeritzt haben, als es heute die Jugend nicht unterlassen kann, Bänke, Steinwände usw. in gleicher Weise mit solcher Verewigung zu verschönen.

Nicht alle Denker der Frühzeit haben sich bereits zur Festlegung ihrer Lehren der Schrift bedient, und von dem, was wirklich fixiert wurde, ist uns unmittelbar nichts erhalten, und wir sind auf spätere, oft sehr fragmentarische und entstellte Berichte angewiesen. Beachtenswert aber ist, daß dies ganze Gedankengut, da es zuerst in Ionien entstand, sich des ionischen Dialekts bediente und diesem dazu verhalf, nun überhaupt für das gesamte Hellas und für alle kommenden Jahrhunderte als das wissenschaftliche und allgemein gültige Griechisch vorausgesetzt zu werden, eine für die Reinheit der griechischen Sprache und ihrer Entwicklung gar nicht hoch genug einzuschätzende Tatsache.

Das unabhängige, griechische Denken begann mit dem Versuch einer Kosmogonie, einer Welterklärung. Der Unzulänglichkeit des alten Mythos zur Lösung solcher Fragen bereits voll bewußt, suchten die nachdenklichen Köpfe nach einer Neuorientierung gegenüber den Erscheinungen der Natur, des gesamten Kosmos und der Stellung des Menschen in ihm. Mit dem Bedürfnis, alles als ein harmonisches und erklärbares Gefüge aufzufassen, verband sich die schon stark aufkeimende Begabung zu scharfer logischer Folgerung. So ist in Hellas immer die intuitive Eingebung einer Idee, einer aus dem Nachdenken geborenen Lehre weit stärker gewesen als rein konkrete Beobachtung, und gar das Experiment hat dem stets zur Synthese neigenden Wesen der Hellenen sehr fern gelegen. Um so bewundernswerter sind die in ihrer Einfachheit und Tiefe ganz verblüffenden Ergebnisse dieser ersten „Weisen". Auch hier wieder, wie in allem Hellenischen, werden sofort genial

Erster Versuch einer Kosmogonie

die großen, wesentlichen Typen festgelegt, die für die europäische Geisteswelt maßgebend blieben. „Bei einem verhältnismäßig geringen Umfang des Kenntnismaterials erzeugt die griechische Philosophie mit einer Art von grandioser Einfachheit die begrifflichen Formen zu dessen erkenntnismäßiger Verarbeitung und entwickelt mit kühner Rücksichtslosigkeit des Nachdenkens alle notwendigen Standpunkte der Weltbetrachtung. Darin besteht der typische Charakter des antiken Denkens und die hohe didaktische Bedeutung seiner Geschichte." (31)

Welterklärung und Weltanschauung

Die ionischen Denker begannen, wie das nach dem oben Gesagten gar nicht anders sein konnte, als Naturphilosophen, d. h. ihr Versuch einer Natur- und Welterklärung gab sich sofort philosophisch als Weltanschauung und ethisch als Lebenslehre. Die Frage nach den Prinzipien, nach den innewohnenden und schaffenden Kräften der Welt werteten diese Weisen auch sofort als alldurchdringende geistige Mächte, denn trotz aller erstaunlichen Selbständigkeit und Klarheit dieser nur auf sich selbst fußenden Denker konnte ihre Methode sich natürlich noch nicht völlig aus den bisherigen geistigen Bindungen lösen. Aus der Theogonie erwuchs die Kosmogonie, und so entstand das seltsame Zwischengebilde einer Naturphilosophie, das ja auch bis in unsre Zeit hinein immer wieder, oft schüchtern, oft dreist und nicht immer klärend, ein unsterbliches Haupt zu erheben scheint.

Diese Denkweise und damit die Geburt der ganzen europäischen Wissenschaft und Philosophie knüpft an den Namen des Milesiers T h a l e s an (um 585) und setzt sich dann durch das Jahrhundert über Anaximenes und Anaximander bis zu dem großen, „dunklen" Herakleitos von Ephesos fort (um 500).

Eine Geistesgeschichte Europas wird darum, abgesehen von dem fast mythischen und vielleicht nur kollektiven Phänomen Homer, immer mit diesen historischen Namen beginnen müssen, die das Tempo eines unfaßbar raschen geistigen Aufstieges für die ionische Welt anschlagen und repräsentieren. Ganz werden wir es nie erfassen, wie eine so sprunghafte, sonst nirgends auf der Welt nachzuweisende Entwicklung möglich gewesen ist, denn den großen, späteren Aufschwüngen, wie sie dem Denken Europas zeitweise ebenfalls in rascher Blüte geschenkt wurden, ging doch immerhin eine lange Kette menschlicher Erfahrungen und denkerischer Ergebnisse voran. Hier aber erstürmt das Genie aus den Nebeln des Mythos und aus den primitiven Vorstellungen einfacher Volksverhältnisse noch ganz unentdeckte lichte Höhen einer weltumfassenden Überschau, lediglich zu dem faustischen Zweck der Erkenntnis um ihrer selbst willen, und stellt dem Weltgeist mit dem Feuer einer jugendlichen Naivität auch sofort die höchsten Fragen nach Ursprung und Wesen des gesamten Kosmos.

Die Naturphilosophie

T h a l e s von Milet, ein weitgereister Kaufmann, soll als Urstoff das allbelebende Wasser angegeben haben. Dies berichtet Aristoteles und weist damit dem Milesier den ersten Platz in der Reihe der ionischen Denker zu. Neuerdings wird diese Behauptung aber bestritten, ohne daß darum der Ruhm des Thales Einbuße zu erleiden braucht. Denn daß er neben einer ausgezeichneten staatsmännischen Tätigkeit auf naturwissenschaftlichem Gebiete Großes geleistet hat, steht fest. Besonderen Eindruck machten seine astronomischen Berechnungen, die eine Sonnenfinsternis richtig im voraus angaben und die auch sonst für die Schiffahrt und die Orientierung auf dem Meere von Nutzen wurden. Er muß also sicherlich über große mathematische Kenntnisse verfügt haben, jedenfalls zeigt dieser Ionier eine Höhe wissenschaftlicher Bildung, für die er vielleicht bei einem Aufenthalt in Ägypten den Grund gelegt hat. Auch über physikalische Gesetze hat Thales nachgedacht, und wenn wir hören, daß er die Erde als schwimmend auf dem Wasser gedacht hat, so denkt man unwillkürlich an die modernsten Erklärungsversuche der mangelnden Stabilität der Kontinente.

Der oben erwähnte Anaximenes änderte ein Menschenalter später die Lehre des Thales nur insoweit, daß er statt des Wassers die Luft als den Urstoff bezeichnete und die Entstehung der Dinge durch Verdünnung und Verdichtung annahm, wobei physikalische Grundgesetze ihm wohl nicht unbekannt waren oder durch ihn gefunden wurden.

Bei seinem Zeitgenossen, dem großen Anaximander aus Milet, aber änderte sich diese ja noch recht einfache und radikale Methode einer Welterklärung, denn bei ihm tauchen schon wirklich tiefe philosophische Grundbegriffe auf und vermählen sie mit einer Naturdeutung, die heute noch nicht abgeschlossene Gedankenreihen streift. Anaximander, der das erste, leider verlorene, philosophische Buch „Die Natur" schrieb, forschte auch nach einer Grundursache der Welt, nahm aber für diese statt einer Urmaterie das Grenzenlose (das Unendliche) an, aus dessen Unvergänglichkeit sich erst die Elemente bilden, bei denen dann das Organische wieder aus dem Wasser entsteht, und zwar ursprünglich in fischartiger Form. Hier ist also schon klar und deutlich der so fruchtbare Gedanke einer Entwicklung geäußert oder zumindest vorgeahnt. Diese Erkenntnis war aber — und das ist das Interessante bei Anaximander — nicht rein naturwissenschaftlich, sondern hatte auch einen ethischen Beigeschmack, da der Philosoph die Entwicklung selbst als Schuld ansah, als eine willkürliche Abtrennung aus dem Ganzen, die nur dadurch gesühnt werden konnte, daß alles wieder in den Schoß dieser grenzenlosen, ewigen Einheit zurückkehrte. Da er diese Ansicht nun wieder physikalisch auch auf das ganze Sonnensystem ausdehnte, so fragt man sich staunend, wie selbst ein Genie der damaligen Zeit zu solchen Anschauungen kam, die noch heute Kopfzerbrechen genug verursachen können. Jedenfalls geht hier die Empirie schon in Metaphysik über, als deren Begründer wir also Anaximander betrachten müssen, denn seine Lehre verlegte den Schwerpunkt vom Konkreten auf das Begriffliche und durchgeistigte dadurch eine Naturansicht schon in rein philosophischem Sinne.

Weltentstehungslehren

Man hat die genannten drei ionischen Naturphilosophen unter dem Namen der Hylozoisten (Hyle = Urstoff, Materie) zusammengefaßt. Das Wichtige sind bei diesen „Weisen" nicht die Ergebnisse, sondern die Fragestellung, die zum erstenmal eine wirklich „wissenschaftliche" ist. Sie ist es selbst für den Fall, daß noch mythologische Grundbegriffe der Ausgangspunkt wären, wie die Wassertheorie des Thales leicht von der Verehrung der alles umschließenden Urgottheit des Okeanos beeinflußt gewesen sein kann. Jedenfalls war die Menschheit hier zum erstenmal in eine Periode selbständiger Reflexion getreten und schuf sich Vorstellungen praktischer und theoretischer Art. Wieviel sie davon der mannigfachen Berührung mit den angrenzenden Kulturen verdankte und aus diesen Kenntnisse entnommen hat, wird wohl nie klar zu scheiden sein. Die Grundlagen solcher Kenntnisse hat sie jedenfalls bei den fremden Völkern erworben, die schon viele Jahrhunderte lang ein

Die Suche nach dem Urstoff

tiefes und umfassendes Wissen besaßen, ohne aber daraus das zu machen, was wir heute — dank den Hellenen — als Wissenschaft um ihrer selbst willen verstehen. So können wir nicht annehmen, daß die Grundelemente der Geometrie und Arithmetik, über die Thales sicher schon verfügte (Proportionalität, Perspektive, Kreiseinteilung, Dreieckslehre), von ihm gefunden wurden: die eine wird davon von Ägypten, die andere von Phönizien übernommen worden sein, und der assyrische Orient gab dazu die astronomischen Kenntnisse. Den Hylozoisten galt die Erde jedenfalls noch als Scheibe, schon aber nahte sich um diese Zeit aus Ägypten die Anschauung konzentrischer Kugelschalen, in denen die Gestirne um die Erde als dem Mittelpunkt des Weltalls kreisen. Die Erde selbst als Kugel anzusprechen, blieb nur wenig später den Pythagoräern vorbehalten.

Einzelfächer der Wissenschaft

Alle diese kosmischen und stofflichen Fragen, zumal die Entstehung der Materie und der Naturerscheinungen, interessierten diese Philosophen zumeist; auch die meteorologischen Probleme, die Winde, die Wolken, den Schnee usw. zogen sie somit in ihre Betrachtung, aber es ist seltsam, jedoch bezeichnend, daß sie sich dem Organischen weit weniger zuwandten. So können wir um diese Zeit auch bei allen physikalischen Interessen nicht von einer Wissenschaft der Medizin, der organischen Physik oder gar der Anatomie reden. All das lag noch als praktische Betätigung geheimnisvoll gebunden in den Händen der Priesterschaft und reizte die Denker lange nicht so wie die Frage der Beseelung einer Materie. Auch der historische Sinn war bei diesen Griechen noch wenig geweckt und fand in der mythologischen Überlieferung noch seine volle Befriedigung; besser ging es dem geographischen Interesse, denn die weiten Handelsfahrten der Kaufleute führten bei etlichen Männern doch zu Aufzeichnungen über das Gesehene und Erlebte, und diese „Logographen" bereiteten mit ihren angesammelten Berichten über fremde Herrscher, Länder, Sitten und Ereignisse die spätere Historie vor, die dann in Herodot ihren ersten glänzenden Vertreter finden sollte.

Wer weiß, wie sich nach so kühnem Beginn die verheißungsvolle ionische Naturphilosophie noch entwickelt hätte, wären die Stätten ihrer Wirksamkeit nicht schlimmen äußeren Ereignissen zum Opfer gefallen. Die blühende Selbständigkeit der ionischen Pflanzstädte erlag in überheblicher und töricht orientierter Politik dem Ansturm der Perser. Nach dem katastrophalen Verlust der Seeschlacht bei Lade (494) wurde Milet als das Zentrum des Widerstandes und das Haupt der geistigen und materiellen Interessen Ioniens derart zerstört, daß es sich nie wieder ganz von diesem furchtbaren Schlag erholt hat. Damit waren die äußeren Vorbedingungen einer freien, ruhigen Forschung vernichtet. In der Bedrückung eines harten Lebenskampfes war es dem ionischen Geist zunächst nicht mehr möglich, aus dem Bann eines anderen Volkes wieder frisch die Flügel zu entfalten, und als nach einem Menschenalter, das nur der schweren, materiellen Behauptung gewidmet gewesen sein mag, eine geniale Persönlichkeit auch hier wieder sich philosophischen Problemen zuwandte, geschah das nun nicht mehr in unmittelbarer Anknüpfung an die unbefangene und naturfrohe Forschung der Hylozoisten, sondern die Wucht der traurigen Ereignisse hatte den Geist vollends in den Ernst metaphysischer Spekulation und religiöser Vertiefung getrieben, wie sie zeitentsprechend sich auch schon in Hellas selbst und in seiner westlichen, italischen Sphäre stark verbreitet hatte.

Die Tendenzen der Aufklärung, wie sie bei der ersten ionischen Naturphilosophie klar zutage traten, kamen zwar dem rasch erstarkenden intellektualen Bedürfnis einer neuen Zeit sehr entgegen. Sie befreiten den Blick, lockerten die mythische Befangenheit, dienten dem praktischen Bedürfnis. Aber durch Beseitigung der Bindungen des alten Glaubens verursachten sie eine Leere, ein Unbefriedigtsein tieferer Forderungen, die nach einem ethischen Halt, einer geistigen Fundierung verlangten, um von dort aus den Rätseln des Daseins neu gewappnet gegenübertreten zu können.

Aufklärung als Tendenz

Diesem tiefgefühlten Bedürfnis entsprach schon eher die philosophische Meditation des großen Herakleitos von Ephesos, eines stolzen und einsamen Eremiten aus königlichem Blut (um 500). Die örtliche und zeitliche Nähe seiner naturerforschenden Vorgänger ließ zwar auch ihn, analog den bisherigen Systemen, zunächst ein Urprinzip der Welt bestimmen, aber wenn Herakleitos als solches das Feuer nennt, so ist das noch weit geistiger und begrifflicher gemeint, als das Unbegrenzte (apeiron) des Anaximander. Der große Denker, der in seiner tiefen Symbolik und in den fast religiös und spruchartig geäußerten Sentenzen stets als „dunkel" und schwer erklärbar gegolten hat, dachte dabei sicher an kein reales Feuer und an keine Art von Naturbeobachtung. Das Werden und Vergehen der Welt, das er zuerst als den ständigen und geregelten Prozeß im Ablauf der Dinge durchschaute, glaubte er von einem göttlichen Feuer durchtränkt, dessen Quintessenz auf Erden die menschliche Seele sei, die in das aus Wasser und Erde bestehende Stoffliche gebannt sei. Grübelnd schwelgte er in der Harmonie dieses schicksalbestimmten Ablaufs, der sich nur dem geistigen Auge offenbart. Tiefe Mystik geht bei Herakleitos, von dem uns eine Anzahl Fragmente erhalten sind, mit klarer Weisheit und einer erschütternden Durchschauung menschlichen Wesens Hand in Hand und ballt sich zu so prägnanten Aphorismen, wie sie das philosophische Denken der Menschen selten genug hervorgebracht hat. Stets ihren wirklichen und eindeutigen Sinn in der orakelhaften Form zu erkennen, ist schwer, aber gerade darum leben die Äußerungen dieses großen Denkers, den man in seiner bildstarken Rhetorik und in seinem schwerblütigen Ringen um den treffendsten Ausdruck fast einen Dichter nennen möchte, auch heute noch umgeschwächt wie Offenbarungen aus einer wenig zugänglichen, aber alles bestimmenden Tiefe. Das so bekannte heraklitische „panta rhei", das jedes Sein leugnet und es in Werden auflöst, ist ein Grundgedanke, dem man wohl sein Gegenteil gegenüberstellen, aber ihn nicht widerlegen kann, ja ein Naturgesetz des Stoffwechsels, so daß man seinen Finder den ersten Relativisten nennen möchte. Daß der ionische Geist, selbst nach den Schlägen, die seine Heimatstätte betroffen, jetzt schon zu einer solchen Entwicklung und erstaunlichen Erkenntniskraft reifen konnte, bestätigt aufs stärkste, als welches weltbestimmende Wunder wir dieses Emporblühen menschlicher Fähigkeiten auf einem kleinen Erdenfleck einzuschätzen haben.

Heraklit

Nun finden wir bei Heraklit bereits religiöse Vorstellungen von Seelenwanderung, Unsterblichkeit, Monotheismus und Ähnlichem, die deutlich seine Zusammenhänge mit manchen Mysterienkulten, vor allem aber mit dem gewaltigsten Denker, ja Religionsstifter dieser Zeit wahrscheinlich machen. Das ist der mythenumsponnene Pythagoras, der den Hellenen nicht nur seine philosophischen Gedanken gab, sondern ihre ganze Kultur als ein sittlich religiöser Reformator beeinflußte und durchtränkte. Auch er ent-

Der Religionsstifter Pythagoras

128 DIE ERSTEN GESCHICHTLICHEN JAHRHUNDERTE

stammte dem ionischen Kreis, und zwar der Insel Samos, wohin seine vielleicht im Ursprung tyrrhenische Familie aber erst eingewandert war. Es mag mit der Tyrannis des Polykrates zusammenhängen, daß Pythagoras seine Heimat bald verließ und nach glaubhaften Berichten die Länder der ältesten Kulturen und besonders ihre Mysterienzentren in faustischem Erkenntnisdrange besuchte und dann endlich, genährt mit allen Erkenntnissen und Überlieferungen der „Eingeweihten", selbst als solcher sich im unteritalischen Kroton niederließ, wo er in priesterlicher Wirksamkeit die nach ihm benannte, Staatsleben und Religion tief beeinflussende Sekte gründete.

Ein deutliches Bild der für das hellenische Geistesleben so wichtigen Gedankenwelt des Pythagoras zu geben, wird sehr erschwert, einerseits durch den völligen Verlust seiner „Worte" (Schriftliches soll er nicht hinterlassen haben), die wir nur sagenumrankt im Reflex bei Platon usw. finden, andererseits müßte man, sofern man das könnte, den großen Gründer seiner Schule, um ihm wirklich gerecht zu werden, von dieser selbst und seinen Nachfolgern trennen. Aber hier gehen die Überlieferungen sehr durcheinander, und aus ihnen erheben sich nur einige in ihrer Größe und Tiefe seltsame, aber wunderlich erhabene Einsichten und Lehren. Pythagoras muß eine Persönlichkeit von größter magischer Kraft gewesen sein, wie sie nur selten erscheint, sonst hätte er seine Anhänger nicht zu einem Ordensbund von solcher Bedeutung organisch vereinigen können, daß eine philosophische Schule zur staats- und kulturbeeinflussenden Macht wurde, die dann allerdings äußerlich an ihrer Überbetonung dorisch-aristokratischer Tendenzen scheiterte und ihren Gründer märtyrerhaft vernichtet haben soll. Bei Pythagoras einten sich in phantastischer, echt hellenischer Vielseitigkeit der Mystiker mit dem Ethiker und Religionsstifter, der Mathematiker mit dem Musiker, der Naturforscher und Astronom mit dem spekulativen Philosophen, und seinen Schülern, denen er die Ergebnisse dieser denkerischen Fülle übermittelte, zwang er zugleich ein System strenger, von ihm selbst asketisch befolgter Lebensregeln auf, die seltsame indische und ägyptische, jedenfalls auch orphische Parallelen enthalten zu haben scheinen, ohne daß wir das Zusammenströmen dieser verschiedenen Einflüsse auf ihren Ursprung hin erklären könnten.

Pythagoräische Schule

Es wäre das ja an sich auch nicht von solchem Belang, wenn nicht durch die ganze Antike die Spuren dieses Mannes nachzuweisen wären. Dies im einzelnen darzulegen, würde aber den Rahmen unsrer Darstellung sprengen. Begnügen wir uns mit der Tatsache, daß auch hier wieder aus ionischer Denkkraft geistige Strömungen durch Jahrhunderte, ja bis heute fortwirken und darum ihre Beachtung für uns notwendig machen.

Wieviel von der pythagoräischen Lehre auf den Meister selbst zurückführbar ist, wurde schon als unbestimmt bezeichnet. Sein Werk ist hauptsächlich die sittliche Erziehung seines ganzen Bundes auf religiöser Basis. Die strenge Einfachheit, die sich ganz dem Geistigen verschrieb und dem Genuß entsagte, führte zur Betonung von Wissenschaft und Kunst, in der die Musik weit die erste Stelle einnahm und ebenso zu pädagogischen Zwekken, wie zu physikalischen und kosmischen Erkenntnissen dienen mußte. Da die Tendenzen der Zeit, besonders in der ungebundenen Luxusatmosphäre Groß-Griechenlands, bereits die Gefahren einer bedenklichen Lockerung und allzu sinnenfrohen Verweichlichung aufwiesen, so wurde die ge-

Pythagoras und die Tendenzen seiner Zeit

schlossene Strenge des pythagoräischen Bundes, der sich weit über Groß-Griechenland ausdehnte, zu einer bedeutungsvollen Rettung, aber auch zum Anlaß heftiger Anfeindung. Zur Zeit ihrer Blüte unter dem Meister selbst mag die exklusive Schroffheit der ganz dorisch-aristokratisch orientierten Sekte wohl mit dazu beigetragen haben, daß die Stadt Kroton unter dem Vorwand dieses Gegensatzes ihren demokratischen Nebenbuhler und gefährlichen Handelskonkurrenten, das schwelgerisch blühende Sybaris vernichtete (510). Wenn aber schließlich auch die pythagoräische Schule selbst ein ähnliches Schicksal traf und ihre letzten Anhänger im 4. Jahrhundert versprengt wurden, so finden wir ihre ernsten Wirkungen noch bei Platon, ja Jahrhunderte darüber hinaus, so daß dieser Einfluß die ganze Antike durchtränkte, wenn auch nicht ohne Widerspruch. Denn gerade wesentliche Punkte der pythagoräischen Lehre wurden als ganz unhellenisch und als volksfremde Sitte empfunden; dies wohl auch mit Recht, wenn auch andererseits gerade die geistige Möglichkeit der Vereinigung stärkster Extreme typisch griechisch ist. Allerdings mögen die Seelenwanderungslehre, die Vergeltungsideen des Unsterblichkeitsglaubens, die asketische Verneinung jeder natürlichen Lebensart, z. B. des Fleischgenusses, die puritanisch übertriebene Sittenstrenge und Ähnliches teilweise in der Orphik und in den Mysterien ihren Ursprung haben, ohne aber dadurch in ihrer Exklusivität dem Empfinden weiter Kreise annehmbarer zu werden.

Auch war die ganze Erkenntnislehre der Schule merkwürdig selbständig und eigenartig. Zwar bezeichnete auch sie ein Urprinzip der Welt und aller Dinge, und zwar die Zahl. Gemeint war damit natürlich der tiefe Gedanke, daß alles Physische nach Zahlenverhältnissen bestimmbar wäre. Da dies aber nicht bloß quantitativ, sondern auch geistig und als Wesensart gedacht war, so ging eine metaphysische Spekulation, ja eine fast abstruse Mystik sofort über das Mathematische des Gedankens hinaus und interpretierte nun in Zahlensystemen alles und jedes, sogar mit stark ethischer Färbung, wobei ebensoviel Tolles wie Interessantes und Nachdenkliches im einzelnen festgelegt wurde. Es läßt sich annehmen, daß die Pythagoräer zu ihrer Zahlenidee aus ihrer Beschäftigung mit Mathematik und Musik, ihren zwei Hauptgebieten, gelangten. Sie hatten die wichtige Beobachtung gemacht, daß die Höhe eines Tones von der Länge der schwingenden Saite abhängig sei. Von dieser Entdeckung aus ging nun die Gedankenentwicklung ebenso in die Richtung einer philosophischen und kosmischen Harmonie wie in die erste Begründung mathematischer Gesetze, und schließlich befruchtete sie die erstaunlichen astronomischen Forschungen und Erkenntnisse. Echt griechisch und typisch pythagoräisch ist es z.B., daß die Erkenntnis der Kugelgestalt der Erde nicht auf dem Wege der Beobachtung und logischen Schlüsse gezogen wurde, sondern lediglich deshalb, weil innerhalb der Körper die Kugelgestalt den Pythagoräern als die schönste und vollendetste erschien und nur darum von ihnen für das Weltall angenommen wurde.

Zahlenmystik

Das verwickelte Mysterium der Zahl, ihre verschiedene Wertung, die Heiligkeit der ersten vier Zahlen, die in ihrer Addierung die ebenso heilige Dekade ergaben, die große Rolle der Sieben, ihre seltsame Wiederkehr in unzähligen Erscheinungen des Weltsystems, all das würde nur in eine Spezialuntersuchung dieser Lehren gehören. Die Begründung der Mathematik jedoch, der ebenen Geometrie mit dem berühmten Pythagoräischen Lehrsatz sowie einer schon weit ausgebildeten Algebra ist die eine Großtat der Pythagoräer, und sie läßt daran erinnern, wie nahe doch stets das Verhältnis der exaktesten und kühlsten aller Wissenschaften, der Mathematik, wohl auch wegen ihrer Immaterialität, zur Mystik ist und oft die tiefsten Denker in ihr die höchste Poesie und jenseitigste Weisheit zu finden glaubten (man denke an Novalis). Leichter wird das begreiflich, wenn man an die zweite, eng mit der Mathematik zusammenhängende Spitzenleistung der Pythagoräer, ihre astronomischen Formulierungen denkt, wo die Schule bereits zu Erkenntnissen von solcher Höhe und Folgenschwere gelangte, daß ihre Zeit noch nicht reif genug war, diese Einsicht zu erfassen, und sie darum verwarf oder aus mangelndem Verständnis in Vergessenheit fallen ließ. Sahen diese Philosophen doch nicht nur bereits die Erde und die anderen Planeten mit Sonne und Mond, wie bereits angedeutet, als Kugeln an, sondern wähnten, daß sich alle diese, gebunden an durchsichtige Schalen, um ein angenommenes Zentralfeuer drehten und durch diese Bewegung in verschiedener Entfernung voneinander, die die Gelehrten wiederum nach ihren musikalischen Gesetzen berechneten, einen harmonischen Klang, die Sphärenmusik erzeugten, die wir nur deshalb nicht hören, weil unsre Ohren durch das ständige Vernehmen des Akkords abgestumpft seien.

Astronomische Harmonielehre

Während diese so fortgeschrittenen Lehren, schon weil sie die unerhörte Kühnheit besaßen, die Erde nicht mehr als Mittelpunkt des Kosmos zu betrachten, wohl auf die Schule beschränkt blieben, wurden die anderen Anschauungen und Sitten schon darum für einen weiteren Umkreis der Antike so einflußreich, weil sie nicht von dem doch stärker in sich abgeschlossenen Hellas ausgingen, sondern von der westlichen Peripherie seiner Einflußsphäre, so daß zunächst ganz Unteritalien und Sizilien davon ergriffen wurden.

Für die anderen geistvollen philosophischen Systeme, die zu dieser Zeit im Anschluß oder als bewußte Ergänzung entstanden, ist das nicht in dem gleichen Maße der Fall, da sie zwar die Philosophie und ihre Entwicklung befruchteten, aber doch nicht derart kulturbeeinflussend über den Bannkreis ihrer Lehre sich dem übrigen Leben aufdrängten, wie es dann erst wieder im 3. und 4. Jahrhundert der Fall wurde. Eine große und einflußreiche Verbreitung erhielten aber doch einige von ihnen, wie z. B. die Eleaten, weil ihr Gründer X e n o p h a n e s , ausgehend von dem heimatlichen Kolophon in Ionien, mit seiner in Verse gefaßten Lehre rhapsodisch die Welt durchzog, bis er schließlich in Elea bei Paestum seine nach diesem Ort genannte Schule festlegte. Er war der große Gegner Heraklits, der dessen ständiger Veränderungslehre den schroffen Gegensatz eines unveränderlichen Seins, einer in sich beruhenden, einheitlichen Ganzheit gegenüberstellte. Das paßte gut zu seiner aufsehenerregenden Bekämpfung der homerischen Göttervielfalt und ihrer allzu menschlichen Ausgestaltung. Trotz einer starken Realistik, die Xenophanes von aller Mystik, auch der Lehre der Seelenwanderung, entschieden abrücken ließ, drang er in religiöser Hinsicht schon zu der rein monotheistischen Ansicht, daß nur eine einzige Gottheit die Welt lenke, ja sogar ihr Uranfang sei. Gott also ist das Weltall und ist eins in allem.

Eleatische Philosophie

Monismus des Xenophanes

Bei dieser staunenswerten Höhe religiös begrifflicher Anschauung muten allerlei physikalische Ansichten des Xenophanes wie ein kindlicher Rückschritt an, da es aber scheint, als sollten wirklich bei den Griechen fast alle Lehren und Ideen ihren Ursprung nehmen, so muß doch vermerkt werden, daß Xenophanes in Sizilien beobachtete, wie selbst in hochgelegenen Erdschichten, ja auch auf Bergen, sich Muscheln und Versteinerungen befinden, woraus er schloß, die Erde wäre ursprünglich vom Meere bedeckt gewesen, durch dessen allmähliches Zurücktreten ein vorübergehender Schlammzustand mit späterer Austrocknung anzunehmen sei. Seltsam, wie bei solchem Hellblick und so viel Intuition, die sich immer wieder zeigen, die Griechen nicht zum wirklichen Experiment vorgedrungen sind, ein Beispiel, daß auch allzu große Phantasie und Begabung zum Verhängnis werden können, wenn sie in ihrem Trieb zur Abstraktion gedanklichen Verallgemeinerungen nicht eine reale Basis zu geben vermögen.

Gehören Xenophanes und seine Begründung der eleatischen Schule noch ganz dem 6. Jahrhundert an, so müssen wir doch des Zusammenhangs wegen hier gleich die eigentlich konsequente Vollendung seiner Lehre durch seinen Schüler P a r m e n i d e s anfügen. Da diesem der Widerspruch der eleatischen Lehre des unveränderlichen Seins mit der Welt der wechselnden Erscheinungen doch bald klar wurde, kam er bereits dazu, den Ablauf der Dinge, wie er sich unwiderleglich den Sinnen aufdrängt, für bloßen Schein anzusehen, und schon wagte er, also längst vor Kant, den folgenschweren Schritt, daß er eine gewisse Idealität von Raum und Zeit und nur eine ständige Gegenwart ohne Zukunft und Vergangenheit gelten ließ.

Erkenntnisphilosophie

Wie sein Schüler Z e n o n all diese interessanten, aber in ihren letzten Konsequenzen doch allzu eigensinnigen Ansichten schon so dialektisch überspitzte, daß sie nun wirklich ins Absurde glitten, gehört erst in einen Hinweis auf den Beginn der für das hellenische Geistesleben so wichtigen und charakteristischen Periode der Sophistik.

Die Bedeutung der Eleaten liegt in der Loslösung einer begrifflichen Philosophie von der Verquickung mit allerlei kindlich-gedanklicher Naturanschauung. Denn das unveränderliche Sein des Xenophanes und Parmenides ist auch nur als abstrakter Begriff gedacht, und Sein und Bewußtsein fallen bei ihnen in eins zusammen. Würden nun nicht in dieser Ontologie der Eleaten zwangsläufig eine Menge Widersprüche und Inkonsequentheiten auftreten, so würde das System durch eine gewisse Geschlossenheit imponieren, die sich aber schließlich doch in blutlose Erstarrung oder Zersetzung durch Übertreibung totlaufen mußte.

Schon sind wir mit dem Hinweis auf Parmenides und die Entwicklung der eleatischen Schule aus der hellenischen Frühzeit des 6. Jahrhunderts hinausgeglitten, und so wollen wir uns zunächst mit diesem Überblick über die philosophischen Anfangssysteme der Hellenen begnügen. Denn das große 5. Jahrhundert, das die Blüte heraufführt, ist nach schweren äußeren Erschütterungen, und nicht zuletzt durch sie, auch gleich wesentlich anders orientiert, obgleich es durchweg auf den grandiosen Anfängen fußt.

Wenn man die Fülle und Schwere der Gedanken zusammenfaßt und an sich vorübergleiten läßt, die in dem knappen Zeitraum des 6. Jahrhunderts von diesem Volke geboren und in die Welt getrieben wurden, so müssen wir eigentlich bekennen, daß ein solcher Entwicklungsprozeß unbegreiflich anmutet. Denkt man ihn nun noch vereint mit all den anderen Leistungen kultureller Art im praktischen und im geistigen Leben und ermißt die Potenz dieser stürmischen Schöpferkraft, so kann man hier wohl von einer so nachhaltigen Weltbefruchtung, von einem solchen Kulminationspunkt mensch-

Griechische Weltbefruchtung

licher Intensität reden, daß man ihm nichts an die Seite stellen kann. Die ganze Fülle heutiger Erkenntnis geht in den Wurzeln doch immer wieder auf diese Errungenschaften zurück und wird sich mit ihnen so lange dankbar verbunden fühlen, als eine abendländische Gedankenrichtung überhaupt lebendig ist. Ohne die Griechen wäre die Welt nicht nur ärmer, sie wäre uns völlig unvorstellbar.

FÜNFTES UND VIERTES JAHRHUNDERT

GESCHICHTLICHER ÜBERBLICK / STAATSENTFALTUNG / ÄUSSERES LEBEN

Ist es schon rein historisch meist bedenklich, den Verlauf eines Geschehens in Einzelteile gliedern zu wollen und diese der Überschau zuliebe wie selbständige Gebilde aneinander zu binden, so wird diese Methode vollends mißlich, wenn man sie auf Kulturentwicklungen anwenden will. Nur wenn sich wirklich deutlich gesonderte Abschnitte ergeben — und das ist selten genug —, dürfte man so verfahren, denn im allgemeinen läßt sich der Strom kultureller Entwicklungen und der ihnen innewohnenden Tendenzen selbst durch große äußere Ereignisse nicht wesentlich umbiegen oder ändern. Nur die stetige Kontinuierlichkeit eines geregelten Tempos kann vorübergehend gehemmt werden, und die Durchbrechung des harmonischen Rhythmus mag dann die Annahme erwecken, als begännen neue Wege und Wandlungen. Meist aber ist das nur Täuschung. Der Unterstrom ist beharrlicher als der darüber wehende Wind, und nach Verflüchtigung äußerer Hemmungen und Bedrängnisse nimmt die Entfaltung des inneren Lebens den zeitweise und anscheinend entsunkenen Faden wieder auf und spinnt ihn weiter.

Zuweilen allerdings ergeben sich wirkliche Einschnitte und eine ganz deutliche Gliederung, so daß gar keine willkürliche Konstruktion von „Epochen" nötig ist, sondern solche sich klar und deutlich von selber auf dem Hintergrunde des flutenden Lebens abheben. Denn jede eigenartige Entwicklung läuft einmal ab, versandet und stirbt oder wandelt sich vollständig. Trifft nun solch ein Zustand sinkender Reife mit umwälzenden äußeren Ereignissen zusammen, so klafft ein Bruch, und ein Stück Menschengeschichte trennt sich ab und will als ein Ganzes gewertet werden. *Der Epochen-Maßstab*

In unsern zwei nachchristlichen Jahrtausenden sind der Zusammenbruch Roms, der Ausgang der Hohenstaufen, die Französische Revolution solche deutlich sichtbare Momente, während die Reformation sich über ein viel zu langes Entwicklungsfeld ausdehnt und selbst ihr großes äußeres Endresultat, der Dreißigjährige Krieg, kein neues Zeitalter in so ausgeprägtem Sinne einleitet.

Auf Hellas angewandt, läuft nun wirklich mit dem 6. Jahrhundert eine großartige Jugendepoche dieses maßgebendsten aller Völker ab. Es würde auch das nicht so leicht und klar zutage treten, und wir würden vielleicht eine kontinuierliche Weiterentwicklung ohne große Sprünge feststellen können, wenn hier nicht die äußeren Ereignisse, gerade als wollten sie eine solche Scheidung betonen, mit dem Jahrhundertwechsel in so ungeheuerlicher und folgenschwerer Wucht hereinbrechen würden, daß zunächst einmal jede innere, fruchtbare Entwicklung stillstehen mußte oder zum mindesten in ihrem Tempo stark gehemmt wurde. Als aber der Sturm vorübergebraust war, der nicht nur Hellas bis nahe an den Untergang trieb, sondern im Fall einer geglückten Unterwerfung der Griechen das ganze Bild europäischer Entwicklung in seinen Grundzügen geändert hätte, da stieg nun in anderer Orien- *Archaische Zeit* tierung aus der Begeisterung über die errungene Freiheit, aus dem stolzen Gefühl des Sieges und des eigenen Wertes die ganze Kraft hellenischen Denkens in fast unheimlichem Anlauf und mit so viel reichen Möglichkeiten noch berückender und brausender empor als vor dem erschütternden Ereignis. Der verheißungsvolle Frühling hellenischer Jugendzeit reifte zu stark, zu wundervoll und üppig, als daß er die Gewähr stetiger, langer Dauer in sich tragen konnte. Der den Hellenen so wohlbekannte Neid der Götter hing über ihm; er ließ alle Kräfte sich entfalten, aber auch sich allzu rasch verbrauchen. Das herrliche Feuer dieses genialen Aufschwungs mußte sich schneller verzehren, als es eine stetige, stille Flamme zu weit längerem, aber wohl geringerem Segen getan hätte. Die Gesundheit der wundervollen Jugendzeit, der starken, frohen, so vielversprechenden Jahrhunderte der ersten Blüte hatte eine gefestigtere Kulturentwicklung zu langer Dauerwirkung vermuten und erhoffen lassen. Wohl wurde das Höchste erreicht, ja alles Dagewesene überboten, aber dicht hinter dem Höhepunkt klafften schon die Spalten des Niedergangs mit ihren schwarzen Schatten und den zerstörenden Mächten eigener Zerfleischung.

Der Verlauf der hellenischen Kulturentwicklung trägt die Züge des tragischen Phaethon-Mythus, nur mit dem Unterschied, daß ihr für kurze Frist wirklich die Gipfelhöhe menschlichen Schaffens vergönnt war, kurz, aber doch lang genug, um Schöpfungen hervorzubringen, die über Jahrtausende leuchten, werben und beleben sollten.

Die Perserkriege

Das große Ereignis, das Hellas an den Rand des Verderbens brachte und dann wie einen Phönix wörtlich aus der Asche entstehen ließ, war der Ansturm der Perser und die Kette der daraus entstehenden Kriege. Die Einzelheiten dieses Kampfes gehören der Geschichte an und brauchen hier nur in ihren wesentlichsten und für die Entwicklung entscheidenden Punkten genannt zu werden.

Ionische Kolonien in Kleinasien

Mit dem Untergang der ionischen Blüte Kleinasiens fing es an. Zu lange hatten sich diese Zentren eines starken Kulturlebens an materiellem Reichtum, an lebendiger Betätigung und den mannigfachen Beziehungen geistiger Entfaltung erfreut. Die Machthaber der Binnenreiche erstarkten zwar und beeinträchtigten die bis dahin unberührte Selbständigkeit, aber dieser Eingriff zerstörte nicht das hellenische Eigenleben, sondern bog es nur ein wenig um und färbte es etwas stärker östlich. Auch ohne völlige Unabhängigkeit konnte man leben und sich voll entfalten, wie es uns die Schilderung der hellenischen Jugendjahre ja gezeigt hat. Dann aber brach das Verhängnis herein, nicht ganz ohne eigene Schuld. Die Griechen hatten bisher in seltener Schicksalsbegünstigung äußere Feinde kaum ernstlich, jedenfalls nicht katastrophal zu fürchten gehabt und unterschätzten wohl auch das drohende Gewittergewölk, das sich im Osten zu ihrem Untergang zusammenzog. Noch trennten Pufferstaaten der mehr oder minder selbständigen Satrapien den ionischen Bereich von der Ausdehnungsgewalt der Perser. Aber dieses starke, große, tapfere Volk wuchs unter machtvollen Königen immer mehr zu einer allbeherrschenden Einheit. Die zentrale Ballung dieses unermeßlichen Reiches drängte wuchernd zu immer weiterer Expansion, und nachdem ein Kyros und Kambyses den Machtbezirk östlich bis nach Indien und südlich über Ägypten hinausgeschoben hatten, ergab sich fast von selbst für den großen Dareios die Unterwerfung des Westens. Der Feldzug gegen die Skythen, der durch Eroberung Bessarabiens die nordwestlichen Grenzen Persiens sichern sollte, hatte noch nichts mit einer Bedrohung Ioniens zu tun. Im Gegenteil. Die verblendeten Griechen halfen sogar durch Brückenbau über den Bosporus und stellten noch ihre Schiffe zur Verfügung. Waren doch die kleinasiatischen Küstenstädte gar nicht orientfeindlich eingestellt und hatten viele Einströmungen östlicher Kultur gern und nicht zum Nachteil aufgenommen. So wurde Thrakien persische Provinz. Der Asiatendruck schob sich bis an die Grenze Makedoniens und empfing dessen Huldigung.

Ganz naturgemäß bot sich jetzt Hellas dem persischen Eroberungsgelüst, das die Welt als das ihm zustehende Eigentum ansah, als das nächste Objekt, dessen Unterwerfung durchgeführt werden sollte und nicht schwer erschien. Klug und diplomatisch suchten die Perser den Feind durch Zersetzung, Aufhetzung und Teilunterstützung zu schwächen und zu zersplittern. Die eifersüchtige Uneinigkeit der Griechen, dies schlimmste Nationalübel, kam diesen bedrohlichen Bemühungen ebenso entgegen wie die inneren, staatlichen Krisen, die damals die einzelnen Gaue immer wieder erschütterten und aus der Heimat Männer und Parteien vertrieben, die sich oft in ihrem Rachegefühl nicht scheuten, bei dem großen, fremden Feinde persönliche Unterstützung und Hilfe zu suchen, ja Verschwörungen gegen ihre Vaterstadt anzuzetteln.

<small>Hellas von Persien bedroht</small>

Es hätte das alles noch lange nicht die Krisis heraufgeführt, wenn nicht die ionischen Küstenstädte, rasch von Unmut über manche Schwierigkeit und Behinderung ergriffen und auch sonst in aufwallender Abneigung gegen das ihnen innerlich so ungemäße, aber äußerlich gar nicht drückende Wesen der Perser, sich aufgebäumt und in stolzer und törichter Überschätzung ihrer Kräfte sich zu einem feindlichen Bunde gegen den großen asiatischen Nachbar zusammengeschlossen hätten. Aber der Mangel an Straffheit, Disziplin und Ordnung dieser Ionier, denen die harte Zucht, der eiserne Wille und die organisatorische Begabung der Dorier mangelte, verurteilte das ganze Unternehmen von vornherein zum Scheitern. Zwar breitete sich der ionische Aufstand weit über Karien und Lykien aus, selbst die Hauptstadt Sardeis fiel in hellenische Hand, dann aber kam der Rückschlag. Nach einigen Jahren planloser Gegenwehr vernichtete die Seeschlacht bei Lade (494) nicht nur die durch Uneinigkeit geschwächte ionische Flotte trotz teilweiser Unterstützung durch die Athener, sondern besiegelte damit das völlige Verderben der Küstenstädte. Milet, die in damaliger Zeit schönste und erste Griechenstadt, wurde gänzlich und für immer zerstört; die anderen Städte traf ein ähnliches Schicksal: am Chersones, an der Propontis, an der thrakischen Küste wütete die persische Brandfackel. Die ionische Kultur in diesen Gebieten, von wo aus sie doch für die Welt führend gewesen war, blieb für Jahrhunderte vernichtet, all das blühende geistige Leben ging ebenso zugrunde wie Handel, Reichtum und jeder andere Einfluß.

<small>Westen gegen Osten</small>

<small>Zerstörung Milets</small>

Die große Bedeutung dieser grausamen und gewaltsamen Ausschaltung der kleinen asiatischen Städte aus der weiteren Entwicklung der hellenischen Kultur ließ uns diesen ersten Perseransturm etwas ausführlicher betrachten, zumal er sich trotz seiner großen Bedeutung nicht so stark im Gedächtnis der Nachwelt erhalten hat wie der kommende, viel schlimmere, aber nicht so folgenschwere Kampf im Mutterlande, von dem heute noch jedes Schulkind bei uns weiß. Aber dieser Untergang der hellenischen Küstenstädte wirft auch ein grelles Schlaglicht auf die im großen Sinne bedenklichen Kulturzustände dieser Hochburgen ionischer Sitte und Fähigkeiten. Sie hatten in einer Art kosmopolitischen Gedeihens jede staatliche Festigkeit, jedes wahre und dem Schicksal standhaltende Gemeinschaftsgefühl verloren, wie ja noch so alte Kolonien niemals die unerschütterliche Verwurzelung einer Urheimat besitzen können. Von dorischer Zucht, die in Hellas, selbst in den von Sparta unabhängigen Staaten, doch überall charakterstärkend und vaterlandsfördernd herrschte und stets das ganze Leben einem überpersönlichen Interesse unterordnete, war nicht viel, jedenfalls nicht genügend zu spüren. Die schillernde Decke geistiger Blüte schwebte allzu beweglich und kaum bodenständig über einem schon nicht mehr gesunden und gefestigten Fundament. Die großen inneren Kräfte ionischen Lebens gingen nun endgültig auf das Heimatland über, und den jetzt nach einem schon sehr gelockerten Verhältnis völlig aufklaffenden Bruch zwischen diesem und Ionien kennzeichnet wohl nichts so deutlich als die bereitwillige Heeresfolge, die die kleinasiatischen Griechenstädte dem Perserkönig wohl nicht freiwillig, aber doch ohne großes Sträuben im nun beginnenden Kampfe gegen das Heimatland leisteten.

Die kommenden großen Ereignisse, soweit sie rein historisch verlaufen, brauchen bloß kurz gestreift zu werden; nur soweit sie klärend für das hellenische Wesen dieser Epoche sind, wollen wir sie betrachten, besonders aber als die bestimmenden Faktoren der ganzen nächsten Entwicklung. Es ist bekannt, wie jetzt erst nach der großen Tragödie von Milet den Griechen die Augen aufgingen, welch Schicksal ihnen bevorstand, wenn sie jetzt nicht alle Kräfte zusammenrafften, um die immer näherziehende Übermacht der Perser von ihren Gauen abzuwehren. Aber noch immer konnten sich die rivalisierenden Stadtstaaten nicht zu wirklich gemeinsamer Aktion einigen, ja bei den nie ganz rastenden inneren Kämpfen gab es fast überall eine Partei, die ihrem eigenen Vorteil zuliebe perserfreundlich gesinnt war. Eigennutz, Kosmopolitentum, Pazifismus und noch manche andere Beweggründe einigten sich zu solchen höchst gefährlichen Quertreibereien.

Die alten Perser

Nun müssen wir dazu das damals noch kerngesunde, ethisch große und reine, tapfere und stolze Volk der indogermanischen Perser durchaus nicht immer nur vom griechischen oder abendländischen Standpunkt betrachten. Eine starke, von tiefer Religiosität getragene Kultur, erfüllt von den hohen Lehren Zoroasters, ein ritterliches, heimatliebendes und wehrhaftes Volk stand hier in prachtvoller Geschlossenheit straff und geordnet unter den großartigen Herrschergestalten der Achämeniden den Griechen gegenüber. Die völlig andere autokratische Staatsform, die ganze Art dieser auf einen mit göttlichen Ehren geschmückten Herrscher zulaufende Hierarchie, die scharfe, ja despotische Zentralverwaltung, die energische Belastung, ja Bedrückung, die betonte Allmacht des Hofes, unter die sich jeder „hündisch" zu beugen hatte, all das widerte den freien Stolz des hellenischen Bürgers an; es dünkte ihm knechtisch und eines edlen Mannes unwürdig. Das überall und in allen Dingen so Kolossalische des asiatischen Reiches imponierte den Hellenen nicht, sondern wurde von ihnen als unorganisch und formlos, als barbarisch empfunden. Auch das geistige Leben, die priestergeleitete Religion, die Ungeheuerlichkeiten mancher metaphysischen Vorstellungen und die ganz andere seelische Einstellung waren den Griechen als unangenehmer Gegensatz erst fühlbar, allmählich verhaßt. Mustergültig, kurz und klar formuliert

Berve (³²) diesen Kontrast und seine Bedeutung für die abendländische Kulturentwicklung, wo er von den „Menschen des vorderen Orients" berichtet:
„Ihr geistig unbewegtes, seelisch spannungsloses, der sinnlichen Anmut entbehrendes Dasein, was konnte es dem Griechen gelten, den steigende Bewußtheit jeglichen Lebens erhöhte und verfeinerte Spannung im eigenen Selbst und ein immer reineres Verlangen nach harmonischer Form erfüllte? Einst hatte die reiche Pracht und Fülle orientalischer Schöpfungen befruchtend auf Kunst und Gewerbe der Griechen gewirkt, jetzt um die Jahrhundertwende wandte man sich bewußt von asiatischer Üppigkeit und Vielfältigkeit zur einfachen Tektonik, zur strengen Maßhaltigkeit und hatte für jene mehr Verachtung als Bewunderung übrig. In allem wird offenbar: hier stehen zwei gegensätzliche Lebensformen sich diametral gegenüber. Nicht nur ein Kampf zwischen zwei Völkern, nicht nur das Ringen von Freiheit gegen Despotie ist bei Salamis und Plataiai entschieden worden, der autonome Mensch des Abendlandes hat dort seine Existenz behauptet und durch ihre Behauptung sie herrlich gesteigert. Wie alles Hellenische ist auch dieses große Stück griechischer Geschichte von typischer zeitloser Bedeutung." (³³)

<small>Autokratie gegen Autonomie</small>

In solcher inneren Spannung muß man sich den ersten, großen, entscheidenden Kampf des Orients und Okzidents vorstellen und daraus begreifen, was auf dem Spiele stand und wodurch die wunderbare, fast unmögliche Entscheidung zugunsten des Abendlandes eintrat. Es war nicht nur eine kriegerische, es war eine sittliche Entscheidung, die uns ebenso die prachtvolle Größe hellenischen Wesens, aber auch die gefahrdrohende, verhängnisvolle Schwäche offenbaren sollte. Dem tiefer dringenden Blick wird beides offenbar in dieser ungeheuren, zunächst von den Hellenen bestandenen Probe. Aber nie verlassen wird uns das Staunen über die unfaßbare Tatsache, daß der mehrfache Ansturm eines ganzen Erdteils, eines damals noch in sich gefestigten Riesenreiches gegen ein paar Städte und einige wenige Tausend tapferer Männer an deren heroischem Widerstand zerschellte. Nie in der Geschichte hat das Übergewicht des Ethos über brutale Macht sich deutlicher gezeigt, und da auch die Perser ein ethisch hochstehendes und tapferes Volk waren, so muß noch etwas anderes dazugekommen sein, um die Stärke und den Erfolg dieses Widerstandes einigermaßen zu erklären. Es war eine aus persönlicher Freiheit und tiefstem Verantwortungsgefühl heraus geborene geistige Höhe, ein Übergewicht des innern Wesens, und dieses hatte sich auf nichts so stark eingestellt wie auf eine fanatische Liebe zu Vaterland und Heimat. Der unerschütterliche Glaube der Hellenen an ihre menschliche Überlegenheit und göttergewollte Unbesiegbarkeit hat sie gerettet, denn es gibt einen Glauben, der sich so selbstverständlich und ohne jede Möglichkeit eines Gegenteils fühlt, daß er gar nicht einmal mehr als Glaube empfunden wird, und so m u ß vor ihm alles andere kapitulieren.

<small>Der Waffensieg des griechischen Geistes</small>

Der Ruhm hierfür kommt nicht ganz Hellas zu; er gebührt vor allem Athen. Dieser Stadtstaat hatte inzwischen durch eine neue und endgültige Ausbildung seiner Verfassung, von der wir noch hören werden, den festen Halt einer damals noch ganz gesunden und nicht in eigensinnigem Hader völlig zerfleischten Demokratie erhalten. Schon keimte ein gewisses repräsentatives Gefühl für gemeinsame hellenische Verantwortung gerade und leider nur in Athen. So hatte auch Attika allein, wenn auch mit einigem

<small>Athen, das Herz Griechenlands</small>

reellen und praktischen Egoismus, den ionischen Aufstand der kleinasiatischen Griechen mit einer Anzahl Schiffe unterstützt in der Ahnung, daß es hier nicht um eine Einzelaktion und einen auf Asien beschränkten Kampf ging, sondern weit Schlimmeres sich vorbereitete und Größeres auf dem Spiele stand. Die drohende Wolke nahte rasch. Dem Perserheer trat auf der Strandebene von Marathon Athen ganz allein, nur von dem kleinen Häuflein der Plataier unterstützt, entgegen. Die Thessalier hatten feige verzichtet, die Thebaner standen feindlich abseits, die Spartaner verschanzten ihre Behinderung hinter religiösen Ausflüchten, ja in Athen selbst gab es perserfreundliche Gruppen. Daß der Heroismus eines Miltiades, als alle äußere Hilfe zu versagen schien, nun gerade die Schlacht wagte und gewann, gehört zu den Wundern der Weltgeschichte, die den Glauben an heldische Seelenstärke nicht aussterben lassen.

Spartas Führung Aber Marathon war ja nur ein Auftakt weit schlimmerer Kämpfe. Zehn Jahre brauchten die Perser, bis ihr Haß auf Athen einen neuen Feldzug, diesmal von wirklich kolossalem Ausmaß, zustandebrachte. Und nun war auch allen hellenischen Staaten bewußt, daß gemeinsam gehandelt werden mußte. Sparta stellte sich an die Spitze, aber wieder war es gerade Athen, das zwar durch seinen Sieg bei Marathon ein Recht hatte, sich Sparta gegenüber auch als Nebenbuhler in bezug auf die Hegemonie und Führerschaft in Griechenland zu fühlen, jetzt aber eine höhere Einsicht dadurch bewies, daß es sich der spartanischen Führung zu Lande unterordnete, ja sogar den eigenen Heimatboden durch klugen Rückzug auf die Schiffe und umliegenden Inseln dem Ansturm der Perser preisgab, als diese bei den Thermopylen durch Verrat das dortige lakedaimonische Heer vernichtet hatten.

Hellas erkannte diesmal der entsetzlichen Übermacht gegenüber klar die Unmöglichkeit zu siegen, dennoch war ihm Widerstand bis zum letzten eine Selbstverständlichkeit. Der vermeidbare, fast zwecklose Opfertod der Spartaner mit ihrem König Leonidas ist das größte Ruhmesblatt dorischer Mannhaftigkeit, und doch benahm sich das ionische Athen vielleicht noch heldenhafter, als es schutzlos und offen vor dem Feinde dalag, als es von der Ergebung Thebens, von der Zerstörung von Thespiai und Plataiai vernahm und wußte, daß die Spartaner höchstens noch am Isthmos den Peloponnes schützen würden. Würdig und stolz beriet in Athen der Areopag und beschloß die Räumung der Stadt: Frauen, Kinder, Schätze wurden auf die Inseln und die Schiffe gebracht. Die Perser rückten in eine entvölkerte Stadt ein und verbrannten sie und die Tempel der Akropolis.

Salamis Und wieder war es die Heldengröße, die Entschlußkraft und geniale Einsicht e i n e s Mannes, des Atheners Themistokles, der mit leidenschaftlicher Überredung die Widerstandskraft seines Volkes zu rettender Seeschlacht aufstachelte, und diesmal übten die Spartaner die seelische Überwindung, sich all ihrer Tradition entgegen dem athenischen Plan unterzuordnen. Die elfstündige Schlacht bei Salamis, dies taktische und strategische Wunder, vernichtete für den Augenblick jede Siegeszuversicht der Perser; ihr Heer zog sich zunächst nach Thessalien zurück. Athen aber hatte nicht nur diesen ausschlaggebenden Erfolg herbeigeführt, sondern in ihm seine Bestimmung zur hellenischen Seemacht erkannt und sah den Weg vor sich, den es in den nächsten Jahrzehnten so glorreich beschreiten sollte.

Aber der Perserkampf war noch nicht zu Ende. Nochmals sollte sich neben

GESCHICHTLICHER ÜBERBLICK / STAATSENTFALTUNG

der griechischen Tapferkeit, deren vornehmster Repräsentant immer die spartanischen Dorier blieben, die ethische Seelengröße und das hellenische Verantwortungsgefühl Athens beweisen. Denn Persien bot zweimal Athen Verzeihung, die Oberherrschaft über Griechenland, ja ein Bündnis und Bereicherung an, und zweimal lehnte Athen ab, trotzdem es diese Weigerung mit einer nochmaligen Eroberung und Zerstörung durch den Feind in dem auf die Seeschlacht folgenden Jahre bezahlen mußte. Dann aber wurde die Übermacht der Perser, denen sich sogar die Böotier und Thessalier verbündet hatten, bei Plataiai in einem schweren Ringen, das bewußt wie eine heilige, letzte Entscheidung vor sich ging, vernichtet. Unter Gebet zu den Göttern nahmen nach anfänglichem Mißerfolg die Spartaner ihre letzte Kraft in heroischer Ballung zusammen. In erbittertstem Kampfe konnten sie vordringen, auch die Athener gewannen Raum, und schließlich floh das gesamte Heer des Gegners, soviel davon noch übrig war, nach dem Tode seines Führers gen Norden, und Hellas war frei von diesem entsetzlichen Feinde, für immer. <small>*Endgültiger Sieg*</small>

Die weitere historische Entwicklung auf kleinasiatischem Boden darf uns hier nur insofern interessieren, als damit eine neue Epoche hellenischer Machtentfaltung durch Kampf und nicht nur durch die frühere Kolonisation eingeleitet wird. Auch der große, später so entscheidende Wesensunterschied der Dorier und Ionier erfährt dadurch eine neue, starke Belastung, indem die Spartaner auch ferner den Schwerpunkt auf ihre Landmacht legten, durch weitere Siege den Nimbus ihrer Unüberwindbarkeit verstärkten, aber zunächst gar keine Versuchung spürten, ihre Machtsphäre weiter auszudehnen. Sie konzentrierten ihre Kraft weiter unzersplittert auf ihre Heimat und blieben deshalb in Hellas selbst starr und schwerfällig, aber doch bedrohlich die ausschlaggebende Macht, die sich nur zunächst noch zurückhielt. *Neue Machtgruppierung*

Ganz anders die Ionier. Ihre ungeheure Beweglichkeit, ihre Elastizität gewann neuen Impuls aus dem berauschenden Gefühl der siegreichen Vaterlandsbefreiung. Sie hatten nun den überragenden Einfluß eines unternehmenden Seevolkes kennengelernt und waren leicht geneigt, neue, kühnere Träume zur Verwirklichung zu führen. Tausend lebendige Kräfte regten sich in diesem so unternehmungslustigen Volk. Der Wiederaufbau ihrer zerstörten Heimat befriedigte nur einen Teil ihrer überschüssigen Energie. Ihr Tätigkeitstrieb, die innere Spannung eines seiner geistigen und politischen Blüte entgegeneilenden Staates, Stolz, Machthunger und Freude an einem reichen, blendenden Leben, all das durchpulste jetzt das Ioniertum Athens so stark, daß das nächste Halbjahrhundert einen ununterbrochenen, glorreichen Aufstieg darstellt, der aber in seiner Art bereits den Todeskeim des bitteren Sturzes entwickelte.

Um die Fundamente dieser grandiosen Staatsentfaltung besser zu kennen, müssen wir allerdings historisch noch einmal auf die Epoche zwischen dem Sturz der Peisistratiden und dem ersten Ansturm der Perser zurückgreifen; denn in diesen Jahren (510—490) vollzog sich im Staatsleben Athens nach der Tyrannenherrschaft eine neue Wandlung oder besser gesagt eine endgültige Ausgestaltung der nach Solon so verheißungsvoll begonnenen Schöpfung einer demokratischen Verfassung. Die Reform des K l e i s t h e n e s krönte diesen langen Entwicklungsgang, und da aller weitere Fortschritt dieser großen Neuordnung gegenüber nicht mehr wesentlich in Betracht kommt, so müssen *Verfassungsausbau* wir zum Verständnis der Folgezeit diesem grundlegenden Bau des äußeren Lebens und Gemeindewesens, auf dem sich nun die große Kulturblüte entfaltete, einen kurzen Überblick schenken.

Die Reform des Kleisthenes bestand, kurz gesagt, darin, daß er dem demokratischen Staatsgedanken so weit zur Wirklichkeit verhalf, als es dem Altertum überhaupt möglich war. Denn das eine muß man nicht vergessen, daß die Antike unter der Gesamtheit des Volkes nie etwas anderes verstand als die vollberechtigten Bürger. Der Kopfzahl nach aber war das stets eine Minderheit, und so ist der antike Begriff der Demokratie niemals identisch mit dem modernen.

Kleisthenes Alle Einzelheiten der Verfassung des Kleisthenes aufzuführen, die rückgreifend auf den Solonischen Grundsätzen beruhte, würde hier verwirrend zu weit führen. Es genüge zu wissen, daß er sein demokratisches Ideal dadurch zu erreichen meinte, daß er zunächst die ganze Bürgerschaft mit Lösung aller alten Bindungen in radikaler Durcheinanderwürfelung ganz neu einteilte; die einzelnen Gruppen aber zeigten in alter Art eine religiöse Fundierung dadurch, daß jede um die Verehrung eines bestimmten nationalen Heros sich zusammenschloß.

Neben dem als Hüter der Blutgerichtsordnung weiter bestehenden alten Areopag hatte eine täglich zusammentretende Ratsversammlung (Bulē) von 500 durchs Los für ein Jahr gewählten Bürgern, die über dreißig Jahre alt sein mußten, die Staatsinteressen zu besprechen. Daneben bestand die große Volksversammlung (Ekklesia) sämtlicher vom 20. Lebensjahr an vollberechtigten Bürger. Alle freien Bewohner Attikas bildeten also nunmehr ein einziges Gemeinwesen. Die Volksversammlung beschloß die Gesetzgebung und entschied über Krieg und Frieden. Um das demokratische Prinzip möglichst sicher zu gewährleisten, waren in den jährlich zu erneuernden Körperschaften führende Posten sogar durch tägliche Neuwahl zu besetzen, wie z. B. im Kriegsfall der Oberbefehl unter 10 Strategen täglich zu wechseln hatte. Aber auch solche Vorsichtsmaßregeln gegen eine persönliche Übermacht oder gar tyrannische Gelüste schienen noch nicht genügend. So führte Kleisthenes die sehr bedenkliche und später so oft verhängnisvolle und ungerechte Abstimmung durch das Scherbengericht (Ostrakismus) ein. Auf Antrag konnte dadurch mit 6000 Stimmen jeder, auch der verdienstvollste und unschuldigste Bürger (und meistens handelte es sich um solche) auf zehn Jahre des Landes verwiesen werden, wenn auch dadurch weder seine Ehre noch seine Güter Schaden leiden sollten. Isonomie nannte man diesen Geist der Gleichberechtigung, der allerdings das Prinzip einer demokratischen Polis in höchster Potenz darzustellen schien.

Wieweit dies Staatsgebilde praktisch vielfachen Schwankungen unterworfen war und unter den Streitigkeiten der scharfen Gegensätze innerer Parteien sogar zu kriegerischen Verwicklungen mit Sparta und anderen Feinden und zu sehr wechselnden Verhältnissen in Athen selbst und auch zu Persien führte, gehört in das sehr komplizierte Gewebe geschichtlicher Ereignisse von der kriegerischen Auseinandersetzung mit dem großen asiatischen Gegner.

Dorier gegen Ionier Dies grandiose Schauspiel, dessen heroische Durchführung Europa seine Selbständigkeit sicherte, haben wir ja schon in Kürze vorüberziehen lassen. Wenn wir nun aber die Entwicklung des kulturellen Lebens in Hellas begreifen wollen, so ist zuvor ein historischer Überblick über die nächste Epoche

GESCHICHTLICHER ÜBERBLICK / STAATSENTFALTUNG

gar nicht zu vermeiden, weil die Entwicklung der inneren Vorgänge und der geistigen Leistung doch immer stärker durch den sich feindlich zuspitzenden Gegensatz zwischen Ioniertum und Doriertum, oder, geographisch und staatlich gesprochen, zunächst zwischen Athen und Sparta bestimmt wurde. Der ungeheure materielle Aufschwung Athens, sein alles überstrahlender Glanz und sein maritimer Ausdehnungsdrang auf der einen Seite, die finster geballte, in prinzipieller Erstarrung starke Landmacht Spartas drohend auf der anderen Seite, beide konnten wohl eine Zeitlang, wenn auch mit scharfer Reibung, nebeneinander bestehen. Es bildeten sich aber doch aus diesem politischen Gegensatz derartige Spannungen, daß ein schreckliches, alles zerstörendes Gewitter nicht plötzlich hereinbrach, sondern von den erleuchtetsten und klügsten Köpfen längst gespürt und vorgeahnt wurde und alle Weisheit der Staatsmänner in Anspruch nahm, um den vernichtenden Konflikt hinauszuschieben oder ganz zu vermeiden. Genau ein halbes Jahrhundert sollte das nach der Schlacht von Salamis noch notdürftig glücken, und diese kurze Zeitspanne mußte genügen, das Höchste an hellenischer Kunst und geistigem Leben zu schaffen oder so vorzubereiten, daß selbst unter der staatlichen Katastrophe unsterbliche Leistungen erblühen konnten.

Ehe wir uns aber diese vergegenwärtigen, müssen wir doch erst einmal kurz die gesamte historische Entwicklung in Hellas und seinen Außenbereichen bis auf Alexander den Großen zu überblicken suchen. Nicht nur der Einheitlichkeit der Betrachtung wegen, sondern es handelt sich beim 5. und 4. Jahrhundert historisch und kulturell wirklich um eine Gesamtepoche trotz des großen Bruches durch den dreißigjährigen Krieg zwischen Sparta und Athen, von dem wir noch hören werden, und trotz der doch recht verschiedenen Kulturqualität beider Jahrhunderte.

Historischer Überblick

Zwar schloß die erwähnte Katastrophe gerade mit dem 5. Jahrhundert ab, aber wie früher darauf verwiesen war, daß selbst große historische Ereignisse, von einer höheren Kulturwarte betrachtet, durchaus nicht immer Zeitperioden und ihr inneres Leben in reinliche Abschnitte gliedern, so können wir jetzt auch trotz jener kriegerischen Ereignisse das 4. Jahrhundert nicht so ganz vom 5. abtrennen, wie wir damals durch die Perserkriege und die Zerstörung des ionischen Kleinasiens wirklich einen klaren Abschnitt, ja Abbruch zwischen dem kraftvollen, urgesunden, vielversprechenden hellenischen Jugendzeitalter der Griechen und der nun folgenden herrlichen, aber verhängnisvollen, treibhausschnell emporgetriebenen Hochkultur von Hellas zu erblicken glaubten.

Jedoch die Kämpfe, ja Katastrophen, die nach dem Abschluß der Perserkriege bis zur Unterwerfung aller griechischen Kleinstaaten durch die Makedonier anderthalb Jahrhunderte lang das hellenische Staatsleben erschütterten, ja teilweise fast vernichteten, sind dem Fortschreiten der geistigen, künstlerischen und kulturellen Entwicklung gegenüber oft nur Stürme auf der Oberfläche und vorübergehende Hemmnisse oder auch Beschleunigungen von Kräften, die sich unter allen Umständen ausleben wollten. Natürlich beeinflussen solche äußeren Geschehnisse auch stark die innere Entfaltung, aber doch nicht in dem Maße wie die Betonung mancher Historiker uns einreden möchte, und so bleiben auch in unsrer Betrachtung die beiden Jahrhunderte durchaus verknüpft, so sehr sich auch die politischen Schwerpunkte und Einflußsphären wandeln.

FÜNFTES UND VIERTES JAHRHUNDERT

Psychische Disharmonien

Der historische Ablauf nach Besiegung der Perser entwickelte sich durchaus nicht in solcher Harmonie, innerer Festigung und auch ethischer Unantastbarkeit, als man nach solch einer Heldenleistung erwarten konnte. Es ist und bleibt falsch, die Hellenen und ihr Handeln und Denken nach gewöhnlicher Norm zu betrachten oder gar zu beurteilen. Ruhe, logische Entwicklung, vernünftige Voraussicht, Mäßigung außerhalb der geistigen und künstlerischen Sphäre, all das darf man nicht erwarten und als selbstverständlich voraussetzen bei diesem brausenden Temperament einer genial-unberechenbaren Volksseele, die ebenso schafft und vernichtet, sich steigert und zerstört und in Schöpfungs- und Tatendrang wenig danach fragt, wie die eingeschlagenen Wege schicksalgemäß verlaufen und enden sollen. Die gleichen Rätsel gibt uns die Psyche der großen, griechischen Führer auf; ein uns gemäßer ethischer Maßstab müßte hier schlimme Ergebnisse zeitigen. Die griechische Hybris, diese maßlose Selbstüberhebung, verletzter Stolz, Geltungsbedürfnis, Haß und Leidenschaft könnten wir noch verstehen und verzeihen, wenn wir aber selbst bei den Größten Treulosigkeit, Verrat, Bestechlichkeit, Habgier sogar bei der Möglichkeit der eigenen Vaterlandsvernichtung finden, so kann unsre Sympathie dann nicht mehr mitgehen, wenn auch zuweilen die grandiose Geste solcher schlimmen Betätigung, wie z. B. bei Themistokles oder Alkibiades und anderen, eine Bewunderung für dramatische Größe weckt. Merken wir doch immer wieder, daß es sich da nicht um kleinliche Niedrigkeit und feile Feigheit, um gewissenlose Genußsucht, haltlose Wankelmütigkeit und ähnliche schlechte Antriebe kleiner Seelen handelt, sondern ganz im Gegenteil spielen da immer tolle Übersteigerung, Abenteuerlust, Waghalsigkeit, glühende Rach- und Ränkesucht eine gewagte Rolle, zu der ihre Träger auch oft gewaltsam durch eine wilde Undankbarkeit ihres eigenen Volkes getrieben wurden. In stolzer Selbstbescheidung dann edel und ruhig beiseite zu treten, wie ein Solon oder Aristides, blieb würdige Ausnahme.

Athens Führung

Die Führung in Griechenland ging nach den Perserkämpfen nicht aus Gründen der Macht, sondern wegen größerer Beweglichkeit und intensivster Lebensspannung von den wenig zu solch neuer Initiative neigenden Spartanern bald auf die Athener über. Je mehr Athen hinausstrebte, um so mehr ballte sich Sparta zusammen. Zunächst wurde Athen das „England" Griechenlands, wenn man diesen Vergleich wagen darf. Athens großer Feldherr K i m o n, eine prachtvolle, aristokratische Gestalt von höchster Begabung und Wagemut, wandelte an der Spitze der Flotte die Verteidigung von Hellas zum Angriffskrieg gegen Persien um und beendete mit Sieg und Tod 449 eine grandiose Laufbahn und jede weitere feindliche Bedrohung von außen her.

Der Seebund

Der Seebund Athens umfaßte ein großes Reich, dessen Glanz und innerer Halt jedoch durch despotischen Egoismus selbst den Todeskeim in sich legte. Der schon erwähnte Kimon, der als Staatsmann mindestens so groß wie als Feldherr war, erkannte bald, daß die wirkliche Gefahr nicht mehr Persien hieß, sondern die wachsende Eifersucht und Rivalität zwischen Athen und Sparta. Er verstand diesen Gegensatz noch notdürftig zu überbrücken und wußte, wie nötig beide Staaten in ihrer Eigenart für einen dauernden Bestand von Hellas waren; aber die inneren Gegensätze beider Stämme blieben in dämonischer Macht schließlich doch stärker.

Vorläufig aber spannte Athen seine Kräfte an, wo es nur irgend konnte. Schon genügte ihm nicht mehr sein Seebund mit den Ägäischen Inseln, der bald zur Zwangsherrschaft ausartete; eine nicht zu bändigende Begierde, die Machtsphäre möglichst weit auszudehnen, verwickelte Athen sogar in einen Krieg mit Ägypten, was dadurch erklärlich ist, daß dies Land schon längst nach Einbüßung seiner Freiheit eine Satrapie Persiens geworden war. Der Kampf gegen diesen Erbfeind, gegen den sich gerade libysche Machthaber empört hatten, galt wohl als äußerer Vorwand, in Wahrheit aber wollte man nur Handelsinteressen ausbauen und sich am Nil einen Stützpunkt sichern. Lockte doch die Erinnerung an den früheren Glanz der Kolonie Naukratis, weite Möglichkeiten wurden sichtbar, schon rückte eine athenische Flotte den Nil hinauf bis vor Memphis, und Athen wiegte sich in dem Traum, auch die phönizischen Küstenstädte zu unterwerfen. So glänzend das Unternehmen begonnen hatte, so kläglich endete es schließlich nach mehrjährigem Kampfe, und der Verlust von 200 Schiffen und ihrer niedergemetzelten Bemannung schwächte Athen erheblich. Innerhalb der jedoch so häufig Hellas und Ägypten verbindenden Bande, spielt im geistigen Austausch zweier so verschiedener Völker auch dies Unternehmen eine wichtige Rolle.

Nach dem Tode des Aristokraten Kimon ging die Führung Athens ganz auf die leuchtendste und größte Gestalt über, die je Attikas Geschicke geleitet hat, auf den edlen, hochbegabten P e r i k l e s, dessen hinreißende Persönlichkeit die ganze reiche Begabung seines Volkes nicht nur in sich selbst vereinigte, sondern sie aufs nachhaltigste in der Bürgerschaft zu entfesseln wußte, so daß kurze fünfzehn Jahre seines Wirkens mit seinem Namen ein Zeitalter bezeichnen ließ, das in mancher Hinsicht als ein Höhepunkt der Menschheit zu betrachten ist. Wir werden darüber noch Näheres hören.

Und diese nie wieder erreichte Kraftentfaltung der Kultur geschah nicht in friedlicher Sattheit und köstlicher, äußerer Ruhe, sondern stets unter Unrast, Kampf, Bedrohung, Anspannung bis zum Äußersten. Nur diese erwähnten 15 Jahre war wirklich Friede in Hellas, ja er war sogar auf 30 Jahre von den beiden Rivalen besiegelt, aber der Horizont blieb umdräut von Gewitterwolken und Unsicherheit, von dem lastenden Gefühl nahen Verderbens. 431 brach dann endlich trotz aller Verträge die Feindschaft zwischen Sparta und Athen in furchtbarer Weise aus. In drei Etappen zerstörte ein fast dreißigjähriger Krieg Hellas und besonders Attika so vernichtend, daß nach dieser Schwächung und einem solchen Blutverlust gerade der Edelsten politisch und historisch bei Siegern und Besiegten nur noch ein müdes Scheinleben übrigbleiben konnte, das sich zuweilen noch zu alter Größe aufzukrampfen suchte. Die Göttin der Zwietracht hatte Hellas Blüte vernichtet. Die durch die Kämpfe hervorgerufene Pest, die wilde Entfesselung demagogischer Zerfleischung im Innern, die Entsittlichung eines so langen Kampfes traten dazu. Immer wieder raffte sich Athen in fast grausiger und blendender Leidenschaft in diesem Kampfe auf, sobald ein vorläufiger Friedensschluß wenigstens eine kurze Spanne des Aufatmens gönnte, obgleich er auf volle 50 Jahre geschlossen wurde. Der erste Abschnitt des Krieges ergab also weder Sieger noch Besiegte. Erschöpfung und eine aufdämmernde Vernunft trieben zu einem Vertrage, der für Athen in moralischer Hinsicht zunächst noch von positiver Bedeutung war.

Schlimm aber waren die inneren Folgen dieses Bruderzwistes in ihrem Einfluß auf die anderen hellenischen Staaten, die nun erst ihr Zusammen-

Beginn des peloponnesischen Krieges

gehörigkeitsgefühl völlig in Zerrissenheit und Hader erstickten und vergaßen. Die auflösende Zersetzung meldete sich überall an. Infolgedessen hatte der geschlossene Friede, der ja auch gar kein innerliches Fundament besaß und, wie die Ereignisse lehrten, rein interimistisch war, keinen Bestand. Perikles war tot; sein Neffe Alkibiades, diese doppelseitigste aller hellenischen Gestalten, genial, blendend, gefährlich begabt in jeder Hinsicht, riß Attika durch Einmischung in antidorische Händel bald in neuen Kampf, in dem Sparta überlegen bei Mantineia 418 über Argiver und Athener siegte. Infolge dieses Fehlschlages seiner Politik trieb der ruhelose Alkibiades sein Volk in das verhängnisvolle Abenteuer des ganz zwecklosen sizilischen Kampfes. Es war ein toller, sinnloser Rausch, ein letzter glanzvoller Aufschwung — das Ende eine völlige Katastrophe. Vor Syrakus brach Athens See- und Landmacht zusammen. Der ganze phantastische Fanatismus, der nur der Illusion einer Machtausdehnung dienen sollte, endete in Blut, Elend, Gefangenschaft und Untergang. Und nun lief das athenisch-spartanische Drama in furchtbarer Peripetie noch einige Jahre weiter, in denen man mit Grausen unerklärliche Ereignisse verzeichnet, wie den Überlauf des skrupellosen Alkibiades zum Feinde, den er aus Rache für seinen heimischen Sturz genial gegen die eigene Vaterstadt führte; ja man scheute sich nicht, den persischen Erbfeind unheilvoll und egoistisch in die Fehde mit hineinzubeziehen. Wechselndes Schlachtenglück zur See und zu Land, herrliche Siege, furchtbare Niederlagen lösten einander ab. Aber nur noch zu verzögern, nicht mehr zu verhindern war der Sturz Athens.

Ende der Kriegstragödie
Es ist eines der schrecklichsten Schauspiele der Geschichte, wie man in diesem übermenschlichen, alles blutig zerstörenden Ringen schließlich das Netz des Verderbens sich immer dichter um das glänzende Athen zusammenziehen sieht. Ein grausiges Ende bereitet sich erschütternd vor, alle Leidenschaften in ganz Hellas sind aufgepeitscht, kolossale Persönlichkeiten bäumen sich auf. Der dämonische Alkibiades, an Führung und Einsicht allen überlegen, wechselt von einer zur anderen Seite. Nach der letzten Vernichtung zur See durch den spartanischen Nauarchen Lysandros lag Athen wehrlos da. Langsam, unerbittlich und ohne jede Hinderung näherte sich der Feind, schloß die Stadt und ihre zermürbte Bevölkerung mit eisernem Ringe ein, und nach verzweifelter Gegenwehr von einigen Monaten war die Kraft zu Ende. Die Spartaner zogen in Attikas Hauptstadt ein. Fast nur ein Zufall, vielleicht eine letzte innere Hemmung, verhinderte die von vielen Hellenen leidenschaftlich geforderte gänzliche Vernichtung der herrlichen Stadt. Nur ihre Mauern wurden geschleift, alle Machtmittel ausgeliefert, alle ihre auswärtigen Besitzungen genommen, ihre ganze politische Stellung zerstört. Das Jahr 404 ist das Todesjahr der Blüte Athens, nach dem es nur noch vegetierte und langsam seine geistigen Kräfte zu sammeln und zu bewahren suchte als Ersatz für Macht und Glanz, die trotz aller vorübergehenden Versuche und erneuten Anstrengungen nie in der früheren Intensität wiederkehrten.

Spartas Niedergang
Aber es war unausbleiblich, daß solch ein grandioses Sterben auch den Sieger niederriß. Zwar nicht unmittelbar. Zunächst lag siegreich Spartas harte Hand auf allen Städten, die ihm feindlich gewesen, ja es bekriegte Persien unter Führung seines Königs Agelilaos, dessen Kämpfen der durch Xenophons Schilderung so berühmte Zug der zehntausend griechischen Söldner durch das feindliche, armenische Bergland bis an die ersehnte Mee-

resküste vorangegangen war. Ein fast zehnjähriger Kampf, der korinthische Krieg (395—385), leitete das 4. Jahrhundert ein. Athen versuchte noch einmal, in einem Seebund sein gebeugtes Haupt zu erheben, aber es war nur ein matter Abglanz und Schein früherer Größe, und was noch schlimmer war: auch hier hatten wieder die Perser ihre Hand im Spiel. Und nun trat erschreckend zutage, wie sehr Sparta, das unbesiegbare, bang gefürchtete, innerlich zermürbt war. Bei einem rücksichtslosen Angriff auf Theben kam es zu Fall, und die zwei großen Siege des Pelopidas und des Epaminondas bei Leuktra (371) und bei Mantineia (362), wo Epaminondas triumphierend fiel, vernichteten den dorischen Nimbus der Unbezwingbarkeit und ließen nach den beiden bisherigen Machthabern, den Doriern und Ioniern, nun für kurze Zeit die Hegemonie in Hellas auf die Boiotier übergehen, die nach ihrer mythischen Glanzzeit so lange in bäuerischer Dumpfheit zurückgestanden hatten. Aber das waren alles vorübergehende und lokale Scheinerfolge. Das wirklich entscheidende und unerbittliche Schicksal nahte von Norden und warf sich auf das zermürbte, müde, zu einem Eigenleben nicht mehr fähige Hellas. Die urgesunden, kraftvollen Makedonier, die in ihrer Peripherielage und geringen Beteiligung an der hellenischen Entwicklung von den Griechen stets etwas verachtungsvoll wie eine Art Barbaren über die Achsel betrachtet worden waren, nahmen jetzt die Zügel in die Hand, für deren Führung kein Staat in Hellas mehr Kraft genug hatte. Es war zu Ende mit der griechischen Selbständigkeit. Der große Herrscher Philipp, der ebenso geschickt wie rücksichtslos vorging und sein ganzes Volk treu hinter sich wußte, benutzte schlau die sich bietende Gelegenheit, um sich in die kleinen Händel der hellenischen Staaten zu mischen und sich dabei strategisch und politisch wichtige Punkte zu sichern, die es ihm leicht machten, die sich noch einmal aufbäumenden Athener und Thebaner bei Chaironeia vernichtend zu schlagen (338) und ihnen sowie auch Sparta auf einem großen Kongreß zu Korinth im folgenden Jahre einen allgemeinen Frieden zu befehlen. Er sollte dazu dienen, um nunmehr von Hellas aus den erschlafften Orient völlig zu überwältigen. Aber nicht für König Philipp war die Ausführung dieses großen Planes bestimmt. Er fiel durch Mörderhand, und seinem jungen Sohne, dem großen Alexander, blieb diese welthistorische Tat vorbehalten.

Verlust der griechischen Freiheit

Dieser kurze historische Überblick über die Schicksale des hellenischen Volkes im 5. und 4. Jahrhundert würde unvollständig sein, wenn wir nicht auch der westlichen Sphäre in Unteritalien und Sizilien gedächten, deren Entwicklung ja mannigfach abgelöst und anders verlief, die ja aber schon durch die sizilische Expedition der Athener während ihres dreißigjährigen Rivalitätskampfes gegen Sparta mit den Ereignissen im Heimatlande verknüpft ist und durch die Vernichtung jener Expedition sogar die Entscheidung in dem heimatlichen Schicksalskampfe zwar nicht unmittelbar, aber doch bestimmend herbeiführte.

Die reichen Städte der schönen Dreiecksinsel standen um das Jahr 500 stark und blühend da. In ihrer Selbständigkeit entwickelten sich diese lebhaften Handelsplätze erheblich anders als ihre ursprünglichen Mutterstädte, besonders hielt sich hier die Tyrannenherrschaft an den einzelnen Plätzen viel länger und in einem mehr despotischen, zuweilen fast orientalischen Charakter. Aber es waren auch wirklich ungewöhnlich starke und bedeutende Persönlichkeiten, die eine führende Stellung nicht nur gewaltsam zu erobern,

Sizilische Geschichte

sondern zum Heil und zur staatlichen Machtsteigerung ihrer Gebiete auch auszubauen verstanden. Von all diesen Städten ist es immer das rasch anwachsende Syrakus, das die unbestrittene Vorherrschaft innehat. Die gewaltige Erscheinung des Tyrannen Gelon drückt dieser ganzen Epoche der Insel ihren Stempel auf, besonders, als es ihm gelang, das sich in die Händel der Städte einmischende und sehr gefahrdrohende Karthago in blutiger Schlacht bei Himera vernichtend zu schlagen (480). Der Zufall, daß dieser Sieg mit dem bei Salamis zusammenfiel, hatte große Folgen. Das semitische Karthago wurde durch dies Doppelereignis so beeindruckt, daß es zunächst ganz von seinen Eroberungsplänen abließ. Um Gelon aber strahlte eine Aureole von Ruhm; er erschien als der große Griechenbefreier und dehnte nun leicht seine Macht fast über die ganze Insel aus. Herrliche Weihgeschenke sandte er, der Gottheit dankend, nach Delphi. Als der Tyrann 478 starb, ging die Herrschaft reibungslos auf seinen Bruder Hieron über, der ebenso staatsklug wie tapfer regierte. Als er durch einen großen Seesieg bei Kyme die vordringenden Etrusker in ihre Schranken zurückgewiesen hatte, umstrahlte auch ihn die Sonne des Ruhms. Er wußte seinen Nimbus durch einen prachtvollen Hofstaat bewußt zu steigern; Pindar und Bakchylides sangen ihm zu Ehren ihre Lieder, und der Tyrann verstand es, in ganz Hellas bewunderndes Staunen zu erregen. Auch er beschenkte Delphi mit reichen und köstlichen Kunstschätzen, sorgte für ehrenvollste Beteiligung seines Staates an den olympischen Spielen und stärkte durch diesen betonten Zusammenhang mit dem Mutterlande auch das hellenische Kulturleben dieser westlichen Griechensphäre.

Sizilische Kultur

Das war auch insofern nötig, als alle diese westlichen Kolonien sich doch weit weniger geistig-künstlerisch entwickelten, sondern wie Kolonial- und Handelsstädte überall Signatur und inneren Wert viel mehr in mächtiger, wirtschaftlicher Betätigung fanden. Gerade dadurch aber und durch ihre ausgedehnte Wirksamkeit wurden sie für ihre Umwelt zu den wichtigsten Verbreitern hellenischen Wesens und können in dieser Rolle nicht hoch genug eingeschätzt werden für die Durchtränkung des westlichen Abendlandes mit griechischem Kulturgut. Auch als das Zeitalter der prachtliebenden und eindrucksvollen Tyrannis sich mit dem Tode Hierons (467) dem Ende zuneigte und überall nach dem Heimatbeispiel des inzwischen erstarkten Athens die demokratischen Tendenzen und Verfassungen die Oberhand gewannen, blieb diese Vermittlerrolle unvermindert bestehen. Die Städte selbst konnten sich jedoch in ihrem Eigenleben keineswegs mit der inneren Größe und dem raschen geistigen Wachstum der für die Welt so bedeutenden Kulturzentren messen, wie wir sie staunend in Hellas entstehen sehen. Dazu war der Sinn dieser Pflanzstädte doch zu andersartig, zu materiell und rein praktisch eingestellt. Der lebhafte Tätigkeitsdrang verlegte sich weit weniger auf innere Gestaltung als vielmehr auf Erweiterung der Machtsphäre und kriegerische Außenpolitik. Im Innern blühte das Gewerbe, ausgedehnter Handel brachte viele Reichtümer, die aber nun nicht in jener Art verwendet wurden, wie es Perikles zum Schmucke Athens tat. Üppige Lebenshaltung, Prunk, Besitz von Sklaven und äußerer Glanz waren diesen Siziliern wichtiger; wenn sie ihre Mittel dennoch für Bauten und künstlerische Interessen anwandten, so geschah das sofort in so kolossalem Ausmaß, daß sie die Riesenhaftigkeit und Fülle der Tempel stärker betonten als deren künstlerisch höchste Gestaltung. Immerhin sehen wir zumal aus älterer Zeit in den

Trümmern von Agragas und Syrakus, welche Herrlichkeiten sich hier einst dem staunenden Auge der Bürger und begeisterten Sängern geboten haben.

In Sizilien war alles mehr auf das Pathetische und Laute angelegt, und so ist es wohl kein Wunder, daß der Anteil der Insel an der geistigen Entwicklung hellenischer Kultur gerade in der Rhetorik besteht, die hier zuerst bewußt gepflegt, man kann fast sagen, erfunden und dann besonders von G o r g i a s aus Leontinoi derart bis zu faszinierender Meisterschaft ausgebildet wurde, daß das Erscheinen dieses redegewandten Abgesandten im Jahre 427 in Athen die attischen Bürger verblüffte und begeisterte. Später bei Erörterung der Sophistik wird noch Näheres darüber zu sagen sein. Ebenso soll hier nur zur Charakteristik des eigentümlichen Geisteslebens der Insel zunächst bloß angedeutet werden, daß diesem blendenden, aber im Grunde doch zersetzendem oder zur Veräußerlichung beitragendem späten Produkte hellenischen Geistes gerade in Sizilien — und das ist nicht bedeutungslos — ein alter, fast mythischer Urton in den tiefen Rhythmen des Philosophen E m p e d o k l e s polar gegenüberstand, eine faustische Figur voll Dämonie und archaischer Verbundenheit, wie sie um diese Zeit, ungefähr 450, im hellhörigen, helläugigen Mutterlande gar nicht mehr hätte entstehen können, so sehr sie dann in ihrer Fremdheit auch hier begeisterte Anhänger fand. Auch die Lehre des Empedokles, der an dieser Stelle nur als Repräsentant Siziliens genannt sein soll, wird uns noch eingehender beschäftigen.

<small>Sizilisches Pathos</small>

Das Leben auf der Insel selbst lief in der zweiten Hälfte des 5. Jahrhunderts zunächst ohne große Erschütterungen hin; die Demokratie gewann immer mehr Bedeutung, selbst in den ursprünglich dorischen Zentren. Sparta sah diesem Verlauf widerwillig, aber untätig zu und war dann ja bald darauf durch seinen Rivalitätskampf gegen Athen so sehr in der Heimat in Anspruch genommen, daß es sich nicht um Sizilien kümmern konnte. Das änderte sich erst, als die athenische Expedition zu ihrem Unheil Syrakus angriff und hier so jammervoll unterlag. Syrakus hatte gesiegt, aber seine Stellung und wachsende Macht erschien doch dem immer mächtigeren Karthago nicht so drohend, daß die Punier nicht einem Hilferuf des ursprünglich sikulischen Segesta gegen seine Bedränger Hilfe leisteten. Damit trieb die alte Rivalität zwischen der phönizischen Großmacht und der Insel abermals zu feindlicher Entscheidung, und diesmal erwies sich das karthagische Heer unter seinem Feldherrn Hannibal als so stark, daß Selinunt und Himera erlagen und grausam zerstört wurden. Nun zog der semitische Feind auch gegen die strahlende Wunderstadt Akragas (Girgenti); auch sie fiel 406 in seine Hand, und jetzt erst, als schon zwei Drittel der Insel im Besitze Karthagos waren, erkannte der syrakusanische Demos die entsetzliche, auch ihm drohende Gefahr. Aber aus seiner eigenen Bürgerschaft erstand ihm der Retter, der junge D i o n y - s i o s, jedoch um den Preis der staatlichen Freiheit. Dionysios warf sich schlau und rasch zum unumschränkten Tyrannen auf. Er war eine Persönlichkeit von ungeheurem Ausmaß, selbst in dieser an großen Männern gewiß nicht armen Zeit. In mehrjährigen Kämpfen hielt er die Karthager im Schach, unterwarf sich selbst den ganzen Osten der Insel und gründete mit despotischer Gewalt ein weites, in sich geeintes Reich. Großzügig wie ein orientalischer Herrscher baute er sein Syrakus zu einer Riesenstadt aus, 27 Kilometer an Umfang. Grandiose Befestigungen und Mauern von kyklopischer Stärke zeugen noch in unsern Tagen von dem Walten dieses Mannes, der

<small>Sizilische Tyrannen</small>

aber auch im Innern der Befestigungen herrliche Kunstbauten von Zehntausenden von Arbeitern errichten ließ. Jeder Besucher von Syrakus steht heute noch staunend vor dem unvergeßlichen Anblick dieser kolossalen Trümmerstätte, die in der hellenischen Sphäre nicht ihresgleichen hat. Eine starke Flotte, ein großes Söldnerheer stützten die Herrschaft des Tyrannen. Neu entbrannte der Kampf mit Karthago; erst vom Glück begünstigt, geriet Syrakus bald in ärgste Bedrängnis, selbst 30 spartanische Hilfsschiffe konnten nichts ausrichten, da half der Himmel im kritischen Augenblick durch den Ausbruch einer fürchterlichen Pest unter den Karthagern. In dieser Schwächung unterlagen sie völlig; Dionysios triumphierte. Als er auf der Insel Herr war, dehnte er den Kampf auch gegen die unteritalienischen Städte aus.

Unteritalien — Diese hatten sich während des Jahrhunderts und nach Abschüttelung ihrer verschiedenen Tyrannen stiller und einfacher entwickelt als ihre siegreichen Schwestern auf der Insel. Ihre Regierungen waren meist oligarchisch, und nur Tarent machte die demokratische Strömung mit. Im großen und ganzen herrschten mehr agrarische als maritime Interessen, und der unteritalische Handel wandte sich hauptsächlich dem Binnenlande zu. Hier stießen die Stadtstaaten vielfach auf italische Stämme, auf Japyger und Samniten, besonders aber auf die Etrusker. Ob aber freundschaftlich oder feindlich gestellt, jedenfalls diente dieser westhellenische Raum im stärksten Maße der kulturellen Befruchtung der italischen Halbinsel.

Die Stärke der griechischen Kultur hatte ja solches Übergewicht, daß selbst die rauhen nördlichen Stämme sich diesem Einfluß nicht entziehen konnten, auch das junge Rom wird schon einiges davon gespürt haben, besonders aber war es die etruskische Kultur, die im stärksten Maße empfing, aber auch gab. Denn auch eine solche Rückwirkung der ernsten, mehr nüchternen und aufs Reale gerichteten Denkweise der Italiker auf die Griechenstädte war ganz natürlich, beeinflußte sie unwillkürlich durchaus und machte sie patriarchalischer, stiller und weniger beweglich als die anderen Kolonialstädte.

Als Dionysios sich nun gegen sie wandte, war es besonders das die Meerenge beherrschende Rhegion, das der Tyrann seinen Handelsinteressen zu beugen suchte. Nach einem schweren, langjährigen Kriege, der daraus entstand, äscherte er das unglückliche Rhegion ein und vernichtete es völlig. Jetzt griff die Macht des Dionysios sogar in die hellenischen Händel zugunsten Spartas ein, das Adriatische Meer machte er bis zur Pomündung zu seiner Domäne. Wilde Kämpfe gegen Karthago folgten mit wechselndem Glück. Schließlich aber sicherte der große Dionysios sich und seinem Staat einen zehnjährigen, bis zu seinem Tode (367) dauernden Frieden.

Hochblüte und Ende sizilischer Macht — Die weiteren, wechselvollen Schicksale der Stadt Syrakus und der Insel Sizilien überhaupt interessieren uns hier in ihrem Durcheinander von demokratischen, aristokratischen und tyrannischen Staatsformen weit weniger als die bedeutende Rolle, die der große Platon an den Höfen dieser syrakusanischen Herrscher gespielt hat, um seine staatsphilosophischen Pläne zu verwirklichen. Aber das gehört in ein späteres Kapitel. Die Insel selbst blieb noch eine Zeitlang ein Spielball karthagischer, mit Waffengewalt unterstützter Ansprüche und großer hellenischer Machthaber, unter denen die syrakusanische Herrschergestalt des T i m o l e o n imponierend hervorragt. Das innerlich Wichtige bleibt hier die dorische Gestaltungskraft in ihrer lebendigen und nicht wie in Sparta einseitig erstarrten Form. Selbst die Tyrannis, die sonst Sparta so verhaßt war und von ihm überall bekämpft wurde, trägt hier dorischen Charakter in ihrer aristokratischen Betonung. Das Streben nach einer umfassenden, panhellenischen Staatsbildung, wie es unter dem ersten Dionysios und besonders unter Timoleon deutlich wurde, hat Größe und idealen Schwung; hier finden wir wenigstens Versuche, über das Begrenzte des reinen Polisgedankens hinauszukommen und das dorische Streben nach staatlicher Allbeherrschung nicht nur für eine Stadt, sondern für ein wirkliches Reich geltend zu machen. Geglückt ist dies in den Wirren dieser Zeiten und dieses feindlich umbrandeten Landes allerdings endgültig ebensowenig wie die Staatsideen, denen Platon hier geistesstark und edel, aber der Wirklichkeit gegenüber doch allzu „akademisch", äußere Form geben wollte.

Zwangsläufig mußten hier die Zustände, wenn nicht alles untergehen sollte, immer wieder derart starke Persönlichkeiten emportreiben, daß sie und nur sie die hellenische Macht auf der Insel aufrechterhalten konnten, und zwar als gebietende Alleinherrscher, in deren verführerisch lockende Rolle sie durch die Verhältnisse geradezu hineingetragen wurden. Bei Beginn der Diadochenkämpfe nach dem Tode Alexanders des Großen faßte in Sizilien nochmals die starke Hand des Agathokles alle Macht zusammen. Ein westhellenisches Königreich mit der Hauptstadt Syrakus schien heraufzudämmern, ja Karthago wurde im eigenen Lande angegriffen und aufs gefährlichste bedroht. Aber schließlich brachten auch hier Verträge alles ins alte Gleis. Nach jahrzehntelangen Kämpfen, die, so gigantisch sie sich gebärdeten, schließlich doch nur politisches Interesse haben, fiel die wunderbare, stets so heiß umstrittene Insel in die Hand jener großen Erbin aller mittelländischen Macht, in die Hand Roms. Die hellenische Selbständigkeit war nun auch hier gebrochen, und ein neues Zeitalter griechischer Kulturverbreitung begann. —

Wir haben uns mit Sizilien deshalb so ausführlich, wenn auch immer noch sehr summarisch beschäftigt, weil sich hier bei den Westgriechen, obgleich in ganz anderer Form und mit ganz anderen Resultaten, doch etwas Ähnliches wiederholte wie im Mutterlande und in Kleinasien, nämlich die erfolgreiche Abwehr uneuropäischer Übermacht, die gierig die Hände nach dem Abendlande ausstreckte und im Fall eines dauernden Sieges das Bild unsrer Kultur wohl wesentlich anders beeinflußt haben würde. Wie im Osten gegen die doch immerhin indogermanischen Perser wurden die Griechen im Westen zum Bollwerk gegen eine noch viel fremdere Geistesart der semitisch-phönizischen Handelsmetropole. Wie gefährlich diese Macht war, die von den Griechen jahrhundertelang wechselvoll in Schach gehalten wurde, beweisen uns die späteren, furchtbaren Kämpfe Roms gegen das afrikanische Reich. Erst Rom glückte nach allen Schrecken Hannibals die Vernichtung der phönizischen Bedrohung Europas. —

Rivalität Karthagos

Die Entwicklung der östlichen Hellenensphäre und der griechischen Gebiete um das Schwarze Meer nach den Perserkriegen wollen wir trotz ihrer mannigfachen Ähnlichkeit mit dem westlichen Schicksal unsrer Betrachtung erst einreihen, sobald wir für den großen Zug Alexanders auch hier über die sehr wechselvollen Geschehnisse Bescheid wissen. Keineswegs ihrer bloß äußeren Staatsgeschichte wegen, sondern weil um den Pontos euxinos sich kulturell die wirtschaftliche Brücke nach dem Norden bildete; im Vergleich

Die östliche Sphäre

zu den westhellenischen Einflüssen auf Rom sind gerade diese östlichen auf die Skythen und benachbarten Völker Südrußlands noch viel zu wenig beachtet und bekannt, obgleich hier die Wechselströme, auf die wir schon bei der Geschichte der ersten Kolonisation hingedeutet hatten, ganz gewaltig anschwollen und bei näherer Untersuchung uns wohl noch die bisher vergeblich gesuchten Lösungen mancher nördlicheren europäischen Probleme bescheren könnten.

Das wäre in Kürze der Verlauf der griechischen Geschichte im 5. und 4. Jahrhundert, ein Drama von erschütternder Großartigkeit, ein Glanz ohnegleichen, auf den die schwärzesten Schatten der Trauer sinken.

Geistige Expansion

Aber in dieser ganzen Entwicklung lag deutliche Bestimmung. Wir würden uns selbst auf diesen spärlichen Überblick äußerer Ereignisse kaum eingelassen haben, wenn nicht das ganze Schicksal der hellenischen Kultur und ihrer Entwicklung mit dem immer ausgeprägteren Hochtrieb individueller Gestaltung bis zum breiten Zusammensinken sich bestimmend und selbstbestimmt vor dem Hintergrund dieser Ereignisse abgespielt hätte. Vor allem aber, weil nur diese Art der äußeren Entwicklung jene Eroberung der Welt durch die hellenische, später hellenistische Kultur erklären und herbeiführen konnte. Erst die Bezwingung und das Sterben griechischer Eigenart machte ihre Zusammenfassung in der einen Hand Alexanders des Großen möglich, der nun dies reiche Erbe vergangener Jahrhunderte in die Welt hinaustrug und sie mit dem fruchtbaren Korn hellenischer Geisteserrungenschaften besäte. Wie göttergewollt mutet dieser an Glanz und Tragik so reiche Verlauf an. Aus einem ungeheuren Opfer stieg ein Segen für die ganze Welt bis auf heute.

*

Innere Entwicklung

Nun aber müssen wir sehen, von welch innerem Leben dieser historische Rahmen gefüllt war und welche Kräfte, Spannungen und Gegensätze wirksam waren, um in gegenseitiger Förderung und auch Bekämpfung alle reichen Möglichkeiten zur äußersten Entfaltung zu bringen.

Die von Anfang an bestehende Antagonie Dorier—Ionier war auch hier wieder bestimmend, einerseits in der isolierten Betonung, mit der jeder dieser zwei zwar einer Wurzel entsprossenen und doch so verschiedenartigen Stämme seine Eigenart und seine Fähigkeiten fast mit Fanatismus auslebte, andererseits durch den schließlich unvermeidlichen Zusammenstoß, dessen tragische Wucht den allmählichen Untergang der hellenischen Freiheit wenigstens äußerlich einleiten sollte. Innerlich aber sieht dieses tragische Schicksal nicht so völlig negativ aus, wie ein teilnahmsvoller, aber oft zu flüchtiger Blick vermuten sollte.

Müssen wir doch immer bedenken, daß solche Zerstörungen nicht sinnlos daherrasen, sondern längst logisch in der ganzen Entwicklung und im Wesen ihrer Träger vorbereitet liegen und nicht rein zufällig, sondern fast mit dem mathematischen Zwang einer Kurve ihren Ablauf nehmen. So war es auch mehr noch als Bestimmung, daß ein solcher Zusammenbruch erfolgen mußte. Das vehemente Tempo ungeheuerlicher Leistungen, wie sie Hellas um diese Zeit aufwies, mußte notgedrungen jeden Maßstab verlieren, sich überschlagen und dann einer grenzenlosen Erschöpfung Platz machen. Soll man das bedauern? Die Intensität dieses Lebens, die haßgenährte Spannung führte zum Untergang, aber ohne sie wäre auch nie diese Höhe von Kultur erreicht worden. Junge Genies (man muß Hellas so bezeichnen) von so vulkanischer Lebensglut sind immer zu frühem Tode bestimmt und zerspringen an der Fülle himmlischer Eingebungen. Nur so kann dieser Segen geboren und über die Welt verstreut werden, denn es gibt nichts Großes ohne ein Opfer.

In unserm Fall kann man sich daneben aber auch nicht der Einsicht verschließen, daß die große schöpferische Periode wirklich ihren Höhepunkt überschritten hatte und ein Abflauen der Kräfte Niedergang und damit Verflachung bereits in sich beschloß. Je nachdenklicher man diesen Vorgang in Hellas beim Ausgang des 5. Jahrhunderts in Betracht zieht, um so mehr wandelt sich der katastrophale Eindruck in den einer inneren Folgerichtigkeit, was ja der Trauer über das Verbleichen des Schönen keinen Abbruch zu tun braucht. Verflachung

Prüfen wir nun aber zum Verständnis des Aufstiegs und der späteren Auseinandersetzung nochmals das Wesen der beiden hellenischen Pole, so weit wir es nicht schon in den Anfängen erkannt haben.

Um Sparta und das Doriertum brauchen wir uns bei diesem Überblick etwas weniger zu kümmern. Es hatte seine grundlegende Gestalt, seine innere, nicht mehr viel veränderbare Form schon früher gefunden, und seine Entwicklung war eher eine rückläufige auf kulturellem Gebiet, wenn auch Macht und Kraft einer zwingenden Herrschaft in schweigsamer Zurückhaltung herb und glanzlos wuchsen. Spartas Isolierung und Verknöcherung

Aber völlig abgeschlossen war auch die Entwicklung Spartas noch keineswegs, nur betonte sein Fortleben weit mehr die immer schärfere Ausbildung und Durchführung des dorischen Staatsprinzips als das Interesse an kulturellen Leistungen und deren Steigerung. Je mehr diese verkümmerten oder man sich allzu konservativ mit dem Vorhandenen begnügte, um so betonter wurde das Bestreben, das Kosmosideal staatlicher Überordnung über alles Persönliche des Willens und der Seele starr und unantastbar auf die Spitze zu treiben. In Sparta wirkte ein stolzer, alles andere verachtender und ausschließender Isolierungsfanatismus, der ganz polar von der ausstrahlenden Lebendigkeit Athens absticht. Der Peloponnes war Spartas Welt, und hier allerdings achtete es eifersüchtig auf Erhaltung aller dorischen Bindungen auch über die Grenzen Lakedaimons hinaus. Korinth und das vielfach aufsässige Argos wurden schärfstens in diesem Bann gehalten, gar nicht zu reden von Messenien und seinen fast versklavten Heloten. Im Inneren wirkte sich die Ballung in einer immer zunehmenden Übermacht der fünfköpfigen Ephoratsbehörde aus. Ihr gegenüber verblaßte das Königtum immer mehr zu einem Heerführeramt, das aber dann natürlich die Versuchung rebellischer Auflehnung in sich trug und mehrfach gefährlich zeitigte. Die so scharfe, hochmütige Isolierung der eigentlichen Spartiaten ist wohl auch aus dem instinktiven Gefühl erklärlich, daß ihre ständige Verringerung einen immer ausgeprägteren Zusammenschluß zur Selbstverteidigung nötig machte. Betrug doch die Zahl der echten Vollbürger beim Abschluß der blutigen Perserkriege nur noch ungefähr 4000 Mann. Es ist diese kaum mehr Staat zu nennende Form sehr richtig als „Kriegerische Sekte" bezeichnet worden ([34]), die schließlich, um noch aktiv existieren zu können, gezwungen war, die Periöken und Bundesgenossen zur Ausgestaltung einer noch leistungsfähigen Wehrmacht enger heranzuziehen. Es war das für Zeiten innerer Gefahr bedenklich genug. Als

464 ein furchtbares Erdbeben Sparta zerstörte und — was viel schlimmer — eine große Anzahl junger Spartiaten tötete, brach der lang schon schwelende Aufruhr in Messenien offen aus, der nur nach schwersten Kämpfen niedergeschlagen werden konnte, nachdem man sogar Athen um Hilfe angegangen hatte.

Welch unwiderstehliche Kraft der eiserne Wille Spartas trotz all dieser Beeinträchtigungen besaß, zeigt ja der Verlauf des großen, dreißigjährigen Kampfes gegen Athen zur Genüge. Die Konsequenz des dorischen Prinzips, die alle Stoßkraft verbissen auf ein Ziel richtete, und nicht die Übermacht gab ihm den Sieg. Von einem allhellenischen Verantwortungsgefühl, von einer auf Hegemonie gegründeten Machtvertretung von Hellas gegenüber äußeren Feinden kann man in Sparta gewiß nicht reden. Seine Engherzigkeit opferte nicht nur solche Gesichtspunkte seinem Egoismus, sondern die Dorier scheuten sich gar nicht, ihrer Selbstbehauptung wegen ruhig Hellas zerfallen zu lassen und zu solchen Zwecken sogar den Erbfeind Persien zu benutzen, den sie dann aber auch wieder heftig bekriegten. Was in Sparta danach noch lebendig und stark war, verläuft alles in Staats- und Kriegsgeschichte und kümmert den Kulturhistoriker wenig. Es ist interessant, zu sehen, wie das triumphierende Doriertum allmählich zu Ende geht, ohne daß seine Siege oder Niederlagen mehr als bloß geschichtliche Bedeutung gewinnen. Das besiegte Ioniertum, das erst so blendende, dann so tief gedemütigte Athen aber blieb in der Macht und Fruchtbarkeit seiner Gedanken und Schöpfungen über alles äußere Geschehen erhalten und strahlte noch von innerem Leben, als es längst jede staatliche Rolle ausgespielt hatte.

Dorische Männlichkeit

Dennoch darf man beide Arten nicht gegeneinander werten. Das Doriertum hat jedenfalls das große, heroische Ideal der Männlichkeit und des allesbeherrschenden Staatsbewußtseins mit jener typischen Klarheit, die allem Hellenischen wie durch Bestimmung eigen zu sein scheint, und in klassischer Form ausgebildet. Es hat gezeigt, welch fast unglaubliche Kraft solcher Ballung und inneren Bändigung innewohnen kann. Bei der daraus resultierenden Leistung wird es sich immer um die Domäne des Willens und der Macht handeln. Darin liegt das Imponierende, aber auch die Begrenztheit. Griechenland wäre im Weltganzen niemals als ein so großer Faktor einzuschalten, wenn diese Seite edelster Selbsterziehung und Selbstentäußerung zum Wohle des Ganzen trotz aller betonten Einseitigkeit nicht so rein und erhaben dastände. Diese herbe, ja schroffe Größe bleibt von überragendem, beispielhaftem Wert, mag ihr auch der schillernde Farbenglanz eines geistig betonten Lebens und Schaffens vorenthalten sein. Hier steht ein eiserner Wille zur Pflicht gegenüber dem Rausch der Begabung. In allem Spartanischen liegt Gerüst, Struktur, Größe. Es ist innere Notwendigkeit, daß eine lange und ausschließliche Betonung dieser Lebensseite für die übrige Welt nüchtern und reizlos erscheinen muß, wenn sie sich überhaupt halten will. Das beweisen manche Beispiele der Weltgeschichte, wenn auch vielleicht nie wieder in so starker, alles andere beseitigenden und konsequenten Potenz. Gewisse beste Zeiten der römischen Republik zeigen Ähnliches, und will man solche Analogie, die aber immer mit ihren notwendigen Einschränkungen richtig verstanden werden muß, bis in die Neuzeit suchen, so würde in Europa das ausgesprochene Preußentum, in Asien das Samuraitum Japans diesem spartanischen Bilde etwa entsprechen.

GESCHICHTLICHER ÜBERBLICK / STAATSENTFALTUNG

Und wer wollte leugnen, daß solche kühle, aber reine Atmosphäre in ihrer Art ebenso eine höchste, sittliche Kraftseite der Menschennatur repräsentiert, wie die reiche, aber weichere und weniger zuverlässige Schöpferkraft geistbeglückter Völker. Auch stehen solche Gruppen und Kräfte selten einander reinlich geschieden gegenüber; die Strömungen der einen fluten auch in der anderen, wenn auch weniger vorherrschend und bestimmend, und man darf aus obiger Gegenüberstellung kein überall hinpassendes Rezept machen. Es wäre aber nicht griechisch gewesen, wenn nicht in diesem einen menschengeschichtlichen Fall ein solcher Gegensatz bis auf die äußerste Spitze getrieben worden wäre, denn in allem, was der Hellene anpackt, liegt die Tendenz zur Höchstleistung und zum klar herausgeschälten Wesenskern.

Dies hier nach der Betrachtung des Doriertums auch am anderen Pole zu beweisen, wenden wir uns nun Attika und der Bedeutung des ionischen Wesens und Wirkens zu.

Attische Genialität

Mit blendender Genialität verschwendete Athen allzu sorglos und kühn eine Überfülle von Kräften nach allen Seiten. Es dehnte und entwickelte sich und stürmte dem Höhepunkt seiner Macht derart schnell und berauschend zu, daß damit wohl ein lichter Traum edelster menschlicher Herrlichkeit verwirklicht werden konnte, aber doch immer stärker die Gefahr sehen ließ, die bei der Übersteigerung der Kräfte in dem nicht mehr organischen Tempo dieses Wachstums drohend aufzukeimen begann.

Athens Seemacht

Das Entscheidende für Athen war, daß es durch den Verlauf und glücklichen Abschluß der Perserkriege die Vorteile einer Seemacht und seine Suprematie auf dem Meere kosten lernte und rasch seine Entwicklungsmöglichkeiten in dieser Richtung begriff und auszubauen beschloß. Seine Rolle als flottenbesitzende Schutzmacht der Inseln und östlichen Kolonisation wies ihm allen Eilanden, Städten und Staaten gegenüber eine Führerstellung an, die wohl anfangs von idealen und großzügigen Trieben belebt war, aber doch bald der griechischen Charakterschwäche der Habgier, des Machthungers, der Herrschsucht und der Lust an Luxus, Glanz und Reichtum zugänglich werden mußte.

So trübten auch bedenkliche finstere Schatten das lichte Bild, und schwelender Haß der Unterdrückten entstand unter der blendenden Oberfläche. Noch standen zwar die rächenden Mächte jeder solcher Überhebung schweigend beiseite, bereiteten sich aber doch schon für das Schreckensdrama eines langwierigen Zusammenbruches vor.

Hand in Hand und als logische Ergänzung der maritimen Entwicklung Athens ging sein allmählicher innerer Umbau vom Agrar- zum Industriestaat und weit mehr noch zum Handelsstaat vor sich. Der große Seebund, den es mit allen kleineren gefährdeten Staaten schloß und an deren Spitze es sich stellte, entwickelte sich bald zu erbarmungsloser Tyrannei, die alle Verbündeten Athens wie seine Sklaven ausnützte, erpreßte, zwang und mit krasser Brutalität den goldenen Strom materieller Vorteile und Einnahmen nach Attika leitete, um die Heimat und nur diese groß und herrlich zu machen. Die Landwirtschaft und die autarkistischen Tendenzen traten immer mehr zurück. Ihre Erträgnisse, die für eine Ernährung aus eigenen Mitteln ja ungenügend waren, wurden nun aufs reichste durch die Möglichkeit großer Einfuhr ergänzt, und das immer stärkere Aufblühen des Handels wurde zur alles bestimmenden Note.

FÜNFTES UND VIERTES JAHRHUNDERT

Rasche Blüte

Auf die Lebendigkeit, die Freude an Wachstum und Ausdehnung wirkten natürlich die vielen Anregungen, Erfahrungen, Neuerungen, die durch die Beweglichkeit des sich überall ausdehnenden Staatswesens für das Mutterland gewonnen wurden, und belebten dort eine schon hochgesteigerte Empfänglichkeit, die mit jugendlichem Überschuß von innerer Schöpferkraft glühte. All die prachtvollen Ansätze geistiger Entwicklung im 7. und 6. Jahrhundert, die ja hauptsächlich vom Ioniertum, wenn auch meist in Kleinasien, ausgegangen waren, trieben jetzt mit unglaublicher Geschwindigkeit ihrer höchsten Ausbildung entgegen. Dieser ganze Hellenenstamm vibrierte in fieberhafter Genialität auf allen Gebieten mit jener Welle von Schöpferkraft, die zuweilen über einige Generationen eines Volkes hinbraust, die köstlichsten Erzeugnisse hervorruft und in allzu raschem Schwinden eine lange, große Ermüdung, ja oft den Tod zurückläßt.

Was sich hier an Lebensintensität und Schaffen in einem knappen Jahrhundert auf kleinem Erdenflecke abspielte, ist in seinem Reichtum für den Verstand unfaßbar. Es ist wie ein unerklärliches, geistiges Radium, das durch die Jahrhunderte allbelebend unaufhörlich Strahlungen aussendet und in ihnen eine ewige Jugend zu besitzen scheint. In einer derartigen Stärke ist das Phänomen zumal bei solch kriegerischen Zeiten eine einmalige Erscheinung in der Kulturgeschichte der Menschheit, und es blieb beschränkt nicht auf Hellas, sondern sogar allein auf Attika und auch in der späteren Nachblüte auf das weitere Ioniertum, das doch hier seine Wurzeln hatte.

Zur Not, wenn auch im Kern ganz unzulänglich, kann man sich das begreiflich machen, wenn man sich vergegenwärtigt, daß eine Anzahl glücklicher Umstände zusammentrafen, um ein schon so empfängliches und begnadetes Volk vollends zum gesteigertsten Dasein und zur höchsten Leistungsfähigkeit emporzutreiben.

Fördernde Kräfte

Große innere Kräfte hatten sich in Athen aufgespeichert, ohne recht zur Entfaltung gekommen zu sein. Es mutet an, als hätte das Schicksal Athen für das Äußerste und Höchste aufgespart, aber gerade darum zunächst zurückgehalten. Die Ionier der Heimat treten ja erst sehr spät in der Kulturentwicklung auf, während andere Staaten schon eine große Vergangenheit in Mythos und Geschichte aufzuweisen hatten. Spielt doch Athen noch bei Homer gar keine Rolle; die wenigen Verse, mit denen es in der Ilias erwähnt wird, sind wohl später eingeschmuggelt, um eben dies merkwürdige Manko zu überdecken. Auch der Mythos des Theseus mutet etwas konstruiert nach dem großen Vorbild des Nachbarheroen Herakles an. Wir hatten schon gehört, daß erst mit Solon eine schüchterne Entfaltung beginnt, die dann allerdings bei den Peisistratiden am Ausgang des 6. Jahrhunderts bereits die große Zukunft sowohl als staatliche Macht wie als geistiges und künstlerisches Zentrum ahnen ließ.

Als nun die Perserkriege losbrachen und ebenso an Athens wie an Spartas Widerstand scheiterten, stand Attika, vielleicht zu seiner eigenen Überraschung, auf einmal als anerkannte Großmacht in Hellas da. Da gleichzeitig der ionische Vorrang in Kleinasien durch die kurz vorhergehenden Ereignisse gebrochen war, so übertrug sich nun der große Impuls ionischer Schaffenskraft von den gelähmten Kolonien auf die jugendfrische, unermüdete Heimat, die vor Tatkraft fast barst und den zurückgestauten Kräften nun auf allen Gebieten freien Lauf ließ. Dies aber gerade zu einer Zeit, wo die Grundlagen, obgleich auch nicht so auffällig, alle schon durch die früheren Jahrzehnte langsam, aber sorgsam und tüchtig ausgebildet und geschult waren, wenn auch durch vielerlei fremde Hilfe und Einflüsse. Dazu kam noch der glückliche Umstand, daß wirklich eine Reihe großer, weitblickender und anregender Persönlichkeiten den Staat leiteten, der innerlich durch Reform und Vollendung seiner Verfassung die nötige Stabilität gefunden hatte.

Ehe wir uns aber auf den großen Domänen geistiger und künstlerischer Schöpfung die unsterblichen Leistungen Athens betrachten wollen, wird vieles erklärlicher, wenn wir vorher einen Blick auf den mannigfachen Verlauf des äußeren Daseins der Bürger im großen und kleinen werfen. Alles wird dadurch anschaulicher und begreiflicher, sobald wir sehen, aus welchem Milieu die unerhörten Kräfte mit Leben gespeist werden.

Das bürgerliche Leben

Da ist schon eine wesentliche Erscheinung, die äußerlich und innerlich in Wechselwirkung steht, die Lockerung starrer Konventionen zum Vorteil einer freien, natürlichen Anmut. Ist es doch eine nicht immer genug erkannte und gewürdigte Tatsache, daß mit steigender Kultur nie und nirgends die Formgebung von Sitten, Gedanken, Betätigung und Gebräuchen komplizierter und überspitzter wird, sondern ganz im Gegenteil einer in Freiheit sicheren, leichteren, gefälligen Handhabung zustrebt, d. h. der wahre Träger großer Kultur entsteht immer erst, wenn nach rohen Anfängen der Mensch durch die lange Phase strenger Bindungen, scharfer Gestaltung und fast heiliger Vorschriften sich bildend und formend hindurchgegangen ist und nun mit den Segnungen dieser gewiß nicht leichten Selbsterziehung auf einem höheren, lichteren Punkt der Entwicklungsspirale wieder zur freien Natürlichkeit zurückfindet. Er bedarf dann nicht mehr der einst so nötigen Einengungen, weil er durch diesen Zwangsweg ein Geschöpf höherer und in sich sicherer Gesittung geworden ist.

Wilde Horden, primitive Völker, ja selbst Dorfbewohner, Bauern und einfache, entwicklungsstille, patriarchalisch bestimmte Stände sind viel zeremonieller, viel mehr brauch- und sittengeknebelt, als es den oberen, begünstigteren Schichten der Reichen und Vornehmen in ihren Formen und ihrem Gebaren nachgesagt wird. Und erst wenn dieser gelockerte Zustand erreicht wird, der keineswegs ein Abschütteln von Banden bedeutet, sondern eine Läuterung durch ihre lange erzieherische Notwendigkeit, erst dann schafft das frei werdende, aber in sich selbst gebändigte Leben neue, glückliche Formen einer viel mannigfacheren, lichtfrohen Welt. Daß die Erreichung dieses Hochstadiums nun auch schon die Gefahren allzu großer Freiheit, der Lockerung im schlimmen Sinne, ja der Zersetzung und des neuen Rücksturzes in alte Barbarei bedenklich in sich birgt, kann nicht geleugnet werden. Denn niemals ist es dem Menschen vergönnt, lange und dauernd auf Höhenwegen leicht und sicher dahinzuschreiten.

Für diese allgemeine Kulturbetrachtung liefert Hellas einen in guter und böser Hinsicht sehr klaren Beleg.

Der Ausgang des 6. Jahrhunderts, ja auch noch die Zeit der Perserkriege findet das Ioniertum, zumal in Athen (und nur um dieses „Griechenland in Griechenland" haben wir uns künftig zu kümmern), durchaus noch in jenem Zustand einer zwar schon veredelten und durchgeistigten, aber dennoch engen Konvention, ob es sich da nun äußerlich um Sitten, Gebarung, Kleidung, Vorschriften oder innerlich um Religion, Weltanschauung, Kunstideale handeln mag. Die allmähliche Befreiung der einen Gruppe zieht auch die der anderen nach sich oder beides geht vielmehr Hand in Hand aus dem Fortschritt geistiger Entwicklung durch glückliche Bedingungen hervor, wie ein Blütenmeer durch Sonne und warmen Regen aus den Erstarrungen des Winters quillt.

<small>Gegensätze von Kleinasien und Attika</small>

Als das Ioniertum seinen Brennpunkt noch in den kleinasiatischen Küstenstädten besaß, boten ihm diese großen Handelsmetropolen mit ihrem weltmännischen Leben schon längst die freiere, jede schöpferische Entfaltung begünstigende Atmosphäre. Bei der durch die kriegerischen Ereignisse erzwungenen Rückflutung der ionischen Kraft nach Hellas jedoch fand sie dort doch weit engere und weniger elastische Verhältnisse, die aber dafür den Vorteil unverbrauchter, unverbildeter und urgesunder Potenzen hatten. Besonders aber sicherte die Verwurzelung in heimatlicher Erde eine viel bodenständigere und darum nachhaltigere und echtere Kultur, als es im wechselvollen Kolonialgebiet möglich war.

Ganz anders war auch schon das städtische Bild, der Schauplatz, auf dem sich nunmehr das ionische Leben abspielte. Die Pflanzstädte mit ihrem Reichtum, ihrer von Anfang an zweckmäßigen Anlage waren prächtig und weitläufig; sie wurden belebt durch vielerlei fremde Einströmungen und hatten sich auch schon äußerlich ganz anders entfaltet als das alte, würdige Athen, das erst eine Großstadt werden wollte. Vorläufig müssen wir es uns aber doch noch engwinklig, dörfisch und nicht sehr umfangreich vorstellen. Von einer bewußten städtischen Bauanlage, einem organisch angelegten Plan war keine Rede. Die niedrigen Bürgerhäuser in kleinen Gassen bestanden meist aus Fachwerk und unterschieden sich wenig von dem Landhaus mit seinem Komplex von Wohnräumen, Stallungen, Wirtschaftsgelassen und Vorratskammern. Erst als der Staat prächtigere Bauten aus Stein für öffentliche Zwecke errichtete, änderte sich das Bild, aber nur durch die Kontrastwirkung. Wer kleinere alte Städte im Süden kennt, wird dort eine ähnliche Beobachtung machen, und bei uns müssen wir uns nur um etliche Jahrhunderte zurückversetzen, wo zuweilen ein noch wenig zivilisiertes, dörfisches Milieu die unverhältnismäßige Größe und Pracht der Kathedralen, Rathäuser, Herrschersitze umgab.

<small>Bauliche Entwicklung der Stadt</small>

Nun erlebte Athen durch die Perser in kürzester Frist eine zweimalige totale Zerstörung. Wenn auch danach die siegreichen Bürger vielfach nur das Vernichtete wiederherstellten, so bekam doch unwillkürlich die Stadt nunmehr ein anderes, weitläufigeres Gepräge. Die Kenntnis fremder, prächtiger Städte, der steigende Wohlstand und auch die großen, staatspolitischen Perspektiven werden die neue Anlage beeinflußt und modernisiert haben. Auch war der Blick nunmehr dem Meere zugewandt. Baumeister aus Milet hatten den neuen Hafen von Piräus angelegt und die sich ihn anschließende Stadt rechtwinklig und klar gegliedert. Themistokles sorgte für den Bau der langen Mauern, die wegschützend den Hafen mit Athen verbanden. Neue Tempel, Amtsgebäude, Theater und ähnliche Bauten waren für die rasch anwachsende Bevölkerung eine Notwendigkeit. Die Akropolis verlor immer mehr den Charakter einer stadtbeherrschenden Burg; sie wurde allmählich der geweihte Platz der Götter, besonders der Sitz der Stadtschützerin Athene. Bis zu den Zeiten des Perikles blieb jedoch eine fast dürftige Einfachheit, eine kleinbürgerliche Schlichtheit bei den Privatbauten das Bestimmende.

GESCHICHTLICHER ÜBERBLICK / STAATSENTFALTUNG

Je mehr natürlich die Hauptstadt zu einer Großstadt wurde, je reicher die öffentliche Bautätigkeit und immer neue architektonische Herrlichkeiten die Stadt durchsetzten, um so blendender wurde das Bild, ohne sich aber deshalb wesentlich jener Vorstellung zu nähern, wie wir sie uns an geschlossener Pracht vom kaiserlichen Rom, von Pergamon oder anderen Glanzstätten machen. Erst als Athen auf dem Höhepunkt seiner Macht die volkreichste hellenische Stadt Syrakus überflügelte, mag es, alle Kinder, Sklaven und Fremden eingerechnet, zeitweise zwei- bis dreihunderttausend Einwohner besessen haben, eine enorme Zahl für damalige Zeiten, wo doch auch das rühmliche Sparta äußerlich ein armseliges Konglomerat von fünf Dörfern blieb.

In dem Maße, wie nun Handel, Industrie, kaufmännisches Leben und maritime Interessen wuchsen, mußte sich ja im Bild der Stadt und im Wesen des Staates vielerlei ändern. Die Landwirtschaft, die vorher noch bis in die Behausungen der Stadt spürbar war, trat immer mehr zurück. Attikas steigende Bewohnerzahl konnte ja längst nicht mehr „autarkistisch" ernährt werden. Aus Sizilien, Ägypten und vom Schwarzen Meer wurden jährlich fast eine halbe Million Hektoliter Getreide eingeführt, wofür der Wert von über einer Million Mark bezahlt wurde, eine Summe, die damals natürlich weit größere Kaufkraft hatte. Überaus streng und schwierig war die Gesetzgebung für diese so volkswichtigen, fest geregelten Transporte, die ganz genauen Beschränkungen und Anweisungen unterlagen, auf deren Nichtbefolgung sogar der Tod als Strafe stehen konnte. Dem Import stand natürlich ein reicher Export gegenüber, landwirtschaftlich allerdings meist nur von Öl, dagegen blühte bereits eine starke Industrie, die prächtige Keramik, Waffen, Gewebe, Geräte, ja Bücher und Toilettengegenstände ausführte, wie sie ein erstarkter und tätiger Handwerksstand in Mengen lieferte. Denn wir müssen uns die gesamte Produktion natürlich in keiner Weise fabrikmäßig denken, sondern in der soliden Art, wie sie auch bei uns im Mittelalter ausgeübt wurde. Geld für die Einfuhr der notwendigen Rohmaterialien, Metalle, Holz usw. und auch der Arbeitskräfte vieler Sklaven war ja während der Blütezeit reichlich vorhanden. Wenn auch die Tribute der Seebundstaaten meist für die Prachtbauten Verwendung fanden, so kamen doch durch Zölle, Besteuerung der Metöken usw. große Summen ein. Auch die Silberbergwerke von Laurion waren um diese Zeit noch sehr ergiebig.

Athens Export und Import

„Neben dem Warenhandel entwickelte sich alsbald, von den Tempelkassen, offenbar den ersten Banken der Griechen, ausgehend, ein lebhafter Geldhandel, dessen Mittelpunkt in dieser Zeit wieder Athen wurde, zumal sein schönes, vollwichtiges Silbergeld in der ganzen Welt gern genommen wurde. Die Trapeziten oder Bankiers, mochten sie ihre Geschäfte einzeln betreiben oder in Gesellschaften auftreten, vermittelten allmählich den ganzen Geldverkehr; durch sie wurden die Kaufsummen bezahlt, sie empfingen Depositen, sie arbeiteten mit eigenem und fremdem Gelde." (35) Der Zinsfuß, im allgemeinen gegen zehn Prozent, stieg bei Seeverkehr bis zu 18 Prozent, was aber erklärlich ist bei der großen maritimen Unsicherheit solcher Transaktionen; so viel es zu verdienen gab, so groß war ja auch das Risiko. Goldprägung war im 5. Jahrhundert nur in Persien üblich, während die Laurion-Bergwerke Athen ja von selbst zur Bevorzugung der Silberprägung veranlaßten. Die Handelsbeziehungen lagen mehr in der Hand der Metöken als der Voll-

Geld

bürger, die teilweise bei allem Gelüst nach Reichtum doch noch dem rein kaufmännischen Betriebe gegenüber eine auf alter Tradition beruhende Zurückhaltung übten. Mit der Vermehrung des Geldumlaufes stiegen naturgemäß auch die Preise, wie das ja stets und überall der Fall ist. Zu einem bargeldlosen Handelsverkehr aber, den in gewisser Weise schon das alte Ägypten kannte, hat es das Altertum, wenigstens in dieser Zeit, noch nicht gebracht; war doch schon der Schritt vom alten Tauschhandel zur Münzprägung eine große, ja auch bedeutsame „Erfindung", die allerdings über Kreta und Lydien schon im 7. Jahrhundert nach Griechenland kam. Auch hier ging dem Rundgeld der Metallbarren voraus, der gewogen wurde. Später hat allerdings auch das Altertum den Scheck- und den Giroverkehr benutzt.

Gesunde Sozialanschauungen

„Kapitalistisch" aber war der Athener innerlich gar nicht eingestellt, so sehr er auch den sichtbaren Besitz schätzte. Gearbeitet wurde natürlich des Lebensunterhaltes wegen, aber die Leistung des Werkes an sich war die größere Triebfeder in dieser noch unzersetzten Zeit. „Weil das Werk, nicht der Lohn das Entscheidende ist, strahlen alle gewerblichen Erzeugnisse jener Zeit den Zauber echten Künstlertums aus, und aus dem gleichen Grund erhält der Architekt eines Tempels vom Staate dieselbe Vergütung wie der Steinmetz, aus dem gleichen Grunde auch kann der Staat für Teilnahme an Volksgericht oder Rat dem Bürger ein geringes Entgelt zahlen, ohne dadurch den Arbeitswillen irgendwie zu gefährden." (36)

Darum treten auch im hellenischen Dasein die sozialen Probleme, mit denen doch sogar das junge Rom so heiß zu ringen hatte, weit weniger hervor. Wenn natürlich die Gegensätze von reich und arm auch hier vorhanden waren, so erhielten sie doch nicht jene verderbliche Schärfe, die so oft die innere Entwicklung der Völker beeinträchtigt.

Die Betonung des Reichtums um seiner selbst willen lag dem einzelnen Athener gar nicht; auch hier zeigte sich die Anlage zum Maßvollen, zu wirklich vornehmer Denkungsart. Diese bewies sich auch in den ungeheuren Lasten und Verpflichtungen, die gerade die Reichen zum Wohl des Staates, zur Freude des Volkes, zur Ausgestaltung der feierlichen Feste und zur Ausrüstung und Verteidigung des Vaterlandes in großzügigster Weise sowohl freiwillig wie gesetzlich gezwungen auf sich nahmen. Ehrgeiz und Ruhmsucht, es auch bei der Entäußerung eigener Mittel zum Wohl des Ganzen allen zuvorzutun und sich zu überbieten, spielten eine weit ausschlaggebendere Rolle als Geiz oder Erwerbsgier.

Natürlich änderte sich auch diese Auffassung mit der Zeit, und die Dämonen des Luxus und der Üppigkeit zerstörten allmählich die gediegene und schlichte Sitte, je mehr Athen zu einem Mittelpunkt der damaligen Welt auf jedem Gebiete heranwuchs.

Innere Ordnung

Galt doch Athen als der gastfreieste Hafen der ganzen Welt, es war das Zentrum antiken Handelslebens. Ein lebhafter Fremdenverkehr durchflutete die Stadt, die sich äußerlich immer schöner schmückte und an geistigen Anregungen übervoll war. Athen war nun wirklich eine Großstadt geworden wie in Sizilien Messene, Syrakus und Akragas, wie auf der Chalkidike Olynth und gleich dem kleinasiatischen Halikarnassos, nachdem dort die zerstörte Herrlichkeit Milets nur noch in der Erinnerung lebte. Eine zahlreiche Polizei sorgte für Ordnung, Sitte und Anstand. Das Leben auf den Märkten war geregelt, Maße und Gewichte wurden geprüft. Die Bautätigkeit und Straßenanlage unterstanden jetzt genauer Kontrolle, ebenso die Wasserversorgung. Die öffentlichen Bauten wurden instandgehalten, besonders die Heiligtümer. Die gewöhnliche Polizei rekrutierte sich aus den Staatssklaven, zumal die Skythen eigneten sich besonders für solche Posten, wobei ihr radebrecherischer Dialekt die Athener amüsierte. Die Tatsache dieser Verwendung wirft aber auch ein scharfes Licht auf die freiheitliche Anschauung, der sich auch die Sklaven erfreuten. Die Haussklaven hatten als Bedienstete ein durchaus gutes und nicht allzu schweres Leben und bewegten sich ungehindert im Stadtverkehr; auf dem Lande halfen sie den Hirten, Ackerbauern und Handwerkern, soweit solche selbst frei waren. War doch überhaupt die Arbeit nirgends ein aufreibender Frondienst. Über sechs Stunden Tagesarbeit wird es nirgends gegeben haben, zumal ja auch die Bedürfnisse wirklich einfach waren und sich erst im 4. Jahrhundert durch Verfeinerung und ein neues Luxusbedürfnis steigerten.

Werfen wir einen Blick auf das Privatleben und seinen Verlauf. Es war bis zu Perikles' Zeiten noch schlicht genug, sowohl im häuslichen Dasein wie in der Tracht, der Ernährung, im Verkehr; aber auch hier muß man nicht allein der altväterlichen Sitte das Verdienst solcher Einfachheit zuschreiben, sondern es liegt im athenischen Charakter, bei aller Freude an Genuß und Schönheit doch nicht Äußerlichkeiten zu überschätzen und zu übersteigern, sondern ein edles Maß auch in der gewöhnlichen Lebensführung innezuhalten. Es ist sogar festzustellen, daß in vielem nach den Perserkriegen eine Vereinfachung eintrat, wenn man an den materiellen Glanz der ionischen Städte Kleinasiens denkt; ferner wirkte sich jene eingangs geschilderte Lösung vom Konventionellen, Steifen und Prunkvollen günstig aus und gab dem ganzen Fluß des Lebens innerlich und äußerlich eine leichtere, naturgemäßere Form. „Gingen 480 die attischen Frauen in buntgestickten, steif gefältelten Linnenkleidern daher, so legte sich 430 der weiche, wollene Chiton um ihre Glieder. Dem Perikles hat als Knaben die Mutter noch den Zopf um den Kopf geflochten und sorgfältig seine Löckchen in die Stirn frisiert, als Herr Athens trug er frei das kurz geschnittene Haupthaar, und statt des archaischen Spitzbartes umgab das natürliche Kräuselhaar Wangen und Kinn in anschmiegender Rundung." (37)

Private Lebensführung

Für die Tracht wurde jetzt also mehr die heimische Wolle verwendet, die Männer legten keinen Wert mehr auf Purpurmäntel und metallenen Schmuck. Auch hier wirkte ein demokratisches Gemeinschaftsgefühl gegen Unterschiede. Nur die Art der Haltung und der geschmackvollen Linie des Gewandes wurde in der Öffentlichkeit wohl beachtet.

Aber auch im Innern des Hauses, im Schoße der Familie herrschte die gleiche gediegene Schlichtheit. Möbel und Hausrat waren spärlich und einfach, die Gebäude selbst noch keineswegs großartig oder gar innen und außen übermäßig geschmückt. Von der Pracht der seit einem Jahrtausend versunkenen kretischen Paläste mit ihrem Freskenschmuck und vielfachen Stockwerken, von dem phantastischen „Komfort" jener fast mythischen Zeit war keine Rede, wenn auch natürlich die Gediegenheit und Schönheit der Ausstattung zu Perikles' Zeit weit über der bäuerischen Schlichtheit in den Jahrzehnten der Perserkriege stand.

Einfache Vätersitte

Einfach war auch die Mahlzeit, die in Hellas nie jene Schwelgerei gekannt hat, die durch ihr Protzentum das späte Rom so übel verunziert. Der Südländer ist genügsam, sein Klima weist ihn vielfach auf vegetabilische Verköstigung oder leichtes Fleisch. Die massige Eintönigkeit homerischer Mahlzeiten, die immer nur Ochs und Schwein in fettstrotzender Totalität braten läßt, hatte größerer und bekömmlicherer Abwechslung Platz gemacht. Auch Fisch und Geflügel, das der alte Epiker noch recht zu verschmähen scheint, wurden immer beliebter. Den Weingenuß im Übermaß verachtet ja der Südländer noch heute, und trotz seines Traubengottes Dionysos war wohl damals der Athener alkoholischen Exzessen ebenso abhold, wie man das heute überall am Mittelmeer beobachten kann. Daher auch die unbeschwerte, leichte Elastizität, die aufmerksame Gewecktheit und Aufgeschlossenheit des so lebhaften, geistsprühenden Volkes, das sein Leben gesellig froh und mit guter Laune mehr im Freien als im Innern der Häuser verbrachte. Dort schaltete die Frau mit den zahlreichen Bediensteten und den kleinen Kindern.

Familie Das Ehe- und Familienleben ist ja nun allerdings kein Glanzstück der hellenischen Sitte. Die Stellung der Frau, von der man immer strenger rein einheimische Abkunft verlangte, hatte sich jedenfalls gegen früher keineswegs gebessert und nicht veredelt, wie man es von einer ansteigenden Kultur annehmen möchte. Inniges Familienleben in Einzelfällen und besonders bei einfachen Leuten mag ja vielfach vorhanden gewesen sein, aber im allgemeinen bleibt die Betonung der ausschließlich männlichen Interessen in aller Schroffheit bestehen, sowohl in materieller Hinsicht wie im Gefühlsleben. Gerade Athen behandelte seine Frauen würdeloser als z. B. Theben oder Sparta, weil diese letzteren konservativer an patriarchalischer Sitte festhielten, die Ionier jedoch in ihrer leichteren Zugänglichkeit für östliche Einflüsse auch dem weiblichen Geschlecht gegenüber sich immer „orientalischer" verhielten. Töchter wurden ungefragt und nur nach dem Gesichtspunkt materieller Vorteile verheiratet, die Scheidung war dem Manne so leicht wie möglich gemacht. Die erzwungene Zurückgezogenheit der Frau und die Überfülle häuslicher Pflichten, die in einer Zeit vielfältiger Heimproduktion sehr ausgedehnt waren, standen einer Bildung und Interessenförderung der weiblichen Familienmitglieder gänzlich im Wege, und so konnten sie dem so beweglichen Geist dieser hellenischen Männer wenig bieten. Die Weiber waren für die Kindererzeugung da und für die Führung der Wirtschaft. Aber da sich auch alles Leben öffentlich abspielte und damit die Frauen ausschloß, so suchte der Mann seine Anregungen außerhalb der Familie bei seinen Genossen, auf dem Markte, in den Versammlungen und Gerichtshöfen, bei Symposien und in den Gymnasien.

Stellung der Frau Eine Hochschätzung der Frau war bei solcher Anschauung nicht möglich; man muß die Familie wirklich als bloße „Zuchtanstalt" bezeichnen, bei der das Weib nicht sinnliche Zuneigung genoß und nur die Pflicht hatte, zu schweigen, wie es Sophokles als schönsten Schmuck der Frau preist. Die Institution der Ehe hielt sich nur deshalb, weil das Gesetz die Kinderabstammung genau in Obacht nahm und legale Form verlangte.

Diese traurigen Verhältnisse gelten in erster Linie für die Ehefrau. In der freien Liebe und einem lebhaften Hetärengetriebe lagen die Dinge ein wenig anders, denn dieser ungebundenere Teil des weiblichen Elements besaß ja auch viel mehr Lebenserfahrung, Kenntnisse und Bildung und darum weit größeren Reiz für die Männer. Die berühmte Aspasia aus Milet, die Gefährtin des Perikles, und andere an Schönheit und Geist bekannte Frauen dieser Art genossen ausnahmsweise Interesse und Verehrung der Männer, aber auch dieses ging wenig über die geistige Domäne hinaus und streifte kaum die normal sinnliche Sphäre, geschweige denn die einer Herzensneigung.

So scheidet denn die Frau fast völlig aus dem seelischen Bedürfnis des Mannes und aus dem geselligen Leben aus; bestimmend ist sie für den Mann niemals, noch weniger für den öffentlichen, politischen Betrieb mit seinen Entscheidungen, wenn auch neben der sehr angegriffenen, ja peinlich angeklagten Aspasia auf einige bedeutende Herrschergattinnen früherer Jahrzehnte verwiesen wird. Im Leben der hellenischen Männer dieser Zeit muß man darum nie nach einer Beeinflussung oder inneren Durchbildung durch weibliche Liebe suchen. Dies Element kommt gar nicht in Betracht, und nirgends zeigt sich uns irgendein Ausnahmefall. Die realere und viel mehr konkret-sinnlichere Einstellung südlicher Völker, bei denen meist höchstens Leidenschaft Glück und Herz vertritt, einte sich hier mit dem besonderen geistbetonten Leben der Ionier, bei denen Zuneigung weit mehr homoerotisch nachzuweisen ist, jedenfalls liegt die „Seele" des Hellenen in allen möglichen anderen Beziehungen, nirgends aber weniger als in der Richtung auf das Weibliche.

Keine Widerlegung ist es, wenn man auf die ehrfurchtgebietende Rolle einzelner Frauen im religiösen Kult hinweist oder auf das geschlossene Auftreten der Mädchen und Weiber in Chören, Festzügen und ähnlichen Feiern. Man braucht ja bloß an griechische Göttinnen zu denken und sich ihren eigentlichen Wesenskern zu vergegenwärtigen, um das Manko in der eigentlich fraulichen Richtung sofort zu spüren. Aber auch auf diesem ganzen Gebiet des Weiblichen wäre es sehr angebracht, jede Wertung der Zustände beiseite zu lassen, weil sie doch immer nur auf Prämissen fußen würde, die nicht dortigen und damaligen, sondern weit später abendländisch erworbenen Gefühlssphären entstammen und darum unser Urteil irreführen. Es liegt darum in Hellas und speziell im ionischen Athen bei solchen Verhältnissen kein Mißstand vor, sondern nur eine Erscheinung, die so genau zum Ganzen paßt, daß jede andere Note als ein Mißklang aus der Geschlossenheit des damaligen Lebens herausfallen würde. —

Die bei dieser Gelegenheit schon mehrfach genannte Geselligkeit blühte trotzdem, nur völlig anders, als wir sie gewohnt sind. Gesellig ist und war ja der redelustige, stets zum Diskutieren neigende Südländer immer, aber die Form, in der Zusammenkünfte dieser Art im alten Hellas gepflegt wurden, unterlag natürlich dem Wandel von altväterischer Sitte und Einfachheit zu einem gegenüber dem späteren Rom immer noch gemäßigten, aber doch schon steigenden Luxus mit allen Zutaten sittlicher Zwanglosigkeit, wie unsere Zeit das in so offener Natürlichkeit nicht kennt. Auch Rangordnung, feste Beschränkung auf Geladene und ähnliche Bindungen waren weit weniger streng. Man kam nicht so sehr der Mahlzeit wegen zusammen, als zum Zweck eines Gedankenaustausches in reger Konversation, wobei Politisches, Philosophisches eine bedeutende Rolle spielte. Bekränzt huldigte man nach dem Mahl dem Wein, ließ sich von Mädchen Tänze und Gesänge darbringen oder lauschte in dem zwanglos gelagerten Kreise besonders geistreichen Ausführungen über ein zeitgemäßes Thema. Es war eine hohe Kultur echter Konversation, wie sie heute fast ganz verloren ist, oder wie wir sie uns z. B. in der Art und Höhe der Geistigkeit einer Tischrunde Friedrichs des Großen

Geselligkeit und Verkehr

162 FÜNFTES UND VIERTES JAHRHUNDERT

Symposien

ausmalen. Die Wassermischung des Weines ließ die Gäste lang und ausdauernd dem Vergnügen des Beieinanderseins huldigen. Von den ältesten Zeiten an finden wir preisende Worte über diese Art von Geselligkeit:
„Das Süßeste ist es, beim Mahle und herrlichen Festschmaus an Gesprächen sich zu ergötzen, nachdem man sich mit Speise gesättigt." ([38])
Und schon der alte Homer singt:

„Wüßt ich mir doch kein schöneres und kein besseres Endziel,
Als wenn froher Sinn die ganze Gemeinde beseligt,
Wenn sie reihweis sitzen beim Schmaus im Hause und innig
Lauschen dem Sänger; es stehen vor ihnen die Tische beladen
Voll von Wein und Fleisch, einschöpft vom Kruge der Mundschenk
Jungen Wein und trägt ihn herbei und füllt die Pokale.
Ja, das dünkt mir wohl die seligste Wonne des Herzen."

(Od. IX, 5—11)

Bei Familienfesten waren auch Frauen und Knaben anwesend, aber nur während der eigentlichen Mahlzeit.

Die freudige Hingabe an diese Symposien spiegelt sich auch in unzähligen Vasenbildern wider. Das sprühende Vibrieren des griechischen Geistes muß köstliche Stunden gezeitigt haben, und man erinnerte sich oft noch lange solcher gepriesenen Stunden; man gab sich hier natürlich wie man war und steigerte den eigenen Gedankenreichtum durch kluge, oft witzige und immer offenherzige Disputation.

Dazu kam die geliebte Musik, auch gemeinsamer Gesang, scherzhafte Spiele wie das Weinspritzen des Kottabosspieles (auch Nonnos schildert es noch sehr hübsch, XXXIII, 64 ff., in einer selbst von Gelehrten wenig gekannten Stelle), und ein Frohsinn, der sich in Dutzenden von hübschen Einfällen und Improvisationen auslebte. Vergessen wir auch nicht, daß solche Gelage immer nur privat stattfanden, daß man nie unterließ, den Göttern die gebührende Spende zu bringen und daß Takt und Höflichkeit selbst in schwieriger Situation durchaus vorausgesetzt wurden.

Natürlich blieb nicht alles so ideal und war auch wohl zu jeder Zeit recht mannigfaltig abgestuft. Die übertriebene Geistreichelei der Sophisten, eine gelockerte Erotik und ein steigender Hang zu größerer Üppigkeit einer verwöhnteren Zeit beeinträchtigten die edle Seite des Symposions besonders da, wo nicht erlauchte Geister die beginnende Entartung bändigten. Die Anwesenheit der Hetären dehnte sich zum Zuzug aller möglichen Gaukler und Varietédarbietungen aus, Schlemmerei und Rausch übersprangen manche früher streng gewahrte Schranke, und wie alle kulturellen Erscheinungen zahlte auch das Symposion einer allmählichen Zersetzung seinen Tribut. Im Grunde aber ist ja doch alles Griechische so edel, harmonisch und natürlich veranlagt, daß es schon einer recht langen Entwicklung bedarf, um wirklich das einmal Gute herabzuwürdigen oder gar zu zerstören.

Liest man aber entzückt die wundervollen Schilderungen eines Symposions bei Platon oder Xenophon, so staunt man trotz aller hier obwaltenden literarischen Idealisierung über die Fülle von Geist und gesunder Fröhlichkeit, wie sie selbst das beginnende 4. Jahrhundert noch diesen Zusammenkünften verleiht. Hier kann man sich wirklich ein Bild machen, von wie hoher Qualität solche Gesellschaften sein konnten, mögen auch beide genannten Autoren in ihrem „Symposion" nicht genau eine wirklichkeitstreue Begebenheit, sondern eine ideelle Komposition überliefern oder mit ihrer Schilderung in einen einzigen Abend zusammendrängen, was zu verschiedenen Orten und Zeiten vor sich gegangen ist. Wenn Platons Symposion den Vorzug einer ganz hohen Geistigkeit und tiefen Philosophie besitzt, so wird die Schrift Xenophons mehr der normalen Wirklichkeit entsprechen, von deren Qualität aber ein Burckhardt doch mit vollem Recht die bezeichnenden Worte brauchen konnte: „Nirgends sonst in der Welt und nie in der übrigen Weltgeschichte ist das Gelage so sehr das ‚Gefäß des Geistes' gewesen... Es gibt kaum eine Schrift, die uns besser zeigt, wie eine Gesellschaft höchsten Ranges zusammengesetzt sein konnte und wie sich die Elemente gegenseitig ausglichen." (39)

Der Markt — Daß die Symposien sich, wie schon gesagt, privat in den Häusern abspielten, war ein Sonderfall in dem geselligen Treiben dieses auf südliche Art fast ganz im Freien lebenden Volkes. Waren der besonnte Markt und die Straßen schon immer ein Tummelplatz und Treffpunkt des Verkehrs, des Beieinanderseins, der gegenseitigen Aussprache und wohl auch oft nur des zwecklosen Flanierens und des Klatsches, so wuchs dies Getriebe zu seiner lebhaftesten Höhe, zu seinem glanzvollsten Ausdruck bei den großen, religiösen Volksfesten, die nun wirklich groß und klein und alle Stände vereinten. Die Ausübung des Kultes, die Verehrung der Götter waren für die Hellenen das wirklich Zentrale ihrer bürgerlichen Existenz. Diese Feste umfaßten alles, nicht nur die religiöse Seite des Lebens; der politische Glanz des Staates, die begeisterte Sportsbetätigung lagen ebenso darin, wie die später so herrlich aufblühenden Keime des Theaters und seiner grandiosen Dichtung.

Spiele und Feiern — Von den panhellenischen Spielen zu Olympia, zu Nemea, die für Zeus gefeiert wurden, und von denen für Apollon in Delphi und Poseidon auf dem Isthmos von Korinth war bereits die Rede. Es wurde aber auch schon darauf verwiesen, daß Athen zwar gleich allen anderen Gauen diese Spiele besuchte und pflegte, aber sich schon zu den Zeiten des Peisistratos eigene kultische Volksspiele schuf, und zwar wie in Olympia alle vier Jahre die Panathenäen zu Ehren der Stadtgöttin und dann besonders die großen und kleinen Dionysien, zu denen die Lenäen (Kelterfest) gehören, und schließlich die noch vielfach ungeklärten Anthesterien, in deren Namen „Blütenfeier" Totenfest und Seelenkult vereint waren und von denen manche unsern Karneval wie auch unser Allerseelenfest ableiten möchten.

Lassen wir die Einzelheiten dieser Feste hier als allzuweitführend beiseite; als Ganzes aber müssen wir die tiefe Wirkung und große Rolle der Feiern im Volksleben und für die Befruchtung von Kunst und Dichtung ein wenig näher würdigen.

Festzüge — Zunächst muß man sich, um die brausende Teilnahme des ganzen Volkes zu verstehen, vergegenwärtigen, daß solche Feste selten, ja teilweise nicht einmal jährlich stattfanden, dann allerdings alle Bürger mit sich fortrissen. Große prunkvolle Prozessionen nach einer genauen Regel der Beteiligung fanden an diesen Festen statt. Die Ausstattung dieser Festzüge verschlang Unsummen, die aber nur teilweise vom Staat, größtenteils aber in eifersüchtigem Wettstreit von den reichen Bürgern, allerdings oft bis zur äußersten Grenze der Leistungsfähigkeit, getragen wurden. Vom Staat aber verlangte das Volk für jeden einzelnen das Theorikon, das Eintrittsgeld für die szenarischen Darbietungen und erleichterte dadurch die Stadtkasse um so bedeutende Beträge, daß Perikles, der Begründer dieser Gepflogenheit, wohl nur aus den reichen Tributen der Seebundstaaten solchen Forderungen nachkommen konnte.

Die Teilnahme von groß und klein, von reich und arm an diesen Festen, die Verbundenheit durch die gleiche Freude und religiöse Verehrung einten das so demokratische Volk Athens, das dankbar anerkannte, wie gerade die Vornehmen und Vermögenden durch die große Liberalität, mit der sie ihre Mittel zur Verfügung stellten, all diese Pracht ermöglichten. Am teuersten kamen die Choregien, d. h. die Ausstattung der dramatischen Chöre. Die einfachen „ländlichen" Dionysien, die im Dezember gefeiert wurden, verteilten sich auch auf einzelne Orte und bedurften noch nicht eines solchen Aufwandes, wenn auch sie gerade die Ursprungsstätte der Tragödie werden sollten. Die Lenäen aber im März und die großen Dionysien waren eine zentrale Angelegenheit von Gesamt-Attika und nahmen dadurch auch Dimensionen an, die an Leitung, Ausstattung, Kostümierung und auch an geistiger Hingabe phantastische Anforderungen stellten. Hier traten auch die vornehmen Frauen auf und stellten aus ihrer Mitte dem nahenden Weingott eine hochzeitliche Königin. Dionysos wurde nicht als einheimisch betrachtet; das Gefühl des früheren Eindringens einer fremden Religion von auswärts lebte im Volke fort, und so mußte der Gott feierlich von der Grenze eingeholt werden zu seinem Tempel in der Stadt. Tagelang glänzten die heiligen Bezirke von seiner Feier, von musischen Wettkämpfen, von Tanz und Gesang. So befand sich denn auch hier die Orchestra, der große amphitheatralische Zuschauerraum Athens, der dem ganzen Volke Raum genug bot, trotzdem auch stets noch zahlreiche Fremde zum Besuch dieser Wunderschau nach Athen strömten. Die ganze Großartigkeit und Macht des Staates, sein Prunk und Pomp sollten hier imponierend wirken, so daß ein politischer Beigeschmack diesen ursprünglich nur kultischen Festen nicht abzusprechen ist.

Eine wirklich augenklare Vorstellung von dem Äußern dieses ganzen festlichen Apparates haben wir wohl kaum, auch würde unserm heutigen Empfinden vieles nicht zusagen, wie die ungenierte Mitführung riesiger Zeugungsorgane als Fruchtbarkeitssymbole, was uns in seiner Drastik fast an Gebräuche exotischer Völker erinnert. Wie alles Hellenische waren auch diese Feste ein Agon, ein Wettkampf, in jeder Hinsicht. Prachtliebe, Reichtum, Geschmack wetteiferten ebenso, wie die rhythmischen Tänze der Knaben und Mädchen, wie die glutbegeisterten Gesänge und schließlich in den besten Zeiten die Dichtkunst, die nach den ernsten Dramen bei den tollen dionysischen Satyrspielen wiederum an Drastik und sinnlich-ungenierter Natürlichkeit alles überbot, was unsere Phantasie sich ausmalen kann.

Nur aus diesem Gemisch von tiefer Religiosität, Geist und Schönheit, von Pracht und genial gesteigerter Lebendigkeit, von derbster Tollheit, Spottlust und Rausch konnte sich vor den feinsten und begierigsten Ohren der Welt jene großartige griechische Dichtung entfalten, die ebenso fest mit dem Volke verbunden war, wie sie dessen erbarmungsloser, aber feinfühligster Kritik standzuhalten hatte. So verdanken wir gerade der Intensität dieser Feste und Feiern und dem Zusammenströmen der heterogensten Gefühlselemente des Erhabenen und Burlesken das Entstehen poetischer Höchstleistungen, denen die Dichtung anderer Länder und späterer Zeiten kaum Gleichwertiges gegenüberzustellen hat, wie ja immer Mythos, Religion und Kultus der Quell aller ewig großen Kunst waren und bleiben werden.

Von der Heiligkeit solcher Feste für die Hellenen kann man sich einen Begriff machen, wenn man hört, daß z. B. die Spartaner, denen doch Kampf und Vaterlandsverteidigung alles galten, niemals die Feier und eher noch den Krieg, selbst bei schlimmstem Nachteil, verschoben. Dem Religiösen ordnete sich alles unter, die Geselligkeit und der Sport, die Politik, der Tanz und Gesang und alles, was der stets lebendige Agon an dramatischer Spannung besaß. „Das Volk und besonders die Jugend waren hier voran, und von Kindheit an und auch bei den Ärmsten war der Götterdienst das Schönste, was es gab. Gesang, Musik und Tanz, soweit die Kunde davon reichte, enthielten ungeschieden die irdische Stimmung und die Feier göttlicher und mythischer Gestalten." (40) Welche Fülle der Anregung für das schönheitstrunkene Auge des griechischen Künstlers, für das empfindsame Ohr des Dichters: das herrlichste aller Völker in gottbelebter Ekstase, wo Grazie und Hoheit auch noch das Einfachste adelten.

Kultische Beeinflussung

Burckhardt macht die feine Beobachtung, wie hoch man neben der Gymnastik den Einfluß gerade der öffentlichen, kultischen Feiern auch in pädagogischer Hinsicht einschätzen muß: „Die eine Seite der Erziehung dieser Gesellschaft bilden Festlichkeiten, Prachtopfer, Chöre und Tänze, alles an den Kultus angeschlossen, welcher in seiner Ausweitung als Mythos Inhalt und Quelle aller Bildung überhaupt ist." (41) Da nun besonders auch die Jugend einzeln und in geschlossenen Gruppen an den eben geschilderten Feiern ständig und mit Begeisterung teilnahm, so ist die Annahme eines solchen Einflusses körperlich und geistig geradezu notwendig. Denn die Größe der Eindrücke, die feierliche Erregung, die Mitbetätigung konnten auf junge Gemüter ihre Wirkung nicht verfehlen und bereiteten jedenfalls geistig den Boden vor, auf dem die Pädagogik zu wirken hatte. Daß diese, der heutigen englischen ähnlich, mehr Wert auf Charakterbildung und körperliche Tüchtigkeit legte — mens sana in corpore sano — als auf eine Überladung durch Wissen, war bei einem geistig so regsamen und interessierten Volke keine Gefahr, und die Welt weiß ja auch, welche hohen Resultate Erziehung und Unterricht auch rein geistig erreichten, ohne den Bildungs- und Wissensballast derart anzuhäufen, wie wir es leider heute — vieleicht als bittere Notwendigkeit einer zu breit ausgelaufenen Kultur — gewohnt sind.

Nun war ja auch die Fülle des Wissensstoffes, der Umfang des Weltbildes erheblich kleiner und einfacher. Die Grundelemente der damaligen Kenntnisse konnten viel rascher gelegt werden. Daß die Volksbildung aller Schichten Schreiben, Lesen und Rechnen beherrschte, war den Alten selbstverständlich, und wir haben vielfach Zeugnisse, die uns diese Tatsache bestätigen. Ein teilweises Analphabetentum ist also jedenfalls für die hochkultivierten Hellenenstaaten nicht vorauszusetzen. Hatte man sich doch schon früher nicht mit den einfachen „Volksschulelementen" begnügt. Die Ausbildung in der Musik und die Beherrschung eines Instrumentes wurden immer gefordert, und da dazu die Kenntnis und das Memorieren der alten Dichter, besonders der homerischen Epen, kam, so mußte diese durchaus musische Einstellung der Ausbildung alle schlummernden Kräfte solcherart wecken und für spätere Schöpfungen auf diesen Gebieten lebhaft vorbereiten.

Umfang des Wissens

Unterricht und Schule

Die Knaben wurden zu Privatlehrern außerhalb des Hauses geschickt und werden es bei der Strenge der gesamten Erziehung dort gewiß nicht ganz leicht gehabt haben, soweit nicht ihr geweckter Geist die Materie rasch erfaßte. Trotz aller Stilisierung äußerst lebenswahre Darstellungen solchen Unterrichts kann man in Fülle unter den griechischen Vasenbildern antreffen und in ihrer starken Anschaulichkeit genießen.

Aber auch in Einzelstücken besitzen unsre Museen ein reichhaltiges und interessantes Material einer „Schulausrüstung" der Knaben. Zu ihren normalen Bestandteilen gehörten durchaus nicht nur wächserne Schreibtäfelchen, Tintenfässer und andere zum Lernen dienende Dinge, sondern bezeichnenderweise auch Ölfläschchen, Salbbüchsen, Schabeisen und andere Turn- und Sportutensilien.

Es ist interessant, daß die besseren Stände sich jedoch nicht mit dieser Ausbildung ihrer Söhne begnügten, sondern ihnen als ständigen Begleiter den sogenannten Paidagogen mitgaben, eine Art Hauslehrer, der meist ein gebildeter Sklave war. Dieser aber hatte fast nur das äußere Wohlverhalten zu bewachen, Anstand und Manieren beizubringen, Kleidung und Haltung zu beachten und jene Beherrschung von Sitte und Formen herbeizuführen, durch die sich der junge Mann später seiner Stellung würdig machen sollte. War doch dies alles einem so augenstarken Volke durchaus wichtig und geistiger Bildung gleichwertig, wie auch die Anlage des Hellenen zur Harmonie und Selbstbändigung eine solche äußere Kultivierung in jeder Hinsicht forderte.

Erziehungsideale

Denn mit der äußerlichen sollte die innerliche Hand in Hand gehen, um dem Ideal der „Kalokagathie" gerecht zu werden. Dieses Wort, das kalós (schön) verbunden mit agathós (gut) bedeutet, also körperliche und geistige Tüchtigkeit meint, ist dem Sinne nach nah verwandt mit Aristokratie (áristos = der Beste, krátos = die Kraft), wenn auch der letzte Wortbestandteil mehr auf Stand und Herrschaft geht. Der dritte Begriff, mit dem alles durch Ausbildung Erstrebbare umfaßt wurde, ist die Areté (Tugend, Tüchtigkeit). In ihr waren Tapferkeit, Gerechtigkeit, Frömmigkeit und besonders die heiß erstrebte Besonnenheit beschlossen, also „Vortrefflichkeit an Körper und Geist". Es liegt aber noch weit mehr in diesem sehr dehnbaren und vielseitigen Begriff, wie z. B. die Schönheit. „Bei Platon bedeutet die Areté die Tauglichkeit der Seele zu dem ihr gemäßen Werke, zu Weisheit, Tapferkeit, Maßhalten und Gerechtigkeit." Sehr richtig ist bemerkt worden; „An christliche Tugenden wie Barmherzigkeit, Versöhnlichkeit, Züchtigkeit ist also bei Areté wie bei dem lateinischen virtus nicht zu denken. Das tut aber der Laie unwillkürlich, wenn er in Platon-Übersetzungen von ‚Tugend' liest. In solchen sollte man das kritische Wort Areté einfach belassen; es ist unübersetzbar." (42) Wir müssen den so wichtigen Begriff der Areté durchaus vom rein Individuellen, sei es psychisch, sei es moralisch, lösen und ihm stets praktischen Einschlag unter dem Gesichtspunkt der Tüchtigkeit für den Staat geben. Dies ist ja immer die dominierende Forderung der Hellenen, die das so stark Persönliche unter dem Wohl des Ganzen zu bändigen weiß. Der Staat wollte überall von der Tüchtigkeit seiner Bürger profitieren und durch sie seinen Feinden schaden. Darum hatten auch die Geschlechter, die Lebensalter, die Stände eine ganz verschiedene Areté. (43)

Man begreift die Höhe der Ausbildung eines Volkes, dem diese Begriffe als Ideale vorschweben. Die körperliche Ausbildung, die durchaus die betontere war, stand in anfänglicher Zeit natürlich ganz unter dem Gesichtspunkt der Kriegstüchtigkeit und Waffenbeherrschung. Bei den Doriern, wo rigoroseste Abhärtung für den Kampf immer die Hauptsache blieb, wird die Gymnastik auch wenig von diesem Ziel abgewichen sein. Anders bei den Ioniern, die eben durch die Harmonie der körperlichen Ausbildung und die dadurch erreichte Schönheit auch die geistige Veredelung erstrebten und wähnten, daß schon die systematische Bemühung um die äußere Durchbildung eine innere Zucht und jenes in sich beruhende Ebenmaß jeder wirklichen Vollendung zeitigen mußte.

<small>Körperzucht</small>

Kann man doch den entscheidenden Einfluß des Sports auf die Kultur des Altertums gar nicht hoch genug einschätzen, selbst wenn man von den großen Veranstaltungen und den Sportzentren absieht, von denen einmal im Hinblick auf die wenigen örtlichen Punkte hellenischen Einigkeitsbewußtseins das kluge Wort gesagt worden ist: „Olympia war ein erster Schritt auf dem Wege zur Humanität." (44) Die starke kultische Verbundenheit solcher ausschießlich dem Sport gewidmeten Stätten zeigt schon zur Genüge die tiefe Verwurzelung sportlicher Betätigung im Volke, in der noch ein ganz anderer Sinn lag als nur Freude an Körperstählung mit praktischer Absicht. Schon um den Anforderungen der großen sportlichen Spiele zu genügen, war jeder freie Hellene von jung auf ganz und mit Hingabe und stets mit dem Bewußtsein, dem Vaterlande mit Leib und Leben nützen zu müssen, auf diese Ausbildung der Körperkräfte eingestellt, und die Erziehung setzte hier noch weit betonter ein als bei der geistigen Ausbildung. Jagen, Tanzen, Schwimmen, Rudern, so stark das alles geübt wurde, sind noch kein eigentlicher Sport, auch das Ballspiel, von dem schon Homer so köstliche Berichte in den Phaiaken-Szenen bietet, kann man kaum dazu zählen. Der wirklich griechische Sport aber liegt im Fünfkampf vor, einer Verbindung von Weitsprung, Wettlauf, Speer- und Diskoswurf, Ringen. Dazu trat Box- und Faustkampf, den man Allkampf nannte, wohl weil hierbei in rohester Weise alles zur Bezwingung des Gegners erlaubt war, ein Standpunkt, den gerade der heutige Sport mit scharfen Regeln verwirft. Dabei war „List, Gewalt, Schläge, Tritte, Verdrehen der Gelenke, Würgen, ja in Sparta angeblich selbst Beißen erlaubt." (45) Ja sogar gegen die Augen kannte man keine Schonung und suchte sie auszudrücken, wiederum ein Zeichen, daß unser Wort Humanität, ob es auch gleich aus dem Altertum stammt, dort in unserm Sinne ein praktisch ziemlich unbekannter Begriff war.

<small>Sport</small>

Man darf aber darum nicht annehmen, daß griechische Sportkämpfe regellos vor sich gingen. Ganz im Gegenteil. Scharf, ja unerbittlich waren die Vorschriften für alle olympischen Teilnehmer. Jeder Verstoß wurde auf das strengste geahndet, am üblichsten war die Strafe, eine bronzene Zeusstatue zu stiften. Das konnte finanziellen Ruin nach sich ziehen und verewigte gleichzeitig durch Namennennung den Frevel. Es gab ehrenamtliche Kampfrichter, Hellanodiken. Diese waren befugt, mit einer Rute Kämpfer und Trainer auszupeitschen, wenn sie sich den Satzungen nicht fügten. Auch moralisch wurde strenge Aufsicht und Auslese geübt. Es bedurfte genauer Anmeldungen und des Nachweises der Sittenreinheit, der religiösen Unbescholtenheit, der Achtung vor den Gesetzen neutraler Waffenruhe. Aber umgekehrt war auch der unentschuldigte Rücktritt nach erfolgter Anmeldung

<small>Sportregeln</small>

strafbar. Es scheint also, daß so scharfe Bedingungen notwendig waren, um die erforderliche Disziplin zu wahren. Denn die Griechen waren sich deutlich bewußt, wie ernst und wichtig ihre Sportausbildung für die Gesundheit und Macht des Staates eingeschätzt werden mußte. Wir finden hier also Gedankengänge, die sich eng mit heutigen Tendenzen berühren und die kulturelle Rolle des Sports als solche klar und verantwortungsvoll erkennen. Auch heute müssen die Teilnehmer großer Wettkämpfe einen Ehreneid ablegen; um so feierlicher wurde er bei den kultischen Sportspielen der Griechen geschworen. Ein Eberopfer war dazu notwendig, an dem sogar die Anverwandten und Trainer teilnahmen. Interessant ist, daß hierbei die Versicherung notwendig war, daß die Kämpfer sich zehn Monate lang intensiv vorbereitet hatten. (46) Der Preis in den Kämpfen war ein Kranz und die Ehre, aber diese Ehre galt in der Nation so hoch wie keine andere. Ein Sieger wurde nicht nur für den Augenblick der gefeierte Liebling der Nation, sondern er blieb unter die Helden gerechnet, und die Sänger priesen ihn in oft unsterblichen Liedern.

Preis der Sieger

Am ehesten wurde ja allerdings diese Verherrlichung den Siegern im vornehmsten aller Wettkämpfe, im Rennkampf der Wagen, zuteil. Schon bei den Feierschilderungen Homers sehen wir, daß dies Rennen Krone und Abschluß bildet. Das ganze Altertum hindurch entfachte der Kampf mit der Quadriga den höchsten Ehrgeiz, und noch beim Abschluß der Antike sind im Dionysiaka-Epos des Nonnos diese Schilderungen ebenso lebhaft und aus Augenschein und Erfahrung geboren wie über tausend Jahre früher beim alten Homer. Den Sport an sich aber können wir noch weit tiefer in die Vergangenheit verfolgen, denn die kretischen Funde aus dem 2. vorchristlichen Jahrtausend bieten gerade hierüber deutliche Hinweise. In unverkennbaren und lebenswahren Abbildungen tritt uns Boxsport, vor allem aber eine Art Stierkampf oder zumindest Sprungübungen über Stiere, entgegen vor einer beifallsfrohen Menge von Zuschauern. Es handelt sich also um wirklich sportliche Veranstaltungen. Als die Olympischen Spiele im Jahre 394 n. Chr. nach über tausendjähriger Dauer der christlichen Gegnerschaft zum Opfer fielen, war es mit der wahren Antike zu Ende. Leib und Seele waren bei ihr gleichwertig, und die Ausschaltung des einen Teils mußte ihr inneres Leben töten oder zeigt, wie tot es schon in sich war.

Lehrstätten

Die sportlichen Übungen, durch die das Volk der herrlichsten Bildhauermodelle heranreifte, gingen öffentlich vor sich in den Gymnasien (gymnós = nackt), dem Hof oder Platz, wo die reife Jugend unter der Leitung bewährter Lehrer turnte und auch die innere Besonnenheit, die so heiß erstrebte Sophrosyne, zu erlangen suchte. Für die Knaben dagegen war die Palaistra da, wo auch anmutfördernde, leichtere Ballspiele getrieben wurden. Diese Turnplätze wurden bald der Anlaß, sie architektonisch mit Säulengängen und Hallen zu umgeben, und manch prächtiger Bau führte allmählich zu eigenem Stil dieser Gattung.

Daß das Wort Gymnasium sich bis heute für Bildungsanstalten der Jugend erhalten hat, liegt mit an der Zweckentwicklung jener Stätten, die einen interessanten Einblick in den Wandel hellenischer Auffassung von Erziehung gestattet. Verschwand doch nach dem Ausgang des 5. Jahrhunderts immer mehr der allein bestimmende militärische Gesichtspunkt, da die allgemeine Wehrpflicht allmählich ins Berufssoldatentum überging. Auch überwogen mit der Zeit die rein geistigen Interessen so sehr die sportlichen, daß man jedenfalls in Athen von der Übertreibung der körperlichen Ausbildung abging und Unterricht und Lernen in den Vordergrund stellte.

Überhaupt unterlagen die Prinzipien der Erziehung seit dem Peloponnesischen Kriege einer gründlichen Umwandlung. Die „Kalokagathie" blieb natürlich weiter maßgebend, aber die Macht des Geistes, die Freude an der Ausbildung des Intellekts wurden immer bestimmender, ausgenommen in dem von jeher mehr einseitig verknöchernden Sparta. Man konnte sich jetzt nicht mehr damit begnügen, daß die Jugend neben den elementaren Grundlagen nur durch den zufälligen Umgang mit Älteren und dem, was sie dort hörte und sah, heranreifte, sondern es kam nun wirklich der Stand gesuchter Lehrmeister auf, die sich besonders aus den Sophisten rekrutierten. So war ja z. B. das Rednertalent eine wohl stets geschätzte, schon bei Homer gepriesene Gabe; bei den neuen, hohen Anforderungen aber erkannte man, daß diese Fähigkeit einer genauen, systematischen Ausbildung bedurfte, daß es Gesetze der Logik und guten Rhetorik gäbe. Auch die mathematischen und technischen Kenntnisse hatten sich derart vermehrt, daß der Unterricht in diesen Fächern erheblich vertieft und ausgedehnt werden mußte. Und von der Poesie und der Kenntnis der anschwellenden Literatur galt das gleiche, wenn auch Hellas in der Hauptsache instinktiv an der überragenden Größe seines Homer voll dauernder Verehrung festhielt.

Geistiger Fortschritt

So werden die Gymnasien immer mehr zum Tummelplatz erlesener Lehrer und hochgebildeter Männer; vor allem hatten hier die Philosophen einen großen Zulauf und vermittelten ihre Lehre weniger in Vorträgen als in freiem Gespräch und bildender Diskussion. Es konnte somit nicht fehlen, daß allmählich dies ganze begabte und geistig so regsame Volk eine Bildung und ein Wissen erhielt, das weit über dem Niveau früherer Jahrzehnte lag und in seiner Feinfühligkeit und dem fast zu blitzenden „esprit" wohl nie wieder seinesgleichen gefunden hat. Darauf wirkte besonders steigernd noch der eingeborene Trieb des agonalen Wetteifers ein, denn die Griechen waren und blieben ja wie besessen, sich in allem und jedem fanatisch zu messen, ob körperlich, ob geistig, ob im Sport, ob im Disput, ob in Festen, selbst in der Kunst. Wenn gar nichts mehr übrigblieb und auch die heißgeliebten Pferde nicht mehr vorhanden waren, so wurden immer noch Hähne und Wachteln gegeneinander gehetzt. Daß bei solchem fast schon pathologischen Streben nach Sieg jeder seine Fähigkeiten, worin sie auch liegen mochten, aufs äußerste durchbildete, ist klar, und das kam schließlich ja dem Ganzen zugute, wenn natürlich auch viel Ungünstiges und manche Schattenseite damit verbunden sein mochten.

Öffentliche Lehrtätigkeit

Jedenfalls entstand dadurch eine Existenz, wie sie auf Erden weder vorher noch nachher anderswo vorgekommen ist, „alles vom Agon durchdrungen und beherrscht und ausgehend von dem Grundfundament, daß durch Erziehung alles zu erreichen sei, bei welcher Erziehung dann wieder der Familie und dem elterlichen Hause das Wenigste überlassen blieb." (47)

Bei einem Volke, das seine Jugend ganz für den Dienst am Staate und daher besonders für dessen Verteidigung und Ruhm im Kriegsfall erzog, läßt es sich nicht umgehen, hier auch ein kurzes Wort über das Heerwesen zu sagen.

War es in der archaischen Zeit für den freien Mann vom 18. bis 60. Jahre eine ganz selbstverständliche Sache, Krieger zu sein und in Waffen und Kampf

Das Heerwesen

zu leben und zu sterben, so blieb das bei der späteren festen Staatsform durch das überall gültige Gesetz der allgemeinen Wehrpflicht im Kern bestehen, nur daß damit Kriegsdienst und Heeresfolge durchaus geregelt und in der Form und Art der Beteiligung meist nach Steuerbegriffen abgestuft war. Jedenfalls war das Heerwesen in der Staatsverfassung verankert und gehörte zu ihren allerwichtigsten Bestandteilen. Auf Einzelheiten und besonders die Unterschiede im aristokratisch-kriegerischen Sparta und dem freien und liberalen Ioniertum Athens soll hier nicht eingegangen werden. Dagegen müssen wir auf die grundlegende Änderung all dieser Verhältnisse im 4. Jahrhundert durch das allmähliche Entstehen des Söldnerwesens hinweisen, denn dadurch wandelte sich das ganze Pflichtverhältnis des Bürgers zum Staat, oder vielmehr ersehen wir aus dieser Veränderung, wie sehr sich das kriegerische Staatsgefühl bereits neu geformt hatte. Auch äußerlich änderte sich vieles in der Bewaffnung, die, trotz Beibehaltung von Lanze, Schwert und Schild, doch mannigfacher und technisch praktischer wurde; jedenfalls nahmen die Schußwaffen zu. Seltsam ist, daß die Reiterei und die Zugehörigkeit zu ihr zwar als die edelste und auch kostspieligste Form des Kriegsdienstes galt, praktisch aber ganz an Wirksamkeit und Erfolg zurückstand und in den seltensten Fällen eine ausschlaggebende Rolle spielte. Auch das Belagerungswesen bleibt recht unausgebildet; besonders den Spartanern war es zuwider, so daß sie im letzten großen Kriege gegen die Messenier vor der Bergfestung Ithome so sehr versagten, daß sie die Hilfe der in solchen Fällen mehr bewanderten Athener herbeiriefen.

Strategie

Auch die Strategie bildete sich weniger aus, bis erst die „schiefe Schlachtordnung" der Thebaner in der Mitte des 4. Jahrhunderts hierin etwas ganz Neues einführte. Vorher galt es immer, die von leichtem Fußvolk umschwärmte „Phalanx" in Tiefe von acht Mann dem Feind gegenüberzustellen. So sehr man sich bemühte, diese Phalanx geschlossen beizubehalten, blieb doch der Sinn des Kampfes die persönliche Tapferkeit von Mann zu Mann. Wirkliche stehende Heere waren bei der steten Kriegsbereitschaft nicht nötig und üblich; sie kamen erst auf, als starke Alleinherrscher regierten, besonders nach dem Sieg der Makedonier.

Ganz neu für diese Epoche war der Seekrieg, jedenfalls gewann er eine Bedeutung, die die homerische Zeit nicht im entferntesten kannte. Für Flottenkämpfe diente die leichtbeschwingte Triere, ein Schiff von 40 bis 50 Metern Länge, 5 Metern Breite und 170 Ruderern, die, wie der Name besagt, in drei Reihen übereinander angeordnet waren. Seesoldaten besaß außerdem ein solches Schiff höchstens noch 30 Mann. Die komplizierte Taktik und in ihrer Gewandtheit wunderbare Führung und Verwendung der Schiffe im Kampf zu schildern, würde zu weit führen, auch ist uns hier technisch noch manches unklar. —

Innere Dissonanzen

Der Überblick, den wir bis hierhin über das Getriebe des hellenischen, besonders des athenischen Lebens gewonnen haben, läßt uns, verbunden mit dem steten Gedanken an die Herrlichkeit der harmonischen, klassischen Kunst, leicht zu der Anschauung kommen, als wäre das Leben in Attika in abgeklärter Geschlossenheit gelassen und erhaben dahingeflossen und höchstens den Schatten unterworfen gewesen, die alles Menschliche trüben. Eine solche Meinung aber wäre größter Irrtum, zu dem man jedoch leicht verführt wird, wenn man der an sich richtigen Ansicht huldigt, daß große Schöpfungen

GESCHICHTLICHER ÜBERBLICK / STAATSENTFALTUNG

stets der wahre Ausdruck des inneren, ringenden Lebens und Wesens sind und man sich aus ihnen Rückschlüsse gestatten kann. Dazu kommt bei uns die überstarke Betonung der Kunst, der Dichtung, der Philosophie Griechenlands, wodurch andere Domänen des Lebens außer acht gelassen und das Lessingsche Schlagwort von „edler Einfalt und stiller Größe" auch auf die hellenische Psyche übertragen wurde. Diese selbst ward lange als heiter, ausgeglichen und „glücklich" angesehen. Optimismus, Frohsinn, Anmut und alle Eigenschaften, die wir uns gern und unwillkürlich mit Schönheit vereint denken, formten für die Jahrzehnte nach Winckelmann bis tief ins 19. Jahrhundert das kanonische Bild griechischer Größe. Das hat sich jetzt, seit der tiefen Einfühlung Nietzsches, den aufschlußreichen Forschungen Burckhardts, Bachofens und anderer und dem weit umfassenderen Wissen unsrer Tage über das Altertum, seine Grundlagen, seine inneren Triebfedern, sein Wesen und Treiben völlig geändert; selbst unsre Anschauung von hellenischer Kunst mußte manche Korrektur erfahren, je weiter wir über das alleinige Bild des römischen Kopienstils zu den Originalen und zu den archaischen Anfängen hinausdrangen und ihnen ohne Beeinflussung und vorgefaßte Meinung gegenübertraten. Hätte man Augen und Ohren schon früher vorurteilsloser geöffnet, so hätte man stets aus der Überlieferung auch die gewaltigen Dissonanzen spüren können, die in erschütternder Tragik das glorreichste und genialste aller Völker zerrissen und aufrieben.

Es ist ja nicht zu leugnen, daß die Abgeklärtheit und wunderbare Ausgeglichenheit der herrlichen Bauten, die ruhige Formung der göttlich durchpulsten Skulpturen solcher Behauptung zu widersprechen scheint, und ein Ausweg aus dieser Antinomie muß für das Verständnis gefunden werden. Wir müssen eben die Schöpfungen als die äußerste Essenz, als den wirklichen Wesensgehalt der griechischen Seele nehmen, die immer bewußt nach Idealem strebte und sozusagen stets lebendig die schlackenlose Reinheit platonischer Ideen für alles und jedes in sich trug. Mit dieser Eigenschaft waren die Hellenen wohl derart begnadet wie nie ein anderes Volk, aber sie erkauften diese geistige Höhe um den Preis von Glück, Ruhe und Frieden. Nicht aus gesänftigten Bezirken konnten solche nie wieder erreichten Herrlichkeiten erwachsen, sie wurden äußerlich leicht und spielend, innerlich schwer und erschütternd aus dem Temperamentsrausch wildester Gegensätze geboren und konnten nur durch eine fast tödliche Reibung elementarster Kräfte entstehen. Wir müssen uns ohne eine stets falsche Wertung gewöhnen, das Bild des alten Hellas nicht nur tragisch belastet, sondern auch ethisch und moralisch von allen Krämpfen und Leiden einer dämonischen Anlage geschüttelt und zersetzt zu sehen und dies als eine Notwendigkeit hinzunehmen. Fast unerklärlich und fürchterlich wirkt diese Selbstzerfleischung, dieses zeitweise Manko von seelischem Anstand, von guten Hemmungen, die uns selbstverständlich sind, von Voraussetzungen, die uns durchaus zum abgerundeten Bilde einer edlen Seele notwendig zu gehören scheinen. *Schwere Schatten*

Schon ist verwiesen worden auf Überlauf und Bestechlichkeit großer, gepriesener Feldherren und Persönlichkeiten, die aber schon vorher daheim das Opfer eines unglaublichen Undankes geworden waren. Vaterlandsretter wie ein Miltiades starben im Gefängnis, Themistokles, verjagt und verbannt, ging hin als persischer Satrap, den großen Kimon, der das Höchste für sein Land unantastbar und rein lange Zeit hindurch geleistet hatte, trieb man *Undank* für zehn Jahre aus dem Vaterlande, wie es ja auch bereits hundert Jahre früher dem edlen Begründer des athenischen Staatswesens, dem greisen Solon, ergangen war; ein Sokrates mußte den Schierlingsbecher trinken, den großen Pheidias klagte man des Unterschleifs an, fraglich ob mit Recht, und ließ ihn außer Landes sterben. Man könnte diese Beispiele mit Schuld auf beiden Seiten endlos vermehren. Verbannung, Gefängnis, ja der Tod trafen fast jeden großen Hellenen wie eine Rache für allzu hervorragende Leistungen, doch auch für schlimme Verfehlungen, wie den gefeierten Befreier Griechenlands, Pausanias, den Sieger der Schlacht von Plataiai.

Sei es somit durch Krieg oder Politik, durch Prozesse oder Tötung — jedenfalls war der Verbrauch an Menschen in Hellas erschreckend groß und besonders an den wertvollsten, zumal in Athen. Die Hellenen verbluteten an ihren Gegensätzen, an der allzu großen Spannung genialer Eingebungen bei einem wahren Hexentanz menschlicher Schwächen.

Trotz aller versuchten Einfühlung fragt man sich kopfschüttelnd doch immer wieder, wie solche Dissonanzen möglich sind. Tut sich doch bei näherer, vorurteilsloser Betrachtung ein Abgrund von innerer Zerrissenheit, ja Verderbnis vor unseren erstaunten Augen auf, und als Beschwichtigung mag nur der Hinweis dienen, daß ein großer Teil der allseitigen Verschuldung nicht in persönlicher Niedrigkeit, sondern in politischer Leidenschaft und ihren Folgen, in wilder Demagogenhetze, in Staatswirren und Machtverführung seine Wurzel hat. Das darf aber nicht beschönigen, wieviel Eifersucht, Neid, Lust an Verleumdung und Angeberei, Habgier, Bestechungsschwäche, Freude am Hader, Ungesetzlichkeit, Korruption, Unterschleif, Lässigkeit des Eides und andere schlimme Charakterflecken die titanische Seele des Hellenen peinigten und entstellten. Wahrlich, zum Glück für sich war er nicht geboren. Aber zur Beglückung für die spätere Welt.

Brausendes Getriebe

In dem Gemisch dieser gefährlichen Lebendigkeit mit Schaffensglut, Vaterlandsliebe, Schönheitsdurst und Tatendrang muß man sich das Lebensgetriebe dieses hochgezüchteten Volkes einmal anschaulich vorstellen. Welch ein Tempo pulste durch diese nie beschauliche Menge, durch ein ständiges Beieinandersein an allen öffentlichen Stätten, bei der regsten Anteilnahme an allen Geschehnissen, ob staatlicher Natur, ob künstlerischer Leistungen für Augen und Ohren, wie sie in solcher Feinheit nie wieder da waren, ob Stadtklatsch oder materielle Interessen. All das flutete durcheinander wie ein fruchtbares Meer, das ebenso zerstört wie köstliche Perlen an den Strand wirft. Man muß das athenische Volk dieser Epoche zu den nervösesten Erscheinungen rechnen, die kulturell je in Betracht kamen. Burckhardt spricht richtig von „einem inneren Fieber dieses hochbevorzugten Volksorganismus, pathologisch eines der merkwürdigsten Schauspiele der ganzen Weltgeschichte." (48)

Soziale Probleme

Dabei ist einer der sonst heftigsten Anlässe innerer Volkszerrissenheit, nämlich der Kampf sozialer Gegensätze, in Hellas weit weniger vorhanden und störend, als wir es sogar schon im jungen Rom und doch auch meist anderswo sehen. Der Abstand von arm und reich war ja natürlich auch hier vorhanden, aber lange nicht so zugespitzt und konfliktgeladen, wie man das nach allem Gesagten vermuten sollte. Der Sinn für Gerechtigkeit und Harmonie, so theoretisch er sich meist gebärden mochte, hatte jedoch durch Verteilung der Leistungen das meiste klug und voll Menschenkenntnis ausgeglichen. Einige furchtbare Explosionen, man denke an die Erschlagung von fünfzehnhundert hochstehenden Bürgern von Argos durch den Pöbel (370) oder an die schrecklichen Helotenunterdrückungen und Aufstände, widersprechen dem nicht. Die Anlässe und Ursachen sind auch hier mehr innerpolitisch, d. h. parteilich, als sozial zu verstehen. Auch die Lage der Sklaven, soweit sie nicht in Bergwerken oder anderen schweren Betrieben fronen mußten, war durchaus keine schlimme, und von ihnen zu den freien Vollbürgern gab es noch so mancherlei ausgleichende, soziale Abstufungen der Metoiken usw. Selbst Unfreien standen Handelsbetriebe und ähnliches offen.

Muten diese Verhältnisse auch angenehmer und menschlicher an, als man es von einem so leidenschaftgepeitschten Volke erwarten könnte, so muß man nur beileibe nicht bei den Hellenen etwas suchen, was dem modernen Humanitätsbegriff entspricht. Zumal wenn es sich um Gegnerschaft oder gar Krieg handelt, so schaudert unser zarter besaitetes Gemüt vor der Wildheit und den Ausgeburten des Hasses, wie wir sie bei einer so hohen Kulturnation nie so erschreckend erwartet hätten. Da wird überliefert, daß bei den Standeskämpfen in Milet die siegreichen Plebejer die zurückgebliebenen Aristokratenkinder von Ochsen zerstampfen ließen, worauf, als sich der Sieg wandte, die Aristokraten erst die Plebejerführer ermordeten, dann deren Kinder in Pech hüllten und verbrannten. (49) Man denke ferner, wie in den spartanischen Helotenkämpfen die Gefallenen geschändet und verstümmelt wurden; eroberte Städte werden dem Erdboden gleichgemacht, öfters sämtliche Männer und Jünglinge getötet, Weiber und Kinder in Sklaverei verkauft, zuweilen aber auch ermordet; die athenischen Gefangenen in den Steinbrüchen von Syrakus ließ man verschmachten. Äcker, Fruchtanlagen der eigenen Bruderstämme wurden systematisch vernichtet, alles Vieh geraubt; bei Prozessen wurde nicht nur gegen Sklaven oft die Folter angewandt.

Mangel an Humanität

Rein aus Grausamkeit oder Blutdurst geschah dies alles jedoch nicht, es ist ein radikales Rasen des Temperaments, das auch sonst wenig von den Sitten einer viel erbarmungsloseren Zeit abwich; die Maßstäbe heutiger, gedämpfter Gesittung darf man hier nicht anlegen; sind sie doch wahrhaftig noch jung und unsicher genug.

War doch schon der Mythos der Hellenen voll von grausigen Taten, ja Scheußlichkeiten, und die Jugend hörte ebenso von diesen wie von berserkerhafter Wildheit der Urheroen. Da dies alles im Glorienschein der Verehrung lag, konnte die erzieherische Wirkung kaum anders ausfallen, falls man sich, was immer bedenklich ist, an der Ethik der Vergangenheit ein Beispiel nehmen wollte.

Schon die Zügellosigkeit der Gefühlsäußerung ist uns befremdlich; wie schimpfen, toben und weinen nicht schon die homerischen Helden, wie hemmungslos schmähen sich ihre Götter. Alles geschieht, wie Burckhardt bemerkt, bis zur letzten Sättigung. Der Mensch ist aller Dinge Maß, heißt es bei den Griechen, aber auch das Allzumenschliche, das Trieb- und Naturhafte, gibt sich ohne Maske, ohne Verstellung, aber darum oft auch ohne jede Hemmung und Selbstbeherrschung. Dafür zeigt sich aber stets eine wundervolle, offene, fast naive Natürlichkeit, dabei aber, zumal in heiklen Dingen, eine Zurückhaltung, die allen Auswüchsen gegenüber den edlen, reinen Stoff bevorzugt, aus dem alle Konvulsionen brachen.

Exaltiertheit

Vieles von dem hier Geschilderten — aber durchaus nicht alles — muß man ja nun rückwärts in eine Zeit verlegen, die jugendlicher und unausgegorener war als die klassische Periode. Aber was früher die ungebändigte Wildheit verschuldete und was in seiner gesunden Stärke einfach hinzunehmen ist, das bleibt anders geartet und noch unschöner später durch Erschlaffung, durch Degeneration, die den Alten selber schmerzlich bewußt war. Übertriebene Rassebetonung erzeugt oft einen solchen unerwarteten Umschlag, der um so abstoßender wirkt, je kraftvoller und reiner die theoretischen Grundsätze erklingen, die dann ein so übles Endresultat zeitigen.

Degeneration   Je höher gespannt das Große ist, je leichter zerbricht es. Sind die Kräfte in unerhörter Leistung ausgelaugt, bleiben desto leerer und wertloser die Schlacken. Dies Phänomen war im 4. Jahrhundert denn doch schon so weit gediehen, daß z. B. Aristoteles diese Degeneration bereits systematisch untersuchte: (50) „Er findet, daß die glänzend begabten Familien nach der Seite der Tollheit, diejenigen, bei denen ein gesetzter und ernster Charakter zu Hause sei, nach der der Einfalt und Trägheit hin ausarteten, und nennt für jene als Beispiel die Nachkommen des Alkibiades und des älteren Dionys, für diese die des Kimon, des Perikles und des Sokrates." (51) Vielleicht ist auch eine Hypertrophie demokratischer Grundsätze schuld daran. Die Grenze zwischen Freiheit und Zügellosigkeit ist dünn und zart, und außerdem kann man auf die allgemeine, wohl auch biologische Erscheinung hinweisen, daß Söhne von Genies meist wenig taugen und in Entartung vergehen. Auf dem Postament ihrer gepriesenen Herkunft glauben sie sich zu allem berechtigt, und ohne inneren, selbsterworbenen Halt nutzen sie Ruhm und Gewinn der Väter zur Vergeudung und Niedrigkeit. Hellas hatte dies reichlich auszukosten, und wollten wir selbst das Haus des großen Perikles in dieser Hinsicht durchleuchten, so träfen wir auf die übelsten Dinge.

All das mußte offen zugestanden werden. Es ruht auf dem Hellenentum so viel falsche bengalische Beleuchtung, daß auch einmal die schwarzen Schatten erwähnt werden sollten. Ebenso nötig aber ist es, das echte, strahlende Licht zu erkennen, daß erst den krassen Gegensatz dieser Schatten notwendig erzeugt und fühlbar macht. Das ungebrochene Menschentum in seiner prachtvollen Natürlichkeit, die ja Gutes und Schlimmes zusammen umschließen muß, konnte und durfte auch in seinen Übeln nicht klein sein. Positives und Negatives, Schaffendes und Zerstörendes brechen hier aus demselben Quell einer göttergespeisten Größe. Zur Vollständigkeit solcher Sonnenmenschen gehören auch die vernichtenden Protuberanzen der Leidenschaft. Alles Agonale hat immer zwei Gesichter, und wo derart fruchtbare Spannungen bestehen, gibt es Explosionen.

Hingabe an die Heimat   Nicht um versöhnlicher zu schließen, sondern um gerecht zu sein, bedarf es also auch einer Hinwendung zur leuchtenden Seite des Bildes und zwar nicht nur zu den bekannten Großtaten der Kunst und der anderen geistigen Domänen, sondern in bezug auf Charakter und Lebensführung.

Stehen wir doch immer wieder bewundernd vor dieser grenzenlosen Hingabe an das Ganze, diesem Fanatismus eines Staatsideals, dem jeder begeistert sein Können, seine Kräfte, seinen Besitz, sein Leben wie selbstverständlich hingab. Die Heiligkeit einer übergeordneten Idee, in Hellas meist die der Polis, die Burckhardt die eigentliche Religion der Griechen genannt hat, durchtränkte und läuterte alles; jeder Eigennutz, jeder Egoismus schwand vor dieser Vaterlandsliebe dahin; die freiwillige Selbstentäußerung des einzelnen zugunsten der Gesamtheit hat dem Ruf antiker Heimatliebe ein unvergängliches Denkmal gesetzt.

Diese stolze Geste, mit der jeder gern sein Besitztum hingab, wenn es nottat, geht ja auch Hand in Hand mit der Bedürfnislosigkeit und Einfachheit der privaten Verhältnisse, sogar noch zu einer Zeit, wo ein größerer Luxus das Natürlichere gewesen wäre. Aber diese schlichte Genügsamkeit ist ja auch heute noch eine der sympathischen und symptomatischen Seiten mittelländischer Völker, nur daß sie in Hellas doppelten Eindruck macht bei einer solchen Höchststeigerung des Geistes und aller anderen Potenzen. Lebte doch besonders Athen damals „in einer Sphäre ideeller Werte", (52) wie sie nie wieder vorher und nachher bestanden hat. Griechenland lag wie eine Insel der Götter im Meer der Welt, isoliert in jeder Hinsicht, und konnte so nach Beendigung der Perserkriege alles Beste seiner inneren Bestimmung vollenden. Der Traum war kurz, aber der schönste, den die Menschheit je geträumt hat, und er entstand aus der ungeheuren Konzentration eines siegreichen, kraftbewußten Volkes, in dem alles vor Schöpferkraft glühte. Dieses Zusammenballen aller Kräfte zum höchsten Aufschwung, dieses intensivste Verwirklichen innerer Ideale von Schönheit und Hoheit ist ein geradezu zaubervolles Schauspiel. Noch besaß es anfangs alle köstlichen Reize der Jugend, ihre frische Herbheit, die bis zum Bersten gefüllt war von großen Versprechungen, aber sich doch noch zurückhaltend und voll stolzer Reinheit gab. Dann wuchs das Bewußtsein einer Sendung, einer Auserwähltheit und trieb alle Blüten zur Entfaltung und zur Gestaltung reifer Früchte.

Eine der Hauptursachen, daß dies gelang, war die stets erstrebte und betonte persönliche Freiheit des Einzelnen. Dies herrliche, stolze Gefühl genoß der Hellene in bewußtem Gegensatz zu allen anderen Völkern, aber er fühlte auch, daß es ihm eine hohe Verpflichtung auferlegte, sich dieses Ausnahmezustandes würdig zu erweisen. So schwelgte er nicht nur in der geistigen Fülle, mit der er begnadet war und über die er nach Belieben verfügen konnte, sondern er gestaltete sie, wo er es eben vermochte und so gut es ihm gelang. Jeder leistete vor der Kritik und jenem überfeinen Urteilsvermögen seiner Mitbürger das Beste, sich selbst in prometheischer Freude und seinem Staate zu Heil und Glanz. Die wundervolle Lebendigkeit, mit der diese Hingabe erfolgte, das sprühende Feuer dieser bewegten, dem Göttlichen zustrebenden Geister bringen jeden Einwand zum Schweigen und lehren aufs neue, daß, wo Großes geboren werden soll, man der Schmerzen nicht achten darf. Und in dieser Hinsicht war die griechische Seele stets souveräner und heroischer als sonst je die eines Volkes.

Mit welcher Selbstverständlichkeit, mit welchem Stolz, ja hoher Freude der Hellene für Stadt und Staat sein Leben opferte und eigentlich nur diese Tat als erwähnens- und rühmenswert einschätzte, wird immer Erstaunen und Bewunderung erregen, selbst da, wo zwar Gleiches geschah, aber doch nie mit diesem Schwung, mit diesem, man könnte sagen genialen Heroismus. Was will dagegen der Hader im Innern und seine üblen Begleiterscheinungen sagen! Die Überfülle der Kräfte suchte überall nach einem Ventil. Wem es gegeben ist, aus dem Widerstreit seiner inneren Gewalten Gebilde von so reiner Gelassenheit und Schönheit auf allen Gebieten zu schaffen, der unterliegt nicht der Kritik matter, persönlicher Verhältnisse. Ein göttlicher Glanz, eine durch vollendete Harmonie erzeugte Durchgeistigung aller Materie

Freiheit des Einzelnen

Vaterlandsliebe

liegt auf diesen Tempeln, diesen Statuen, und die gleiche Erhabenheit schreitet durch die Rhythmen und Gedanken der grandiosen Dichtungen und Weisheiten.

Mag ein brutaler Egoismus, mögen Blut und Elend, ja die dauernde Ertötung ganzer Staaten und Gemeinden mitgeholfen haben, das Schöne zu schaffen, so ist jedes Opfer erlaubt, wenn noch Größeres daraus entsteht. Auf diesen entscheidenden Umsatz kommt es an, nicht auf die Berechnung einer engen Moral. Athen hat der Menschheit einen unvergänglichen Höhepunkt der Kultur geschenkt. Was soll man da fragen, wieviel er gekostet hat?! Reich an Gärung war das Leben dieser Menschen, die aus einem unschuldsvolleren Jugendtraum immer höher stiegen, geschwellt von innerer, unbändiger Kraft. Die Fülle der Erscheinungen in dem kurzen Halbjahrhundert nach den Perserkriegen ist ja verstandesmäßig gar nicht zu fassen, und sie gipfelt in der alles überragenden Persönlichkeit des P e r i k l e s (500—429). Er wußte die Gegensätze des Alten und Neuen, die traditionellen Werte und jungen Bestrebungen seiner Mitbürger zu fruchtbarem Ganzen zu vereinen und ihnen Wege und Möglichkeiten zu weisen. Die hinreißende Beredsamkeit, der Zauber seiner Persönlichkeit, die Erhabenheit seiner geistigen Einstellung neben einer klugen Abwägung aller Realitäten schenkten ihm die dominierende Stellung eines geradezu fürstlichen Leiters seines Volkes durch dessen beste Jahrzehnte. Die große Grabrede, die ihn Thukydides nach den ersten schrecklichen Opfern des Peloponnesischen Krieges halten läßt, mag ja im Original vielfach anders gelautet haben als die Überlieferung des Historikers, immerhin zeigt dies Wunderwerk menschlicher Rhetorik in seiner Weisheit, in der Breite seiner Gedanken und in der eindringlichen Formulierung, mit der hier alle Kräfte, alle Eigenschaften, Leistungen und Ziele Athens und seiner Bürger zaubervoll geschildert sind, einen Zusammenklang, der in seiner Großartigkeit besonders erschütternd wirkt, weil die edel stolze Erhabenheit dieser Worte unmittelbar vor Ende und Abgrund wohl fast bewußt steht. Perikles gehörte der demokratischen Partei an, aber niemals auf der Welt ist bestes Aristokratentum in dieser Qualität dargestellt und vertreten worden. Der vorzüglichste Teil alles hellenischen Charakters kulminiert in diesem Mann, nach dessen Namen diese kurze, höchste Glanzperiode der Griechen mit Recht benannt ist. Hier einten sich Einsicht und Umsicht, feurigste Begeisterung und gelassenste Ruhe, kluge Realistik mit Hingabe an höchste Ideale, praktische Tatkraft mit geistiger Beflügelung, tiefste Hingabe an die Religion und alles Göttliche mit einer unerhört freien Weltanschauung. So schuf dieser große Staatsmann und gewaltige Charakter die „klassische Periode" Griechenlands, als deren größten Exponenten ihn das Altertum selbst empfand. Daß seine stets auf alles Große so eifersüchtigen Mitbürger sich von ihm leiten ließen, gereicht ihnen zur höchsten Ehre, wenn auch nicht verschwiegen werden darf, daß er zuletzt vielleicht nur durch seinen Tod dem Sturz durch seine Neider entging. Klassischer kann man wohl nicht das Urteil über diesen großen, ja vielleicht neben Künstlern, Dichtern und Philosophen größten Mann von Hellas zusammenfassen, als es Thukydides in seinem Geschichtswerk tut (53):

„Am höchsten dastehend durch Ansehen und Achtung und für Geld sicher ganz unzugänglich, hielt er das Volk, ohne es zu knechten, in Schranken und ließ sich von ihm nicht eher führen, als daß er es führte. Er hatte die Macht nicht auf unrechtem Wege erworben und brauchte deshalb nichts Angenehmes zu sagen, sondern konnte auch mit Zorn antworten. Er stimmte den Übermut der Leute hinab und ihr Zagen herauf, und es war dem Namen nach eine Demokratie, in der Tat aber die Herrschaft des ersten Mannes." (54)

Solange Macht und Einfluß des Perikles auf Athen, ach so kurz, währten, müssen wir trotz aller erwähnten Schatten dies Bild von Hellas als das lichteste der Menschheit betrachten. Die beispiellose Begabtheit der athenischen Ionier besaß noch viel von jener staatsbauenden und -erhaltenden Fähigkeit des dorischen Bruderstammes. Noch straffte das große Verantwortungsgefühl des Einzelnen für das Ganze, verbunden mit männlichster Tapferkeit und wahrem Opfermut, die gefährliche Elastizität dieses genialen Volkes. Wie ein Symbol dieser Vereinigung polarer hellenischer Eigenschaften leuchteten über dem ionischen Athen die klaren Linien der dorischen Tempel mit ihrem so bodenständigen Säulenbau. Ein Symbol auch für die beiden Tendenzen festwurzelnder Pflege der heimatlichen Scholle, neben dem ausgreifenden Blick in die reichen und schönen Weiten der Welt. Und die dritte, harmonisch vollzogene Einigung in diesen Menschen war die einer geistigen Potenz ohnegleichen mit der klarsten Freude und Betonung äußerlicher Schönheit, beide nicht als Göttergeschenke lässig hingenommen, sondern verantwortungsbewußt erstrebt, mit fester Beharrlichkeit erworben und in dem berauschenden Gefühl eines auserwählten Segens geliebt und gepflegt.

Hochblüte

Daß die Griechen tatsächlich zu dieser Harmonie kamen, die überall anderswo höchstens eine Sehnsucht geblieben ist, gibt ihnen im Verlauf der Menschengeschichte den alles überragenden Platz. „Jene so kurzen Jahrzehnte der vollen athenischen Herrlichkeit haben ja zum Frommen aller späterer Zeiten einmal erlebt werden müssen, nicht nur damit das Edelste diesmal geschaffen, sondern noch mehr, damit ein Maßstab gewonnen würde für das, was der griechische Geist überhaupt vermöge, aber die nachträglichen, frommen Wünsche, daß es noch recht lange hätte so bleiben sollen, sind völlig eitel, denn der allgemeine Zustand war ins Unmögliche geschraubt, und jede Veränderung konnte kaum anderes als Verderben bringen." (55)

Griechische Sprache

Eines aber muß noch hervorgehoben werden, was mit der Qualität und den guten oder schlimmen Möglichkeiten dieses Zustandes gar nichts zu tun hat, wohl aber mit der Tatsache, daß er einmal da war und das Zentrum der damaligen Kulturwelt beherrschte. Das ist der Sieg der griechischen Sprache in ihrer ionischen Form. In Athen hatten sich die höchsten Äußerungen des Griechengeistes manifestiert, und so wurde die attische Sprache, dieses herrlichste und klangvoll-stärkste aller menschlichen Idiome, das Gefäß, in dem sich für Jahrhunderte alles sammelte, was die Kultur der Welt zu sagen hatte. Einst war sie nur einer von vielen hellenischen Dialekten; die großen Dichter, Denker, Philosophen und Redner aber erhoben und adelten diesen Dialekt, so daß sein Klang und der Reichtum seiner Formen das maßgebende Griechisch für alle Zeiten wurde, und nur wer einmal darüber nachgedacht hat, welch unergründlicher, auch metaphysischer Wert in jeder, besonders aber in einer so veredelten Sprache liegt, der kann allein ermessen, was dieser Sieg bedeutet, gegen den das Schwinden einer äußeren Macht, ja sogar deren Zusammenbruch unbedeutend erscheinen muß. Die Ewigkeitswerte liegen stets im Geist und darum auch in seinem Vehikel, der Sprache, während die äußeren Geschehnisse immer nur der Spielball des wechselnden Schicksals sind.

Der attische Dialekt

Bedingungslos hat sich die damalige Kulturwelt dieser überragenden Bedeutung der attischen Sprache gebeugt. Nicht sein eigenes Heimatidiom benutzte der makedonische Sieger, um die griechische Kultur bis an die Grenzen Indiens zu verbreiten, sondern das attische Griechisch, so wenige seiner eigentlichen Träger auch die große Eroberung Asiens mitmachten. So aber blieb es bis heute. Die Prägung, die die griechische Sprache während der kurzen Jahrzehnte des athenischen Bundes durch die geistige Übermacht der Athener auch für einen erheblich weiteren Umkreis erhielt, blieb der unzerstörbare Wert der stürmisch aufgestiegenen und ebenso rasch gesunkenen Glanzepoche einer einzigen hellenischen Landschaft. Darum ist es auch kein Zufall, sondern das notwendige Schicksal inneren Wertes, daß schon das Präludium griechischer Kultur, die Epen Homers, im ionischen Idiom erklangen. Und ebenso der Abgesang griechischer Freiheit. Durch die Siege Alexanders des Großen wurde das Griechische eine Weltsprache, und was in ihr gesprochen, wurde zur Weltbildung. Vor ihrer Stärke kapitulierte selbst das unbesiegbare Rom und beugte sich willig, ja entzückt diesem Wunderklang, der es belehrte und erzog.

Burckhardt, der bei so mancher Einseitigkeit doch für viele Erscheinungen der griechischen Kultur einen so klaren Ausdruck gefunden hat, daß man sich nicht bemühen soll, ihn zu überbieten, widmet dem Griechischen die herrlichen Sätze: „Bei den Griechen aber kann die Rückwirkung der einmal vorhandenen Sprache auf die Nation gar nicht groß genug gedacht werden; hierin sind sie gegen alle anderen Nationen im Vorteil. Wenn von ihnen gar keine andere Kunde als ihre Sprache erhalten wäre, würde dies von psychologischer Seite schon das erstaunlichste Phänomen sein, und der Historiker, der die Gabe des Erstaunens, wie dies seine Pflicht ist, möglichst lang in sich hält und pflegt, wird angesichts eines so rauschenden Spiels, wie es die griechische Sprache bei Aristophanes mit ihren eigenen Mitteln übt, stets konstatieren müssen, daß hier etwas vorliegt, was gar keine andere Sprache vermocht hat." (56) Und der gleiche Gelehrte ergänzt diese allgemeine Charakteristik speziell für die Philosophie: „Es scheint, als ob das Griechische die künftige Philosophie schon virtuell in sich enthielte: so unendlich ist seine Schmiegsamkeit an den Gedanken, dessen durchsichtigste Hülle es ist, vollends aber an den philosophischen Gedanken. Wir haben es mit einer vollständig von den Einzeldingen abgelösten Sprachwelt zu tun; mit einer Sprache, die, wie man richtig sagt, an sich schon eine praktische Dialektik und schon darum in philosophischen Bezeichnungen überaus schöpferisch ist."(57)

Die griechische Sprache

Es ist hier nicht unsere Aufgabe und nicht der Ort, näher darauf einzugehen, wie diese griechische Sprache, die heute noch der beste Teil unsrer humanistischen Jugendbildung ist, einmal nach Jahrhunderten des Schweigens im Abendlande in Italien wieder lebendig wurde, wie ein Petrarca, begeistert von diesem Phänomen, zum Begründer des europäischen Humanismus wurde, und wie durch diese griechengenährte Bewegung erst das Heraufblühen der Renaissance mit all ihren Folgen möglich wurde. Aber ein kurzes Nachdenken sei immerhin der Tatsache gewidmet, daß jene Religion, die unserm Erdteil ihren geistigen Stempel aufgedrückt hat, daß das Neue Testament uns griechisch gegeben ist, und wie so mit den Lauten, die von griechischen Göttern geboren zu sein scheinen, unser eigenes Göttliches umkleidet ist.

Verlassen wir mit diesem Hinweis auf die religiöse Potenz einer Sprache die Schilderung der allgemeinen Zustände griechischen Lebens und suchen wir es nun in den wunderbaren Einzelbezirken seiner geistigen und künstlerischen Betätigung auf, wobei unsere letzte Bemerkung über die religiöse Rolle der Sprache von selbst zu jener Quelle führt, die stets die Urkraft der Griechen am stärksten speiste, zu ihrer Religion und den mit ihr zusammenhängenden Disziplinen.

RELIGION, PHILOSOPHIE UND WISSENSCHAFT

RELIGION

Geistige Verbundenheit

Die drei Gebiete der Religion, der Philosophie und der Wissenschaft werden hier zusammen genannt, und daß diese Form zum Zweck einer klaren Erkenntnis gewählt werden m u ß, beweist schon zur Genüge, wieviel komplizierter, reicher und ineinandergreifender das geistige Leben der Hellenen mit Beginn des 5. Jahrhunderts geworden ist. Auch in einfachen Zeiten hängen Religion, Philosophie und Wissenschaft durchaus zusammen, aber in anderer Art und Intensität. Denn dann ordnet sich jede geistige Betätigung reibungslos der Religion ein, ja unter und bleibt eines ihrer willigen Organe, die man, wenn man einmal die Religion kennt, ruhig in ihrer Geschlossenheit betrachten kann. Gerade aber diese Geschlossenheit wird dann später abgelöst von einem eng durcheinandergeflochtenen, sich gegenseitig durchaus bedingenden Komplex geistiger Strömungen, die eins ohne das andere kaum verständlich werden lassen. Der ganze Vorgang, der sich im geistigen Leben der Menschheit immer wiederholt, läuft hinaus auf eine Schwächung und Zersetzung der bis dahin unantastbaren Religion, die man zwar veredeln und erheben möchte, aber gerade dadurch zerstört. Die Niveausenkung und Beeinträchtigung der Religion, die im öffentlichen Leben gar nicht so sichtbar zu werden brauchen, werden ausbalanciert durch steigende Bildung, philosophische Vertiefung und einen großen Aufschwung der rein intellektual betonten Wissenschaft.

Klar, deutlich und typisch, wie alles in Griechenland, geht auch dieser Prozeß im 5. und dann noch schneller im 4. Jahrhundert vor sich. Aber man muß sich hüten, den Inhalt über der äußeren Form zu übersehen. Denn diese Formen, wie zum Beispiel religiöse Kultfeste oder Betonung religiöser Gedanken in der Dichtung, werden eher noch gesteigert, täuschen aber gerade dadurch eine neu belebende, innere Kraft vor, die sie gar nicht mehr besitzen.

In den Jahrzehnten der Perserkriege ist zwar die Religion noch ganz in sich gefestigt. Das Weltbild ist noch geschlossen und einfach durch sie bestimmt, und die Kritik wagt sich höchstens leise an die Art der Darstellung göttlicher Schwächen bei Homer. Die Philosophie und die wissenschaftliche Erkenntnis der Welt tasten die Religion nicht an, sie läuft nebenher oder wird von ihr genährt, und auch die Dichtung ist ihre Dienerin oder berührt sie gar nicht, wie in der innigen, neuen Gefühlslyrik. All dies ist ein unbeeinträchtigtes geistiges Gemeinschaftsgut der Hellenen, und erst um die Mitte des 5. Jahrhunderts, dann aber stark und schnell, mehren sich große, persönliche Individualbeeinflussungen, die durch die Tiefe ihrer Gedankenführung oder durch den blendend verführerischen Glanz geistiger Technik bei den für dergleichen so empfänglichen Hellenen erst Bewunderung, dann Unruhe, schließlich den lebhaftesten Widerstand und Streit der Meinungen hervorriefen. Das Resultat ist dann aber der Verlust der schlichten Einfachheit und der reinlichen Sonderung geistiger Disziplinen.

Wir werden später noch sehen, wie diese Strömungen aus dem gesteigerten

RELIGION

Selbstbewußtsein, aus der schnellen Entwicklung der aufgeschlossenen Geister entstanden und auch von außerhalb hereinbrachen und wie schließlich nach Ablauf einiger Jahrzehnte an Stelle des hoheitsvollen, aber einfachen Väterglaubens ein vielfach schillerndes, reich vermehrtes Bild geistiger Lebendigkeit alles durchtränkt, alles in sich einbezieht und auf jene Weltbildung zusteuert, die dann mit der hellenistischen Epoche grundlegend für Europa wurde.

Zu Beginn des 5. Jahrhunderts blieb aber doch die Religion der durchaus bestimmende innerliche und äußerliche Faktor im Geistesleben der Griechen. Als Staatskult und Einstellung des Gemütes finden wir zunächst in dem verflossenen Jahrhundert das gleich starke, kulturell belebende Gefühl des engen Zusammenhanges mit geistigen, leitenden Mächten, die jedem Tun und Lassen, dem Glauben, Vertrauen und Herzensbedürfnis als lebendiges Zentrum galten und aller Betätigung des Lebens die innere Stärke, den Impuls und Charakter gaben. Auch in ihrer großen Zeit, dem 5. Jahrhundert, bleiben die Hellenen ein ganz religiondurchtränktes Volk, wenn nun auch diese heilige, alles erwärmende Flamme ihres Innenlebens zum Schluß zu schwelen anfängt und ein beizender Rauch beginnt, sie niederzudrücken. Wieder einmal sollte es sich zeigen, daß Kulturen nur so lange groß sind, ja überhaupt nur so lange als Kulturen bezeichnet werden können, als ein echtes Religionsgefühl den Quell ihrer Schöpferkraft bildet, daß aber eine Steigerung der Bildung dem entgegenlaufen kann.

Staat und Religion sehen wir um diese Zeit noch auf das engste miteinander verbunden. Die Götterwelt, wie wir sie aus Homer kennen und dann ihre sublimierteren Formen heranreifen sehen, strahlt in unvermindertem Glanz. Aber in dem Maße, wie das Innenleben gefühlsreicher, wärmer und bedürftiger wird, sucht es auch in den Gestalten der Himmlischen Wesenszüge eines edleren und innigeren Verhältnisses göttlicher Macht zu menschlicher Not. Noch ganz leise und unbewußt bereitet sich der Sehnsuchtsruf nach Hilfe, nach einer Art Heiland vor. Zur Bewunderung, Verehrung und Scheu treten Hinneigung, Ergebenheit, mystische Vertiefung, ja Schwärmerei. Das Gefühl für die Notwendigkeit sittlicher Reinigung, das ja nicht nur der Veredelung der Gläubigen, sondern auch den Göttergestalten selbst zugute kam, barg aber schon den Keim zur verstandesmäßigen Beleuchtung, ja zur Kritik. Und hier sollten nachher die Mächte der Zersetzung, die in sophistischen Tendenzen schon um die Mitte des 5. Jahrhunderts leise spürbar wurden, einen fruchtbaren Boden finden. Zunächst allerdings war die Unantastbarkeit der Religion noch geborgen in den Geheimdiensten der Mysterien, von denen wir wenigstens die Großartigkeit ihrer äußeren, vom Staat veranstalteten Feiern kennen, während die mystische Hingabe der Eingeweihten und die ihnen erteilte Lehre auf Vermutungen beschränkt bleiben. Solange hier ein tiefer, sittlicher Ernst und eine innere, kosmische Schau regierten und die Verehrung uralter Naturmächte die Gemüter in edler Wallung ergriff, floß von hier aus, wie dies z. B. bei den eleusinischen Mysterien der Fall gewesen sein muß, ein echtes und warmes Religionsleben erhebend und bereichernd ins Volk; später allerdings konnten fremdes Sektenwesen, wilder Aberglaube und sittliche Lockerung leicht Eingang finden, zumal bei den für alles Fremde stets offenen und begierigen Ohren der attischen Hellenen.

_{Väterglaube}

_{Mysterienkulte}

182 RELIGION, PHILOSOPHIE UND WISSENSCHAFT

Religionseinfluß der Dichter

Neben den noch reinen Mysterien und auch in den mannigfachen Heroenkulten ernster und edler Art fand aber eine hohe und tiefe Religionsauffassung ihren besten und innigsten Schutz bei den großen Dichtern dieser Zeit, zumal den gewaltigen Tragikern. In ihnen spiegelt sich am stärksten und erschütterndsten das wirkliche Wesen griechischer Religion, für die es ja keine Lehrbücher, keinen Kanon und kein Dogma gab, und so sind auch wir am meisten auf diese Dokumente edelster Poesie angewiesen, um aus ihnen staunend die sittliche Höhe und Reife, wie bei Aischylos und Sophokles, und dann ebenso mit einer Art Entsetzen die zerstörende und beißende, stets aber geistvolle Aufklärungstendenz des Euripides zu finden, die so sehr an ähnliche Strömungen unseres 18. Jahrhunderts erinnert.

Wenn wir hier nur kurz auf das Verhältnis dieser Dichter zum religiösen Erleben hinweisen, da uns ihre poetischen Schöpfungen erst später beschäftigen sollen, so müssen wir bei A i s c h y l o s besonders das treue, fromme Festhalten am Väterglauben, den großen sittlichen Ernst hervorheben, mit dem er das Göttliche erfaßte und darstellte. Er war es darum auch, der die ausgleichende Verschmelzung des strahlenden homerischen Götterglaubens mit den alten Erd- und Totenkulten der Heimat, also Tag- und Nachtseite religiöser Gefühle, versuchte und auch das Gelingen dieses Versuchs im letzten Teil seiner Orestie zu einem glücklichen Ende führte. Es war das für den Gedankeninhalt und die sittliche Schwere der Religion von größter Bedeutung; das heroische Reich des Lichtes wurde mit den Toten und den gewaltigen chthonischen Kräften harmonisch verknüpft. So rettete er das Beste aus dem dumpfen Volksglauben und durchblutete mit ihm das allzu heitersorglose, dem Gemüt so fernstehende olympische Reich. Beides wurde dadurch veredelt und bereichert, und die ernste und erhabene Auffassung des Dichters, die gleich fern vom Zelotischen wie vom Frivolen stets Maß und Mitte sittlicher Hoheit und Weisheit innehält, mußte als Grundton der wichtigsten Tragödien das Volk im besten Sinne religiös beeinflussen. Wie er die Unentrinnbarkeit des nicht abzuwendenden Schicksals und das Dämonische der Schuld in die Verantwortung und Reinigungsmöglichkeit des Menschen hebt, ist eine geistige Befreiung größter Art aus den dumpfen Banden einer entsetzlichen, fast unertragbaren Last. Dabei kommt die Strenge, die unfehlbare Folge jeden Frevels, dennoch nicht allzu liberal zu kurz. Sittliche Höhe, verbunden mit innigster Frömmigkeit, sichert durch Aischylos' Dichtungen für seine Zeit der Religion im Volk einen unantastbaren erziehungsstarken Platz.

Bei Sophokles

Der dem Aischylos zeitlich folgende große Tragiker S o p h o k l e s ist von der religiösen Seite insofern eine interessante Erscheinung, als er nicht, wie man es leicht erwarten könnte, eine gedankliche und dadurch immer gefährstellt, sondern im Gegenteil der ehrfurchtgebietenden Erhabenheit des liche Weiterentwicklung des Glaubens in der Religion Griechenlands dar-Aischylos, bei dem schon fast monotheistische Gedankengänge anklingen und die Höhe der religiösen Auffassung schon weit über die einfache Empfindung emporstieg, eine kindlich fromme, gar nicht erklärende und absichtlich veredelnde Auffassung gegenüberstellte und stets die einfache Schlichtheit religiöser Ergebenheit in felsenfester, nicht deutelnder Art zeigte. Gerade dadurch stützte Sophokles die Volksreligion, die durch den hohen Gedankenflug des Aischylos in den Glauben miteinbezogen worden war, aber in ihrer stillen Verwurzelung gelockert wurde. Das Titanenhafte des Aischylos wandelt sich bei Sophokles in stumme, fromme Ergebenheit unter die Götter, denen man mehr gehorchen muß als den Menschen, aber diesen Gehorsam gerade durch Befolgung der Bräuche, der Opfer und in der Verehrung der Orakel bezeugen kann.

> „Mög' ich nimmer in dem Streben wanken,
> Frommer Reinheit mich in Wort und Werken
> Hinzugeben, das Gesetz erfüllend,
> Das in heil'gen Äthers Regionen
> Ewiglich einhergeht. Eingeborne
> Tochter ist's des Himmels, nicht der Menschen
> Sterbliches Gemächte. Nie vergißt es,
> Nimmer schläft es.
> Gott ist stark in ihm, nie wird es altern.
> Wer in Wort und Werk die Bahn
> Des Frevels geht, nicht Dike scheut,
> Der Göttersitze spottet,
> Der fahre dahin in verfluchtem Geschick.
> Das sei des Übermutes Lohn,
> Der nach Gewinn in Sünden jagt,
> Der Ehre Schranken überspringt
> Und zum Verbotnen dringt in eitlem Streben.
> Wie soll der Mensch in solcher Zeit
> Die eigne Brust vor Frevelmut bewahren?
> Wenn solches Handeln Ehre bringt,
> Was tanzen wir noch vor den Göttern?"
>   [Chorlied aus dem König Ödipus (58)]

Die Ergebenheit des Sophokles in den Willen der Götter und die Vorbestimmung geht so weit, daß er die Beugung unter ihre Allmacht und Weisheit auch da anempfiehlt, wo wir die Härte des Schicksals auch ohne sichtbare Verschuldung qualvoll walten und das Furchtbare sich auswirken sehen, ohne daß ein Frevel beabsichtigt oder getan wurde. Wir haben das Unerforschliche und doch innerlich Begründete göttlicher Wege nicht zu erkunden oder gar zu kritisieren, sondern das Walten der höheren Macht hinzunehmen, weil sie besser weiß als wir, was sich unbedingt vollziehen muß. Das ist bei dem Dichter nicht Fatalismus, sondern fromme, kindliche Ergebung, die um so tiefer wirkt, weil Sophokles nirgends auf eine ausgleichende Gerechtigkeit hinweist, für die Aischylos gewaltige Töne findet.

Auch der große P i n d a r (518—442) hat sich, trotz seiner zeitlich späteren Dichtung, in seinen Liedern eher diesem Glauben des älteren Aischylos angeschlossen und einen sittlichen Ausgleich von Lohn und Schuld der guten und bösen Taten gesucht, so daß man die Theorie einer Vergeltung im Himmel oder auf Erden oder auch unter der Erde immer wieder im hellenischen Glauben von Homer an zwischen Ignorierung, Negierung und starker Betonung schwanken sieht. Die wechselnden Vorstellungen von den Gefilden des Jenseits, wie sie bei Homer, Hesiod, den Volkslegenden und besonders den Mysterien herrscht, war darauf nicht ohne Einfluß. Auch die

Bei Pindar

schon erwähnten Orphiker, die bei stärkerer Verbreitung dieser mystischen Sekte für ähnliche Tendenzen mitbestimmend waren, führten die Gedankengänge herauf, die der alte hellenische Glaube sicher nicht kannte und die auch seinem ganzen Wesen zuwiderliefen. Es ist eine solche Auffassung und Vergeltungsforderung nicht unwesentlich, wenn wir sie als langsame Vorbereitung für viel spätere Einflüsse des den antiken Glauben überwindenden Christentums werten wollen.

So sehen wir im 5. Jahrhundert mindestens bis über seine Mitte hinaus ein ungefährdetes Glaubensleben der Hellenen, und wenn wir der Kraft und Inbrunst gedenken, die auch dann später noch, wie im Mittelalter als treibende Kraft bei unsern Kathedralen, die äußere Herrlichkeit der perikleischen Tempel und heiligen Bauten hervorbrachte, so müssen wir auch die beginnende Zersetzung eines kritischen Intellekts nicht für das gesamte Volk voraussetzen, sondern auf einzelne Denker, die dann allerdings später einen gefährlichen Einfluß gewannen, beschränken.

Orakelverehrung — Noch genießen auch die Orakel — und vor allem Delphi — gläubigste Verehrung und eine immer wieder bewiesene Hingabe an Lehre und Rat der dortigen Priesterschaft. Nicht zu unterschätzen ist die kluge Förderung, die von Delphi aus diese geistliche Körperschaft des Apollon dem von Norden her eindringenden Dionysoskult zuteil werden ließ und diesen ursprünglich so polaren Gegensatz der apollinischen Religion als belebend-ergänzende Stärke und Erwärmung dem hellenischen Glauben einfügte. Ja auch andere echt hellenische Kulte blühten auf und vermehrten den Reichtum religiöser Vorstellungen zu einer Zeit, wo man eher eine Abnahme voraussetzen sollte.

Asklepios — Daß nun auch besonders die Gestalt des Heilgottes Asklepios stärker hervortritt, der zwar ursprünglich ein thrakischer Dämon in Schlangengestalt war, aber bei Homer noch als sterblicher Heros gedacht ist, zeigt doch, daß damals noch eine lebendige Eigenbewegung in der griechischen Religion steckte, aber die Tendenz geht bezeichnenderweise auch hier hilfesuchend auf einen „Heiland" aus.

Dämonie — Die vielfachen Riten, Reinigungsfeste und religiösen Gepflogenheiten des Privatlebens und des Hauses blieben wohl am längsten glaubenerfüllt, wenn auch mit starken Elementen des Aberglaubens durchsetzt, wie dies ja bei allen Völkern und zu allen Zeiten der Fall ist. Solche traditionsverwurzelten Gebräuche überleben auch die staatlichen Kulte und Feiern, so sehr auch diese äußerlich länger wirksam sind als das wahre Leben ihres geistigen Inhalts. Gegen solche uralten Hausgeister und Dämonen mit der prachtvollen Fülle ihrer poetischen Mythen könnte eine kritische Aufklärung sich ja am ehesten mit einem Anschein von Berechtigung vorwagen, aber falls sie es tut, wird sie hier am schwersten und spätesten Erfolge aufweisen, während das Bild der Staatskirche und der allgemeinen Religion sich schon früher trübt und zu wanken beginnt.

Religiöse Zersetzung — Auch Griechenland sollte das zu spüren bekommen, noch ehe das große 5. Jahrhundert ablief (Euripides). Das, was neben der Religion nunmehr im geistigen Leben der Griechen blendend, aber, auf Dauer gedacht, kaum zu ihrem Heil aufkam, war die S o p h i s t i k. Diese philosophische Richtung, die der Freude an der immer schärferen Ausbildung und Anwendung des Intellekts entsprang, untergrub und zersetzte den Glauben bewußt durch Dialektik und Aufklärung, und da ihr Anlauf gegen eine reife und innerlich nicht mehr schöpferische Religion geschah, so hatte sie auch vollen Erfolg. Gerade aber wenn Religionen von solchem Marasmus befallen werden, blüht stets um so stärker das Sektenwesen und eine mystische Betätigung, und so auch hier. Auf diesem Gebiet könnte man fast von einem neuen Aufleben eines scheinbar längst überwundenen Glaubens reden. Die Verehrung alter Heroen, ja auch dunkler Dämonen gab zu erkennen, daß sie nur zurückgedrängt, aber nicht abgestorben war. Und wie die nicht volle Befriedigung der religiösen, seelischen Bedürfnisse auf diese alten Glaubensinhalte zurückgriff, so war sie auch überdies geneigt, ganz neuen und fremden Gottheiten, Kulten und Lehren Eingang und ein williges Ohr zu gewähren.

Dieser Prozeß deutete sich zunächst allerdings nur an, und erst mit Eintritt der hellenistischen Epoche sollte er sich durch die Verschmelzung griechischer und ausländischer Elemente derart entwickeln, daß schließlich die antike Religion an dieser wesensfremden Überfülle allzu zersplittert und beladen zugrunde gehen mußte.

Wie alles in Griechenland entwickelt sich dieser Vorgang verhältnismäßig schnell, vorerst aber betonte zumindest noch das 5. Jahrhundert die Unantastbarkeit der religiösen Vorstellungen; die großen, freien Lehren des Philosophen Anaxagoras, mit denen er auch seinen Freund Perikles beeinflußte, wurden nicht nur mißtrauisch betrachtet, sondern zogen dem Weisen sogar eine Anklage wegen Asebie (Gottlosigkeit) zu. Auch der Prozeß, dem einige Jahrzehnte später Sokrates zum Opfer fiel, betonte in der Anklage die religionszerstörenden Tendenzen, die die Athener in seinen Lehren witterten. All das konnte natürlich nicht die allmähliche Veränderung im Glauben der Hellenen aufhalten. Ohne daß man von einem „Gestaltwandel der Götter" sprechen könnte, zerlegte sich jetzt doch deren bisher einheitliche Auffassung durch stärkere Betonung ihrer Beinamen, die oft ethischen Varianten ihres Wesens entsprachen. Die wundervolle Ausgestaltung ihres reinen, ideal geschauten Bildes, wie es sich auch immer stärker in der zeitgenössischen Kunst spiegelte, geschah allerdings auch erst jetzt, aber gerade diese Durchgeistigung mag die elementare Kraft der Gestalten allmählich geschwächt haben.

Anaxagoras

Es trat dazu die sehr begreifliche Reaktion einer ersehnten Verinnerlichung gegen die klar geschaute Vorstellung der homerischen Götter. Die Hinneigung zu der erdgebundenen Urmacht der Demeter, die Inbrunst, mit der man sich immer mehr dem Dionysoskult und seiner Ekstase in die Arme warf, zeigen deutlich die unbewußte Abkehr von der realen Welt. Man suchte sich dadurch über deren schmerzhaft empfundene Unzulänglichkeit hinwegzusetzen, ohne daß man sich deutlich dieses Gegensatzes zur apollinischen Klarheit bewußt gewesen sein mag. Sorgte doch auch die offizielle Religion, besonders auch Delphi, für äußere Überbrückung und Verschmelzung solcher innerlich begründeten Gegensätze.

Erdkulte

Soweit die neuen Elemente Eingang fanden, kann man sie immer noch als verwandt bezeichnen, da vielfach Thrakien oder Ionien ihre Heimat war; das wirklich Fremde jedoch, das der semitische und orientalische Bezirk, daneben auch Ägypten, bereits anboten, fand noch wenig Gegenliebe, ja es wurden solche Apostel in Athen sogar erschlagen. Auch die Orphiker, auf die wir bei Betrachtung der Pythagoreer hinwiesen, stammten gleich dem Dionysosdienst aus Thrakien. Soweit ihre Lehre auf sittliche Reinigung abzielte, verfehlte sie nicht den nötigen Eindruck, aber die übertriebene Askese, die Unnatur und Verleugnung realer Bedürfnisse und Gegebenheiten standen ebenso wie der Gedanke einer zu überwindenden Erbsünde dem gesunden hellenischen Instinkt zu sehr entgegen, um zunächst mehr als eine belächelnde Duldung im Volke zu erreichen.

<small>Aberglaube</small>

Daß die Massen bei der Schwere und Erregtheit der Zeiten in ihrer Beängstigung oft ihre Zuflucht zu einem niederen Hokuspokus nahmen, der sich religiös verbrämte, ist nicht weiter verwunderlich und wird um so begreiflicher erscheinen, je mehr wir uns eigener Erlebnisse der Gegenwart erinnern.

Alles bisher Gesagte bezieht sich natürlich zunächst nur auf die allgemeine Volksreligion dieser Epoche. Man darf zwar nicht vergessen, daß dieser Zeit die großen Philosophen wie Anaxagoras und vor allem Platon angehörten, denen sich bereits Aristoteles anschließt, aber wenn auch die tiefsinnigen Lehren und Spekulationen solcher Männer auf die Dauer unmöglich einflußlos bleiben konnten, so sind die kulturformenden Kräfte des ganzen hellenischen Lebensbildes in seiner Gesamtheit jetzt doch noch einfacher und realer. Der geistige Höhenwandel erlauchter Genies ist gewiß ein Bestandteil auch ihrer gegenwärtigen Kultur, ja ihre edelste Essenz, aber er verläuft doch meist so einsam und unverstanden und verliert sich in Fernen, die der Masse und ihrer Mentalität unzugänglich sind, daß ein Querschnitt durch die Kultur einer Epoche oft viel vitalere Kräfte und Säfte aufweist, über denen jene geistigen Ideen zwar wie Sterne leuchten, ohne aber auf die derbere Wucht und den notwendigen Ablauf des elementar bestimmten Lebens sonderlichen, sichtbaren Einfluß zu üben.

<small>Religion der Gebildeten</small>

Für die Entwicklung der Welt aber und auf lange Dauer waren diese Ideen unerläßlich und von tiefster Wirkung, und so werden sie als Erzeugnis griechischen Geistes an gegebener Stelle ihre Würdigung finden; für das Religionsbild dieser Epoche jedoch können wir sie beiseite lassen, soweit nicht schon auf die zersetzende und dadurch allerdings auch für die Religion folgenschwere Tätigkeit der Sophisten verwiesen wurde. —

<small>Staatlicher Kult</small>

So gut wie bei Homer, wenn auch wohl mit anderen Abtönungen der Empfindung, bleibt auch jetzt das religiöse Leben in den Bezirken der klar und handfest geglaubten Götter. „Das ganze Leben des einzelnen von der Geburt bis zum Tode, von Morgen bis Abend, in der Familie so gut wie in allen Verbänden war in religiöse Formen gekleidet. Kein Haus ohne Kultstelle, kein Tag, keine Mahlzeit, kein Symposion, keine Versammlung ohne Weihe und Gruß an die Gottheit. Bei jeder Tätigkeit, bei jeder Freude, jedem Kummer, in jubelndem Glück wie in zuckendem Schmerz ward ein göttliches Wesen gegenwärtig empfunden und sehnend gerufen. Alle Künste, Architektur, Malerei, Plastik, Poesie, Musik und Tanz, dienten der Religion, aus ihren Anforderungen herausgewachsen, sproßten sie an ihren Kulten und Festen zur höchsten Blüte auf. Selbst die Sportkämpfe der Turner und Pferdezüchter fanden zu Ehren der Götter und Heroen statt. Die Götter lebten mit ihren Bürgern, lebten in ihnen, hoch und niedrig." (59)

Kommt es doch für die Kultur fast mehr darauf an, daß ein Volk glaubt, als was es glaubt. Die Intensität entscheidet oft mehr als der Inhalt. Diese Meinung mag paradox klingen, aber sie wird sofort verständlicher, wenn man sie negativ wendet, d. h. wenn man bei einem Volke an das Schwinden und Verblassen seiner Religion denkt: gleichgültig welcher Art sie gewesen sein mag, wird alsdann der Zerfall der Kultur oder ihre Verflachung zur bloßen Zivilisation sofort deutlich. Wir spüren das jetzt hart an uns selbst.

Das war auch bei den Griechen der Fall; aber im 5. Jahrhundert hatten sie diesen Abstieg noch nicht zu befürchten, und wenn seine ersten Symptome auch das 4. Jahrhundert einleiteten, so war das religiöse Innenleben der Hellenen doch auch dann noch immer reich genug, um das philosophische Verblassen der früher „geschauten" Götter eine Zeitlang durch andere metaphysischen Einstellungen zu ersetzen und diese der Kultur befruchtend dienstbar zu machen. Der unfaßbare Reichtum der religiösen Gestaltenbildung und Phantasie, die nationale Verwurzelung dieser autochthonen Religion blieben lange ein Born unerschöpflicher Kraft, wie sich auch die Entwicklung abwandelte. In ihren Göttern hatten die Hellenen ihr eigenes Wesen so stark verankert, daß sie ihnen treu blieben, solange sie noch wirklich Hellenen waren. Der „Nomos", die Festsetzung von Ordnung, Maß und Form, lag für den Griechen in den Göttern begründet, wie er selbst gar nicht anders konnte, als diesem Ideale nachzustreben. Da besagen zeitliche Veränderungen nicht viel, solange die Grundtendenz blieb. Mit dem Ausgang der hellenischen Freiheit begann diese allerdings zu wanken, und ein neues Zeitalter gebar einen neuen Glauben.

Noch aber durchschauen wir das religiöse Leben dieser Zeit, soweit sich eine solche Vielseitigkeit überhaupt durchschauen läßt, am besten von dem Standpunkt jener starken, glanzvollen Jahrzehnte aus, die sich um Perikles gruppieren, wenn auch damals schon „vergeistigter Väterglaube, fortschrittliche Zweifel, radikale Negation, uralter Aberglaube nebeneinander hergehen in den verschiedenen Schichten und sich wohl auch wunderlich in derselben, schwankenden Persönlichkeit mischen". (60) Zu wirklicher Zwiespältigkeit war das alles noch nicht gediehen. Noch wurde voll der heilige Abglanz empfunden, der von den gottgeweihten Wunderbauten der Akropolis auf die Bürger niederstrahlte, und in diesem Lichte müssen auch wir uns immer die Religion Griechenlands vergegenwärtigen.

Neue Tendenzen

Klar und plastisch steht sie vor uns als die edelste Form des Göttlichen, das je auf anthropomorpher Stufe gedacht worden ist. Ein unfaßbarer Reichtum von Formen und Gestalten, eine Durchgeistigung der gesamten Natur zwingen uns zu staunendem Entzücken vor so viel Schönheit und der idealsten Verkörperung der besten Essenz alles Geschauten und Gedachten. Denn so klar und deutlich diese Götter vor uns stehen und ihre Bestimmung durch die bloße Existenz ganz zu erfüllen scheinen, so liegen doch in ihnen alle Tiefen und ahnungsvollen Schauer, die jenseits des Wirklichen den Menschen mit den wahren Mächten des Seins verknüpfen. Die griechische Religion ist keine Lehre, kein Zwang, keine seelische Erschütterung: sie ist eine höhere Welt für sich, die gelassen und lichtvoll über der Erde und den Sterblichen schwebt und doch ganz zu ihnen gehört, aber in einer Herrlichkeit und Vollendung, die kein Traum zu erreichen vermag.

Anthropomorpher Glaube

Wer sich aber in diese Welt wirklich vertieft, der wird dort unvermutet alle Beziehungen des Menschen treffen, es werden ihm Rätsel offenbar werden, die zum Tiefsten gehören, was der Geist je gedacht. In den Göttern Griechenlands fand die Fülle des Daseins ihre Erklärung, ob es nun der belichteten Welt oder den Mächten der Verborgenheit angehörte. Die Religion der Hellenen ist das höchste Kunstwerk, das dieses Volk geschaffen hat.

Religion als Kunstwerk

Denn wie sie durch und durch naturgebunden ist, ist sie nur künstlerisch voll erfaßbar. Darum genügte sie dem genialen Sinn der Griechen, solange er in dem Segen dieser geistigen Potenz wirkte und wirken mußte, als läge der ganze Sinn der Welt in der schöpferischen Gestaltung der Schönheit durch Wort und Bild. Bis dann schließlich der heroische Glanz dieser Götterwelt verblassen mußte, weil er ausschließlich für Gläubige dieser Art und dieser Höhe faßbar und möglich war. Als das Griechentum in eine inzwischen anders geartete Welt zerfloß, als die Entzückungen und Dunkelheiten des Lebens ganz anders gefaßt und empfunden wurden, zogen sich diese Götter des reinen Äthers leise von den Sterblichen zurück, die ihrer nicht mehr wert waren, und hinterließen ihnen nur die Sehnsucht nach ihrer einmaligen, nie wiederkehrenden Offenbarung.

PHILOSOPHIE

Der innerlich rasche, äußerlich sich langsam hinziehende Zersetzungsprozeß der Religion wurde, wie das ja immer üblich ist, durch das Erstarken der Philosophie eingeleitet. Als Domäne hauptsächlich des Intellekts, d. h. der verstandesmäßigen Überlegung und Folgerung, mußte sie kritisch in die Welt des Glaubens einbrechen und diese unterhöhlen. In einzelnen Köpfen begann die Tätigkeit ja schon früher. Wohl waren die alten ionischen Naturphilosophen, wie man annehmen kann, noch fromme Männer, aber ihr Suchen nach den Prinzipien der Welt und den Erklärungen des Naturgeschehens mußte sie ja zwangsläufig aus der Sphäre des naiven Götterglaubens auf ganz andere Gefilde führen, ohne daß damit eine Beeinträchtigung der Religion beabsichtigt war. Diese lag schon eher in der scharfen Kritik, die einzelne Denker an dem ethischen Gehalt der homerischen Götter schonungslos ausübten, wie wir es z. B. von dem Eleaten Xenophanes und anderen bereits gehört haben.

Intellektuelles Erwachen

Die Angriffe auf die Religion fanden aber auch deshalb einen so fruchtbaren Boden, weil die Hellenen geradezu mit Wonne und Inbrunst ihre starken intellektualen Fähigkeit ausbildeten und sich dieses scharfen Instruments zur Erklärung und Beherrschung der realen und der gedanklichen Welt bedienten. Wetteiferte doch dieses bewegliche, hochbegabte Volk in der Wertschätzung der Klugheit und Vernunft und genoß mit Freude die dadurch erreichte Überlegenheit und immer größere geistige Freiheit, ohne viel daran zu denken, daß dadurch auch wertvolle Bindungen zerstört werden konnten. Eine solche Schärfe des Denkens, eine intensive Freude an jeder logisch klaren Darlegung vermählte sich mit einer oft lebhaften Lust an beißender Kritik; so mußten auch alle negativen Gedankengänge, sofern sie gründlich fundiert und unwiderlegbar schienen, oft mehr Beifall auslösen als die tiefen, aber zuweilen dunklen und unbestimmten Spekulationen grüblerischer Weltanschauungen.

Es ergab sich von selbst, daß die Philosophie des 5. Jahrhunderts, nachdem die wissenschaftstörende, wirre Tatenzeit der Perserkriege in ruhigere Bahnen gelenkt hatte, ungefähr da anknüpfte, wo sie durch die Zeitereignisse unterbrochen worden war, nämlich an die alten ionischen Naturphilosophen.

So blieb die Philosophie zunächst noch eine naturdeutende zur Erklärung der Erscheinungswelt, aber sie streifte doch immer mehr eine mythische und rein gedankliche Färbung ab und näherte sich realer Einsicht, wenn es dem griechischen Geist auch nicht gegeben war, den ihm unsympathischen Weg zum exakten Experiment zu finden. Leider haben wir von den Denkern, die in diese wichtige Gruppe gehören, keine Originalwerke und sind auf Referate und gelegentliche Berichte angewiesen. Es ist das um so mehr zu bedauern, weil nun wirklich Gedankengänge und Theorien sichtbar wurden, mit denen auch unsre Zeit noch nicht positiv fertig geworden ist.

Den Übergang zu nüchterner und scharfsinniger Spekulation bildet hier aber ein Denker von gewaltiger Eigenart, der noch wie ein Prophet und tiefer Eingeweihter aus mythischer Urzeit wirkt und sich auch in Lehre und Lebenswandel so gab. Bezeichnenderweise gehört E m p e d o k l e s (ungefähr 490 bis 430) der Peripherie hellenischer Sphäre an, und wenn er wohl auch vorübergehend in Hellas aufgetaucht sein mag, so liegen doch sein Wirken und seine Wirkung fast ganz auf sizilischem Boden und breiteten von dort aus das Fluidum dieser faustischen, genial-tiefsinnigen Lehre aus. Daß dieser seltsame Denker, dem ja der griechischste unsrer Dichter, Hölderlin, ein Drama gewidmet hat, formell noch ganz der alten Zeit angehört, geht schon daraus hervor, daß er seine Gedanken nicht in wissenschaftliche Prosa kleidete, sondern sie in prachtvollen, begeisterten Versen bot und so wie göttlich inspirierte Weisheit in streng gebundener Form kundtat. Der Lebenslauf dieses Weisen ist bezeichnend für seine Zeit und fast ebenso interessant wie seine Lehre. Man spürt ihr an, daß hier ausnahmsweise einmal ein Dorier Philosoph war, der selbstbewußt und stolz sich sogar für eine Gottheit hielt und ausgab. Empedokles war aus vornehmer Familie, und die Herrschaft seiner Vaterstadt Agrigent (Girgenti) hätte ihm wahrscheinlich offengestanden. Aber der Weise zog es vor, als Wundertäter, Arzt und Verkünder die Welt zu durchwandern und den ungeheuren Einfluß zu genießen, den er überall ausübte, wobei er aber seine Pflichten als Bürger und Staatsmann keineswegs vernachlässigte. Sein Leben umgab er mit einem Mysterium wie ein Auserwählter des Himmels, und so läuft auch über seinen Tod die seltsame Legende, er habe sich in den Krater des Ätna gestürzt und sich so wieder mit dem höchsten der Elemente, dem Feuer der Erde, vereinigt.

<small>Empedokles</small>

Das alte Problem des Grundstoffs der Welt beschäftigte auch ihn vor allem, und da er diese Frage bei seinen Vorgängern, die jeder ein besonderes Element als letzte Ursache annahmen, nicht gelöst sah, so legte er gleich alle vier Grundelemente, Feuer, Wasser, Luft und Erde, dem Bestand der Welt zugrunde, wobei er aber dem Feuer, wie oben gesagt, eine bevorzugte Rolle gab. Aus der Mischung und Entwicklung dieser vier „Wurzeln" glaubte Empedokles das Entstehen der Dinge in Wirbelbewegung erklären zu können, und da er einsah, daß hierfür ein erster Anstoß nötig war, der in den unbeseelten Teilen allein nicht liegen konnte, so nannte er diese treibenden Kräfte Liebe und Haß (wir würden sagen: Anziehung und Abstoßung oder Diastole und Systole). Das organische Leben und besonders die Menschen galten ihm als die Quintessenz solcher vielfachen Mischung, wobei Empedokles — interessant genug — bereits das Prinzip der Auslese der Tüchtigsten als wirksam erkannte. Diese Anschauung, die Zugrundelegung der verschiedenen Elemente und die Idee einer alles bestimmenden Kraft muten schon sehr modern an, wenn auch die näheren Erklärungen des Weisen reichlich

<small>Die vier Elemente</small>

naiv und primitiv sind. Aber seine kosmischen Einsichten waren doch schon erstaunlich weit gediehen. Die von einer Lufthülle umschlossene Erdkugel war ihm ebenso geläufig wie die Beleuchtung des Mondes durch die Sonne, die Schiefe der Ekliptik, die richtige Ursache der Verfinsterung und anderes mehr. Vielfach mag er hierbei von den Pythagoreern abhängig sein, deren Lehre er auch geistig anhing, eine Seelenwanderung annahm und eine reine Gottesanschauung im Sinne des Apollonkultes predigte. Echt griechisch war dabei aber, daß Empedokles, selbst bei genauerer Beobachtung der Dinge und der Beschäftigung mit Pflanzen, Tieren und morphologischen Ursachen, dennoch lehrte, daß das wahre Wissen nicht aus der sinnlichen Wahrnehmung, sondern aus dem Denken und der Vernunft stamme.

Anaxagoras

Wenn man schon die Lehre des Empedokles als einen bewußten Versuch einer Vermittlung der extremen Gedanken Heraklits und der Eleaten auffassen muß, so gilt dies noch weit mehr für seinen ungefähren Zeitgenossen A n a x a g o r a s; mit ihm bricht aber doch eine neue Ära der hellenischen Philosophie an, da man Empedokles noch als einen Abschluß der alten ionischen Naturphilosophie betrachten muß. Anaxagoras aber, der gleich Empedokles ein Werk mit dem Titel „Die Natur" schrieb, ist stets gepriesen worden als der erste, der eine geistige Weltordnung annahm und damit allerdings eine einheitliche Weltanschauung durch Einführung solcher dualistischen Ideen gefährdete.

Materialistische Keime

Ganz im Gegensatz zu Empedokles war Anaxagoras, der der anderen Hälfte hellenischer Peripherie entstammte (aus Klazomenai in Kleinasien) ein durchaus nüchterner, klarer Denker, frei von jeder Mystik und ganz fußend auf reinen Verstandesergebnissen, so seltsam sich das mit seiner Annahme einer geistig-göttlichen Weltordnung einte. Auch hier wieder finden wir für diese Zeit erstaunliche Einsichten auf physikalisch-astronomischem Gebiet. Anaxagoras sah die Sonne als glühenden Stein, erklärte den Mond für bewohnt, näherte seine Elementenlehre schon stark der späteren Atomistik und hatte eine Ahnung von chemischer Mischung der Elemente zur Erklärung der qualitativen Unterschiede der Dinge. Darum ist aber auch bei Anaxagoras das geistige Prinzip nicht immateriell, sondern nur der feinste aller Stoffe, der zweckmäßig über den andern waltet. Die Lehre ist also teleologisch und monotheistisch, aber die Zeitgenossen des Philosophen spürten genau, daß hier ein Materialismus vorlag, der unvereinbar mit der Volksreligion war, und so mußte dieser Freund des Perikles vor der Anklage der Gottlosigkeit aus Athen weichen. Für die Entwicklung der späteren Denkweisen ist es aber sehr wichtig, daß dieser Ionier vorher seinen Wohnsitz nach Athen verlegt hatte und dort große Philosophie zum erstenmal heimisch machte, vor allem aber, daß nun in Athen auch der Tragiker Euripides in den Bann dieser Lehre geriet. Die so einflußreiche und schon so stark zersetzende Tendenz des großen Dramatikers findet hier teilweise ihre Erklärung.

Aber auch Anaxagoras, dieser ehrwürdige und große Weise, der die ganze Bildung seiner ionischen Heimat in sich vereinigte und weit überragte, der „den Himmel für sein Vaterland und die Betrachtung der Gestirne für seine Lebensaufgabe erklärte", unterliegt dem griechischen Zwiespalt zwischen der Vorliebe für physikalisch-mechanisches Denken und der bewußten Unterordnung solcher Betrachtung unter die rein geistige Erkenntnis. Nicht die sinnliche Beobachtung, so wichtig sie auch sei, hatte zu entscheiden, sondern die Inspiration des Individuums durch die Weltvernunft (Nous). —

In den Systemen der beiden vorgenannten Philosophen Empedokles und Anaxagoras zeigen sich besonders in naturwissenschaftlicher Richtung schon deutlich die Keime, die durch das größte antike Genie auf diesem Gebiet, durch D e m o k r i t o s ihre höchste Entwicklung zeitigen sollten, und so sei auch hier, wenn auch etwas verfrüht, gleich von diesem Denker die Rede, der gegenüber dem Idealisten Platon den Höhepunkt einer polar entgegengesetzten, mechanisch-materiellen Weltanschauung bezeichnet.

Demokritos

Auch Demokritos entstammte nicht dem eigentlichen Hellas, sondern der thrakischen Stadt Abdera, wo er den Unterricht des Milesiers L e u k i p p o s genoß und wohl von ihm die ersten Anregungen seiner im wesentlichen auch heute noch geltenden, naturwissenschaftlich so grundlegenden Lehre genoß. Sein Name ist ganz mit der Atomistik verknüpft, die er erstaunlicherweise nicht viel anders lehrte als unser heutiges Wissen, wenn Demokritos auch in vielem phantastisch weiterging und z. B. aus dem Wirbel der Feueratome die Existenz und Tätigkeit der Seele erklärte. Aber das ganze System war so glänzend durchdacht, von zwingender Folgerichtigkeit, dazu in einem blendenden Stil scharfsinnig dargestellt, daß das ganze Altertum den großen Fortschritt gegenüber den alten Natursystemen und selbst den Ideen des Anaxagoras sofort empfand; nur Platon hüllt sich gegenüber dem großen Geistesgenossen in seltsames Schweigen.

Wäre es jedoch die Atomenlehre allein, die Demokritos so berühmt machte, so müßte man ihn nur einen Naturforscher und nicht einen Philosophen nennen. Aber Demokritos war ein so umfassender Geist, daß er fast über alle Disziplinen des Denkens und Forschens unzählige Schriften verfaßt hat, wie ja auch seine Atomenlehre nicht nur die Welt der Dinge umschloß, sondern den Menschen, die Götter, die gesamte Religion in den Zwang seiner Schlüsse einbezog und somit eine edle, tieferfaßte Ethik begründete. Die kleine Anzahl, die wir von seinen Sprüchen besitzen, zeigt uns das Bild eines wirklichen Weisen in seiner großen Gelassenheit, Toleranz und freudigen Abgeklärtheit, die ihm den Beinamen „der lachende Philosoph" eintrug.

Atomenlehre

In diesem Streben nach Maß und Harmonie in Anschauung und Lebensführung war Demokritos ein echter Grieche, und zwar einer der besten, und wunderbar einte sich in ihm die edle Geistigkeit, das scharfe Denken und die exakte Beobachtung.

Nichts im Bezirk des Lebens entging ihm: „über Ethik, Poesie, Medizin, Grammatik, Phonetik, über Physik, Mathematik und Technik, aber auch über praktische Dinge, wie Landbau, Malerei und Kriegskunst sind Fragmente erhalten." (61) Bei der Universalität eines solchen Geistes ist man versucht, an Leonardo da Vinci zu denken. Gerade die Größe der ethischen Lehre des Demokritos läßt begreifen, daß er, der geistige Gegenpart Platons, auf diesen tief einwirkte und eher als sein Lehrer als sein Gegner zu werten ist. So sehen wir immer wieder diese Verkettung der großen griechischen Denker, die sich ergänzten und steigerten und in kurzer Frist alle Bezirke und Tiefen des Geistes durcheilten, die auch uns noch voll von Problemen sind.

Der wirklich große Umschwung im Geistesleben und darum auch der Kultur der Griechen wurde aber nicht durch die genannten Weisen veranlaßt, so hoch und einflußreich sie auch dastehen, sondern es geschah durch eine weitgreifende geistige Bewegung, die sich von außerhalb nach Athen konzentrierte: durch die S o p h i s t i k. Est ist schwer und kompliziert, diese

Sophistik

Lehre richtig zu werten, denn sie brachte mit besten Absichten soviel große Anregungen und geistige Auslösungen, rüttelte die Geister auf, stachelte die Interessen an, griff damit tief in die Struktur des Staates ein und zerstörte dennoch auf das nachhaltigste gerade das, was sie beleben wollte. Aber die S o p h i s t i k nur als destruktiv in dem Odium zu sehen, das diesem Namen nun einmal anhaftet, ist falsch und irreführend. Die schlimme Bedeutung wird auch mehr in dem Sinne einer Relativität und Biegsamkeit der Wahrheit verstanden und besteht dann allerdings zu Recht.

Die ganze Erscheinung der Sophistik ist so interessant und wichtig und so einschneidend für die hellenische Geistesentwicklung und den aus ihr resultierenden Taten, daß wir etwas näher auf diese Bewegung eingehen müssen.

Mitentstanden ist sie wohl durch die Erschütterung und Durchschüttelung infolge der Perserkriege, die die ruhig-altväterisch bestimmten Bezirke der Hellenen in Berührung mit ganz anderen Weltanschauungen brachten. Der Vergleich schuf Kritik und Zweifel. Bisher Selbstverständliches erschien plötzlich relativ und bedingt. Vor allem aber erwachte ein Selbstbestimmungsgefühl des einzelnen Individuums. Einte sich nun all dies bei dem Hunger nach intellektualer Vervollkommnung in einem besonders scharfsinnigen, dialektisch veranlagten Kopf, so hatte die Sophistik bereits einen Vertreter gewonnen. Im Wesen der ganzen Anschauung aber lag es, daß es solchen Männern durchaus darauf ankam, zu wirken, zu lehren, ihre Ansichten zu verbreiten. Sie waren alle geborene Lehrer. Daß sie aber die Weisheit sozusagen „gepachtet" zu haben glaubten und dies auch betonten, zeigt die ganze Anmaßung und das Herausfordernde ihres Auftretens, wie es uns auch sonst berichtet wird.

Kritische Gefahr

Das Erscheinen der Sophisten, als deren Mittelpunkt Athen zu betrachten ist, knüpft sich besonders an die Namen des P r o t a g o r a s (aus Abdera in Thrakien), des G o r g i a s (aus Leontinoi in Sizilien), des P r o d i k o s (aus Keos) und des H i p p i a s (aus Elis). Die hauptsächlichste Wirksamkeit dieser Männer fällt in die Zeit des Perikles und der Jahrzehnte nach ihm, und es ist nicht zu übersehen, daß auch hier wieder die Überregsamkeit der griechischen Außenbezirke dem magnetischen Mittelpunkt Athen zueilte, wo sie skrupellos und durch keine bodenständige Heimattradition gebunden sich kosmopolitisch gebärdete und dadurch allein schon jeder Struktur eines polis-bestimmten griechischen Lebens gefährlich werden mußte.

In der Absicht der Sophisten aber lag eine solche Unterminierung keineswegs. Indem sie die geistige Elite an sich heranzogen und ihre Fähigkeiten auszubilden strebten, wähnten die Sophisten, durch die geistige Hochzüchtung solcher Männer dem Staatswohl sehr zu dienen, zumal gerade alle jene Eigenschaften und Kenntnisse gefördert werden sollten, die bei der Leitung des Staates und der Massen Wirksamkeit und Wert hatten.

Wie ein Rausch ergriff diese blendende Perspektive die aufgeschlossenen jungen Köpfe; sie spürten wie einen Zauber die geistige Überlegenheit, die sie fesselte und anreizte und zur Erwerbung gleicher Fähigkeiten lockte. Da aber die sehr vornehm auftretenden neuen Männer nur gegen hohe Bezahlung ihre Lehren erteilten und sich für ihre Zwecke auch nur an die Oberschicht des Volkes hielten, so kam auch nur diese für die Erwerbung der neuen Anschauungen in Betracht, und schon dadurch mußte ein Zwiespalt oder zumindest eine Abstufung in die bis dahin ziemlich homogene Bildung der Jugend geraten. Der Begriff Bildung wurde nun überhaupt zur Parole, und selten bot auch ein Menschenmaterial einen geeigneteren Stoff für ehrgeizige Lehrtätigkeit. Das Resultat mußte in der Hauptsache ein Individualismus sein, wie ihn die Geschlossenheit der früheren Stadtgemeinden nie kannte. Der Mensch entdeckte nun sozusagen sich selbst und die Betonung persönlicher Ansichten und Stellungnahme, stets mit dem kritisch-erzieherischen Seitenblick auf alles anders Geartete. Das Recht der Selbstbestimmung wurde zum inneren Geheiß, und zwar mit all der Leidenschaftlichkeit und Vehemenz, zu der diese impulsiven Naturen neigten. Von Protagoras stammt der Ausspruch: „Ob es Götter gibt und wie sie sind, kann ich nicht sagen", aber auch noch folgenschwerere Sentenzen wie: „der Mensch ist das Maß aller Dinge." Nahm man das persönlich und dehnte es auf die ethischen Forderungen aus, so war einem gefährlichen Relativismus Tür und Tor geöffnet.

Intellektuale Verfeinerung

Die wirklich geistvolle und überlegene Art, mit der die Sophisten ihre Lehren vortrugen und kaum zu verteidigen brauchten, machte sie mangels eines Gegners zu bedenklichen Verführern. Glänzend beherrschten sie selbst alle Finessen der Rhetorik, die sie vor allem lehrten, weil sie gerade in der Redekunst die Möglichkeit zur Regierung und Beherrschung der Massen sahen. Aber nicht nur scharfsinnigste Dialektik wurde gelehrt, sondern die Sophisten wandten auch stark ihr Augenmerk auf die Sprache selbst, ihren Bau und ihre Gesetze, den Stil usw. So wurden sie die Begründer der Philologie, aber auch vieler anderen geistigen Disziplinen und jener Forschungsmethode, die man nun erst in unserm Sinne „wissenschaftlich" nennen kann. „Lehrgegenstände waren Philosophie, Literatur, Kunst, Grammatik, Mathematik und Astronomie, vor allem aber staatliche Dinge, wozu Verfassung und Staatsverwaltung, Kriegsführung, aber auch Ethik und vor allem die Redekunst gehörte." (62) Da die Lehrer alle diese Gebiete selbst gründlich studiert hatten und beherrschten und eine Fülle spezialer Kenntnisse in wohlorganisiertem Denken besaßen, so liegen hier in der Sophistik nicht zu unterschätzende Verdienste um die Einzelforschung, zumal ihr Ziel wenigstens anfangs wirklich und ehrlich die Herausbildung aller geistigen Fähigkeiten einzelner Begabter zum Wohl der Bürger war. Nur übersahen die Sophisten, wie sie dadurch eine positive und in sich große und starke Weltanschauung zerstörten, wie Glaube und Hingabe nun zum Objekt einer sich überlegen fühlenden Einzelkritik wurden und wie der wissenschaftliche Zweifel und die fortwährende Analyse schließlich zur Zersetzung und zur Unsicherheit führen mußten, die durch eine blendende Außenfassade und ein bestechendes Pathos verdeckt wurden.

Lehrmethoden

Diese kurzen Ausführungen beweisen schon, wie schillernd und doppeldeutig das Bild der Sophistik ist. Unleugbaren Verdiensten stehen überall große Schäden gegenüber. Beides muß gerecht abgewogen werden. Zusammenfassend kann man sagen, daß die ganze Entwicklung wohl eine geistige Notwendigkeit war. Nach der weltanschaulichen Grübelei über Wesen und Ursprung der Dinge mußte der Mensch einmal auf sich selbst blicken und Einschau in sein Wesen halten. Daß dadurch eine anthropomorphe Tendenz und eine Überbetonung des Subjektivismus entstehen mußten, ist richtig, aber die zweifellose Überspannung des alleinigen Bestimmungsrechtes des Staates mußte den Drang zur Befreiung des Individuums auslösen. Auch

Nutzen und Schaden der Sophistik

die bisherigen Anschauungen über Natur, Staat und Mensch konnten ja nicht stehenbleiben. Beginnt aber in solchem Fall erst einmal eine Aufklärung, so schlägt sie in erwachter Vernunftsfreude am Anfang stets über die Stränge. Das ganze Niveau der Bildung aber haben die Sophisten zweifellos bedeutend gehoben. Bedenkt man, daß es vorher nur einfache Volksschulen mit geringem Elementarunterricht gab und jede weitere Ausbildung ungeregelt dem Strebenden selbst überlassen blieb, so kann man ermessen, was die jetzt erfolgende Gründung begeistert besuchter Bildungsstätten bedeutete. In diesen Zirkeln formten sich nun allerdings die biegsamen attischen Charaktere wesentlich anders, als wie sie bis dahin gewohnt sind. Ebensoviel Elastizität und unberechenbare Eleganz wie rücksichtslose Schärfe und brutaler Egoismus werden in allen Führernaturen deutlich. Selbst in Wort und Bild der Kunst tritt das nunmehr zutage, ob wir auf die Bewegtheit der Reliefs am Niketempel oder auf die Dialektik der dramatischen Personen des Euripides achten.

Durch den Reiz der Darstellung an Stelle neuer Forschungen machten die Sophisten die bisherigen Ergebnisse der Wissenschaft erst populär und regten dadurch viele an, die sonst ihre geistigen Kräfte kaum erprobt hätten. Sie schufen dadurch auch ein empfangendes und empfängliches Leserpublikum, wodurch überhaupt erst eine dieses Bedürfnis befriedigende Literatur entstand. Aber auch Werke wie die des großen Historikers Thukydides wären ohne die Sophisten kaum denkbar, denen der berühmte Geschichtsschreiber in der Methode durchaus nahesteht. Eine Kunstprosa in diesem Sinne gab es früher gar nicht. Erst Gorgias, der 427 als sizilischer Gesandter in Athen auftauchte und mit seiner glänzenden Beredsamkeit alle bis zur Tollheit fortriß, führte sie bewußt ein.

Die Überwindung der Sophistik: Sokrates

Daß ein neues, scharfes Instrument ebenso nützlich wie in der Hand des Unverantwortlichen und Ungeschickten gefährlich sein kann, hat das Beispiel der Sophisten in jeder Hinsicht bewiesen. Klar unterscheiden muß man darum zwischen ihrer anregenden Wirksamkeit und dem oft bedenklichen Relativismus ihrer Lehre.

Daß dem Treiben der Sophisten auf ihrem eigenen Wirkungsfeld, in Athen, ein Gegner erwachsen mußte, ist bei den starken Gegensätzen, die hier aufeinanderprallten, selbstverständlich; aber es war nicht vorauszusehen, daß die Persönlichkeit von einem solchen Ausmaß und einer alles überragenden Bedeutung sein werde, wie sie nun in der Gestalt des kleinen Handwerkers S o k r a t e s ihnen gegenübertrat. Daß dies schon rein sozial möglich war, beweist, wie breit und wirklich liberal die demokratischen Grundsätze in Athen gehandhabt wurden.

Die eigene Zeit des Sokrates wertete ihn aber gar nicht so sehr als Gegner der Sophisten, sondern hatte den richtigen Instinkt, selbst in dieser Bekämpfung und ihrer Methode eher eine Folgeerscheinung der Sophistik zu sehen. Wie wenig der tatsächliche innere Gegensatz zunächst allen deutlich war, geht schon aus dem Spottangriffe hervor, den Aristophanes, dieser glühende Vertreter altkonservativer Ideen, in seinen Komödien gegen Sokrates richtete und ihn ganz so bekämpfte, als gehöre er zu den Vertretern jenes schillernden Schwalls der neuen Lehre.

Sokrates als Aufklärer

Wenn wir aber umgekehrt gewöhnt sind, Sokrates als Feind, ja als Vernichter der Sophistik aufzufassen, so wäre es in der Tat besser, ihn nur als einen Auswerter ihrer positiven Elemente zu nehmen. Denn daß er auf dem nämlichen Boden der Aufklärung fußt und ganz der von den Sophisten herbeigeführten Erkenntniskritik angehört, darf man nicht übersehen. Der große Unterschied liegt im sittlichen Gehalt. Trotzdem aber geschah es, daß man ihn zwar mit meist überschwenglichem Preis als den wirklichen Begründer der europäischen Philosophie ansah, daß es aber auch bis heute nicht an gewichtigen Stimmen gefehlt hat (z. B. Nietzsche), die ihn im Sinne des Aristophanes und vom griechischen Standpunkt aus kulturell für den Verfall des Echt-Hellenischen verantwortlich machen möchten. Auch diese Zwiespältigkeit des Urteils übersieht die Notwendigkeit jeder Entwicklung, die stets in Keimen vorbestimmt ist, die nicht der einzelne gesät hat. Sokrates ist eben ganz ein Produkt seiner Zeit, wenn er sie auch so weit überragt, daß er zeitlos und über den Rahmen seines Volkes hinaus zu einer allgemeingültigen, in gewisser Weise auch heute noch wirkenden Potenz im europäischen Geistesleben geworden ist.

Wenn es soweit möglich war, die Systeme der Philosophen hier kurz klarzulegen, so geschah das einmal, um den raschen Fortschritt der Natur- und Geisteserkenntnis bei den Griechen aufzuweisen, und ferner, weil die Denkresultate dieser Männer leicht in Kürze angedeutet werden konnten. Jetzt aber, wo wir mit Sokrates und dann über Platon und Aristoteles zu tiefgründigen Problemen und Weltauffassungen auf oft schwierigen Gedankengängen gelangen, kann es nicht Aufgabe einer Kulturgeschichte sein, sich einzeln in diese neuen Lehren zu vertiefen. Nur soweit diese als Höchstprodukte ihrer Zeit zu erklären sind und damals schon strukturverändernd das Dasein beeinflußten und darum an der Entwicklung der Kultur mit tätig waren, sollen diese Gedankengänge der drei großen Weisen hier skizziert werden.

Für Sokrates besteht eine solche Zurückhaltung schon insofern zu Recht, da er schriftlich nichts hinterlassen hat, und wir somit zur Erkenntnis seiner Lehre auf das angewiesen sind, was seine Schüler Platon und Xenophon ihm, mehr oder weniger mit eigenen Zutaten, in den Mund legen.

Sokrates wollte nur mündlich wirken, erziehen, die Geister aufrütteln und das alles bloß in gelegentlichen Gesprächen oder durch längere philosophische Erörterung in einem fast immer zufällig gebildeten Kreise. Er selbst hatte ursprünglich die Bildhauerei als Handwerk von seinem Vater Sophroniskos erlernt, gab es aber bald auf, um in freiwilliger Armut und völliger Bedürfnislosigkeit sich ganz der Philosophie, erst lernend, dann lehrend, zu widmen. Daneben erfüllte er gewissenhaft seine Staatspflichten, verwaltete gelegentlich ein Amt, focht tapfer in drei Schlachten des Peloponnesischen Krieges und beschloß nach siebzig Jahren eines ruhigen, kleinbürgerlichen Daseins sein Leben durch den bekannten heroischen Tod des Schierlingsbechers. Äußerlich besaß dieser Lebenslauf nichts, was den revoltierenden Folgen entsprach, die durch den Geist dieses Mannes in das Denken der Menschheit gerieten. *Sokratische Methode*

Das geistige Rüstzeug des Sokrates war ganz der Sophistik entlehnt und wurde von ihm auch ähnlich, ja noch virtuoser angewandt. Der große Unterschied besteht aber darin, daß das blendende Gedankenspiel der Sophisten und ihre Sezierung des menschlichen Denkens ohne innerliches Ethos und ohne jedes Streben nach Erreichung positiver Denkergebnisse und echter Wahrheit vor sich ging, während Sokrates mit der nämlichen Methode nach sittlicher Festigung und Beseitigung des nihilistischen Relativismus strebte. *Rationalistik*

Gemeinsam ist aber Sokrates und den Sophisten die durchaus und ausschließlich rationale Einstellung. Verstand und Wissen bedeuteten für Sokrates alles. Alles erschien ihm lehrbar, sogar die Tugend. Auf sachliche Kenntnisse irgendwelcher Art kam es ihm gar nicht an, nur auf Erkenntnisse, wobei seine philosophische Erkenntniskritik meist auf Herbeiführung von Selbsterkenntnissen hinauslief. Auf sich selbst angewandt, erklärte er, daß er nichts wisse, obgleich das Delphische Orakel auf eine Anfrage sich negativ und spitzfindig ausgedrückt hatte: niemand sei weiser als Sokrates. Dieser Ausspruch genügte aber dem Philosophen, um sich zu seiner Tätigkeit als einer Art Gottesdienst verpflichtet zu fühlen, ein Beruf, den er später in seiner Verteidigungsrede vor den Richtern aufs stärkste betonte. So packte er denn jeden, den er traf, und erörterte als „geistige Hebamme", wie er sich nach dem Beruf seiner Mutter nannte, mit ihm als scheinbarer Nichtswisser in posierter Bescheidenheit irgendein beliebiges, meist begriffliches Thema bis zur letzten Konsequenz mit derart dialektischer Schärfe, daß der Befragte schließlich erkannte, daß er selbst noch viel weniger wisse als Sokrates. Daß dieser sich aber durch dies fortwährende Reden und überlegene ad-absurdum-Führen, zumal bei älteren, ernsten und gewiegten Leuten, viele Sympathien verdarb und bei manchen Zuhörern Langeweile, ja Widerwillen erregte, kann niemand wundern. Würde ein noch so großer Mann heute ebenso verfahren wie Sokrates, so würde ihm alle Welt möglichst aus dem Wege gehen, und mit Ausnahme einiger begeisterter junger Leute wird das in Athen wohl ebenso der Fall gewesen sein, sofern man seiner bohrenden Hartnäckigkeit überhaupt entrinnen konnte.

Die sokratische Philosophie verlief also stets in Dialogen. Zwiespalt und Doppeldeutigkeit, die das Bild des Sokrates aufweist, liegen demnach schon in ihm selbst begründet. Als äußerlicher Sophist das Wissen preisend und selbst erklärend, daß er nichts wisse, mußte er zur Erlangung positiver Ergebnisse, ethischer Grundsätze und einer absoluten Wahrheit auf einen Gottesglauben zurückgreifen, und ebenso metaphysisch, ja schon fast mystisch war der Hinweis dieses nüchternen Denkers auf sein unerklärliches inneres Daimonion, eine Warnungsstimme, die ihn von Schädlichem abzuhalten suchte.

<small>Rettung der Ethik</small>

Der Individualismus der Sophisten zerstörte jede Ethik, der des Sokrates aber stärkte das sittliche Verantwortungsgefühl des einzelnen aufs höchste und verlegte in ihn selbst die Forderungen, die sonst der Staat stellte. Mit diesem mußte also der Weise notgedrungen in Konflikt kommen, und sein gewaltsamer Tod, dessen Ursachen und Berechtigung können deshalb auch ganz verschieden aufgefaßt werden, ebenso verschieden, wie Sokrates in sich selber war. Tief religiös, jedes Staatsgesetz gehorsamst befolgend, ganz Bürger der alten Polis, bereitete er gedanklich eine ganz entgegengesetzte Welt vor und wird das vielleicht auch gewußt haben. So betonte er auch schärfstens das Unrecht, daß der Staat durch die Verurteilung an ihm tat, und fügte sich dennoch bis zum Eigensinn dem Urteil, dem er leicht entgehen konnte. Ob er also als Märtyrer seiner Überzeugung aufzufassen ist oder als Opfer eines von ihm selbst hartnäckig festgehaltenen Konflikts, ist schwer zu sagen, jedenfalls aber besiegelte Sokrates durch den Heroismus seines Todes und durch die gelassene Standhaftigkeit seiner bis zur letzten Minute erteilten Lehren diese selbst und klärte damit deutlich den Gegensatz der zwei Wege über den Staat und ohne den Staat. Nur wer voll erfaßt, was der staatliche, also der Polisgedanke im Leben des Hellenen alles überragend bedeutete, mit welcher Zähigkeit er sich auch dann noch behauptete, als die konkrete Grundlage gar nicht mehr in ihrer Ausschließlichkeit bestand, kann sich ein Bild machen, welche Erschütterungen diese Konsequenzen der sokratischen Lehre im Seelenleben der Besten und damit in der Kultur bedeuteten. In Sokrates wird das Ende des alten Griechenland völlig deutlich, und da er selbst es stark mit herbeiführte, so versteht man von hier aus sowohl seine zeitlichen wie seine modernen Gegner. Die eigenartige Größe des Mannes selbst wird dadurch ebensowenig widerlegt wie sein Tod, den man äußerlich wegen „Verleitung der Jugend und Einführung neuer Götter" herbeiführte, seine Lehre zum Stillstand brachte.

Mit Sokrates ging die populärste Gestalt des alten Athen dahin. Wenn man den Weisen nicht nur unter dem Aspekt seines großen Schülers Platon und dem Nimbus von über zwei Jahrtausenden betrachtet, der um seine Persönlichkeit, nicht zuletzt durch seinen Tod, gewoben ist, so mag es unterhaltsam sein, sich diese Gestalt einmal konkreter zu denken, wie sie die Gassen Athens durchwanderte, fortwährend disputierend stehenblieb, den einen durch die Geistesschärfe entzückte, den andern ärgerte und sich dabei ebenso der grenzenlosen Bewunderung wie dem Spott und Haß aussetzte. Überall sah man ihn, in den Gymnasien, auf den Sportplätzen, bei privaten Symposien, schlecht angezogen, barfuß, häßlich und doch von unwiderstehlicher Anziehungskraft. Besonders die Jugend lief ihm zu. Man denke an Alkibiades und lese dessen Hymnos auf Sokrates im Symposion des Platon. War doch auch „sein Verhältnis zur Jugend eine ethisch-pädagogische, sittlich-geistige Veredelung der griechischen Knabenliebe" (63), und wer trotz alles Gesagten diesen so aufschlußreichen Weg infolge moderner Hemmungen nicht finden kann, versuche es mit der Erinnerung an jene Verse, in denen der so verständnistiefe Hölderlin das Verhältnis des Sokrates zu Alkibiades zu klären sucht:

Sokrates als Bürger

„Warum huldigest du, heiliger Sokrates,
Diesem Jünglinge stets? Kennest du Größeres nicht?
Warum siehet mit Liebe,
Wie auf Götter, dein Aug' auf ihn?"

Wer das Tiefste gedacht, liebt das Lebendigste,
Hohe Jugend versteht, wer in die Welt geblickt,
Und es neigen die Weisen
Oft am Ende zu Schönem sich.

Auf der anderen Seite aber kann man verstehen, wie dieser Mitbürger den Athenern „auf die Nerven fiel", wie seine angenommene Bescheidenheit, durch die die „sokratische Ironie" leuchtete, vielen seiner Gesprächsopfer unerträglich, ja unausstehlich vorkam und eine Gegnerschaft, besonders der konservativen Kreise, herbeiführen mußte, die den Neuerer für die fortschreitende Zersetzung des Staatsgefüges zur Rechenschaft zogen. Die Sophisten selbst aber, die man auch für den Tod des Weisen verantwortlich machen möchte, sind von dieser Schuld jedenfalls freizusprechen. —

Antipathie der Athener

Das Leben selbst hatte durch Sokrates einen anderen Inhalt, ein anderes Ziel deutlich erhalten. Er hatte durch seine unerbittliche Analyse des Begriffs jene Klärung des Denkens heraufgeführt, die erst den Verlauf der europäischen Philosophie möglich machte, mag Sokrates selbst auch noch so sehr in dem Dilemma steckengeblieben sein, daß er zwar die Identität von Tugend und Wissen lehrte, ohne aber generell und genauer zu bestimmen, durch welches Wissen Tugend herbeigeführt werde und welcher Art diese dann sei. Windelband nennt das Wirken des Sokrates „einen Versuch, das Leben durch die Wissenschaft in sittlichem Sinne zu reformieren" und betont, „daß der Erfolg seiner Lehre in dem besten Freund des Philosophen zu den höchsten Leistungen des antiken Kulturgedankens geführt hat" [64], und Burckhardt stellt fest: „Wir haben es bei ihm mit der größten Popularisierung des Denkens über Allgemeines zu tun, die je versucht worden ist ... Wissen, Wollen und Glauben treten bei ihm in einen Zusammenhang wie noch nie .. er wird stets ein Angelpunkt der ganzen attischen Welt bleiben, und die freie Persönlichkeit ist in ihm aufs sublimste charakterisiert." [65]

Das kann aber nicht verhindern, daß man Sokrates, richtig verstanden, als einen folgenschweren und verschieden zu beurteilenden Fremdkörper im hellenischen Wesen seiner Zeit betrachten darf, genau wie körperlich inmitten dieser schönen und schönheitstrunkenen Welt sein Riesengeist, der selbst nach dem Eros und der Schönheit so durstig war, in einem häßlichen Silenenkopf auf plumpem Körper waltete.

Beginnender Subjektivismus

Als das Phänomen Sokrates im öffentlichen Leben verblichen war, schieden sich die Geister. Es war nun nicht mehr möglich, die alte Einstellung zum Staat und seinen Idealen aufrechtzuerhalten, es war aber auch noch keine wirklich tragende und dem praktischen Leben genügende Basis für eine nur auf sich gestellte Ethik gefunden. Sich in dieser neuen Atmosphäre rückgreifend oder vorwärtsschauend zurechtzufinden, war das Bestreben fast des ganzen 4. Jahrhunderts. Jedenfalls war es mit den alten, strengen Bindungen vorbei, und auch die äußeren Verhältnisse hatten ja dafür gesorgt, daß nun eine wirkliche Befriedigung nicht mehr in der unpersönlichen, opfervollen Einschaltung in das Ganze gefunden werden konnte, sondern gerade die edelsten und ausgeprägtesten Naturen zogen sich auf sich selbst zurück. Eine Entspannung der staatlichen Überbetonung war ja sowieso eingetreten. Die Atmosphäre klärte sich und wurde weicher und stiller, ohne an innerer, geistiger Kraft einzubüßen. Man könnte sagen, daß das Dorische im Charakter Athens mehr zurücktrat und den innigeren, beschwingten Elementen Ioniens Platz ließ. Die Geister konnten sich entfalten, aber zu der Sinnenfreude, die, am Objekt haftend, auch in Ionien alles objektiver und mehr der Oberfläche nach erfaßt hatte, trat im Mutterlande nunmehr die neuerworbene Erkenntnis tieferer Zusammenhänge, wie sie schließlich in Platons Philosophie gipfelt.

Aber nicht diese allein war die Frucht sokratischer Lehren. Die Anregungen des schlichten athenischen Weisen waren viel zu reich, um nicht einer ganzen Anzahl von Deutungen und Ausgestaltungen fähig zu sein. Aus dem e i n e n Quell teilten sich mehrere Ströme nach sehr verschiedenen Richtungen, und schließlich muß man ja gestehen, daß in der Folgezeit überhaupt jede Philosophenschule von Bedeutung auf Sokrates zurückzuführen ist, ja überhaupt jede geistige Bewegung, denn z. B. auch auf das ein halbes Jahrtausend später sich ausbreitende Christentum hat er ebenso Einfluß, wie diese Lehre selbst in seiner und Platons Ethik einen Vorklang wahrzunehmen glaubte.

Ehe wir uns darum mit gebotener Kürze der großen Erscheinung Platons zuwenden, müssen wir zwei unmittelbar an Sokrates anknüpfende Philosophenschulen wenigstens erwähnen und besonders deshalb, weil sie, obgleich selbst auf einen kleinen Kreis beschränkt, doch Vorläufer zweier einflußreichster, sich polar gegenüberstehender Geistesrichtungen der späteren Jahrhunderte wurden: nämlich der Schule der Stoiker und der der Epikureer. *[Neue Philosophenschulen]*

Diese also sehen wir im Kern nun schon bei den **Kynikern** und ihrem Haupte **Antisthenes** und den **Kyrenaikern** mit **Aristippos** entstehen. Beide genannten Philosophen waren Schüler des Sokrates, aber die Folgerungen, die sie aus der Erkenntniskritik und besonders der Tugendlehre ihres Meisters, zumal für das praktische Leben, zogen, liefen diametral auseinander.

Die Kyniker (so genannt nach ihrer Lehrstätte im Gymnasium Kynosarges und mit dem Anklang an das Wort Kynos = Hund) nahmen die Schlichtheit und Genügsamkeit des Sokrates zum Ausgangspunkt und spannten diese Entsagungen bis zum Extrem völliger Bedürfnislosigkeit aus. Nur in einem solchen Zustand hielten sie die Durchführung reiner Tugend für möglich, bahnten damit aber einen solchen Nihilismus jeder Forschung und Wissenschaft, ja jeder Kultur gegenüber an, daß sich die Konsequenzen ins Absurde überschlugen. Hätte die Schule nicht zwei Generationen später durch ihren vielgenannten Vertreter **Diogenes** wenigstens etwas satirischen Geist und witzige Originalität eingeführt, so würde diese proletarische Denkweise wohl weniger populär geworden sein. Gefährlich aber blieb diese völlige Negierung aller bisherigen Wertung, Bindung und Sitte; auch jede Staatsidee mußte sich dabei in nichts auflösen. *[Die Kyniker]*

Eine ebenso extreme Überspannung nach der anderen Seite entstand durch die Lehre des verwöhnten Edelmanns **Aristippos** aus dem reichen, üppigen Kyrene, der aus den Anregungen seines Lehrers Sokrates, und wohl auch des Protagoras, entnommen zu haben glaubte, daß ein wahres Wissen über die Sinnesempfindungen hinaus ja doch unmöglich wäre, so daß es im Leben allein darauf ankäme, möglichst jedem Schmerz auszuweichen und jede Lust (Hedone, daher Hedonismus) zu genießen. Aber gerade diese Ansicht darf man keineswegs als schrankenloses Sichausleben auffassen, was ja auch sokratischen Lehren gar nicht entsprochen hätte, sondern ganz im Gegenteil lehrte Aristippos, daß nur das Maßhalten in der Lust, ja die Beseitigung jeder Leidenschaft zu dem erstrebten Ziele eines wahrhaft weise geleiteten Lebens führen könne. Auch diese Schule kümmerte sich nur um den Menschen und seine Empfindungen. Ohne Wissenschaft und Forschung anzugreifen, stand sie beiden ganz gleichgültig und uninteressiert gegenüber. Immerhin mußten die Kyrenaiker Überlegungen über Ursache und Inhalt der erstrebten Glückseligkeit anstellen und somit die Psychologie irgendwie fördern. Darin setzten sie Schlecht und Gut mit Unlust gleich und glaubten damit die etwas vage Tugendlehre des Sokrates mit Inhalt gefüllt zu haben. *[Die Kyrenaiker]*

Auch in dieser Anschauung lag genügender Zerstörungsstoff, da die Kyrenaiker sich und ihr Streben durch alle möglichen Bindungen, ob religiöser oder sonst traditioneller Art, gefährdet glaubten, rücksichtslos alle diese früheren Fundamente ablehnten und sich nur auf den Boden eines individuellen Egoismus stellten, immer aber mit der Meisterung jedes Übermaßes. Die gesuchte Freiheit von allen Ansprüchen des Lebens, die das Lustgefühl *[Extreme Zuspitzung]* hindern könnten, führte schließlich zur Negierung des Lebens selbst und zu krassem Pessimismus.

Beide Schulen demonstrierten also deutlich, wohin jede närrische Übertreibung von an sich guten Grundideen führen kann, ja muß. Wirklich zeit- und kulturbestimmend wurden darum beide Weltanschauungen zunächst nicht, aber es waren hier gegensätzlich-menschliche Einstellungen zutage getreten, die nie ganz zum Schweigen kommen werden.

Platon

Das bedeutendste, weltbestimmende Resultat der sokratischen Lehre ist P l a t o n. Den Ideengängen dieses größten aller Philosophen hier auch nur einigermaßen nachzugehen, wäre zwecklos und in solcher gebotenen Kürze nur verwirrend. Wir müssen uns auf Stichworte beschränken und uns lieber dem kulturellen Einfluß zuwenden, den Platon reichlich ausgeübt hat, wenn auch seine staatlichen Reformabsichten an allzu rigoroser Theorie gegenüber den unvermeidlichen Unzulänglichkeiten des Lebens scheitern mußten.

Platon war durch und durch Idealist, und als solcher faßte er die Lehre des Sokrates und bildete sie weltgültig aus. Aber er war auch Athener, reich, selbständig und vornehmer Abkunft. All das ist in seinen durchaus aristokratischen Gedankengängen sehr spürbar. Für uns gehen Sokrates und Platon ohne die Möglichkeit scharfer Trennung in eins über, denn was wir von Sokrates wissen, erfahren wir über Platon, und andererseits hat dieser mit Ausnahme seines letzten Buches (den „Gesetzen") sein Gesamtwerk in den Mund des Sokrates gelegt, genau in jener Dialogform, die der seltsame, erörterungsselige Handwerker pflegte. Die Ergänzung der beiden Denker geht aber noch weiter: Sokrates schrieb nie eine Zeile, Platon ist einer der größten Schriftsteller aller Zeiten, sowohl sprachlich und stilistisch wie dem Umfang seiner Werke nach, die uns alle erhalten sind. Er selbst zwar legte jeder Einwirkung des gesprochenen Wortes unendlich mehr Bedeutung bei.

Platons Leben

Platon ist 427 in Athen geboren und erreichte ein Alter von achtzig Jahren. Seine Lehrtätigkeit wurde also bestimmend für das 4. Jahrhundert. Bis zum Tode des Sokrates (399) blieb er in der nächsten Umgebung des verehrten Meisters; nach dessen Tode aber wandte er, angeekelt und dem praktischen Staatsleben seiner Vaterstadt ganz entfremdet, Athen den Rücken und eignete sich zwölf Jahre lang auf weiten Reisen in Großgriechenland, Sizilien, Kyrene und wohl auch Ägypten eine noch umfassendere Bildung an. Diese Ergänzungen waren sehr wichtig, weil bei Sokrates der eigentlichen Wissenschaft ja wenig Wert zugestanden wurde, Platon nun aber den Umgang mit den besten und exaktesten Forschern seiner Zeit genoß und auch deutlich spürbar mit orientalischen und ägyptischen Mysterien in Berührung gekommen sein muß. Die ersten Dialoge, die er nach dem Tode des Sokrates schrieb, behandelten in scharfsinnigster Logik, aber immer mit dem hohen Schwung eines edelsten Idealismus, einzelne Begriffe: Staatsgehorsam, Tapferkeit, Tugend, Rhetorik, Frömmigkeit, Unsterblichkeit. Am berühmtesten darunter ist der Dialog des „Symposions" über die Liebe (Eros), als Zeitbilder wichtiger die Dialoge über das Ende des Sokrates und seine letzten philosophischen Gespräche.

Aus dem „Protagoras" ersehen wir das Treiben der Sophisten und ihre innerlich hohle Geistreichelei, und ihnen galt ja vor allem der ständige Kampf, den Platon überlegen und erfolgreich durchführte.

Platons Staatstheorie

Platons Hauptwunsch aber ging seinem ganzen Wesen nach darauf hinaus, seine Ansichten praktisch wirksam zu machen und in die Tat umzusetzen, und zwar auf staatlichem Gebiet. Für seine Vaterstadt konnte das nicht mehr in Betracht kommen. So versuchte er denn, mit drei längeren Besuchen die Tyrannen von Syrakus, Dion und die beiden Dionysios, zu Werkzeugen seiner Staatsideen zu machen und durch sie die gesamte politische und kulturelle Leitung philosophisch zu durchtränken. Die Regierung in der Hand der größten Philosophen: das war das Idealbild, das ihm vorschwebte und an dessen unmöglicher Verwirklichung er schließlich enttäuscht scheitern mußte. Die großen Gedankengänge dieses Themas legte er in seinem Hauptwerk, dem „Staat", nieder und ergänzte sie bei Lebensabschluß durch die „Gesetze".

Hier aber finden wir auch schon, was Platons Philosophie, die nie systematisch zu einem geschlossenen Ganzen abgerundet wurde, hauptsächlich berühmt und gedanklich bis heute wirksam gemacht hat: seine Ideenlehre. In diesen Gedanken, die zu den tiefsten der Menschheit gehören, einigen sich in metaphysischer Schau ebenso Erkenntnistheorie wie Ethik. Diese Ideen waren für Platon die ewigen Urformen aller Dinge, aber mit dem Wort „Begriffe" sind sie nicht erschöpft, denn in einer transzendentalen Welt hält er sie für real. Diese wundervolle Eingebung hier weiter auszuführen, müssen wir uns versagen und sie dem Spezialstudium zuweisen, nur muß darauf hingedeutet werden, wie wichtig es für allen künftigen Glauben war, daß Platon diese Ideen als Erinnerung vorgeburtlicher Schau auffaßte, denn daraus mußte er im Anschluß an die Pythagoreer zu einer Seelenwanderungslehre kommen, die an Indien anklingt. Man würde aber Platon ganz mißverstehen, wenn man annehmen würde, daß hier eine dichterische Phantasie (und als echter, schöpferischer Künstler, nicht nur als abstrakter Denker, muß Platon immer verstanden werden) den Boden unter den Füßen verlöre. Im Gegenteil. Die rationalistische Bildungsrichtung des Sokrates wirkte ja auch in ihm unauslöschlich weiter; das wirkliche Wissen pries er darum als den besten Annäherungsweg zu den Ideen und wünschte die dadurch errungenen Tugenden praktisch zum Heil des Staates angewandt.

Ideenlehre

Es ist sehr interessant, zu beobachten, wie in den Gedankengängen des ionischen Atheners Platon, und zwar in zunehmendem Maße, ein dorisches Element fühlbar wird. Die aristokratische Herkunft und Tendenz allein würden für diese Struktur-verleihende und herb-stolze Art keine genügende Erklärung sein. Einheitlich ist das alles bei Platon noch nicht. Seine hohen Gedanken sind elastisch und wandelbar und fliegen oft in Fernen, die jenseits eines trockenen Schemas liegen. So kann man bei Platon auf scheinbare Unklarheiten und Widersprüche stoßen, kann fremde und alte Gedanken sich neu formen sehen, aber überall leuchtet jene „Platonische Liebe", d. h. der Drang nach der wahren, göttlichen Erkenntnis, den Platon mit dem Begriff des Eros umfaßte, in dem Schönheit und Tugend in eins verfließen. —

Dorischer Geist

Ins Irdische zurückkehrend, wollen wir aber doch noch einen Blick auf die Formen werfen, in denen Platon sein Kulturideal praktisch verwirklicht wünschte, und werden dann doch wieder staunen, mit welcher Unerbittlichkeit ein hellenischer Kopf zu Schlüssen und Forderungen kommt, die theoriegeboren wie Utopien anmuten und die man bei einem Mann, der so wie Platon welterfahren und klarsehend über den Dingen stand, zunächst gar nicht voraussetzt und mit ihm nicht vereinbar findet. Vor allem betonte

Theoretische Philosophie als Staatskunst

Platon für seinen Staat den Primat der Gerechtigkeit. Sie hatte über das Gefüge des Ganzen zu herrschen, in dem nur die Leistung galt und der, der seine Aufgabe wirklich verstand. Die Strenge von Platons Staatsanschauung läßt den aristokratischen Philosophen zum Wohl des Ganzen bis zum Kommunismus gehen. In der ganzen scharfen Gliederung der Stände, die nächst den regierungsberufenen Philosophen den Wächter-(Krieger-)stand am meisten preist und den werkenden, für Lohn arbeitenden Mann nur als banausische Notwendigkeit wertet und wünscht, sollte es kein Privateigentum, keine Familienerziehung der Kinder geben. Diese und die Frau rechnen auch zu den Dingen, die allen gemeinsam gehören. Die Erziehung leitet der Staat nach sittlichen Gesichtspunkten, die so streng sind, daß Platon sogar die Dichtungen Homers, Hesiods und der Tragiker für diese Zwecke ausgeschaltet wünscht, weil hier das Göttliche nicht rein genug erfaßt sei. Individualität, Sonderinteressen und dergleichen gelten nicht.

Aristokratische Grundidee

All das klingt bedenklich an radikale Gedanken unserer Zeit an, wer aber Platon als Kronzeugen für Forderungen der Massen in Anspruch nehmen will, irrt wiederum ganz, denn bei Platon gilt das und alles andere nur für die aristokratische Auslese einer allein gültigen und berechtigten Herrenschicht.

Enttäuschung

Platon wird sich der Unausführbarkeit seiner utopistischen Staatsideen allmählich wohl bewußt gewesen sein, auch ohne die Mißerfolge seiner verschiedenen Realisierungsversuche am syrakusanischen Hof. Die Schriften des Philosophen zeigen ja immer die Mischung scharfer Rationalistik mit einem Flug ins immaterielle Reich der bloßen Idee.

Platons Mystik

Je älter Platon wurde, um so mehr überwogen bei ihm mystische Spekulationen, die wohl durch die Pythagoreer angeregt sind, zumindest aber eine edle Metaphysik, die sich oft des mythischen Gewandes bediente, wie z. B. in seinem „Timaios" (mit der Atlantiskunde). Sein „Phaidon", der den herrlichen Dialog über die Unsterblichkeit der Seele enthält, mußte ja auf jeden ewigkeitsbewußten Geist die größte Wirkung ausüben. Fast alle tieferen Naturen der Folgezeit haben sich damit auseinandergesetzt, und auch das Christentum konnte unmöglich an so verwandten Gedankengängen achtlos vorübergehen. Dämmert doch auch durchaus schon ein Monotheismus bei Platon, zwar nicht religiös gedacht, aber philosophisch erfaßt und ausgedrückt. Die ewige Einheitlichkeit liegt bei ihm in der Idee des Guten, wenn diese vielleicht auch nur ein Begriff ist. „Sie steht daher noch über dem Sein und dem Erkennen; sie ist die Sonne im Reich der Ideen, von ihr empfängt alles andere seinen Wert, so auch seine Wirklichkeit. Sie ist die Weltvernunft: ihr gebührt der Name des ‚Nous' (weltordnender Geist, siehe Anaxagoras) und derjenige der Gottheit." (66)

Nur dürftig und in ihren Hauptzügen konnte hier Platons Lehre angedeutet werden, wobei noch viele ihrer umfassenden Bezirke gar nicht erwähnt sind. Die Hälfte seines reichen, achtzigjährigen Lebens verwandte der Philosoph darauf, einen Kreis von Schülern in seine Gedankengänge einzuweihen, und zwar ähnlich in zwangloser Gesprächsform wie sein Lehrer Sokrates. Erst spät, wie auch in seinen Altersbüchern, dehnt sich die Art seines Dialogs zum längeren Vortrag.

Die Akademie

Um sich dieser Lebensaufgabe ausschließlicher Lehrtätigkeit voll widmen zu können, hatte Platon, als er von seinem ersten, einer Staatsreform geltenden Besuch Siziliens in seine Vaterstadt zurückkehrte, beim Gymnasium des Heros Akademos einen Hain erworben, wo er seine Schüler mit seinen Gedankengängen vertraut machte. Von dieser Örtlichkeit her übertrug sich der Name „Akademie" auf Platons Schule und ist von dort aus zum Sammelnamen für Lehrstätten in der Welt geworden.

Zusammenfassend kann man mit R. Wagners Worten sagen: „Platons Philosophie umspannt die diesseitige und die jenseitige Welt, die er zuerst dem Blick erschlossen hat; er hat ein neues Kulturideal aufgestellt, indem er das Leben auf die Wissenschaft gründete, und solange die Menschheit an Ideale glaubt, wird sein Name unvergessen bleiben."(67)

„Achtzig Jahre alt, ist Platon im Jahre 347 gestorben, bewundert von der Mitwelt, als ein Heros von der Nachwelt gefeiert, ein vollkommener Hellene und ein großer Mensch, ein Mann, der, wie er alle Vorzüge der leiblichen Erscheinung mit denjenigen der intellektuellen und sittlichen Kraft vereinigte, so auch die schöne Lebensführung des Griechentums durch eine Tiefe des geistigen Daseins adelte, welche ihm in der Geschichte der menschlichen Weltanschauung eine jahrtausendelange Nachwirkung gesichert hat." (68)

In vielleicht noch höherem Grade war dies seinem Schüler Aristoteles, dem letzten des großen philosophischen Dreigestirns, bestimmt.

A r i s t o t e l e s (384—322, gebürtig aus Stageira auf der Chalkidike) hat für das Altertum als genialer Zusammenfasser des gesamtes Wissens und dann später durch seine Ethik und Metaphysik auf dem Wege über das Christentum den denkbar größten Einfluß auf das Mittelalter und besonders die Scholastik ausgeübt, und wenn auch sein weit tieferer Lehrer Platon in der Renaissance neu zu Ehren kam, so fängt doch erst die Jetztzeit an, den fundamentalen, qualitativen Unterschied beider großen Männer, die wir auf Raffaels Schule von Athen noch einträchtig beieinanderstehen sehen, in richtiger Wertung zu begreifen. Dabei kommt jeder zu seinem Recht, und wir erkennen Aristoteles ebenso als Resultat Platons, wie als seine Ergänzung und seinen Gegensatz.

Aristoteles

Der Hochflug der Gedanken Platons war nicht mehr zu überbieten. Das ganz anders geartete Denken des Aristoteles setzte diesem Idealismus eine gesunde, bodenständige Realistik gegenüber, die aber deshalb noch keineswegs als Materialismus zu nehmen ist.

Der reale Denker und Polyhistor

Aristoteles' gar nicht hoch genug zu schätzende Bedeutung liegt weit weniger im Schöpferischen oder in der Hervorbringung neuer Ideen. Auch künstlerischen Maßstab, wie er bei Platon so notwendig ist, darf man weder nach Inhalt noch Form bei ihm anlegen. Dafür ist Aristoteles der klarste Kopf geistiger Ordnung, der ungeheuerste Polyhistor, den die Welt (vielleicht neben Leibniz) besessen. Ein Geist, der alles Wissen seiner Welt umfaßte und als genialer Organisator zu entfalten, abzuschätzen und zu sichten wußte. Aristoteles zog die geistige Bilanz des ganzen Altertums. Kein Gebiet des Denkens und kaum eins des praktischen Lebens war ihm unzugänglich und verschlossen. Er hat die europäische Wissenschaft gegründet, ihr Bahnen und Methode angewiesen, ihre Disziplinen gesondert und Kernpunkt und Wesen der einzelnen mit unerreichbarer Schärfe festgestellt. Ein Systematiker, wie er wohl kaum wieder dagewesen ist, nahm hier den gesamten geistigen Stoff der Antike in die Hände und formte ihn gerade in dem bedeutsamen Augenblick, wo die hellenische Bildung zur Weltbildung nach allen Seiten auszustrahlen im Begriff war. Wie der gewollte Akt einer Vorsehung mutet es an, daß der so einschneidende Abschluß des eigentlichen internen Griechentums mit diesem Geist beschenkt wurde, durch den somit die Grundlage der ganzen abendländischen Kultur so unverrückbar festgelegt wurde, daß noch heute vieles davon gilt und immer gelten wird. Das Philosophische mag vielleicht vielfach überholt sein, wirklich wissenschaftliche Arbeit aber kann in Europa erst seit Aristoteles geleistet werden.

Alexanders Lehrer

Aber nicht nur zeitlich fällt Aristoteles' Wirken mit der entscheidenden Wendung des Griechentums zum Hellenismus zusammen. Der merkwürdige Zufall will, daß der Philosoph sogar zum geistigen Bildner und Lehrer jenes Knaben berufen wurde, der dann sieben Jahre später die umwälzenden geschichtlichen Ereignisse und ihre kulturellen Folgen herbeiführte. Philipp von Makedonien berief 343 den Philosophen, der zwar schon bekannt, aber noch keineswegs berühmt war, zum Mentor seines dreizehnjährigen Sohnes Alexander. Eine lange Lehrzeit von siebzehn Jahren war für Aristoteles in der Akademie des Platon vorausgegangen. Nun konnte der Erzieher des so reich begabten königlichen Prinzen diesen nicht nur in das ungeheure Gebiet seines Wissens einführen, sondern ihn auch ethisch auf die großen Aufgaben vorbereiten, die seiner fast schon sichtbar harrten. Wir kennen den wirklichen Einfluß des Philosophen auf Alexander nicht, wissen aber von dem vertraulichen Verhältnis, das Lehrer und Schüler immer verband. In dieser ganzen Stellung war aber Aristoteles durchaus nicht der allein Spendende. Sein bedeutsamer Wirkungskreis mußte ihm selbst die Augen öffnen und das Urteil schärfen für vieles, was im weltabgeschlossenen Bezirk einer rein dem Denken zugewandten Philosophenschule wohl schwerlich an ihn herangetreten wäre. Als Alexander die Eroberung Asiens begann, gründete Aristoteles gleich Platon eine Lehrstätte in Athen beim Gymnasium Lykeion (Lyzeum), wo er in einer Wandelhalle (daher Peripatetiker) seine Schüler unterwies. Der Tod Alexanders ließ in Athen die antimakedonische Stimmung voll törichter Freiheitshoffnungen neu aufflammen. Auch gegen Aristoteles verdichtete sich dieser Haß. Aber ehe auch ihn, wie einst den Sokrates, eine Anklage wegen Asebie (Atheismus) treffen konnte, zog sich Aristoteles nach Chalkis auf Euboia zurück und starb ein Jahr darauf.

Aristoteles' früher Tod. Sein Werk ein Torso

Dieser verhältnismäßig frühe und unerwartete Tod beraubte den Philosophen wohl der Möglichkeit, die schriftliche Fixierung seines staunenswerten und auch rein quantitativ immensen Geisteswerken uns so zu hinterlassen, daß wir einem geordneten und abgeschlossenen Korpus gegenüberständen. Hier waltete das Geschick nicht so günstig wie bei den vollständig erhaltenen Werken Platons. Die sogenannten exoterischen Schriften des Aristoteles, die uns, weil für ein breites Lesepublikum bestimmt, stilistisch und inhaltlich Abgerundetes, wenn auch vielleicht nicht so Wertvolles, gezeigt hätten, wurden für weniger wichtig angesehen und gingen am Anfang der christlichen Ära verloren. Die esoterischen Schriften jedoch kann man als Kollegienhefte für seine Schüler bezeichnen; sie sind ein gewaltiger Torso (wenn auch nicht gerade Fragmente) teils unvollendeter, teils noch nicht völlig durchgearbeiteter Werke voll Wiederholungen und manchem Durcheinander, das beeinträchtigt und stört. Daneben sind natürlich einzelne Teile, aber immer nur solche, in sich abgeschlossen. Auch sprachlich erreichte uns die Überlieferung der Werke nicht immer über das griechische Idiom. Das ganze Werk wurde noch im ersten Jahrhundert v. Chr. ins Lateinische übersetzt, von wo später manches in das Syrische und Arabische überging und im Mittelalter erst über diese Sprachen zu uns kam; aber Thomas von Aquino ließ im 13. Jahrhundert alles, was nun beieinander war, wieder ins Lateinische übersetzen. Der seltsame Zufall will, daß uns erst 1891 durch einen in Ägypten aufgefundenen Papyros (jetzt größtenteils in London) der „Staat der Athener" von Aristoteles bekanntgeworden ist. Die umfassende Gründlichkeit des Gelehrten geht deutlich daraus hervor, daß dies für unsere Kenntnisse verblüffend aufschlußreiche Werk alle elf Verfassungen Athens gründlich und sorgsam schildert, selbst aber wieder nur einen Teil einer riesigen Untersuchung über 158 griechische Verfassungen darstellt.

Auf die sonstige Unzahl der aristotelischen Werke, gleichgültig in welchem Grade der Vollendung sie sich befinden, hier näher und einzeln einzugehen, ist ebenso unzweckmäßig wie unmöglich. Es dürfte zunächst genügen, wenn man auf die Trennung von rein philosophischen Schriften und naturwissenschaftlichen Werken hinweist.

In beiden ist die Forschungsart des Aristoteles ganz der des Platon entgegengesetzt, so sehr sie sich auch mit den gleichen, schon von Sokrates angeschlagenen Problemen der Begriffe der Tugend, der Glückseligkeit und auch rein wissenschaftlichen Fragen beschäftigt. Aristoteles muß durch seine Schüler einen großen Sammelapparat für alle Wissensfächer eingerichtet haben, sonst wäre die gründliche Bewältigung all dieser Themen gar nicht zu erklären, nicht einmal durch die stupende Fähigkeit dieses Universalgenies, jedes Wissensgebiet übersichtlich zu disponieren und schematisch zu ordnen. Ob es nun aber exakte Beobachtung oder tiefes Nachdenken galt, immer ging Aristoteles anders als Platon vor. Er war der typische Gelehrte, der sich selbst erst dann genügte, wenn er gründlichen und sachlichen Boden unter den Füßen fühlte, selbst wo es sich um die jenseitigsten Spekulationen zu handeln schien. Dieser ganz empirische Geist betrachtete alles genau und objektiv. Er fixierte die Natur und las aus ihrer Beobachtung die Regeln, die er dann aufstellte, ebenso ab, wie er bei Kulturerscheinungen und auf geistigem Gebiet erst alles Material überblickte, um dann Schlüsse auf das Wesentliche zu ziehen. So ist Aristoteles der Begründer der wissenschaftlichen Physiologie, der Anatomie, der Tierkunde; er hat ein für allemal die Grundregeln der Logik aufgestellt, die Elemente der Politik und Staatsverwaltung geordnet, die Gesetze der Dichtkunst festgelegt, die Ethik vor so viel utopistischen Verallgemeinerungen auf einen gesunden Boden gerettet, das Wesen der Rhetorik untersucht und so noch vieles mehr. So wurde die gesamte Wissenschaft der damaligen Menschheit unter Dach und Fach gebracht und jedem Teil sein Platz angewiesen. Auf lange Zeit hinaus konnte in diesem stabilen Rahmen weitergewirkt werden.

Gegensatz zu Platon

In der Folge seiner Werke kamen nach den physischen Erörterungen die philosophischen und wurden deshalb zunächst rein äußerlich die metaphysischen genannt. Auch hier ist Aristoteles als Realist vorgegangen. Er suchte die begriffliche Philosophie seiner Vorgänger mit der Wirklichkeit und der Erscheinungswelt in Einklang zu bringen. Die Ideenwelt, wie sie Platon in den Himmel hineingebaut hatte, konnte Aristoteles für seine Erde nicht in dieser Form brauchen. Den Grundgedanken behielt er zwar bei, befreite aber die Ideen von ihrer unveränderlichen Übersinnlichkeit und legte sie in die Dinge selbst als einen Formgedanken, der mit der Sinnenwelt identisch ist und in ihrem ständigen Wechsel konstant wiederkehrt. So bog

Allumfassendes Wissen

Aristoteles auch hier wieder Übersinnliches in die Sphäre des Empirischen zurück. Das Verhältnis von Stoff und Form ist es, was Aristoteles durchgängig interessiert und ihn auch bereits ein Prinzip der Entwicklung feststellen ließ. „In jedem Einzelding der Welt befindet sich schon Stoff und Form in einer solchen Korrelation, daß kein ungeformter Stoff und keine stofflose Form besteht." (69) Auf alle hiermit zusammenhängenden, genau behandelten Probleme der Ursache, Bewegung, Materie usw. soll nur hingedeutet werden. Geht doch hier eine Kette bis zum allgemeinen Selbstbewußtsein, zur Seele, zu dem beseelten Gestirn und zur Gottheit, der „stofflosen Form".

Lebensideal

Das praktische Lebensideal ist auch bei Aristoteles die erstrebte Glückseligkeit; über diesen eudaimonistischen Gedanken kommt das Altertum zunächst nicht hinaus, nur daß es den Begriff so verschieden definiert und so mannigfaltige Wege dorthin angibt. Bei Aristoteles müßte die Erreichung der Glückseligkeit natürlich auch nicht nur in ihrer Identität mit Tugend an sich untersucht werden, sondern als praktischer Staatszweck. Auch auf diesem Gebiet geht der Philosoph wesentlich realer vor als sein großer Lehrer und bietet auch mehr eine Analyse aller denkbaren Staatsformen als ein Konglomerat utopistischer Forderungen. Der Staatgedanke führte zur Untersuchung der Prinzipien der Erziehung, der praktischen Betätigung, der Wertung von Krieg und Frieden, kurz es blieb nichts, wohin nicht der Geist des Aristoteles suchend, forschend und ordnend reichte. Und dabei besitzen wir doch nur einen Teil der aristotelischen Werke. Wie vieles ist verlorengegangen gleich seiner Mathematik und manchem mehr!

Aristoteles als Lehrer

Die Wirkung dieses Genies unmittelbar als Lehrer auf den ausgedehnten Kreis seiner Schüler war enorm. Zwei Schulen mußten zwangsläufig sich von hier ableiten, je nachdem die Interessen in naturwissenschaftlicher oder in rein geisteswissenschaftlicher Richtung lagen. Dieser letzteren fiel auch hauptsächlich die Mission zu, die Weltanschauung der Antike mit der des Christentums zu verschmelzen. Immer mehr wuchs Aristoteles in die Rolle des „katholischen Philosophen"; besonders die Scholastik nahm ihn voll in Anspruch und sah in ihn religiöse Ideen hinein, die ursprünglich kaum diese Färbung besaßen. Es liegt nun einmal im Wesen seines Schaffens, kanonische Gültigkeit zu beanspruchen, da man ja auch den klaren Definitionen schwer ausweichen oder etwas anderes an ihre Stelle setzen kann. Aber solche Bedingungen wurden in vielen Fällen zur diktatorischen und darum jede Entwicklung lähmenden Belastung. Man denke nur an den Einfluß der aristotelischen Regeln auf die Entwicklung des europäischen Dramas, bis über Shakespeare erst nach Lessing diese unheilvollen Ketten gesprengt wurden.

Was aber auch nur so lange für die europäische Kultur unbedingt gültig sein konnte, muß von alles überragender, staunenswerter Größe gewesen sein. „Aristoteles ist der wissenschaftliche Geist $\kappa\alpha\tau'$ $\dot{\epsilon}\xi o\chi\dot{\eta}\nu$, in ihm vollendet sich der Prozeß der Verselbständigung des Erkenntnistriebes, er ist in der bewunderungswürdigen Allseitigkeit seiner Betätigung die Verkörperung der griechischen Wissenschaft, und er ist deshalb für zwei Jahrtausende ‚d e r Philosophos' geblieben." (70)

WISSENSCHAFT

Was man zur Not Wissenschaft nennen kann, lag in früheren Zeiten allein in den Händen der Priester. Aber dies war nicht wirklich Wissenschaft an sich, sondern lediglich Kenntnisse auf wissenschaftlichem Gebiet, stark untermischt mit mythisch-religiösen Anschauungen oder dunkler Mystik. Immerhin wird doch viel Erfahrung und mancherlei Beobachtung zugrunde gelegen haben. Träger dieses Wissens und seiner Ausdehnung wurden vom Ende des 6. Jahrhunderts an an Stelle der Priester die Philosophen, und auch bei ihnen fand eine oft unlösliche Verquickung philosophischer Ideen mit meist naturdeutenden Kenntnissen statt. Von wirklicher Wissenschaft, d. h. einer systematischen Forschung um ihrer selbst willen und beschränkt auf das, was allein wissenschaftlich und objektiv erfaßbar ist, kann man selbst im 5. Jahrhundert doch nur sehr bedingt reden, Medizin und Geschichtswissenschaft ausgenommen.

<small>Religiös bedingtes Wissen</small>

Erst mit Aristoteles treten wir in den Bereich echter Wissenschaft, mag sich auch hier noch Bedeutendes mit Kindlich-Naivem mischen. Aber es war nun wenigstens der richtige Standpunkt und die reinliche Scheidung gefunden.

Diese verhältnismäßig erst späte und der Entwicklung der anderen Kultur nachhinkende Art der hellenischen Wissenschaft kann und darf uns aber keineswegs hindern, die Ergebnisse der voraristotelischen Epoche ins Auge zu fassen. Denn natürlich bildeten die früheren Gedankengänge, Ansichten und Überlieferungen den Unterbau, auf dem die spätere Wissenschaft fußte, selbst da, wo sie bestritt und widerlegte.

Neben den schon erwähnten Disziplinen, Medizin und Geschichtswissenschaft, die wir aus stilistischen Gründen später betrachten wollen, werden es in erster Linie immer naturwissenschaftliche Probleme, Erkenntnisversuche der Umwelt, kosmisch-astronomisch-physikalische Ideen sein, denen sich tastende Versuche der aufkeimenden Wissenschaft zuerst nähern und, nach echt griechischer Art und Weise, erst Theorien und Spekulationen recht allgemeiner Art sprechen lassen, ehe eine wirklich exakte Beobachtung und nur durch sie bedingte Schlüsse folgen.

<small>Naturwissenschaft</small>

Wir haben ja schon die ionischen Naturphilosophen und ihre Lehren erörtert und neben primitivsten Gedankengängen manche erstaunliche Intuition bei ihnen feststellen können. Es begab sich von selbst, daß die Wissenschaft des 5. Jahrhunderts zunächst an diese Forschungen bekämpfend oder ergänzend anknüpfte, also erst einmal sich den vermuteten Urstoffen und Kräften zuwandte, aus denen man die Entstehung der Welt zu erklären meinte. Vieles davon mußte von uns ja schon bei Betrachtung der philosophischen Systeme erörtert oder zum mindesten gestreift werden, so daß es hier nur kurz noch einmal zu erwähnen ist, soweit wir, daran anknüpfend, die realeren Ergebnisse naturwissenschaftlicher Erkenntnis nennen wollen.

E m p e d o k l e s (um 450) war noch ganz „altmodisch" in die Annahme der vier Elemente Feuer, Wasser, Luft und Erde verstrickt; Mischung und Wirbelbewegung ergaben für ihn die Welt der Dinge und auch das organische Leben. Der Philosoph kannte bereits die Schiefe der Ekliptik, die Beleuchtung des Mondes durch die Sonne und suchte auch für die Wetterkunde Regeln auf. Den Pflanzen, die er als Organismen erkannte, sprach er eine gewisse Beseelung zu und stellte Vergleiche an, die die ersten Spuren eines morphologischen Prinzips erkennen lassen.

<small>Empedokles</small>

In diese mythisch-materiellen Anschauungen brachte A n a x a g o r a s wieder die metaphysische Zutat eines geistigen Weltbewegers, hatte aber über chemische Zusammensetzung und auch über kosmische Erscheinungen bewundernswerte Ideen und Natureinblicke.

<small>Anaxagoras</small>

Erst bei Demokritos, hier aber auch gleich in großartigem Stil, finden wir grundlegende, teils heute noch gültige Ideen über den Bau der Materie. Angeleitet von seinem Lehrer Leukippos, wurde er der Vater der Atomistik. Erstaunlich genug ist es, wie diese dem Experiment abholden Köpfe rein geistig zu derartigen realen Ergebnissen gelangen konnten. Demokritos nahm die Leere des Raumes an, bezeichnete unteilbare, gleichartige Atome als die Bausteine der Welt, deren Qualitätsunterschiede er rein quantitativ begründete, und ließ aus dem mannigfachen Gefüge der Atome und aus der Schwere als Urbewegung alle Formen entstehen. Moderne Physik und Chemie haben hier ihren Ausgangspunkt. „Seit Galilei, Bacon und Gassendi ist die demokritische Lehre zum metaphysischen Fundament der modernen Naturwissenschaft geworden, und wie man sich auch kritisch zu ihr stellen möge, diese Bedeutung kann man ihr nicht absprechen." (71) Medizin, Mathematik und Technik hat er auch untersucht, aber seine Schriften sind uns ja verloren, doch wissen wir auch von seiner Beschäftigung mit Anthropologie, Magnetismus, Rhythmus und Poetik, Landbau, Sternkunde usw.; auf dem Gebiete der Kunst fielen Malerei und Architektur (Gewölbebau) in den Bereich seiner Beobachtung.

Durch die Sophistik im letzten Drittel des 5. Jahrhunderts entstand für die Entwicklung der Naturforschung eine große Unterbrechung. Die neuen Lehrer beschränkten sich darauf, die bisherigen Resultate mundgerecht und weiteren Kreisen bekannt zu machen, da ihr ganzes Streben auf Allgemeinbildung hinauslief. Die Betrachtung ging von den Dingen auf den Menschen selbst über und drängte die Physik zugunsten der entstehenden Psychologie vorläufig sehr in den Hintergrund. Auch der Vollender und zugleich der Überwinder der Sophistik, Sokrates, stand allen rein wissenschaftlichen Fragen so uninteressiert gegenüber, daß diese einflußreiche Gleichgültigkeit die Forschung bedenklich lahmlegte oder jedenfalls auf Gebiete lenkte, die mit Naturkunde im eigentlichen Sinne nichts zu tun haben.

Selbst bei Platon, also schon im 4. Jahrhundert, kann man hierfür wenig finden, und das wenige bedeutet eher einen Rückschritt, merkwürdigerweise auch den von ihm so verehrten Pythagoreern gegenüber. Denn nachdem diese schon die Kugelgestalt der Erde gelehrt hatten und sie nicht mehr als Weltmittelpunkt, sondern kreisend um ein Zentralfeuer angaben, rückte Platon den Globus wieder ins Zentrum der Welt, wo er nun, dadurch autoritätsgestützt, zwei Jahrtausende festsaß.

Erst Platons Schüler, der große Realist Aristoteles, dies Genie gedanklicher Organisation und Systematik, fand wieder den Weg zurück zur Betrachtung und Durchforschung zumal der irdischen Welt und der Änderung oder vielmehr Ergänzung der menschlichen Blickrichtung auch von innen nach außen. Und dieser Blick war klar und ungehemmt und nicht mehr philosophisch befangen, wo eine solche Einstellung nicht hingehörte. Von Aristoteles an beginnt die europäische Wissenschaft als solche und damit überhaupt jede Wissenschaft, denn die Fülle solcher Erkenntnisse des Orients und Ägyptens wurden dort nicht um ihrer selbst willen gefunden, gepflegt und ausgebaut, sondern waren meist Zwecken und Bindungen ganz unwissenschaftlicher Art unterworfen und stießen hier an Begrenzungen, die eine fortschrittlich-fruchtbare Entfaltung verhindern mußten. Wissens d r a n g aber war in der hellenischen Welt überall in ungeheuerlichem Maße vorhanden und trieb forschungsbeflissene Geister unter Aufgabe von Heimat,

Sicherheit und Wohlstand vielerorts in alle Weiten der Welt, nur um neue Erkenntnisse, Nachrichten und Anschauungen zu sammeln. Und was sie unter Askese und Strapazen von oft weit kenntnisreicheren Völkern heimbrachten, hat erst überall den Fortschritt zu späterer Wissenschaft ermöglicht.

Ganz besonders gilt letzteres auch für das Gebiet der Astronomie, das der Orient ja stets so intensiv gepflegt hatte. Ohne ihn und die Beobachtungen seiner Priester konnte Hellas kaum so rasch wissenschaftlich vorwärtskommen. Auch die Achsendrehung der Erde war bekannt, und die spätere Akademie lehrte die Planetenlaufbahn von Venus und Merkur um die Sonne. Für Aristoteles gab es „außerhalb des Kosmos weder Raum noch Zeit". „Die Welt ist nie entstanden und wird auch niemals untergehen. Das erste Bewegte, das der Gottheit am nächsten steht, ist der Fixsternhimmel: seine Gestirne sind alle an einer ätherischen Sphäre befestigt, die sich in der vollkommensten, der Kreisbewegung, in 24 Stunden um die Erde dreht." (72) Leider aber haben spätere reaktionäre Strömungen eine Einsicht verschüttet, die schließlich bereits bis in die Nähe des kopernikanischen Systems gelangt war.

Astronomie

Auch Aristoteles, so groß und unbefangen sein Urteil sonst ist, ist an diesem Rückschritt keineswegs schuldlos. Auch physikalisch ging er nicht weit über die vier Elemente des alten Empedokles hinaus, nur daß er den Äther als fünftes Element hinzufügte, eine sehr interessante, trotz Einstein auch heute nicht endgültig geklärte Theorie, die schon bei Pythagoras auftaucht.

Es wird immer klarer, daß wir Aristoteles doch anders werten und beurteilen müssen als sonst den griechischen Genius. Dessen Schwung, Idealismus, unbegreifliche Schöpferkraft und Intuition fehlen ihm und werden durch das klare, scharfe Denken doch nicht vollwertig ersetzt. Der Polyhistor hat gerade wissenschaftlich seine großen Verdienste, die aber nicht in der Richtung einer neuen, genialen Schau liegen, sondern in der Zusammenfassung und Sichtung des Bisherigen, das dadurch brauchbar und verwendbar gemacht wurde. Trotzdem sticht Aristoteles durch eine unsympathische Trockenheit von der sonstigen Art des griechischen Genius ab, dem er eher die Flügel stutzte als entfaltete, damit er auf Erden nützlich sei, statt im Fluge die Sonne zu suchen.

Dennoch verdanken alle möglichen wissenschaftlichen Disziplinen Aristoteles ihre Grundlage. Seine Beschäftigung mit der Tierkunde und vielfache Beobachtung begründen die Zoologie; die vergleichende Anatomie geht auf Aristoteles zurück; zur Systematik der Botanik gab er seinem Schüler Theophrast die nötigen Anregungen; die Lehre von der Mechanik untersuchte er gründlich, wozu ihn schon die Beschäftigung mit der Mathematik führte, die sich bereits an die schwierigsten Probleme wagte und schon die Kurvenlehre, den goldenen Schnitt usw. kannte. Biologisch lehrte er „eine Zeugung von Gleichem durch Gleiches bei allen höheren Organismen; dabei ist das männliche Wesen das formgebende und beseelende, das Weibliche das formempfangende oder materielle Prinzip. Das Reich des Organischen, die niederen Geschöpfe dienen den höheren, die Pflanzen den Tieren, die Tiere den Menschen ... in der Pflanze ist die Seele vegetativ und bewirkt nur das Leben, die Ernährung und die Fortpflanzung. Im Tier tritt die Sinnenseele hinzu, mit Tastsinn, Wahrnehmung, Begierde und selbständiger Bewegung von einem Ort zum anderen." (73)

Universale Forschung

RELIGION, PHILOSOPHIE UND WISSENSCHAFT

Karthotek und Apparat

Daß Aristoteles für dies alles einen großen, wissenschaftlichen Apparat wohl geordnet anlegen und unermüdlich alles zusammentragen ließ, wurde schon früher erwähnt. Für die einzelnen Materien ist dies außerordentlich wichtig und bedeutet allein schon ein immenses Verdienst, wenn uns auch leider dieser Apparat selbst ganz verlorengegangen ist. Die trockene Registrierung allein hätte allerdings wenig genutzt, aber Aristoteles besaß ja die Gabe der fruchtbaren Zusammenschau der Einzelheiten jedes Gebietes. Hätten wir alle seine Lehrbücher komplett und stilistisch abgeschlossen, so würde unser Urteil über ihn sicher wärmer lauten, als es jetzt zuweilen geschieht.

Naturphilosophie

Seine ganze Naturkunde betrieb Aristoteles unter einem teleologischen Gesichtspunkt, wobei die Idee des Zweckmäßigen auch stets philosophisch unterbaut wird. Derart „behandelt er die Fragen der Systematik und Morphologie, der Anatomie und Physiologie und auch der Biologie in einer für die Kenntnisse seiner Zeit erschöpfenden und für viele Jahrhunderte maßgebenden Weise. Der philosophische Grundgedanke ist dabei, daß die Natur von den Anfängen der Lebendigkeit, die sich schon in den unorganischen Vorgängen entdecken lassen, in einer ununterbrochenen Stufenleiter von den niedrigsten, aus Urzeugung hervorgegangenen Bildungen zu der höchsten Form des irdischen Lebens aufstrebt, die sich im Menschen darstellt." (74) Aber auch hier finden wir Rückschritte gegen bereits erlangte, bessere Einsichten. Der Philosoph lehrte, „daß die Seele ihren Sitz in einem besonderen, organischen Stoffe hat, der dem Äther verwandt ist und bei den Animalien hauptsächlich im Blut zu suchen sein soll".(75) Daß auf einem so gewaltigen Arbeitsgebiet bei dem damaligen Stand der Wissenschaft auch solche Mißgriffe und fast unnötigen Irrtümer mit unterlaufen, mindert nicht sonderlich die fabelhafte Gesamtleistung.

Über diese sollte hier ja nur eine Andeutung gegeben werden, zumal sich das Wissenschaftliche bei all diesen Denkern niemals ganz klar von rein geistigen Spekulationen trennen und aus dem komplizierten Bau der Systeme zur Einzelbetrachtung herauslösen läßt. Weltanschauungsideen und Naturbeobachtung beeinflussen überall einander gegenseitig.

Heilkunde und Ärzte

Wesentlich besser steht es damit auf dem Gebiete der Medizin. Anfangs war natürlich auch sie noch ganz verquickt mit der Religion und lag lediglich in der Hand der Priester, die ihre Kenntnisse eifersüchtig hüteten. Doch sie besaßen wenigstens solche bereits in starkem Maße besonders auf dem Gebiete suggestiver Einwirkung, dann aber auch in der Chirurgie, was ja schon durch die vielen Verwundungen bei ständigen Kämpfen und Kriegen dieser Zeit sich von selbst ergab. Wissen wir doch sogar von einem ägyptischen chirurgischen Handbuch für Militärärzte aus der Zeit um 2800 v. Chr. Überhaupt war die Fülle uralten Wissens bei den Ägyptern wie in so vielem so auch in der Medizin oft die Quelle griechischer Heilkunde. Schon bei Homer wird mehrfach auf solche geheimnisvollen, aus Ägypten stammenden Mittel verwiesen. (76) In der Ilias kommen Chirurgie und Anatomie zur Sprache; sachgemäße Wundbehandlung, Bandagen usw. werden erwähnt. Ihre Handhaber werden „S ö h n e d e s A s k l e p i o s" genannt. Dieser olympische Arzt rückte aber erst später in die Reihe der echten, tempelverehrten Götter als Schützer der Heilkunst. Seine Priester waren es besonders, die die Medizin weiter ausbildeten. Wenn die Militärärzte noch heute den Schlangenstab des Asklepios als Emblem tragen, so werden sie nicht immer daran denken, wie viele Jahrtausende der Ursprung dieses Zeichens zurückliegt.

Als nun die wissenschaftliche Betrachtung allmählich der Alleinherrschaft der Priester entglitt und auf die Philosophen überging, wurden diese auch für die Medizin die Pfleger und Forscher. An Stelle der Beengungen durch religiöse Anschauungen traten nun die weltanschaulichen; da diese ja aber stark den Erkenntnismöglichkeiten der Natur zugewandt waren, so lagen für eine Entwicklung der Heilkunde die Verhältnisse nicht ungünstig, wenn auch natürlich noch alle möglichen Vorurteile und viel Aberglaube mit hineinspukten.

Wenn nun aber auch nicht jeder Philosoph ein Arzt war, so verlangte man doch, daß jeder Arzt ein Stück Philosoph sei. Die große Tat, die Heilkunde endgültig auf eigene Füße gestellt zu haben, gebührt dem Hippokrates von Kos (460—377), den man nicht nur als einen der größten Ärzte des Altertums, sondern aller Zeiten anzusprechen genötigt ist. Echt hellenisch faßte er die von ihm selbständig gemachte Medizin als eine „Kunst" auf, die die Schönheit wiederherstellen sollte. Dabei ging er aber streng methodisch vor, beobachtete und beschrieb die Krankheit, stellte richtige Diagnosen und heute noch gültige Leitsätze allgemeiner Art. Auch den Vorbeugungsmaßregeln wandte er alle Aufmerksamkeit zu, gab Vorschriften über Diät und Hygiene und bezog auch bereits die äußeren Umstände, wie Klima, Witterung, Jahreszeit, in seine Beobachtungen ein. Auch die Erkrankung der Nerven spielt bei ihm schon eine Rolle. *Hippokrates*

Hippokrates entstammte der berühmten ärztlichen Schule seiner Heimatinsel, die mit der Schule von Knidos wetteiferte und in die man nur nach einem Berufseid eintreten konnte. Das herrliche Asklepios-Heiligtum auf Kos wurde erst in neuerer Zeit durch deutschen Gelehrtenfleiß wieder aufgefunden. Auch in Epidauros und an manchen anderen Orten entstanden solche an einen Asklepios-Tempel angeschlossenen ärztlichen Schulen. Hippokrates wird wohl auch manche von diesen vorübergehend besucht haben, wenigstens war sein Ruhm über ganz Hellas, ja tief in den Orient verbreitet. Sicher hat er auch in Athen gewirkt, wurde von Staats wegen in die eleusinischen Mysterien eingeweiht und starb hochbetagt in Thessalien. Eine große Sammlung medizinischer Schriften geht unter seinem Namen und wird auch heute noch von Ärzten hochverehrt.

Auch andere Denker dieser Zeit zeigen überraschende, auf Beobachtung fußende Kenntnisse. Diogenes von Apollonia unterscheidet schon zwischen dem Blut der Arterien und Venen, kannte genau das Adersystem und durchforschte die Entstehung der Sinnesorgane. Bekannter noch ist Alkmaion aus Kroton, der Krankheiten als Störung körperlicher Harmonie, besonders der Säfte, ansah. Diese Säfte spielen in der antiken Medizin eine große Rolle, und auch Hippokrates blieb bei der Ansicht einer Mischung von vier Grundsäften: Blut, Schleim, gelbe und schwarze Galle. In der Lehre von einem „Pneuma", eines luftartig in den Adern sich bewegenden Stoffes, lag schon eine Ahnung von der Bedeutung des Sauerstoffes vor. (77) *Diogenes von Apollonia*

Neben der Medizin hat sich von der Mitte des 5. Jahrhunderts ab eine andere Disziplin selbständig gemacht, ja eigentlich wurde sie jetzt erst begründet: das ist die Geschichtswissenschaft. Auch sie ist für ihre Vorzeit mit der Religion, zumindest mit dem Mythos verknüpft, hat also denselben Ursprung wie alle geistigen Disziplinen. Sehr allmählich erst reinigten sich *Historie* historische Berichte von der wahl- und kritiklosen Beimischung mythischer Stoffe; aber damit allein war noch keine Historie in wissenschaftlichem Sinne gegeben, ebensowenig wie die Reiseberichte der schon erwähnten Logographen darauf Anspruch machen können, die in ihren Chroniken durcheinander, wenn auch nicht ohne Reiz berichteten, was sie gesehen und gehört hatten, mehr aber noch, was sie sich aus Sagen, Gerüchten, Legenden vom dunkelsten Ursprung aus zusammenklaubten. Auch widmeten sie ihre Fähigkeit mehr Teilbezirken und engeren Ortskreisen, wenn auch die „Weltchronik" des Hellanikos von Mytilene mit viel Phantasterei und unmöglichen Zeitbestimmungen ab ovo bis in den Peloponnesischen Krieg hineinführte.

Herodotos

Der Befreier von all diesem willkürlichen Wust, der Mann, der nun wirklich zeitgenössische Geschichte mit dem Bewußtsein einer solchen systematischen Leistung schrieb und damit alle methodische und gewissenhafte Historie begründete, war H e r o d o t o s von Halikarnassos (485—425). Es ist bezeichnend, daß ein Dorier, der wohl auch karisches Blut in seinen Adern trug, Schöpfer dieser idealen, bodenständigen Wissenschaft wurde, wobei es aber merkwürdig anmutet, daß gerade er sich der ionischen Sprache, die ihm dann besonders in Athen nahetrat, so vorbildlich bediente, daß wir gerade aus seinem Werk (neben den Schriften des Arztes Hippokrates) am klarsten über diesen alle anderen besiegenden Dialekt unterrichtet sind.

Die Heimat des Herodot war mitbestimmend für die große Aufgabe, die er sich stellte: Zeitgeschichte zu schreiben und in ihr den langen Kampf zwischen Europa und Asien zu schildern. Noch beim Ausklang der Perserkriege in einer Satrapie aufgewachsen, lebte er später in Samos, in Athen als Freund des Sophokles und im Kreise des Perikles und legte dann auf zeitlich und örtlich langen Reisen den Grund zu den umfassenden Kenntnissen aller ihm zugänglichen Länder und Völker, die er in seine hellenische Geschichte verflocht. Lange weilte er auch in Thurioi in Unteritalien, der von Perikles angelegten Kolonie, und ist wohl dort vor abschließender Vollendung seines Werkes gestorben.

Es ist der große Unterschied Herodots von den Logographen, daß er nicht wahllos Erzähltes aneinanderreihte, sondern nach einem Plan schrieb und fast nur eigene Forschung gelten ließ. Wo er sich auf fremde Kunde beschränken mußte, vermerkte er es auch und unterscheidet zwischen dem, was ihm glaubhaft oder unglaubhaft erschien. Trotzdem müssen wir keine historische Kritik im modernen Sinne bei ihm voraussetzen. Dazu ist Herodot viel zu unbefangen und plauderfreudig und durch und durch ein Epiker, der ganz der hellenischen Lust an der novellenartigen Anekdote verfallen ist. Überall flicht er solche Erzählungen ein, wo gerade ein Mann, eine Stadt, ein Volk Anlaß dazu bietet. Ob er damit den geschlossenen Rahmen der Darstellung sprengt und den großen, durchgehenden Faden verlieren könnte, ist dem liebenswürdigen Erzähler gleichgültig, und die lebendige Anschaulichkeit, die Natürlichkeit und frische Fülle solcher Episoden machen sie besonders fesselnd und interessant, sowohl für seine Zeit wie noch heute. Kannte er doch Phönizien, Babylon, wohl auch Persien, bereiste das Schwarze Meer, schaute in das Land der Skythen, weilte in Hellas selbst, besuchte Unteritalien und Sizilien und muß auf afrikanischem Boden lange in Kyrene und Ägypten gewesen sein, das er bis Elephantine durchstreifte und besonders eingehend schildert.

War doch ein Zusammenhang mit dem Pharaonenland für ihn, den Bürger von Halikarnassos, schon dadurch besonders gegeben, daß seine Vaterstadt sich der Wiederbelebung der alten hellenischen Pflanzstadt Naukratis im Nildelta unterzog. So Fabelhaftes, Merkwürdiges, fast Unglaubwürdiges Herodot manchmal aus diesen Ländern berichtet, so müssen wir doch mit Erstaunen feststellen, daß eine moderne Forschung dauernd neue Bestätigung von Dingen bei dem Historiker findet, die sie früher ins Reich der Fabel verwies. *(Beziehungen zu Ägypten)*

Für ihn war das alles ja nur die bunte Fülle eines reichgeschmückten Rahmens, die er für notwendig hielt, um darin den Kampf der zwei Erdteile und Völker richtig einzuspannen. Über die Vorgeschichte beider lenkte er rasch in das große Ringen selbst ein und wächst nun über das Episodische wirklich zu dem bedeutenden, geschlossen schildernden Historiker. Er hat die innere Logik und die bestimmenden Zusammenhänge dieser welt- und kulturentscheidenden Auseinandersetzung voll begriffen, und das eben erhebt ihn turmhoch über zeitgenössische Schilderungen. Aber in seiner ganzen Art bleibt dieser „Vater der Geschichte" doch ganz ein Künstler für sich, während sich der spätere Thukydides schon meisterhaft den Höhen heutiger Geschichtsdarstellung nähert.

So sehr Herodot nun erfolgreich bemüht ist, nach dem Beispiel der alten Epiker seine Person hinter seinen Werken verschwinden zu lassen, so leuchtet doch überall der bescheidene, lebhafte und unvoreingenommene Charakter einer im besten Sinne objektiven, toleranten und edlen Persönlichkeit durch. Nicht zuletzt geschieht das durch die betonte Weltanschauung einer echten und tiefen Religiosität. Ohne zum Fatalisten zu werden, sieht Herodot doch den Ablauf des Geschehens von den fromm geglaubten Göttern und dem auch diese bändigenden Schicksal abhängig an. So nimmt er Geschichte nicht als Willkür und Zufall, sondern als Ausfluß einer Weltordnung und gibt seinem Werk damit geistige Würde und Haltung. Jahrtausende sind seit der Abfassung verflossen, aber immer wieder vertieft sich der Geist so mancher bedeutender Männer in Herodots köstliche „Historie", nicht so sehr wegen der Resultate seiner Forschung wie vielmehr in freudigem Genuß dieser bestrickenden und ebenso schlichten wie vollen Lebendigkeit.

Kulturelle Entwicklungen gehen in Griechenland ja immer mit treibhausartiger Geschwindigkeit vor sich; kaum daß sich ein Fach den Kinderschuhen zu entringen sucht, so hat es schon eine Stufe erklommen, die an menschliche Höchstleistungen grenzt, ja oft nicht zu überbieten ist.

Auch mit der Geschichtsschreibung ist das der Fall. Denn der nur dreißig Jahre jüngere T h u k y d i d e s, der sich in diesem Fach und auch stofflich an Herodot anschließt, stellt für das Altertum, ja selbst für unsere Zeit den Typus eines so vollendeten Historikers dar, daß der Sprung zu dieser klassischen Form nur dann begreifbar werden könnte, wenn man die Leistung als ein großes, in sich geschlossenes Kunstwerk auffaßt. Außerdem aber besaß Thukydides all die Anlagen und Eigenschaften eines geborenen Historikers: „eherne" Objektivität (Burckhardt), glühende Wahrheitsliebe, logischen Überblick, starken Wirklichkeitssinn. Auch Thukydides befaßte sich nur mit Zeitgeschichte und noch in weit höherem Grade als Herodot. Geboren zu Athen um 455, aus vornehmer Familie, unabhängig und vermögend, machte er den ersten Teil des Peloponnesischen Krieges sogar als Stratege mit. Feldherrnunglück brachte ihm Verbannung, die er auf seinen Be- *(Thukydides)* sitzungen in Thrakien ertrug und hier schon seine ganze Kraft und auch einen Teil seines Vermögens auf genaue Forschung und Erkundung alles Materials verwandte, das er für die Darstellung des großen Ringens zwischen den zwei hellenischen Stämmen benötigte.

Thukydides ging anders vor als Herodot. Er ließ alles Rankenwerk und novellistische Zutaten beiseite, beschränkte sich mit fast grausamer Einseitigkeit nur auf das Wesentliche seines Themas und ordnete es in strenger Disposition. Nur so weit die kämpfenden Bruderstämme und ihr Zwist aus früheren Stadien begriffen werden mußten, setzte er einen solchen Exkurs besonders meisterlich und mit sicherer Intuition historischer Beurteilung an die Spitze seines Werkes. Die Geschehnisse seiner Zeit sichtete er anschaulich und klar und stand in kühler Zurückhaltung eines eigenen Urteils über den Parteien; nur indirekt kommt seine Meinung zum Ausdruck, denn seine Person läßt Thukydides ebenso wie Herodot und einst auch Homer ganz hinter dem Werk zurücktreten, wodurch aber gerade der Charakter des edlen, herbernsten Mannes fühlbar wird. Der große Unterschied gegenüber Herodot besteht darin, daß das Werk des älteren Historikers durchaus episch bestimmt ist, Thukydides aber ein großes, straffes Drama entrollt, wobei er vieles so richtig beurteilen konnte, weil er selbst es nicht nur mit angesehen, sondern sachverständig mit eingegriffen hatte. Auch enthielt er sich aller metaphysischen Spekulationen und Begründungen. Nicht wie bei Herodot spielen die Götter bei ihm irgendeine Rolle. Thukydides will nur die Logik irdischer Vorgänge walten sehen; war er doch ein Kind seiner Zeit und durch die Schule der Sophisten hindurchgegangen, von der er aber nur den Einfluß einer gesunden Aufklärung annahm. So schaute er sein Thema kühl und objektiv in einem großen, ihm voll bewußten Zusammenhang, und seine Schlüsse aus den Geschehnissen sind so sicher und richtig, daß ihn Burckhardt mit Recht „den Vater des kulturhistorischen Urteils" nennen kann. Die überragende Größe dieses Mannes brachte es fertig, gerade durch Objektivität und immanente Kritik schöpferisch zu wirken, so daß sein Geschichtswerk von lebendigstem Wert für alle Zeiten bleibt.

Die Lektüre seines Werkes macht uns Thukydides nicht so leicht und angenehm wie der schlichte, liebenswürdige Plauderer Herodot. Thukydides' Stil ist schwer und streng und ringt oft mit dem prägnantesten Ausdruck, den der zur Kunstprosa noch nicht voll ausgeglichene, attisch-ionische Dialekt, dessen er sich bediente, nicht immer rasch darbot. Auch läßt die Gedankenschwere manches dunkel und nicht auf den ersten Blick erkennbar werden.

Thukydides' Werk blieb unvollendet und bricht bei den Ereignissen des Jahres 411 unvermittelt ab, so daß man annehmen muß, daß der Tod den Historiker, der nach zwanzigjähriger Verbannung nach Athen zurückgekehrt war, unerwartet erreichte. Jedenfalls hat er noch die ganze Tragödie seiner Vaterstadt und die ersten leisen Versuche ihres neuen Aufstieges erlebt und dürfte in den ersten Jahren des 4. Jahrhunderts gestorben sein.

Xenophon   Mit Thukydides hat die antike Geschichtswissenschaft ihren wundersamen Höhepunkt erreicht, und was sich auf diesem Gebiet anschloß, konnte nur geringere, wenn auch gediegene und schlichte Ergänzung sein. Das trifft vor allem auf X e n o p h o n (435–355) zu, den wir ja schon als Schüler des Sokrates und Verfasser eines Symposions und anderer sokratischer Dialogschriften kennengelernt haben. Der gleiche nüchterne, aber sympathischeinfache Stil, dessen schmucklose Sachlichkeit auf treue Beobachtung und strenge Wahrheitsliebe schließen läßt, herrscht auch in den historischen Schriften des braven, soldatischen Mannes. Die Schülerschaft bei Sokrates hat ihn kaum mit gedanklichem Schwung gefördert, aber die Logik und Klarheit der Dialektik kam seiner eigenen Natur entgegen und wird seiner treuen und objektiven Berichterstattung nicht nur im Stil, sondern auch in der Einstellung sehr nützlich gewesen sein. Seine „Hellenika" beschreiben das Ende des Peloponnesischen Krieges. Sie beginnen so prächtig und lebhaft, daß sie sich würdig an das unterbrochene Werk des Thukydides anschließen, versanden dann aber in nüchterner Aufzählung. Unvergänglich aber bleibt Xenophons gepriesene „Anabasis", die heute selbst unsern Schülern bekannt ist. Man könnte sie ein Generalstabswerk über jenen schwierigen Rückzug der zehntausend griechischen Söldner nennen, die Xenophon als Gefolgsmann des jüngeren Kyros auf dessen rebellischem Feldzug gegen den König Artaxerxes führte und die er nach der Niederlage bei Kunaxa durch die Gefahren und Unzugänglichkeiten des Gebirges ans Meer und dann nach Thrakien zurückleitete. Hier wächst die Einfachheit und Schlichtheit zur Größe (man denke an den so dramatischen Augenblick, als endlich das ersehnte Meer in der Ferne vor den ermüdeten Soldaten auftaucht), und das Werk wird monumental, gerade weil es das nicht erstrebt. Hinter der ruhigen, kühlen Männlichkeit des Xenophon schlägt ein warmes, edles Herz. Aber nur aus dieser ganzen Charakteranlage heraus können wir den für die damaligen Zustände recht bezeichnenden Vorgang verstehen, daß der Athener Xenophon sich so sehr zu Sparta und der straffen, männlichen Kultur Lakedaimons, wohl auch im Banne der glänzenden Königsgestalt des Agesilaos, hingezogen fühlte, daß er in dessen Heer gegen sein eigenes Vaterland focht. Sein Leben lang mußte er darum Attika meiden und hauste auf seinem Landsitz bei Olympia, wo er in der Stille der Verbannung seine zahlreichen Schriften abschloß.

Die Anabasis

Die Geschichtsschreibung der Folgezeit hat sich wenig an Xenophons sachliche Einfachheit angeschlossen. Die Rhetorik gewann mit ihrer blendenden Gewandtheit wieder unheilvollen Einfluß und färbte mit stilistischem Aufputz die nötige objektive Gelassenheit des historischen Berichts. Auch waren die späteren Vertreter dieses Faches den großen Vorgängern nicht gleichwertig; immerhin ist zu verzeichnen, daß E p h o r o s von Kyme eine griechische Universalgeschichte schrieb und T h e o p o m p o s von Chios das jäh abbrechende Werk des Thukydides zu vollenden trachtete. In welche Breite sich diese Schriftsteller an Stelle der bereits erreichten Konzentration aufs neue verloren, beweist die Tatsache, daß der letztgenannte Historiker die Geschichte Philipps von Makedonien in 58 Büchern behandelte.

Im Gegensatz zur Geschichtskunde hat sich die G e o g r a p h i e in dieser Epoche des Altertums nicht mehr von ihrer Verquickung mit der Historie freigemacht als die Naturwissenschaften von der Philosophie. So haben uns die Logographen und die Geschichtsschreiber denn auch viel Geographisches nebenbei übermittelt, und auch gerade bei Herodot finden wir sehr interessante und aufschlußreiche Notizen, aus denen man „cum grano salis" manch erstaunlichen Einblick in die ausgedehnten Kenntnisse der Alten von dem ihnen zugänglichen Erdball gewinnen kann. Erworben waren diese aber schwerlich auf Forschungsfahrten, sondern durch Handelsreisen und auf Kriegszügen. Aber selbst in den Abenteuern der Odyssee stecken bei aller

Geographie

RELIGION, PHILOSOPHIE UND WISSENSCHAFT

Fahrten und Abenteuer

Phantasie geographische Kenntnisse, die man nicht ganz abweisen dürfte. Eine griechische Landkarte hat es schon in der Mitte des 6. Jahrhunderts gegeben, und um die gleiche Zeit teilte X e n o p h a n e s von Kolophon das ihm bekannte Erdbild in Zonen ein. (78) Da die Karthager schon im 5. Jahrhundert den Ozean bis nach Kamerun befahren hatten und die nördlichen Handelsbeziehungen bis zum Zinnland England und zur Bernsteinküste reichten, so hat nicht erst der bis Indien ausgedehnte Zug Alexanders des Großen den Alten den Blick in die Ferne geöffnet.

Wir besitzen aber auch aus der Mitte des 4. Jahrhunderts einen griechischen Bericht „Umreise um die bewohnte Erde", als dessen Verfasser ein gewisser S k y l a x genannt ist, den man nun wirklich als einen der ersten Geographen bezeichnen könnte. —

Einen Überblick über die Wissenschaft der beiden großen Jahrhunderte Griechenlands darf man aber nicht abschließen, ohne noch einer anderen, hier etwas unerwarteten Tätigkeit zu gedenken, die die Alten wirklich einer wissenschaftlichen Durchbildung unterzogen haben.

Das ist die Beredsamkeit.

Rhetorik

Bedenkt man, daß man es bei den Hellenen von jeher mit einem Volke zu tun hat, das wohl mit den feinsten Ohren und einem unglaublichen Unterscheidungsvermögen für jede Klangwirkung, für jeden Rhythmus in Wort und Ton begabt ist, so werden diese Eigenschaften vielleicht noch übertroffen von der fanatischen Lust an der Rede, am Disput, von der schwelgerischen Hingabe an die Schönheit des Worts und die Klarheit und Logik einer wohldisziplinierten Sprache. Noch heute kann man, zumal auf forensischem Gebiet, ähnliche Anlage und Freude bei südlichen Völkern beobachten, während wir selbst mit einer fast barbarischen Unbefangenheit und Interesselosigkeit weit hinter dieser als feinstes Instrument ausgebildeten Fähigkeit zurückstehen. Mit wachsendem Stolz und förmlicher Entdeckerfreude übten die Hellenen die immer gewandtere Handhabung des Intellekts, dessen suggestive Macht sie natürlich am stärksten im gesprochenen Wort spürten. Eine richtige Vorstellung hiervon fällt uns Modernen ja auch deshalb so schwer, weil wir solche geistige Vermittlung fast nur auf dem Wege des Lesens (das leider meist nur mit den Augen, statt auch mit den Ohren geschieht) kennen. Im Altertum aber stand die Lektüre und auch jede schriftliche Vermittlung, wenigstens in älterer Zeit, ganz gegen die mündliche Überlieferung zurück. Es mögen auch schon rein mnemotechnische neben vielen anderen Gründen mitgewirkt haben, daß solche Überlieferung rhythmisch gefaßt wurde (man denke an die Epen Homers), jedenfalls war das hellenische Ohr durch früheste Übung für das Gefüge der Worte gründlich trainiert. Ebenfalls schon bei Homer sehen wir vom ersten Gesange an deutlich, was wohlgesetzte Rede den Alten bedeutete und wie hier schon in starken Keimen alle Elemente jener Kunst der Beredsamkeit liegen, die unter den geistigen Disziplinen schließlich einen so bedeutsamen und folgenschweren Raum einnehmen sollte. Auch kulturell ist dies nicht bloß als Erscheinungsform menschlicher Denktätigkeit von größter Bedeutung, sondern der Einfluß auf innere und äußere Entwicklung durch den hohen Stand der antiken Beredsamkeit ist so groß und ausschlaggebend, daß man ihn gar nicht hoch genug einschätzen kann. Wissen doch selbst wir schwerhörigeren und nicht so leicht bestimmbaren Nordländer, welche Schlagkraft und hinreißende Wucht ein prägnantes oder auch nur geschickt aufpeitschendes Wort auf Massen haben kann. Und damals, als es noch keine Verbreitungsmittel, keine Presse oder gar ein Radio gab, mußte alles auf die sichtbare und persönliche Beeindruckung des Augenblicks und des Ausdrucks zugeschnitten werden.

Längere Zeiträume hindurch ist nun die Beredsamkeit als natürliche Begabung und mit unbewußter Routine ausgeführt worden; Gelegenheit zur Übung gab es in dem redseligen und lebhaften Volke genug. Konnte und durfte doch in der athenischen Volksversammlung sich jeder, der wollte, zum Worte melden, und vor Gericht war er sogar verpflichtet, seine Sache in eigener Rede zu verteidigen. Die Beredsamkeit als Kunst und Wissenschaft aufzufassen, kam aber gerade darum nicht von hier, sondern wie so mancher geistige Anstoß von der Peripherie der hellenischen Sphäre. Man kann hier an ein ganz bestimmtes Ereignis anknüpfen. Im Jahre 427 schickte die Stadt Leontinoi in Sizilien den Sophisten G o r g i a s als Gesandten nach Athen, um für ihre Interessen dort zu werben. Gorgias, der schon in seiner Heimat durch die dort entstandenen Schulen der Rhetorik hindurchgegangen war, entledigte sich in Athen und Delphi seiner Mission in derart hinreißender Rede, daß die Zuhörer, die doch gewiß an den „Donner und Blitz auf den Lippen des alle überredenden Perikles" gewohnt waren, vor Begeisterung rasten. Nie hatte man in Attika vorher dergleichen gehört. Mit dem größten Raffinement war in Gorgias' Rede nicht nur alles disponiert und berückend gegeneinander gestellt, auch die einzelnen Sätze waren abgewogen wie rhythmische Gebilde der Poesie; auch ging die Sprache blumenreich und wohllautend, ja mit reimartigen Klängen über den Bereich gewöhnlicher Prosa hinaus und schmückte sich mit poetischen Ausdrücken. Das Ganze war eine wohlabgemessene, meisterlich gehandhabte Sache, scheinbar klar in Zweck und Aufbau, in Wirklichkeit interessant gemacht durch komplizierteste Vieldeutigkeit. Das Publikum war wie im Taumel und völlig bestrickt und feierte den Redner wie keinen anderen Mann in Griechenland. Welche Fülle geistiger Kultur und Interessen muß doch dies athenische Volk selbst in breitester Massenfülle besessen haben, um mit solchem Enthusiasmus auf diese künstlerische und auch künstliche Leistung so zu reagieren! Dabei blendete die Leute viel mehr das Äußerliche als der Inhalt, und daß dies geflissentlich aus Freude am Formalen übersehen wurde, zeigt deutlich, wie schlecht es schon mit einem wirklich gediegenen Gefühl für das Recht und das Richtige stand.

Denn die ganzen Künste der Sophistik waren in diese Redeweise verwoben, ja die Sophistik bestand eigentlich in dieser scharfsinnigen, aber trügerischen Dialektik, die sich Meister fühlte, alles und jedes überzeugend darzustellen, wie sie wollte. War es doch ein Grundsatz dieser Redekunst, daß man mit ihren Mitteln ebenso sicher eine Behauptung wie ihr Gegenteil suggerieren könne.

Man kann sich ausmalen, welchen Zulauf die seit Gorgias entstandenen Redeschulen und vor allem auch er selbst nach seiner Übersiedlung nach Athen gerade aus dem Kreis der geisthungrigen Jugend hatte. Spürte und wußte doch jeder in Stadtstaaten wie dem demokratischen Athen, daß die Beherrschung der Bürger durch das Wort jede erwünschte Macht bedeutete, ob es nun vor Gericht oder in politischer Versammlung ertönte. Die Sophisten hatten ja wohl anfangs die gute Absicht, gerade der vornehmen und begabten Jugend diese Macht zum Heil des Staates und der Bürger zuzuspielen, aber ihre Ethik war brüchig und äußerlich, und so konnte ihre Ausbildung der Redekunst nur deren Technik gelten und den Zweck fast frivol behandeln.

Dennoch muß man nicht unterschätzen, wieviel hier für eine gediegene, geregelte Literatursprache und auch für Ausbildung des später allein gültigen attisch-ionischen Dialekts geschehen ist. In allem, was wirklich gemeistert wird, steckt immer ein positiver Wert, und die Reihe der großen attischen Redner hat auf dem Gebiet der Rhetorik vorbildlich für alle Zeiten gewirkt, wenn es auch nur die Feststellung der Gesetze echter Redekunst sein sollte. Das Übel, das durch skrupellose Anwendung solcher Regeln zu schlechten Zwecken angerichtet wurde, wird wettgemacht durch die Leistungen wirklich klassischer Redner und enthusiastischer Patrioten.

Einfluß und Folgen der Redekunst

Was in den Redeschulen mehr der Sache selbst wegen gelehrt und geübt wurde, drang allmählich in die Praxis und beeinflußte dann auch die Ausdrucksweise des schriftlichen Stils, und zwar in gutem Sinne, da die Ausbildung der Redekunst allmählich die schlechten Einflüsse der Sophisten abstieß und bessere Qualitäten, je nach Charakter der besonders zur Rede veranlagten Männer, an deren Stelle setzte.

Gelegenheit, ja die Notwendigkeit, öffentlich zu sprechen, gab es ja aller Orten, und für alle denkbaren Anlässe wurden die Schüler durch rein akademische Reden über gegebene Themen geübt. Dazu gehörten auch Reden aus dem Stegreif, aber weit wichtiger war die wohldurchdachte und überlegte Rede. Wenn auch die forensische Tätigkeit berühmter Anwälte und die Staatsreden vor dem Volke schon erwähnt wurden, so muß man doch noch der Festreden (Panegyrikos), der Prunkreden, Grabreden, Gelegenheitsreden gedenken, und alle diese wurden wohl unterschieden und differenziert behandelt. Eine wirklich zusammenfassende und alles beachtende Sammlung aller Reden und Hinweise gab schließlich Aristoteles in seiner „Rhetorik": „Wir erfahren, welches die Gattung der Rede und die Bestimmungen einer jeden Gattung sind, was alle Gattungen gemein haben, ferner die Lehre von der Begründung, wobei ein gutes Stück Logik und Dialektik mitgenommen wird, und dann kommt, nachdem das Was des Redens abgehandelt ist, die Erörterung des Wie, und es wird vom Bau der Reden und von ihren Teilen gehandelt und von der Diktion bis in die feinsten Einzelheiten der Schönheit, der Sprachrichtigkeit, des Rhythmus der Worte, der Anwendung von Metaphern, Bildern usw." (79) Aber auch das Gebärdenspiel, die Gestikulation, ja selbst die Tracht hatten ebenso ihre Vorschrift wie die Haltung und die Ausbildung der stimmlichen Mittel. Nun vergegenwärtige man sich dazu noch den Klang, den Wohllaut und die Biegsamkeit dieser schönsten und reichsten Sprache der Welt, und man wird sich dann vielleicht eher einen Begriff von der virtuosen Höhe und faszinierenden Wirkung antiker Beredsamkeit machen.

Lysias

Mancher bedeutende Rhetor ging aus den Redeschulen der Sophisten hervor. Von wirklich klassischem Ruf aber wollen wir hier zunächst L y s i a s nennen (450—380). Auch er war noch kein eigentlicher Athener. Erst sein Vater war aus Syrakus in die große Zentrale hellenischer Bildung gezogen, die er dem Sohn voll zuteil werden ließ. Lysias wirkte als Anwalt, und von seinen 233 Reden besitzen wir 34. Wir ersehen aus ihnen, mit welch richtigem Instinkt sich Lysias des sophistischen Blendwerks und Schwalls entledigte und zur Rückkehr zu einem knappen, schlichten und doch sachlich erschöpfenden Stil beitrug. Er und Xenophon mit seinen Schriften haben besonders zu dieser Gesundung der Prosa von Phrasen und Äußerlichkeiten beigetragen.

Lysias hielt aber seine Reden durchaus nicht alle selber, sondern er war der Meister der „bestellten" Rede, mit der Klienten von ihm selbsttätig, als wären es ihre eigenen Ausführungen, vor Gericht auftraten. In diese verschiedenartigen Personen wußte sich Lysias mit staunenswerter Einfühlung hineinzudenken, und so hat diese Seite seiner Tätigkeit psychologisch ihre großen Reize, daneben aber vermittelt sie uns auch überraschende Einblicke in das kleinbürgerliche Leben und Treiben damaliger Tage, und allerlei kulturelle Bilder rollen vor uns auf, die allerdings mehr oder minder schon alle zeigen, wie die innere und äußere Festigkeit der Verhältnisse bedenklich im Schwinden war. Überhaupt sollte man für solche Erkenntnis und auch für eine klärere Beurteilung des sozialen und politischen Wirrwarrs der letzten hundert Jahre vor Alexander dem Großen gerade die in dieser Zeit gehaltenen Reden in Betracht ziehen, und so bedeutet gerade die bewußte Ausbildung der Beredsamkeit für uns ein kleines Archiv kultureller Einblicke, die uns sonst vielleicht verlorengegangen wären.

Den größten Einfluß und den berühmtesten Namen auf dem Gebiet der Rhetorik aber besaß nicht Lysias, sondern der um zehn Jahre jüngere I s o - k r a t e s (436—338) in Athen, das ja nun überhaupt fast das alleinige Zentrum der Redekunst war. Gerade aber dieser große Redner Isokrates verfiel dem in Hellas so seltenen Verhängnis, daß ihn Schüchternheit und Stimmschwäche am persönlichen Auftreten und Abhalten seiner Reden hinderten. Dafür wurde er der gefeiertste Lehrer seiner Zeit. Seine Schule war weit berühmt und hatte Zustrom von nah und fern; bei dem hohen Honorar wurde Isokrates ein schwerreicher Mann. Schon bald nach dem Tode des Sokrates, zu dessen Schülern Isokrates gehörte, gründete er diese Schule, an der ein Kursus drei bis vier Jahre währte, also ungefähr unserm Universitätsstudium entsprach, nur daß hier das Studium allein der Redekunst galt; aber diese umfaßte ja alle möglichen Gebiete der Sprache, Grammatik, des Stils, der Staats- und Gesetzeskunde, der Rechtswissenschaft, der Psychologie, der Stimmbildung und was sonst alles für einen ins öffentliche Leben eingreifenden Redner notwendig werden konnte.

Isokrates

Die überragende Bedeutung der Kunst des Isokrates bestand in der restlosen Formvollendung und dem wundervollen Gleichmaß, die er seinen Reden verlieh. Sie waren das geschliffenste Sprachgut, das man sich vorstellen konnte, und berückten durch die Höhe einer noch letztmöglichen Kultur des Wortes. Dabei blieben sie durchaus im harmonischen Rahmen würdiger Einfachheit und hielten sich von den rednerischen Exzessen der Sophisten fern, obgleich gerade Isokrates stark im Bann seines Lehrers Gorgias stand. Uns würden diese Reden aber doch vielleicht etwas zu maniriert und bewußt geformt erscheinen; sie mußten ja in ihrer Art der spontanen Wärme entraten, aber auch der befeuernde Schwung hochfliegender Gedanken ging ihnen leicht verloren.

Fünfzig Jahre lang war Isokrates derart für die Ausbildung der Rhetorik tätig, bis er, fast hundertjährig, freiwillig aus dem Leben schied. Er hatte sich aber durchaus nicht nur auf gewöhnliche Reden beschränkt. Mit großen Sendschreiben, die man politische Broschüren nennen könnte, versuchte er, bei der gefährlichen Steuerung des Staatsschiffes mitzuwirken, und erweist sich hier auch rein schriftstellerisch und sprachlich als ein nicht zu übertreffender Könner. Seine Ideen entwickelte er dabei so geistvoll, daß ihn Platon den Philosophen unter den Rednern nennt.

Demosthenes Aber mit dieser berechnenden Kühle konnte die Rhetorik auf die Dauer doch nicht weiterkommen. Es mußte wieder eine Persönlichkeit auftreten, die sie mit Leben und Feuer erfüllte und an großen Zwecken erprobte. Und das trat nun auch wirklich ein mit D e m o s t h e n e s, den man den größten Redner des Altertums genannt hat und von dem auch der nächstgrößte, Cisondern in Demosthenes steckte ein zielbewußter, feuriger Staatsmann, der Rhetorik waren ja nun alle ausgebildet und bekannt, und auch Demosthenes war durch diese Schule hindurchgegangen. Ein merkwürdiger Zufall will, daß auch er, gleich Isokrates, anfänglich für diesen Beruf schwerste körperliche Hemmungen mitbrachte und erst durch zäheste Übung der stimmlichen Schäden (er stotterte) Herr werden konnte. Es war durchaus nicht seine alleinige Absicht, rein theoretisch oder lehrend in der Redekunst zu glänzen, sondern in Demosthenes steckte ein zielbewußter, feuriger Staatsmann, der ständig dahin wirkte, seine athenischen Mitbürger aus Lethargie, Zerfahrenheit und kleinlichem Hader für seine großen Pläne aufzurütteln und zu einigen. Und diese gingen alle dahin, sich dem von Norden her aufziehenden Machtgewölk entgegenzuwerfen und Hellas vor der drohenden Unterwerfung durch Philipp von Makedonien durch schärfsten Widerstand zu erretten.

Es klingt das sehr edel und tapfer, aber jeder unbefangene, ruhige Kopf mußte damals schon wissen, daß es eine Utopie, vielleicht sogar eine verderbliche Torheit war, sich Philipp entgegenzustellen, weil er wohl erst dadurch gereizt wurde, zum vernichtenden Schlage auszuholen. Klug und vorausschauend handelte Demosthenes also wohl kaum, als er seine drei olynthischen (Philipp wollte die Stadt Olynth auf der Chalkidike erobern) und drei philippischen Reden hielt. Demosthenes gehört eben weniger in das Gebiet der Politik und Geschichte als in das der Rhetorik. In letzterer war ja nun allerdings seine Wirkung hinreißend. Mit einem fanatischen Enthusiasmus verband er eine glänzende Beherrschung aller rednerischen Mittel. Hier wirkte endlich ein Rhetor nicht nur durch Virtuosität, sondern durch die ganze Macht einer leidenschaftlichen Persönlichkeit und eine große Idee, die in meisterhafter Beherrschung der Sprache energisch auf ihr Ziel losging. Große Technik mit starkem Ethos vereint machten Demosthenes zu dem alles überragenden Redner, als der er auch denen gelten muß, die ihn bis in unsre Tage aus Gründen anderer staatlicher Einstellung scharf ablehnen und die Bedenklichkeit dieser nicht ganz einwandfreien Figur hervorheben. Daß man Demosthenes neben seinen staatsmännischen Fehlern auch Bestechlichkeit vorwarf, geschah vielleicht zu Unrecht, seine Verurteilung fand aber jedenfalls statt. Auch hier spielt Politisches hinein, denn er war angeklagt, von dem nach Athen geflohenen Schatzmeister Alexanders des Großen, Harpalos, eine hohe Summe angenommen zu haben. Was mit Makedonien zusammenhing, wurde dem feurigen, aber recht verbitterten Manne zum Verhängnis, ja schließlich nahm er ein Jahr nach Alexanders des Großen Tode auf der Flucht vor makedonischen Häschern freiwillig Gift und starb auf Kalauria. Die gegen Demosthenes erhobenen Vorwürfe können ja aber natürlich nicht hindern, die Souveränität seiner immensen Redekunst voll anzuerkennen. Alle Arten der Rede beherrschte er völlig, während andere Rhetoren fast immer nur in einer Gattung glänzten. Man weiß nie, ob man die große Kunst oder das heiße Leben oder die schneidend scharfe Argumentation seiner Reden mehr bewundern soll. Spontan waren sie allerdings nicht, sondern stets das Produkt gründlichster Arbeit, so daß man sogar bezweifeln möchte, ob er unvorbereitet ebenso groß in der Wirkung seiner Worte hätte sein können. Seine höchsten Triumphe feierte er berechtigterweise mit seiner glänzenden Kranzrede in der Bewerbung um diese Ehre gegen seinen politischen und rednerisch schärfsten Widersacher Aischines.

Dieser gleichaltrige athenische Redner stand politisch ganz im Gegenlager. Auch er ist nur in einer Verquickung mit staatsmännischen Ideen zu würdigen, die der makedonischen Partei und der Unvermeidlichkeit der Herrschaft Philipps über Hellas huldigten und darin sogar das Heil für ganz Griechenland erblickten. Als Redner soll Aischines dem Demosthenes technisch sogar noch überlegen gewesen sein, aber er war eine kalte Natur ohne Herz und Schwung und bewies durch seine schließliche Niederlage gegen den feurigen Demosthenes, wie ausschlaggebend die seelischen Qualitäten bei einem Redner sind. Aischines war früher Schauspieler gewesen, wodurch vieles in seiner routinierten, aber kühlen Art zu erklären sein mag.

<small>Aischines</small>

Die gegenseitige Begeiferung dieser zwei großen Redner, die vor keiner Verleumdung und Verhöhnung zurückschraken, hat etwas Abstoßendes, aber dennoch bietet gerade dies Schauspiel die höchsten Leistungen attischer Redekunst. Was nach den zwei berühmten Persönlichkeiten aus der Rhetorik wurde, stimmt zu dem ganzen Verfall, wie ihn das engere Hellas nunmehr zeigt. Athen sank zu machtpolitischer Bedeutungslosigkeit herab und hörte in Leben und Treiben auf, ein maßgebendes Zentrum zu sein, wenn es auch weiterhin als Hort wahrer Bildung galt. Aber es bot sich gar kein großzügiger Anlaß mehr, der ein Rednertalent beschwingt hätte. Im kleinlichen Getriebe beschränkte sich die Rhetorik wieder auf reine Äußerlichkeiten und eine spitzfindige Virtuosität, bis erst viel später die großen Leistungen des 4. Jahrhunderts in Rom Schule machten und eine neue Blüte der antiken Rhetorik hervorriefen.

<small>Verfall der Redekunst</small>

KUNST

I. ALLGEMEINES

Sinnfälliger Eindruck

Mögen die geistigen Leistungen der Griechen noch so hoch, ja vielleicht das Wertvollste sein, das sie uns hinterlassen haben, mag uns dies Volk in Regelung des äußeren Daseins, des Staates und der Gemeinde Typisches vorgelebt haben, so bleiben das augenfällig Größte der hellenischen Erbschaft doch die unvergleichlichen Gebilde der Kunst in Architektur und Skulptur, zu denen wir vielleicht auch die Malerei rechnen würden, wenn sie uns in ihren großen Gemälden nicht bis auf traurige Kopienreste verloren gegangen wäre. Und auch von den Schöpfungen in Stein und Bronze, die als ehrwürdige Ruinen überall, wo Hellenen geatmet haben, Zeugen ihrer Baukunst sind oder in Einzelstücken alle Museen Europas und Amerikas füllen, besitzen wir doch nur noch einen verschwindenden Bruchteil alter Herrlichkeit. Unfaßlich bleibt es bei der doch noch Staunen erregenden Fülle des Erhaltenen, mit welcher Intensität und Schöpferkraft, fast möchte man sagen, mit welcher Verschwendung und Besessenheit, ein an Zahl so kleines Volk, und auch in ihm nur sein bester Kern, diesen Reichtum an Formung aus seinen Händen hervorgehen ließ, als bilde ein schöpfungsunersättlicher Gott noch einmal eine ganze Welt. Wie kurz war die Zeitspanne, der das alles entsprang; etwas über ein Jahrhundert genügte dem griechischen Genius, um wenigstens die Urformen, die Höchstleistungen, die klassischen Muster aller Zeiten in Tempeln und Bildwerken zu verewigen, die dann zwar von der fortlebenden Antike noch vielfach vermehrt und ausgestaltet wurden, aber — eine kurze Nachblüte der barockgewaltigen Kunst des Hellenismus ausgenommen — doch nur eine Art ehrfurchtsvoller Kopienarbeit in mehr oder minder starker Anlehnung an die großen Vorbilder geben.

Klassische Muster

Gewiß haben dann andere Völker — und besonders die Römer — den Ideengehalt ihres eigenen Wesens vermehrend und bereichernd hinzugefügt, aber letzten Endes fußte doch immer wieder die ganze europäische Kunst — selbst wo sie sich gegen das „Klassische" zu wehren scheint — auf der Norm und der Vollendung, die Hellas als leuchtende Beispiele hingestellt.

Gotik als Gegensatz

Ausnehmen von dieser Gefolgschaft kann man wohl nur die Gotik und was mit der Inbrunst ihres ganz anderen, romantisch-nordischen Gefühlslebens bis heute zusammenläuft. Gerade aber die notwendige Erwähnung dieses entscheidenden Einschlages zeigt uns klarer als alles andere das spezifische Wesen der hellenischen Kunst. Denn es war gar nicht anders möglich, ihr etwas wirklich Artneues gegenüberzustellen, wenn man nicht gerade all das negierte, was die hellenische Kunst auszeichnete, nämlich diese unfaßbare Vereinigung von höchster Idealisierung mit reiner Natürlichkeit, die stets wahr und menschlich blieb und das typisch Große dadurch fand, daß sie ihr Schaffen aus einer individuell betonten Verworrenheit der Gefühle in die Abklärung der Allgemeingültigkeit hob. Darum war die erreichte Harmonie auch nicht nur eine innere, sondern sie wurde gestützt durch die ständige äußere Anpassung an das Material und die ihm gemäßen Möglichkeiten. So bleibt selbst bei der höchsten Steigerung stets der Eindruck des Natürlichen, Wahren, Edlen und darum Ewig-Unwiderleglichen. Ganz anders die große Gegenbewegung der Gotik, die bis in die letzten Fasern gefühlsbetont ist, bei der die Inbrunst jede Form und Linie beherrscht, die nach ihrer geistigen Richtung hin jeden Stoff möglichst entmaterialisiert, entschwert und dadurch zu beseelen sucht. Diese absichtliche Betonung des Nichtgebundenseins an die natürliche Begrenzung des Materials ist eine Note, die allem Hellenischen polar entgegensteht und die auch nur dann leben kann und Großes erreicht, wenn sie bis an den Rand vollgefüllt und durchpulst ist von der Glut des Glaubens, dem Rausch eines metaphysischen Gefühls und einer dämonischen Phantasie. Flauen diese ab, so bleibt eine leere Form, eine Manier, und es rächt sich das übersteigerte Verlassen menschlich und materiell gegebener Grenzen, eine Gefahr, vor der der Ewigkeitsgehalt der klassischen Kunst in steter Berührung mit der Natur selbst gleich dieser unerschütterlich gefeit ist. So fraglich aber demnach der etwaige Gewinn einer dem Klassischen ganz entgegengesetzten Kunst klingen könnte, sollte man aber auch hier jede Wertung beiseite lassen, weil es sich um polare Erscheinungen handelt, die durch alles Menschliche hindurchgehen und dadurch als Aktion und Reaktion ihre in sich beruhende Berechtigung haben.

Diese kleine Abschweifung war aber keineswegs nur als solche gemeint, sondern gerade durch den späteren historischen Gegensatz, der für unsre nordischen Breiten besonders wichtig ist, sollte der Wesenskern griechischer Kunst noch deutlicher, noch schärfer umrissen hervortreten und uns bewußt werden lassen, um was es sich bei der hellenischen Kunst eigentlich handelt.

Mit dieser Erkenntnis wollen wir nun an die reifen Schöpfungen der Blütezeit herantreten und zunächst zeitlich anknüpfen an das, was wir über die Kunst des 7. und 6. Jahrhunderts und die Anfänge der hellenischen Architektur und Plastik gehört haben.

Schon in jener verflossenen Zeit waren sämtliche Grundlagen der Baukunst und der Bildhauerei gefunden und festgestellt worden; etwas spezifisch Neues konnte auch der Aufstieg zur Vollendung, wie wir ihn im 5. und 4. Jahrhundert gewahren, kaum mehr hinzufügen, wohl aber erleben wir nun die volle, blühende Ausgestaltung alles dessen, was knospend und vielversprechend sich schon beim Abschluß der hellenischen Jugendzeit auf allen Gebieten zeigte. Die Richtlinien all dieser Verheißungen sind klar gegeben. Man sieht förmlich in der noch scheuen Zurückhaltung und technischen Hemmung der Frühzeit, wie die göttliche Vollendung heraufdämmert und sich von den leichten Fesseln und Schleiern befreit, die sie noch vom höchsten Ziele fernhalten und trennen. Darum bedarf auch die klassische Kunst der Hochperiode weit weniger der Erklärung, als sie die problematischeren Anfänge erforderten. Jetzt hat nur das Auge zu genießen und den deutlichen Weg zu verfolgen, wie der Genius dieses Volkes mit unglaublicher Schnelligkeit heranreifte und fast sprunghaft dem Gipfel zueilte.

Der Weg zur Reife

II. ARCHITEKTUR

Verweilen wir zuerst bei der Architektur, wie sie sich seit der Zeit der Perserkriege entwickelte. Dieser einschneidende historische Vorgang hatte auch für die Baukunst die größten Folgen. Einmal mußte sie ganz besonders von der Zerstörung der ionischen Städte in Kleinasien betroffen werden, dann aber hatten auch im Heimatlande, zumal in Athen, diese Kämpfe so barbarisch und gründlich mit dem Bestehenden aufgeräumt, daß alles von Grund auf neu zu bilden war. Daß aber überhaupt die ionische Kunst durch diese Verschiebung der politischen Machtverhältnisse zwangsläufig ihren Schwerpunkt von Kleinasien nach dem heimischen Attika verlegen mußte, wurde von ausschlaggebender Bedeutung, weil zu sonst gleicher Begabung in der Heimat noch ein weit größerer Ernst, man möchte fast sagen, ein ethischer Inhalt hinzutrat, den man wohl nicht ganz irrtümlich einem Zuschuß dorischen Wesens gutschreiben möchte. Jedenfalls kam zu der Pracht und Schönheit, die schon die ionischen Bauten der Küstenstädte auszeichnete, nunmehr im Heimatland eine Hoheit und hehre Reinheit, die zwar die heitere Gelassenheit und Ausgeglichenheit der Formen gar nicht beeinträchtigte, aber sie doch mit einer so göttlichen Erhabenheit adelte, daß unsre frohe Bewunderung in staunende Ehrfurcht und tiefe Beglückung übergeht, wie sie — auf Erden selten genug — nur das wirklich Letztvollendete auslösen kann.

Die Zeit der Perserkriege selbst mußte naturgemäß überall zu einem Stillstand der Baukunst führen; es bereitete sich aber doch schon neben dem örtlichen Übergang nach Hellas auch in Technik und Materie ein Fortschritt vor, in dem man bei stärkerer Beherrschung der Mittel auch die Ansprüche an die äußere Gediegenheit und Pracht steigerte, d. h. man begann von den Baumaterialien Holz und Kalkstein (Poros) immer mehr zum Marmor überzugehen und diesen herrlichen Stoff allein für Götterbehausungen als würdig zu empfinden.

Die Tempel selbst, die nun entstanden, änderten in ihren Grundformen sehr wenig, nur daß diese immer ausgeglichener, immer harmonischer und darum immer schöner wurden. Dazu kam nach der glücklichen Beendigung der Kriege das gesteigerte Machtbewußtsein, der größere Reichtum, und das alles einte sich mit dem hohen Gefühl des Dankes und der Verehrung gegenüber der Gottheit, die so hilfreich und rettend das Schlimmste verhütet, ja sogar den glorreichsten Sieg geschenkt hatte. Aus dieser Stimmung heraus war es natürlich, daß zuerst an den allgemeinen Stätten religiöser Hingabe Hellas in seiner Gesamtheit, die ihm sonst selten genug zum Bewußtsein kam, den Himmlischen den schuldigen Tribut darbringen wollte. Noch ehe also in Athen die Blüte der Baukunst begann oder man auch anderswo an ein frisches Leben der Architektur dachte, kam in der neuen Generation die Schöpferkraft der Architekten jenem Platze zugute, der neben Delphi von jeher als die zentrale Kultstätte der Hellenen empfunden wurde, dem heiligen Bezirk des Zeus in Olympia.

Der große Tempel des Göttervaters wurde nach einer längeren Bauperiode 457 vollendet. Wir Deutschen haben persönlich ein ganz besonderes Interesse an den Bauten dieser geweihten Stätte, weil sie erstmalig durch unsre Ausgrabungen 1875—81 freigelegt und für die Wissenschaft und die Kunstfreunde sozusagen neu entdeckt wurden. Die Namen von E. Curtius und später W. Dörpfeld sind auf das engste mit dieser ebenso beschwerlichen wie erfolgreichen Tat verknüpft. Nicht eine verschüttete, zertrümmerte Stadt galt es hier zu finden, sondern einen geheiligten Platz, der nur dem Kultus und dem Sport diente, deren ständige Vereinigung ja immer ein besonderes

II. ARCHITEKTUR

Kennzeichen hellenischer Betätigung war. Nirgends aber in so allgemeinem und gesteigertem Maße wie hier, wo der Kultus, der an diesem Orte einmal ausnahmslos alle Hellenen vereinte, bis ins zweite Jahrtausend zurückzuverfolgen ist und der Mythos die Gründung der damit verbundenen Wettspiele sogar dem Herakles zuschreibt. Jedenfalls begann man schon 776 die Sieger der in ihrem Ursprung viel älteren Spiele aufzuzeichnen und zählte von hier aus die Jahre in Olympiaden (zu je 4 Jahren).

Stand doch auch in Olympia der älteste aller uns bekannten griechischen Tempel, der der Hera geweiht war. Auch der erwähnte Zeustempel war die prächtige Erneuerung eines weit älteren Kultgebäudes unter den vielen Heiligtümern dieses seit der Urzeit von Sagen durchtränkten Gebietes. Würde man der Reihe nach schildern, was hier alles allmählich an Baulichkeiten entstand und wieviel Kunstschätze sich an diesem Platz anhäuften, so würde das allein schon einen Überblick über die gesamte Kunst der Griechen bis zu ihrem Erlöschen bieten. *[Zeustempel zu Olympia]*

Unsre Ausgrabungen sind aber nicht zum Abschluß gekomen; so wurden die herrlichen Säulen des Zeustempels zwar freigelegt, aber noch ruhen sie nebeneinander am Boden, wie sie ein Erdbeben hingestreckt hat, und staunend steht man nun vor den zweimeterdicken Trommeln der Schäfte. Alles hier ist gewaltig, aber noch herb, altertümlich und streng und beeindruckt mehr durch die Leidenschaft und Großartigkeit als durch Anmut und ausgeglichene Schönheit. Daß der kraftvolle und feierliche dorische Stil alle Formen bestimmt, ist nicht nur der peloponnesischen Landschaft wegen selbstverständlich. Die leuchtende Marmorherrlichkeit späterer griechischer Tempel darf man noch nicht suchen. Der heimische Muschelkalk lieferte in der Hauptsache das Material und bedurfte des Stucküberzuges, der wiederum reichste Färbung verlangte. So würde uns der Tempel in seiner ursprünglichen Gestalt doch vielleicht etwas barbarisch anmuten, und auch zur Würdigung seines Figurenschmuckes muß man eine starke Seele mitbringen, die dem prachtvollen, aber oft krassen, fast wilden Stil gewachsen ist. Da diese Skulpturen der beiden Giebelfelder und Metopen uns noch keine bestimmten Meister verraten und dadurch noch nicht in der nun bald beginnenden glänzenden Reihe individueller Bildhauernamen ihren Platz finden können, so mögen sie schon hier und nicht erst bei der Betrachtung der großen Periode hellenischer Skulptur besprochen sein. Es ist ein seltsam Ding um diese Skulpturen. Der Hauch des Archaischen liegt noch über den Keimen eines verblüffenden Fortschritts, nur daß die doch noch strenge Gebundenheit des Stils auch im Stofflichen und seinem unerbittlichen Ernst begründet ist. Am ältesten sind wohl die Metopen, die die zwölf Taten des Herakles darstellen und unwillkürlich an die herbe Wildheit der Metopen von Selinunt in Sizilien erinnern, ohne daß wir diesen möglichen Zusammenhang erklären können. Auch die zwei großartigen Giebelfelder, die östlich den Wagenkampf des Pelops und Oinomaos, gruppiert um eine erhaben aufgerichtete Zeusstatue, darstellen und westlich einem infernalischen Kampf der Lapithen und Kentauren gewidmet sind, zeigen diese seltsame Vereinigung von Steifheit und zügelloser Wut, die eine mehr im Ostgiebel, die andere im Westgiebel. Eine ungeheure Ballung von Kraft liegt in diesen beiden Szenenfolgen.

Hierbei bietet sich von selbst ein Hinweis auf die auch von den Griechen so wundervoll erfaßte und betätigte Vereinigung von Architektur und Skulp- *[Skulpturenschmuck]* tur. Gewiß zeigt auch die Kunst anderer Länder, besonders in den Anfängen, diese Verschmelzung, aber nirgends erreicht sie die wunderbar harmonisch getroffene Mitte zwischen Verbundenheit und doch in sich gelöster Freiheit. Ist es schon an sich eine ganz große „Erfindung" griechischer Kunst, das streng-lineare Bild der Tempel, zumal in den Giebeln, auf das herrlichste durch die Fülle einer gestreckten Gruppenszene zu beleben, so wiederholt sich dieser Vorgang — aber in anderer für sich abgeschlossener Einzelheit — in den Metopenfeldern, zu denen dann meistens noch im Innern oder über dem Architrav die Figurenfolge eines flacheren, flüssigeren Frieses tritt. All dies zusammen ergibt erst die ganze Fülle der griechischen Tempelherrlichkeit, und so ist es nicht zu verwundern, daß gerade diese Ausschmückung der heiligen Gebäude uns wohl das Reinste und Höchste hellenischer Kunst geschenkt hat.

Delphi

Neben der allgemeinen Weihestätte von Olympia hat stets der Bezirk des Delphischen Orakels als Sammelplatz künstlerischer Stiftungen aus ganz Hellas und von noch weiter her gedient. Die Ausdehnung dieser Verehrung wird besonders deutlich durch den zierlichen und seltsam anmutenden Bau des Schatzhauses der Siphnier. Die Bewohner der ionischen Insel Siphnos zeigten dadurch deutlich an, daß auch nach Vernichtung der ionischen Blüte Kleinasiens in diesen einst so dominierenden Bezirken noch Kraft genug zu prächtigen künstlerischen Leistungen steckte. Bezeichnenderweise lebt sie sich aber nicht in der Herbheit des dorischen Olympia, sondern in der anmutvollen Geschmeidigkeit des ionischen Stils aus; daß hier zwei Mädchengestalten die Säulen des kleinen Antentempels vertreten, mag die spätere Gestaltung des Erechtheions auf der Akropolis, von dem wir ja noch hören werden, beeinflußt haben.

Schatzhaus der Siphnier

Schatzhaus der Athener

Auch die Athener erbauten um diese Zeit ein Schatzhaus in Delphi, das aber bei aller Eleganz doch ernster und geschlossener wirkt. An beiden Schatzhäusern zeigen die Friesreliefs ganz wundervolle, stilisierte Kunst, zwar auch noch etwas gebunden, aber vielleicht gerade dadurch und durch die routinelose Naivität so besonders anziehend.

Aigina und Aphaiatempel

Von den hervorragenden Tempeln dieser jungen, lebensfrischen Zeit wäre noch besonders das Heiligtum der Aphaia auf der Insel Aigina zu nennen. Erst Furtwängler hat diesen prachtvollen, in schlankem dorischen Stil errichteten Bau der ursprünglich aus Kreta stammenden Göttin Aphaia zugesprochen. Seinen wundervollen Giebelskulpturen, die durch das bayrische Königshaus nach München gelangten und jetzt den Stolz der dortigen Glyptothek bilden, hat Thorwaldsen restauriert und gruppiert, leider aber — unreparierbar — unter recht falschen Gesichtspunkten und nach willkürlichen Annahmen, die sich heute archäologisch nicht mehr halten lassen. Zeigt somit der Anblick dieser noch recht archaischen Figuren ein steifes und gekünsteltes Beieinander, so kann das doch nicht unsre Bewunderung des reinen und hohen Stils dieser wundervollen Kunstwerke beeinträchtigen. Sie werden bald nach der Schlacht bei Salamis als Götterdank gefertigt worden sein, unbekannt von wem. Noch stehen sie in dem Bann dieser herben, keuschen Jugendzeit, aber die Charakterisierung ist schon staunenswert, desgleichen die Innehaltung einer echt künstlerischen Mitte zwischen statuarischer Monumentalität und prachtvoll beschwingten, lebendigen Linien der um Athene gruppierten Kämpfer. Zwar, kennten wir die richtige Gruppierung, die man nun in einem Modell gegenüber der Thorwaldsenschen Rekonstruktion wenigstens versucht hat, so würden wir sicher auch über die Belebung und prächtige Einteilung des Raumes staunen. Es war dies ja immer eine Stärke der Griechen, aber es verlangte doch schon eine souveräne Beherrschung der Technik. Daß die Figuren in eine schon fortgeschrittene Periode gehören, beweist auch der Umstand, daß Vorder- und Rückseite völlig gleichmäßig ausgearbeitet sind, ohne bequeme Rücksicht auf ungesehene Stellen. Mancherlei Bestandteile der Waffen waren aus Metall; glaubt man doch auch im ganzen Stil dieser parischen Marmorfiguren sich erinnern zu müssen, daß auf der Insel Aigina vor allem der Bronzeguß blühte, dessen besondere Stilbedingung sich hier auf den Stein übertragen hat.

Die Aigineten

Die Aigineten sind ein Übergang von altertümlich strenger zu freivollendeter Kunst, als solche aber sind sie nicht nur interessant und aufschlußreich, sondern gehören schon zu den ganz großen Leistungen hellenischer Skulptur, nur in dem stereotypen Lächeln des archaischen Gesichtsausdrucks und in einigen Steifheiten macht sich noch Traditionsgebundenheit und Manier bemerkbar.

Hätte die Bildhauerschule von Aigina weiterblühen können, so wäre nach diesem herrlichen Zeugnis ihres künstlerischen Vermögens hier gewiß noch ganz Großes entstanden. Aber auch hier trat die leidige Machtpolitik dazwischen. Das erstarkte Athen unterwarf das verhaßte Eiland, das so dicht vor seinen Toren lag, und ertötete für immer seine Eigenart und seine blühende Kraft, wie überall, um nur selber groß und glänzend zu werden.

Da auch die Aigineten trotz ihrer Bedeutung uns noch nicht zu namensbekannten Künstlerindividualitäten leiten, so wollen wir uns noch dem Fortgang der eigentlichen Architektur zuwenden, wobei wir uns aber schon rasch ihrem Höhepunkt, dem Parthenon und den Bauten der Akropolis, nähern. Ging doch die Entwicklung auch hier in dem erschreckend schnellen Tempo vor sich, das wir auf allen Gebieten bemerken, nur war in der Architektur keine wirkliche, einem neuen Ausdruck zustrebende Entwicklung mehr nötig, sondern der Geist, der die bisherigen Formen schuf und belebte, rang nur mit dem Ausdruck einer noch abgeklärteren, noch reineren Schönheit und dem Ausgleich einer harmonischen Vollendung, wie er so restlos und göttlich nie wieder geglückt ist.

Jedenfalls kann sich dem Parthenon kein Bauwerk an edler Vollendung vergleichen. Er ist in der Architektur die äußerste und feinste Essenz griechischen Geistes, und hier wurde für die Prinzipien des Lastens und Tragens, die als der echteste Baugedanke die ganze griechische Architektur beherrschten, die größte Ausgeglichenheit erreicht. Jede Linie bedeutet hier ebensoviel Schönheit wie Notwendigkeit, als spräche die Natur selbst in ihrer Unwiderlegbarkeit. Die größtmögliche Gesetzmäßigkeit aller Teile und des Ganzen hat es bewirkt, daß die helle Sinnenfreude an diesem herrlichen Objekt gleichzeitig gemischt ist mit einem Ehrfurchtsschauer wie vor der Verklärung von etwas Übersinnlichem. Worte sind zu kraftlos, um auszudrücken, wie hier einmal auf Erden Materie zu wahrhaft göttlicher Vollendung geformt wurde.

Vollendete Bauharmonie

Aber reißen wir uns aus der Versunkenheit in diesen unvergeßlichen Anblick, um zu hören, wenn auch nicht voll zu begreifen, wie die Bauten der Akropolis so schnell und in so rascher Erreichung des Gipfels aller Architektur emporschossen.

Es gibt in der Kunst — wenn auch selten genug — Gebilde, die durchaus durch viele Etappen unaufhaltsam zu ihrer reifsten Form emporstreben und in steter Wiederholung immer stärker, immer klarer sich mit inbrünstiger Stetigkeit dem höchsten Ideal zu nähern suchen. Gerade die schöpferischsten Geister großer Epochen ringen mit solchem Problem, und ansteigend sieht man es sich allmählich von allen Befangenheiten und Unzulänglichkeiten lösen, bis das Unbegreifliche sich endlich „mit Gestalt gürtet" und jene Vollkommenheit erreicht, die Menschen gegeben sein kann. Der griechische Tempel von seinen schweren, ernsten Anfängen bis zu dem verklärten Lichtgebild des Parthenon ist ein Beispiel für einen solchen Entwicklungslauf, der in gleicher Deutlichkeit und Intensität eigentlich nur noch ein Gegenbeispiel hat: das Ringen der Renaissance um einen in jeder Linie harmonisch vollendeten Kuppelbau, bis die Krönung von St. Peter durch Michelangelo auch hier der äußersten Sehnsucht die gemäße, heißerstrebte Form gab.

Die Akropolis Wenn man aus diesem Hinweis ersieht, daß man sich durchaus eine lange Entwicklungsreihe des griechischen Tempels in einmal geprägter Grundform an vielen Stellen zu denken hat, so hat das auch schon an dem Orte selbst stattgefunden, wo stets die Göttin Athene ihren heiligen Bezirk und ihr Haus innehatte. Schon im zweiten Jahrtausend v. Chr. sind auf der Akropolis Siedlungen nachzuweisen, wenn auch der Fels damals eher für eine Herrscherburg als für Göttersitze gedient haben mag. Erst nach Peisistratos blieb der Berg ausschließlich dem Dienst der Himmlischen vorbehalten, und noch dieser Tyrann hauste hier über der Stadt in befestigter Höhe. Aber er begann hier schon mit prächtigen Kultbauten und schmückte mit Weihgeschenken für die Stadtgöttin diesen wundervollen Platz, der wie ein kolossaler Götterthron Attikas Hauptstadt überragt. Die Wut zweier Persereinfälle zerstörte 480 diese ganze Herrlichkeit. Aber die unermüdliche Schaffenskraft der Athener benutzte nach dem Abzug des Feindes gerade diese Zerstörung, um mit dem Schutt (dem sogenannten Perserschutt) die Fläche des Berges zu ebnen und so erst den umfassenden Schauplatz für neu zu errichtende Bauten noch viel würdiger vorzubereiten. Als nun Kimon in halber Berghöhe die noch heute stehenden Schutzmauern errichtete, blieb zwischen diesen und dem Plateau des Berges ein Zwischenraum, der ebenfalls mit dem Schutt ausgefüllt wurde und nun den ganzen Bezirk erheblich vergrößerte. Schon vorher hatte man mit riesigen Unterbauten, die dann mit Erde verkleidet wurden, den Fundamenten des Athenetempels am Rande des Felsens ihren Platz gesichert.

Der Parthenon Ein gütiges Geschick hatte somit die Gesamtwiederherstellung der Akropolis auf einen Zeitpunkt hinausgeschoben, wo Athens größte Architekten die Höhe ihres Könnens erreicht hatten und nun imstande waren, auch wirklich Unübertreffliches an Stelle der Ruinen zu setzen. Die Einteilung und Bebauung des ganzen Terrains wurde nun nach einheitlichem Plane festgelegt, und der weitschauende Blick des Perikles wählte die Baukünstler I k t i - n o s und K a l l i k r a t e s für den Entwurf und die Errichtung des neuen Athenetempels, während der große Bildhauer P h e i d i a s die Oberaufsicht zumal über die Herstellung und Gruppierung des Figurenschmuckes erhielt. Fünfzehn Jahre wurde an dem Wunderwerk gebaut, eine kurze Zeit, wenn man bedenkt, mit welcher Feinheit und Gewissenhaftigkeit auch das kleinste Detail bedacht wurde. Der Parthenon, nunmehr ganz aus Pentelikonmarmor errichtet, überragte alle anderen Bauten der Akropolis. Man hatte ihm eine erhöhte Grundlage gegeben, seine Länge gegenüber den früheren Tempeln

II. ARCHITEKTUR

verkürzt, seinen Giebel aber auf acht Säulen verbreitert. Die Cella war ausnahmsweise groß und deshalb besonders zur Aufnahme eines mächtigen Kultbildes geeignet. Ihr schloß sich rückwärts ein Raum an, der den beträchtlichen Schatz aus den Tributen des Seebundes barg, nachdem unter dem Vorwande der größeren Sicherheit die Bundeskasse, die zeitweise die große Summe von 400 Talenten umfaßte, von Delos nach Athen übergeleitet worden war. Eben aus diesen Tributen der von Athen geknechteten Bundesgenossen bestanden die schier unerschöpflichen Mittel, die dem Perikles zur Errichtung der prachtvollen Stadtbauten zur Verfügung standen.

So organisch untrennbar auch der Skulpturenschmuck des Parthenon und der anderen noch zu nennenden Bauten zu den Gebäuden gehört, so soll diesen Werken der Bildhauer und ihrer Mitarbeit an den Tempeln und Heiligtümern erst später bei Erörterung der Skulptur im Zusammenhang eine nähere Betrachtung gewidmet sein. Denn trotz aller Verbundenheit mit der Architektur geht die Bildhauerkunst dieser Jahrzehnte doch auch ihren eigenen, in sich bedingten Entwicklungsgang und schafft auch genügend selbständige Werke, die uns deutlich die Kette aufeinander fußender Schöpferpersönlichkeiten verraten. Daß diese sich dann auch in den Dienst der Architektur stellten und vielleicht gerade hier ihr Höchstes leisteten, ist bei der Gemeinsamkeit des Kunstempfindens selbstverständlich, bleibt aber doch immer nur ein Teil der großen Bildhauerkunst dieser Zeit. Auch ist der Skulpturenschmuck außer dem des Parthenon an den anderen Baulichkeiten der Akropolis nicht von gleicher Bedeutung gegenüber den rein architektonischen Leistungen, die wir nun fortlaufend betrachten wollen.

Dagegen dürfte hier vorher noch ein kurzer Überblick über das tragische Schicksal des Wunderbaus interessieren, der ohne die Torheit und den Hader der Menschen wohl heute nach zweieinhalb Jahrtausenden noch ziemlich unversehrt und herrlich vor uns stehen würde; denn nicht Erdbeben oder andere elementare Naturereignisse haben den Parthenon zu einer noch in den Trümmern erhabenen Ruine gemacht, sondern zuerst verdarb und verunzierte ihn die neue Religion des Christentums, die das damals fast schon tausend Jahre alte Gebäude mit schmählichen Ein- und Umbauten zur Kirche verwandelte und sogar den Ostgiebel roh durchstieß, um ein Fenster zu erhalten. Diese baulichen Zutaten würden ja noch nicht so viel geschadet haben, aber wiederum bemächtigte sich, abermals tausend Jahre später, eine neue Religion des alten Heiligtums der Athene. Die Türken eroberten 1456 Athen und verwandelten den Parthenon in eine Moschee mit Anbau eines Minaretts. Zwei Jahrhunderte später flog ein Teil des Gebäudes in die Luft, da die Türken in ihm eine Pulverkammer angelegt hatten, in die eine Bombe der belagernden Venezianer schlug. Noch blieben die Giebel in unzerstörter Herrlichkeit, aber als die Venezianer den Westgiebel rauben wollten, krachte er zertrümmert zu Boden. Was den Venezianern nicht geglückt, vollzogen die Engländer 1800 und überführten durch Lord Elgin alle Restskulpturen nach London. Nun sucht man in Athen zu erhalten, was noch zu erhalten ist, ja in den letzten Jahren sind sogar kluge Restaurierungsversuche und Aufrichtung einiger Säulen vorgenommen worden. Was aber soll man dazu sagen, daß die Amerikaner nicht eher ruhten, ehe sie nicht für ihr Land in Nashville (Tennessee) eine völlige Nachbildung des Parthenon errichteten, in aller Originalgröße, mit sämtlichen Skulpturen und in aller Treue, deren eine Kopie fähig ist?

Schicksal des Parthenon

230 KUNST

Eilen wir aber lieber von diesem Kuriosum zurück in das Land der echten Kultur. Denn mit den reichen Mitteln des Seebundes und getrieben von dem Enthusiasmus der ganzen attischen Bürgerschaft entstanden neben dem Parthenon auf der Akropolis noch eine Anzahl glänzender, gepriesener Bauwerke.

Die Propyläen

Zunächst das reichgegliederte Eingangstor der Burg, die P r o p y l ä e n , eigentlich ein Vortor, das in seiner Pracht und Geschlossenheit mit seinen weiten Flügelbauten so recht geeignet war, dem etwas wirren Komplex der Akropolisgebäude Abschluß und Umriß zu geben. Auch an ihrer Stelle hatte natürlich ein altes Tor gestanden, dessen architektonischen Wert wir nicht kennen, aber wohl kaum hoch einzuschätzen haben. Der Baukünstler M n e - s i k l e s wurde mit der Ausführung des neuen Baus betraut. Auch er wählte in der Hauptsache den dorischen Säulenstil, wenn auch ionische Elemente hinzutraten. Die Propyläen waren der denkbar grandioseste Auftakt der ganzen Bauherrlichkeit der Akropolis. Flankiert von zwei Säulenhallen, öffnete sich das Tor selbst mit fünf Durchgängen, von denen der mittelste für Reiter, Wagen und Opfertiere diente. Die leuchtende Marmoranlage war nicht regelmäßig, und ihre endgültige Vollendung scheiterte an enormen Kosten und Quertreibereien. Auch schob sich der Niketempel zu nah an den Südflügel. Der Nordflügel, die sogenannte Pinakothek, barg eine Menge figürlichen Schmucks, auch berühmte Tafelbilder und viel Monumente in Marmor und Erz. Das ganze Gebilde war so reich und herrlich, daß der Stolz der Athener es dem Parthenon fast wertgleich erachtete.

In dem von den Propyläen eingeleiteten und abgeschlossenen Bezirk hatten ursprünglich auch noch andere alte Tempel weiterer Gottheiten und Heroen, zumal des Poseidon und des Erechtheus, gestanden. Auch sie waren der Wut der Perser zum Opfer gefallen, was wir nicht bedauern können, da die Neuschöpfung, die noch vor dem großen Bruderkriege begann, zu dem Schönsten gehört, was griechische Kunst uns baulich hinterlassen hat. Hier kam nun auch die ganze berückende Anmut des rein ionischen Wesens voll zum Durchbruch und stellte neben die ernsten dorischen Bauten zwei Gebäude von so unsagbarem Reiz der Linien und so entzückender Feinheit des Zusammenklangs und aller Details, daß selbst die Wehmut der spärlichen Trümmer nicht die Beseligung über die harmonische Abgeklärtheit dieser Formen vernichten kann.

Das Erechtheion

Das E r e c h t h e i o n , das der Verehrung mehrerer Götter dienen sollte, wurde 434 von P h i l o k l e s begonnen und in schönstem ionischen Stil durchgeführt. Schlank und zart, fast zierlich steigen diese ionischen Säulen empor und hauchen einen ganz anderen Geist aus als die bodenständigen, dorischen Träger; und der gleiche Geist der Anmut und leichtbeschwingten Schönheit beseelt auch alle anderen Einzelheiten dieses interessanten und sehr originellen Baus. Seine Vollendung hatte allerdings mit zeitlichen und örtlichen Schwierigkeiten arg zu kämpfen, und gerade wegen dieses Kontrastes ist die ausgeglichen-heitere Gestaltung des Ganzen doppelt bewundernswert. Bald nach dem Baubeginn brach der unselige Zwist des dreißigjährigen Peloponnesischen Krieges los und verhinderte die Fertigstellung durch Jahrzehnte. Aber selbst während des Kampfes, verblutend und verarmt, rastete Athen nicht, die Herrlichkeit der Akropolis zu vollenden. Das Erechtheion mußte durch Verschiedenheit des Niveaus und seiner Zweckbestimmung ganz unregelmäßig und viel aufgelockerter errichtet werden, als

II. ARCHITEKTUR

wir sonst die Geschlossenheit griechischer Tempel kennen. Auch religiöse Motive verlangten diese Vielseitigkeit, da mehrere alte Heiligtümer durch den Bau ersetzt werden sollten und ein bestimmter geweihter Bezirk der Bebauung bedurfte, ähnlich wie in der Renaissance der Grundriß der Peterskirche seine einschneidende Veränderung aus genau dem gleichen Grunde erfuhr. Hier können wir uns dieser Notwendigkeit nur freuen, denn gerade die Erweiterung und die Anbauten, die südliche Korenhalle und die Nordhalle, die sich dem Hauptgebäude anschließen, sind in ihrer Kunst ebenso köstlich wie originell. „Das Hauptgebäude öffnet sich gegen Osten mit einer sechssäuligen Vorhalle. Der Ostraum des Tempels, den man von hier aus betrat, war der Polias geweiht; hier stand das hochheilige, angeblich vom Himmel gefallene Holzschnitzbild der Stadtgöttin, für das alljährlich die vornehmsten Jungfrauen der Stadt den oft erwähnten Peplos woben. Allerhand Trophäen und Reliquien füllten außerdem den Raum. Die westliche Hälfte des Tempels war auf 3 m tieferem Niveau gelegen. Den Haupteingang zu ihm vermittelte die an der Nordwestecke angebaute Halle, von der aus eine prachtvolle Tür, das Muster für zahllose Türanlagen in der ganzen Welt, ins Innere führte." (80) Innerhalb der Tempelanlage befand sich auch ein Wasserbecken, dessen Entstehung man Poseidon zuschrieb, und auf einem inneren Hofe stand der heilige, von Athene gepflanzte Ölbaum. So traf hier die Verehrung der zwei Stadtgottheiten, die einst um Attika gerungen hatten, in e i n e m Heiligtume zusammen. Während die jetzt wiederhergestellte Nordhalle von den schönsten uns bekannten ionischen Säulen getragen wird, werden in der Südhalle diese Säulen durch die berühmten sechs Karyatiden ersetzt, sechs Jungfrauen oder „Koren", die in freier, lebendiger Haltung das Gebälk auf dem Haupte tragen. Diese Mädchen, deren etwas streng stilisierte Faltengewänder leicht an die Kannelierung der Säulen erinnern sollen, tragen ihren Namen nach dem lakonischen Orte Karyei. Als Tänzerin dieser Stadt sollten sie hier in einer Art Sklavendienst in Erinnerung bringen, daß ihr Heimatort es einst mit dem Perserfeinde gehalten habe. Diese Strafe ist aber an diesem Heiligtum so leicht und anmutig gestaltet, daß den Athenern selbst diese lieblichen Figuren ans Herz gewachsen waren.

Die Korenhalle

Noch in einem Bau von köstlicher Feinheit und zartester Kontur wollte sich auf der Akropolis der rein ionische Geist ausleben. Wir hatten schon erwähnt, daß der eine Flügel der Propyläen in seiner Ausgestaltung durch ein altes Heiligtum der Athene Nike, der Siegesgöttin, behindert war. Dieser alte Tempel stand wie schützend an der gefährdetsten Stelle der ganzen Burg auf einem riesigen Unterbau, einer vorgeschobenen Bastion der von Kimon errichteten Befestigungsmauer. So hauste die Göttin des Sieges schon fast vor dem Tor der von ihr behüteten Burg, und es war natürlich, daß gerade ihr bedeutsames Heiligtum nach den gewonnenen Perserkriegen zuerst eine Wiederherstellung erforderte. Einer der Erbauer des späteren Parthenon, Kallikrates, wurde mit der Errichtung des Neubaus beauftragt, und es ist interessant zu sehen, wie dieser große Meister des hoheitsvollen dorischen Wunderbaus an diesem Miniaturtempel sich ganz allen Zartheiten und jeder lockenden Anmut ionischer Formen hingab. Die Zierlichkeit des Baus tritt besonders wirksam durch die hohe, exponierte Lage und den Kontrast mit dem massigen Unterbau zutage. Denn das von den Türken ganz zerstörte und darniederliegende Kleinod konnte durch eine glückliche An-

Der Niketempel

passung der Trümmer vor rund hundert Jahren durch deutsche Architekten wenigstens so weit wieder hergestellt werden, daß man nunmehr neu die schlanken Säulen auf den Ost- und Westgiebeln leuchten sieht und die abgeklärten Verhältnisse des alten Baus erkennen kann, wenn auch Bedachung und Giebel fehlen. Noch aber zieht sich oben ein köstlicher Figurenfries rings um den ganzen Tempel; gelockerte Szenen wilder Einzelkämpfe in lebhaftesten, aber immer geschmeidig schönen Linien sind noch erkennbar. Noch weit künstlerischer, ja fast vollendeter als die Parthenonskulpturen wirken die Reliefs einer 35 Meter langen Balustrade, die auf den drei steilabstürzenden Seiten des Turmes, auf dem der Tempel stand, als Abschluß und Schutz errichtet waren. Überall bedeckten Siegesgöttinnen in den verschiedensten Stellungen und Handlungen die Fläche: ein Rausch von Siegesgefühl, der die Athener noch einmal beseelte, als sie vor dem endgültigen Zusammenbruch zuletzt noch große Schlachten gewannen. So stammen diese Reliefs aus der Zeit des reifsten Könnens und sind ebenso an Feinheit der Durchbildung wie an kraftvollem Adel der Linie nicht mehr zu überbieten. Gedenkt man so mancher anderen herrlichen Nikestatuen (wie der von Samothrake im Louvre oder der Nike des Paionios in Olympia), so hat man mit Recht das Gefühl, daß gerade in der Darstellung der Siegesgöttin die Bildhauer, beflügelt von Enthusiasmus und freudigem Stolz, eine besonders glückliche Hand gehabt zu haben scheinen. —

Gesamtbild des Akropolisbezirks

Nehmen wir zunächst Abschied von den Bauten der Akropolis, die uns als Träger der herrlichen Parthenonskulpturen später noch einmal beschäftigen werden, wenn es gilt, die Entwicklung der Bildhauerkunst im besonderen zu erkennen. Aber überblicken wir noch einmal diesen Wunderbezirk menschlicher Kunst, dem Bethe unter anderem einige Sätze widmet, die so anschaulich und lebendig die Fülle des zu Schauenden schildern, daß sie hier angeführt werden mögen: „Eine verwirrende Fülle von Statuen, Bildtafeln, Inschriftsteinen, Vasen und kleinen und kleinsten Weihgaben hat in den einzelnen heiligen Bezirken gestanden. Schon vor den Propyläen begann dieser Wald zu wuchern. Da stand ein Reiterdenkmal, ein Hermes, eine Charitinnengruppe und Weihgeschenke attischer Kolonisten. Drinnen drängte er sich dichter. Da ragte die Riesenstatue der ehernen Athene des Pheidias, deren Lanzenspitze bis ans Kap Sunion hin funkelte, da standen Bilder des Zeus, des Apollon, der lemnischen Athene, der Artemis Leukophryene, standen Bilder des Xanthippos und seines Sohnes Perikles, des Dichters Anakreon, vieler Sieger in Wettkämpfen, wie des Waffenläufers Epicharinos, des Pankratiasten Hermolykos, des Kallias, Didymios' Sohnes, standen Kunstwerke, wie die berühmte Kuh des Myron und seine Gruppe der Athene mit Marsyas, das 5½ Meter lange Bild des ‚hölzernen Rosses' von Strongylion, aus dessen Bauch einige der Helden hervorlugten, die Troja erobert hatten ... So hoch wir den Kunstsinn des damaligen Athens und das Können der Handwerker anschlagen, so gewiß erhabenste Kunstwerke hier aufgestellt waren, deren Hoheit auch in späten Nachbildern uns noch ergreift, einen einheitlichen, künstlerisch wirkenden Eindruck kann die Akropolis unmöglich damals gemacht haben." (81)

Färbung der Bauten

Wenn wir also unsre Vorstellung von dem Bilde der antiken Akropolis etwas korrigieren müssen, so dürfen wir auch nicht der lebhaften Farbfülle vergessen, die diese Bauten in ihrer Jugend schmückte und sie in dieser Buntheit wesentlich anders erscheinen ließ, als es unsre Annahme klassischen

II. ARCHITEKTUR 233

Bauten gegenüber gewohnt ist. Lebte sich doch die höchste Beglückung einer triumphierenden Zeit hier so lebendig wie möglich aus und wußte Hoheit und Erhabenheit mit einem freudigen Rausch von Stolz und Macht in Harmonie und Bändigung jedes Übermaßes wunderbar zu vermählen. An der Akropolis haben nicht nur götterbegnadete Künstler gebaut und geformt, sondern die Begeisterung eines ganzen Volkes schuf hier mit und ließ in seinem heißen, fast überweltlichen Schönheitsdrange jene Atmosphäre entstehen, in der allein so Großes, der hellenischen Götter Würdiges Gestalt gewinnen konnte.

Führt uns der Schritt hinunter von der begnadeten Höhe in die Ebene der Stadt und auch zu weiteren Bauten der Ferne, so braucht man darum noch lange nicht anzunehmen, daß wir nach all der geschauten Herrlichkeit auch qualitativ zu einem Abstieg genötigt seien; dazu waren der griechische Genius und seine Möglichkeiten zu reich und damals noch lange nicht erschöpft. Auch beschränkte sich ja die Zeit der großen athenischen Tempelbauten nicht allein auf die Akropolis. So wurde ungefähr gleichzeitig mit dem Parthenon am Fuß des Felsens das „Theseion" errichtet, ein prächtiger großer Tempel in dorischem Stil, der neben dem viel älteren, ernsteren Bau von Paestum der besterhaltene des ganzen Altertums ist und uns somit noch am ehesten einen Vollbegriff damaliger Baukunst gibt. Trotz seines guten Zustandes ist dieser Tempel für uns noch vielfach ein Problem, besonders in der Frage, wem er geweiht war. Der übliche Name ist irreführend, denn der athenische Nationalheld Theseus kommt jedenfalls nicht in Frage, und man neigt heute dazu, den Bau als ein Heiligtum des Hephaistos anzusehen. Aber auch das geht jedenfalls nicht aus dem schönen Cellafries hervor, der wiederum Kentaurenkämpfe in bestem Stil und mit der ganzen Lebendigkeit der Parthenonskulpturen darstellt. Die Giebelskulpturen sind verschwunden — ein unersetzlicher Verlust —, denn nach den Spuren müssen hier reichbewegte Gruppen gestanden haben. Auch nur einige der Metopen enthielten Reliefs, die allerdings Kämpfe des Theseus darstellten; bei der größeren Menge der Metopen aber behalf man sich mit bloßen Gemälden.

Das Theseion

Es war natürlich, daß sich die großen Baukünstler nicht nur auf Tempel beschränkten, wenn auch diese in der Hauptsache stets die dominierenden Bauwerke blieben. Der Privatbau allerdings trat nicht in den Bereich der großen Architekten. Es hätte das auch dem demokratischen Prinzip der Athener widersprochen, das jedem besonderen Hervortreten eines Bürgers, auch wenn es nur die Gestaltung des Hauses galt, abhold war. Hier trat die Gemeinde als solche ein, indem sie für das Versammlungsbedürfnis, für die öffentlichen Erziehungsanstalten usw. noch eher sorgte als für bloße Repräsentationsbauten. Da sich doch meist alles unter freiem Himmel traf, so umgab man solche besuchten Plätze bald mit Säulenhallen längs einer geschlossenen Mauer oder mit langen Kolonnaden; in ihrem Mittelpunkt lagen die Höfe der Gymnasien und Palästren zur Betätigung der Jugend, während die Halle selbst dem Umherwandeln der disputierenden Männer, der lehrenden Philosophen diente, so daß ihr Name (Stoa = die Halle) ja später ganz auf eine der wichtigsten Philosophenschulen des Altertums überging. Vielerlei solche Hallen gab es in Athen; schon Kimon ließ eine dieser feierlichen Langbauten, wo man sich im Freien ergehen und doch dachgeschützt im Schatten aufhalten konnte, durch seinen Schwager Peisianax errichten (um 450); diese Halle wurde dann später wegen des Freskenschmucks des

Privatbau und öffentliche Bauanlagen

Polygnot „die bunte Halle (stoa poikile)" genannt. Auch der Basileus, der „König" des Staatskultes, benutzte für seine Amtshandlungen eine eigene Halle. Daß auch noch weitere Hallen nach Hermes und Zeus den Namen trugen, beweist die Beliebtheit und wohl auch Notwendigkeit solcher Bauten, besonders im Süden. Denn dort finden wir ähnliches und zu ähnlichen Zwecken ja auch heute noch reichlich in den Kreuzgängen der Klöster, in den „Lauben" und Kolonnaden (man denke an Bologna), und als Einzelstücke muß man auch Baulichkeiten wie die Loggia dei Lanzi in Florenz und ihre Nachahmung, die Feldherrnhalle in München, dazu rechnen. Sie sind alle Ableger jener antiken Stoas, und wie diese dienten sie nebenbei zur Aufstellung von vielerlei, oft sehr berühmten Kunstwerken, die hier ebenso geschützt wie allen sichtbar und zugänglich standen.

Die Theater   Man könnte vermuten, daß nun auch einer anderen, mindestens ebenso wichtigen Volksstätte und ihrer etwaigen Bauten gedacht würde, nämlich der T h e a t e r, die eine so ungeheure Rolle in der griechischen, besser gesagt athenischen Kultur spielten. Aber im fünften Jahrhundert ist da noch nicht von irgendwie wesentlicher Architektur zu berichten, und die Art, wie die Spiele — äußerlich primitiv genug — gerade zur Blütezeit des Dramas vor sich gingen, wird bei einer Überschau über die Dichtung zur Sprache kommen. Erst im 4. Jahrhundert entstehen wenigstens die Reihen des steinernen Amphitheaters, während Szene und Hintergrund auch dann noch provisorisch und künstlerisch unbedeutend bleiben. Die Theater, die wir heute noch in Griechenland und Italien in ihrer Zweckmäßigkeit, Größe und prachtvollen Linienformung bewundern, stammen meist aus späterer Zeit, und ihre Anlage wird dann noch besprochen werden. Außer dem Halbrund der immensen Zuschauerräume, die manchmal bis zu 30 000 Personen fassen konnten, ist ja doch nichts erhalten, es seien denn die Reste der steinernen Bühne in Taormina, die aber viel späteren Ursprungs sind.

So können wir nun Athen nach Betrachtung seiner hauptsächlichen Bauten der klassischen Zeit verlassen und uns umschauen, wie der begreifliche Einfluß von Attikas Hauptstadt und seiner großen Architekten auch in die Ferne wirkte. Wir müssen uns — wenigstens in dieser Zeit — nicht vorstellen, daß die Fülle beachtenswerter Tempel so groß war, wie unsre Religion Kirchen hervorrief. Auch ist die Entwicklung einseitiger, und meist kennen wir nur noch Trümmer. Erst mit dem Hellenismus, seinen kosmopolitischen Strömungen und Einflüssen, der steigenden Sucht nach Prunk und Pracht, schlägt die Baukunst neue Bahnen ein und ersetzt durch Reichtum und Mannigfaltigkeit der Formen den Verlust der Schlichtheit und edlen Reinheit der klassischen Zeit.

Der Tempel zu Phigalia   Gedenken müssen wir aber doch noch eines einsamen und seltsamen Bauwerkes aus dem Bannkreis der Parthenonkunst, das wenigstens stilistisch noch unmittelbar zu dieser gehört. Das ist der große Tempel zu Phigalia hoch auf wilder Bergöde in Arkadien, von wo man weit hinausschaut über diese stille Felsenlandschaft der Bauern und Hirten bis an das ferne Ionische Meer. Einer der spätesten Gottheiten, dem Heilgott Asklepios, war er nach einer schrecklichen Pest von verschonten Bürgern bestimmt worden, und zu seiner Errichtung berief man den einen der großen und schon weitberühmten Parthenonerbauer Iktinos. Der wunderschöne, weitläufige Tempel, von dem jetzt noch ein Teil des Säulenkranzes aufrecht steht, der in dieser ginsterüberwachsenen, steinigen Einsamkeit auf hoher, stiller Halde doppelt

II. ARCHITEKTUR

eindrucksvoll wirkt, ward nun natürlich völlig attisch gestaltet und verrät vom Lokalkolorit und arkadischer Eigenart keine Spur, dafür ist er aber durch allerlei Seltsamkeiten bekannt, die sonst bei der reinen Stildurchführung der Tempel nicht üblich waren. Iktinos verwendet nämlich an dem Tempel, dessen Cellakern schon merkwürdig gegliedert war, alle drei Säulenarten. Die äußere Umkränzung ist zwar dorisch wie beim Parthenon, an den der Bau vielfach erinnert, im Innern der Cella fühlte sich aber der Künstler zur Anwendung von ionischen Säulen bewogen und pflanzte zwischen die zwei Cellaräume eine einzelne, sehr schöne, korinthische Säule. Von Giebelfiguren weiß man nichts, wohl besaß der Bau einen in seiner Leidenschaftlichkeit sehr interessanten Fries, der aber — wiederum sehr seltsam — nicht außen, sondern im Innern der Cella die Wände umlief. Er stellt Amazonen und Kentauernkämpfe in toller Wildheit und einer Fülle neuer, fast grotesker Motive dar, die aber in der Schönheit des Entwurfs an die Skulpturen des Parthenon gemahnen, in der Ausführung jedoch vielfach roher und flüchtiger sind. Wir wissen ja auch nicht, wer in dieser weltabgelegenen Stille daran gearbeitet hat, und sollten es, wie wahrscheinlich, heimische Künstler gewesen sein, so müßte man immer noch bewundern, wie die bildnerische Fähigkeit der Griechen selbst hier in dem abgesonderten, kaum kulturberührten Hirtenvolke gewandte und würdige Vertreter fand.

Um zu Beispielen weiterer Architekturentwicklung zu gelangen, sind wir genötigt, aus Hellas zurück nach dem kleinasiatischen Ionien jenen Weg zu gehen, den umgekehrt um die Wende des 6. zum 5. Jahrhundert schon einmal die Kunst beschritten hatte, als die Blüte der ionischen Küstenstädte 494 durch die Perser gebrochen wurde. Damals lag Ionien darnieder, weder Mittel, noch Kraft und Lust waren vorhanden, um sich nach dem vernichtenden Schlage wieder zu neuer Blüte aufzurichten. Nun aber war über ein Jahrhundert seit jener Katastrophe verflossen, und die Kraftzentren hellenischer Kunstinitiative hatten sich wieder einmal gründlich verschoben. Nach den unerhörten Leistungen des Mutterlandes, insonderheit Athens, war nicht nur ein Stillstand oder eine Erschöpfung eingetreten, sondern auch äußerlich hatten sich die Verhältnisse durch den mörderischen dreißigjährigen Bruderkampf zwischen Athen und Sparta gewaltig geändert. Die materielle Blüte war überall gebrochen, kein Seebund lieferte mehr Tribute nach Athen, kein Aufschwung friedlicher Betätigung schien heraufzudämmern; überall herrschten Hader und Unruhe; trotz aller Kampfesmüdigkeit kam es nirgends zu wirklichem Frieden, ja es drohte Krieg auf Krieg. Ist der Wohlstand dahin, wird auch die Kunst mager. Das war von jeher so; sie bedarf zu der ihr notwendigen Konzentration einer freudegeschwellten und unbeschwerten Atmosphäre und mehr noch großer, leitender Geister, die ihr die Wege weisen und bereiten. Für all das war in Hellas nunmehr wenig Anlage, desto günstiger aber waren die Verhältnisse in Kleinasien neu erstarkt, die Städte zum Teil frisch aufgeblüht, und vor allem lebten und herrschten hier kleine, aber ehrgeizige und ruhmbedachte Machthaber, die nach fürstlich reicher Bedeutung trachteten. Sie wußten wohl, daß ihrer Herrschaft nichts so sehr Glanz verlieh als künstlerisches Mäzenatentum, und so bemerken wir einen Rückwandel ionischer Schaffenskraft zu den asiatischen Gefilden, von wo sie seinerzeit ihren Ausgang genommen hatte.

Baukunst in Ionien

Wir werden somit unter der Initiative wohlhabender Bürgerschaften oder prunksüchtiger Herrscher gewahren, wie die Baukunst sich in der Richtung

Herrscherbauten

von Pracht und Repräsentation entwickelt, wie somit die Größenverhältnisse, der Schmuck, der Zauber des Materials immer mehr auf Kosten edler Einfachheit zunehmen, wie aber dadurch zwar nicht im Kern, jedoch in der Ausgestaltung Neues entsteht. Auch haben das öffentliche Milieu, die Strömungen des asiatischen Hinterlandes und die üppiger ausschweifende Phantasie dieser Bezirke starken Anteil an der nun maßgebenden Richtung. Dies macht sich sogar da bemerkbar, wo die großen und anerkannten Meister des Heimatlandes berufen wurden, um ihr edles und hohes Können in den Dienst der neuen, geistig anders gearteten Herrscher zu stellen. Denn in der Tat mußte der Osten, der früher der Befruchter des Mutterlandes gewesen war, nun seinerseits nach dem langen Brachliegen eigener Kräfte zunächst aus Hellas die Lehrer und Leiter neuen Lebens holen, bis wieder ein Stamm eigener Künstler hier seinen Sonderweg gehen konnte. Abermals war es wie im 6. Jahrhundert die Gegend um Milet, die sich neu zu schmücken trachtete, und daneben das etwas nördlicher gelegene Ephesos an der Mündung des Kaystros. Die Sucht, sich hier in unerhört großartigen Verhältnissen auszuleben und Bauten zu schaffen, die an Dimension und Pracht nicht ihresgleichen hatten, weicht schon wesentlich von dem Geist der klassischen Zeit ab und deutet klar auf den späteren Stil der hellenistischen Periode hin, der aber trotz allen Verlassens der harmonischen Maße doch eine bewundernswerte Grandiosität behält, weil seine unerhörten Anspannungen nicht leeres Pathos bedeuteten, sondern von echter, wenn auch barocker Leidenschaftlichkeit bis zum Bersten gefüllt waren.

Didymaion   In neuerer Zeit vorgenommene Ausgrabungen zeigen, mit welch verschwenderischen Mitteln der mächtige, dem Apollon geheiligte Tempel des D i d y m a i o n s bei Milet begonnen wurde, so daß man begreift, wie die übertriebene Größe des Entwurfs sogar in hundert Jahren eine Vollendung des Baus verhinderte, ein interessantes Gegenstück zu ähnlich überspannten Entwürfen abendländischer Kathedralen (Siena, Bologna usw.). Man ersieht daraus, wie sehr sich sogar in den wesentlichsten Elementen hier der Grundzug hellenischen Wesens, das Trachten nach Maß und Besonnenheit, gewandelt hatte.

Artemistempel in Ephesos   Wichtiger, weil uns in Einzelheiten doch noch bekannter, ist der A r t e m i s t e m p e l i n E p h e s o s. Auf diese uralte karische Siedlung, die schon tausend Jahre v. Chr. griechisch geworden, war nach der Zerstörung von Milet die führende Stellung unter den ionischen Stämmen übergegangen und hielt sich noch bis in das Mittelalter. Es ist begreiflich, daß dieser glänzende Handelsplatz, den die Flotten der ganzen Welt ansteuerten, ganz besonders durch seine Bauten Aufsehen erregen wollte. An den Artemistempel von Ephesos knüpfen sich allerlei Berichte und Episoden. Galt er doch in seiner unerhörten Pracht und Größe als eines der sieben Weltwunder, und schon der alte Bau war so herrlich und berühmt, daß gerade er von dem übel berüchtigten Herostrat ausersehen wurde, um sich durch die Brandzerstörung des Heiligtums zwar nicht ewigen Ruhm, aber doch einen dauernden Namen zu sichern. Hier liegt im Kern nicht nur ein pathologischer Einzelfall vor, sondern in Herostrat nahm die schon mehrfach erwähnte hellenische Sucht, sich um jeden Preis hervorzutun, auch einmal schlimmste Form dieses „agonalen" Geltungsbedürfnisses an. Leider erreichte der Täter ja auch seinen Zweck, trotzdem die Bürger von Ephesos die Idee des Brandstifters durchschauten und sich darum anfänglich bemühten, durch Verheimlichung des

Herostrat

II. ARCHITEKTUR

verhaßten Namens die ruhmtolle Absicht zu vereiteln. Nach dieser Untat (356) ging man sofort daran, das Heiligtum womöglich noch prächtiger aufzubauen. Die schon vorher besonders ausgestatteten ionischen Säulen erhielten nun an der Basis umlaufende Figurenreliefs, an denen nicht gewöhnliche Steinmetze arbeiteten, sondern die berühmtesten Bildhauer, ein Skopas und andere. Auch der Altar vor dem Tempel sollte ein Wunderwerk werden, und so berief man aus Hellas den großen Praxiteles, um seine Flächen zu gestalten. An diesem Altar war es, wo später der Apostel Paulus seine große Rede an die Bürger von Ephesos hielt.

Die ganze Anlage des Tempels und seine Absicht, mit den größten Wunderbauten der Welt zu wetteifern, verrät schon deutlich die abwegigen Triebe einer veräußerlichten und weniger ethischen Kultur, bei der nicht mehr die ehrfürchtige Inbrunst religiöser Seelen Unerhörtes schuf. Begreiflicher wird dies, sobald die Ruhmsucht einzelner Personen sich und das eigene Geschlecht mit allen Mitteln zu verherrlichen trachtete, wie ja gerade Tyrannen und ähnliche zur höchsten Macht emporgetragene Personen oft einen unersättlichen Hang zur Verewigung ihres Wirkens durch prachtvolle Bauten und Denkmäler zeigen. Durchaus nicht immer zum Schaden der Kunst, zumindest wenn nicht Prunksucht allein gestaltet wird, sondern der Auftrag an die größten Künstler der Zeit gerät. Trifft beides zusammen, so verdanken wir ja durch alle Kulturperioden hindurch bis heute gerade dieser stolzen menschlichen Schwäche wundervolle Monumente von ewigem Wert und jahrhundertelanger Dauer.

Ein Musterbeispiel dieser Art schließt sich zeitlich fast auf das Jahr dem Artemistempel ebenfalls auf diesem ostgriechischen Boden an; wiederum eines der sieben Weltwunder, für die also diese Periode besonders fruchtbar zu sein scheint. Es ist das Mausoleum zu Halikarnaß, das Totenmal des Königs Mausolos von Karien († 353), das schon der Fürst selbst begann und dann seine Gemahlin Artemisia von den größten Künstlern der Zeit derart kolossal und reich errichten ließ, daß es die ganze Welt bestaunte und das Wort „Mausoleum" schon von den Zeiten der Römer bis heute zu einem Gattungsbegriff für solche, einem Toten geweihte Prachtbauten geworden ist.

Das Mausoleum zu Halikarnassos

Was bei Herostrat in perverser Ruhmsucht sich zerstörungswütig ausgetobt hatte, das suchte hier nach dem Willen eines mächtigen und reichen Fürsten sich schaffend zu betätigen. Dieser karische Satrap Persiens, der sein Reich ganz selbständig regierte, kannte keine Schranken und keinen Widerstand, wenn es galt, große Pläne durchzuführen, und so gehört er klar und deutlich in die Reihe der bedeutenden Tyrannennaturen früherer Epochen. Das alte Halikarnaß, einst die Hauptstadt der dorischen Hexapolis, war verödet, seit es seine Selbständigkeit an die Perser verloren hatte. Nun schuf ihm Mausolos eine neue Blüte, indem er die Bewohner von sechs Lelegerstädten zwang, sich in seiner Hauptstadt anzusiedeln und sie so zu einem bedeutenden Ort zu erweitern. Gleich den Pharaonen Ägyptens begann der Herrscher noch selber sein riesiges Totenmal, ohne dessen Vollendung zu erleben. Es scheint, daß neben den Tempeln der Götter stets derartige, einem fürstlichen Toten geweihte Gedächtnismale zur höchsten Kraftentfaltung in Architektur und Skulptur führen, ob man nun der Pyramiden gedenke bis zu dem Riesenbau, der Kaiser Hadrians Leiche umschließen sollte (der heutigen Engelsburg), des Theoderich-Grabes in Ravenna oder des Julius-Grabes

Michelangelos und so vieler anderer Schöpfungen in dieser jahrtausendelangen Reihe. So, wie das Mausoleum von Halikarnaß einst beschaffen gewesen sein mag (wir finden heute an Ort und Stelle keine Spur mehr davon), gehört es zu den gewaltigsten Bauten, die je Hellenen errichtet haben. Schon aber beginnt hier architektonisch etwas ganz Neues und Abweichendes, das als eine Art Vorläufer deutlich nach jener Richtung weist, in der sich später das kaiserliche Rom auszuleben trachtete. Hier ist trotz der Übersteigerung noch alles klassisch gebändigt, bleibt aber kolossal und eigenartig. Der Totentempel erhob sich auf einem ungeheuren, rechteckigen Unterbau, der aus völlig schlichten Quadern getürmt war; erst auf diesen befand sich die rings von ionischen Säulen umgebene Cellagruft. Eine flache Pyramide krönte als Dach diesen Säulenkranz und trug auf der Spitze ein stolzes ehernes Viergespann mit den Statuen des Fürsten und seiner Gemahlin.

Der Erbauer P y t h e o s dieses ganz neuartigen Gebäudes hat es erreicht, ragende Quaderwucht so harmonisch mit dem aus ihr erblühenden, herrlichen Säulenwald zu vermählen, daß ein Gesamteindruck von ebensoviel Kraft und Größe wie heiterster Anmut entstand. Man weiß nicht, ob man mehr diese Lösung bewundern soll oder die geniale Phantasie, die sich hier kühn von der Tradition freimachte und Neues schuf zum Staunen der Zeitgenossen und der Nachwelt. Dieses galt aber neben dem Bau vor allem seinem bildnerischen Schmuck, zu dem die größten Künstler aller hellenischen Lande herbeigezogen wurden. Diese Kunstwerke, von denen uns noch zahlreiche, jetzt in London befindliche Reste erhalten sind, sind so bedeutsam und wichtig, daß wir sie in der bald folgenden Betrachtung der Skulpturentwicklung noch besonders würdigen.

Das Xanthos-Grabmal

Das Mausolosgrab ist nicht das einzige seiner Art auf diesem jetzt so kunstfrohen und prachtbegierigen Boden. Es hat ein Gegenstück von nicht ganz so gewaltigen Dimensionen, aber doch sehr ähnlicher Art zu Xanthos in Lykien, wo sich auch ein uns unbekannter Herrscher in einer Gruft bestatten ließ, die als Cella eines Säulentempels mit diesem auf einem riesigen Unterbau steht. Der Tempel selbst ist ganz ionisch gehalten, und nicht um seinetwillen ist das Denkmal so berühmt, sondern wegen der reichen und eigenartigen Relieffriese und des sonstigen, jetzt auch in London befindlichen Skulpturenschmuckes. Wir werden bei Erörterung der Plastik noch darauf zurückkommen.

Trysa

Lykien scheint überhaupt ein geeigneter Boden für solche Fürstengräber zu sein, so daß man hier auf eine Landes- oder wenigstens Herrschersitte schließen kann. So befindet sich ein ganz anders angelegtes Monument dieser Gattung in Trysa (jetzt Gjölbaschi). Architektonisch kommt dies auf einsamer Berghöhe gelegene Grab nicht sonderlich in Betracht, denn es besteht nur aus einem ummauerten Bezirk. Aber diese Mauer, die friedhofsgleich das Grab umschließt, war innen und teilweise auch außen mit langgedehnten Friesbändern geschmückt, die uns mit ihren Skulpturen noch beschäftigen werden. Diese nicht nur künstlerisch sehr interessanten, sondern auch sonst recht problemreichen, oft fremdartigen Stücke befinden sich jetzt in Wien.

Auf dem Boden des eigentlichen Hellas wären solche großen, pompösen Kunstbauten gar nicht möglich gewesen. Dazu bedurfte es schon innerlich der unbegrenzten Weiten eines umfassenden Reiches und des aus ihm er-

II. ARCHITEKTUR

wachsenden Machtgefühls. Schon glaubt man es hier nicht mehr mit dem 4. Jahrhundert, sondern schon mit jener Zeit zu tun zu haben, als dem Griechentum die Welt gehörte und die einzelnen Diadochenfürsten in autokrater Herrlichkeit zu wetteifern trachteten. Trotz ihrer noch rein hellenischen Linien und besten klassischen Kunst weht um die inneren Spannungen dieser Denkmäler schon eine Atmosphäre, die kaum mehr viel mit der edlen Beschränkung des eigentlichen Griechenlands und seiner Hochblüte zu tun hat. Die bestimmende Welt war völlig anders geworden. —

Auch das eigentliche Hellas, so still dort die Baukunst des 4. Jahrhunderts geworden ist und fast erschöpft zu ruhen scheint nach ihren wunderbaren Leistungen im 5. Jahrhundert, blieb mit dem wenigen, das nun noch entstand, nicht ganz in den alten Geleisen; es zeigen sich Neuerungen, die sich allerdings erst viel später und auf anderem Boden epochemachend auswirken sollten. Da ist z. B. der gelegentliche und unvermutete Übergang zum Rundbau, wobei wir uns daran erinnern wollen, daß auch die mykenische Epoche diese Form bevorzugte. Schon so wenig wir für jene Urzeit den eigentlichen Zweck dieser Rundbauten kennen und sie zögernd als Grabbauten ansprechen, so steht es auch mit den „T h o l o i", die wir in Delphi und Epidauros antreffen. Rundgebäude muß es zwar auch sonst schon gegeben haben; so versammelten sich in einem solchen Bau in Athen die Prytanen, opferten auch dort und wurden auf Staatskosten gespeist, ja sogar die Odyssee erwähnt bei der Schilderung des Königspalastes auf Ithaka einen Rundbau, der aber wohl nur als Anhängsel und unbedeutende Gerätekammer zu denken ist. Von der weiteren Gestaltung solcher Gebäude aber wissen wir nichts, nur ist die Bedachung jedenfalls noch nicht kuppelförmig zu denken. Die Tholos in Delphi, von der wir uns wenigstens eine Vorstellung machen können, ohne ihren eigentlichen Zweck zu kennen, war noch ein dorischer Bau bester Art. Ein Kranz von zwanzig streng dorischen Säulen umgab rings einen altarbergenden Raum und trug ein stufenförmiges Doppeldach; zum Einlassen von Licht oder zur etwaigen Ablassung von Rauch, wie uns dergleichen schon bei mykenischen Bauten begegnet ist, scheint diese Staffelung aber nicht gedacht zu sein.

Noch eine andere Tholos dieser Zeit ist uns bekannt, und zwar gegenüber der Insel Aigina im argivischen Epidauros, wo sich ja auch das schönste der riesigen antiken, halbrunden Amphitheater befindet. An dieser Tholos nun wird uns zum erstenmal die korinthische Säule in voller Verwendung und sofort in prachtvoller Formung lebendig. Gelegentlich der griechischen Säulenordnung war ja auch schon von diesem Stil die Rede, der jedenfalls später als der dorische und ionische auftaucht, ohne aber deshalb — trotz aller darüber erzählten Mären — in seinem Ursprung klarer zu sein, wenn man auch immer wieder an die Blätterkorbkapitelle Ägyptens denken möchte. Es ist sehr bezeichnend und ganz dem fortschreitenden Geist der Zeit entsprechend, daß jetzt dieser prächtige und mancher individuellen Ausgestaltung zugängliche Säulenstil stärker durchdringt und allmählich immer mehr dominiert. An der Tholos von Epidauros war die Säule und ihr Akanthoskapitell jedenfalls noch sehr edel stilisiert und jedes wuchernde Übermaß vermieden.

Auch in das strengere Athen hielt nunmehr die korinthische Säule ihren Einzug, und zwar an dem spätesten wertvollen Gebäude dieser zwei klassischen Jahrhunderte, so daß wir mit ihm die Betrachtung der Architektur

Rundbau, die Tholoi

Das Aufkommen der korinthischen Säule

dieses Zeitraums beschließen können. Wie nicht anders zu erwarten, ist nun gerade das athenische Beispiel von berückender Schönheit und ohne Süßlichkeit von solcher Eleganz, daß es durch alle Jahrhunderte gepriesen wurde. Interessant ist dabei auch, daß nach den großen Tempelunterbauten, die wir eben in Kleinasien kennengelernt haben, nun auch hier, wenn auch sehr im kleinen, ein hoher Unterbau das zierliche Denkmal trägt, und zwar als Rundbau, so daß in diesem Miniaturstück sich alle erwähnten Neuerungen (Unterbau, Rundbau und korinthische Säule) seltsam vereinigen. Es geht unter dem Namen des Lysikrates, den wir sonst nicht kennen, und wurde von diesem etwa 335, also gerade am Ausgang der hellenischen Freiheitsepoche, errichtet. Der kleine Bau hat sehr viele, uns jedoch ganz verlorene Geschwister gehabt, denn er entstammte der Gepflogenheit, den als Preis einer Choregie erhaltenen Dreifuß zu tragen. Am Ostfuß der Akropolis gab es eine ganze Straße solcher Dreifußmonumente, und man hat ihr heute diesen Namen erneuert. Einen derartigen Bronzepreis zu tragen, den Lysikrates durch einen Dithyrambensieg errungen hatte, war das Denkmal bestimmt, und so lassen Zweck und Form gerade hier die Anwendung der korinthischen Halbsäule als sehr glücklich erscheinen. Über einem Figurenfries, der ringartig über den Säulen den kleinen Bau umschließt und in seinen Dionysosbildern den Meißel des großen Praxiteles vermuten läßt, liegt ein einziger Rundstein als Dach, dessen Schwere dadurch aufgelöst erscheint, daß sich prächtiges Akanthoslaub aus ihm emporrankt, das als Krönung den Dreifuß trägt. Diese ganze Straße, von deren zahlreichen Denkmälern das des Lysikrates uns allein erhalten blieb, ist wiederum ein Beweis von dem agonalen Ehrgeiz der Athener, die kein Opfer scheuten, wenn es mit Leistungen für das Volk zu glänzen galt. Denn man bedenke, welche Unsummen die Ausstattung musischer Wettkämpfe, der Choregien usw. die einzelnen Reichen kostete, die dann noch gerade durch einen Sieg die Verpflichtung auf sich luden, für den errungenen Preis ein stadtschmückendes Denkmal zu errichten, das die Trophäe trug. Und diese Sitte, die die Prunksucht und Augenlust der Athener befriedigte und auch dem Ruhm des einzelnen dienen sollte, hat auch uns noch die Beglückung durch dies Kabinettstück köstlicher Kleinarchitektur beschert.

III. MALEREI

Als wir die Kunst des 7. und 6. Jahrhunderts erörterten, wurde darauf hingewiesen, daß der natürliche Weg solcher Betrachtung von der Malerei auszugehen und dann erst zur Skulptur zu führen hätte, schon weil aus Materialgründen immer die malerische oder zumindest zeichnerische Betätigung am Anfang stehen wird. Damals aber mußten wir auf diese Reihenfolge verzichten, soviel aufschlußreicher sie auch zu sein pflegt. Denn es hatte sich ja nichts von der Malerei jener Zeit erhalten, außer den Bildern der Vasenkunst, die einer gesonderten Betrachtung bedurften.

Anders liegen die Dinge nun in den Jahrhunderten der großen Kunst von den Perserkriegen bis zur alexandrinischen Welteroberung. Zwar gegenständlich erhalten ist uns auch aus dieser Periode nichts, aber dennoch tappen wir keineswegs im Dunkeln. Dazu sind die Schilderungen der Alten doch zu aufschlußreich, und die Fülle der Berichte läßt uns die Namen großer

III. MALEREI

Künstler und ihrer Werke ebenso genau wissen wie die spezielle Art ihrer Kunst, ihrer Technik und ihrer Ansichten darüber.

Wie anders aber würden wir vielleicht über die griechische Kunst urteilen, wenn uns diese vielgerühmte, aber gänzlich verlorengegangene Malerei wenigstens teilweise erhalten geblieben wäre! Denn die Gemälde von Pompeji können uns, abgesehen von ihrer so sehr viel späteren Periode, trotz aller Reize doch nur einen mageren Begriff von den malerischen Fähigkeiten der Alten geben, wenn wir an all den Preis und Ruhm denken, der in so vielen Zeugnissen die Bildwerke der ganz großen Meister umstrahlt. Auch ihr Abglanz, den wir in Mosaikbildern und in der mehr zeichnerischen Kunst der Vasen besitzen, kann uns zur richtigen Beurteilung nicht viel weiterhelfen.

Die meisten wissen heute doch nur recht wenig über die griechische Malerei und ziehen sie darum für die Einschätzung und Beurteilung hellenischer bildender Kunst viel zu selten in Betracht. Wieder einmal zeigt es sich, wie unser Urteil über künstlerische Kulturepochen weit mehr von dem bloßen Zufall erhaltener Objekte abhängt als von einer Gesamterwägung mit vollem Einschluß dessen, was man auch ohne die bequemere Autopsie auf Grund von Berichten und aus der Stellungnahme und Wertschätzung jener Zeiten selbst anzunehmen gezwungen ist.

Denn es kann nicht geleugnet werden und gibt doch zu denken, daß z. B. die Malerei in Hellas in gewissem Sinne viel populärer und einflußreicher, viel bekannter und begehrter war als die Werke der Skulptur, die wir immer so hinnehmen, als wären sie die einzigen Produkte der bildenden Kunst jener Zeit. Gewiß, sie waren hochgepriesen, viel und weit bewundert, angestaunt und verehrt, aber ihre Einzigartigkeit, wo es sich um Tempelschmuck handelte, ihre materialgebundene geringere Beweglichkeit trotz zahlloser Kopien konnte sie ja nicht in dem Sinne populär machen, wie es die leichtere Zugänglichkeit oder Transportfähigkeit zumindest der Tafelmalerei gestattete. Jedenfalls ist uns bekannt, welche horrenden Liebhaberpreise das Altertum für einzelne Bilder zahlte, Preise, wie sie in solcher Höhe für Skulpturen nie erwähnt werden.

Populäre Malerei

Es hatte aber diese Popularität noch einige ganz andere Ursachen.

Einmal lag das an dem Stoff der Darstellung, der zwar anfangs auch zumeist aus dem Religiösen und Mythischen gewählt wurde, aber immer mehr drangen auch Aktuelles und Politisches, Verherrlichung von bekannten Personen, Schlachten und wichtige Vorgänge ein; ja schließlich kam auch die Realistik des Alltagslebens durchaus zu ihrem Recht, und auch die klassischen Meister scheuten sich nicht zu „niederländern". All das war in der Skulptur so gut wie unbekannt. In Stil und Stoff blieb die Bildhauerkunst viel traditionsgebundener; sie war dadurch keineswegs volksfremd, aber doch nicht so Mittelpunkt des allgemeinen Erlebens, wie wir es von der Malerei und ihren viel weitergesteckten Domänen wissen. Es ist recht interessant zu hören, wie die Alten, mit voller Freude an der Anekdote, von den Bestrebungen der Malerei erzählen, höchste Naturwahrheit bis zur Sinnentäuschung zu erzielen. Es ist das eine Ergänzung griechischer Kunstauffassung, die wir aus der Skulptur allein nie entnehmen würden und die uns fast befremden könnte nach all den ganz anderen, auf ideale Typisierung oder doch mindestens Stilisierung gerichteten Tendenzen der Bildhauerkunst. Insofern eben würde eine Kenntnis der griechischen Malerei unsere Ansichten über antike Kunst wesentlich variiert haben, aber schließlich wissen wir auch

Aktuelle Bedeutung

nicht und haben keine ganz deutliche Vorstellung, wie eigentlich dies abweichende Streben der Malerei in der Tat verwirklicht wurde.

Malerei, eine edle Kunst

Noch etwas anderes trat hinzu, um Stellung, Einfluß und Werteinschätzung der Malerei von der Einstellung gegenüber der Skulptur zu trennen, ein Unterschied allerdings, der uns schwer begreiflich werden will. Er lag darin, daß die Bildhauerkunst und deren Ausübung unter die „banausischen" Beschäftigungen gerechnet wurde, die Malerei seltsamerweise aber nicht. Das Wort „banausisch" und seine Auffassung bei den Alten ist nicht ganz leicht zu definieren. Es liegt auf ihm die aristokratische Betonung eines etwas verächtlichen Nebensinns von „Arbeit um Entgelt", von Unfreiheit, gewerblicher Abhängigkeit, worin zwar noch nicht eine Diffamierung der Arbeit ausgesprochen sein sollte, aber doch eine deutliche Markierung gegenüber einem freien, vornehmen Walten und Wirken. Wir haben ja ähnliche soziale Wertbetonungen, nur daß sie bei den Alten nicht so „ständisch" betont waren, bei uns zur Genüge erlebt. Theoretisch wurde diese Einstellung freilich nicht immer zugegeben, weil man doch ihre ethische Unhaltbarkeit leise ahnte, praktisch aber bestand sie doch, damals sowohl wie in unsrer Zeit. Auch noch Nietzsche ist ein starker Anwalt dieser exklusiven Betonung, die bei den Alten ungefähr dahin ging, daß jeder junge Aristokrat zwar einen Pheidias bewunderte, aber den Wunsch, einer zu sein, als grotesk und unstandesgemäß weit von sich gewiesen hätte. Schon dies kleine Beispiel zeigt, daß die Bildhauerei, wenn auch vielleicht nicht klar formuliert, unter diesem Verdikt stand, das ja natürlich nicht und nie völlige Allgemeingültigkeit besaß. Jedenfalls war aber die Malerei ganz frei davon. Das zeigt sich besonders deutlich darin, daß zumindest das Zeichnen in den Schulunterricht aufgenommen und fleißig von den Knaben aller Klassen und Stände geübt wurde. „Plinius berichtet von Pamphilos, dem Makedonier, einem der frühesten Hauptmeister der Schule von Sikyon, auf seine Autorität hin hätten die freien Knaben erst in Sikyon, dann in ganz Griechenland die Zeichenkunst (graphicen, hoc est picturam) auf der Schreibtafel gelernt, und es sei diese Kunst in den ersten Rang der freien Künste aufgenommen worden. (Ein Wunder, daß hierauf nicht ein Schwarm von Dilettanten die Kunst invadierte.)" (82)

Heimat, Stoff u. Technik

Wenden wir uns nun den einzelnen Künstlern, ihren Gemälden, Techniken und der ganzen, allmählichen Entwicklung der malerischen Kunst zu, so müssen wir zunächst einmal mit einem gewissen Erstaunen feststellen, daß die großen Meister sämtlich keine Athener waren oder nicht von dort stammten, obwohl Athen ihr Schaffenszentrum und hauptsächlichstes Wirkungsfeld war und blieb. Diese etwas befremdliche Tatsache hat ja eine gewisse Parallele in der Renaissance, wo zwar Rom in der Hoch-Zeit die meisten der großen Künstler an sich zog und beschäftigte, ohne daß aber die ewige Stadt selbst auch nur einen einzigen Meister hervorgebracht hätte. Auch sonst liegen verführerische Parallelen vor; denn auch in Hellas begann die neue große Periode der Malerei mit dem Fresko und zunächst noch rein erhabenen, religiös-mythischen Stoffen. Der Beginn der neuen Periode, die sich an die Perserkriege anschließt, knüpft an den großen Namen des P o ‑ l y g n o t, den Burckhardt geistvoll Giotto und seiner maßgebenden Rolle für die Eröffnung einer neuen malerischen Kultur vergleicht.

Polygnot

Polygnot, der Freund des großen Kimon, stammte von der äolisch-ionischen Insel Thasos und gehörte einem reichen, vornehmen Hause an, so daß er

III. MALEREI

als freier Mann seine Kunst unentgeltlich ausüben konnte. Seine berühmtesten Fresken, die er um 450 malte, bedeckten die Wände der Stoa poikile in Athen und in der Lesche (Gemäldehalle, Unterhaltungsgebäude) der Knidier zu Delphi. Aber auch manche anderen Tempel in Athen (Dioskurentempel, Theseion) schmückte er mit Bildern, wobei ihm Mikon und Panaios, des Pheidias' Bruder, halfen. Erst diese Bilder gaben der großen Markthalle den Beinamen „Poikile" (die bunte); sie stellten Kämpfe des Theseus und der Amazonen, Szenen aus der Eroberung Trojas und vor allem die Marathonschlacht dar. Schon hier läßt sich begreifen, welchen Anteil die vielen Durchwandler der Halle an dem Schaffen solcher Künstler nahmen. Polygnot erwarb durch diese Bilder solchen Ruhm, daß man allenthalben seiner begehrte; man rief ihn nach Plataiai, wo er im Athenetempel den Freiermord der Odyssee malte, auch nach Thespiai, besonders aber nach Delphi. Immer wieder hochgepriesen wurden seine dortigen Fresken, die ihre Stoffe der Ilias und Odyssee entnehmen sollten und die Zerstörung Trojas und die Unterweltsfahrt des Odysseus darstellten. Nach einer Beschreibung, die uns Pausanias von diesen Bildern hinterlassen hat, hat man mehrfach eine Rekonstruktion versucht, aber dergleichen wird immer ein müßiges Beginnen bleiben, denn wenn wir nun auch wissen, was auf den Bildern dargestellt war, und auch sonst vom Stil des Polygnot hören, daß er die Fülle von Figuren klar und übersichtlich nebeneinander und zur Erreichung einer Art Perspektive reihweis übereinander gruppierte, so hilft uns das nicht mehr als die Überlieferung von dem erhabenen Ernst des Stils und von der ergreifenden Physiognomik, die auch das tragischste Schicksal durch den bloßen Ausdruck der Augen zu erzählen wußte.

Soviel aber läßt sich doch aus allen Berichten erschließen, daß Polygnot der eigentliche Begründer der neuen bildenden Kunst war und noch auf Generationen hinaus die Meister seines Faches aufs stärkste beeindruckte. Und zwar nicht nur die Maler. Gerade an Polygnot konnte sich auch die Bildhauerkunst anlehnen, da der große Künstler nie die Sphäre des Erhabenen und Idealen weder stofflich noch stilistisch verließ und durch die plastische Herausarbeitung einzelner Figuren, die alle etwas Statuarisches hatten, genügend Anregung auch der Schwesterkunst gab. Sagt man doch, daß selbst der große Pheidias noch stark unter dem Einfluß Polygnots gestanden habe, und rückschließend können wir so — trotz des Verlustes der Werke — dem berühmten Maler gerecht werden.

Fresken als Bautenschmuck

Diese enge Verbindung einer ganz hohen Kunst mit immer zugänglichen, vielbesuchten Profanbauten ist gar nicht hoch genug einzuschätzen. Die Malerei entäußerte sich freiwillig des Nimbus einer sakralen Exklusivität und gewann dadurch erfreuend und erzieherisch einen großen Einfluß auf das so empfängliche Volk. Wissen wir doch — außer den bisher genannten — noch von einer großen Anzahl von Gebäuden, die voll waren von Bildern Polygnots; aus ihren überlieferten Titeln geht deutlich hervor, wie selbst dieser Maler eines erhabenen Mythos auch gewaltige Ereignisse seiner Gegenwart darstellte und sich nicht scheute, dabei porträtähnliche Köpfe von Zeitgenossen anzubringen.

So unzulänglich Worte über Polygnots Malerei — wie über jede bildende Kunst — unterrichten können, so kommt doch wenigstens ein schwacher Abglanz durch Nachbildungen in Vasenbildern dazu. Da sehen wir die Eigenart und Fähigkeit des Meisters, Gruppen mit sprechenden Gebärden zu gestalten, und gerade das sollte bald auf die Bildhauerkunst ebenso einwirken wie die zeichnerische Vollendung der einzelnen Figuren. Denn das war die Stärke Polygnots, ähnlich wie bei vielen Malern der Renaissance. Das eigentlich Malerische, das über das anfängliche bloße Kolorieren hinausgeht, entsteht immer erst viel später. Polygnot, dessen Technik in der al-fresco-Malerei bestand, der aber auch getünchte Holztafeln benutzte, beschränkte sich noch auf vier Farben (weiß, schwarz, gelb und rot). Schatten und Halbtönungen wandte er noch nicht an, und wenn er seine Figuren bekleidet darstellte, so war doch ersichtlich, daß er vorher die Konturen der nackten Körper festgelegt hatte. Die Kunstkritik, die solche Beschränkungen lange als ein noch nicht entwickeltes Stadium tiefer einschätzte, wird sich heute, wo wir z. B. die große Wirkung chinesischer Bildnisse kennen, die auch lediglich auf Kontur beruhen, doch wohl etwas vorsichtiger ausdrücken müssen, wie es überhaupt überall mißlich ist, ein Noch-nicht-können da anzunehmen, wo etwas nicht der Realistik (etwa auch der Perspektive) entspricht, der unsere abendländische Kunst nachgegangen ist.

Tafelbilder

Polygnot hatte einen Kreis von bekannten Malern um sich, die mit ihm arbeiteten. Auch hier hören wir nur von Nicht-Athenern wie Onasias aus Böotien. Schüler Polygnots waren Protogenes und Euphranor; auch sie schmückten viele athenische Baulichkeiten mit Bildern, besonders die Stoa basileus. Bei dem Ruhm, den solche Schöpfungen genossen, blieb die Kunst dieser großen Meister natürlich nicht allein auf Athen beschränkt. Man rief sie bis weit ins ionische Kleinasien, und überall hören wir von berühmten Gemälden in Tempeln, wie dem Artemision von Ephesos und auch in anderen Städten, und in profanen Bauten. Auch war das Tafelbild schon an erste Stelle gerückt, und solche Exemplare blieben natürlich nicht immer am Ort ihres Entstehens, sondern wechselten ihre Besitzer, da sie sehr gesucht und teuer bezahlt waren. Es ist eben das Wichtige und Interessante, daß mit den Tafelbildern die Kunst ihren Einzug in die Privathäuser hielt, die zur Aufnahme von Skulpturen damals noch nicht geeignet waren. Auch später — wie in Pompeji usw. — sehen wir ja, wie die Malerei dem vermögenden Privathaus unentbehrlich war, die Skulptur sich aber auf Kleinplastik beschränkte.

Theatermalerei

In die Häuser fand aber noch eine andere Art der Malerei Eingang, die sich inzwischen ausgebildet hatte; das war die Theatermalerei. Denn eine solche hatte sich als illusionistische Notwendigkeit auf der Bühne herausgestellt und gefiel so, daß reiche Leute die gleichen Wirkungen in ihren Wohnungen sehen wollten und sich die Wände von bekannten Künstlern bemalen ließen.

Neue Technik

Mit einer neuen Generation zog auch eine neue Technik in die Malerei ein. Sie knüpft sich besonders an den Namen des Apollodor und bestand aus einer Farbenbindung durch Eiweiß, also entsprechend unserer Temperamalerei. Damit ließen sich ganz andere, viel intensivere Wirkungen erzielen, und wenn man Apollodor die Einführung einer wirklichen Perspektive zuschreibt, so bezieht sich das durchaus nicht nur auf die Linienführung, sondern der Meister erfand bereits eine Luftperspektive und durch Abtönung und Schattierung einen stärkeren plastischen Eindruck der wirklich gemalten und nicht nur kolorierten Figur. Der ganze Entwicklungsgang der Malerei ist also hier in Hellas ein ganz ähnlicher wie später in der Renaissance, beruht darum also wohl auf einem ganz natürlichen Vorgang,

III. MALEREI

der auch unabhängig von den „Erfindungen" großer Meister eintreten mußte. Apollodor lebte zur Zeit des Perikles und war dessen Freund, aber auch Platon hat ihn wohl noch gekannt, seine Malart jedoch nicht sehr geschätzt. Seine Gegner nannten Apollodor spöttisch den „Schattenmaler"; aber er beharrte selbstbewußt auf seiner Manier und nannte sie die Öffnung einer Pforte für viele Nachfolger.

<small>Apollodor: der Schattenmaler</small>

An diesen großen Maler, der zum erstenmal ganz diesen Namen verdiente, während die Vorgänger doch mehr eine Fläche zeichnerisch dekorierten und ein wenig als „versetzte Bildhauer" angesehen werden können oder späteren abendländischen Meistern großer „Kartonbilder" ähnlich sind (Raffaels Stanzen, Cornelius usw.), schließen sich sofort eine Anzahl anderer Meister an, die im Altertum hochgerühmt wurden. Es ist eine große Welle malerischer Begabung, die auf einmal über die hellenischen Lande geht.

Die Überlieferung nennt eine Dreiheit berühmter Maler zur Zeit des Peloponnesischen Krieges: Z e u x i s aus Heraklea in Italien, P a r r h a s i o s aus Ephesos und T i m a n t h e s von der Insel Kythnos, südlich von Attika. So trifft auch auf dieses Triumvirat die schon erwähnte Seltsamkeit zu, daß die gepriesenen Maler, die besonders in Athen ihre Tätigkeit entfalteten, sämtlich nicht dieser Stadt entstammten, sondern aus entgegengesetzten Regionen hellenischen Lebens dem allgemeinen Magnet Athen verfielen. Aber sie wurden dort nicht dauernd seßhaft, weil man sie vielerorts begehrte. Der Groß-Grieche Zeuxis lebte meist in Ephesos, wanderte aber auch weit umher, gepriesen, hoch bezahlt, aber in seiner Lebensführung beklatscht und bemängelt. Erhabenes Ethos oder gar echte Religiosität und ähnliche Traditionsverwurzelungen darf man bei ihm so wenig suchen wie bei den meisten seiner Zeitgenossen. Das Schwinden dieser Qualität in der Kunst ersetzen die Meister dieser Zeit durch eine fabelhafte Routine, durch ein wirklich großes Können, das sich immer mehr der heißerstrebten Illusion durch Naturwahrheit näherte, worüber köstliche Anekdoten voll Künstlerstolz und Künstlereifersucht kursierten.

<small>Zeuxis, Parrhasios Timanthes</small>

Die drei genannten Maler waren alle dem neuartigen Stile Apollodors verfallen, der also, wie er selbst vorausgesagt, trotz der Abneigung seiner Mitbürger überall schnell Schule gemacht hatte. Bei der Absicht größter Realistik mußte diesen Künstlern ja auch jedes Mittel recht sein, das die Ausdrucksfähigkeit linear oder farbig steigerte. Auch die Stoffe wurden nur noch beschränkt dem Mythos entnommen; das aktuelle Leben, ja das Stilleben, Naturprodukte, Genreszenen sagten diesen Künstlern mehr zu, und wenn sie „mythologisch" malten, so suchten sie nach raffinierten Neuerungen und extravaganten Situationen. Lustiges und Drastisches wurden keineswegs verschmäht. Man war aus den Regionen der Götter endgültig ins profane, aber stark und glutvoll gepackte Leben hinuntergestiegen. Daß Zeuxis auf einem seiner gepriesensten Bilder (in Herkulaneum fand sich eine Nachbildung, die jetzt in Neapel ist) Leto und Niobe beim Astragalenspiel, also um Schicksal und Vorrang würfelnd, darstellte, ist ebenso bezeichnend, wie die Erzählung, daß er sich, um die Reize der Helena möglichst verführerisch abzubilden, von den Bewohnern von Kroton die schönsten Jungfrauen als Modelle entlieh.

<small>Genremalerei und Realistik</small>

Bei seinem Rivalen Parrhasios, der dem Zeuxis an Technik voll gewachsen war, steigerten sich solche Bilder bis ins lachend gebotene Laszive, aber auch große Stoffe der Mythologie verschmähte Parrhasios im Gegensatz zu

Zeuxis nicht, und man rühmte ihm besonders die oft erschütternde Ausdrucksfähigkeit der Physiognomie nach.

Bei dem Dritten im Bunde, bei Timanthes, pries man besonders Leidenschaftlichkeit und Gedankenreichtum. Er wollte mit seinen Bildern ergreifen, ja hinreißen und nicht nur der Sinnenfreude, sondern der Nachdenksamkeit dienen. Pompejanische Nachbildungen, wie die Opferung der Iphigenie, können uns dies Lob nicht in vollem Maße erklärbar machen.

Enkaustik

Mit dem fortschreitenden 4. Jahrhundert nahm die Entwicklung der Malerei genau den gleichen Weg, wie wir es beim Abstieg der Hochrenaissance gewahren. Das bezieht sich fast auf alle Einzelheiten. Ein neues, wenn auch schon früher bekanntes technisches Verfahren kam auf, die Enkaustik. Man versteht unter dieser Technik, deren Geheimnis heut verloren ist, eine Zubereitung der Farben mit Wachs, die nach dem Pinselauftrag mit glühenden Stäbchen behandelt wurden und dadurch eine bisher unerhörte Leuchtkraft erhielten. Welcher Kenner der Renaissancemalerei denkt dabei nicht an die Schule von Ferrara!

Perspektive

Einen weiteren Fortschritt glaubte man in den lebhaften Bemühungen um perspektivische Verkürzungen zu sehen. Pausias war darin Meister; er wirkte zumeist in Korinths Nachbarstadt Sikyon, wo auch sein älterer Kunstbruder Timanthes zumeist gelebt und gemalt hatte. Wenn wir hören, daß diese Manier, mit Verkürzungen zu exzellieren, besonders und jetzt erst zum ersten Male an gewölbten Decken ausgeführt wurde, so erinnert man sich auch dabei unwillkürlich solcher Leistungen bei Michelangelo und späteren Meistern; wird dann weiter die jetzt besonders starke Zunahme von Schlachtenbildern und die Vorliebe hierfür berichtet, so liegen auch hier Parallelen vom Ausgang Raffaels bis tief ins 17. Jahrhundert.

Die Tendenzen solcher abklingender Zeiten großer Kunst gehen also, wenn auch auf verschiedenen Wegen, doch stets in ziemlich gleicher Richtung, und so gefährlich und irreführend es sein kann, mit Analogien zu arbeiten, so kann man sich doch oft nicht ihren zwingenden Schlüssen versagen und erkennt das überall Notwendige menschlicher Entwicklung, unabhängig von Epochen und Völkern.

Späte Vasenmalerei

Für unsre Periode könnten wir uns mit dem wenigen, was hier gesagt ist, begnügen, wenn man nicht noch der Vasenmalerei gedenken wollte, auf die wir früher ja schon so stark hingewiesen hatten. Diese Kunst wird uns, neben ihrer eigenen Qualität, immer wichtig bleiben als eine, wenn auch nur schwache Vermittlerin der ganz verlorengegangenen griechischen Malerei. Aber auch die Vasenmalerei teilt, wie es ja auch gar nicht anders sein kann, in der Entwicklung ihres Stils, ihrer Technik und ihrer Qualität das Schicksal der großen griechischen Malerei und der hellenischen Kunst überhaupt. Von den reinen und edlen Formen einer jugendlichen Periode, die besonders kurz vor den Perserkriegen der athenischen Keramik an Wert und Ausdehnung eine überragende Stelle gaben, geriet die Vasenmalerei und die Bildung der Gefäße immer mehr in das Fahrwasser einer verfeinerten, bewußteren Technik, die nun zwar mit höchsten Ausdrucksmitteln Eindruck machte, aber auch mehr den Launen der Mode und Besteller als der eigenen Inbrunst des Schaffenden diente. Diese Besteller aber fand die griechische, besonders die athenische Vasenkunst weiter in der ganzen Welt, und überall von Etrurien bis nach Ägypten oder dem Schwarzen Meer stoßen wir auf ihre Spuren und Reste. Wundervolle Stücke sind uns darunter, oft unverletzt, erhalten und lassen uns staunend erkennen, daß hellenische Kunst auch dann noch groß und unerreichbar blieb, als sie den köstlichen Schmelz des jugendlich Unmittelbaren und Naiven längst gegen eine bewußte und oft raffinierte, aber souverän ausgeübte Meisterschaft eingetauscht hatte.

Eine weitere Brücke zu einem, wenn auch sehr bedingten Verständnis der griechischen Malerei könnten uns die erhaltenen Mosaiken sein. Meist aber haben sie doch rein dekorativen Zweck und dienen darum auch selten als Bildschmuck an sich, sondern finden sich zur Zier auf Fußböden, Decken usw. Auch das Material würde ja nur lineare Bildungen in bestimmter Farbtönung und keine rein malerischen Wirkungen gestatten, wenn auch z. B. das Barock uns gezeigt hat, wie man ganze Originalgemälde in Mosaik kopieren kann (Peterskirche). Nun ist ja aber auch das rein Malerische eine späte abendländische Kunst, und zumal den Alten war diese Einstellung verschlossen. Für sie kam es stets auf die menschliche Figur und ihre zeichnerische Beherrschung an, alles andere war höchstens „Kulisse", und so könnte das Mosaik doch der Wirkung mancher antiken Gemälde recht nahegekommen sein. Von großen Gemälden dieser Art hat sich aber auch in diesem widerstandsfähigeren Material nicht viel erhalten. Nur in Pompeji, das uns ja allein Wandmalereien später antiker Zeit meist im Fresko bewahrt hat, fand sich in der Casa del Fauno das große Mosaik der Alexanderschlacht, das wohl noch einem Original aus dem Ende des 4. Jahrhunderts nachgebildet wurde. Prachtvoll ist hier die Charakterisierung des feindlichen Zusammentreffens der beiden Herrscher; der auf seinem Wagen fliehende König Darius ist ein Meisterwerk an Gebärde und Ausdruck. Interessant ist die Bewältigung solch einer wilden Massenszene, mehr aber noch, wie hier nicht naturalistisch ein wohl nie so stattgefundener Kampf abgebildet wurde, sondern wie die I d e e eines entscheidenden Schlachtgetümmels zum Ausdruck kommt. Also auch hier wieder finden wir, wie die Hellenen stets bestrebt und imstande waren, nur das Typische und Wesentliche darzustellen, aber dieser ganz und gar nicht naturalistischen Essenz doch den Eindruck vollster individueller Lebendigkeit zu geben. Vor solchen Bildern mehrt sich immer stärker das Bedauern über den Verlust der großen Originale griechischer Malerei.

IV. SKULPTUR

Das, was der griechischen Kunst und Kultur überall und immer ihren, sagen wir populärsten Ruhm eingebracht hat, waren stets die ehernen und marmornen Bildwerke der Hellenen, ein unermeßliches Heer von Statuen und Statuengruppen, als wären ganze Gebirgszüge voll Steinbrüchen in Menschengestalt umgeformt worden. „Es war ‚ein zweites Volk' in Erz und Marmor da, und es ist, als hätte diese Kunst unendlich vieles hervorbringen müssen, damit noch beim Anblick der Reste die Nachwelt über den Reichtum der Nation und über den ernsten, monumentalen Willen staune, den sie mit diesem Aufwande verband" (83).

Was veranlaßte dies Volk zu solchem Überschwang des Bildens und Formens, wie ihn die Welt nirgends wieder in dieser Fülle auf engem Raum und in kurzer Zeit erlebte? Keine wirkliche Notwendigkeit lag vor, keine religiöse Inbrunst riß diese reifen Hellenen mehr fort. Das Schmuckbedürfnis war über und über gestillt, und dennoch entstand kein Halten, keine Erschöpfung; immer schöner, immer lebendiger, immer reichhaltiger mehrte sich die unfaßbare Fülle der Kunstwerke, als wären die doch sonst so händelverstrickten Griechen zu nichts anderem berufen gewesen, als die Beglückung dieser Gestalten der ganzen Welt der nächsten Jahrtausende übergenug mitzuteilen. Hören wir doch von einzelnen Meistern, daß sie bis zu 1500 Bildwerke geschaffen haben sollen und darunter keine Marktware, sondern gerade die schönsten. Dieser heiße, unerklärbare Drang nach Schönheit, nach der vollkommensten Gestalt des Menschen ist es, der ihnen die Macht über die Materie gab und sie zwang, in ihr auszudrücken, was die geistigen Augen der Hellenen schon seit den Tagen Homers an Idealgebilden vor sich sahen. Sie konnten gar nicht anders, als sich diesem hinreißenden Triebe schrankenlos zu überlassen und immer wieder und wieder zu versuchen, dem Göttlichen innerhalb der Natur Gestalt zu geben, auf daß die Menschheit einmal ihre höchste Möglichkeit, ihre gesteigerte Herrlichkeit mit staunendem Auge erkenne.

Schaffensdrang

Die griechische Skulptur fand für ihren fast befremdlich raschen Aufstieg zu einer nie wieder erreichten Höhe Bedingungen vor, wie sie sich so günstig kaum je wieder bieten werden. Nicht bildnerische Begabung allein schuf diese unsagbar schönen Gestalten, es kam dazu, daß durch die plastische Phantasie der Dichtung und ihrer lebhaften Erfassung längst geistig die Bilder ausgeprägt und die Ideale erschaut waren, ehe sie im Material nun sichtbaren und greifbaren Ausdruck fanden. Burckhardt spricht bei der hellenischen Skulptur treffend von einer „Vorarbeit der Poesie". Auch sonst macht dieser große Einfühler in hellenisches Wesen auf vieles aufmerksam, was eben nur zu dieser Zeit und bei diesem Volke möglich war. Da wäre besonders die Sitte der nackten Gymnastik zu beachten, auf die wir auch schon früher verwiesen. Zwanglos bot sich der Anblick schönster und durchgebildetster Körper ebenso in Ruhe wie in Bewegung, ebenso straff diszipliniert wie in freiester Erregung. Der menschliche Körper, der das A und O jeder echten Bildhauerkunst ist, war hier in seiner reinen Natürlichkeit das Normale, das Selbstverständliche und nicht wie in nordischen Breiten und einem verkrampften Ethos die Ausnahme, ein entkleidetes Modell zum Zweck des Körperstudiums. Diese Selbstverständlichkeit des Nackten ging bei den Alten so weit, daß sie sogar ihre Kämpfer, Helden und Heroen so unbekleidet, wie sie sich nie in Wirklichkeit gezeigt haben können, darstellten. So wurde auch hier der Mensch zwanglos zum „Maß aller Dinge".

Der nackte Körper

Dieser Hinweis auf die ideale Nacktheit schließt ja nun durchaus nicht eine bildhauerische Behandlung der Gewandung, dieses „tausendfachen Echos der Gestalt" (Goethe) aus. Aber w i e haben es die Griechen verstanden, die Gewandung zu meistern und noch zur Steigerung des Körperlichen zu benutzen! Wie Musik umrieseln diese schleierzarten Hüllen die dadurch noch reizvolleren Leiber; „nasse" Gewandung hat man solche sich anschmiegenden Stoffe genannt. Oder aber ein starrer, strenger Faltenwurf erhöhte den Eindruck gewollter Monumentalität, zumal dort wo die Skulptur im Dienste der Architektur stand. Für die Behandlung der Gewandung, besonders in der Bewegung, kamen ja auch die vielen festlichen Umzüge, Reigen und Tänze und die Augenlust der kultischen Feste stark in Betracht. Denn hier konnte der Bildhauer auch besonders für das Weibliche eine ergänzende Anschauung zu den nackten Jünglingsgestalten der Sportplätze gewinnen, und ge-

Gewandung

IV. SKULPTUR

rade das Rhythmische, das wir so oft auch in der Gewandung bei Friesen, Gruppen usw. wie eine große Melodie bewundern, erklärt sich zum Teil aus Stil und Haltung solcher Aufzüge und Chöre.

Zugute kam der griechischen Plastik auch die goldene Lichtfülle dieser gesegneten, südlichen Natur; sie hob die Kontur klar und streng hervor und duldete kein romantisches Sfumato der Linie. Die Kunst war im Freien empfunden und für freie Natur geschaffen. Hier stand sie ungezwungen in natürlicher Beleuchtung und mußte in sich selbst die Größe und Selbstverständlichkeit besitzen, um für sich allein bestehen zu können, soweit nicht ihr Dienst am Tempel ihr an sich schon eine große Folie bot. Auch die Rundskulptur, die sich bald dem äußeren Tempelschmuck anschloß, beruhte auf dem glücklichen Umstand, daß die Götterbilder — und in ihnen gipfelte doch ursprünglich die ganze Kunst — da, wo sie im Innern der Cella verehrt wurden, sich der Sitte nach nicht der Wand anschlossen oder Nischen füllten, sie waren frei umwandelbar und boten dem Beschauer somit nicht nur eine frontale Seite. Auch hätte es dem griechischen Charakter ganz widersprochen, nur für die „Fassade" zu schaffen. Selbst da, wo die Sicht der Rückseite niemals vorauszusetzen war (wie z. B. an Giebelskulpturen), hat die beste Zeit immer die Ehrfurcht vor den meist göttlichen Gebilden besessen, sie vollständig auf allen Seiten auszugestalten, und diese Gewohnheit übertrug sich dann auch auf die profane Skulptur.

Einfluß von Landschaft und Licht

Ferner kam zur Steigerung des hellenischen Kunstempfindens hinzu, daß die oben erwähnte Lichtfülle des Südens anfangs weit weniger auf Bildwerke aus Marmor, sondern aus Bronze fiel, deren Flächenspiegelung und mannigfachen Reflexe das Auge erzieherisch auf eine Fülle von Einzelheiten lenkte, die der Stein nicht in gleichem Maße gezeigt hätte und die nun wohl bekannt waren, als man zum Marmor überging. Der Weg vom Erz zum Stein hatte ferner den großen Vorteil, daß die Bildner in Bronze schon eine viel gelöstere Gliederbeherrschung kannten, als sie später der Marmor gestattete, so daß sie sich nicht im langsamen Entwicklungsgang aus den größeren Gebundenheiten und Stützungsnotwendigkeiten des Marmors kühn zu befreien brauchten, sondern umgekehrt freiwillig und souverän diese durch den Stein gebotenen Beschränkungen auf sich nahmen und mit möglichster Milderung handhabten. Dadurch bewahrten sie immerhin auch den marmornen Bildwerken von vornherein eine bis dahin nicht geahnte Beweglichkeit und Gelöstheit.

Bronzekunst

Diese Lebendigkeit ist eine Errungenschaft der griechischen Skulptur, die nicht allein aus der Kunstfähigkeit herrührt, sondern die ihre Wurzeln auch im hellenischen Charakter, in dem stets so ausschlaggebenden Triebe zur Freiheit hatte. Sieht man die Traditionsgebundenheit, die archaische und kultische Fesselung der orientalischen und ägyptischen Kunst, so wird man bald fühlen, daß in Hellas nicht künstlerisches Genie allein, sondern eine psychische Einstellung die Entwicklung gefördert und ihrem Gipfel zugeführt hat. Es ist die gleiche Freiheit, die ja auch die Religion vor Versteifung bewahrte und sie unbeschwert von Dogmen und den Gebundenheiten starrer Überlieferung und fester Vorschriften zu jenem phantastischen Reichtum der Formen und Anschauungen gelangen ließ, die dann wieder die Kunst befruchteten.

Lebendigkeit

Daß diese Freiheit nie ausartete oder zur Willkür wurde, lag aber auch nicht allein an der natürlichen Veranlagung der Griechen zum Maßhalten,

Harmonische Mäßigung

zur Harmonie und zur Besonnenheit, sondern die Notwendigkeit, erst über die Ehrfurcht heischenden Gestalten der Götter sich zur Darstellung profaner Bildwerke auszubilden, gab jedem künftigen Stil Bändigung und die Richtung zum Idealen. Gewiß erwählen wohl alle kunstausübenden Völker sich am Anfang göttliche Idole als Darstellungsobjekte, aber erstens waren anderswo oft aus seltsamer Phantasie geborene Göttergebilde selbst schon ausschweifend oder erstarrt und zu kolossal und trugen somit gar nicht zur freien und doch harmonischen Entwicklung bei, und zweitens blieb die fremde Kunst meist bei diesen archaischen Götterbildern stehen oder vermehrte sie höchstens noch um die ebenso stark bedingte Darstellung göttlich verehrter Herrscher. Kam dann später auch die Realistik des Lebens zu ihrem Recht, so fehlte doch der Übergang zwischen dem übermenschlich gesteigerten Götterbild und einem kleinbürgerlichen Naturalismus. Der griechischen Kunst aber kam wie nichts anderes so sehr zustatten, daß die hellenische Religion ihre Götter stets als ein gesteigert-verklärtes Menschentum im Bereich der Natur unbewußt ansah. So mußte der griechische Bildhauer, zumal in noch religionsstarken, gläubigen Zeiten, unwillkürlich nur Menschliches und menschlich klar Geschautes steigern und idealisieren. Damit erhob er seine Gebilde in eine verklärtere Sphäre, ohne sie von der Bodenständigkeit edler Menschlichkeit abzulösen.

Das Überindividuelle

Andrerseits erzwang gerade die Darstellung des Göttlichen jede Vermeidung eines persönlichen Ausdrucks und allzu individueller Gestaltung. Aber das will richtig verstanden werden, und man sollte statt individuell vielleicht besser realistisch sagen. Denn eigentlich haben die Griechen ihren Göttergestalten einen ganz individuellen Typus gegeben, ohne daß aber eine Einzelindividualität solcher Bildung zugrunde lag. Selbst wenn es persönlich gedachte Siegerstatuen, Athletenbilder usw. galt, ja sogar bei Porträts wurde die einmal begonnene Bahn einer idealen Stilisierung nicht verlassen. Von einer Übereinstimmung mit der Natur kann keine Rede sein, und dennoch wurde die höchste Lebendigkeit erreicht, ein Rätsel, dessen Paradoxie aber nur durch die geniale Tat gelöst wird. Denn dies trifft ja auch voll und ganz auf jenes phantastische Heer nie gewesener Fabelwesen zu; all diese Kentauren, bocksfüßigen und gehörnten Silene und Pane, all die Tritonen, Nereïden, ja sogar die Greife, Sphinxe u. dgl. wirken in der plastischen Darstellung, als hätten sie genau so lebendig und stark auf Erden existiert. Die tollsten organischen Bildungen, wie z. B. die Verschmelzung des Pferderumpfes mit dem menschlichen Oberleibe erscheinen dem naiven Auge ganz selbstverständlich und lebensecht, und wenn eine solche Zusammenfügung moderne Naturwissenschaftler zu einem Ausdruck des Schauderns über die organische Unlogik solcher Naturgebilde veranlaßt hat, so beweist das nur, welchem Mangel echter künstlerischer Naivität wir Verstandesbarbaren verfallen sind.

Haltung und Gebärde

Die Lebendigkeit der griechischen Skulptur lag aber immer zumeist in Haltung und Gebärde, und nach dem eben Gesagten kann es nicht wundernehmen, daß für den Kopf und den Ausdruck lange Zeit nicht das gleiche gilt. Er mußte ja unwillkürlich bei der Vermeidung jeder bloßen Realistik konventionell bleiben, ja anfangs sogar steif und maniriert. Denn so wenig Religion und Tradition die Lebendigkeit der Bewegung und Handlung in starrer Konvention knebelten, so stark suchte die einmalige Form nach einem idealen Typus; war dann dieser nun einmal infolge der günstigen Bedingt-

IV. SKULPTUR

heit geschaffen, so übte er seinen Einfluß fast kanonisch fort, und wie ein ausländischer Gelehrter (Zielinski) einmal sehr hübsch sagt, wirken die Darstellungen der klassischen Epoche, als wenn sie alle e i n e r Familie angehörten. Dieser uns leider etwas seltsame Verzicht auf wechselnde Charakteristik, für die aber auch innerhalb der klassischen Grenzen immer doch Spielraum genug bleibt, wird uns verständlich werden, wenn wir daran denken, daß er auch da geübt wurde, wo wir nach unsrer eigenen Einstellung das krasseste Gegenteil vermuten würden, nämlich in der Schauspielkunst. Auch hier ersetzte die konventionelle M a s k e jedes individuelle Mienenspiel, und der nötige Ausdruck blieb der Gebärde vorbehalten. Griechenland ist das klassische Land der Maske, von der wir wundervoll stilisierte, ergreifende Stücke besitzen. Nur dem Europäer kann dieser Brauch seltsam erscheinen; man denke an Japan, ja an primitive Völker: in der Maske und deren ebenso künstlerischen wie ungeheuren Wirkung sind sie unserem ganz erloschenen Verständnis unendlich voraus, denn in jeder Maske liegt, richtig aufgefaßt, eine Magie, zu der wir das Verhältnis verloren haben. Hier geht auch die hellenische Kunst Wege, deren Betreten uns sehr schwer fällt oder gar versagt bleibt. Das Äußerliche daran glauben viele zu verstehen, das Wesentliche aber — und doch durchgehends so Wichtige und Bestimmende — bleibt den meisten versiegelt und fremd. Man fühlte eben im Altertum völlig anders. Zu einem solchen uns gar nicht recht einleuchtenden Empfinden gehört neben manchen anderen Regungen zum Beispiel auch die Bevorzugung, ja leidenschaftliche Vorliebe für kostbare, prunkende, aber doch viel weniger haltbare Stoffe zur Herstellung gerade der edelsten und gepriesensten Statuen. Allbekannt ist die leidenschaftliche Forderung der Athener an Pheidias, sein Kultbild der Stadtgöttin in Gold und Elfenbein statt in Marmor oder Erz zu formen. Beim Zeus von Olympia und an anderen Stellen wiederholte sich dies Verfahren (chryselephantin). Mag auch eine naive Prunksucht und Reichtumsprotzerei sehr dabei mitsprechen (das 12 Meter hohe Bild der Athene trug Gold im Werte von über 3 Millionen an sich), so lagen doch auch andere Gründe künstlerischer Natur vor, da das ganz andere Material — der Kern der Statue bestand stets aus Holz — wesentliche Möglichkeiten bot, die in der starreren Beengung von Erz und Marmor nicht gegeben waren. Immerhin bleibt uns auch hier manches befremdlich und vor allem auch bedauerlich, weil die weit größere Zerstörbarkeit des Materials uns gerade der berühmtesten Gebilde beraubt hat; allerdings hätten die gierigen Hände der Nachwelt ebensowenig vor Erz und Marmor haltgemacht, die für Kriegszwecke und Kalkgruben so verlockend waren, ja, heute noch im Orient sind (Pergamonplatten usw.).

Schon aber gleiten wir mit dieser Materialerörterung ins Spezielle, bedürfen aber doch noch vorher, ehe wir die einzelnen Kunstwerke betrachten und ihrer Schöpfer gedenken, der Hervorhebung einiger allgemeiner Grundsätze der klassischen, griechischen Skulptur.

Däß sie so unerreicht Großes geleistet hat, liegt mit daran, daß sie auf alles nur der Form nach Große verzichtete und sich damit wohltuend vom Orient und Ägypten unterscheidet. Die Griechen haben uns gezeigt, daß Monumentalität nicht in den Maßen zu liegen braucht, wenn auch riesige Standbilder zuweilen nicht ausgeschlossen sind. Lessings auf Winckelmann zurückgehendes Wort von der „edlen Einfalt und stillen Größe" der griechischen Kunst ist in seiner Knappheit unübertrefflich. Den Griechen blieb stets

Die Magie der Maske

Kostbares Material

Maßvolle Größe

der Mensch, aber der edelste, den sie sich denken konnten, das Maß aller Dinge, und darum begreifen wir auch, daß die Bildhauerkunst, auf die allein ja keineswegs dieses Wort gemünzt ist, nach den ewigen Grundverhältnissen, dem Kanon des Menschenleibes suchte und ihn auch nach heißem Bemühen gerade der Größten als Muster festzulegen glaubte. Irgendeine starre Bindung war damit nicht gegeben, aber ohne Einfluß auf die Kunstgestaltung der Folgezeit blieben solche Gesetze natürlich nicht. Wer denkt bei diesem Streben nicht an ähnliche Versuche und Gedankengänge bei Leonardo oder bei unserm Dürer. Mit einer „Idealgestalt" hat das nicht so sehr zu tun, als weit mehr mit einer versuchten Naturerkenntnis und der Verkörperung der ausgeglichensten Harmonie. Der Meister, sein Auge, sein Sinneneindruck, seine Erfahrung, forschten nach einem solchen „Kanon", und da ist es interessant zu sehen, wie jede Epoche trotz der Konstanz der Menschengestalt ihr besonderes Musterbeispiel findet und sich selbst und ihren Wesensinhalt darin widerspiegelt. Wir werden das noch in einzelnen Kunstwerken aufzuzeigen haben. Für sie alle aber gilt, was mit tiefer und mustergültiger Prägnanz R o d e n w a l d t über diese eigenartige, wohl nur in bester hellenischer Kunst derart ausgeprägte Synthese von Naturtreue und Stilisierung sagt, Worte, die scharf und knapp das Wesen des Klassischen umschreiben und darum dem Sinne nach stets jeder Betrachtung und Beurteilung griechischer Kunst zugrunde liegen sollten: „In der klassischen Kunst besteht der Wert des Kunstwerkes in der Vollendung der ‚inneren Wahrheit', die es erfüllt, aber sie hat eine Gestalt angenommen, die der Wirklichkeit nicht widerspricht, die in der Natur vorkommen könnte, wenn sie es auch tatsächlich nicht tut. Die innere Wahrheit verbindet sich hier mit dem Schein des Wirklichen. Die Entwicklung selbst vollzieht sich in der Weise, daß die Stilisierung das Primäre ist, in das allmählich die Natur eindringt" (84).

Ehe wir uns nun der großen Epoche und ihren Hauptvertretern zuwenden, müssen wir uns darüber klar sein, daß auch bei noch so schneller Entwicklung die vollendete Kunst der Griechen nicht wie Athene aus dem Haupte des Zeus fertig und ausgebildet ins Feld sprang. Mußten doch die Jahrzehnte der Perserkriege ebensosehr einen relativen Stillstand wie einen Übergang darstellen, bisherige Bahnen auch rein örtlich umbiegen, Anschauungen und innere Triebe ändern, kurz, die ruhige Linie der Entwicklung durchbrechen, aber gerade dadurch in ihrem Laufe beschleunigen.

Der Übergang des bildhauerischen Kunstzentrums vom ionischen Kleinasien nach dem Mutterlande vollzog sich nicht sofort in der Richtung auf Athen, wie man schon der Stammesverwandschaft wegen leicht vermuten könnte. Zunächst aber war es der dorische Peloponnes, der schon etwas früher durch Einflüsse von Kreta und von Magnesia her die Skulptur gepflegt hatte. Besonders aber hatte hier die Fähigkeit des Erzgusses Wurzel gefaßt, nachdem die hochberühmte Schule von Samos die erste Anregung und Lehre gegeben hatte. In Argos, in Sikyon bei Korinth und auf der Insel Aigina blühte diese Kunst der Bronze zumeist und schuf in großer Zahl jene Gebilde, die zwar noch archaisch im Stil waren, aber doch die der Bronzetechnik leichter erreichbare Gelöstheit der Stellung und der Glieder besaßen, die einen so großen Einfluß auf die Lockerung und die Belebung der von Natur stärker gebundenen marmornen Form haben sollte. Erhalten ist uns von diesem Wald von Statuen, der alle Gymnasien, Tempelbezirke, Versammlungsorte so überreich füllte, nichts mehr in originaler Form, nur Mar-

IV. SKULPTUR

mornachbildungen etwas späterer Zeit, z. B. der Apollon Strangford in London, lassen uns erkennen, welche Fortschritte die Beherrschung der Formen und die Durchbildung des Körpers gemacht hatte und wie sie sich immer mehr von archaischen Bindungen zu befreien wußte.

Als wichtigstes Beispiel dieses Übergangs und der Einleitung zu wirklich großer Kunst wurde hier schon der Tempelschmuck der Aigineten (München) besprochen und darauf verwiesen, wie ausschlaggebend es war, daß gerade diese Insel schon eine so große Vergangenheit in meisterhaftem Bronzeguß besaß. Der Schmuck dieser Giebelfelder des Aphaiaheiligtums auf Aigina wird immer den Ausgangspunkt der nun schnell zur Höhe strebenden klassischen Skulptur Griechenlands bilden. Wer der oder die Meister sind, die hier aus der Bronzetechnik die unerhört kühnen Folgerungen für die stilistische Weiterbildung der Marmorplastik zogen, wird uns wohl immer unbekannt bleiben; doch werden wir wohl auf heimische Künstler schließen müssen, zumal wenn man sieht, wie sehr nicht nur Gepflogenheiten des Bronzegusses (Zusammensetzung von Teilstücken, Weglassen von Stützen usw.) die prachtvollen Gruppenfolgen bestimmen, sondern sogar Körperteile (Haare), Schmuck und Waffen in Metall dem Marmor angefügt wurden.

Aigineten

Die Aigineten sind wohl erst nach den Perserkriegen, jedenfalls nach der Schlacht bei Salamis, entstanden, während die große Erzkunst des Peloponnes schon vor dem Einfall des Erbfeindes ihre höchste Blüte erlebte. In Sikyon wirkte K a n a c h o s und war hochgepriesen wegen der Vollendung seiner Körperbehandlung; in Argos aber schuf Hagelaïdas, bei dem noch Pheidias, Myron und zumeist Polyklet (der Ältere) gelernt haben sollen, sofern das nicht eine Legende ist oder auf indirekten Einfluß gedeutet werden muß. Bei der bewußten Absicht der Alten, stets lieber Vorhandenes noch besser und vollkommener durchzubilden, als ihre Zeitgenossen unter allen Umständen durch Neues zu beeindrucken, ist natürlich solche Abhängigkeit der einzelnen Meister voneinander eine Selbstverständlichkeit, nur daß jetzt so unerhört schnell an allen Enden hellenischen Lebens sich bildnerische Begabungen, ja größte Genies zeigten, als sollte der ganze Reichtum der Kunst auf einmal in meisterhafter Vollendung über dies Volk geschüttet werden. „Man sieht in ein Kunstvermögen hinein, das keine Grenzen hat und oft das Trefflichste mit dem ersten Griff trifft" ([85]).

Peloponnesische Künstler

Wie von dem Figurenschmuck des Tempels auf Aigina war auch von den Figuren des Zeustempels in Olympia bei der architektonischen Beschreibung dieses Baues bereits die Rede. Ein ganz enormes Können hat hier sprunghaft eine Höhe erreicht, die sich schon fast ganz aus den Befangenheiten archaischer Kunst gelöst hat. Nur daß noch jede Anmut fehlt und Herbheit und Wucht mit heroischer Gewaltsamkeit diese Gebilde in ehrfurchtheischende Erhabenheit hüllt. Diese Strenge mildert die Wildheit der Szenen und macht die krasse Realistik durch stilistische Gebundenheit erträglich. Hier ist es wirklich dorischer Geist, der einen dorischen Tempel schmückt, während dieser schlicht-monumentale Säulenstil sich in den meisten anderen Fällen auf den Giebelfeldern in die Blüte echt ionischer Skulptur mildernd löst.

Skulpturen des Zeustempels in Olympia

Die Gruppierung in Olympia ist ja immer noch von etwas steifer Gebundenheit, mag das nun an einem Mangel des noch nicht voll entwickelten Könnens liegen, mag in dieser monotonen Nebeneinanderstellung (besonders im Ostgiebel) Ernst und Feierlichkeit beabsichtigt sein. Wir wissen nicht, wem wir die olympischen Skulpturen zuzuschreiben haben. Sie sind machtvolle peloponnesische Arbeit, und so könnte man an Einflüsse oder Meister aus Argos denken, aber diese Kunst war doch bereits geschmeidiger. Auch hat man an Sizilien gedacht, ja man hat den Einfluß Polygnots zu sehen gewähnt. Klar ist das alles noch nicht, und schließlich bedürfen wir ja auch keiner Namen, um den starken Geist dieser betont männlichen Kunst mit Bewunderung zu genießen. Die Zucht und Straffheit einer herben Jugend, der stählerne Wille zur Größe sprechen aus jeder Linie. Es ist ein gebietender Geist, der sich rein und stolz emporreckt, und eine Hoheit sondergleichen spricht aus dem Apollon des olympischen Westgiebels und lebt in der ganzen Plastik dieser noch nicht ionisch bestimmten Kunstepoche. Unter den Einzelstatuen am herrlichsten bietet er sich uns in dem berühmten ehernen Wagenlenker von Delphi, in dem das Jünglingsideal dieser Zeit uns derart stark vor Augen tritt, daß der Anblick dieses so stolzen Wunderwerkes uns in seiner zurückhaltenden Herbheit hundertmal mehr Aufschluß gibt über den Geist jener Zeit als noch so lange Auseinandersetzungen und Beschreibungen. Hier haben Worte zu schweigen und die Augen Unendliches zu lernen.

Der Dornauszieher

Der Vollständigkeit wegen sei als bekanntes Kunstwerk dieser peloponnesisch-dorischen Richtung (falls es wirklich dahin gehört?) noch der „Dornauszieher" (Rom, Konservatorenpalast) genannt, weil dieses genrehafte Bildwerk in seiner prächtigen Natürlichkeit fast einzig dasteht und ja auch stets zu den populärsten und beliebtesten Werken der Antike gezählt wurde. Als solches gewann es auf die Bildhauer der Renaissance mehr Einfluß, als man dem harmlos-liebenswürdigen, aber in seiner Einzigartigkeit sehr interessanten Werke zumuten möchte.

*

Thron der Aphrodite

Sieht man von der jüngst gefundenen Niobidenstatue (Thermenmuseum), die wohl besser einer weit späteren Zeit zuzuschreiben wäre, ab, so befindet sich aber ebenfalls in Rom noch ein anderes Original aus dieser Zeit, das zum Schönsten gehört, was uns von antiker Kunst erhalten ist; das sind die Reliefs am „Thron der Aphrodite", wie man das noch nicht völlig geklärte Stück in Ermangelung einer besseren Bezeichnung genannt hat, und das wohl eher ein Altar sein kann. Man fand die Platten 1887 in den Ludovisischen Gärten mit einem Gegenstück, das sich jetzt in Boston befindet. Die nackte Flötenbläserin und ihr Gegensatz, die ganz verhüllte Frauengestalt auf der gegenüberliegenden Seitenplatte, sind in der Größe und Einfachheit ihrer Linien so klassisch vollendet, daß wir im Relief kaum etwas Ähnliches von so keuscher Größe kennen.

Ionische Beseelung

Stand die ionische Kunst, die doch später das Höchste leisten sollte, jetzt auch noch auffällig zurück, so sollte sie nun doch bald in voller Kraft mit so bedeutenden Meistern auf den Plan treten, daß sie die peloponnesische Kunst völlig überflügelte und in den Hintergrund drängte. Ein ganz neuer, genialer Geist macht sich bemerkbar. Zu den bisher errungenen Fähigkeiten tritt eine göttlich unbeschwerte Anmut, eine unendliche Fülle und Phantasie der Formen, Motive, Gruppierungen. Lebhaftestes Gebärdenspiel, aber immer in der Bändigung schöner Maße, verrät die Beschwingtheit der ionischen Psyche. Der Siegeslauf Athens auf dem Felde von Kultur und Kunst beginnt, und es blühte in der Geschichte der Menschheit jene kurze Epoche herauf, in der höchste Schönheit alles galt und sich derart wundervoll und gottbegnadet zu zeigen wußte, daß Jahrtausende nicht müde geworden sind, sie zu

IV. SKULPTUR

preisen und sich erquickt durch sie aus den Mühseligkeiten des Tages aufzurichten. Wie es aber zu dieser so schnellen Vollendung und Erreichung des Höchsten kam, wird uns ewig ein Rätsel ᵗbleiben, gleich allem großen Schaffen begnadeter Männer und Epochen in ihrer Einmaligkeit und einsamen Gipfelhöhe.

Waren es doch nach dem kunsthemmenden Perserkriege nur wenige kurze Jahre, die bei bloßer Verstandesüberlegung gar nicht genügen würden, um eine solche Meisterschaft zu erwerben und sie zu erklären. Aber bei den Griechen darf man, wenn es sich um Fähigkeiten und Einsichten handelt, nicht mit normalen Verhältnissen rechnen. Mit einem modernen Vergleich könnte man sagen, daß ihr ganzes Schaffen wie unter einer Zeitlupe zusammengedrängt erscheint und den gewöhnlichen Entwicklungsablauf von Jahrhunderten in Jahrzehnte preßt und dann noch vielfach überbietet. Wie wäre sonst das plötzliche Auftauchen so vieler großer Meister erklärbar! Sie kamen aus den verschiedensten Gegenden, aber der Leitfaden ihres künstlerischen Lebens führte sie alle nach Athen. Eine große Dreiheit ist an der Spitze zu nennen, jeder eine Welt für sich und doch alle Repräsentanten der vollendeten ionischen Kunst, die jetzt zur alleinigen Meisterin wird und alles in ihren Bann schlägt. Es sind M y r o n , P h e i d i a s und P o l y k l e t . Nur der größte unter ihnen, Pheidias, ist echtbürtiger Athener und widerlegt somit in einem, aber gerade dem bedeutendsten Einzelfall, was früher über die auswärtige Herkunft der in Attika wirkenden Meister gesagt wurde.

Den M y r o n kann Athen jedenfalls nicht für sich in Anspruch nehmen, wenn er auch im Grenzgebiet des Staates, in Eleutherai, geboren ist. Aber gerade das merkt man seiner Kunst an, in der böotische Züge einer realistischen Naturnähe immer wieder bemerkbar sind und eine Verbundenheit mit ländlichen Bauern mutmaßen lassen. Denn allein aus seiner Lehrzeit bei Hagelaïdas in Argos wäre gerade diese Note nicht erklärbar. Wunderbar einte sich in Myron diese realistische Naturtreue mit erhabener Hoheit seiner Göttergestalten, ein gebietender Ernst mit starker Leidenschaftlichkeit und dazu eine noch leise archaische Gebundenheit mit dem vollen Schmelz ionischer Anmut.

Der Ruhm dieses Künstlers war darum auch weit verbreitet. Alle Welt spürte, welche Lebendigkeit auf einmal in die statuarischen Gebilde eingezogen war, wie nicht nur die gemessene Ruhe, sondern auch die flüchtige Bewegung zum höchsten Reiz der Darstellung werden konnte. Es war das eine Kühnheit sondergleichen, ein Bruch mit der üblichen Auffassung, und gerade hierin liegt neben der täuschenden Naturtreue Myrons Hauptverdienst, denn wenn er auch viel dazu beigetragen hat, die steife Hemmung der Frontalität zu brechen, so ist diese Lockerung der Stellung doch schon vor ihm mit Erfolg versucht und größtenteils bei den erwähnten Tempelskulpturen erreicht worden.

Myron schuf nur in Bronze; erhalten ist uns von seinen Werken nichts, und was uns als Kopien entgegentritt, ist nicht nur an sich ein schwacher Abglanz, sondern auch durch die stärkere Gebundenheit des Marmors beeinträchtigt; gerade bei Myrons Erfassen des höchsten Momentes in der Bewegung ist diese Materialübertragung sicher ein großer Nachteil (W. Klein vergleicht sie treffend mit einer holprigen Übersetzung).

Am stärksten unter Myrons Schöpfungen trifft dies zu auf seinen vom Altertum bis heute so berühmten, vielbesprochenen Diskoswerfer, der uns

Myron

Der Diskoswerfer

aber in seinen mannigfachen marmornen Kopien (Teile vielfach zerstreut, Ergänzungen falsch, beste und einzig richtige Zusammenfassung im Abguß des Thermenmuseums in Rom, ebenso München, Gipssammlung) erhalten ist. Die nähere Analyse dieser Statue gehört in die Kunstgeschichte, dagegen möchten wir hier doch auf einige Zeugnisse des Altertums hinweisen, aus denen klar hervorgeht, wie beeindruckt selbst die Alten von diesem unerhörten Durcheinander sich schneidender Achsen waren. Noch 500 Jahre seit Erschaffung des Kunstwerkes spricht Quintilian (II. 13, 8) von der „Schönheit des Unregelmäßigen" und sagt: „Nichts ist so kunstreich verdreht als jener Diskobol Myrons, und doch, wollte jemand das Werk tadeln als allzu wenig geradlinig, der wäre vom Verständnis der Kunst fern, in der eben jenes Neue und Schwierige der Erfindung des größten Preises wert ist", und hundert Jahre später gibt Lukian eine ausführliche Beschreibung. Die oft versuchte endgültige Ergänzung des Torso hat erst Furtwängler ermöglicht durch seine Auffindung eines Kopfabgusses im Louvre.

Von der Freiheit dieser so frühen Bronzestatue aus Fortschritte für die Marmorplastik vorauszusetzen, ist unmöglich. Myron hatte in seinen Schöpfungen schon eine solche Lebendigkeit erreicht, daß der Meißel einem spröderen Stoff andere Möglichkeiten abgewinnen mußte, die weniger dem „transitorischen Moment" galten. Wer aber als Beschauer vor Myrons Diskoswerfer tritt, der mache sich einmal klar, wie hier ein Augenblick festgebannt ist, der in Wirklichkeit sich schneller als der Blick selbst wandeln müßte. Welche Kühnheit und welche Zusammenschau der Bruchteile von Sekunden ermöglichte erst diese Bannung! Und dazu die Ausbalancierung dieses komplizierten Aktes, der eben vielleicht nur dadurch so gewagt werden konnte, daß Myron seine Freifigur doch noch stark reliefartig auffaßte. Und an den Reliefs, die sich ähnliche Stellungen schon längere Zeit erlaubten, wird er zunächst den Mut zur Übertragung solcher Bewegungen auf eine losgelöste Statue gewonnen haben. Interessant ist aber doch, wie auch hier wieder die Darstellung der Gebärde weit fortgeschrittener war als die des fast leeren Ausdrucks. Schon die Alten (Plinius) rügten diese archaische Rückständigkeit im Mangel seelischer Stimmung und auch in der nicht sehr glücklichen Behandlung der Haare.

Marsyas und Athene

Noch an einer anderen Statue oder vielmehr einer ursprünglichen Gruppe wird uns — allerdings wieder nur in der Marmorkopie — die Meisterschaft des Myron deutlich. Das ist sein Marsyas mit Athene in der Szene der Flötenerfindung. Auch hier wieder begegnen uns die gleichen Elemente wie beim Diskoswerfer: Dramatik der Bewegung, der plötzliche Augenblick, Bevorzugung des Körpers vor der technischen Behandlung des Kopfes beim Marsyas; anders bei dem wundervollen Haupt der ebenso anmutsvollen wie strengen Jungfrau Athene. Diese Gruppe, die noch stärker als der Diskoswerfer reliefartig wirkt, stand auf der Akropolis, unaufhörlich von vielen bewundert.

Die eherne Kuh

Aber nichts ging doch bei den Alten, wenn es sich um Myron handelte, über den Enthusiasmus, den seine eherne Kuh auslöste, die ebenfalls auf der Akropolis Aufstellung fand. Es mutet beinahe grotesk an und läßt uns fast etwas skeptisch von antiker Kunsteinschätzung denken, wenn wir die maßlose und durch Jahrhunderte nicht endenwollende Bewunderung dieses Bronzetieres bemerken. Überall in der Literatur, besonders der Epigrammdichter, wimmelt es von diesen begeisterten Übertreibungen, die wir oft für

IV. SKULPTUR

andere Gebilde schmerzlich vermissen; da heißt es: der Hirt wirft mit dem Stein nach ihr, weil sie von der Herde zurückgeblieben sei; andere Tiere gesellen sich zu ihr; Myron hat entweder das Erz belebt, oder er hat eine Kuh aus der Herde genommen und in Bronze verwandelt; Natur und Kunst fochten in dieser Kuh einen Streit aus; sie würde brüllen können, wenn nur der Künstler auch ihre inneren Organe ausgebildet hätte... Von ihrer Lebensweisheit wurden selbst Tiere getäuscht: Kälber kamen, um an ihr zu saugen, Bremsen, um sie zu stechen, Löwen, um sie zu zerreißen ([86]).

Noch mancherlei Werke Myrons wurden — wenn auch würdiger — gepriesen. Wenn sie auch alle diese Eigenschaft der flüchtig lebendigen Beweglichkeit aufwiesen und darum große Natürlichkeit gehabt haben sollen, so muß doch neben dieser Virtuosität ein großes Ethos in Myrons Schaffen gelegen haben, um die Tiefe dieser nachhaltigen Bewunderung zu erklären. Denn immer in der Kunst ist es nicht die Fähigkeit zur Gestaltung allein, die ihr Ewigkeitswerte gibt, sondern der Geist und die sittliche Haltung, die die Werke heranreifen und in ihnen dauerndes Leben gewinnen lassen.

Am stärksten wird dies wohl an Myrons etwas jüngerem Zeitgenossen **Pheidias** deutlich. Obwohl wir von den Werken dieses Meisters keines sicher im Original besitzen, bedeutet der Name Pheidias doch den Höhepunkt der ganzen griechischen Kunst, und das Altertum urteilte ebenso wie wir heute. In Pheidias feiert die ionische Bildhauerkunst Attikas ihren höchsten Triumph, denn nie wieder hat sich größte Meisterschaft so sehr mit reinstem Ethos geeint, um Göttergebilde hinzustellen, deren ehrfurchtgebietende Erhabenheit und fast überirdische Hoheit dennoch edelstes Menschentum verkörpern und mit dem ganzen Zauber hellenischer Schönheit, Anmut und Harmonie durchstrahlt sind. Einzig aus der Inbrunst der Religion heraus sind diese Bildwerke nicht geschaffen; sie gehören schon einer Epoche an, die sie der kritiklosen Hingabe kindlichen Glaubens entzogen hatte und diesen durch Geist und Intellekt zu ersetzen suchte. Andererseits wäre Pheidias eine so ehrfurchtheischende Verkörperung göttlicher Gestalten nie geglückt, wenn er nicht selber noch durchaus jenseits der aufkeimenden Zweifel im Glauben der Väter an diese Götter verwurzelt gewesen wäre. Erreichte er doch sogar, daß selbst weit spätere Zeiten, die auf ihre Aufklärung stolz waren, ganz im Bann seiner Gebilde von frommem Schauer erfaßt wurden und dies rückhaltlos bekannten. Künstlerische Fähigkeit allein hätte das nie erreichen können, und aus den erhaltenen Nachbildungen fällt es uns nicht sonderlich schwer, die auch sittlich so überragende künstlerische Persönlichkeit und den stärkenden Einfluß ihres reinen und hohen Charakters zu begreifen.

Der Name des Pheidias verknüpft sich zumeist mit den Skulpturen des Parthenon, deren Erschaffung lange Zeit ihm zugeschrieben wurde. Heute aber wissen wir — auch aus stilistischen Gründen —, daß Pheidias wohl nicht der unmittelbare Meister dieser von unbekannter Hand geschaffenen Herrlichkeiten ist, obwohl auch über dieses Problem neuerdings wieder Schwankungen in der Meinung der Gelehrten eintreten. Jedenfalls lassen sich die Skulpturen nicht ganz von dem Meister trennen. Pheidias, der Freund und Gesinnungsgenosse des Perikles, führte über ein Jahrzehnt die Oberaufsicht über die gesamten Arbeiten und besonders die bildhauerische Tätigkeit auf der Akropolis. Er war es, der hier waltete, ordnete, bestimmte, anregte, und so sind sein Geist, ja sein Können, seine Lehre in allem spürbar, was um

Pheidias

Die Skulpturen des Parthenon

diese Zeit und an diesem Orte entstand. Die Parthenonskulpturen selbst — jedenfalls die Giebelfelder — zeigen aber bereits einen etwas entwickelteren Stil, der gewisse Herbheiten des älteren Pheidias nicht mehr kennt und sich neben den bekannten Götterbildern des Meisters als eine weitere Phase nach der Richtung ionischer Schönheit, Ausgeglichenheit und Vollendung zeigt. Das Wort „archaisch" will auf Pheidias keineswegs mehr passen, und doch drängt es sich im besten und lobenden Sinne auf gegenüber den flüssigeren und weicheren Linien anderer Akropolisskulpturen aus dieser Zeit. Waren doch an der unbegreiflichen Fülle eine Menge von Meistern beschäftigt; es müssen ältere und jüngere, große Genies und Kräfte zweiten Ranges nebeneinander tätig gewesen sein, und auch ihre Herkunft aus mancherlei anderen Schulen wird deren Einflüssen Zutritt gestattet haben. Einheitlich und auf höchster Stufe blieb die Gesamtleistung trotzdem, und das eben ist das Werk des Pheidias, ohne den die Höhe dieser Vollendung nicht zu denken wäre. Seine wirkliche Arbeit an etwaigen Entwürfen aber kennen wir nicht. Daß der Stil des Meisters aber doch noch herber und altertümlicher war, hat uns jetzt eben erst ein seltsamer Fund wirklich bewiesen. Im Schlamm des Peiraieushafens, den man auf Kunstwerke untersuchte, fand man in einem verbrannten Schiffe Reliefs, die nach denen am Schild der Parthenosstatue, von der wir noch hören werden, kopiert sind, und hier bewegen wir uns zweifellos auf einem älteren Felde der Kunst und im Bezirk einer herberen Strenge.

Die Athene Parthenos

Betrachten wir darum zuerst einmal die Werke, von denen die verlorenen Originale dem Pheidias sicher zugeschrieben werden. Da werden immer an der Spitze die beiden Götterbilder genannt: die Athene, die er für den Haupttempel seiner Vaterstadt schuf, und das gewaltige sitzende Zeusbild im Tempel von Olympia. Beide waren in der Gold-Elfenbein-Technik (über einem Holzkern) geschaffen und wurden stets als das Höchste gepriesen, was Meisterhand je geschaffen habe. Hier war ausgeprägteste Feierlichkeit durchaus am Platz, ja gefordert. Ein wahres Bild können wir uns kaum machen, trotz der vielen Beschreibungen oder Nachbildungen auf Münzen oder in jüngeren Marmorfunden (Athene Varvakion), die wohl zweifellos auf das Original des Pheidias zurückgehen, aber schon durch das andere Material und das abweichende Größenverhältnis nur sehr bedingt den ursprünglichen Eindruck vermitteln können. Die 1830 bei der Varvakionschule in Athen gefundene Marmorstatue stimmt aber sonst völlig mit der Schilderung überein, wie wir sie z. B. bei Pausanias (I. 24, 5—7) finden. „Die Gold-Elfenbein-Statue der Parthenos wurde im Jahre 438 geweiht. Sie erhob sich etwa 12 Meter hoch im Mittelschiff des Parthenon. Über 1000 Kilogramm reinen Goldes waren in Gewandung und Rüstung verarbeitet: so stellte die Statue zugleich einen Kriegsschatz dar für die Zeiten der Not. Die Goldteile waren leicht abnehmbar: alle vier Jahre wurde ihr Vollgewicht durch die Schatzmeister auf der Wage nachgeprüft. Den Kern bildete eine sehr genau gearbeitete Holzstatue, auf die Elfenbein und Gold in dünnen Platten aufgelegt waren; so konnte das Werk zur Not auch ohne den Goldbelag fortbestehen. Schon früh begann es schadhaft zu werden; wiederholt wurden Teile der Goldhülle entwendet; spätestens im 5. Jahrhundert n. Chr. ist es völlig zerstört worden." [87]

Bei aller Hoheit, die auch noch aus der Kopie ersichtlich ist, werden wir aber doch nicht leugnen können, daß uns in dieser Form vieles überladen und steif erscheint. Aber solche Urteile sind gefährlich; denn einmal erforderte ein Kultbild gewisse Embleme, und dann werden das Material und das gedämpfte Licht des Standortes vieles gemildert haben. Auf dem Schilde dieser Göttin befanden sich jene erwähnten Reliefs, deren Nachbildungen im Hafen gefunden wurden. An ihnen wird besonders deutlich, was auch immer wieder stark betont werden muß, daß selbst eine Persönlichkeit von der Größe und der Eigenart eines Pheidias niemals zu denken ist ohne den nachhaltigen Eindruck und Einfluß des großen Malers Polygnot, dem die ganzen nächsten Generationen unweigerlich erlagen. Pheidias selbst, der als der Sohn des Charmides aus einer Künstlerfamilie stammte, begann als Maler, ehe er bei Hegias in Athen oder auch vorher in Argos sich in der Bildhauerei ausbildete, und sein Bruder P a n a i n o s wurde ja schon als Mitschöpfer der Bilder in der Stoa poikile genannt, und so ist der Einfluß der Schwesterkunst mehrfach erklärlich.

Über das zweite große Kultbild, den Zeus von Olympia, wissen wir für die sinnliche Vorstellung noch weniger als über die Athene, aber begeisterte Berichte liefert das Altertum zahllos, und am ergreifendsten ist wohl der Ausspruch, daß der Anblick des Zeusbildes in seiner milden Erhabenheit jeden Kummer vergessen ließ und auch der Unglücklichste getröstet von dannen ging. Dieser thronende Zeus, ebenfalls in der Gold-Elfenbein-Technik gefertigt, bildet den Ausklang von Pheidias' Schaffen. Erst 432 geweiht, war er 438 gefertigt, als der alte Meister von Athen aus der Unterschlagung des gelieferten Goldes angeklagt wurde. Er starb bald darauf, und wir wissen nicht genau, ob in hohen Ehren in Elis oder im Gefängnis in Athen. Ja, es finden sich Berichte, er sei dann in seiner Vaterstadt vergiftet worden. *Der Zeus von Olympia*

Es würde für unsre Zwecke zu weit führen, hier kunstgeschichtlich dem ganzen Schaffen des Pheidias an den mancherlei strittigen Objekten nachzugehen. Die Unsicherheit der Meinungen, welche Kopien wirklich auf ihn zurückzuführen sind, ist für eine klare Stellungnahme noch viel zu groß, und was früher dem Meister zugeteilt wurde, wird ihm heute abgesprochen und umgekehrt. Ja, sogar in der Frage der Parthenonskulpturen, die, wie schon gesagt, erst als sein Werk galten, dann nur seinem Einfluß zugeschrieben wurden, ist neuerdings wieder eine starke Strömung eingetreten, die gerade in diesen Werken Hand und Höhepunkt des Pheidias zu sehen wähnt.

So wissen wir zwar auch von seiner berühmten ehernen Athene Lemnia, daß sie als kolossales Standbild von attischen Lemniern für die Akropolis gestiftet und um 447 aufgestellt wurde. Ob aber der Dresdner Torso, der unter diesem Namen geht, und seine Ergänzung des wundervollen Kopfes in Bologna, der früher jedoch — für die jungfräuliche Kriegsgöttin recht bezeichnend — als männlich angesprochen wurde, diesem gepriesenen Bilde entsprechen, bleibt vorläufig noch ungewiß. Der edle Kopf ist jedenfalls von einer zauberhaften Schönheit, der Torso gemessen und streng. In des Meisters Jugendzeit, noch unter dem Eindruck der siegreich ausklingenden Perserkriege, entstand die berühmte Athene Promachos, eine 9 Meter hohe Erzfigur, deren vergoldete Lanzenspitze den Schiffen schon bei der Umsegelung von Kap Sunion entgegenleuchtete. *Die Athene Lemnia*

So sehen wir Pheidias immer wieder seine heilige Stadtgöttin in den verschiedensten Phasen ihres Wesens verherrlichen, denn auch außerhalb Athens wurden Athenebilder bei ihm bestellt, darunter auch solche in akropolischer Technik, d. h. Marmor und Gold über einem Holzkern. Man kann begreifen, *Ethische Wirkung* daß die Alten von ihm sagten, er habe nicht nur der Religion gedient, sondern diese sogar zu mehren und zu erweitern gewußt. Jedenfalls hat er zuerst erreicht, daß aus einem vollendeten Menschenwerk wirklich göttliche Macht in überirdischer Schönheit zu strömen schien; und somit ragte Pheidias als ein mahnender Repräsentant des alten großen Glaubens in eine Epoche, die diesen reinen Urquell hellenischer Kultur bereits überheblich zu verschütten drohte. Darum ist es nicht damit getan, allein den großen Bildhauer zu feiern, sondern er muß als sittliche Potenz höchsten Ranges für sein Volk und dessen beste, durch ihn mitbestimmte Kulturperiode mitgewertet werden.

Sein Geist war es, der aus den Skulpturen des Parthenon auf die ehrfurchtsvolle Menge der zum Tempel Wallfahrenden herabstrahlte, und so müssen wir hier im Anschluß noch etwas näher auf diese vorzüglichen Meisterwerke der ganzen griechischen Kunst eingehen, ohne nochmals analysieren zu wollen, wer wirklich ihr manueller Schöpfer sein mag.

Die Elgin-Marbles

Die viel gepriesenen Parthenonskulpturen, die jetzt ja unter dem Namen der Elgin-Marbles sich im Londoner Britischen Museum befinden, bestehen aus dem plastischen Schmuck der beiden Giebelfelder (der Ostgiebel ist fast vollständig zerstört) und den Reliefs des langen Cellafrieses. Daneben bestanden 92 Metopen, von denen aber nur die Stücke der Südseite erhalten sind.

Um mit den Metopen zu beginnen, so hält man sie für den ältesten Teil, aber auch dies wird bei der außerordentlichen Lebendigkeit und Vollendung der abwechslungsreichen Kampfszenen (Götter gegen Giganten, Lapithen gegen Kentauren) stark bestritten und kann jedenfalls nur für einige der künstlerisch sehr unterschiedlichen Felder zeitliche Geltung haben. Die Auswahl solcher Stoffe läßt auf die seelische Nachwirkung der schweren Perserkriege schließen, aber auch stilistisch beleben diese variantenreichen Gruppen vorteilhaft die ruhig-strengen Linien des Tempelbaus. Den etwas jüngeren Cellafries, diese 100 Meter lange Folge herrlicher Reliefs, die von reinster Kunstempfindung und Erfindung zeugen, haben die Alten unerklärlicherweise weit weniger gepriesen, ja in ihren Berichten kaum erwähnt, und doch offenbart sich in diesen Szenen, die den Opferfestzug der Panathenaeen und die Überreichung des Peplos (Gewandes) an Athene darstellen, einen Reichtum und eine Fülle der Gestaltung, daß alle Bildhauer unserer Zeit unaufhörlich daraus lernen könnten, besonders auch was die Beleuchtungseffekte der flachen und dennoch tief wirkenden, stark malerisch beeinflußten Relieffolgen betrifft. Der Stoff war ja unerschöpflich. Für Feierliches und Bewegtes, für prachtvoll-behandeltes Gewand wie für nackte Körper, für Männer und Frauen und die Jugend beiderlei Geschlechts, ganz besonders aber für herrliche Reitergruppen bot er jede erdenkliche Szene. Die starke Vorliebe der Athener für das Roß, dieses Göttergeschenkes des Poseidon an das Land Attika, tritt hier deutlich zutage. Sie alle waren begeisterte Pferdekenner und haben uns genaue Schilderungen von ihrer Auffassung der Idealbildung solcher Tiere hinterlassen, die ja für Krieg, Rennen und Wagenkämpfe hochgeschätzt und im Rennstall reicher Bürger sorgsam gepflegt wurden. Schon bei Homer begegnen uns immer wieder die Hinweise auf besonders gute „Rossegefilde" und Pferderassen, und wenn es diese zu schildern und zu loben gilt, werden Mythos und Dichter geradezu enthusiastisch. Es ist interessant, daß auch die Pferdedarstellungen am Parthenon trotz ihrer

Der Parthenonfries

IV. SKULPTUR

verblüffenden Lebendigkeit stark stilisiert sind und besonders, daß sie im Verhältnis zu den Reitern auffallend klein gebildet werden, was nur mit voller Absicht geschehen sein kann; auf den uralten Friesen von Prinias (Kreta) ist es fast groteskerweise gerade umgekehrt. Das Hauptstück des Frieses bildet die Reihe der sitzenden Götter. Was lohnt es, mit armen Worten die himmlische Würde dieser ebenso hoheitsvoll gelassenen, wie linienbewegten Gruppen zu schildern! Nie aber ist eine aristokratische Welt so edel dargestellt und das Ebenbild des Göttlichen im Menschenleibe so vollendet geformt worden. Um sich die ursprüngliche Wirkung des Frieses voll zu vergegenwärtigen, muß man nicht außer acht lassen, daß auch hier Metallteile und farbige Tönung den Eindruck erhöhten.

Und nun die Giebel. Auch hier bleibt jede Schilderung armselig, und viel mehr als die Stoffe kann man nicht nennen, zumal ja so vieles, besonders vom Ostgiebel, zerstört ist. Aber welche Reste! Noch die Trümmer dieser Götterszenen strahlen eine Schönheit, eine in dem Reichtum ihrer Gestaltung künstlerische Phantasie von solcher Potenz aus, daß ganze Reihen von Bildhauergenerationen hier Anregung und Lehre fänden. Die schwierige Gruppierung in dem seitlich zugespitzten Raum ist allein schon meisterhaft gelöst, aber gerade den sicheren Instinkt solcher Flächenbehandlung vermißt man in stil-schlechten Zeiten am schmerzlichsten. Dazu liegt eine Musik in diesen seitlich abschwellenden und zur Mitte sich steigernden Linien, die fast spürbar wird. Polygnots großer, erhabener Malergeist schwebt auch hier über diesen Gebilden des Pheidias-Kreises, aber in durchaus gutem, befruchtenden Sinne. Sogar bei Einzelheiten gedenkt man dieses einzigartigen Meisters, z. B. bei der Behandlung der Gewänder. Betrachtet man die berühmte Torsogruppe der drei „Tauschwestern" (Moiren oder Horen?), so grenzt die Virtuosität dieser schleierdünnen, geschmeidigen Gewandung und der aufsteigende Rhythmus der drei Leiber schon an jenen Punkt, über den hinaus eine höhere Vollendung nicht mehr möglich ist. Und das ist ja neben der unendlichen Beglückung derartiger Kunst stets das Tragische solcher Höchstleistungen, daß sie einsam hinter uns bleiben wie ein verlassenes Paradies, aus dem die Wege nur noch abwärts ins Land geringerer Geister führen können. Die Verschmelzung des fast herben, gotterfüllten Ernstes eines Pheidias mit der ganzen Anmut und dem Zauber ionischen Kunstempfindens ist in den Parthenonskulpturen zu einer Synthese gediehen, die zu Tränen erschüttern kann, Tränen der Sehnsucht und des Nicht-fassen-könnens, das solche äthergeborene Unbegreiflichkeit einmal auf Erden möglich war und nicht wiederkehrt.

Wem dies zu überschwenglich klingt, der versuche einmal zu ermessen, was hier vor sich ging, was hier in Menschenhirnen und -herzen, in Menschenaugen und -händen gewaltet haben muß, um im Überschwang kurzer, unruhevoller Jahre gleichwie im göttlichen Rausch etwas aus toter Materie hinzustellen, was nur geistige Blicke als die äußerste Essenz idealer Gebilde geschaut haben können. Hier ist etwas in Wirksamkeit getreten, was mit Verstandeskräften und kühler Berechnung nicht mehr zu fassen ist und was sich des Menschen nur als eines Gefäßes bedient, um Segen und Gnade einer jenseitigen Schönheit als kurzes Traumerlebnis zu spenden. Die solcher Gaben gewürdigt werden, pflegen selten auf der Höhe ihrer Schöpfungen zu stehen, die aus ihnen kamen, sie wissen selbst nicht wie. Aber daß die Hellenen jener Zeit zu dieser Verwirklichung auserwählt wurden, zwingt uns

Die Giebel

doch, all ihr menschlich — allzu menschliches Dasein dieser Zeit mit Ehrfurcht in jeder Hinsicht zu betrachten. —

Bildhauerschulen

Daß das Wirken so großer Meister wie Myron und Pheidias in Athen für die Bildhauerkunst in Attika nicht einflußlos vorübergehen konnte, ist selbstverständlich, zumal wohl beide auch eine starke Lehrtätigkeit entfalteten und ein Kreis von Schülern sich um sie scharte. Und da entwickeln sich nun zwei ganz verschiedene Richtungen, die auf den beiden großen Namen fußen; nicht aber in unselbständiger Nachahmung, sondern mit bewußter Weiterbildung verschiedener Tendenzen. An Myron schloß sich sein Sohn L y k i o s, und er und S t r o n g y l i o n betonten noch stärker die von Myron angeschlagene realistische Note. Dies führte zwangsläufig zur Porträtbüste, und so muß man hierin den großen K r e s i l a s rechnen, der u. a. auch die bekannte Herme des Perikles mit dem Helm (Kopie im Vatikan) geschaffen haben soll und der mit Pheidias und Polyklet im Wettstreit sich um die beste Darstellung einer verwundeten Amazone bemühte.

Die zweite athenische Richtung, die Pheidias nacheiferte, blieb bei dessen erhabenem Ernst, und A l k a m e n e s und A g o r a k r i t o s ragen als Lieblingsschüler des berühmten Meisters am stärksten hervor. Im allgemeinen müssen wir die interessante Tatsache feststellen, daß die stilistische Entwicklung der Bildhauerei nun nicht etwa ihren großen Errungenschaften eine noch virtuosere und gefälligere Richtung zu geben versuchte, sondern es machte sich im Gegenteil eine Reaktion zugunsten einer bewußt archaischen Kunst geltend. Man war des allzu weltlich gewordenen Tones müde und suchte das Heil in einem rückblickenden Konservativismus und in den Stiltendenzen der Väter.

Polyklet

Es paßt gut dazu, daß der große Dritte im Bunde, der im Ausgang des 5.Jahrhunderts mit Myron und Pheidias zu nennen ist, nämlich P o l y - k l e t, wieder neu die peloponnesische Schule und den herben dorischen Stil zu Ehren, ja zu überragender Bedeutung brachte. Diese stolze, in sich beruhende, meisterhafte Kunst gab zur Anmut und Schönheit Athens die männlich feste Ergänzung. Sie hat etwas kanonisch Klassisches an sich, und so hat auch Polyklet in seinem Doryphoros (marmorne Nachbildung in Neapel) bewußt jene Norm richtiger Proportionen geben wollen, von der wir hier schon früher sprachen und sie als wechselnd in den verschiedenen Epochen bezeichneten. So weichen die polykletischen Maße auch erheblich von denen ab, die vier Jahrhunderte später Vitruv der römischen Plastik vorschrieb. Bei der so verstandesmäßigen Erwägung des Polyklet müssen wir nun aber keineswegs an eine trocken-steife und reizlose Kunst denken. Im Gegenteil, dieser unübertreffliche Meister, der ebenbürtig neben Pheidias die Kunst des ausgehenden 5.Jahrhunderts repräsentiert, war derart von echtem Genie erfüllt, daß seine Überlegung höchstens diese unfaßbare Beherrschung der Menschengestalt noch steigerte und bei aller architektonischen Klarheit der Figur sie doch mit allen Reizen gelöster Anmut erfüllte. Polyklet, der fast nur einzelne Jünglingsgestalten schuf, verwandte zuerst durchgehends das Motiv des rückgestellten „Spielbeins", während der andere Fuß fest auf dem Boden ruhte und den Körper trug (Kontrapost). Es kommt dadurch eine große Elastizität in die Stellung des Rumpfes, und die Haltung wird ebenso elegant wie natürlich-sicher. An der mustergültigen Verwendung dieses Motives sind nun Statuen von Polyklet fast sicher zu erkennen. Bestimmt auf ihn zurückzuführen sind die Marmorbilder des Diadumenos in

IV. SKULPTUR

Madrid, des so schönen, adligen Kyniskos in London und die in vielen Varianten verbreitete verwundete, stehende Amazone.

Auch mit den großen Götterbildern des Pheidias in der Gold-Elfenbein-Technik hat Polyklet gewetteifert und schuf für das Heraion in Argos die Stadtgöttin Hera, ein hochgepriesenes Bildwerk.

Um zu Polyklets strenger, kühler Kunst die richtige Einstellung zu gewinnen, muß man sich von aller romantischen Inbrunst völlig freimachen. Er ist der große, klare Meister äußerer Gestaltung, jenseits schwankender Gefühle, der darum am ehesten der Gefahr ausgesetzt ist, daß moderner Unverstand bei ihm die Begriffe klassisch und langweilig synonym nehmen könnte. Wer aber echtes Gefühl für reine Größe und unbedingte Meisterschaft besitzt, der wird auch sofort erkennen, daß gerade in Polyklet zumindest die dorische Art der hellenischen Bildhauerkunst gipfelt.

*

Daß ein solcher Mann zum Lehrer wie geschaffen war und Schule machen mußte, liegt auf der Hand; wissen wir doch auch, daß der dämonische Lysander, als er Athen den Todesstoß gegeben hatte (404), ein großes Weihgeschenk für Delphi stiftete und neun Polykletschüler mit der Herstellung betraute. Auch in der Familie des Bildhauers war die Begabung erblich, und Polyklets Enkel D a i d a l o s genoß großen Ruf; aber bei ihm war das Herbe und Wuchtige des Großvaters bereits erheblich gemildert.

Begann doch nun auch mit dem neuen Jahrhundert wirklich eine andere Anschauung; ein neues Ideal schwebte den Künstlern vor. Etwas Elegantes und Weltmännisches — aber im besten Sinne — machte sich bemerkbar. Geschmeidig, schlank und anmutsvoll bietet sich die neue Kunst, die eine womöglich noch erhöhte Meisterschaft und verfeinerte Technik verrät, aber die strenge Erhabenheit, den Ernst der Väter ganz zugunsten berückender Schönheit abgestreift hat. Die unerhörte Größe der Akropoliskunst und der ihr verwandten Meister konnte nur einmal blühen; sollte eine weitere fruchtbare Entwicklung eintreten, so konnte sie nur nach der Richtung sinnberückender Reize geschehen und in ihren besten Schöpfungen einen Zauber entfalten, der uns noch heute beim Anblick von so vieler materialgebundener Schönheit berauscht, aber nicht mehr derart in Ehrfurcht bannt, wie die ältere, nun abgelaufene Kunstperiode.

<small>Seelische Umstellung</small>

Wiederum ist es ein Dreigestirn großer Bildhauer, das in der Hauptsache die hier angedeuteten Tendenzen vertritt, natürlich umgeben von einem Schwarm zweitklassiger Künstler und Talente, die aber immer noch so bedeutend waren, daß jedes Land und Volk die Hellenen um solche Meister beneiden kann.

Die drei Meister waren: P r a x i t e l e s , S k o p a s und L y s i p p o s ; jeder dieser drei Namen verkörpert eine besondere Note, eine spezielle Ausbildung der kaum mehr überbietbaren bisherigen Leistungen, aber doch umschwebt alle drei der gleiche Nimbus einer restlos idealen Schönheit ihrer Schöpfung.

Aber nicht nur aus innerlichen Gründen wandelte sich jetzt die Kunst; auch die äußeren Umstände hatten sich völlig verändert und bestimmten darum stark das freie Schaffen großer Meister. Mit der fördernden Gunst äußerer reicher Verhältnisse war es vorbei. Der schreckliche, langdauernde Krieg hatte den Wohlstand untergraben, besonders das so kunstliebende

<small>Soziale Veränderungen</small>

Athen war verarmt, gedemütigt und aus seiner führenden Rolle geworfen, ohne daß diese machtpolitisch auf eine andere Stadt dauernd und stark übergegangen wäre. Es war ein Prozeß der Zersetzung und Zerfleischung. Man spürte, wie Griechenland nach dem schicksalsschweren Versäumen einer Einigung dem schlimmen Lose des Verlustes seiner Freiheit entgegenglitt, und so konnten nicht mehr das Ethos vaterländischer Größe und der Stolz auf die Schmückung der Heimat große Aufgaben stellen und Gewaltiges bodenständig hervorbringen. Die Künstler waren wohl da, aber die Bewegung, die sie trug, anregte und beschäftigte, war eine andere, eine allgemeinere geworden. Aus dem Bann der Heimat, aus der Weihe einzelner Kunststätten, aus ortgebundener Tradition eilte sie mit neuem Pathos in die Befriedigung ausgedehnterer Bedürfnisse. Fremde Dynasten, ehrgeizige Städte der Peripheriegebiete, Macht und Reichtum in neuen Zentren des hellenischen Lebens beriefen die Meister überall hin, als sollte sich jetzt schon jene Periode vorbereiten, die dann als Hellenismus die Kultur der Welt unterwarf.

Kephisodotos — Unter den Meistern der Übergangsperiode ist besonders **Kephisodotos** zu nennen, und bezeichnenderweise für die geistige Einstellung der Zeit wird vor allem eine wundervolle Darstellung der Friedensgöttin mit dem kleinen Plutos, dem Gott des Überflusses, auf dem Arm als sein Hauptwerk gepriesen (München, Berlin). Wohl haben noch Pheidias und Polyklet und die athenischen Meister hier geistig Pate gestanden, aber eine zärtliche Weichheit des Ausdrucks kündet doch bereits jenes neue Marmorgeschlecht

Praxiteles — an, das nun unter dem Meißel des **Praxiteles** entstand. Auch dieser, ein Sohn des Kephisodotos, begann „pheidiasisch", aber seine geistige Einstellung mußte sich einer zarteren, jüngeren Göttersippe zuwenden, um sie mit dem ganzen Reiz zauberhafter Anmut verklärend zu verewigen. Auch technisch ist es bemerkenswert, daß jetzt die Meister vom ehrwürdigen Erz fast ganz zum Marmor übergingen. Tempelschmuck und größere Gruppen galt es kaum mehr zu bilden; die Einzelgestalt dominierte, und in der Konzentration auf sie entstehen nun diese nicht für einen bestimmten Standort geschaffenen Meisterwerke, die, von weither bestellt, den Ruhm griechischer Kunst über die ganze damalige Kulturwelt verbreiteten. Es ist, als ob die Göttin der Liebe den Meißel des Praxiteles geführt hätte, denn wenn er neben Aphrodite und Eros sich auch Hermes, Dionysos und anderen ephebenjungen Gestalten zuwandte, so ist es doch immer die berückende Blüte der Jugend, der Schmelz süßer Schönheit und der Zauber lässiger Eleganz, die uns völlig gefangennehmen. Bei Praxiteles war nun natürlich auch alle Starrheit und Seelenlosigkeit eines bis dahin konventionellen Ausdruckes geschwunden; das zarte Oval seiner Köpfe ist belebt von milder Beseelung des Blickes und Mienenspiels, ob es einen Gott, einen Satyr oder eine Profangestalt galt. Der Hermes in Olympia, die Knidische Aphrodite, der Apollon Sauroktonos (Vatikan), sind Wunderbeispiele dieser Kunst, bei der man nicht mehr die Inspiration von Frömmigkeit und religiösem Glauben suchen darf, dafür aber Menschengebilde von so durchlichteter Schönheit, daß sie auf andere Weise vergöttlicht und himmlisch erscheinen. So blieb die Gesinnung, die diese Werke schuf, ebenso groß wie die nicht mehr zu steigernde Technik, die diese marmornen Leiber fast lebendig macht.

Farbige Tönung — Man darf ja auch nie vergessen, daß damals zum Marmor stets die Farbe trat, nicht um eine naturalistische Panoptikum-Wirklichkeit zu erzeugen, sondern um den gesamten Kunsteindruck durch Tönung noch zu heben.

IV. SKULPTUR

Unser Auge und Urteil sind durch den Anblick so vieler blankweißer Marmorwerke verbildet und nicht mehr derart künstlerisch eingestellt, um auch nur eine wahre und gerechte Vorstellung jener Färbungen zu haben, die aber auch das Freilicht des Südens und den ergänzenden Eindruck griechischer Natur voraussetzen. Praxiteles, und mit ihm wohl alle Meister, nahm es mit solcher Tönung seiner Statuen so ernst, daß ihm gerade die besten Maler als Hilfsgenossen gut genug waren, und so benutzte er Hand und Pinsel seines Freundes, des gepriesenen Nikias. So hat auch sein berühmter Hermes rötliches Haar an Haupt und Brauen gehabt, rötlich war der Mund, dunkel die Pupillen, und der Schmuck der reichen Sandalen, sowie des wohlberechnend die Stütze verhüllenden Gewandes traten starkfarbig hervor.

Skopas

Die Lieblichkeit der Praxiteleskunst fand ihre ernste Ergänzung in dem so oft mit dem Meister zusammen genannten, zweiten großen Bildhauer des 4. Jahrhunderts, in dem Parier S k o p a s. So viel Übereinstimmendes auch beide in der angedeuteten Richtung bindet, so sind doch beide Künstler von ausgesprochener Eigenart. Ernst und Leidenschaft treten wechselnd bei Skopas an Stelle der heiteren, milden Ruhe des Praxiteles, auch war seine Kunst zuweilen noch den jetzt spärlicher werdenden Tempelbauten (Athenetempel in Tegea) zugewandt. Ein Pathos bis zur Exaltation (seine Bacchantin), ein ergreifender Ausdruck tiefliegender, ganz neuartig gestalteter Augen zeigen deutlich, welch andersartiges Gefühlsleben diese Künstler erfüllt und stark von jenen des 5. Jahrhunderts, auf denen sie doch fußen, trennt.

Der milden Heiterkeit des Praxiteles steht somit bei Skopas eine gehaltvolle Schwermut gegenüber; ein Ausdruck der Trauer spricht aus vielen seiner Gestalten, und auch stofflich entnahm er dem Mythos gern Personen, denen ein tragisches Geschick anhaftet (Meleagros, mittelmäßige Marmorkopie im Vatikan). Aber all diese Gefühlsbewegungen, selbst wo sie sich bis zum Ausbruch der Gewaltsamkeit steigern, unterliegen doch immer echthellenisch jener klassischen Bändigung, die kein Überschreiten harmonischer Maße duldet. Gerade hierin sieht man, wie sehr Skopas, der doch das Kind einer neuen Zeit ist, in edler Tradition verwurzelt bleibt, und was von ihm gilt, ist segensreiche Eigenschaft der gesamten Kunst auch dieser dem Ende zueilenden Epoche.

Die Niobiden

Könnte darum Skopas nicht vielleicht am ehesten mit den vielen Statuen zusammengehören, die eine Gruppe der Niobe mit ihren dem Tode verfallenen Kindern bildet (Florenz)? Aber zu dieser Gruppe sind jedenfalls stofflich neuerdings Stücke getreten, die von den einen der älteren dorischen Kunst, von anderen wiederum den reifsten Schöpfungen hellenischer Plastik zugeteilt werden. Dies gilt zumal von der Statue einer pfeilgetroffenen, ins Knie gesunkenen, jungen Niobide, die 1906 in Rom gefunden wurde. Dieses aus wundervollem parischen Marmor gefertigte Werk wird man als Original allerbester Art ansprechen müssen. Es ist von einer solchen Vollendung der Gestalt, der Technik und Haltung und so erschütternd in der Gebärde, daß es mir unerfindlich erscheint, wie man von der Statue, sie einer früheren Zeit zuschreibend, gesagt hat: „sie sei noch nicht durch das Feuer der Tragödie gegangen". Dabei hat uns die griechische Kunst nicht vieles hinterlassen, was in jeder Hinsicht derart ergreifend und vollendet ist.

Ohne weiteres dem Skopas zuteilen können wir die Niobiden allerdings nicht, und das ist schon deshalb so bedauerlich, weil wir von der Kunst des Meisters, selbst in der Kopie, kaum ein sicheres Werk besitzen, um so seltsamer, da sein staunenswerter Fleiß gerühmt wird und er auch weit mehr für Kultstätten beschäftigt war. In Skopas pulsierte das geisterregte, unruhige Leben seiner Zeit, gesteigert zu großartiger Wirkung. So war er ein Ergebnis seiner Epoche, die ihn pries und umgekehrt von ihm durch die Ballung der Leidenschaftlichkeit in seinen Kunstwerken beeinflußt und fortgerissen wurde.

Ehe wir uns dem dritten Genie — Lysippos — zuwenden, der doch schon den Ausgang dieser ganzen Kunstepoche repräsentiert, müssen wir uns doch noch einmal zu jenen großen Grabmonumenten in Kleinasien zurückwenden, die wir als Architektur bereits gewertet haben, die aber wohl ungleich bedeutender durch ihren Skulpturenschmuck waren, an den sich teilweise auch der Name des letztgenannten Meisters Skopas und der meisten Künstler dieser Zeit knüpft. Denn als z. B. das Grabmal des Mausolos seines Reliefschmuckes bedurfte, rief die Witwe des Herrschers die größten Meister der Zeit zusammen, und beim Neubau des Tempels von Ephesos (die berühmten unten mit einem Figurenkranz geschmückten Säulenschäfte des Artemisions) geschah das gleiche. An beiden Gebäuden wird gerade die Hand und Hilfe des Skopas gepriesen, aber auch T i m o t h e o s, L e o c h a r e s und andere große Namen werden erwähnt. Die kühnen und leidenschaftlichen Bewegungen von Amazonenkämpfen gaben Skopas reiche Gelegenheit, an dem Fries des gewaltigen Grabmals seine Vorliebe für solche lebendigen Szenen in ganz neuen, fast gewagten Formen und Linien walten zu lassen, eine Vorliebe die so stark war, daß Skopas entgeltlos weiterarbeitete, als seine Auftraggeberin unerwartet vor Vollendung des Baues starb. Welch ein Gegensatz zum Fries des Parthenon! Das Pathos, das hier anklingt, ist anders und stärker, als es im heimatlichen Hellas möglich gewesen wäre, und weist bereits ahnend auf jenes Riesenwerk, das ein knappes Jahrhundert später auch in diesen asiatischen Gefilden entstand, auf den Kampffries des Pergamonaltars. Auch die krönenden Kolossalstatuen des Mausolos und seiner Gemahlin, die nach sicherer Überlieferung der Architekt des Ganzen, P y t h e o s, schuf, zeigen in ihrer pompösen Gewandung, besonders aber in stark erstrebter Porträtähnlichkeit, ganz neue Wege und Tendenzen. Hätten wir den ganzen plastischen Schmuck dieses grandiosen Grabdenkmals erhalten, so würden wir wohl begreifen, daß man es „den Brennpunkt der gesamten hellenischen Bildhauerkunst des 4. Jahrhunderts" genannt hat.

Die beiden anderen schon erwähnten Grabdenkmäler in Kleinasien, das Dynastengrab im alten Trysa und das sogenannte Nereïdenmonument im lykischen Xanthos, sind durch ihren Reliefschmuck, so spärlich und trümmerhaft er auch erhalten ist, fast ebenso interessant. Die langen Reliefbänder der Grabumschließungsmauern in Trysa sind stark malerisch beeinflußt; deutlich betonte Perspektive, Andeutung der Kulissen sind entschieden stark wirkende Neuerungen. Man glaubt, Bilder des Polygnot, soweit wir über diese stofflich unterrichtet sind, hier in Stein übertragen zu sehen, aber das Ganze deutet doch auf eine andere Atmosphäre. Lykien war immer ein sonderbares Land. Hier dominierte das Mutterrecht, und die Bachofenschen Forschungen über dies jetzt so moderne Thema fußen zunächst mit intensivem Nachdruck auf den Überlieferungen dieses Landes, die schon bei Homer eine so starke Hervorhebung der eigentümlichen Sitten finden. Der Epiker knüpft an die Bellerophonsage an, und so scheint auch sie und der Amazonenkampf des genannten Helden in Trysa das Grundthema zu bilden.

IV. SKULPTUR

Die starke Bewegtheit der Figuren und eine ganz besondere Bevorzugung der weiblichen Darstellung gehören zur Eigenart dieser Kunst. Es stecken noch viel problematische Elemente in diesem Bilderzyklus, der zwar die lykische Sage griechisch erfaßt, aber doch auch wieder in vielen Äußerlichkeiten auf nur einheimische Anschauungen schließen läßt.

Die Figurenfolge des Xanthosmonumentes hat zwar mit der Trysakunst eine gewisse Ähnlichkeit, aber manches ist noch asiatischer und gibt interessante Einblicke in das lykische Leben und Treiben. Ganz besonders aber fesseln die Reste der großen 12 Statuen (jetzt in London) mit ihren sturmbewegten faltenreichen Gewändern, die trotz allem Raffinement einer fast durchsichtigen Behandlung schon stark über die Grenzen der Skulptur ins Malerische übergehen. Dadurch und durch viele Zutaten kommt etwas Barockes in diese immerhin staunenswert souveräne Kunst, die zumindest keine Grenze der Technik mehr zu scheuen scheint. Aber auch sie wäre derart in Hellas nicht zu denken, wenn auch hier der ionische Charakter in manchem noch archaische Bildungen zeigt. —

Der Fries des Xanthosgrabes

Völlig frei auch noch von solchen letzten Fesseln, die vielleicht bewußt und gewollt manchmal noch Praxiteles und Skopas anhaften, ist nun schließlich ihr großer dritter Kunstgenosse L y s i p p o s , dessen Leben und Wirken etwa 20 Jahre später anzusetzen ist und damit stark in die Zeit Alexanders des Großen hineinragt, dessen Hofkünstler der Meister war.

Lysippos

Bei Lysippos hat nun die Kunst jede Hemmung der Materie völlig überwunden bis zu einem Punkt, der nicht mehr überboten werden kann. Aber wenn auch die Beherrschung des Marmors durch den Meißel jetzt so weit fortgeschritten ist, daß der kalte Stein wie von Lebenswärme durchglüht und durchduftet erscheint und seine Umrisse in ihrer Zartheit und Lieblichkeit ein fast verschwimmendes Sfumato erhalten, so gilt das nur für die Mitkünstler des Lysippos und für die nach seinem Werke gefertigten Kopien. Denn Lysippos selbst schuf, wie die ältere Generation, wieder ausschließlich in Bronze, und in diesen Stoff müssen wir demnach die Originale all der nach ihm benannten Marmorstatuen zurückdenken, um sie richtig aufzufassen. Mit Lysippos erhält die Darstellung des Menschenleibes einen neuen „Kanon", eine neue Auffassung einer weicher und freier eingestellten Welt, was sich sogar in den veränderten Körpermaßen ausdrückt. Eine adlige Eleganz, eine federnde Elastizität erfüllt die selige Freiheit dieser schlanken Gestalten, wie besonders in dem berühmten Apoxiomenos (schöne Marmorkopie des verlorenen Bronzeoriginals im Vatikan). „Dieses Werk bedeutet die völlige Harmonie von Idee und Natürlichkeit". (88) Das herrliche Werk, das die Römer später zum Schmuck ihrer Thermen nach Italien entführten, wurde selbst am Tiber derart vergöttert, daß der Kaiser Tiberius, der die Statuen in seinen Palast schaffen ließ, doch bald wieder dem Volk seinen Liebling außerhalb aufstellen lassen mußte. Selbst die 1849 in Rom gefundene Marmorkopie läßt diesen Enthusiasmus voll begreifen.

Lamer (89) zieht zwischen Polyklet und Lysippos den hübschen Vergleich einer dorischen und einer ionischen Säule und zeigt somit, wie die Entwicklung von Architektur und Skulptur auch ungewollt ähnlichen Tendenzen gehorcht. Die Lockerung, die Lysippos seinen Figuren gab, erstreckt sich aber nicht nur auf ihre fast schwebende Beweglichkeit; auch der flächenartigen, zweidimensionalen Tendenz entledigt sich der Meister bewußt und ließ vorgestreckte Glieder den Raum umfassend in neuer Tiefenwirkung beherrschen. Das machte natürlich überall Schule, wie ja Epigonen solche Bewegungsmomente und Achsenverschiebungen in der Verwechslung innerlicher und äußerlicher Spannungen mit Vorliebe aufgreifen (vgl. den Einfluß Michelangelos). Und da Lysippos zu den fleißigsten aller großen Meister zu zählen ist, so verbreitete sich sein Stil rasch. Erzählt man doch, daß der Künstler für jedes vollendete Werk ein Goldstück in eine Sparbüchse steckte, in der sich dann bei seinem Tode 1500 solcher Stücke gefunden haben sollen.

Auch der Umfang seiner Stoffe war sehr groß. Nicht beschränkte er sich wie Praxiteles auf den Ephebenkörper oder wie Skopas auf Mythos und Göttergestalten, sondern auch Siegergestalten und Tierplastiken sind von ihm bekannt. Vor allem aber seine meisterhafte Behandlung des Porträts.

Porträt

Aber auch jetzt noch müssen wir von einem hellenischen Porträt niemals eine erstrebte Naturtreue oder Ähnlichkeit erwarten, wie wir das heute gewohnt sind und allgemein voraussetzen, ja wie es dann die Römerzeit schon in so hohem Grade leistete. Das lag dem Griechen gar nicht und wäre für seine ganze Auffassung von Kunst völlig abwegig gewesen. Wenn auch seine Köpfe individueller und beseelter wurden und sogar eine bestimmte Persönlichkeit zum Vorwurf hatten, so strebte der hellenische Künstler doch nur nach einer „inneren" Ähnlichkeit, nach dem Typischen selbst beim konkreten Modell, und arbeitete somit die Idee heraus, aber nicht eine naturalistische Übereinstimmung mit der Natur (im Modernen wäre die Trippelbüste von Goethe ein ähnliches Beispiel). Somit sagen uns die Alexanderbüsten des Lysippos, die im Original auch aus Bronze gefertigt wurden, wenig über das wirkliche Aussehen des großen Herrschers. Das gleiche gilt zum Beispiel auch, um es hier gleich anzufügen, von der berühmten späten Sophoklesstatue im Lateran, dieser vielleicht schönsten Porträtstatue eines unbekannten Meisters, die ja auch erst hundert Jahre nach dem Leben des Dichters erschaffen sein mag.

Polyklet und Lysippos

Wie klar und bewußt die Meister selbst über ihre Kunst dachten, beweist das interessante Wort des Lysippos: Polyklet hat die Menschen dargestellt, wie sie seien, er aber, wie sie zu sein schienen.

All den Werken, die auf Originale des Lysippos zurückzuführen wären, im einzelnen nachzugehen, ist Sache der Kunstgeschichte, zumal ja auch vieles unsicher und ungeklärt bleiben muß, wie z. B. der schöne Ares Ludovisi in Rom oder der sitzende Bronze-Hermes in Neapel; nur der Agias in Delphi verrät die Kunst des Meisters so deutlich, daß man Lysippos' Urheberschaft schwerlich bestreiten kann.

Wir wissen ja von so vielen berühmten Statuen des Altertums nicht genau, wem man ihre ursprüngliche Formung zuteilen soll, selbst in einem so interessanten Fall wie in der Frage des Schöpfers des Apollon vom Belvedere, oder vielmehr dessen Bronzeoriginal. Dies zwischen Überschätzung und etwas snobistischer Mißachtung hin- und hergeschobene Werk gehört, gleich seinem Gegenstück, der Diana von Versailles, jedenfalls in diesen Künstlerkreis des 4. Jahrhunderts, und man nennt ohne Beweis den attischen Erzbildhauer S i l a n i o n als Schöpfer, andere aber treten für Leochares ein.

Wie groß der Umfang der hellenischen Bildhauerkunst, wie unfaßbar die Fülle selbst des Allerbesten in jener Zeit gewesen sein muß, geht wohl aus nichts so deutlich hervor als aus der Tatsache, daß das Altertum manche Herrlichkeiten gar nicht erwähnt, die ihm wie selbstverständlich erschienen und uns doch in ihrer Vollendung fast unbegreiflich sind. Denn überall war das hellenische Leben von Kunst durchtränkt. Es wäre unrecht, wenn

IV. SKULPTUR

wir nur der großen, öffentlichen Plastik und ihrer berühmtesten Stücke gedächten. Gerade das stille Privatleben, das häusliche Dasein, das Kunstgewerbe sind voll von plastischer und malerischer Schönheit.

Vor allem müssen wir hier der Votivtafeln und der Grabstelen gedenken. Gerade unter diesen kennen wir Stücke von solcher Vollendung, schlichten Größe und meisterhaften Beherrschung von Raum und Linie, daß wir versucht sind, wie bei dem eleusinischen Relief in Athen (1859 in Eleusis gefunden) oder dem Trio Hermes-Eurydike-Orpheus (Neapel) an die Hand ganz großer Meister, ja an den Kreis um Pheidias und andere zu denken. Diese Kunstgattung gipfelt im Grabrelief, und neben dem Künstlerischen ist gerade dies Gebiet „psychisch" sehr aufschlußreich für Gemüt und Seele der damaligen Griechen. Keine übertriebene Trauer, keine Exaltation, keine metaphysische Übersteigerung herrscht in diesen Denkmälern der Toten. Wiederum dominiert nur das rein Menschliche, das Maßvolle und Edle, dem jede Wehmut wohl ansteht, aber nicht ein Übermaß des Schmerzes, wo es sich um die Natur und ihre Unvermeidlichkeiten handelt. Die Ausgeglichenheit griechischen Gefühlslebens in solchen Fällen wird hier ergreifend deutlich, und besonders im 5. Jahrhundert ist die Haltung noch so heroisch-erhaben, daß es uns auf Denkmälern des Todes fast befremdet. Erst im 4. Jahrhundert mildert sich diese kühle Gelassenheit und Strenge zur Beschattung andachtsvoller Wehmut und stärkerer Betonung liebender Anhänglichkeit, und die Innigkeit menschlicher Bindungen, besonders unter Familienangehörigen, zeigt sich mit jener Schlichtheit und selbstverständlichen Natürlichkeit, die in allen Lebenslagen für hellenische Auffassung so bezeichnend und bewundernswert ist. —

Votivtafeln und Grabstelen

Stets muß man bei solcher, dem Norden nicht immer verständlicher klassischen Ruhe an Goethe denken, und so hat auch dieser echteste Hellene unter uns Deutschen gerade in diesen Grabstelen, von denen er doch nur weniges Mittelgut kannte, die seelische Verwandtschaft sofort gespürt und hat wohl die schönste Worte zu ihrer Charakterisierung gefunden: „Die Grabmäler sind herzlich und rührend und stellen immer das Leben her. Da ist ein Mann, der neben seiner Frau aus einer Nische wie zu einem Fenster heraussieht. Da stehen Vater und Mutter, den Sohn in der Mitte, einander mit unaussprechlicher Natürlichkeit anblickend. Hier reicht sich ein Paar die Hände... Mir war die unmittelbare Gegenwart dieser Steine höchst rührend. Von späterer Kunst sind sie, aber einfach, natürlich und allgemein ansprechend. Hier ist kein geharnischter Mann auf den Knien, der eine fröhliche Auferstehung erwartet. Der Künstler hat mit mehr oder weniger Geschick nur die einfache Gegenwart der Menschen hingestellt, ihre Existenz dadurch fortgesetzt und bleibend gemacht. Sie falten nicht die Hände, schauen nicht in den Himmel, sondern sie sind hienieden, was sie waren und was sie sind. Sie stehen beisammen, nehmen Anteil aneinander, lieben sich." (90)

Maßvolle Trauer

Für Religion und Kunst ist ja immer der Tod der große „Beleber" gewesen, aber es konnte bei den Hellenen erst recht kein Gebiet des Lebendigen geben, das nicht beeinflußt war von ihrem Kunstsinn, ihrem künstlerischen Bedürfnis und Vermögen, das selbst die praktischen Dinge und Gebrauchsgegenstände noch mit Schönheit zu adeln suchte; anders wäre es den Griechen ja auch gar nicht möglich gewesen. So dehnten sie diese Tätigkeit auf die tausend Kleinigkeiten des Lebens aus, die hier gar nicht in ihrer

Kleinkunst

Fülle aufzählbar sind, uns aber in den Museen und bei jedem neuen Fund neu entzücken.

Auf die Kunst der Keramik nach allem Gesagten hier nochmals einzugehen, erübrigt sich; sank sie doch auch mit dem 4. Jahrhundert stark von ihrer Höhe herab und ward zur gefälligen Industrie, die uns zwar immer noch reizvolle, aber nicht mehr so stilsichere und oft überladene Erzeugnisse zeigt. Fülle mußte den Verlust innerer Stärke decken, und der Übergang der Hauptproduktion von Athen nach Unteritalien war kein Vorteil.

Terrakotten

Zu den Tongebilden muß man aber noch die Terrakotten rechnen. Ihre Rolle im Altertum entspricht ungefähr unserm figuralen Porzellan. Der ganze antike Boden ist voll davon. In Gräbern und Häusern findet man diese reizvollen Gebilde, die in feinster Durchbildung sich manchmal der Höhe reifer Kunstwerke nähern. Die Masse dieser Genrefiguren war Spielzeug, Nippes, Kleinplastik, besonders aber wurden den Toten viele dieser zierlichen Sachen pietätvoll als eine Art Weihe und Erinnerung mit ins Grab gegeben. Für Betriebe und Sitten des gewöhnlichen Lebens kann man sehr viel aus diesen, alle Sphären des kulturellen Daseins umfassenden Kleinfiguren ablesen und lernen.

Die Münzen

All diese Gebiete auf griechisches Kunst- und Kulturgefühl zu untersuchen, würde uferlos werden; unrecht aber wäre es, gedächte man zum Schluß nicht noch einer Kleinigkeit, die aber wohl die allerverbreitetste war. Das ist die Münzprägung, bei der wir all die Fülle der oft entzückenden Gemmen, Steine, Siegel nur beiläufig nennen wollen. Münzen aber sind immer so empfunden worden, als unterständen sie nicht bloß dem einfachen Kunstgewerbe, sondern große Meister haben zu allen Zeiten ihr Können mit besonderem Interesse auch dem Schneiden von Medaillen und Geldstücken zugewandt (man denke auch an die Prachtstücke der Renaissance). Bis heute haben die südlichen Völker für diese Feinheiten eine ganz besondere Begabung, die leider uns Deutschen schmerzlich mangelt. Damals war es besonders Syrakus, das die schönsten Stücke lieferte, von denen die Tetradrachmen auch heute das Entzücken jedes Numismatikers sind. Auch hier bildet in künstlerischer Hinsicht der Übergang vom 5. zum 4. Jahrhundert den Höhepunkt. —

Ausblick in den Hellenismus

So sehen wir in der Kunst das ganze Leben dieser Zeit in wunderbarem Fluß, der sich zwar senkt, aber in gleichem Maße verbreitet. Das Höchste war erreicht, und alles Höchste kann nur einmalig sein. Mit dem Untergang der hellenischen Freiheit, mit Alexander dem Großen und seiner siegreichen Eroberung der damaligen Welt begann naturgemäß eine ganz neue Einstellung der Geister, eine neue Art, das Leben künstlerisch zu meistern und künstlerisch zu durchtränken. Es gibt keinen Bruch in der Kultur, keine messerscharfen Grenzen; und so auch hier. Aber eine besondere Empfindung war abgelaufen mit den Bedingungen, aus denen sie erwuchs. Die ungeheure Konzentration wird zur welterobernden Expansion, das heimatstarke, gläubige Schaffen wird „international" und aufgeklärt. Das spezifisch Hellenische wird über Alexander und später über Rom europäisch, wozu noch im breitesten Maße die meisten das Mittelmeer begrenzenden Länder treten. Aber sie alle und alle Epochen bis heute zehren von dem, was das 5. und 4. Jahrhundert in Hellas Größtes und Herrlichstes schufen und den beglückten Blicken mit Ewigkeitswert hinstellten.

DIE DICHTUNG

Die Dichtung des 5. Jahrhunderts, wie sie sich nun nach dem Einschnitt der Perserkriege zu voller Größe entwickelte, teilt das Schicksal der hellenischen Kunst und Philosophie, daß sie aufs nachdrücklichste die abendländische Poesie und auch unsre eigene Literatur beeinflußt hat, daß aber die Verehrung für ihre Leistungen und ihre Meister größer sein mag als das nachfühlende Verständnis heutiger Tage. Daß eine Elite humanistischer Geister hiervon auszunehmen ist, wird niemand leugnen, aber man soll sich nicht darüber täuschen, daß die Wege zum wirklichen Kern und Wesen der großen antiken Dichtung unserem modernen Empfinden viel verbauter sind, als wir selber annehmen. Die Einstellung der Alten ihrer Poesie gegenüber ist ganz anders als die unsrige, und darum beruht auch das, was die griechische Dichtung bietet, auf völlig anderen Voraussetzungen und Empfindungen. In Griechenland war die große Dichtung stets Allgemeingut, sie war für das ganze Volk geschaffen und wurde ihm unterbreitet, sie war ein notwendiges Lebenselement der Hellenen und nicht das geringste. Aus dem Kult entstanden, gespeist vom Mythos, von den überfeinen Ohren aller Bürger enthusiastisch und kritisch, aber immer begierig und voll kundigstem Verständnis aufgenommen, stellt sie etwas ganz anderes dar als unsre „Literatur". Mag es auch scheinen, als ob diese Beurteilung nur vom Drama gelte, so muß man sie doch, wenn auch vielleicht nicht ganz so stark, auf das gesamte dichterische Schaffen jener Zeit ausdehnen, das stets irgendwie mit allgemeinen inneren Bedürfnissen oder äußeren Handlungen des Volkes verknüpft war, wenigstens so lange Hellas noch in sich selbst beruhte und seine starke Seele als sein ausschließliches Eigentum zu wahren wußte.   *Exklusive Kunst*

Aber auch rein formal haben wir es bei der griechischen Dichtung mit einem Gebilde zu tun, das nach Gesetzen und Forderungen abläuft, die wir wohl zu kennen glauben und von ihnen reichlich gelernt haben, die aber darum doch unsern Gefühlen fremd sind und wohl bleiben müssen. Ehrfurcht und respektvolles Staunen können das Verständnis nicht ersetzen, und wenn wir auch mit ahnender Erschütterung vermeinen, uns dem großen Klange wirklich zu nähern, so mögen die wenigen Begnadeten ihn dankbar genießen, aber nicht verlangen oder voraussetzen, daß ihr Empfinden einer heutigen Welt noch viel gilt. Vielleicht beim echten Musikdrama, vielleicht bei Passionsspielen wie in Oberammergau mag etwas zum Ausdruck kommen, was wenigstens in den Beweggründen, wenn auch nicht im Wesen Verwandtes aufweist; trotzdem bleibt auch hier der Unterschied noch groß genug.

All dies zu sagen, war deshalb notwendig, weil es dem wirklichen und so wünschenswerten Verständnis antiker Dichtung nicht gut tut, wenn wir oberflächlich und nach landläufiger Meinung annehmen, wir besäßen es schon, bloß weil uns die Schule einiges näherzubringen sucht und weil wir wissen, daß das ganze europäische Drama auf Griechenland zurückgeht und ohne das hellenische Vorbild wohl auch nicht annähernd so entstanden wäre, wie wir Abendländer es heute besitzen. Die außerhalb des Dramas   *Vorbehalte*

DIE DICHTUNG

liegende poetische Betätigung kann jedoch noch viel weniger Brücken zur modernen Poesie schlagen, es sei denn höchstens das Epos.

Verständnis — Mit diesem e i n e n Worte öffnet sich uns eine neue Erkenntnis, die uns unser Verhältnis zur antiken Dichtung etwas anders verstehen läßt, als zur griechischen Kunst überhaupt. Und zwar in einem umgekehrten Sinne als unsre obigen Ausführungen. In gewisser Weise und richtig verstanden, steht uns nämlich trotz allem Gesagten die griechische Dichtung näher als die griechische Kunst. Die doch immerhin noch sehr reichen Reste hellenischer Poesie haben sich ganz anders und intimer unter uns wirksam machen können, als die Beglückungen griechischer Architektur und Skulptur. Sie haben sich uns echter und originaler genähert und unter uns verbreitet als die stärker ortgebundene, bildende Kunst. Ganz anders sind sie jedem Willigen zugänglich gewesen und hegen auch in sich Elemente, von denen uns einige doch noch verwandter sind als jene unvergleichliche Kunst der Formen, die Kunst des Auges und der wahrnehmenden Sinne, wie sie nur einmalig in der Welt auftrat und zu deren richtiger Erfassung auch die ganz anderen geographischen Bedingungen des Lichtes und der klaren südlichen Linie durchaus notwendig sind. Romanischen Völkern mag hier der Weg leichter sein, uns aber wird die Dämonie einer antiken Tragödie, wenn auch nur bis zu einem gewissen Grade, zugänglicher werden.

Das Epos — Noch leichter wird uns das gemacht beim hellenischen Epos, und hier liegt für die Nachwirkung bei uns gegenüber der bildenden Kunst der fundamentale Unterschied. Er entsteht dadurch, daß die bildende Kunst, wo sie uns etwas zu sagen und zu geben hat, ein verhältnismäßig spätes Produkt Griechenlands aus einer einmaligen Entwicklung und kontinuierlichen Steigerung ist. So können und brauchen wir auch nur einmalig zu ihr Stellung zu nehmen. Die griechische Dichtung jedoch tritt uns in überragender, für alle Zeiten gültiger Form schon früh, schon im Morgendämmer alles hellenischen Geschehens voll und reif entgegen; ein langer, verdunkelter, schweigender Zeitraum folgt, und dann hebt schüchtern und innig eine ganz anders geartete, neue Blüte an, wird wiederum durch kriegerische Wirren unterbrochen und abgeschnitten und steigt dann erst mit monumentalem Ernst und abermals in anderem Kleide tönend und mächtig vor uns auf. Aus dieser Dreiteilung heraus resultiert unser so unterschiedliches Verhältnis zur griechischen Dichtung, das teils aus innigster Vertrautheit und nahem menschlichem Verständnis wie bei Homer besteht, daneben aber aus scheu-ehrwürdiger Distanz vor der späten, kultgeborenen Tragödie, die wir bestaunen, aber nur sehr bedingt nachfühlen können, mögen uns auch alle Schauer ihrer Größe fühlbarst umwehen.

Die Tragödie — Dieser Tragödie nun, die Höchstleistungen menschlicher Poesie hervorgebracht hat, gilt unsere Hauptbetrachtung, wenn wir uns der Dichtung des 5. und 4. Jahrhunderts zuwenden. Ihr aber voraus und teils daneben ertönt noch ein milderer, uns vielleicht zugänglicherer Klang, der die Brücke schlägt zu der Lyrik, die uns schon für den Ausgang des 6. Jahrhunderts in der weicheren Umgebung Ioniens und Aioliens vertraut wurde. Unendlich viel mag uns verlorengegangen sein, denn Dichtung lebte und tönte in Verbindung mit Musik immer und überall in Hellas und seinen Randgebieten. Aus dieser Menge leuchtete aber den Alten und leuchtet auch uns ein Dreigestirn großer, unter sich sehr verschiedener Sänger, die auch in der Form ihrer interessanten Lebensläufe und Lebensstellungen sehr voneinander abweichen.

DIE DICHTUNG

Das wichtigste aber ist, daß nunmehr nach den Perserkriegen, in denen die ionische Muse verklang, auch die Poesie gleich ihren Schwesterkünsten aus den Kolonialländern nach Hellas selber heimfindet und hier nun auf dem alten Mutterboden viel gefestigter und kulturbestimmender inmitten des hellenischen Volkes dasteht, als es in der leichten, flüchtigeren Luft der elastischer eingestellten Randgebiete der Fall sein konnte. In Hellas diente die Poesie nun wieder den alten Sitten und Gepflogenheiten, sie wurzelte im Kultus, sie vermählte sich mit den großen agonalen Spielen, sie verschönte die Feste. So hatte die Poesie eine ganz andere Resonanz, eine unlösliche Verbindung mit hellenischer Kultur und umflügelte sie nicht nur als schöner Schein. Sie war getragen von einer homogenen Masse musenfreudiger Bürger, und wenn sie auch ausstrahlte zu den Fürstenhöfen und Städten der hellenischen Randsphäre und der Typus des fahrenden Sängers durchaus erhalten bleibt, so irrte er doch nicht mehr wahllos umher, sondern kreise um ein heimatbestimmtes Zentrum. Und dieser Mittelpunkt wurde, wie für alle Kultur, immer mehr Athen und zuerst noch die angrenzenden Gebiete. So ergab sich die ständige fruchtbare Berührung der bekannteren Dichter mit den neuen Historikern, mit den ideenreichen Philosophen, den blendenden Rednern und den großen Lenkern umfangreicher Staatswesen. Das alles wirkte zusammen, um der Poesie nunmehr ein Gepräge zu geben, das für die Weltliteratur mitbestimmend, ja zum Teil ausschlaggebend wurde.

Verwurzelt im heimischen Kultus

Von den drei erwähnten Sängern, die wohltönend und einflußreich neben ihren drei weit größeren dramatischen Brüdern zu nennen sind, müssen wir zuerst auf Simonides (556—468) hinweisen, weil er nach Zeit und Ort noch weit ins 6. Jahrhundert hineinragt. Aber sein langes, bewegtes Leben sah auch noch die neue Ära und sah sie an vielerlei Orten. Denn Simonides, der auf der Insel Keos vor Attikas Küste geboren war, gehört noch ganz zu dem Typus jener fahrenden Sänger, wie wir sie früher geschildert haben; er übte also seine Dichtkunst als Beruf aus. Dabei trat er aber ganz als großer Herr auf, fand sich überall zurecht, ob an Tyrannenhöfen von Athen und Sizilien oder ebenso gewandt und anpassungsfähig in Demokratien und anderen Gemeinwesen. Ihnen allen diente er mit seiner Muse und seiner geistvollen Gewandtheit. Selbst diplomatische Missionen übergab man erfolgreich dem vielerfahrenen Mann, der sich bei solchen Aufträgen ebenso klug und vermittelnd erwies, wie er im Privatleben witzig und scharf sein konnte. Seiner Natur nach aber war Simonides ganz Ionier, wenn er auch dorischen Dialekt für seine Dichtungen benutzte. Seine Stammesherkunft gab ihm den zarten, gefälligen Ton, und Anmut und Formvollendung zeichneten die Verse dieses echten Dichters aus. Wir kennen Simonides vor allem als Meister des Epigramms, strittig aber ist, ob er die bekannte Grabschrift zum Ruhm der Thermopylenkämpfer verfaßt hat. Die prägnante, knappe Form des Epigramms, die über alles und jedes eine kurze und doch inhaltsvolle Aufschrift auf Grabstelen oder Weihgeschenken oder bei anderen Gelegenheiten anzubringen wußte, muß den Simonides durchaus unter ihre Schöpfer rechnen, und die wenigen Proben, die wir kennen, lassen lebhaft bedauern, daß nicht mehr erhalten ist.

Simonides von Keos

Noch eine andere, uns heute nicht mehr geläufige Gattung der Lyrik geht auf Simonides zurück, wenn ihn auch der jüngere, stets mit ihm rivalisierende Pindar darin weit überflügelte: das sind die Epinikien, Lieder zum

Epinikien

Preis eines Sieges in den sportlichen Wettkämpfen von Hellas. Da nicht nur Simonides, sondern mit ihm und später sein Neffe Bakchylides und schließlich der große Pindar gerade auf diesem Gebiet ihr Bestes geleistet haben, so sehen wir hier wieder die umfassende Bedeutung aller agonalen Veranstaltungen in Olympia, Delphi, Nemea, auf dem Isthmos und andernorts für die hellenische Kultur und müssen darum einen Augenblick bei dieser Gattungsart der Poesie verweilen.

Auch sie hat ihren Entwicklungsgang. Von einem allgemeinen Preislied ging man zu persönlicher Verherrlichung oder dem Lob der ganzen Sippe über. Simonides verknüpft nun solche Gesänge meist mit einer parallelen Heroenerzählung oder einer Sage aus der Vergangenheit des Geschlechtes, und seine Nachfolger Bakchylides und Pindar bereicherten ihre Epinikien noch durch tiefe ethische und religiöse Beziehungen. Diese Gesänge galten nicht bloß den Siegern, auch die Besitzer gewinnender Pferde wurden gepriesen oder die Turnlehrer preisgekrönter Knaben. Jeder Sieger in solchen Wettkämpfen wurde überwältigend von seiner Familie, den Freunden, der Geburtsstadt gefeiert. In öffentlichen Listen wurden die Namen festgehalten, die Bildnisse der glücklichen Gewinner in Erz und Stein verewigt. Da konnte die poetische Verherrlichung nicht zurückstehen, wenn der Preisträger daheim mit Sang und Tanz gefeiert wurde. Es ergab sich von selbst, daß solche Lieder und Chöre bestellt werden mußten, und nur Reiche konnten sich diesen Luxus leisten, denn die Honorare der Dichter waren hoch. Simonides rühmte sich, im Gegensatz zu dem edlen Pindar, ganz skrupellos tüchtiger Einnahmen und ward ein reicher Mann, denn für diese Art Dichtungen brauchte er sich nicht auf die verhältnismäßig seltenen Wettkämpfe zu beschränken; verlangte man doch zu allen möglichen privaten Festen Chöre mit einem individuellen Text und entsprechender Musik.

Die Chorlyrik

Es muß somit hier etwas über die ganze, besonders auch die an öffentlichen Festen vorgetragene Chorlyrik der Griechen gesagt werden, soweit dies nicht schon für die Poesie des 6. Jahrhunderts geschehen ist. Denn die hellenische Chorlyrik ist uralt, nur können wir nun erst nachweisen, welche künstlerische Höhe solche Poesie zu erreichen fähig war. Sie sich klar zu vergegenwärtigen und uns ihre Wirkung vorzustellen, ist aber nicht leicht, ja eigentlich unmöglich. „Chöre von zwölf bis fünfzig Männern oder Knaben, Frauen oder Mädchen tanzen und singen zu Flöte und Leier. Und was sie singen, sind nicht einfache Weisen, altbekannte Lieder, sondern jedesmal neue Gedichte in komplizierten Rhythmen, meist schwierigem, künstlichem Stil, oft voll tiefer Gedanken. In manchen wurden Heldensagen vorgetragen, und zwar gelegentlich recht ausführlich: wurde doch die Orestie des Stesichoros in zwei Bücher geteilt. Noch schwerer aber wird es, uns Liebeslieder, wie die Ibykos', von rauschenden Chören vorgetragen zu denken, die wir uns eher als Selbstbekenntnisse in stiller Stunde denken möchten" (91).

Wenn es sich um religiöse Feste handelte, so können wir ja schon eher an unsere Oratorien denken, aber bei den Griechen bildet der Chor auch immer einen Reigen, und auf einem runden Platz wurden dabei vielfach verschlungene Tänze aufgeführt. Jede Gemeinde suchte hierbei die andere zu übertreffen, der Aufwand für derartige Zwecke war groß, und wir hörten ja schon früher, daß sich manche Familien durch solche Pflichtleistungen, zu denen sie schon moralisch gezwungen waren, materiell ruinierten. Hier war nun auch der Tummelplatz für die miteinander konkurrierenden Leistungen der Dichter, die zugleich die Komponisten der Begleitmusik waren, ja mitunter auch selbst mitwirkten oder dirigierten. „Aus Athen kennen wir das am besten, wenigstens für das große Dionysosfest. Da wurde vom Staat je ein Dreifuß als Preis für das schönste Chorlied jedes Jahres ausgesetzt, um den je drei Chöre von fünfzig Männern und je drei von fünfzig Knaben rangen. Reiche Bürger trugen die Kosten, hatten einen Meister zu gewinnen, der Text und Weise schuf und sie nebst dem Tanze einübte. So konkurrierten die Dichter so gut wie die Choregen um die Ehre des Sieges. Man mache sich doch die Überfülle dieser Kunstleistungen recht klar! Allein Athen verbrauchte an den großen Dionysien jährlich sechs große Chorkompositionen, darunter die herrlichsten Dichtungen. Einmal nur wurden sie aufgeführt" (92).

Die Muse des Simonides war allen diesen Anforderungen gewachsen. Sie war so geschmeidig und vielseitig und dabei so geistvoll pointiert, daß Lessing den Dichter den griechischen Voltaire genannt hat, nur daß in dem weltmännischen Griechen wirklich ein inniger Dichter steckte. Das beweisen auch besonders seine ernsten, ans Herz rührenden Trauergesänge (threnoi), die seinen Tanz- und Siegesliedern nicht nachstehen.

Das Talent des Simonides vererbte sich auf seinen Schwestersohn B a k - chylides (505—450), der ebenso wie sein Oheim von der Insel Keos stammte. Durch diese einflußreiche Verwandschaft waren dem begabten, aber nicht sehr tiefen Dichter die Wege an die Höfe und zu den kunstliebenden Städten geebnet, und Bakchylides konnte mit der Leichtigkeit seiner Produktion und einer glatten Schönheit flotter Verse ruhig mit seinem Oheim, ja sogar mit dem großen Pindar in erfolgreichen Wettstreit treten.

Bakchylides

Bis vor wenigen Jahrzehnten war uns der Name des Bakchylides noch ein ziemlich inhaltloser Begriff. Da fand sich 1897 in Ägypten ein alter Papyros mit fast zwanzig wohlerhaltenen Liedern von ihm, und nun gewann das Bild des Bakchylides durch dreizehn Epinikien und sechs große lyrische Dithyramben Umriß und Leben. So schön und interessant die Stücke auch waren, ja für unsre Kenntnis der griechischen Lyrik einen einzigartigen Wert darstellen, so haben sie uns doch nur bestätigt, daß hier bloß ein liebenswürdiges Talent, aber keine große Persönlichkeit im Dienste der Musen stand. Gerade in seinen Epinikien ist der gefällige, sprachklare und geistig nicht stark beschwerte Dichter mit seinem großen Gegenpart Pindar und dessen dunkel-tiefen Rhythmen gar nicht zu vergleichen. Wohl aber darum hatte Bakchylides leichter Erfolg, und als beide Dichter für König Hieron von Syrakus den olympischen Rennsieg von dessen Hengst Pherenikos besangen, wählte der König das Preislied des Bakchylides trotz seiner Freundschaft mit dem bisher für ihn tätigen Pindar. Wenn wir in letzterem später eine durchaus dorische Natur voll Herbheit und Ernst antreffen werden, so können wir dagegen Bakchylides als typischen Ionier bezeichnen und sehen so wieder den dauernden Agon dieser beiden Bruderstämme selbst auf dem Gebiete der Poesie.

Epinikien und Dithyramben

Wir sollen aber Bakchylides nicht immer nur an Pindar messen; das wäre dieser reizvollen Muse gegenüber ebenso ungerecht, als wenn wir Wieland immer nur im Hinblick auf Goethe schätzen wollten. Des Dichters wirklichen Wert zeigen auch besonders die vorgefundenen sechs Chorgesänge, aus denen wir nun endlich ersehen, wie diese Tanzpoesien, die an den Götterfesten erklangen, eigentlich zu denken sind. Schon die Antike hat solche Dichtungen

DIE DICHTUNG

Dithyramben getauft, aber wir müssen ihre balladeske Form nicht unter unserm Begriff dieser Bezeichnung denken. Schon sehen wir in solchen Stücken, die auch Strophe und Gegenstrophe, verteilt auf einzelne Personen, besaßen, die Zusammenhänge mit dem Ausbau zum dramatischen Spiel, das ja ganz der Chorlyrik entwachsen ist.

Pindar

Erleben wir nun in Bakchylides das flüssige, ansprechende Talent einer etwas bürgerlichen und unkomplizierten Ioniernatur, so hebt sich mit ganz anderem Ausmaß neben ihm das feierliche, schwerblütige Genie des großen P i n d a r empor, eines der gewaltigsten Dichter der ganzen Antike (518–442). Der Geburt nach dem ernsten und sprachlich etwas unbeholfenen Bauernlande Boiotien entstammend, gehörte dieser Thebaner wahrscheinlich dem hohen Adel an und stand jedenfalls in ritterlicher Würde verehrt und hochgeachtet neben den Großen der Erde als ihr Sänger und Freund. Pindar ist noch ganz ein Typus der alten, aristokratischen Zeit, stolz wie ein Dorier, seiner Größe bewußt. Streng und ausschließlich hielt er sich zu seiner Kaste; ihr allein hat seine adelige Kunst gedient. Feierlich ragt dieses monumentalen Dichters Gestalt auf, exklusiv und unnahbar, von tiefem sittlichen Ernst durchdrungen. In seiner ganzen Natur und in seiner boiotischen Herkunft lag es begründet, daß ihm die Verse schwer und gedrungen flossen; in einem dorisierenden Kunstdialekt rang Pindar in herben Rhythmen mit dem gewaltigsten Ausdruck für die Tiefe seiner Gedanken. Sein erhabenes Pathos fußte noch ganz in mythischer Gebundenheit, unerschütterlicher Väterglaube erfüllte diesen hoheitsvollen Mann von altem Schrot und Korn, einen Ritter ohne Furcht und Tadel. Nichts erinnert bei Pindar an die leichte ionische Muse seines Rivalen Bakchylides; die Beschwingtheit und Geschmeidigkeit athenischer Bildung fand keinen Zugang zu der abweisenden Größe dieses stolzen boiotischen Aristokraten. Er schreitet dahin wie ein Prophet, seines Gottes voll und begnadet mit der innersten Schau eines ganz großen Dichters. Aber schwer ist es, nicht nur seine Sprache zu lesen, sondern auch seinen versonnenen Gedankengängen zu folgen, die zwischen den Zeilen vieles ungesagt lassen. Herbheit und Wucht und Ernst vergolden sich bei Pindar mit heiliger Begeisterung, und seine majestätischen Verse rollen dahin wie die Töne einer Orgel. So verknüpft aber Pindar mit der alten Zeit ist, so neu und eigenartig blendet er mit seiner Metrik und der unerschöpflichen Fülle seiner Melodik. Mit dem Flügelschwunge eines Adlers flog seine Phantasie dahin, entzündet von echtem Himmelsfeuer, und hob Pindar aus der Menge vorzüglicher Poeten zu der einsamen Höhe der wirklich großen Dichter der Weltliteratur.

Tragische Isolierung

Hat doch auch das Geschick Pindar in die bedeutendste und entscheidendste Epoche Griechenlands gestellt. Er war Zeitgenosse und Zeuge der gewaltigen Kämpfe um die Freiheit von Hellas, aber auch hier stand er bedauerlicherweise abseits und allein, bedingt durch die laue, perserfreundliche Haltung seiner Vaterstadt. Ihr und dem delphischen Apollon zeitlebens ganz ergeben, hat er mit beiden sich fernhalten müssen von dem vaterlandsfreudigen Schwung und der heldischen Begeisterung, mit der fast das gesamte Hellas die Asiaten bekämpfte und zum Heile Europas abschüttelte. Wie er im innersten Herzen diese erzwungene Ausschaltung aus dem ganzen hellenischen Empfinden getragen hat, ist schwer zu sagen, da sich seine verschlossene Natur nicht besonders dazu äußert. Aber wir können doch bei einem so ritterlichen, tapferen Manne voraussetzen, daß ihm das Beiseitestehen gerade in diesen alle vaterländischen Geister aufrüttelnden Jahren schwer genug gefallen sein mag. Wenigstens hat er später in seinen Liedern der zwangsweise zurückgedrängten Begeisterung im Preise der Befreiungskämpfe und der „veilchenumkränzten, hochbesungenen Burg von Hellas, der göttlichen Stadt Athen" vollen Lauf gelassen. Aber wie er hier eine Zwischenstellung einnehmen mußte, so lastet auf ihm überhaupt die Tragik, am Wendepunkt zweier Zeitalter zu stehen, eine Tragik, die jeden erfüllt, wenn man der älteren Epoche und ihren Idealen mit dem Herzen und der Gesinnung voll angehört und sich doch dem Flügelschlag einer neuen Zeit nicht entziehen möchte. Ihr wollte er mit dem Klange seiner Leier dienen, auch wenn sie Wege ging, die nicht die seinen waren, und seine Muse war umfassend und stark genug, um auf allen Gebieten der Lyrik mehr zu leisten, als bisher in Hellas gehört war. „Pindars Dichtung umfaßte den ganzen Kreis der Chorlyrik: Hymnen, Päane und Dithyramben, Epinikien und Parthenien, Prozessions- und Tanzlieder, heitere Skolien und trostreiche Trauerlieder. Von den meisten besitzen wir noch Bruchstücke, und auch die neuen Papyrusfunde von Oxyrgynchos haben uns leider noch kein vollständiges Lied beschert, wohl aber ansehnliche Reste von mehreren Päanen und zwei Parthenien, die uns wenigstens eine Vorstellung von diesen Gattungen vermitteln" (93).

Um uns aber ein wirklich deutliches Bild von Pindars dichterischer Kraft zu machen, müssen wir uns an seine Epinikien halten, trotzdem er gerade in solchen bestellten Stücken nicht voll und unabhängig seiner inneren Eingebung folgen konnte. Aber wir besitzen leider, neben weit über 200 Fragmenten, nichts anderes in geschlossener Form von ihm außer 44 dieser Siegesgesänge in vier Büchern, deren Zahl ursprünglich 17 betrug. Obgleich wir also hier wohl nicht das Höchste der Pindarschen Muse vor uns haben, sind diese Lieder für uns doch das ergreifendste Zeugnis griechischer Lyrik, einer so fremden Welt sie auch angehörten. Fremd sogar schon für das 4. Jahrhundert, denn bald hatte man nicht nur kein Verhältnis mehr zu der heroischen Welt der alten Aristokratien und Höfe, in deren Milieu sich Pindar allein wohlfühlte, sondern auch Sprach- und Ausdrucksweise des großen Dichters muteten wie ein ferner, schwer deutbarer Klang an, um den man sich mühen mußte, wollte man ihn verstehen. Dem Glanz der Bilder entspricht kein Wohlklang gefälliger Verse, tiefe Weisheit gibt sich zwar oft prägnant, oft aber auch rätselschwer, viele Beziehungen sind nicht nur uns Modernen schon ganz dunkel. Denn Pindars Epinikien und Chorlieder verflochten zur poetischen Belebung des konventionellen Preises diesen mit Heimat- und Familiensagen, wobei der Dichter es glänzend verstand, die Verknüpfung mit der Gegenwart zu finden. In sein Pathos kam aber dadurch der warme, ergreifende Ton einer uralten Verbundenheit mit allem, was man liebte und worauf man von jeher stolz war. Man nehme dazu die tiefen Sentenzen, die religiöse Einstellung einer orphisch-pythagoreischen Seelenruhe, die alles unter dem Gesichtspunkt ewiger Werte einschätzt. All das zusammen ergab eine Dichtung, deren gewaltigem Eindruck sich das Altertum nicht entziehen konnte, auch dann noch, als der Zeitpunkt kam, da es sie kaum mehr verstand. Aber die Ehrfurcht und der Einfluß blieben, und dieser hat sich sogar in unsrer Literatur, man denke sogar an Goethe und seine freien Rhythmen, geltend gemacht, so unmöglich auch irgendeine Nachahmung der ganz einzigartigen Dichtung des Pindar immer sein wird.

Sieger und Sänger

Die selbständige Chorlyrik, dieses alleinige und echteste Glied griechischer Poesie, erreichte mit Pindar ihren Gipfel und erlosch mit seinem Tode. Manchmal nur erklingt hier ein leichterer Ton, gefällig und beschwingt, besonders in den Chorgesängen für Mädchen, die sie bei Prozessionen und Götterfesten sangen. Der fromme Dichter hat aus eigenen Mitteln, die ihm wohl in Sizilien zugeflossen waren, in seiner Vaterstadt Theben einen Tempel erbauen lassen, hatte selbst den Einweihungschor dazu gestellt und ihn persönlich geleitet. Immer fühlte er sich als Werkzeug des Apollon, und Delphi wußte, was es tat, als es Pindar nach seinem Tode heroisierte und ständig zum Mahl der Götter lud.

Pindars Leben — So wandelte Pindar feierlich und gemessen auf den Höhen des Lebens. Schon als Jüngling hatte er seine Mission erkannt und sich ihr voll ergeben. Mit siebzehn Jahren ging der junge Boiotier zum Studium der geliebten Musik nach Athen und wurde ein Meister im Flötenspiel und Gesang. Durch seine Geburt selbst zum Wettbewerb um sportliche Preise ausersehen, erkannte schon der Zwanzigjährige, daß seine Bestimmung darin lag, solche Siege zu verherrlichen, und er hat nicht aufgehört zu betonen, daß die Tat und ihr Sänger gleich wert und würdig zueinander gehören. In diesem Sinne verkehrte der selbstbewußte, stolze Mann auf gleicher Stufe mit Königen und großen Geschlechtern, ob in Sizilien oder bei Arkesilaos in Kyrene oder bei dem thessalischen Adel. Besonders aber besaß die Insel Aigina seine tiefe Neigung. Doch gerade in diesem Fall ist es interessant zu sehen, wie fest noch in jener Zeit das Volk mit den Mythen seiner Vergangenheit verknüpft war. Pindar hatte in einem Liede unschön über den Achilleussohn Neoptolemos geurteilt, den die Aigineten zu ihren Sagenhelden rechneten. Sie brachen wegen der abfälligen Kritik nun schroff mit dem sonst so verehrten Dichter. Aber an allen anderen Orten war man sich voll der Ehre bewußt, wenn Pindar seine Chöre leitete. Seine Gegenwart bei den großen Festen und Wettspielen ermöglichte ihm, nachher diese Stätten nationaler Weihestimmung so anschaulich zu schildern, daß wir wohl nirgends sonst einen so deutlichen Einblick in das Leben und Treiben dieser Feiern in Olympia, Delphi, auf dem Isthmos und in Nemea gewinnen. Mag es uns auch wundern, daß ein so großer dichterischer Apparat und eine solche Höhe der Poesie angewandt wurden, um ein Roß, einen Athleten oder Knaben wegen körperlicher Leistungen zu feiern, so adelte Pindar doch alles sofort mit dem Schwunge seines Dichtergeistes und riß es auf eine verklärte Höhe, die dem Gegenstand an sich vielleicht gar nicht zukam. Gerade das alles gibt uns einen wahren Einblick in das geistige Leben der Hellenen, die den menschlichen Leib und seine Leistung und Schönheit feierten wie das höchste Geschenk der Gottheit und die darum auch göttliche Töne fanden, um das Irdische zu verklären.

Pindars Tod — Pindar starb hochbetagt. Der immer nur dem Männlichen zugewandte Dichter hatte zuvor die Götter gebeten, ihm das schönste aller Lebensgüter zu gewähren, und die Himmlischen waren ihm gnädig. Als er im Theater von Argos saß, schlummerte er schmerzlos zu den Ewigen hinüber, im Sterben angelehnt an das Knie seines schönen Lieblings, des Knaben Theoxonos, dem er eines seiner begeistertsten Lieder gesungen hatte.

Pindars Ethik — So beglückend sein Ende war, kann man Pindars Leben aber doch nur ernst und herb nennen. Jeder Weise wird den Tiefblick ins Leben mit der Erkenntnis bezahlen, wie eitel und vergänglich alles im Grunde ist. Es braucht aber deshalb noch kein Pessimismus zu sein, wenn Pindar versicherte, daß auf jedes Glück ein doppeltes Leid zu rechnen sei. Wie er aber diese schwermütige Betrachtung aufgefaßt haben wollte, mögen uns, zugleich als Probe seiner Poesie, die berühmten Verse vermitteln, die er am Schluß seines erhabenen Lebens für einen Ringkampfsieger aus Aigina sang:

> Wer einen frischen Erfolg erlost,
> Schwingt sich übermütig empor
> Aus der Fülle der Hoffnung
> Im Stolz seiner Größe.
> Höheres noch als Schätze erstrebt er;
> Rasch vermehrt sich der Sterblichen Wonne,
> Rasch wieder sinkt sie zu Boden, erschüttert
> Von irrender Absicht.
> Eintagsmenschen! Was seid ihr?
> Was seid ihr nicht? Eines Schattens Traum
> Ist der Mensch. Doch naht ihm ein heller,
> Gottgesendeter Glanz, dann leuchtet
> Strahlend ein Licht den Menschen,
> Und leicht wird das Leben (94).

Die Gestalt des Pindar hat in ihrem Schreiten auf geistigem Kothurn einen dramatischen Gehalt in sich, der uns wie ungewollt zu der gewaltigsten Äußerung des griechischen Genius leitet: zur T r a g ö d i e. Erlebte doch der große Lyriker selbst noch diese Evolution, die so schnell aus den Niederungen schlichter Volksgesänge zu einer Höhe führte, die nie wieder später von Jüngern der dramatischen Muse erklommen wurde. Das Ende dieser Entwicklung hat Pindar, der allerdings selber von all dem wenig berührt wurde, nicht mehr erlebt, und es hätte ihn, trotzdem zwischen seinem Tode und dem Auftreten des Euripides doch nur eine kurze Spanne von Jahren liegt, derart fremd angemutet, als wäre er zu einem ganz anderen Volke und in ein anderes Land geraten. Er selbst aber war ein Zeitgenosse des nur wenig älteren Aischylos, und hier traf er allerdings auf eine verwandte Denkart.

Wie bei den Lyrikern verläuft auch hier in drei großen Dichterpersönlichkeiten, enggedrängt in knapp achtzig Jahren, die ganze Entwicklung der Tragödie, ähnlich der gesamten langen Kulturentwicklung von Hellas. Sie repräsentieren die drei Phasen: die der monumental-ernsten, archaischen Art, die noch über die Perserkriege hinaus nachklang, dann die in edler Freiheit ausgeglichenen Harmonie einer vollendeten Kunstperiode, die dem Zeitalter des Perikles entspricht, und schließlich die geistvolle, aber zersetzende Aufklärung, die, von den Sophisten ausgehend, sich in psychologischer Zergliederung dem Einzelmenschen zuwendet und schon alle Keime des späteren, kosmopolitischen Hellenismus in sich trägt.

A i s c h y l o s (525–456) aus Eleusis, der gewaltige Titan, S o p h o k l e s (496–406) aus Kolonos, der klare, geniale Hellene, E u r i p i d e s (480 bis 406) aus Athen, der geistvolle Grübler und scharfe Menschenschilderer, das sind die drei Genies der alten Tragödie, alle drei attische Bürger, die somit Athen für Jahrtausende den Ruhm verschafften, zu allem, was es bisher geleistet, auch in der gewaltigsten aller Dichtungsarten den Siegeskranz davonzutragen und der bestimmende Ausgangsort für die gesamte Dramendichtung Europas zu werden.

Dichter-Dreigestirn

Ehe wir uns aber den Werken dieser Männer und ihrer Person zuwenden, müssen wir erst allgemein Einblick in die seltsame Entstehung der Tragödie gewinnen und zu erklären suchen, wieso und woraus sie überhaupt in ihrer ausgeprägten Eigenart erwachsen konnte.

Ursprung der Tragödie

Das Wort „Tragödie" führt uns an einen wohl ganz unerwarteten Ursprung, denn es bedeutet Bocksgesang (tragos = der Bock) und meint zunächst jene volkstümlichen Satyrchöre und -tänze zu Ehren des Gottes Dionysos und seiner Leiden und Triumphe. Diese Chorgesänge (Dithyramben) wurden schon längere Zeit in Korinth und Sikyon veranstaltet und knüpften dort auch an den alten Naturgott Adrastos an. Aber schon griffen solche Chöre auch auf Athen über, wo an Stelle der bocksgekleideten Satyrn die dortigen Silene (Waldschrate mit Roßschweifen) traten. Da der weinselige Silen aber ursprünglich im Mythos des Dionysos eine Einzelfigur war, so hatten diese Chöre einen Führer, der wie ein Bote des Gottes dessen Taten und Leiden kundtat und dazu von dem Chor mit entsprechenden Äußerungen der Freude und der Betrübnis begleitet wurde. So wenigstens stellt sich bei Aristoteles der Ursprung der Tragödie aus dem Dithyrambos dar. Aber schließlich betreffen alle diese Hinweise doch nur Äußerlichkeiten, aus denen noch lange kein Drama zu entstehen brauchte und ja außerhalb Athens auch gar nicht entstanden ist. Da müssen wir uns doch nach tieferen Wurzeln umsehen und können dann vielleicht genügend viel Ursachen feststellen, deren glücklicher Zusammenklang unter der Gnade des Himmels dies Phänomen zeitigen konnte.

Dramatischer Homer

Lag doch das Dramatische von jeher in der hellenischen Natur begründet. Ein kurzer Blick auf Homer zeigt schon, wie hier eine dramatische Anlage fast zu stark die reine Epik zu sprengen droht. Bereits aus dem ersten Gesang der Ilias ist man versucht, mit wenigen Strichen einen sehr zugkräftigen dramatischen Akt durchzuführen. Rede und Gegenrede ist jedenfalls schon dafür vorhanden und alle Elemente zur späteren Schürzung eines Knotens auch. Nehmen wir dazu die stets sich zeigende Fähigkeit der Griechen zu jeder Art Eloquenz, ob in Reden an das Volk oder bei Verteidigung vor Gericht oder in Disput und Dialog. Durch das alles geht eine dramatische Note, ein sprachlicher Wetteifer, der eine ausgezeichnete Vorübung für eine spätere Betätigung auf der Szene war.

Der Kultus des Dionysos

Ohne die Religion, ohne den Kultus und seine Feste hätte auch all das noch nicht zu großer dramatischer Dichtung geführt, wie es ja auch tatsächlich einiger Jahrhunderte bedurfte, bis sich das künstlerische Gebilde der Tragödie aus solchen Anlagen und solchen Feiern herauskristallisierte. Alles Große entsteht aus einer tiefen Erregung, aus einer Gottbegeisterung, und die war trotz der klaren Herrlichkeit der olympischen Himmelsgestalten doch erst dann gegeben, als der fast an göttlichen Wahnsinn grenzende, unfaßbare Enthusiasmussturm des Dionysos sich in das griechische Wesen ergoß und dessen herrlichste Keime aus dem Schlummer der Tiefe zur Blütenhöhe riß. Der Kultus des Dionysos ist aber nicht zu verstehen wie irgendeine beliebige Religionsbewegung. Hier peitschte ein Rausch von Natur und Fruchtbarkeit in heißer Erregung die Geister auf. Etwas Genial-Elementares überkam die Menschen und brachte all ihre Lebenssäfte in Bewegung. Der apollinische Geist klarer Harmonie wurde ergänzend befruchtet von dem Taumel dieser hinreißenden Leidenschaft. Das Orgiastische des dionysischen Kultus mußte sich Luft machen in Rufen und Gesängen, und als das alles schließlich in gemäßigtere Bahnen der Kultur lenkte, war der Boden für das Drama bereitet und die verheißungsvolle Saat gestreut. Dazu kam die Durchtränkung des ganzen Volkes mit dem noch ganz als Wahrheit und Wirklichkeit hingenommenen Mythos, der immer der Quellborn echtester Volkskunst ist. Wer zu diesen heiligen Wassern vorzudringen versteht und sie in tiefer Einsicht zu trinken weiß, der wird immer Ewiges zu sagen wissen, und wirklich Ewiges ist und wird immer Dichtung.

Diene uns dies zur besseren Erklärung der Atmosphäre, in der das Wunder der attischen Tragödie erblühen konnte, mag auch der Verlauf ihrer Entstehung und Ausbildung trotzdem strittig genug bleiben. Denken wir dann auch noch an Nietzsches Behauptung der „Geburt der Tragödie aus dem Geiste der Musik" und lassen wir alle Diskussion hierüber und über die Frage, ob wirklich Dionysos oder Adrastos für die Entstehung in Frage kommt, beiseite, so öffnet sich uns ein weiteres Tor zu den geheimnisvollen und schließlich doch verschleierten Wurzeln dieser dichterischen Entwicklung.

Aber wir müssen auch außerdem noch der unvorstellbaren Aufnahmefähigkeit und der so lebhaften Phantasie des attischen Volkes gedenken, denn ohne diese unvergleichliche Resonanz, die eben anderswo in solchem Grade fehlte, wäre auch das attische Milieu nicht imstande gewesen, die altgewohnten Chöre so zu steigern, daß sie sich zu einer höheren Kunstgattung ausbilden konnten. Hätte die Fähigkeit zur Tragödie nicht latent in diesem genialen Volke geschlummert, so hätte auch kein Genie sie zu erwecken vermocht. Denn Geschenke der Götter wollen nicht nur geboten, sondern auch richtig empfangen werden, um zum Heile zu reifen. Mit den Göttern und ihrem Kultus aber war jede geistige Betätigung der Hellenen stets engstens verknüpft. Die Ausgestaltung der Feiern und Opfer mußte ja irgendwie mimisch vor sich gehen. Gebärde, Wort, Gesang vereinten sich dabei seit urältesten Zeiten. Es bedurfte eigentlich nur noch eines Anstoßes, eines organisatorischen und schöpferischen Geistes, um die Richtung einzuschlagen, die zum Drama führen mußte.

Das Volk als Resonanz

Nach solcher Andeutung der inneren Prämissen, die hier wirksam waren, können wir uns wohl verständnisvoller dem weiteren Entstehungshergang der Tragödie zuwenden, besser gesagt des Dramas überhaupt, denn aus der gleichen Wurzel der possenhaften und der „tragischen" Chöre mußten sich zugleich Komödie und Tragödie abspalten. Mag man hier nun aber auch klarsehen oder noch andere unbekannte Ursachen dazu annehmen, so ist das den großen Resultaten gegenüber ziemlich gleichgültig. Das Staunenswerteste bleibt doch das rasche Tempo der Entwicklung und dazu die dichterische Größe des Aischylos. Denn ohne dies unerwartete Wunder wäre es wohl noch lange nicht oder gar nie zum großen Drama gekommen.

Wie jeder geniale Schöpfer hat aber auch Aischylos seine Vorläufer. Es ist üblich, das Jahr 534 als Geburtsjahr der Tragödie zu bezeichnen, als der Attiker T h e s p i s an der Spitze eines Dionysos-Chors zu den Dionysien aus dem Gau Ikaria nach Athen kam, jenem rebenbeschatteten Gau, wo einst der Sage nach der Bauer Ikarios als Märtyrer des neuen Weingottes den Streichen trunkener Bauern erlegen war. Thespis' Heimat war also schon an sich ganz besonders mit Dionysos und seinem Mythos verknüpft. Seinem Chor hatte der Ikarier einen Sprecher gegenübergestellt, mit dem es nun — damals noch in Trochäen — zu Rede und Gegenrede kam. Ein solcher

Die ersten Tragödien-Dichter

Thespis

„Entgegner" konnte in mehrfach wechselnder Maske auftreten, die Möglichkeit einer Rollenerweiterung war also gegeben. Von irgendeiner Art Drama aber kann dabei noch keineswegs die Rede gewesen sein. Die Chöre und ihre Tänze blieben noch lange Zeit durchaus die Hauptsache, aber die Neuerung erwies sich bald als wirksam und wurde dadurch in der Tat der Keim eines Theaterstückes. Noch wichtiger war aber vielleicht, daß der Tyrann Peisistratos bei seiner Bevorzugung des dem Landbau zugetanen Dionysoskultes diesen ländlich-bäuerischen Chören seine Gunst und Förderung zuwandte und sie damit „stadtfähig" machte. Vor dem Publikum Athens jedoch mußte nun diese ständige Einrichtung, die bei jeder neuen Gelegenheit neue Texte und Musik erforderte, von selbst ein höheres Niveau erreichen, um jeder Kritik — und darin waren die Athener groß — standhalten zu können.

Mit den Ansprüchen stieg die Qualität; es ergab sich von selbst, daß mit der Zeit die Chöre immer mehr gegen den Sprecher zurücktraten. Schließlich sind die Satyrn, für die in Attika anfangs die dort heimischen Silene einsprangen, auf den allerletzten Chor beschränkt und leiten später bei den großen Tragödien zu den burlesken Satyrspielen über, die auch der ernstesten Aufführung, wenigstens bis Sophokles, angehängt werden mußten. Es ist ein tief psychologischer, noch heute in südlichen Ländern wirksamer Gedanke, daß man das Publikum nicht mit der vollen Erschütterung tragischer Eindrücke entläßt, sondern mit der Ergötzung durch die heitere Muse.

Pratinos und Phrynichos

Es gibt nun allerdings eine Version, die die Ausbildung der Tragödie nicht ausschließlich und unmittelbar mit den Dionysoschören und ihren mythischen Stoffen in Verbindung bringen will, denn Aischylos hatte außer dem doch noch ganz lyrischen Thespis noch andere Vorgänger, die den großen Wurf wagten, an Stelle des Mythos keck einen Stoff ihrer Gegenwart zu ergreifen und den Zuhörern dramatisiert, wenn man das so nennen kann, vorzusetzen. Aus dem Peloponnes, und zwar aus Phlius von der Grenze Arkadiens, wo man den alten Hirtengott Pan besonders verehrte, kam um 500 P r a t i n o s nach Athen und brachte dorthin zum Jubel der Bevölkerung seine Satyrstücke, die damit den burlesken Abschlüssen der Tragödie zugute kamen. P h r y n i c h o s ferner, der nur wenig älter als Aischylos war, ließ bald nach der katastrophalen Eroberung Milets durch die Perser (494) eine dramatische Darstellung dieses Unglücks als das erste wirkliche Stück vor den Bürgern Athens spielen. Diese aber waren ja selbst durch ihre Lässigkeit und Teilnahmlosigkeit an dem Untergang der großen Stadt mitschuldig, und obgleich ihnen das Stück Tränen der Rührung entlockte, zürnten sie doch gerade darum dem Dichter, der sie so eindrucksvoll an ihre Unterlassung gemahnt hatte, und verurteilten ihn zu einer schweren Geldstrafe. Daß der Beginn der Tragödie mit einer solchen scharfen Maßregel einsetzte, ist fast grotesk. Als Phrynichos aber später (476) seine Kränkung gutmachte und in den „Phönizierinnen" die Schlacht bei Salamis verherrlichte, ward ihm alles unter Jubel verziehen. Ein wirkliches Drama liegt auch hier noch nicht vor, trotzdem Phrynichos den Rollenwechsel des e i n e n Schauspielers durchaus anwandte, ja dabei sogar weibliche Rollen, zumal im Chor, wie üblich durch Männer darstellen ließ. Es blieb aber in der Hauptsache bei einem lyrischen Klagebericht, bei einer bloßen Schilderung der schrecklichen Niederlage vor den betrübten Persern am Hof des Großkönigs. Die Anregung der Phantasie des Publikums, die bei mythischen Stoffen in der zeitlichen Distanz lag, war bei diesem Stück, wenn es auch Zeitgeschichte vermittelte, durch die örtliche Verlegung in ein fast unbekanntes, fernes Märchenmilieu ersetzt. Nicht oft ist in der Folgezeit der kühne Versuch des Phrynichos, sich an einen Gegenwartsstoff zu wagen, wiederholt worden, denn in der Hautpsache kehrten die großen Tragiker zu dem gewaltigen Sagenschatz der Heroenzeit zurück und fanden daran volles Genüge. Die Beschränkung auf den Kreis des Dionysosmythos wurde dadurch allerdings aufgegeben, und das Volk murrte sogar anfangs darüber, beugte sich aber schließlich doch dem allbezwingenden Bann der neuen Kunst.

Ehe wir nun untersuchen, wie diese durch die wenigen großen Genies ausgebildet und gefördert wurde, mag man sich erst einmal über das antike Theater überhaupt ein Bild machen, denn allein mit modernen Anschauungen würden wir da sehr in die Irre gehen. Schon der Schauplatz ist so ganz anders geartet. Die Aufführungen fanden im Freien statt, meist mit dem Ausblick der Zuschauer auf das Meer oder die edlen Linien schöner Landschaft. Erst allmählich wurde das Kreisrund des ebenen Tanzplatzes der Chöre, die Orchestra, durch eine lange, schmale, dahinterliegende Bühne ergänzt und abgeschlossen, so daß nun die Zuschauer nicht mehr rings um die Darstellenden standen, sondern in weitem Halbrund vor ihnen auf einfachen Brettergerüsten ausdauernd saßen. Um das Jahr 500 stürzten einmal diese primitiven Gerüste bei einer Aufführung zusammen, so daß man viele Verletzte und wohl auch Tote bergen mußte. Nun erst verlegte man den Platz für ein Theater an den Abhang der Akropolis, in den man die Sitzreihen amphitheatralisch eingrub. Erst hundert Jahre nach Aischylos wurde der erste steinerne Theaterbau errichtet; wir dürfen uns also die Aufführung der großen klassischen Tragödie für die Zeit ihrer Erschaffung durchaus nicht in den uns erhaltenen, wundervollen marmornen Amphitheatern mit dem herrlichen Schwung ihrer terrassenförmigen Sitzreihen vorstellen. Bei dem stets sehr großen Andrang waren dann diese Theater so angelegt, daß sie eine Unmenge von Zuschauern fassen konnten. In Athen rechnet man Platz für 17000, in Ephesos sogar für 30 000 Menschen. All das entstand jedoch erst viel später. Ob die Bühne der Theater etwas erhöht war, ist strittig. Die Rückwand dieser „Skene" (Szene) war durch Bemalung, die oft sogar von wirklichen Künstlern stammte, allen möglichen Orten angepaßt, konnte zur Not wohl auch gewechselt oder in Teilstücken gedreht werden; auch besaß sie eine Hauptpforte und zwei Nebenpforten für etwaige Zu- und Abgänge. Für diese befand sich aber auch auf der rechten und linken Flügelseite der Szene je eine Tür für die Schauspieler. Diese selbst bestanden immer aus Männern, selbst für Frauenrollen, wie das ja auch noch zu Shakespeares Zeiten der Fall war. Die Frage, ob überhaupt Frauen der Zutritt zum Theater gestattet war, ist zwar noch immer strittig, aber wohl eher zu bejahen.

Die attische Tragödie hat sich von e i n e m „Sprecher" allmählich bis zu drei gleichzeitig auftretenden Personen erweitert, zu mehr Akteuren jedoch nie, wobei der Chor natürlich besonders zu denken ist. Die frühere Ansicht, daß diese Schauspieler auf ein viertel Meter hohen Schnürstiefeln, dem Kothurn, einherstelzten, wird heute nicht mehr geteilt, jedenfalls hat sie nur Geltung für die Römerzeit und besondere Anlässe. Da die Szene recht lang, aber gar nicht tief war, mußten die Schauspieler aufgereiht stehen. Es gab Flugmaschinen und Versenkungen, um höhere Mächte walten zu lassen, auch die leichte Überdachung der Rückwand bot zuweilen einem erhöhten

Theaterbauten

Theatertechnik

Posten den nötigen Platz. Hier befand sich auch eine maschinelle Vorrichtung, von wo aus der nun sogenannte „deus ex machina" eingriff, wenn die Verwirrung der irdischen Knoten nur noch durch himmlischen Machtgriff zu lösen war. Die Illusionsfähigkeit der Zuschauer muß jedenfalls sehr groß gewesen sein; man denke an die Einfachheit der sehr allgemein gehaltenen Ausstattung, die die verschiedensten Plätze und Situationen vortäuschen mußte, besonders aber vergegenwärtige man sich die unveränderten Beleuchtungsverhältnisse unter stets offenem Himmel, wobei wir nicht wissen, wie die Nacht markiert wurde. Vor der Szene auf der Orchestra befand sich die Thymele, ursprünglich der Dionysosaltar, den der Chor umtanzte. Dieser Mittelpunkt mußte später auch vielen anderen Zwecken dienen und mannigfaltige Dinge vorstellen.

Szenische Beschränkung

In dieser ganzen Anlage, die keinen Vorhang, also auch keine Aktschlüsse und nur schwer einen bedingten Szenenwechsel zuließ, waren des Aristoteles berühmte drei Einheiten des Ortes, der Zeit und der Handlung ursprünglich wohl weit eher begründet als in poetisch-stilistischen Erwägungen. Jedenfalls wurde hier der Zwang zur Gewohnheit und die Gewohnheit zum Gesetz. Dieses aber wurde dann leider durch viele Jahrhunderte als eine immanente Notwendigkeit eines guten Theaterstückes aufgefaßt, die in unsrer alten Literatur erst seit Lessing gesprengt wurde. Daß eine solche Möglichkeit schließlich nicht schon in der Antike gefunden wurde, zeigt, daß man sie wohl gar nicht suchte, und diese Unterlassung ist ihrerseits sehr bezeichnend für den oft erwähnten Hang der Hellenen, allem und jedem eine in sich geschlossene logische Form, fern von jeder Ausschweifung und Willkür, zu geben und alles bei höchster Vollendung so typisch und einfach wie möglich zu gestalten.

Einmal als Norm Festgelegtes aber verließen die Alten nur schwer, und was uns leicht als Zwang erscheint, nahmen sie als organische Bindung. Und sie vermochten es ja auch immer, solchen Rahmen voll und lebendig zu füllen, so daß die Fessel wie selbstverständlich erschien und das Gefühl einer anderen Möglichkeit gar nicht erst aufkam.

Schauspielermasken

Am schwersten jedoch würde sich ein heutiger Zuschauer in die Tatsache finden, daß die Schauspieler Masken trugen, die stark auf einen Typus zugeschnitten waren und jedes Mienenspiel, das uns gerade heute so unentbehrlich erscheint, unmöglich machten. Auch der Tonfall der Stimmen wurde dadurch ganz unnatürlich, wenn auch die Zuhörer auf jede Nuance in Sprache und Vers scharf achteten. War doch die Akustik, wie wir es heute noch erproben können, meist eine ganz ausgezeichnete. „Die Maske mit ihrer röhrenartigen Mundöffnung und ein dreieckiger Aufsatz über der Maske, ebenso wie das lange Prachtgewand, dazu Kissen unter dem Kostüm auf Brust und Rücken, sollten dem Hörer in Erinnerung bringen, daß er nicht Menschen seiner Zeit vor sich habe, sondern Heroen, Helden der Vergangenheit. Uns würden sie mehr als große, schwerfällige Puppen erscheinen, bei denen der Ausdruck eines momentanen Gefühls und jede heftige Bewegung des Körpers ausgeschlossen war." (95)

Musikbegleitung

Die Schauspieler wurden vom Staat bezahlt, der auch die Oberaufsicht über die Chöre führte; deren Ausstattung aber wurde von ihm, wie wir schon wissen, als Pflichtleistung reichen Bürgern übertragen. Wenn der Chor mit der Zeit immer mehr zurücktrat, müssen wir uns die ganze Aufführung in ihrer durchweg musikalischen Einkleidung weit opernhafter vorstellen als

DIE DICHTUNG

unser Schauspiel, ja dürfen höchstens an unsre Musikdramen, oft sogar nur an unsre Oratorien denken, so primitiv auch die antike Instrumentation war. Andere Instrumente als Kithara, Flöte und Leier hatten die Sänger zu ihrer Begleitung nicht.

Die Zuschauer zogen von rechts und links durch die Pforten neben der Orchestra ein und begaben sich von dort auf ihre amphitheatralischen Sitze zwischen denen strahlenförmig Quertreppen emporstiegen. Die unterste, der Aufführung zunächst gelegene Reihe nahmen auf Prunksesseln die Priester ein. Das Eintrittsgeld, das einem Pächter zugute kam, der dafür das Theater in Stand zu halten hatte, betrug zwei Obolen (nach unserm Wert ungefähr 30 Pfennige), aber wie wir schon hörten, ersetzte später Perikles jedem Zuschauer diese Auslage aus der Staatskasse.

An die Ausdauer der Zuschauer wurden die größten Anforderungen gestellt. Da an einem Tage eine ganz Tetralogie hintereinander heruntergespielt wurde, saßen die Zuhörer von früh bis spät unter freiem Himmel mit angespanntester Aufmerksamkeit da. Die gesamte Bürgerschaft war daran beteiligt, und man kann diese Hingebung nur mit dem leidenschaftlichen Interesse an musikalischen Veranstaltungen, mit der glühenden, verständnisvollen Anhänglichkeit an die großen Sagen der Vorzeit erklären, und zuletzt auch damit, daß wir es hier nicht mit häufigen und regellosen Theateraufführungen wie bei uns zu tun haben, sondern mit seltenen Veranstaltungen, zu deren Verständnis wir schon auf das Beispiel von Oberammergau verwiesen.

Ausdauer

Die Dichter nun und ihre Stücke hatten einen schweren Prüfungsweg durchzumachen. Es mußte jeder, der sich aufgeführt sehen wollte, wenigstens bis Sophokles, der sich zuerst von diesem Zwange freimachte, eine Tetralogie (drei Tragödien und ein Satyrspiel) beim ersten Archonten, dem Basileus, einreichen, der dann drei Dramenkomplexe auswählte und die Aufführung anordnete. Der Dichter selber, der ja, zumal anfangs, ebenso Komponist wie Gesangsmeister wie Tänzer sein mußte, hatte persönlich die Einübung zu leiten. Ein Opfer ging stets voran, damit man jederzeit daran erinnert wurde, daß das Fest einen religiösen Ursprung hatte. Waren die Aufführungen, die für jeden Dichter immer an einem Tage, also von früh bis spät erfolgten, vorüber, so wurden zwar alle drei Poeten mit einem Staatspreis und Efeukranz belohnt, aber fünf gewiegte Kampfrichter hatten zu entscheiden, wer von den dreien der Sieger war, und nur dieser, ja auch seine hauptsächlichsten Schauspieler wurden der urkundlichen Notierung für künftige Zeit würdig erachtet. Daß dieses Kollegium der Kampfrichter immer nach freiem Ermessen und wirklicher Schätzungskraft den Preis verteilte, mag sehr anzuzweifeln sein, denn das erregte Publikum hatte seine Vorlieben und seine Abneigungen, und dem ausgesprochenen Druck der Masse wird man häufig nachgegeben haben. Sonst wäre es ja auch gar nicht möglich, daß viele Tragödien der Allergrößten, die wir heute zur Weltliteratur rechnen, oft zurückstehen mußten, während damals laut bejubelt wurde, was später wohlverdienter Vergessenheit anheimfiel. Es ging also auch hier zu wie überall und zu allen Zeiten, nur daß man heutzutage in solchem Fall immer noch auf verspätete Anerkennung hoffen kann, während es sich bei den Stücken der Alten in ihrer größten Zeit fast ausschließlich um einmalige Uraufführungen handelte und die Möglichkeit der Erhaltung für die Nachwelt sehr von der Beliebtheit, also der häufigen schriftlichen Kopie der

Preisbewerbung

Stücke, abhing. Vielleicht ist das der Grund, daß man für die Überlieferung der damaligen Literatur so viele Verluste zu beklagen hat und uns nur ein geringer Teil dieser dichterischen Herrlichkeiten erhalten ist. Aber damals wurde auch schon eifrig „Lektüre" getrieben, und so drang auch manches ins Publikum, was nicht auf die Bühne kam oder zu rasch von ihr verschwand. Haben doch allein die drei großen, tragischen Dichter innerhalb achtzig Jahren über dreihundert Dramen verfaßt, von denen wir aber, wie erwähnt, nur einen Bruchteil besitzen; im ganzen aber kennen wir die Titel von fast sechshundert sonst verschollenen Stücken. Erhalten sind uns dreiunddreißig, die Fragmente ungerechnet.

Ideale Grundgesinnung

So verschieden alle diese Dramen an Stoff, an Wert, an Ethos und dichterischer Kraft sein mögen, das eine hatten sie alle gemeinsam, daß ihnen ein durchaus ideales, heldisches Gepräge eignete. Alle waren sie von hoher Gesinnung erfüllt, waren straff und gemessen und wirken auch heute noch in ihrer Geschlossenheit unerwartet stark. Überall zeigt sich jener Takt, jene Veranlagung zu Maß und Ordnung, die wir in allem finden, was hellenische Kunst ist, ja die Zurückhaltung und Verbergung krasser Szenen ist bis auf wenige Ausnahmen geradezu erstaunlich, zumal wenn man bedenkt, was darin später die abendländische Literatur zuweilen dem Publikum zumutete. Die Beschränkung auf die wenigen Schauspieler, die Notwendigkeit eines geschliffenen Dialogs, die musikalische Bändigung, all das gab selbst den Schrecken und Leidenschaften eines doch oft grauenhaften Stoffes Würde und Haltung.

Klassische Form

Hierin und in der durchsichtigen und klaren Gliederung, in der Festigung großer Geschehnisse, in der Ausschaltung jeder barocken Wucherung liegt das Klassische dieser großen Dichter. Gehen sie doch auch alle darauf aus, in einer gegebenen Form das Höchste zu leisten, und verstehen es, typisch zu bleiben, ohne das Individuelle auszuschalten. So mußte das Resultat aller dieser Eigenschaften vollendete Größe besitzen und hat sich restlos und ganz bis zu jenen äußersten Grenzen ausgelebt, die in den ursprünglichen Bedingtheiten unüberschreitbar festlagen. Mit der Erreichung ihrer höchsten Möglichkeit mußte die antike Tragödie von selbst endigen, und was ihr dann noch etwa folgte, war zwar ein verwandtes, aber doch ein geringeres Wesen von ganz anderer Art.

Wie sich das alles im einzelnen dieser stolzen dichterischen Gefüge auswirkte, wissen wir nicht, sobald wir über den Rahmen der uns überlieferten Texte hinausgehen. So geben uns die Worte der Chöre noch lange nicht die Musik, die rhythmische Betonung und anderes mehr. Keine Melodie ist uns erhalten, außer wenigen Takten des Euripides. Was wir rein dichterisch lesen, besaß ursprünglich noch ganz andere Ausdrucksmittel und Klangfarbe; vollends in der Übersetzung, selbst in der besten, geht uns unendlich viel verloren, und was wir ferner uns bildlich von einer solchen Aufführung vorstellen, wird der Wirklichkeit gegenüber noch viel magerer und falscher sein.

Ewige Muster

Wenn wir bei allen diesen Einschränkungen und Abzügen trotzdem staunend und ergriffen vor der Wucht und Schönheit dieser Dichtungen stehen, das heißt vor dem, was wir noch begreifen und erfassen, so mögen wir wenigstens zu ahnen versuchen, was die volle Herrlichkeit einst bedeutet haben mag. Wieder einmal war Hellas hier für Europa der Lehrmeister und als solcher größer als alle künftigen Schüler. Selbst ein Goethe hat das in bewundernder Ehrfurcht anerkannt und es mit dem drastischen Bilde betont, unsre Dichter wären nicht wert, diesen Meistern die Pantoffeln zu reichen. Und das sprach der Dichter der Iphigenie auf Tauris, wohl bewußt, welch Abstand selbst dies wundervolle, durch und durch klassisch gedachte Stück von den großen Schöpfungen der griechischen Tragödie doch noch trennt.

Wenden wir uns nun zu dieser selbst und zu dem persönlichen Anteil, den die Dichter einzeln an der bei aller Einheitlichkeit so mannigfaltigen Gestaltung des griechischen Dramas haben. Ungefähr auf drei Generationen verteilt, überschatten die drei schon genannten Tragiker Athens die große Zeit ihrer Vaterstadt von ihrem Aufstieg bis zum Zusammenbruch, und sie repräsentieren als echte Kinder ihrer Zeit, jeder in seiner besonderen Art, das Wesen ihrer Epoche: den gewaltigen Aufschwung, die herrliche Blüte und den ahnungsschwangeren Niedergang, also zusammen ein Jahrhundert, das man selbst eine der größten und erhabensten Tragödien nennen könnte.

Zeitlich an der Spitze steht A i s c h y l o s, und er ist auch wohl der gewaltigste unter den drei Dichtern. Für Hellas bedeutet er ungefähr das gleiche wie Shakespeare für das Abendland, aber im Stil darf man nicht an den Briten denken, sondern könnte — mit großem Abstand — eher Schillersches Pathos zum Vergleich heranziehen. Die Tat des Aischylos ist auch deshalb so groß und überragt die seiner Nachfolger, weil er wirklich erst aus den primitiven Anfängen die Tragödie schaffen mußte, während die späteren auf ihm fußten und Nutznießer seines poetischen Gewinns waren. Und doch hat niemand mehr die ungeheure Wucht der Orestie erreicht, eine dichterische Leistung von so steiler Höhe und einer so unnahbaren Größe, daß dagegen selbst Bestes nur in seiner anderen Art gewertet werden und bestehen bleiben kann. Man hat Aischylos im Zusammenhang mit dem jüngeren Sophokles oftmals mit Michelangelo und Raffael verglichen. Die Parallele liegt nahe und birgt manches Wahre, muß aber doch einschränkend und richtig verstanden werden. Man könnte auch andere gefährliche Vergleiche ziehen, zumal mit den Musikdramen Richard Wagners und ihrem großen Freskostil eines musikalisch erfaßten Volksmythos. Denn musikalisch muß man Aischylos noch durchaus nehmen, so groß das rein Dichterische bei ihm auch ist. Aber erst bei Sophokles beginnt die poetische Lösung von der überragenden Bedeutung der Musik.

Eine Analyse der Stücke des Aischylos und ihre dichterische Wertung gehören in eine antike Literaturgeschichte und würden hier viel zu weit führen. Uns muß es darauf ankommen, welchen großen und bestimmenden Faktor Aischylos' ganze Person und sein Werk in der Kulturentwicklung seines Volkes einnimmt. Und da ist seine von ihm selbst verfaßte Grabschrift besonders aufschlußreich, weil der Dichter trotz seines großen Selbstbewußtseins ganz von seinen poetischen Leistungen schweigt, dagegen aber nur das Geschick preist, das ihm erlaubte, in der Reihe der athenischen Hopliten bei Marathon für die Freiheit seines Vaterlandes zu kämpfen und später Zeuge zu sein, wie bei Salamis und Plataiai dies große politische Drama für Hellas einen siegreichen Abschluß fand. Die stolze, aufrechte Männlichkeit, die leidenschaftliche Begeisterung, der tiefe sittliche Ernst kommen in solchem Verhalten voll zum Ausdruck, denn es ist immer bedeutsam, worauf eine große Persönlichkeit in ihrem Leben am meisten den Akzent gelegt zu sehen wünscht, bedeutsam nicht nur für den Mann, sondern auch für seine Epoche, in der er Ewigkeitswert gewann, weil er „den Besten seiner Zeit genug getan".

Aischylos wird mit Recht immer als Athener betrachtet; geboren aber war er aus vornehmem Geschlecht in Eleusis (524), und die kultische Verbundenheit seiner Weltanschauung wird nicht zuletzt auf diese Heimatstätte und ihre religiösen Mysterien zurückzuführen sein. So mag auch später die Fülle gewaltiger Zeitereignisse, die er tatkräftig miterleben durfte, seine heroische Veranlagung noch gesteigert haben. Die vaterlandsfreudige Begeisterung dieser glorreichen Jahrzehnte, die noch tief im Glauben an die Götter und in der Dankbarkeit für deren schützendes Walten wurzelte, erfüllte seine große Seele und gab ihr die Fähigkeit, seine Poesie von der Warte hoher Verantwortung aus mit jenem erschütternden Pathos zu durchtränken, das er bewußt zur Stärkung und Erziehung seines Volkes anwandte.

Titanische Wucht

In jedem Wort des Aischylos lebt etwas Titanisches. Bei der Schilderung der griechischen Religionsentwicklung haben wir schon von seinem Verhältnis und dem seiner Nachfolger zur Religion und den Göttern gehört. Bei tiefster Frömmigkeit, eng haftend am Glauben der Väter, reckt er sich doch aus diesem schon zu einer so einsamen Höhe, daß der Gedanke eines Monotheismus nicht mehr fern liegt. Hiermit erfüllt er den von ihm dramatisierten Mythos, denn Aischylos wandte sich von den zeitgenössischen Stoffen seiner Vorläufer wieder zu diesem Urquell zurück. Aber auch er behandelt einmal in seinen „Persern" Gegenwartsgeschichte, und gerade dieses Drama führte er dem Tyrannen Hieron in Syrakus persönlich auf. Zweimal hat Aischylos Reisen nach der Insel Thrinakia unternommen und ist dann auch dort in Gela 446 gestorben.

Die an sich so einfache und doch große, einschneidende Idee des Aischylos war die Einführung eines zweiten Schauspielers zum Chor und seinem Sprecher. Erst dadurch wurden ein Dialog und eine Art dramatischer Handlung überhaupt möglich, aber doch nur in gewissem Grade und meist als bloßes Referat eines Boten. Erst als der fast ein Menschenalter jüngere Sophokles kühn den dritten Schauspieler hinzufügte, sah der alte Aischylos den Vorteil ein und machte die Neuerung mit, und nun erst kann man

Lyrischer Grundton

die Tragödie als voll begründet ansehen. Die ersten Stücke des Aischylos sind darum immer noch eher Oratorien als Dramen, zumal der Chor und damit die Musik allbeherrschend weiter regierten. Und darum entsteht das seltsame Paradoxon, daß der größte Dramatiker Griechenlands eigentlich lyrisch zu werten ist, denn letzten Endes kommt es ihm doch mehr auf Stimmungen und den gewaltigen Schauer an, als auf reine Handlung. Dieser Schwung der Begeisterung, dies echt dionysische Element hat ihm später bei Aristophanes den Namen des „bakchischen Königs" eingebracht. Aber zugleich hat Aischylos „die tragische Sprache, den tragischen Stil geschaffen, die szenische Ausrüstung, die Bühnentechnik vervollkommnet und der griechischen Tragödie für alle Zeiten den Inhalt zugewiesen, die heilige Geschichte, den Mythos" ([96]).

Diesen Mythos aber sahen um die Zeit des Dichters die Alten noch ganz als heroische Vergangenheitsgeschichte, also als wirkliche Geschehnisse, an. Darum konnten sie ihn auch so lebenswarm, so packend ausbauen und vermitteln. Die Quelle waren die großen, kyklischen Epen. „Brosamen vom Tische Homers" hat Aischylos seine Dramen genannt. Innerhalb des Mythos jedoch griff der Dichter seiner Natur gemäß immer zu den gewaltigsten und ungeheuerlichsten Stoffen, die von übermenschlichem Atem durchweht scheinen. Hier konnte sich der tiefgründige Titanengeist mit seinen mächtigen Rhythmen ausleben und die ganze Pracht seiner Sprache und Bilder walten lassen.

Vom Trochäus ging man jetzt zum iambischen Trimeter über, der so lange das Sprachmedium der Tragödie blieb, den französischen Alexandriner hervorrief und noch im Helena-Akt des Faust seinen pompösen Gang zeigt.

Aischylos wagte sogar über die Heroenzeit hinaus auch die Göttersage stofflich heranzuziehen. Sein „Gefesselter Prometheus", dessen Ergänzungsstück verlorengegangen ist, rollt in so ungeheuren Visionen an uns vorüber, wie sie kaum je wieder ein Dichter gewagt hat. Sieben Stücke sind von neunzig, die Aischylos geschrieben haben soll, noch erhalten. Die Perser und der gefesselte Prometheus wurden schon erwähnt. Als ältestes Drama galten „Die Schutzflehenden", das die Sage der Danaïden behandelt, ferner „Die Sieben gegen Theben". Es ist dies das letzte Stück einer Tetralogie, in der Aischylos den ganzen Sagenkranz des alten thebanischen Herrscherhauses mit Laios und Ödipus aufrollte. Die Sphinx wird dazu den Inhalt des lustigen Satyrstückes geliefert haben, denn ein solches mußte damals ja noch mit jeder Tragödie verknüpft werden, und diesen burlesken Abgesang pflegte man aus dem Stoff der vorangehenden Tragödie zu nehmen, was gewiß nicht immer leicht war. Das große Ruhmesblatt des Aischylos aber ist und bleibt die dreiteilige „Orestie", bestehend aus der schrecklichen Größe des „Agamemnon", dann der „Choëphoren" (Grabspenderinnen), die dem rächenden Muttermorde des Orest gewidmet sind, und schließlich aus dem versöhnenden Abschluß der „Eumeniden", von denen wir schon hörten, als die Verschmelzung der zwei religiösen Zeitalter, des Kultus der Erdgötter mit dem der homerischen Olympier, hier zur Sprache kam. Nun war auch schon der Chor so weit zurückgedrängt, daß er dann nur noch als Vermittler zwischen den Zuschauern und der Handlung diente. Ein riesiges Drama und nicht nur eine erhabene Stimmungsmusik als Begleitung eines tragischen Berichtes zieht an uns vorüber. Jetzt wird Aischylos der große Charakterdichter, der das allwaltende Schicksal nicht allein regieren läßt, sondern in die Menschen und die unerbittliche Folge ihrer Handlungen mit hinein verwebt. Die unabwendbare Notwendigkeit, der selbst die Götter unterliegen, wird nur insofern bestimmend, als die Menschen sich selber ihr verknüpfen. So entgeht Aischylos der Gefahr eines blinden Fatalismus, der jede echte Tragik aufgehoben hätte. Man mache sich klar, welche dichterische Kraft dazu gehört, mit einer Handlung, von der jede Einzelheit, jede Spannung dem Hörer von vornherein bekannt war, die erschütterndste und bannendste Wirkung zu erzielen. Willenlos hingerissen erlebten die Zuschauer diese schon fast übermenschliche Größe poetischer Gestaltung.

Mythologische Stoffe

Die Orestie

Wir können nur ahnen, wie die verlorenen Stücke des Aischylos neben solchen Glanzleistungen bestanden haben mögen. Noch wissen wir von einer Lykurgie und vor allem von der Dramatisierung des homerischen Achilleusstoffes. Jedenfalls wird überliefert, daß der Eindruck dieser Stücke ein gewaltiger war. Dennoch hat Aischylos sechzehn Jahre um den ersten Preis gerungen, bis er ihm endlich zufiel, und im Alter mußte er erleben, daß der nur achtundzwanzigjährige Sophokles ihn bei seinem ersten Auftreten besiegte. Aischylos aber war groß genug, das Genie seines Nebenbuhlers anzuerkennen, und verschmähte es nicht, sogar von ihm zu lernen, was für ihn technisch noch zu lernen war. Denn innerlich brauchte dieser Gigant sich nicht zu beugen. Er stand über allen, ebenso groß als Dichter wie als Mensch und Charakter. Die ganze heilige Glut seiner Zeit kam bei ihm zum tönenden Ausdruck, riß die Menschen fort und fand einen Widerhall, der uns heute noch erschauernd aufhorchen läßt.

Ein neuer Fund

Man kann sich also darum das freudige Erstaunen aller humanistischen Kreise vorstellen, als vor wenigen Jahren die ägyptischen Papyrusfunde ein größeres Fragment der verlorenen „Niobe" des Dichters ans Licht brachten. Wir wußten von diesen Drama, das ungefähr 470 gedichtet worden war, daß es den nachhaltigsten Eindruck auf die Zeitgenossen gemacht hatte und daß noch Platon mit größter Bewunderung von dieser Tragödie des Mutterschmerzes spricht. Das schreckliche Leid und Pathos der Tantalidensage mußte ja gerade einen Aischylos zu dramatischer Bearbeitung reizen. Auch hier macht Aischylos, wie er es schon in seinem Achilleus getan hatte, von dem wirksamen Kunstmittel Gebrauch, die Hauptperson bis zur Mitte des Stückes in unheimlichem Schweigen auf der Bühne sitzen zu lassen, worauf dann natürlich der bis dahin gedämmte Ausbruch der Gefühle desto stärker wirkte und fortriß.

Schließen auch wir darum die Betrachtung dieser großen Dichtererscheinung mit wenigen Worten aus diesem von dem ägyptischen Sandgrabe gespendeten Funde, die nun nach über 2000 Jahren zum ersten Male zu uns tönen und ganz die große Art des Aischylos wiedergeben:

„Gott ist's, der Menschen eine Schuld aufkeimen läßt,
Wenn er ein Haus im Unheil ganz verlöschen will.
Gleichwohl, wer sterblich ist, muß sich die rechte Art
Bewahren, nicht in frecher Rede sich vergehn.
Doch die im Glücke stehn, wähnen nimmermehr
Zu straucheln, stürzend zu verschütten all dies Glück." (97)

Sophokles

Schon erwähnten wir Sophokles aus dem attischen Grenzort Kolonos als den jüngeren Rivalen des Aischylos. Ein Menschenalter trennt beide; aber sie haben sich wohl gekannt, miteinander um den Siegeskranz gerungen und gegenseitig der eine vom anderen gelernt. Bei dem völlig verschiedenen Temperament und einer stark abweichenden Weltanschauung war eine solche Ergänzung sehr wohl möglich. Entsprach Aischylos noch ganz der herben Wucht der archaischen Kunst, so rückt Sophokles in die Sphäre des Parthenon und des Perikles. Man hat Sophokles etwas zu sehr ausstaffiert als den Musterhellenen, so wie man sich zu Winckelmanns Zeit den Griechen dachte. Das ist natürlich genau so falsch wie die Annahme des 18. Jahrhunderts. Aber einiges an diesem Glauben könnte doch zu Recht bestehen. Schon wurde der Vergleich mit Raffael erwähnt. Man könnte auch einen mit Goethe ziehen, aber nur äußerlich wegen ähnlicher Segnungen des Lebens und innerlich wegen einer erstrebten Harmonie und Heiterkeit bei voller Hingabe an die Genüsse des Lebens. Manche Übereinstimmung ist auffällig. Auch Sophokles hat nie mit materiellen Sorgen zu kämpfen gehabt.

Sein Leben

Sein Vater war ein wohlhabender Fabrikbesitzer, der Sohn war schön und reich begabt, und alle Möglichkeiten der Bildung flossen ihm zu; er konnte ganz als freier Mann seinen dichterischen Neigungen leben, entzog sich dabei aber auch keineswegs staatlichen Verpflichtungen, übernahm Ämter und figurierte, wenn auch nicht sehr glücklich, sogar als Stratege neben

Perikles, der in ihm mehr den Dichter als den Feldherrn zu schätzen wußte. Junger Ruhm verklärte seinen Namen und ebnete ihm eine fast ungetrübte Laufbahn. Erst 28jährig, wie wir schon erwähnten, siegte er mit der Tragödie „Triptolemos" über Aischylos. Sein Leben verlief während der glücklichen Glanzzeit des attischen Staates. Von diesem lichten, lebhaften Dasein wurde er auf den Höhen des Lebens dahingetragen, selbst äußerlich und innerlich eine volle Verkörperung dieser trotz aller Demokratie so aristokratischen Zeit im Sinne der Kalokagathie. In seiner Jugend führte er zur Feier des Sieges bei Salamis den festlichen Reigen der athenischen Knaben an. Mit Altersbeginn mußte er noch den Ausbruch des verderblichen Peloponnesischen Krieges erleben, ohne sich aber durch diese wilden Wirren in seinem dichterischen Schaffen beeinträchtigen zu lassen, so daß gerade sein herrlicher „König Ödipus" während des ersten Kriegsjahrzehnts aufgeführt wurde. Das Glück blieb ihm bis zuletzt hold. Zwei Jahre vor dem Untergang seiner Vaterstadt starb der Neunzigjährige und hörte noch den Siegesjubel über den athenischen Seesieg bei den Arginusen. Das Volk aber gedachte seiner wie eines entschwundenen Gottes und hielt sein Andenken in hohen Ehren.

Sophokles war ganz Weltmann im besten Sinne, eine prachtvolle Erscheinung (man denke an die allerdings spätere Lateranstatue, die schönste Porträtstatue des Altertums), von heiterem, ausgeglichenem Wesen, von gewinnendster Liebenswürdigkeit und milder Güte. Das ionische Element kam in ihm stark zum Durchbruch und umkleidete den stattlichen Mann mit dem vollen Zauber geistiger Beschwingtheit. So war er beliebt und angesehen, ein froher Genosse im Kreise der Freunde, allen Lichtseiten des Lebens zugetan.

Wie kam dieser harmonische Mann zu den düsteren Schatten seiner oft so schreckensvollen Tragödien? Was erweckte in ihm Töne tiefster Resignation, ja Lebensverneinung? Diese auch wieder so hellenische Antinomie läßt sich nur lösen, wenn man bedenkt, daß Sophokles zwar in tiefer Weisheit und Menschenkenntnis die Nichtigkeit des Lebens und das Gewebe von Schuld und Leid in unserm Dasein voll durchschaute, dabei aber eine Natur von ergebungsvollster Frömmigkeit war. Von ganz hoher Warte aus ordnete er das Böse und das Gute ohne jede Auflehnung oder Anteilnahme unter die anerkannte Macht der Himmlischen. Nicht mit dem Titanentrotz des Aischylos suchte er den Ausgleich mit einem Nichtverständnis irdischer Qual und Verstrickung. Was geschah, erschien ihm gerecht, und er beugte seine Weisheit unter die tiefere himmlischer Mächte. So lag es ihm ganz fern, auf sein Volk erzieherisch oder gar moralisierend einzuwirken. Er war Dichter und nicht Lehrer oder gar Prophet; darum finden wir in seiner Diktion auch sehr wenig Sentenzen, zu denen sein Wesen gar nicht neigte. „Mit tiefer Ergebung, ohne irgendwelche Illusion, aber auch mit männlicher Fassung schaute er in die dunkelsten Tiefen des Menschenlebens und betrachtete andachtsvoll das schauerlich-schöne Schauspiel des Waltens der Götter" (98).

Harmonie und Tragik

So vereinte sich alles in diesem begnadeten Manne zu seiner Mission, dem Bau der Tragödie die harmonische Vollendung und Ausbildung zu geben, die die quadergetürmte Dichtung des Aischylos noch nicht besaß und ihrer Art nach auch gar nicht besitzen konnte. Selbst eine Persönlichkeit von Maß und Mitte, wurde er zu diesem Zweck von einem gütigen Geschick zwischen den Riesen Aischylos und das moderne, geistvolle Genie

Klassische Vollendung

des Euripides gestellt, und trotz der eigenen Vollendung konnte er von dem Älteren und dem Jüngeren bewußt lernen. Das bewußte Schaffen war überhaupt sein Ideal; über sich selbst und seine Entwicklung aus Abhängigkeit und jugendlicher Künstelei zu einem eigenen, freien und natürlichen Stil dachte er ebenso klar, wie er sich gegenüber Aischylos rühmt, daß dieser unbewußt das Rechte träfe, er selbst aber voll bewußt. Sollte Sophokles wirklich nicht geahnt haben, wieviel Lob in diesem Tadel lag? Jedenfalls ist dies Urteil charakteristisch und aufschlußreich für das ganze Wesen des Mannes und für sein durchsichtiges, klares und wohlüberlegtes Schaffen. Hier war nichts mehr vom Überschwang musikalischer Stimmung, kein Episodenwerk verbrämte die straffe Folgerichtigkeit der dramatischen Handlung. Alles baute sich mit zwingender Logik und wohlberechnet auf, ohne daß der erstrebte Eindruck in Künstelei und Effekthascherei übergegangen wäre. Mit souveräner Beherrschung meistert Sophokles alle Kunstmittel dramatischer Dichtung; er brauchte diese Fähigkeit nicht erst mühsam zu erlernen, sondern waltete damit wie selbstverständlich als ein echtes Genie, aber all das ohne eine Spur von Dämonie und unerklärbarer Tiefe. Wiederum sei an den Vergleich mit Raffael erinnert.

Sophokles erreichte die von ihm erstrebte Ausgestaltung des Tragödiendialoges durch Einführung des dritten Schauspielers und durch eine geringe Vermehrung des Chores. Aber diesen letzteren benutzte er nicht mehr als vollwertigen Mitakteur, sondern nur als schöne, nie störende und nur vermittelnde Zugabe. So prachtvoll und zart seine Muse gerade in dieser Lyrik tönte, der letzten, die Griechenland neben der des Euripides in solcher Bedeutung hervorbrachte, so klangvoll und schön diese Chorrhythmen dahinflossen, so erlaubte er ihnen doch nie, die straffe Herausarbeitung der dramatischen Handlung verzögernd zu gefährden. Ihm blieb der Chor eine prächtige, auch harmonisch eingefügte Zierde, aber nicht mehr.

Äußere Gestaltung

Um die Geschlossenheit und Abrundung eines tragischen Stoffes zu erreichen, verteilte Sophokles ihn auch nicht mehr auf das Riesengefüge einer Tetralogie. Die Beschränkung des Chores und die Straffheit der Komposition, die sofort und unerbittlich auf den Knotenpunkt der Handlung losging, verschafften ihm auch Raum genug zur Bewältigung des Stoffes in einem einzigen Stück, das nun doppelt wirkte, weil die tragische Entwicklung Schlag auf Schlag folgte und nicht auf drei Dramen ausgewalzt wurde. Die Stoffe blieben die gleichen wie für alle Dichter der Zeit, sie entquollen dem Mythos. Auf ihre neue Gestaltung kam es an und auf die Mittel, den Vorgang anschaulich und eindrucksvoll zu machen. Sophokles erreichte das, indem er als erster die Notwendigkeiten der Handlungen ganz in dem Charakter seiner Personen begründete. Er ist der große Dichter dramatischer Charaktere, und gerade weil er seine heroischen Gestalten aus dem Nimbus der Sage in die Sphäre des menschlich Begreifbaren rückte, machte er sie ewiger und gültiger, indem er sie natürlich gestaltete und dadurch dem mitfühlenden Verständnis näher rückte.

Charakterisierung

Schon das Altertum bewunderte des Dichters Fähigkeit, oft mit einem einzigen Verse eine Charakterisierung festzulegen. Aber soweit sich Sophokles mit dieser dichterischen Technik von Aischylos entfernte, keineswegs dürfen wir in ihm nun einen realistischen Menschenschilderer mit psychologischen Zuspitzungen suchen, wie dies später dem Euripides vorbehalten blieb. Denn das erstrebte Sophokles auch gar nicht; bewußt wollte er nicht Menschen schildern, „wie sie sind, sondern wie sie sein sollen", und bezog damit ersteres auf den jüngeren Rivalen Euripides. Die Griechen besaßen ja aber stets die Fähigkeit, solche Idealisierung so lebendig zu machen, daß man ihnen die mögliche Existenz ihrer gesteigerten Gestalten mühelos und bewundernd glauben mußte. Aus all diesem geht schon zur Genüge hervor, daß man Sophokles nicht länger, wie man es fleißig getan hat, mit der Schicksalstragödie verweben darf, bloß weil das Walten höherer Mächte stärker zu sein scheint, als daß sich der Mensch in freier Selbstbestimmung und darum auch Verantwortung von solchem Banne erlösen könnte. Wilamowitz hat kräftig mit dieser Anschauung der Literaturgeschichte aufgeräumt: „Es zerstört den Sinn der Gedichte und verstößt gegen die echte Frömmigkeit des Dichters nicht minder, wenn man von einer psychologischen Motivierung redet (durch Jähzorn oder Selbstüberschätzung u. dgl.), als wenn man den fremden Begriff der tragischen Schuld hinein trägt. Für Aischylos wird die Welt von eines allmächtigen Gottes unerbittlicher Gerechtigkeit regiert, ... für Sophokles, den gläubigen Verehrer der Tempelgötter, steht über allem Menschenwollen und -können eine Welt von übermächtigen ‚unsterblichen Menschen‘, deren Liebe und Haß niemandem Rechenschaft schuldet, am wenigsten den Menschen, die gehalten sind, sich demütig in den Willen der Götter zu ergeben, wie unbegreiflich er ihnen auch scheine" (99).

<small>Das Schicksal</small>

Ungefähr 120 Stücke soll Sophokles geschrieben haben. Fast von allen kennen wir die Titel; erhalten aber sind nur 7 Dramen, ungerechnet das kleine Satyrspiel „Die Spürhunde", ein Fragment, das erst 1912 auf einem ägyptischen Papyros gefunden wurde und den Rinderdiebstahl des jugendlichen Hermes zum Inhalt hat, wie er so humorvoll im Hermeshymnos geschildert wird. Die sieben uns bekannten Tragödien sind in ihrem dichterischen Wert nicht alle gleich; an den „König Ödipus" und seine dichterische Gewalt ragt kein anderes der Stücke heran. Aber wir kennen nicht die genaue historische Reihenfolge der Sophoklesschen Dramen, wir können an Hand des spärlichen Materials uns also kein sicheres Bild seiner Entwicklung machen, soweit er nicht selber davon spricht. Bei so großer Fruchtbarkeit war Ungleichheit der Produktion wohl nicht zu vermeiden. Die Dichter, die anfangs alle vier bis fünf Jahre sich mit einer Tetralogie bewarben, taten dies später schon alle zwei Jahre. Da konnte auch einmal Minderwertiges unterlaufen. Auf nähere Einzelheiten der erhaltenen Sophoklesschen Stücke hier einzugehen, ist nicht unsre Absicht, aber sie seien wenigstens genannt. Die Krone bleibt der schon erwähnte „König Ödipus", neben Aischylos' „Orestie" das unnachahmliche Muster der antiken Tragödie. „Der Grundgedanke so vieler Tragödien, daß Menschenweisheit und Heldenkraft nichts vermögen gegen den Willen der Götter, ist nirgends so gewaltig herausgearbeitet worden wie hier. Vor dieser erbarmungslosen Wahrheit hat sich der Mensch in demütiger Ergebung zu beugen. In diesem Sinne, aber auch nur in diesem, ist der Ödipus eine Schicksalstragödie, ja die Schicksalstragödie schlechthin" (100). Der schaurige Inhalt rief nach einer Versöhnung, und diese gab Sophokles wohl mit der Abgeklärtheit beginnenden Alters in seinem „Ödipus auf Kolonos". Tief zu Herzen dringend ist diese Verklärung nach finsterstem Leid. Der Inhalt ist wohl frei von Sophokles erfunden worden, wie er überhaupt zuweilen Mythenstoffe derart selbständig ausgestaltete, daß aus der Sage etwas ganz Neues entstand. Besonders gilt das auch für seinen „Philoktet", wo Sophokles die homerischen Charaktere ganz nach eigenem Ermessen

<small>Fülle des Schaffens</small>

umbiegt und entwickelt und uns dadurch menschlich näher bringt. Auch im „Aias" aus dem gleichen Sagenkreise ist dies der Fall, einer Tragödie, die in typischer Form das heroische Scheitern eines überspannten Ehrgefühls schildert. Hier wird uns aber schon deutlich erkennbar, wie weit ein Dichter wie Sophokles und seine Zeit über fast unverständliche Anschauungen des Mythos hinausgewachsen sind und nun mit solchem Stoffe förmlich ringen müssen, weil sie sich nun einmal aus dem doch auch psychisch beschränkten Stoffkreise — leider — nicht lösen wollten oder konnten. Von dieser Fessel befreit, wären vielleicht noch viel gewaltigere Dichtungen entstanden. In seiner „Elektra" konkurriert Sophokles bewußt mit den das gleiche Thema behandelnden „Choëphoren" des Aischylos. Dieser Stoff der Rache für Agamemnons Tod durch den Mord des Orestes an seiner Mutter Klytämnestra hatte es den Tragikern besonders angetan, denn Euripides stellte später auch eine „Elektra" neben die Dramen seiner Vorgänger. An der Behandlung, mit der Sophokles die Sage formt, wird sein Unterschied gegenüber Aischylos besonders klar. Während den älteren Dichter der reine Stoff und seine so schreckliche Abwicklung allein fesselten, bog Sophokles das Problem ganz in die Charakteristik und die Betonung der inneren Motive, so daß sogar der grause Mord selbst dagegen zurücktritt. Auch des Dichters „Antigone", die ungefähr 440 zur Aufführung kam und, beachtenswerterweise, obgleich stofflich später, vor dem König Ödipus geschrieben war, steht parallel zu Aischylos' „Sieben gegen Theben", aber das Stück nimmt nur den Endkonflikt des älteren Dramas zum Ausgangspunkt. In der Charakteristik ist diese Tragödie wieder ganz bedeutend, und meisterhaft wird die heroische Heldin in ihrem Haß und ihrer Bruderliebe geschildert. Auch hier kämpfen uralte Sitten mit weit entwickelteren Anschauungen, und diese Unvereinbarkeit beeinträchtigt doch irgendwie die Tragik, die uns rein menschlich und diesseits von fast unbegreiflichen Anschauungen nicht zwingend notwendig erscheint. Aber groß bleibt die dramatische Zeichnung dieses Weibes, das, anders als bei Aischylos, von heißer Menschlichkeit durchpulst und doch auch nicht psychologisch-pathologisch zergliedert wird, wie Euripides das getan haben soll. Das siebente Stück des Sophokles, die „Trachinierinnen", ist das schwächste, das wir von dem Dichter kennen, obgleich oder auch weil gerade hier der moderne Einfluß des Euripides fühlbar wird. Es behandelt den Tod des Herakles und seiner Gattin Deïaneira und trägt seinen Titel nach dem Chor der Mädchen aus Trachis.

Euripides

Der ebengenannte E u r i p i d e s, der dritte des Dreigestirns der großen Tragiker, spielt noch stärker in das Leben und Schaffen des Sophokles hinein, als dieser mit dem älteren Aischylos verknüpft war. Aber obgleich er sechzehn Jahre jünger war als Sophokles, muß man ihn ganz als dessen Zeitgenossen betrachten, denn das Wirken der beiden Männer, die im gleichen Jahre starben (406), fällt durchaus zusammen. Aber dennoch liegt zwischen beiden und ihren Anschauungen eine Welt; es klafft da ein unüberbrückbarer Abgrund. Sophokles haftete rückwärts an einer fast schon überwundenen Epoche, Euripides aber nahm vorahnend und witterungsstark die ganze geistige Entwicklung, die sich unter ihm anbahnte, schon mit ihrer vollen Konsequenz in seine Anschauung und Stoffbehandlung auf, als wäre er ein Vorverkünder des Hellenismus. Und darum führen auch kaum von Sophokles, wohl aber von Euripides starke Beeinflussungen auf die spätere Dramatik des Abendlandes. Können wir die Gestalten des Mythos und ihre echte Verkörperung nur mit scheuer Bewunderung bestaunen, so haben wir es bei Euripides mit einem antiken Ibsen zu tun, der uns Menschen bringt, die wir uns wohl auch gegenwärtig vorstellen könnten, so ausgefallen auch viele seiner Charaktere in wilder Leidenschaft und krasser Pathologie sind. Auch Hebbel hat man zum Vergleich herangezogen ([101]). So wird für uns Euripides in tragischer Weise zur aufschlußreichsten Gestalt über den großen Wechsel im Seelenleben seiner Epoche. Hier fühlen wir im Abendrot des alten Hellas dem Altertum wirklich an den Puls und gewinnen den lebendigsten Kontakt, den uns keine Kunst, keine Philosophie dieser Zeit so stark und unmittelbar schenken kann.

Euripides zu werten ist fast unmöglich. Wozu auch? Man kann ja nicht seine dichterischen Leistungen von seiner Kulturbedeutung und beides nicht von dem Menschen selbst trennen; man müßte auch fragen, welche Epoche gerade auf ihn reagiert und in ihrer eigenen Veranlagung Verständnis für ihn besitzt. Er selbst geriet zwangsläufig in einen Zwiespalt, eine Disharmonie mit sich und seiner Zeit. Das beeinträchtigt die reine Qualität seiner Dichtungen, macht sie aber andererseits lebendig und interessant. Verhaftet, auch dichterisch, mit den Notwendigkeiten und Forderungen seiner Epoche und seines Publikums, war er ihnen doch weit voraus. Unwillig spürten das seine noch befangenen Zuhörer, und mit umgekehrtem Bedauern spüren wir die sein Genie beklemmende Abhängigkeit, die ihm die Schwingen lähmte. Bei freier Bahn hätte dieser große, skeptische Menschenkenner und Seelenzerseier an anderem Material wohl noch weit stärkere Erschütterungen und Offenbarungen durch seine Dichterkraft erreicht. So schlug sich der krasse Rationalist und Aufklärer mit Stoffen herum, die er aus vorgeschriebenem Kreise zu wählen hatte, denen er aber doch nur dann etwas abgewinnen konnte, wenn er sie aus ihrem ursprünglichen Nimbus ins Allzumenschliche herunterzog, d. h. aus der Freskogröße des Mythos ein kleineres, aber modern packendes Seelengemälde machte. Ob man das nun eine Bereicherung des Mythos oder in umgekehrter Richtung eine Beeinträchtigung der Möglichkeit eines bürgerlichen Schauspieles nennen will, wäre eitel Wortspielerei, jedenfalls liefert uns Euripides wohl nicht das größte, aber das für uns lebendigste Produkt des Altertums.

Er war von Natur aus ganz Verstandesmensch, Grübler, Gelehrter. Diese Veranlagungen trafen zusammen mit der neuen Lehre der Sophistik. Aufklärung, Rhetorik, Dialektik wurden Trumpf, freigeistige Strömungen schwollen überall an. Sie nährten seinen scharfen Geist und erfüllten ihn ganz, denn sie lagen in seinem eigenen Wesen begründet. Darum waren auch Männer wie Protagoras und Prodikos sein vertrauter Umgang. Auch mit Anaxagoras stand er in Berührung. Er und Sophokles kannten sich natürlich, aber Euripides fühlte wohl, daß er nicht in dessen Milieu gehörte. Was ging ihn der Staat an oder gar die Gepflogenheiten eines vornehmen Mannes, die Wettspiele und anderes Getriebe der Polis! Er lebte am liebsten und häufigsten auf seinen Gütern in Salamis, wo er geboren war, und schrieb dort in der Einsamkeit, aber hellhörig und beobachtend, seine großen tragischen Charakterstudien. Er hatte einen schweren Stand bei seinem Wettbewerb um den dramatischen Siegeskranz. Vierzehn Jahre mußte er vergeblich ringen, und nur viermal fiel ihm der Preis zu, während Sophokles zu gleicher Zeit zwanzigmal gekrönt wurde. In dieser Feststellung spiegelt sich deutlich der Geschmack der Zeit; das wirklich Neue hat es ja immer besonders schwer, zur Anerkennung zu gelangen, auch dann, wenn es das Bessere sein sollte.

Verbürgerlichung des Mythos

Von einer solchen Wertung mag ja nun hier nicht die Rede sein, aber wir sehen, wie fremd diese Verbürgerlichung des Mythos und seine psychologische Zergliederung die athenischen Bürger anmutete. Und dennoch spürten sie alle die dichterische Kraft dieser neuen Dramen, das Packende, oft Verblüffende. Nicht daß Euripides geradezu auf Sensation ausging, aber in seinem Bestreben, dem abgebrauchten Mythos neue Stoffe und neue Seiten abzugewinnen, wählte er natürlich entlegene Themen, an denen er seine eindringliche Zergliederung am besten erproben konnte, und sein Hang zu psychologischen Finessen leitete ihn instinktiv an pathologische Stellen. So wurde der große Charakterforscher in erster Linie der Dichter der Frauencharaktere, trotzdem man ihn auch einen Frauenhasser genannt hat. Man kann ruhig sagen, daß er diese Charaktere zuerst auf die Bühne gebracht hat, denn die Weiblichkeiten seiner Vorgänger sind doch eher als Heroinen aufzufassen. Das tiefe Verständnis des Euripides für das Weib, womit eine Abneigung gegen die in Athen und besonders bei den Dichtern so übliche Knabenliebe Hand in Hand ging, mußte ihn zum Schilderer der Liebesleidenschaft, ja der Liebesraserei machen; auch hierin ist er ein Erstling unter den Dramatikern.

Euripides und die Sophistik

Es war natürlich, daß Euripides die Rednerkünste der Sophistik, die ihm voll geläufig waren, reichlich im Dialog seiner Personen anwandte, aber nicht immer zum Vorteil der Dichtung, da er sich in dieser Dialektik nicht genug tun konnte und sie nun auch da ausüben ließ, wo sie schlecht hinpaßte. Oft entstand ein Rededuell um seiner selbst willen. Bei dem großen Zulauf, den die Sophisten hatten, ist es eigentlich merkwürdig, daß auf der Bühne die neue Denkart weniger gefiel. Vielleicht liegt das an der verschiedenen Zusammensetzung der Sophistenschulen, die meist aus vornehmen Jünglingen bestanden, und der bürgerlichen Theaterzuhörer, die noch stärker an der alten Denkart hingen. Über der zögernden Haltung der Athener gegenüber Euripides soll man aber nicht übersehen, welch tief zu Herzen gehenden Eindruck er ihnen machte und wie sie an seinen Rhythmen hingen. Man erinnere sich mit tiefer Bewegung, wie die gefangenen, athenischen Krieger, die in den glühenden Steinbrüchen der Latomien von Syrakus verschmachteten (413), sich aufrechthielten mit den Gesängen des Euripides, ein Vorgang, dem der alte Wildenbruch ein spätes Drama widmete. Berühmt waren ja des Euripides Monodien (Klagegesänge), die er an Stelle des immer mehr zurückgedrängten Chores einlegte. Immer wieder muß ja darauf verwiesen werden, daß die Dichter zugleich Komponisten waren, und nun erlebte gerade jetzt die Musik in Athen ihren einschneidenden Wandel, ähnlich wie bei uns im 19. Jahrhundert. Man stürzte sich auf diese neue, effektvolle und raffinierte Kunst und öffnete ihr willig die Ohren. Wir wissen so wenig von dem allem, aber die überlieferten Andeutungen lassen doch erkennen, daß hier ein Rausch vorlag, wie ihn etwa Wagner bei uns verursachte, und Euripides müßte nicht der ganz moderne, alle Stimmungsmittel benutzende Künstler gewesen sein, um nicht von dieser neuen Musik Gebrauch gemacht zu haben. War er doch selbst bei allem kalten Verstande durch und durch ein Stimmungsmensch, wodurch so manche Widersprüche in der Weltanschauung seiner Stücke zu erklären sein mögen, ganz abgesehen von dem Mangel an innerer Harmonie in ihm selbst und darum auch in seinen Stücken.

Wie sollte auch ein Einklang entstehen bei einem Dichter, der dem Götterglauben völlig entwachsen war, dabei aber auf der Bühne das Göttliche gar nicht umgehen konnte. Wiederum ist es seltsam, daß gerade dieser Mann den deus ex machina so oft anwandte, wenn er am Schluß eine sonst nicht erreichbare Lösung brauchte. Aber das führt schon zu den dramatischen Neuerungen des Euripides und seiner Einstellung gegenüber dem Stoff und dessen Verarbeitung. Als Handlung oder gar als spannende Handlung war ihm dieser ganz gleichgültig. Es kam ihm auf Psychologie, die Charakterentwicklung, die Dialektik, die Bloßlegung des inneren Menschen an, und um dem sich ganz und ungestört hinzugeben, nahm Euripides aus der Handlung erstens den von ihm ausgebildeten Prolog heraus, der in den Stoff einführte und die Exposition erleichterte oder gar überflüssig machte, aber bei der Unbekanntheit mancher von ihm gewählten Mythen notwendig war. Zweitens entlastete dann der eben genannte deus ex machina ebenfalls das Dichtwerk, so wie es Euripides angesehen wünschte. Beides hat man ihm zum Vorwurf gemacht, wohl mit Unrecht. Euripides wollte Raum und Ruhe haben, um sich nur dem Wie der Dichtung ohne Störung und Ablenkung durch das Was widmen zu können. Eine Straffung und Klärung des Stoffes trat dadurch jedenfalls ein. Dann aber beeinträchtigte sich dieser „Philosoph auf der Bühne" (102) doch wieder vieles durch die Überfüllung mit Antithesen und zugespitzten Sentenzen, und in der Nichtigkeit bloßer Reflexion geht oft bei ihm der dichterische Schwung verloren. Euripides war wahrlich ein Künstler von Gottes Gnaden und als solcher tief dem Unter- und Hintergrund der Dinge verwoben; aber alles Gefühlsmäßige, das Romantische, das Mystische stießen ihn ab, wo er auch darauf traf. Mit der Orphik und dergleichen metaphysischen Spekulationen konnte er gar nichts anfangen. Dagegen lag ihm daran, sein Volk lieber durch praktische Aufklärung zu fördern, und so sehen wir ganz unhellenische Gedanken bei ihm emporsteigen. Wie mußte es die Athener anmuten, wenn von der Bühne die Emanzipation der Frau propagiert wurde, wenn der humane Weitblick dieses Mannes bereits am Sklaventum oder am Odium des Barbarentums Anstoß nahm! Es ist zu verstehen, daß all dies den Athenern denn doch viel zu modern, ja geradezu verdächtig vorkam.

Verblaßte Religion

Geschrieben hat Euripides ungefähr achtzig Dramen; neunzehn davon kennen wir, dazu eine Unmenge Fragmente. Verwiesen sei hier nur auf die berühmte „Medea". Sie wurde durch ihn eine Figur der Weltliteratur, wie sie ja dann unter anderem auch wieder bei Grillparzer auftaucht. Gepriesen waren auch die „Alkestis", die „Iphigenie in Aulis" und die in „Tauris", ferner der „Hippolytos" mit der Potipharfigur der Phaidra, und so noch vieles mehr. Goethe liebte den „Ion" besonders und erquickte sich an ihm noch kurz vor seinem Tode. Besonders interessant aber sind die „Bakchen". Sie sind vielleicht das letzte Stück des Euripides und damit der großen klassischen Tragödie überhaupt und gehen stofflich und in der Intensität der dionysischen Raserei wieder zum Urquell der Tragödie zurück, als läge ein tief verborgener Sinn in solchem Kreislauf.

Euripides schrieb das Stück in Makedonien, also nahe der thrakischen Heimat des ursprünglichen Dionysoskultes und seines halbwilden Orgiasmus, und der große, skeptische Dichter geriet hier selbst in den Bann und Wirbel eines heiligen Mythos. Er war in die neue Wahlheimat durch die Mißgunst der Athener vertrieben worden und hatte gern eine Einladung des make-

Euripides' Tod

donischen Königs Archelaos angenommen, um sich dem athenischen Milieu und seinem Neid und Unverstand zu entziehen. Kurz darauf starb er in der Fremde, nach einem Gerücht zerrissen von der Meute des Königs.

Als nun aber die schmerzliche Kunde nach Athen kam, begriff das Volk seinen großen Verlust, und der neunzigjährige Sophokles, der ständige Gegner und Rivale des Euripides, ließ, da er gerade eines seiner Stücke aufführte, seinen Chor kranzlos auftreten und erschien selbst im Trauergewande. Jetzt endlich verstand man, daß einer der größten Dichter, Aristoteles nennt ihn den tragischsten, hingegangen war und mit ihm die attische Tragödie überhaupt.

Was sollte diese Bühne des Dionysos, die doch aus der Religion erwachsen war, jetzt noch bringen, da die Religion verblaßt, da die Zeit des Mythos abgelaufen war und eine neue Weltanschauung alles umgestaltete! Große Dichter leben immer weit ihrer Zeit voraus und sind Propheten der Zukunft. So dämmert in Euripides schon spürbar der Hellenismus herauf, und in diesem und durch ihn sollte dieser Geist des großen Seelendramatikers zu neuem Leben erwachen und seinen Einfluß bis in unsere Zeit erstrecken. —

Abgesang der Tragödie

Natürlich war mit dem Tode der großen Tragödiendichter nicht jede dramatische Poesie erloschen. Immer schließt sich ja ein Heer von Epigonen an große Erscheinungen der Kunst. Noch 140 Poetennamen sind uns überliefert, von Stücken aber nicht mehr als ein „Rhesos" (103), der fälschlich unter die Werke des Euripides geriet. Trotz vieler kleiner Fragmente entsteht uns aber nirgends das Bild einer Persönlichkeit. Die Namen, die wir zufällig wissen, bleiben leer. Nur ist uns bekannt, daß sich das Tragödiendichten geradezu wie ein Beruf in der Nachkommenschaft der großen Dichter einige Zeit fortpflanzte, am längsten in einer Dichterdynastie, die von der Schwester des Aischylos ausging. Da tauchen um die Mitte des 4. Jahrhunderts zwei A s t y d a m a s , Vater und Sohn, auf, und fünfzehn Dichtersiege knüpfen sich an diesen Namen. Eine Vorstellung von den Werken haben wir aber nicht. Interessant ist dagegen, daß von dem Dichter A g a t h o n , in dessen Behausung Platons Symposion als Siegesfeier spielt, uns überliefert wird, daß er endlich den so naheliegenden Bruch mit der konventionellen Mythenbenutzung vollzog und seine Stoffe frei erfand. Aber das blieb noch ein Einzelfall. Im allgemeinen beschränkte man sich darauf, die alten berühmten Tragödien jetzt immer wieder und wieder aufzuführen, und man tat das nicht nur in Athen, sondern die gepriesenen Werke fanden nun auch weiterhin an fremden Fürstenhöfen und in entfernten Städten Eingang. So wurde auch die alte Tragödie ein Wegbereiter hellenischer Kultur im Sinne jener allgemeinen Weltverbreitung, die wir Hellenismus nennen.

*

Die Komödie

Daß die Tragödie eine heitere Muse zur Schwester hat, ist so natürlich, daß man staunen würde, wenn das Altertum nicht auch in dieser Hinsicht musterbildend vorangegangen wäre. Schon die Fröhlichkeit des Volkes bei seinen Festen und religiösen Umzügen, die Gepflogenheit lustiger Chöre, die vermummt daherzogen und es an derbem Geplänkel nicht fehlen ließen, mußten schließlich sich ebenso einer Dramatisierung nähern wie die Tragödie. Aus gleicher Wurzel, der dionysischen Begeisterung und ihrer festlichen Betätigung, erwachsen, bildete sich gleichwohl die K o m ö d i e erheblich später aus und lernte für die äußere Form ihres künstlichen Gefüges manches von der schon fortgeschritteneren, ernsten Schwesterkunst. Der Name Komödie leitet sich von Komos ab, wie man einen solchen festlich burlesken Umzug nannte, oder auch von dem Worte Kome, das Dorf, weil die Chöre aus den ländlichen Bezirken kamen. Bei einer solchen Entstehung der Komödie ist es angebracht, jede Prüderie beiseite zu lassen, denn was da alles bei solch lustigem Mummenschanz zu Ehren der Fruchtbarkeits- und Vegetationsgötter sich ungeniert darbot, geht weit über unsre Anstandsbegriffe hinaus, muß aber ganz als eine derb-gesunde Unanständigkeit ohne jede Laszivität verstanden werden. Das ungebrochene Gefühl südlicher Völker und ganz besonders der Griechen faßt alles Sinnliche als naturgegeben mit derber Realistik auf. Der Begriff der Scham liegt hier ganz fern, und darum wäre die Bezeichnung schamlos auch völlig falsch am Platz. Aber trotzdem brauchen wir und unsre sensibleren Ohren eine kräftige Dosis Unbefangenheit, um uns in hellenischem Sinn diese Schauzüge zu vergegenwärtigen und ihre Texte anzuhören. „Die Leute waren nicht maskiert, aber durch einen dicken Blumenaufsatz auf dem Kopfe unkenntlich gemacht und die Hauptperson mit Ruß geschwärzt: sie trug den Phallus, das Symbol des Gottes. Der Chor sang ein Lied; dann sprangen die einzelnen vor und hänselten, wen sie wollten aus dem Publikum" (104).

Aus den Phallosliedern ist die Komödie entstanden. „Wer den Phallos, das Symbol des Dionysos, nicht ehrt, ist die Komödie nicht wert", variiert Wilamowitz drastisch und treffend, ja er verweist darauf, „daß die Posse ihre gesunde Harmlosigkeit verlor, als die Dezenz nicht mehr duldete, daß man ihn zur Schau trug" (105). Wurde dies Zeugungsorgan doch sogar noch in der alten klassischen Komödie unbeanstandet und in riesigen Dimensionen auf der Bühne gezeigt, zum Gelächter der Kinder, denn auch sonst waren die Schauspieler grotesk und nicht sehr anständig ausstaffiert; sie stopften Bauch und Hinterteil aus und markierten lustig die elementare Geilheit von Naturgöttern. Sittenschnüffler würden hier also ein herrliches Feld zur Betätigung gefunden haben. Sie mögen aber auch bedenken, daß die Darsteller immer nur Männern waren und Männer hauptsächlich die Zuhörer bildeten. *Derbheit und Unbefangenheit*

Zu all dieser äußeren Ungeniertheit trat die schonungslose und derbe Spottsucht, die sich mit improvisiertem Witz heiter, meist aber beißend über alles ergoß, was ihr in den Weg trat. In abgeschwächter und milderer Form müßte man leicht an bayrische Schnadahüpfl erinnert werden, deren Entstehungselement doch ähnlich in überschäumender Volkskraft des Bauernstandes zu deuten ist. Die Beliebtheit und Schlagkraft solcher Späße und Neckereien war nun besonders bei den Doriern zu finden, und so müssen wir das eine Grundelement der späteren Komödie in solchen dionysischen Aufzügen besonders im Peloponnes, dann aber auch in Megara und, eigenartig gebildet, in Sizilien suchen. Solche Possenspiele travestierten auch unbedenklich die Göttersagen; Stoff bot sich dort und in den Heldenmythen ja übergenug. So entstand die Phlyakenkomödie in Sizilien. Eine Abart davon ist der Mimos, der keck ins Alltagsleben und das Getriebe der Zeitgenossen eingriff. Als Pantomimos ist uns das Wort geläufig; Tanz und Gesten ahmten irgendeinen mythologischen oder aktuellen Vorgang mehr oder minder grotesk nach.

Das alles hätte aber an sich wohl noch kaum genügt, um die Komödie auszubilden; bestanden diese karnevalistischen Spottumzüge doch schon lange und mancherorts und kamen darum doch noch nicht aus dem Stadium lusti- *Antiker Karneval* ger Chorlieder und Lästerungen einzelner Bürger heraus. Auch hier mußte erst wieder der attische Geist hinzutreten, um aus verheißungsvollem Material ein künstlerisches Gebilde zu formen, und dies geschah hauptsächlich durch die Redeübung und Redefreiheit, die in Athen herrschte und sich meist politisch auslebte. So erhielt auch die Komödie bald einen starken politischen Beigeschmack und gewann dadurch allgemeine Bedeutung, die weit über die Feier der lärmenden Umzüge hinausgriff.

Die Komödie wird städtisch

Nun nahmen Staat und Gemeinde sich der jungen dramatischen Muse an, wie sie es früher mit der Tragödie getan hatten, und fügten die Komödie der Dichter in die dramatischen Wettbewerbe der Festspiele, zumal bei den großen Dionysien und dem Kelterfest der Lenäen, zum Jubel der Leute ein. Dadurch bekam die Komödie eine künstlerische Basis und einen festen Standort und war genötigt, über die Improvisation des Augenblicks hinaus nach Qualität und Abrundung zu trachten, d. h. wirklich geschlossene Theaterstücke zu bilden. Dies aber tat sie in freiester Form und unbekümmert um die ästhetischen Fesseln der Tragödie. Sie behielt ihr tolles und keckes Wesen und war respektlos genug, sich um keine Einschränkung zu scheren, wie z .B. Perikles eine solche versucht hat. Darum aber und weil die Komödie unverschleiert und frech die Schäden und Schwächen des Bürgertums und des kleinen Mannes schilderte und geißelte, ist sie für uns in kultureller Beziehung viel aufschlußreicher als die mythologischen Tragödien. Wenn man ein Bild vom Stadtgetriebe jener Tage und all dem kleinen Klatsch und Gehechel gewinnen will, das ja doch immer ein Echo stärkerer Vorgänge ist, dann lese man mit steigendem Entzücken die Komödien des Aristophanes. Mögen die Figuren und Situationen auch verzerrt wie in einem Hohlspiegel oder Lachkabinett erscheinen, so bleibt doch noch genug realistische Wahrheit, als ob wir eine Bauernkirmes altniederländischer Maler betrachten. In Anspielungen und auch mit klaren Namensnennungen wagte man, bekannte und einflußreiche Persönlichkeiten zu verhöhnen, ja sogar wie einen Popanz auf die Bühne zu bringen, und griff man einmal ausnahmsweise nach mythologischen Stoffen oder vermengte sonst Götter in die Komödie, so wurden sie mit der gleichen Schonungslosigkeit travestiert. Wegen dieser Möglichkeit der Bereicherung unsers Kulturbildes ist es darum gar nicht genug zu bedauern, daß uns außer den Werken des Aristophanes fast nichts von der alten Komödie erhalten ist oder doch nur Fragmente, die kein klares Bild geben.

Die ersten Komödiendichter

Der ebengenannte Aristophanes, dieser König aller Komödiendichter der Weltliteratur, hatte aber schon seine Vorgänger. Wir kennen unter ihnen einen gewissen E p i c h a r m o s, der zwar auf der Insel Kos geboren war (um 550), aber zumeist im sizilischen Megara und Syrakus wirkte. Bei ihm blieb die Komödie noch rein bürgerliche Posse ohne politische Färbung; seine 35 Komödien sollen nur harmlose und humorvolle Schilderungen gewesen sein, in denen er gewisse komische Typen herausarbeitete, ähnlich wie es später Molière tat. Epicharmos soll 467 gestorben sein. Damals war die Komödie bereits in die dionysischen Feiern von Athen offiziell aufgenommen. Man nennt hierfür das Jahr 488. Mit dieser Aufnahme waren die Vorführungen aber noch nicht literarisch vollgültig geworden. Dazu bedurfte es erst attischer Dichter, und um die Mitte des 5. Jahrhunderts erstanden

Kratinos und Krates

solche in K r a t i n o s (520—423) und in K r a t e s. Sie werden beide von der sizilisch-dorischen Posse des Epicharmos gelernt haben, nur daß sie jetzt die Tendenz ihrer Stücke auf das öffentliche Leben richteten und dieses oft erbarmungslos peitschten. Ohne viel von Kratinos zu wissen, ersehen wir doch aus den Überlieferungen, daß er bei aller Bosheit und Schärfe eine großzügige, geniale Persönlichkeit gewesen sein muß; denn wenn die Sitte es auch erlaubte, daß in der Form der Komödie jede Kritik geübt werden konnte, so gehörten doch nicht nur Scharfblick und Menschenkenntnis und beißender Witz dazu, sondern auch eine Portion Mut, nennen wir es Unverfrorenheit, besonders aber auch ein unbefangener Überblick über das Leben. Andererseits ist es für den antiken und hier zumal den athenischen Volkscharakter sehr bezeichnend, daß solche Spottfreiheit ertragen und erlaubt wurde. Ging sie doch weit über das Maß dessen hinaus, was sich unsre politischen Witzblätter gestatten dürfen. Und man nahm es hin, man lachte, man freute sich, wenn man nicht gerade selbst gehänselt wurde, oder vielleicht sogar dann; gebessert haben wird man sich ebensowenig, wie moderne Satire irgendwelchen korrigierenden Einfluß hat. Es war aber wohl sehr klug, daß man solche Ventile offen ließ, durch die Nörgelei und Unzufriedenheit verpuffen konnten.

Kratinos, weniger der mildere Krates, war Rivale und Gegner des Aristophanes. Aber über die Gründe hierfür und über seine Dichtungsart oder einen spezifischen Anteil an der Ausbildung des Lustspiels können wir nicht urteilen. Aristophanes hat das Glück, für sich allein den gesamten Ruhm der Komödie, der einer Menge Dichtern zukommen sollte, einzuheimsen; denn nur seine Werke sind erhalten, und doch gab es vor ihm, um ihn und nach ihm einen Schwarm von Komödiendichtern, die hochgepriesen werden, uns aber nichts als ihre Namen hinterlassen haben. So können wir uns auch nur an den einen Mann halten, um die attische Komödie, dieses nur einmal auf der Welt und nur für seine eigene Zeit entstandene Gebilde, einigermaßen zu beurteilen. Ganz wird uns das ja auch so nicht glücken. Auch hier herrschen, mehr noch als bei der Tragödie, zuviel befremdende Äußerlichkeiten in Technik, Form und Darstellung, als daß wir uns das alles wirklichkeitsgetreu rekonstruieren könnten. Manches entsprach ja der Tragödie ganz; auch in der Komödie agierten höchstens drei Schauspieler zugleich, auch hier vermittelte und assistierte ein Chor, oft sogar mit ganz besonderer Intensität. Aber schon dieser bot neben der oft grotesken Kostümierung der Schauspieler in ebenfalls phantastischer Verkleidung (oft als Tiere oder Naturgebilde: Wespen, Vögel, Ziegen, Greifen, Satyrn, auch Wolken, Lüfte und ähnliches) einen oft tollen Anblick und besaß nichts von der Würde der tragischen Chöre. Ausgelassene Tänze tobten auf der Orchestra, auch spaltete sich der Chor zuweilen in zwei Halbchöre, die sich zum Ergötzen der Hörer gegenseitig begeiferten. Vor allem aber erzeugte die Komödie das Zwischenspiel oder Endspiel der Parabase, d. h. der Chor zog dann maskenlos an den Zuhörern vorbei, und der Dichter legte ihm Bekenntnisse über sich selbst oder sein Stück, ja sogar politische Wünsche als direkte Ansprache an das Publikum in den Mund. Gerade also in bezug auf die politische Satire, die sich hier unverblümt breitmachte, ist diese Parabase ein ganz eigenartiges und wichtiges Glied der attischen Komödie, ein Bestandteil des komischen Dramas, der ganz auf diese Zeit beschränkt blieb, wenn man nicht an literarische Spielereien unsrer Romantiker und ihrer Gegner (Platen) denken will. Denn die Parabase hat sich auch nur in der älteren Komödie erhalten.

Ehe wir nun bei Aristophanes die attische Komödie auf ihrem Höhe-

Eupolis punkt betrachten und auch diesen Dichter selbst ins Auge fassen, müssen wir noch kurz des E u p o l i s gedenken, denn dieser Dichter ist in gemeinsamer Arbeit nicht nur untrennbar mit Aristophanes verknüpft, sondern soll selbst ausgezeichnete Komödien geschrieben haben, die denen des Aristophanes gleichgewertet wurden; errang er doch in kurzer Zeit sieben Siege. Aber er verfeindete sich bald mit Aristophanes und fiel jung im Kampfe für das Vaterland (411). Nur von einem seiner Stücke, „Die Demen" (d. h. attischen Gaue), besitzen wir ein Fragment, das uns Bewunderung abnötigt. Der Verlust der Werke des Eupolis ist sehr zu bedauern, denn abgesehen von dem dichterischen Wert, über den viele begeisterte Berichte vorliegen, hätten wir hier in einer anderen, vielleicht gehaltvolleren und sehr patriotischen Art der Satire manchen Blick hinter die Kulissen der Politik und in das Getriebe Athens getan.

Aristophanes Aber eilen wir nunmehr, zu A r i s t o p h a n e s selbst zu kommen, denn alles andere, was mit der attischen Komödie zusammenhängt, ist für uns schließlich doch nur dunkle Kunde; in dem berühmten Komödiendichter aber sammelt sich wie in einem Brennpunkt alles, was die heitere Muse des hellenischen Altertums zu sagen hat, und wir wollen froh sein, daß wenigstens diese von Genialität fast überschäumende Dichtung erhalten ist. Sie und ihre Art in Worten zu schildern, ist allerdings fast unmöglich, denn um irgendeinen brillanten Einfall sprüht und schillert nun ein Feuerwerk von Witzen, Anzüglichkeiten, Ideen, Beeinflussungen, Verhöhnungen, ein tolles Durcheinander, zu dessen Würdigung man die Unzahl von persönlichen und sachlichen Beziehungen kennen muß. An ein Kunstwerk eines komischen Dramas dachte Aristophanes wohl überhaupt nicht. Ihm kam es nur darauf an, sein Publikum zu haltlosem Gelächter fortzureißen, gleichgültig mit welchen Mitteln. Alles war ihm zu diesem Zwecke recht, aber gerade dieses Gemisch von spitzfindigen Dialogen mit komischen, zuweilen auch ernsten Sentenzen, von derbster Realistik mit grotesker Phantasie, von krassestem Schmutz und schamlosester Unanständigkeit mit köstlicher Lyrik ist so unbegreiflich genial gebraut, daß man aus Lachen, Staunen, Bewunderung gar nicht herauskommt. Allerdings appelliert Aristophanes ja oft an die niedersten Instinkte eines rohen Theaterpöbels, den er johlen und wiehern hören wollte. Vor nichts hielt er an sich, nichts war ihm heilig. Und doch wollte dieser Mann in seiner Weise erziehen und wirken, seine Geisteshiebe fallen **Politische Satire** ja stets in bestimmter Richtung. Er war Aristokrat und Vertreter eines alten Systems, einer gediegenen Staatsordnung, einer friedlichen Kultur. Natürlich fragt man sich, wie das vereinbar ist mit dem schrankenlosen Hohn über alles Bestehende, mit dem Lächerlichmachen der Götter, mit dem beißenden Spott selbst über die Großen und Besten seiner Zeit. Aber es gehört ja zum Wesen der Satire und auch dieser Art Komödie, im Aktuellen die Schäden aufzusuchen und zu töten, indem man sie lächerlich oder verächtlich macht. Nur ist es schwer, sich den Charakter des Aristophanes selbst aus all den erwähnten Gegensätzen klar zu vergegenwärtigen. Wahrscheinlich muß man im Privatleben einen solchen Mann harmloser nehmen, als er sich öffentlich darbietet. Er hat zweifellos, besonders in seinen jungen Jahren, mit tollkühnem Mut in der Politik angegriffen und eingegriffen und mit diesem Zerrspiegel, den er jährlich einmal dem Volke vorhielt, vieles bewirkt und wohl auch zum Guten gewandt. Später aber sieht man den Dichter vorsichtig werden und sich hüten, allzuviel zu riskieren; als konsequenten Charakter kann man ihn also kaum ansprechen, aber er war weit mehr als ein genialer Possenreißer, denn im Hintergrunde steht doch ein sittlicher Ernst und jedenfalls eine echte Vaterlandsliebe. Auch nahm er durchaus Stellung zu sozialen Fragen und Problemen, wie sie damals alle Welt im Überschwang einer frischen Aufklärung bewegten. Auch hier wieder, wie wir schon bei Euripides sahen, taucht das Problem der Frauenemanzipation oder zumindest der weiblichen Gleichberechtigung auf; auch noch weitergehende Ideen einer Art kommunistischen Zukunftsstaates dämmern seltsam bei diesem konservativen, aber widerspruchsvollen Lobredner einer alten Zeit herauf.

Nun wäre man leicht zu dem Glauben verführt, daß diese lockere Poesie, die sich kunstlos und ohne besonderes Gefüge gibt, auch sprachlich und rhythmisch sich salopp und schnoddrig gehen ließ; aber da erleben wir das große Wunder, daß die attische Sprache wohl nie so reich und herrlich, so anmutsvoll, schmiegsam und glühend gemeistert wurde wie von Aristophanes. Er ist auch hierin ein verblüffender, hinreißender Zauberer, der Ohren und Sinne, wenn es ihm gerade so paßt, mit dem ganzen Schmelz seiner Kunst betören und gefangennehmen kann. Mitten zwischen Tollheiten und Zoten erklingen Verse von berückender Schönheit, um derentwillen man dem Dichter selbst anstößigste Auswüchse gern verzeiht. Man höre nur den Gesang, mit dem sich der Chor der Wolken einführt, der an sich ja nur die Verschiedenheit philosophischer Spekulationen ironisieren soll. Aber wie herrlich beginnt er: *Glanz der Sprache*

> Lasset uns, Töchter des Ozeans, steigen
> Frisch im taufeucht segnenden Reigen
> Nach des Bergwalds Gipfeln empor;
> Daß wir hinaus zu den Klippen im Weiten,
> Daß wir hinab, wo die Fluten sich breiten,
> Schauen und grüßen den irdischen Flor.
> Sehet den Strom, befruchtend die Lande,
> Sehet die Brandung tosend am Strande —
> Aber das Auge des Morgens erscheint.
> Laßt uns enthüllen die göttlichen Glieder,
> Fallet, ihr Nebel, wir steigen nieder,
> Drunten das Land zu besuchen vereint (106).

So könnte uns das zwiespältige und schillernde Bild des Aristophanes in in der alten Komödie scheinbar wieder ein Rätsel aufgeben, wie dies seltsame Volk mit seiner Vereinigung krassester Gegensätze wirklich zu verstehen sei. Aber vielleicht hat alles hier bisher Gesagte ein wenig zur Klärung dieses gewiß nicht leichten und billigen Problems beigetragen. Jedenfalls sollte deutlich gemacht sein, daß wir nicht ohne weiteres meinen dürfen, dies Verständnis bereits bequem und sicher zu besitzen. **Auch mit den Griechen muß man ringen, bis sie einen segnen.**

Aristophanes ist nicht so alt geworden wie die großen Tragiker. Aber er hat sehr früh mit seinen Dichtungen begonnen. Noch nicht einmal volljährig, brachte er sein erstes Stück zur Aufführung. Von seinen ungefähr vierzig Komödien besitzen wir elf. Alle zeigen die gleiche übersprudelnde Laune, aber sie sind doch verschiedenwertig, und da wir, im Gegensatz zu den ernsten *Aristophanes' Werke*

Dichtern, genau die Reihe und Jahre ihrer Aufführung kennen, so kann man auch einen Blick in die Entwicklung des Aristophanes tun, sofern eine solche bei dieser frühreifen und ziemlich gleichmäßigen Muse überhaupt vorhanden ist. Als die Krone seiner Komödien gelten „Die Vögel", dies phantastische Wolkenkuckucksheim, das Athen parodiert. Köstlich sind auch die „Wolken", die den Sokrates sehr spaßhaft, wenn auch ungerecht, lächerlich machen und in seiner Person eigentlich das Treiben der Sophisten treffen wollen. Die 405 entstandenen „Frösche" wenden sich gegen die toten Klassiker der Tragödie, und Aristophanes bekämpft in ihnen beißend den ihm wegen seiner Modernität stets verhaßten Euripides. Die Frauenkomödie „Lysistrata" mußte vor einiger Zeit eine moderne Belebung über sich ergehen lassen. Eine ganz politische Komödie aber sind die schon früh aufgeführten „Ritter", die in heftigster Weise sich tollkühn gegen den Gerbermeister Kleon, diesen Demagogen und Führer der Demokratie, wandten. Auf die übrigen Stücke hier einzeln einzugehen, würde zu weit führen; die gemeinsamen Grundzüge wurden ja bereits erörtert.

Volksverbundenheit der Komödie

Fast mehr noch als das tragische Drama ist die Komödie, so wie sie sich schließlich herausbildete, das echteste Kind Attikas und nur auf diesem Boden denkbar. Das Unbegreiflichste an ihr ist, daß sie sich entfalten konnte gerade zu einer Zeit, als es fast frivol erscheinen mußte, sich Späßen und Possen hinzugeben, während es um Sein und Nichtsein des attischen Staates ging. Aber sie war Kunst und das Produkt des Genies, und solche Werte galten diesem wunderbaren Volke immer mehr als alles sonstige Geschehen. Die Welt konnte untergehen, aber der Genius triumphierte lächelnd auch über Trümmern. Sehr treffend und allgemeingültig, wenn auch auf ein bestimmtes Werk gemünzt, sagt Alfred Körte: „Es ist doch etwas Gewaltiges, daß die Komödie in der schwersten Krisis des Volkes es vermochte, im heiteren Spiel das lebendig zu machen, worauf die einzige Hoffnung des Staates beruhte, die Erinnerung an die Heldengröße und sittliche Kraft der Ahnen" ([107]).

Ihr Welken

Gleich der Tragödie fristete auch das komische Drama nach dem Welken seiner Blütezeit noch im 4. Jahrhundert eine Zeitlang sein Dasein weiter. Die sogenannte „mittlere Komödie" bildete sich aus und war in ihrer Art lebensfrischer und eigenartiger als der Nachklang der großen Tragödie. Die Zeit selbst sorgte für eine Umstellung von Ton und Inhalt, und da hierfür noch eine unverbrauchte Kraft vorhanden war, so blieb auch die heitere Muse am Leben. Nur war sie neu drapiert. Die große Politik war dahin, die Instinkte wurden schwächer, die Sitten abgeschliffener und weicher. Der ausfällige Hohn und gehässige Angriff zogen nicht mehr, ja stießen ein feineres Empfinden eher ab, die literarische Qualität kam zu ihrem Recht. Wir wissen nicht viel von diesen siebzig Jahren und besitzen nur Dichternamen und Splitter von Bruchstücken, hören aber, daß ein halbes Hundert Dichter fast tausend Stücke verfaßte. Quantitativ herrschte also wenigstens kein Mangel, und man sieht daraus, welch Bedürfnis nach solch heiterer Ablenkung herrschte. Im allgemeinen kehrte die Komödie nach ihrem blendenden Aufschwung bescheiden zu ihren Anfängen und der Verspottung einzelner Typen zurück, wie das zu Beginn auf dorischem Boden und in Sizilien üblich gewesen war. Sie verzichtete zwar nicht auf das Hänseln einzelner Personen und die Krittelei an bestehenden Zuständen, aber sie tat dies milder und verkappter. Dadurch arbeitete sie stärker die Charaktere heraus und wurde gerade hierin ein Lehrmeister für die Zukunft und das in ihr entstehende Lustspiel. —

Aber das alles war doch ein trauriger Abstieg, traurig nicht so sehr um der Sache selbst willen wie wegen des Rückschlusses, der aus dem neuen Inhalt der Komödie und der Befriedigung, den diese erregte, auf das kulturelle Niveau dieser sinkenden Zeit gezogen werden muß. Daß der Chor allmählich in Nichts aufging, daß die Parabase verschwand und andere technische Minderungen eintraten, ist ohne Belang, aber immer erkennt man die Bedeutung einer Zeit in dem, womit sie sich zufrieden gibt und welche Maßstäbe sie anlegt. Und diese wirken nun so kleinlich und spießbürgerlich gegenüber den großartigen und prachtvollen Gesten des 5. Jahrhunderts, das ganz vom Glanz ewiger Werte leuchtet. Jetzt begnügte man sich auf der Bühne an Stelle von staatsmännischen oder kulturellen Problemen mit kleiner Verhöhnung der Gefräßigkeit und Schmarotzerei oder ließ Philosophenschulen gegeneinander geifern, ja sogar das Milieu des armen Mannes wurde bereits in einer Tendenz dargestellt, die an Hauptmanns „Weber" erinnert. Das hätte an sich ja ein bedeutender sozialer Zug sein können, aber es blieb doch alles vom engen, selbstzufriedenen Gesichtskreis umhegt. Der große Schwung war verbraucht, die Flügel lahm. Mit seiner politischen Verzettelung und Selbstzerfleischung hatte Hellas den Antrieb verloren, der es einst zu den Göttern erhoben. Der Umschwung mußte von außen kommen und alles mit einer neuen Idee erfüllen. Als aber die Makedonier diese brachten, war immer noch Kraft genug vorhanden, bei der Erneuerung des Weltbildes mitzuwirken und dann an diesem wieder zu einer erstaunlichen Fülle kultureller Leistungen zu gesunden.

Ermüdung

*

Seltsam könnte es anmuten, wie rasch es überall mit der wirklich großen Kunst in Hellas zu Ende geht, sobald sie in das 4. Jahrhundert gleitet. Aber eine tiefere Überlegung und der Vergleich mit ähnlichen Epochen im Geistesleben der Menschen werden uns klarmachen, daß nach so epochemachenden Leistungen, wie sie das 5. Jahrhundert im Eilschritt gipfelstürmend bot, eine Ermüdung, ein Abflauen, ein Nachlassen der Potenz eintreten mußte, ja daß der rapide Abstieg ins Epigonenreich uns erst recht deutlich macht, zu welch gewaltiger Höhe sich vorher das Genie der Menschheit aufgebäumt hatte. Nun, nachdem es der Welt Größtes geschenkt, sank es zusammen, aber es starb noch nicht. Es formte sich nur um; die straffe Struktur, die monumentale Haltung gingen ins Geschmeidige über, das klassische Ethos eines bewußt-heroischen Lebens erweichte sich zum romantischen Gefühl, kurz gesagt: man kann es eine Wendung vom Konstruktiven ins Malerische, besser noch ins Musikalische nennen, und wir haben ja auch schon gehört, daß das 4. Jahrhundert sich mit einer modernen Wandlung der Musik einleitet. Auch hier wieder galt es, Stimmung zu erzeugen oder ihr gerecht zu werden, und mit der wachsenden Virtuosität imponierten Äußerlichkeit und Klangwirkungen mehr als die regelstrengen Tonfolgen eines festen musikalischen Gefüges. Gerade die Komödie hatte diese Wandlung verhöhnt und als neumodische Torheit zu persiflieren gesucht, aber sie ging dann ja selber zur Lockerung des Chores und zu Gefühlsarien und Einzelgesängen über. Jedenfalls verschob sich der Akzent vom Wort auf die Töne, und selbst wenn wir die bildende Kunst dieses Jahrhunderts betrachten, möchte uns leicht das

Epigonen-Kunst

Musikalische Kultur

Wort „musikalisch" zu ihrer Charakterisierung kommen. So feierte denn auch allein der Dithyrambos eine neue Blüte und büßte nichts an Beliebtheit ein. Von seinem Textwert wissen wir wenig, wurde er doch auch sowieso von der Musik überrauscht, und Dionysos wurde bei seinen Festen durch diese geehrt und nicht mehr durch die Chorlyrik selbst. Aber Dithyramben wurden schließlich auch ohne Bezug auf den Gott der Trauben alle Tanzlieder mit Flötenbegleitung genannt.

Neben der Flöte aber herrschte die Kithara und erzeugte einen Lautengesang für sich. Man berichtet, daß hier Athen zurückstand und den Doriern die Ausbildung dieser Gattung überließ. Ohne Gesang und Tanz konnte das Griechenvolk ja nicht leben. Lieder herrschten überall im Volk, einzelgesungene „Nomoi" in populären Melodien, die man bei vielfachen Beschäftigungen sang und danach in Gruppen einteilte. Die Handwerker, die Ackerleute, Schauspieler, die Hirten hatten ebenso ihre Lieder, wie solche zu Hochzeiten, Beerdigungen und anderen Feiern gehörten. Nie und nirgends ist außerdem die Musik so sehr als Erziehungsmittel benutzt worden; sie sollte den Menschen bändigen und auch innerlich rhythmisch machen, und ganz bewußt wurde gerade bei wilderen und rauheren Stämmen die Musik öffentlich im Unterricht geübt, um eine Milderung der Sitten herbeizuführen.

All das war uralt, aber eben weil es so tief im Volk verwurzelt war, überdauerte es auch die verschiedenen Phasen der kulturellen Entwicklung. Es gewann wohl andere Farbe und Form, aber im Grunde blieb das Lied, was es war: ein notwendigster Ausdruck der hellenischen Seele.

*

Letzter Überblick

Wir haben diese hier verfolgt, solange sie stark und geschlossen sich selbst gehörte, solange Hellas ihre Heimat und ihr Mittelpunkt war und sie nur so viel darüber hinausstrahlte, wie dieses elastische Volk die benachbarten Küsten und Eilande zu einer Ausdehnung benutzte. So selbständig auch Gebiete wie Sizilien und Ionien wurden, so gravierten doch alle nach ihrem ursprünglichen Zentrum, und das Hellenentum bildete eine Welt für sich mit bewußtem Abschluß gegen alle „Barbaren", als hätte sich der edelste Teil der Menschheit aus weiter Materie zu einem klaren Kristall zusammengezogen.

Auch das Schönste muß untergehen und vielleicht am ehesten. In dieser Form war ein Weiterleben, geschweige denn eine Steigerung, nicht mehr möglich. Jeder Abstieg aber ist der Beginn eines Sterbens oder wenigstens der einer einschneidenden Wandlung. Für Griechenland war es Wandlung. Es hatte nicht mehr die Kraft, sich einsam auf seiner olympischen Höhe zu halten, wohl aber noch, um eine Welt zu überglänzen und mit der Götterspeise zu ernähren, die ihm der Himmel gegeben hatte.

Von Hellas zum Hellenismus

Dieser Abschluß der hellenischen Kultur und ihr Übergang zum Hellenismus, d. h. zu ihrer Weltgeltung, ist ein ganz eigenartiges Schauspiel in der Entwicklung menschlichen Geisteslebens, und die Fabel von der Flammenerneuerung des Phönix wird hier zur Wirklichkeit. Wie sich diese fruchtbare Auflösung äußerlich vorbereitet und innere Lebens- und Glaubensvorgänge mit historischen Geschehnissen in gegenseitiger Bedingtheit zusammenfallen, mutet selbst wie ein Kunstwerk, wie ein geniales Gefüge aus der Hand einer weltgeistigen Macht an.

Das Große, das Unsterbliche am Hellenentum ist, daß sein Abgesang nicht müde verklingt, sondern sich reich und rauschend über die Welt verbreitet und in ihr tönen wird, solange es eine abendländische Kultur gibt. Wie Hellas sich heroisch jedem Ansturm entgegenwarf, um diese eigene Kultur für sich zu retten, so hat es sich dann später selbst aufgeopfert, um sie der Menschheit zu vermitteln.

Heldengröße und Kunst: in diesen zwei Angeln ruht die hellenische Kultur und bleibt damit ewig die goldene Pforte, durch die man schreiten muß, um zum echten und höchsten Menschentum zu gelangen.

ANMERKUNGEN / BIBLIOGAPHIE

ANMERKUNGEN

1. Rudolf Pfeiffer: Die griechische Dichtung und die griechische Kultur. München 1932. Verlag Max Hueber. S. 6.
2. Helmut Berve: Griechische Geschichte. Freiburg i. Br. 1931 bei Herder. Bd. I. S. 94.
3. Franz Winter: Kunstgeschichte in Bildern. I. Das Altertum. Viertes Heft: Die Kunst der homerischen Zeit. Stuttgart 1823. S. 98.
4. Thassilo von Scheffer: Homer und seine Zeit. (Bd. I von „Menschen, Völker, Zeiten")
5. Ebenda. S. 61.
6. Vgl. Homers Odyssee IV, 227ff.
7. Jacob Burckhardt: Griechische Kulturgeschichte (hier stets zitiert nach Kröners Taschenausgabe. Leipzig 1929) I. S. 64.
8. Ebenda I. S. 69ff.
9. Ebenda III. S. 55.
10. Helmut Berve: Griechische Geschichte. I. S. 113ff.
11. Ebenda, I, S. 116.
12. Jacob Burckhardt: Griechische Kulturgeschichte, III, S. 63.
13. Helmut Berve: Griechische Geschichte, I, S. 68.
14. Ebenda, I, S. 164.
15. Fritz Baumgarten, Franz Poland, Richard Wagner: Die hellenische Kultur. Leipzig, Teubner 1913. Abschnitt: Die bildende Kunst, von Baumgarten, S. 168.
16. Helmut Berve: Griechische Geschichte, I, S. 187.
17. W. F. Otto: Die Götter Griechenlands, Bonn 1929. S. 21.
18. Ebenda, S. 27.
19. Helmut Berve: Griechische Geschichte. I. S. 209ff.
20. Demeter-Hymnos, 478ff., aus „Homerische Götterhymnen", übersetzt von Thassilo von Scheffer, Jena 1927, S. 69.
21. Griechische Lyrik, ausgewählt von K. Preisendanz (Insel-Bücherei, Nr. 124), S. 6, Archilochos, übersetzt von Preisendanz.
22. Ebenda, S. 6, übersetzt von Herder.
23. Ebenda, S. 12, übersetzt von Herder.
24. Rudolf Pfeiffer: Gottheit und Individuum in der frühgriechischen Lyrik (nach der Freiburger Antrittsvorlesung 25.1.1928) in Philolog. LXXXIV, 2, S. 144.
25. Ebenda, S. 146.
26. H. v. Wilamowitz: Neue lesbische Lyrik. Neue Jahrb. f. d. klass. Altertum 1914, S. 230.
27. Übersetzt von Eduard Saenger: Griechische Anthologie. Reclams U.-B. 1921 bis 1924.
28. Nach Preisendanz-Hein: Hellenische Sänger. Heidelberg 1904.
29. R. Wagner in Hellenische Kultur (vgl. Anm. 15), S. 234.
30. Goethe: An die Zikade.
31. W. Windelband: Geschichte der alten Philosophie. München 1894. S. 5ff.
32. Helmut Berve: Griechische Geschichte, I, 217.
33. Ebenda, I, S. 217ff.
34. Ebenda, I, S. 262.
35. Die hellenische Kultur (vgl. Anm. 15), Abschnitt III A, S. 274, von Poland.
36. Helmut Berve: Griechische Geschichte, I, S. 290.
37. Erich Bethe: Tausend Jahre altgriechischen Lebens. München 1933 bei F. Bruckmann. S. 75.
38. Hesiod: Melampodie, nach J. Burckhardt, III, S. 99.
39. J. Burckhardt: Griechische Kulturgeschichte, III, S. 154ff.
40. Ebenda, I, S. 418.

41. Ebenda, III, S. 66.
42. Hans Lamer: Wörterbuch der Antike (Kröners Taschenausg. B. 96), Abschnitt „Tugend", S. 725.
43. Vgl. die Ausführungen über Arete bei Werner Jäger: Paideia. Berlin 1934 im Verlag W. de Gruyter & Co. Dieses vortreffliche Werk kam erst nach Vollendung des vorliegenden Buches in die Hände des Verfassers. Es wird von Jäger unter erzieherischem Gesichtspunkt der Begriff der Arete aufs gründlichste untersucht und klargelegt.
44. V. Engelhardt: Die geistige Kultur der Antike (Reclams U.-B.), S. 113.
45. Vielfach nach Lamer: Wörterbuch der Antike, S. 651 unter „Sport".
46. Vielfach nach Mezö: Geschichte der Olympischen Spiele, und der Besprechung dieses Buches durch C. Graf Norman im Berl. Lokal-Anz. vom 17. 10. 1934.
47. Jacob Burckhardt: Griechische Kulturgeschichte, III, S. 85ff.
48. Ebenda, I, S. 223.
49. Nach Erich Bethe: Tausend Jahre altgriechischen Lebens, S. 52.
50. Rhet. II, 15, 3.
51. J. Burckhardt: Griechische Kulturgeschichte, III, S. 184.
52. H. Berve: Griechische Geschichte, I, S. 302.
53. Thukydides, II, S. 65.
54. Zitiert nach J. Burckhardt, II, S. 470.
55. Jac. Burckhardt: Griechische Kulturgeschichte, I, S. 220.
56. Ebenda, III, S. 16.
57. Ebenda, II, S. 356.
58. Chorlied aus Sophokles' König Oedipus, übersetzt von U. von Wilamowitz-Moellendorff.
59. Erich Bethe: Tausend Jahre altgriechischen Lebens, S. 90.
60. Ebenda, S. 91.
61. Hans Lamer: Wörterbuch der Antike, S. 127, Artikel „Demokritos".
62. Ebenda, S. 640, Artikel „Sophisten 3".
63. W. Windelband: Geschichte der alten Philosophie. München 1894. S. 79.
64. Ebenda, S. 83.
65. J. Burckhardt: Griechische Kulturgeschichte, II, S. 411ff.
66. W. Windelband: Geschichte der alten Philosophie, S. 121.
67. Die hellenische Kultur (vgl. Anm. 15), Abschn. III, Kap. 7: Die griechische Blütezeit, von R. Wagner, S. 547.
68. W. Windelband: Geschichte der alten Philosophie, S. 108.
69. Ebenda, S. 157.
70. Ebenda, S. 142.
71. Ebenda, S. 94.
72. Hans Leisegang: Hellenistische Philosophie. Breslau 1923 bei Ferdinand Hirt. S. 45.
73. Ebenda, S. 46.
74. W. Windelband: Geschichte der alten Philosophie, S. 165.
75. Ebenda, S. 165.
76. Odyssee IV, S. 220ff.
77. W. Windelband: Geschichte der alten Philosophie, S. 66ff.
78. Nach Hans Lamer: Wörterbuch der Antike, S. 205, Artikel „Geographie".
79. Jac. Burckhardt: Griechische Kulturgeschichte, II, S. 394.
80. Die hellenische Kultur (vgl. Anm. 15), Absch. III, B. 4, S. 363, von Fritz Baumgarten.
81. Erich Bethe: Tausend Jahre altgriechischen Lebens, S. 77ff.
82. Jac. Burckhardt: Griechische Kulturgeschichte, II, S. 118, Anm.
83. Ebenda, II, S. 99.
84. Rodenwaldt: Die Kunst der Antike. Propyläenverlag. S. 33ff.
85. Jac. Burckhardt: Griechische Kulturgeschichte, II, S. 117.
86. Zitiert nach W. Zillinger: Von der Kunst der Griechen. München 1925. S. 29, Anm. zu Wilhelm Klein: Der Diskobol des Myron; und ferner zitiert nach: Die hellenische Kultur, S. 332, Abschn. III B, von Fritz Baumgarten.
87. Ebenda, Baumgarten, S. 339.
88. Rodenwalt: Die Kunst der Antike, S. 50.
89. Hans Lamer: Wörterbuch der Antike, S. 393, Artikel „Lysippos".

ANMERKUNGEN

90. Goethe, zitiert nach Rodenwaldt: Die Kunst der Antike, S. 53.
91. Erich Bethe: Griechische Lyrik (Aus Natur u. Geisteswelt, 736. Bändchen; Leipzig 1920 bei B. G. Teubner), S. 67.
92. Ebenda, S. 69.
93. Die hellenische Kultur (vgl. Anm. 15), Abschn. III C: Die griechische Blütezeit, von Rich. Wagner, S. 461.
94. Aus Pindars 8. Pythischen Ode, übersetzt von Thassilo von Scheffer.
95. Karl Heinemann: Die klassische Dichtung der Griechen (Kröners Taschenausg., Bd. 14, Leipzig 1912), S. 91.
96. Ebenda, S. 93.
97. Nach seiner Rekonstruktion übersetzt von Rudolf Pfeiffer.
98. Christ-Schmid, zitiert nach Hans Lamer: Wörterbuch der Antike, S. 644, Artikel „Sophokles".
99. Ulrich von Wilamowitz-Moellendorff: Die griechische und lateinische Literatur und Sprache (Kultur der Gegenwart I, 8, B. G. Teubner, Leipzig 1912), S. 76.
110. Die hellenische Kultur (vgl. Anm. 15), Abschn. III C. von Rich. Wagner, S. 482.
101. Karl Heinemann: Die klassische Dichtung der Griechen (vgl. Anm. 95), S. 142.
102. Rich. Wagner in: Die hellenische Kultur (vgl. Anm. 15), S. 488.
103. Nach dem 10. Gesang der Ilias: Die Dolonie.
104. v. Wilamowitz-Moellendorff: Die griechische und lateinische Literatur und Sprache, S. 87.
105. Ebenda, S. 92.
106. Nach K. Heinemann: Die klassische Dichtung der Griechen, S. 210ff.
107. Ebenda, S. 200.

UMRISS EINER BIBLIOGRAPHIE
(Ergänzt bis 1953)

I. DAS LAND

Neumann u. Partsch, Physikalische Geographie von Griechenland mit besonderer Rücksicht auf das Altertum, 2. Aufl., Leipzig 1907. *Geographie*
Otto Maull, Griechisches Mittelmeergebiet. Breslau 1921.
Alfred Philippson, Das Mittelmeergebiet, seine geographische und kulturelle Eigenart. 2. Aufl., Leipzig 1907.
Josef Ponten, Griechische Landschaften. Ein Versuch künstlerischen Erdbeschreibens. 2 Bde., Stuttgart 1914.
K. J. Beloch, Die Bevölkerung der griechisch-römischen Welt. Leipzig 1886.
Karl Baedeker, Griechenland, die griechischen Inseln und ein Ausflug nach Kreta. 5. Aufl., Leipzig 1908.
E. A. Gardner, Greece and the Aegean. London 1933.
W. Hausenstein, Das Land der Griechen, Frankfurt 1934.
K. Baedeker, Unteritalien, Sizilien, Sardinien, Malta, Tripolis, Korfu. 17. Aufl., 1936.
R. Puaux, Nouveau Guide de la Grèce géographique, historique et mythologique. Paris 1937.
E. Kirsten, Zur griechischen Landeskunde. Stuttgart 1937—40.
M. Hürlimann, Griechenland mit Rhodos und Zypern. Landschaft, Baukunst, Volksleben. Berlin, Zürich 1938.
E. Meyer, Peloponnesische Wanderungen. Reisen und Forschungen zur antiken und mittelalterlichen Topographie von Arkadien und Achaia. Zürich u. Leipzig 1939.
Ch. Gelbert, Die griechische Inselwelt im Ägäischen Meer. Basel 1945.
A. Philippson, Land und See der Griechen. Bonn 1947.
A. Philippson, Das Klima Griechenlands. Bonn 1948.
A. Philippson, Die griechischen Landschaften. Frankfurt 1952.
N. J. G. Pounds, Géographie historique de l'Europe, de l'antiquité à nos jours. Paris 1950.
M. Wegner, Land der Griechen. Berlin 1955.
Griechenland, Baukunst, Landschaft, Volksleben. Text: Hugo von Hofmannsthal. *Bilder*
  Bilder: Hanns Heldt-München, Prof. Hamann-Marburg, Architekt Zonhod-Athen. Berlin 1922.

II. GESCHICHTE

Eduard Meyer, Geschichte des Altertums, Stuttgart-Berlin, 1893—1928. *Deutsche Historiker*
Karl Julius Beloch, Griechische Geschichte. 2. Aufl., 4 Bde., Berlin 1924—1931.
Helmut Berve, Griechische Geschichte, 2 Bde., Freiburg 1931.
U. Wilken, Griechische Geschichte im Rahmen der Altertumsgeschichte, 3. Aufl., Berlin 1931.
Heinrich Swoboda, Griechische Geschichte. 4. Aufl. (Sammlung Göschen Nr. 49), Berlin 1921.
Gustav Droysen, Geschichte Alexander des Großen. 1833.
Propyläen-Weltgeschichte. 2. Hellas und Rom.
M. I. Rostovtzeff, Geschichte der alten Welt, Bd. 1. Orient und Griechenland. Wiesbaden 1946/47.
U. Kahrstedt, Geschichte des griechisch-römischen Altertums. München 1948.
E. Kornemann, Weltgeschichte des Mittelmeer-Raumes von Philipp II. von Makedonien bis Muhammed. München 1948.
H. Bengtson, Griechische Geschichte von den Anfängen bis in die römische Kaiserzeit. München 1950 (Handbuch der Altertumswissenschaft 3, 4).
Chr. Gallmer, Studien zur Geschichte Arkadiens bis zur Gründung des arkadischen Bundes. Lund 1943.
J. Gregor, Alexander d. Gr. München 1940. *Antike Historiker*
Otto Seeck, Die Entwicklung der antiken Geschichtsschreibung, Berlin 1898.

UMRISS EINER BIBLIOGRAPHIE
III. KULTURGESCHICHTE

Kultur und Zivilisation

Jacob Burckhardt, Griechische Kulturgeschichte. Herausgegeben von Oeri. 4. Auflage, 4 Bde., Stuttgart 1908.
F. Baumgarten, F. Poland, R. Wagner. Die hellenische Kultur. 3. Aufl., Leipzig 1913.
W. Otto, Kulturgeschichte des Altertums. München 1925.
Th. Zielinski, Histoire de la civilisation antique. Paris 1931.
H. R. Hall, The Civilization of Greece in the Bronze age. London 1928.
Diedr. Fimmen, Die Kretisch-mykenische Kultur. Eingel. v. G. Kars. Leipzig 1921.
C. Bornate, Storia delle civiltà antiche. 6. Aufl., Mailand 1935.
K. Sprey, De Weg van Hellas. Cultuurgeschiedenis van Oud Griekenland, Voorburg 1940.
M. Croiset, La civilisation de la Grèce antique. Paris 1943.
W. Kranz, Die Kultur der Griechen. Wiesbaden 1947.
E. Howald, Die Kultur der Antike. 2. Aufl., Zürich 1948.
F. Taeger, Die Kultur der Antike. Köln-Marienburg 1949.
E. Friedell, Kulturgeschichte Griechenlands. München 1950.
W. W. Tarn, Hellenistic civilisation. 3. Aufl., London 1952.
E. Curtius, Olympia. Berlin 1935.

Bilderband

Hans Lamer, Griechische Kultur im Bilde. 3. Aufl., Leipzig 1922.

*

Politik und Wirtschaft

Ulrich von Wilamowitz-Moellendorf, Staat und Gesellschaft der Griechen. (In „Die Kultur der Gegenwart" Teil II, Abtlg. IV, 1.) 2. Aufl., Berlin 1923.
Hans von Arnim, Die politischen Theorien des Altertums. 6 Vorlesungen, Wien 1910.
Fritz Geyer, Griechische Staatstheorien. München 1926.
Robert von Pöhlmann, Geschichte der sozialen Frage und des Sozialismus in der antiken Welt. 2. Afl., 2 Bde., München 1912.
August Boeckh, Staatshaushaltung der Athener. 1817.
Otto Neurath, Antike Wirtschaftsgeschichte. 2. Aufl., Leipzig 1918.
Johannes Hasebroek, Staat und Handel im alten Griechenland.
O. Neurath, Zur Anschauung der Antike über Handel, Gewerbe und Landwirtschaft. 1906.
G. Glotz, Le travail dans la Grèce ancienne. 1920.
A. Köster, Das antike Seewesen. Berlin 1923.
Erich Ziebarth, Beiträge zur Geschichte des Seeraubs und Seehandels im alten Griechenland. 1929.
V. Cattaneo, Le antiche Colonizzazioni. Rom 1942.
W. A. Mc Donald, The political meeting places of the Greeks. Baltimore 1943.
T. J. Dunbabin, The Western Greeks. Oxford 1948.
F. Warncke, Die demokratische Staatsidee in der Verfassung von Athen. Bonn 1951.
J. Vogt, Sklaverei und Humanität im klassischen Griechentum. 1953.
G. Glotz, La cité grecque. Paris 1952.
L. Kastl, Gedanken über antike und moderne Wirtschaft. Berlin 1933.
F. M. Heichelheim, Wirtschaftsgeschichte des Altertums. 1938.
H. Mitchell, The Economics of ancient Greece. New York 1939.
M. Rostovtzeff, The social and economic history of the hellenistic world. Oxford 1941.
R. Hennig, Das vor- und frühgeschichtliche Altertum in seinen Kultur- und Handelsbeziehungen. Leipzig 1942.
F. Pringsheim, The Greek law of sale. Weimar 1950.
E. Wolf, Griechisches Rechtsdenken. 1950—52.
W. Giesecke, Antikes Geldwesen. Leipzig 1938.
A. H. Quiggin, A survey of primitive money, the beginnings of currency. New York 1950.
A. Köster, Studien zur Geschichte des antiken Seewesens. Leipzig 1934.
W. W. Hyde, Ancient Greek mariners. New York 1947.
A. Lesky, Thalatta. Der Weg der Griechen zum Meer. Wien 1948.
S. Toy, Castles. London 1939.
H. Bengtson, Die Strategie in der hellenistischen Zeit. München 1952.
H. Popp, Antike Kriegskunst. München 1935.

*

Bruno Schröder, Der Sport im Altertum. Berlin 1927.   Sport
J. H. Krause, Die Gymnastik und Agonistik der Hellenen. Leipzig 1841.
J. Jüthner, Über antike Turngeräte. Wien 1896.
E. N. Gardiner, Greek Athletic Sports and Festivals. 1910.
Franz Mezö, Geschichte der Olympischen Spiele.
M. Hürlimann, Die olympischen Kampfarten. 1932.
C. Blümel, Sport und Spiel bei den Griechen und Römern. Berlin 1934.
M. Vogt, Der antike Sport. Seine Geschichte und Technik. München 1934.
E. Pastor, Olympische Spiele der Vorzeit. Berlin 1936.
G. Vogt, Körperbildung und darstellende Kunst in Griechenland. Bonn 1940.
B. Neutsch, Der Sport im Bilde griechischer Kunst. Willsbach-Heidelberg 1949.

*

Ludwig Deubner, Attische Feste. Leipzig 1932.   Feste
Ernst Samter, Familienfeste der Griechen und Römer. Berlin 1901.
H. H. Stow, Greek Athletics and festivals in the 5th. century. Boston 1939.
L. Grasberger, Erziehung und Unterricht im klassischen Altertum. Würzburg 1864—81.   Erziehung
Johannes Geffcken, Griechische Menschen. Studien zur griechischen Charakterkunde und   Charakter-
Menschenforschung. Leipzig 1919.   kunde
C. Sittl, Die Gebärden der Griechen und Römer. Leipzig 1890.
H.-I. Marrou, Histoire de l'éduction dans l'antiquité. 1948.

*

A. Lionnet, Palaion. Das Privatleben der Alten. Berlin 1853.   Privatleben
Guhl und Koner, Leben der Griechen und Römer. 6. Aufl., neu herausgegeben von R. Engelmann, Berlin 1893.
Erich Pernice, Griechisches Privatleben im Altertum (Handbuch d. Altertums-Wissenschaften IV. 1, 2).
E. Bethe, Tausend Jahre altgriechischen Lebens. München 1933.
Helen McClees, The Daily Life of the Greek and Romans. New York 1933.
H. Licht, Sittengeschichte Griechenlands. Berlin 1932.
S. Lieberman, Everyday Life in ancient times. Washington 1951.
A. J. Toynbee, Greek civilisation and charakter; the self-revelation of ancient Greek society. 2. Aufl., Boston 1951.
M. Quennell, C. H. B. Quennell, Everyday Life in Homeric Greece. New York 1932.
E. Bethe, Ahnenbild und Familiengeschichte bei Römern und Griechen. München 1935.
E. Kornemann, Große Frauen des Altertums. 3. Aufl., Wiesbaden 1947.
E. Pernice, Hellenistische Tische, Zisternenmündungen, Beckenuntersätze, Altäre und Truhen. Berlin u. Leipzig 1932.
G. Karo, An Attic cemetery. Philadelphia 1943.
S. Bommer, L. Bommer, Die Ernährung der Griechen und Römer. Planegg 1943.
Margarete Bieber, Griechische Kleidung. Berlin 1928.   Kostümkunde
L. A. Heuzey, Histoire du costume antique. Paris 1922.
F. Studniczka, Beiträge zur Geschichte der altgriechischen Tracht (Abhandlungen des archäologisch-epigraphischen Seminars der Universität Wien, herausgegeben von O. Benndorf und E. Bormann, VI. I). Wien 1886.
M. Bieber, Entwicklungsgeschichte der griechischen Tracht von der vorgriechischen Zeit bis zur römischen Kaiserzeit. Berlin 1934.
H. Weber, Beiträge zur Trachtengeschichte Griechenlands. Würzburg 1939.
W. Bruhn, M. Tilke, Das Kostümwerk. Berlin 1941.
M. Beaulieu, Le costume antique et médiéval. Paris 1951.

IV. GRIECHISCHE SPRACHE, LITERATUR UND MUSIK

Jacob Wackernagel, Die griechische Sprache. (In „Die Kultur der Gegenwart", Teil I,   Die Sprache
Abteilung VIII).
Friedrich Slotty, Einführung ins Griechische. Für Universitätskurse und zum Selbststudium Erwachsener. Berlin 1922.
Wilhelm Kroll, Geschichte der klassischen Philologie. (Sammlung Göschen.) Berlin 1919.
P. Cauer, Die Kunst des Übersetzens. 5. Aufl., Berlin 1914.
H. Poeschel, Die griechische Sprache. Geschichte und Einführung. 1950.

UMRISS EINER BIBLIOGRAPHIE

Literaturgeschichte

W. von Christ, Geschichte der Griechischen Literatur, 7. Aufl., bearb. v. W. Schmid und O. Stählin. München 1929.
Bergk, Griechische Literaturgeschichte. 4 Bde., Berlin 1872—1887.
Alexander Baumgartner, Die griechische und lateinische Literatur des klassischen Altertums. Freiburg i. B. 1902.
Ulrich von Wilamowitz-Moellendorf, Die griechische Literatur des Altertums (In „Die Kultur der Gegenwart", Teil I, Abteilung VIII). 3. Aufl., Berlin 1924.
Wilhelm Nestle, Geschichte der griechischen Literatur. 2 Bde. (Sammlung Göschen Nr. 70 und 557), Berlin 1923—24.
J. Geffcken, Griechische Literaturgeschichte. 1934.
E. Bethe, Die griechische Dichtung. Potsdam 1924—29.
Karl Heinemann, Die Dichtung der Griechen (Kröners Taschenausg. Bd. 14). Leipzig 1912.
Eduard Schwartz, Charakterköpfe aus der antiken Literatur. 2 Bde., I: 5. Aufl., II: 3. Aufl., Leipzig 1919.
J. Geffcken, Griechische Literaturgeschichte. 1926—34.
M. Hadas, A History of Greek Literature. New York 1950.
G. Pascucci, Storia della letteratura greca. Florenz 1950.
T. B. L. Webster, Greek Art and Literature. Oxford 1939.
W. Kranz, Griechentum. Eine Geschichte der griechischen Kultur und Literatur. Stuttgart u. Zürich 1952.
Th. Georgiades, Der griechische Rhythmus. Hamburg 1949.
G. Pfannenmüller, Tod, Jenseits und Unsterblichkeit in der Religion, Literatur und Philosophie der Griechen und Römer. München, Basel 1953.
A. R. Burn, The World of Hesiod. London 1936.
E. Kapp, Greek foundations of traditional logic. New York 1942.
E. Bignami, La poetica di Aristotele e il concetto dell'arte presso gli antichi. Florenz 1932.
O. Gigon, Sokrates, Sein Bild in Dichtung und Geschichte. Bern 1947.
G. Thomson, Aeschylus and Athens. 3. Aufl., London 1950.
F. G. Kenyon, Books and readers in ancient Greece and Rome. 2. Aufl., Oxford 1951.
H. Degering, Die Schrift. Atlas der Schriftformen des Abendlandes vom Altertum bis zum Ausgang des 18. Jhs. 2. Aufl., Tübingen 1952.
H. Widmann, Geschichte des Buchhandels vom Altertum bis zur Gegenwart. Wiesbaden 1952.
E. A. Parsons, The Alexandrian library, glory of the Hellenic world. London 1952.

*

Homer

Karl Lachmann, Betrachtungen über Homers Ilias. Mit Zusätzen von Moritz Haupt. 3. Aufl., Berlin 1874.
Wilhelm Dörpfeld, Alt-Ithaka. Ein Beitrag zur Homer-Frage. Studien und Ausgrabungen auf der Insel Leukas-Ithaka. 1927.
Homers Ilias und Odyssee, übersetzt von Thassilo von Scheffer. 2 Bde. Berlin 1913—1918. 3. Aufl. 1926 u. 1929.
Herman Grimm, Homers Ilias, 2. Aufl., Stuttgart 1907.
Thassilo von Scheffer, Die Schönheit Homers, 2. Aufl., Berlin 1927.
— Homer und sein Zeitalter (Menschen, Zeiten und Völker, Bd. I). Wien 1924.
Dahms, Ilias und Achilleis. Berlin 1924.
W. Helbig, Das Homerische Epos, aus d. Denkmälern erläutert. 2. Aufl., Leipzig 1887.
Thassilo von Scheffer, Die homerischen Götterhymnen, verdeutscht. Jena 1927.
H. Schrade, Götter und Menschen Homers. Stuttgart 1952.
W. Schadewaldt, Von Homers Welt und Werk. 1944.
W. Schadewaldt, Iliasstudien. 1938.
J. Th. Kakridis, Homeric Researches. Lund 1949.
W. R. Halliday, E. E. Sikes, The Homeric Hymns. London 1936.
R. Hampe, Die Gleichnisse Homers und die Bildkunst seiner Zeit. Tübingen 1952.
M. P. Nilsson, Homer und Mycenae. London 1933.
R. Boehringer, E. Boehringer, Homer. Bildnisse und Nachweise. Breslau 1939.

*

E. Bethe, Griechische Lyrik (Aus Natur und Geisteswelt, Bd. 73). Leipzig 1920.
Die griechischen Lyriker, übersetzt von Hartung. 6 Bde., Leipzig 1855.

UMRISS EINER BIBLIOGRAPHIE

Emanuel Geibel, Klassisches Liederbuch, Griechen und Römer in deutscher Nachbildung. 7. Aufl., Stuttgart 1906.
Griechische Lyrik, ausgew. v. K. Preisendanz (Insel-Bücher 124). Leipzig o. J.
Griechische Anthologie, deutsch von E. Saenger (Reclams U.-B. Nr. 1921—24).
Siegfried Mekler, Hellenisches Dichterbuch. Ausgewählte Übertragungen. Berlin 1912.
Lorenz Straub, Liederdichtung und Spruchweisheit der alten Hellenen. In Übertragungen. Stuttgart 1908.
Rudolf Pfeiffer, Gottheit und Individuum in der frühgriechischen Lyrik. (Nach der Antrittsrede d. Freiburger Professur 1928).
Ulrich von Wilamowitz-Moellendorf. Griechische Verskunst. Berlin 1921.
— Sappho und Simonides. Untersuchungen über griechische Lyriker. Berlin 1913.

*

Blaß, Die griechische Beredsamkeit. Berlin 1865.   Prosa
Erwin Rohde, Der griechische Roman und seine Vorläufer. 3. Aufl., Leipzig 1914.

*

Johannes Geffcken, Die griechische Tragödie. 3. Aufl., Leipzig 1921.   Theater
Ulrich von Wilamowitz-Moellendorf, Einleitung in die griechische Tragödie. 3. Abdruck. Berlin 1921.
— Griechische Tragödien, übersetzt und erläutert. 4 Bde., Neuauflage: Berlin 1922—29.
Die Tragödien des Sophokles, übersetzt von Karl Wilhelm Ferdinand Solger. 3. Aufl., 2 Teile, Berlin 1837.
Aristophanes, Werke, übersetzt von Joh. Gust. Droysen. 3. Aufl., 2 Teile, Leipzig 1881.
— übersetzt von Ludwig Seeger. Neue Aufl., 3 Bde., Stuttgart 1910 (neu herausg., bearb. und eingel. von Thassilo von Scheffer. 2 Bde. Berlin. 2. Aufl. 1929).
August Frickenhand, Die altgriechische Bühne. Berlin 1917.
Albert Müller, Das attische Bühnenwesen kurz dargestellt. 2. Abdruck, Gütersloh 1916.
Friedrich Nietzsche, Die Geburt der Tragödie. Leipzig 1872.
W. Dörpfeld und E. Reich, Das griechische Theater: Beiträge zur Geschichte des Dionysos-Theaters in Athen und anderer griechischer Theater. Athen 1896.
Oehmichen, Griechischer Theaterbau, Berlin 1886.
H. Bille, Untersuchungen an griechischen Theatern. (Abhandlungen der bayerischen Akademie der Wissenschaften). München 1928.
Margarete Bieber, Denkmäler zum Theaterwesen im Altertum. Leipzig-Berlin 1920.
M. Bieber, The History of the Greek and Roman Theater. Princeton 1939.
J. Gregor, Weltgeschichte des Theaters. Bd. 1. Von den Ursprüngen bis zum Ausgang des Barocktheaters. München 1944.
A. Lesky, Die griechische Tragödie. Stuttgart-Leipzig 1938.
A. C. Mahr, The Origin of the Greek tragic form. A study of the early theater in Attica. New York 1938.
H. J. Baden, Das Tragische. Die Erkenntnisse der griechischen Tragödie. Berlin 1941.
A. M. G. Little, Myth and society in Attic drama. New York 1942.
A. Spitzbarth, Untersuchungen zur Spieltechnik der griechischen Tragödie. Zürich 1946.
K. Reinhardt, Aischylos als Regisseur und Theologe. Bern 1949.
J. Gunning, De nieuwe Attische Comedie als bron voor de kennis der Grieksche religie. Amsterdam, Paris 1940.
M. F. Cornford, The Origin of Attic Comedy. 2. Aufl., Cambridge 1934.
H. Herter, Vom dionysischen Tanz zum komischen Spiel. Die Anfänge der attischen Komödie. Iserlohn 1947.
V. Ehrenberg, The people of Aristophanes. A sociology of old Attic comedy. Oxford 1943.

*

Rudolf Westphal, Die Musik des griechischen Altertums, Berlin 1883.   Musik
Anton Möhler, Geschichte der alten und mittelalterlichen Musik: I. Das Altertum und das erste christliche Jahrtausend. 2. Aufl. (Sammlung Göschen Nr. 121), Berlin 1923.
Friedrich Behn, Die Musik des Altertums (Kulturgesch. Wegweiser durch d. röm.-germ. Zentralmuseum. Heft 7), Mainz 1925.
Ch. Burney, A general history of music. London 1935.
W. Vetter, Antike Musik. München 1935.
Th. Gérold, Histoire de la musique des origines à la fin du 14e siècle. Paris 1936.
O. Tiby, La musica in Grecia e a Roma. Florenz 1942.

320   UMRISS EINER BIBLIOGRAPHIE

C. Sachs, The rise of music in the ancient world, east and west. New York 1943.
M. Wegner, Das Musikleben der Griechen. 1949.
O. Gombosi, Tonarten und Stimmungen der antiken Musik. Kopenhagen 1939.
C. Sachs, The History of musical instruments. New York 1940.

V. PHILOSOPHIE UND WISSENSCHAFT

Geschichte der Philosophie

Eduard Zeller, Grundriß der Geschichte der griechischen Philosophie. 13. Aufl., neubearb. v. Nestle, Leipzig 1928.
Wilhelm Windelband, Geschichte der antiken Philosophie. 3. Aufl., bearb. von A. Bonhöffer, München 1912.
Friedrich Überweg, Grundriß der Geschichte der Philosophie. I. Das Altertum. XI. vollst. neubearb. Aufl. von K. Praechter, Berlin 1920.
Ernst von Aster, Geschichte der antiken Philosophie. Berlin 1920.
Karl Joël, Geschichte der antiken Philosophie. Tübingen 1920.
Wilhelm Capelle, Die griechische Philosophie. (Sammlung Göschen, Nr. 857 u. 858) 2 Teile, Berlin 1922 und 1926.
Walter Winkel, Geschichte der Philosophie von Sokrates bis Aristoteles. Berlin 1922.
Hans Leisegang, Griechische Philosophie von Thales bis Platon. Breslau 1922.
Theodor Gomperz, Griechische Denker. Ausgabe letzter Hand besorgt von Heinrich Gomperz. 3 Bde., Berlin 1922—31.
Die griechischen Philosophen. Deutsch in Auswahl von Wilhelm Nestle. 4 Bde., Jena 1908, 1922, 1923. (I. Vorsokratiker. — II. Sokratiker. — III./IV. Nachsokratiker.)
Arthur Drews, Geschichte des Monismus im Altertum. Heidelberg 1913.
Diogenes Laërtius, Leben und Meinungen berühmter Philosophen, übersetzt und erläutert von O. Apelt. 2 Bücher, Leipzig 1921.
K. Heinemann, Lebensweisheit der Griechen (Kröners Taschenausgabe Bd. 23). Leipzig 1922.
Thassilo von Scheffer, Die Philosophie Homers (Philos. Reihe, Bd. 33). München 1922.
E. v. Aster, Geschichte der Philosophie. 1933.
E. Bréhier, Histoire de la philosophie. 5. Aufl. 1938.
B. A. G. Fuller, A history of philosophy. New York 1938.
K. Schilling, Geschichte der Philosophie. 1. Bd. Die alte Welt. Das christlich-germanische Mittelalter. 2. Aufl., München/Basel 1951.
B. Russell, Geschichte der abendländischen Philosophie. Zürich 1948.
Ch. Werner, La philosophie grecque. Paris 1938.
A. Gavotti. I Presocratici. Neapel 1934.
H. Barth, Von den Anfängen der griechischen Philosophie. Basel 1944.
O. Gigon, Der Ursprung der griechischen Philosophie von Hesiod bis Parmenides. Basel 1945.
L. Robin, La pensée hellénique des origines à Epicure. Paris 1942.

Platon und Aristoteles

A. Schmeckel, Forschungen zur Philosophie des Hellenismus. 1938.
Karl Joel, Der echte und der xenophontische Sokrates. 2 Bde., Berlin 1892 und 1901.
Werner Jaeger, Platos Stellung im Aufbau der griechischen Bildung. Berlin 1928.
Ulrich von Wilamowitz-Moellendorf, Platon, Sein Leben und seine Werke. 3. Aufl., Berlin 1929.
Platon, Sämtliche Werke, Dünndruckausgabe des Phaidon-Verlags in 2 Bänden. Besorgt von Ludwig Goldscheider. Wien 1925.
Beadley, Die Staatslehre des Aristoteles, übersetzt von Imelmann. 2. Aufl., Berlin 1886.
Aristoteles, Werke, herausgegeben v. A. Lasson. Jena 1907f.
Aristoteles, Poetik, übersetzt und eingeleitet von Theodor Gomperz. Berlin 1897.
K. Schilling, Platon. Einführung in seine Philosophie. 1948.
V. Goldschmidt, La religion du Platon. Paris 1949.
M. Heidegger, Platons Lehre von der Wahrheit. 1942.
E. Hoffmann, Platonismus und Mystik im Altertum. Heidelberg 1935.
L. Robin, Aristote. Paris 1944.

*

Mathematik

Max Simon, Geschichte der Mathematik im Altertum in Verbindung mit antiker Kulturgeschichte. Berlin 1909.
H. G. Zeuthen, Die Mathematik im Altertum und im Mittelalter. Leipzig 1912.
Edmund Hoppe, Mathematik und Astronomie im klassischen Altertum. Heidelberg 1911.

Technik

F. M. Feldhaus, Technik der Vorzeit. Leipzig 1914.

H. Diels, Antike Technik. Leipzig 1920.
J. Jeans, Werdegang der exakten Wissenschaften. Berlin 1948.
O. Neugebauer, The exakt sciences in antiquity. Kopenhagen 1951.
H. Straub, Die Geschichte der Bauingenieurkunst. Basel 1949.
W. Witter, Die Kenntnis von Kupfer und Bronze in der Alten Welt. Leipzig 1938.
R. J. Forbes, Metallurgy in antiquity. Leiden, New York 1950.
P. Diepgen, Geschichte der Medizin. Bd. 1. Von den Anfängen der Medizin bis zur Mitte des 18. Jhs. Berlin 1949.
Otto Keller, Die antike Tierwelt. Leipzig 1909. — Zoologie

VI. MYTHOLOGIE UND RELIGION

Friedrich Creuzer, Symbolik oder Mythologie der alten Völker. 6 Bände. Darmstadt 1810—23. — Mythos und Mysterien
J. J. Bachofen, Der Mythos von Orient und Occident. Hrsg. v. M. Schroeter, München 1926.
O. Seemann, Mythologie der Griechen und Römer. 5. Aufl., durchgesehen und verbessert von R. Engelmann, Leipzig 1910.
Erwin Rohde, Psyche. Seelenkult und Unsterblichkeitsglaube der Griechen. 3. Aufl., 2 Bde., Tübingen 1903.
O. Kern, Die griechischen Mysterien der klassischen Zeit. Berlin 1927.
F. Burger, Antike Mysterien. München 1933.
K. Th. Preuß, Der religiöse Gehalt der Mythen. Tübingen 1933.
L. Radermacher, Mythos und Sage bei den Griechen. Baden b. Wien, Leipzig 1938.
F. Ramorino, Mitologia classica illustrata. Mailand 1940.
A. Bonnard, Les Dieux de la Grèce, Mythologie classique illustrée. Lausanne 1946.
F. G. Jünger, Griechische Mythen. Frankfurt 1947.
K. Kerényi, Die Mythologie der Griechen. Zürich 1951.
K. L. M. Lanckorónski, Der Mythos der Hellenen in Meisterwerken der Münzkunst. Amsterdam, Leipzig 1941.

*

E. Samter, Die Religion der Griechen (Aus Natur und Geisteswelt Nr. 457). Leipzig 1914. — Religion
O. Kern, Die Religion der Griechen. I. Band: Von den Anfängen bis Hesiod. Berlin 1926.
Ulrich von Wilamowitz-Moellendorf, Der Glaube der Hellenen, 2 Bände. Berlin 1931—32.
W. F. Otto, Die altgriechische Gottesidee. Vortrag. Berlin 1926.
— Die Götter Griechenlands. Das Bild des Göttlichen im Spiegel des griechischen Geistes. 2. erw. Aufl., 1934.
— Dionysos. Frankfurt a. M. 1933.
M. P. Nilsson, Geschichte der griechischen Religion. München 1941. (Handbuch der Altertumswissenschaft Abt. 5, T. 2, 1)
E. Ciccotti, Il problema religoso nel mondo antico. Rom 1933.
A. Bonnard, Die Götter Griechenlands. Zürich 1946.
W. F. Otto, Die Götter Griechenlands. Frankfurt 1947.
W. K. C. Guthrie, The Greeks and their Gods. London 1950.
K. Kerényi, Die antike Religion. Düsseldorf-Köln 1952.
E. Peterich, Vom Glauben der Griechen. 3. Aufl., Freiburg 1953.
F. M. Cornford, Greek religious thought from Homer to the age of Alexander. London 1950.
W. Stettner, Die Seelenwanderung bei Griechen und Römern. Stuttgart-Berlin 1934.
Th. A. Brady, The reception of the Egyptian cults by the Greeks. Columbia 1935.
W. K. C. Guthrie, Orpheus and Greek religion. London 1935.
F. Boll, Sternglaube und Sterndeutung. Die Geschichte und das Wesen der Astrologie. Leipzig/Berlin 1931.
E. Stemplinger, Antiker Volksglaube. Stuttgart 1949.

VII. KUNST

Anton Springer, Handbuch der Kunstgeschichte. I. Bd., Die Kunst des Altertums. 10. Aufl. nach Ad. Michaelis bearbeitet von Paul Wolters, Leipzig 1915. — Kunstgeschichte
Karl Woermann, Geschichte der Kunst aller Zeiten und Völker, Bd. I. 2. Aufl., Leipzig und Wien 1915.
Joachim Winckelmann, Geschichte der Kunst des Altertums, Neuausgabe des Phaidon-Verlags, besorgt von Ludwig Goldscheider. Wien 1934.
Carl Schnaase, Geschichte der bildenden Künste bei den Alten. II. Band, 2. Aufl., bearbeitet

322 UMRISS EINER BIBLIOGRAPHIE

von Carl Friedrichs. Düsseldorf 1866.
Walter Müller, Die griechische Kunst. München 1925.
Wilhelm Klein, Geschichte der griechischen Kunst. 3 Bde., Berlin 1904—1907.
G. Rodenwaldt, Die Kunst der Antike (Propyläen-Kunstgeschichte III). Berlin 1927.
Arnold von Salis, Die Kunst der Griechen. 2. Aufl., Leipzig 1922.
W. Zillinger, Von der Kunst der Griechen (Einzeldarst. ges. u. erläutert. Dreiturmbücher Nr. 12). München 1925.
G. Perrot et C. Chipiez, Histoire de l'art dans l'antiquité. 10 Bde., Paris 1882 bis 1914.
P. Ducati, L'Arte classica. Turin 1920.
F. Poulsen, Den klassiske graeske Kunst. Kopenhagen 1932.
L. Curtius, Die klassische Kunst Griechenlands. Potsdam 1937. (Handbuch der Kunstwissenschaft).
W. H. Schuchhardt, Die Kunst der Griechen. Berlin 1940 (Geschichte der Kunst).
P. Meyer, Europäische Kunstgeschichte. Bd. 1. Vom Altertum bis zum Ausgang des Mittelalters. Zürich 1947.
W. Lübke, E. Pernice, Die Kunst der Griechen. 17. Aufl., Wien 1948.
R. Hamann, Griechische Kunst. Wesen und Geschichte. München 1949.
F. Matz, Geschichte der griechischen Kunst. Frankfurt 1950.
R. Hamann, Geschichte der Kunst von der Vorgeschichte bis zur Spätantike. München 1952.
A. Roes, Greek geometric art, its symbolism and its origin. Haarlem, Oxford, London 1933.
G. A. S. Snijder, Kretische Kunst, Berlin 1936.
F. Messerschmidt, Kunst um Phidias. Königsberg 1943.
F. Poulsen, Den hellenistiske Kunst. Kopenhagen 1938.
C. Blümel, Antike Kunstwerke. Berlin 1953.

*

Bilderwerke
A. Baumeister, Denkmäler des klassischen Altertums zur Erläuterung des Lebens der Griechen und Römer in Religion, Kunst und Sitte. 3 Bde., 1887—89.
Ad. Furtwängler u. H. L. Urlichs, Denkmäler griechischer und römischer Skulptur. 3. Aufl., München 1911.
H. Brunn, F. Bruckmann, P. Arndt und G. Lippold, Denkmäler griechischer und römischer Skulptur. München 1888f.
P. Arndt, W. Amelung und G. Lippold, Photographische Einzelaufnahmen antiker Skulpturen. München 1893f.
Antike Denkmäler. Herausgegeben vom Deutschen Archäologischen Institut. Berlin 1887f.
Franz Winter, Kunstgeschichte in Bildern. I. Altertum. 16 Hefte, Leipzig 1913f.
H. Bulle, Der schöne Mensch im Altertum. 3. Auflage, 1923.
Monumenti antichi pubblicati per cura della reale Accademia dei Lincei. Mailand, seit 1890f.
Monumenti inediti pubblicati dall' Instituto di corrispondenza archeologica. Rom, Paris und Berlin 1829—1885.
M. Sauerlandt, Griechische Bildwerke. Königstein u. Leipzig 1933. (Die Blauen Bücher)
F. Kuypers, Griechenland, München 1935.
H. Th. Bossert, W. Zschietzschmann, Hellas und Rom. Die Kultur der Antike in Bildern. Berlin 1936.
H. Payne, G. M. Young, Archaic Marble sculptures from the Acropolis. London 1936.
G. Rodenwaldt, Olympia. Berlin 1936.
W. Hege, G. Rodenwaldt, Die Akropolis. 3. Aufl., Berlin 1937.
F. Brommer, Satyrspiele. Bilder griechischer Vasen. Berlin 1944.
W. Müseler, Die Kunst der Welt. Die alten Kulturen. Berlin 1952.
M. Hürlimann, Ewiges Griechenland. 2. Aufl., Zürich 1953.

*

Archäologie
Wilhelm Dörpfeld, Troja und Ilion. Ergebnisse der Ausgrabungen in den historischen und vorhistorischen Schichten von Ilion 1870—94. 2 Bde., Athen 1903.
— Alt Ithaka. Ein Beitrag zur Homer-Frage. Studien und Ausgrabungen auf der Insel Laukas-Ithaka. 2 Bde., Berlin 1927.
Sir A. J. Evans, The Palace of Minos at Knossos. 2 Bde., London 1921—1928.
— Scripta Minoa, I. Oxford 1909.
H. Th. Bossert, Alt-Kreta, Kunst und Kunstgewerbe im ägäischen Kulturkreise. 2. Aufl., Berlin 1923.

UMRISS EINER BIBLIOGRAPHIE

R. M. Burrows, The Discoveries in Crete. London 1907.
R. B. Seager, Explorations in the Island of Mochlos. Boston und New York 1912.
G. Rodenwaldt, Tiryns. Die Ergebnisse der Ausgrabungen. II. Athen 1912.
H. R. Hall, Aegean Archaeology. London 1915.
O. Montelius, La Grèce préclassique. Stockholm 1924—28.
R. Dussaud, Les Civilisations préhelléniques dans le bassin de la mer Egée. 2. Aufl., Paris 1914.
F. Poulsen, Der Orient und die frühgriechische Kunst. Leipzig und Berlin 1912.
Kos, Ergebnisse der deutschen Ausgrabungen und Forschungen. Herausgegeben von Rudolf Herzog. I. Band. Asklepeion. Leipzig 1932.
Milet, Ergebnisse der Ausgrabungen und Untersuchungen seit dem Jahre 1899. Herausgegeben von Theodor Wiegand. 3 Bde., Berlin 1906—1929.
Adolf Michaelis, Ein Jahrhundert kunstarchäologischer Entdeckungen. 2. Aufl., Leipzig 1908.
Friedrich von Oppeln-Bronikowski, Archäologische Entdeckungen im 20. Jahrhundert. 2. Aufl., Leipzig 1931.
Robert, Archäologische Hermeneutik. Anleitung zur Deutung klassischer Bildwerke. Berlin 1919.
Friedrich Koepp, Archäologie. 2. Aufl., 4 Bde. (Sammlung Göschen Nr. 538, 539, 540 u. 830), Berlin 1919—1920.
H. E. Burton, The discovery of the ancient world. Cambridge 1932.
W. Dörpfeld, Alt-Athen und seine Agora. Berlin 1937.
W. Dörpfeld, Erechtheion. Berlin 1942.
K. Kuruniotes, Eleusis. A Guide to the excavations and the Museum. Athen 1936.
L. Deubner, Zum Weihehaus der eleusinischen Mysterien. Berlin 1948.
G. Welter, Aigina. Berlin 1938.
Rh. Carpenter, Ancient Corinth. A guide to the excavations. 3. Aufl., Athen 1936.
M. Gude, A history of Olynthus. Baltimore 1933.
K. M. T. Crimes, Ancient Sparta. Manchester 1949.
P. Wolters, G. Bruns, Das Kabirenheiligtum bei Theben. Berlin 1940.
M. N. Elliadi, Crete, past und present. London 1933.
J. D. S. Pendlebury, The Archaeology of Crete. London 1939.
C. W. Blegen, J. L. Caskey, M. Rawson, Troy. Princeton 1950.
E. Ohlemutz, Die Kulte und Heiligtümer der Götter in Pergamon. Würzburg 1940.
A. Schober, Die Kunst von Pergamon. Innsbruck-Wiesbaden 1951.

*

J. Durm, Die Baukunst der Griechen. 3. Aufl., Leipzig 1910.   Architektur
F. Noack, Die Baukunst des Altertums. (Geschichte der Kunst, herausgegeben von Ludwig Justi.)
F. Benoit, L'Architecture, I: Antiquité. Paris 1911.
C. Weickert, Typen der Archaischen Architektur in Griechenland und Kleinasien. Augsburg 1929.
Arif Müfid, Stockwerkbau der Griechen und Römer. Berlin 1932.
Richard Bohn, Die Propyläen der Akropolis zu Athen. Berlin 1882.
Gerhart Rodenwaldt, Die Akropolis. Aufgenommen von Walter Hege, beschrieben von G. R. Berlin 1930.
(Athen.) L. M. Collignon, Le Parthénon: l'histoire, l'architecture et la sculpture. Paris 1912.
F. Noack, Eleusis: die baugeschichtliche Entwicklung des Heiligtumes. Berlin und Leipzig 1927.
R. Koldewey und O. Puchstein, Die griechischen Tempel in Unteritalien und Sizilien. 2 Bde., Berlin 1899.
Odilo Wolff, Tempelmaße. Das Gesetz der Proportion in den antiken und alt-christlichen Sakralbauten. 2. Aufl., Wien 1932.
Georg Dehio, Ein Proportionsgesetz der antiken Baukunst. Berlin 1895.
Ernst Guhl, Versuch über das Ionische Kapitäl. Berlin 1845.
Denkmäler antiker Architektur. Herausgegeben vom Archäologischen Institut des Deutschen Reiches. Berlin 1932f.
C. Weickert, Antike Architektur. Berlin 1949.
W. B. Dinsmoor, The architecture of ancient Greece. 3. Aufl., London 1950.
G. Gromort, Eléments d'architecture classique. Paris 1949.

Th. Fyfe, Hellenistic Architecture. Cambridge 1936.
W. Hege, G. Rodenwaldt, Griechische Tempel. Berlin 1941.
L. Wolfer-Sulzer, Das geometrische Prinzip der griechisch-dorischen Tempel. Winterthur 1939.
O. Lappo-Danilewski, Untersuchungen über den Innenraum der archaischen griechischen Tempel. Würzburg 1942.
F. Krischen, Antike Rathäuser. Berlin 1941.
J. W. Graham, The Hellenic House. Baltimore 1938.
J. W. Graham, Domestic Architecture in classical Greece. Baltimore 1938.
R. Vallois, L'architecture héllenique et héllenistique à Delos. Paris 1944.
E. Calandra, Breve Storia della architettura in Sicilia. Bari 1938.
F. Kraus, Paestum. Die griechischen Tempel. Berlin 1941.
Ch. Hummel, Die dorischen Tempel Großgriechenlands. Basel 1951.

*

Plastik

Emanuel Löwy, Griechische Plastik. 2. Aufl., 2 Bde., Leipzig 1916.
Reinhard Kekulé von Stradonitz, Die griechische Skulptur. Leipzig-Berlin 1922.
Emil Waldmann, Griechische Originale. Leipzig 1914.
L. M. Collignon, Histoire de la sculpture grecque. 2 Bde., Paris 1892 und 1897.
C. Blümel, Griechische Bildhauerarbeit (Jahrbuch des deutschen archäologischen Instituts, Ergänzungsheft, XI). Berlin und Leipzig 1927.
E. Langlotz, Frühgriechische Bildhauerschulen. Nürnberg 1927.
V. Müller, Frühe Plastik in Griechenland und Vorderasien. Augsburg 1929.
W. Lermann, Altgriechische Plastik. München 1907.
R. Lepsius, Griechische Marmorstudien. Berlin 1890.
S. Reinach, Répertoire de la statuaire grecque et romaine. 2. Aufl., 5 Bde., Paris 1906—1924.
E. Buschor und R. Hamann, Die Skulpturen des Zeustempels zu Olympia. Marburg 1924.
W. Hekler, Die Kunst des Pheidias, Leipzig 1924.
H. Schrader, Phidias. Frankfurt a. M. 1924.
Jolles, Wege zu Phidias. Briefe über antike Kunst. Berlin 1918.
Cherbuliez, Un Cheval de Phidias, v. Fritsche. 2. Aufl. von Hengesbach. Berlin 1908.
Karl Friedrichs und Paul Wolters, Die Gipsabgüsse antiker Bildwerke. Berlin 1885.
E. Buschor, Die Plastik der Griechen. 3. Aufl., Berlin 1947.
K. Schefold, Griechische Plastik. Basel 1949.
G. Lippold, Die griechische Plastik. München 1950. (Handbuch der Archäologie Bd. III, 1)
E. Buschor, Altsamische Standbilder. Berlin 1934.
L. Budde, Die attischen Kuroi. Würzburg 1939.
F. Willemsen, Frühe griechische Kultbilder. Würzburg-Aumühle 1939.
J. Charbonneaux, La sculpture grecque archaïque. Paris 1948.
E. Langlotz, W. H. Schuchhardt, Archaische Plastik auf der Akropolis. Frankfurt 1941.
E. Buschor, Frühgriechische Jünglinge. München 1950.
E. Homann-Wedeking, Die Anfänge der griechischen Großplastik. Berlin 1950.
F. Gerke, Griechische Plastik in archaischer und klassischer Zeit. Zürich-Berlin 1938.
W. H. Schuchhardt, Griechische Plastik in klassischer Zeit. Stuttgart 1954.
H. Klöter, Myron im Licht neuerer Forschungen. Würzburg 1933.
E. Langlotz, Phidiasprobleme, Frankfurt 1947.
E. Buschor, Phidias, der Mensch. München 1948.
E. Buschor, Pferde des Pheidias. München 1948.
H. K. Süsserott, Griechische Plastik des 4. Jhs. v. Chr. Untersuchungen zur Zeitbestimmung. Frankfurt 1938.
K. Blümel, Der Hermes eines Praxiteles. Baden-Baden 1948.
M. Bieber, The Sculpture of the Hellenistic Age. New York 1955.
J. D. Beazley and B. Ashmole, Greek sculpture and painting to the end of the Hellenistic period. Cambridge 1932.
R. Horn, Stehende weibliche Gewandstatuen in der hellenistischen Plastik. München 1931.
G. Krahmer, Hellenistische Köpfe. Göttingen 1936.
C. Blümel, Griechische Bildhauer an der Arbeit. 4. Aufl., Berlin 1953.

Relief

Gerhart Rodenwaldt, Das Relief bei den Griechen. Berlin 1924.
S. Reinach, Répertoire de reliefs grecs et romains. 3 Bde., Paris 1909—1912.
C. Robert, Die antiken Sarkophagreliefs. II. und III. Band, Berlin 1890—1919.

Die attischen Grabreliefs. Herausgegeben im Auftrage der Akademie der Wissenschaften zu Wien von Alexander Conze u. a. 4 Bde., Berlin 1893—1922.
Hans Diepolder, Die attischen Grabreliefs des 5. und 4. Jahrhunderts v. Chr. Leipzig 1931.
Hans Möbius, Die Ornamente der griechischen Grabstelen klassischer und nachklassischer Zeit. Leipzig 1929.
H. Kähler, Das griechische Metopenbild. München 1949.
J. Fröber, Die Komposition der archaischen und frühklassischen griechischen Metopenbilder. Würzburg 1933.
E. van Hall, Over den Oorsprong van de Grieksche grafstede. Amsterdam 1941.
E. F. Prins de Jong, Griekse grafreliefs. Bussum 1947.
K. Friis Johansen, The attic grave-reliefs of the classical period. Kopenhagen 1950.
E. Akurgal, Griechische Reliefs des 6. Jhs. aus Lykien. Berlin 1942.
F. Eichler, Die Reliefs des Heroons von Gjölbaschi-Trysa. Wien 1950.
H. Kenner, Der Fries des Tempels von Bassae-Phigalia. Wien 1946.
H. Kähler, Der große Fries von Pergamon. Berlin 1948.
G. Bruns, Der große Altar von Pergamon. Berlin 1949.
A. Schober, Der Fries des Hekateions von Lagina. Baden b. Wien 1933.
E. Kunze, Archaische Schildbänder, Ein Beitrag zur frühgriechischen Bildgeschichte und Sagenüberlieferung. Berlin 1950.

*

K. Kluge und K. Lehmann-Hartleben, Die antiken Großbronzen. 3 Bde., Berlin und Leipzig 1927.   *Bronzen und Terrakotten*
R. Kekulé von Stradonitz, Die antiken Terrakotten, 4 Bde., Berlin und Stuttgart 1880—1911.
A. Köster, Die griechischen Terrakotten. Berlin 1926.
E. Pottier, Les Statuettes de terre cuite dans l'antiquité. Paris 1890.
— und S. Reinach, Terres cuites de Myrina. Paris 1886.
G. Bruns, Antike Bronzen. Berlin 1947.
K. A. Neugebauer, Die griechischen Bronzen der klassischen Zeit und des Hellenismus. Berlin 1951.
P. Knoblauch, Studien zur archaisch-griechischen Tonbildnerei in Kreta, Rhodos, Athen und Böotien. Bleicherode 1937.
L. Kjellberg, Die architektonischen Terrakotten. Stockholm 1940.
G. Kleiner, Tanagrafiguren. Berlin 1942.

*

S. Reinach, Recueil de têtes antiques. Paris 1903.   *Das Porträt*
G. Lippold, Griechische Porträtstatuen. München 1912.
Anton Hekler, Die Bildkunst der Griechen und Römer. Stuttgart 1912.
Richard Delbrueck, Antike Porträts. Berlin 1912.
J. J. Bernoulli, Griechische Ikonographie, 2 Bde., München 1901.
— Die erhaltenen Darstellungen Alexanders des Großen. Ein Nachtrag zur griechischen Ikonographie. München 1905.
H. Brunn, F. Bruckmann, P. Arndt und G. Lippold, Griechische und römische Porträts. München, seit 1891f.
B. Schweitzer, Studien zur Entstehung des Porträts bei den Griechen. Leipzig 1940.
S. Laurenzi, Ritratti greci. Florenz 1941.
V. Poulsen, Les portraits Grecs. Kopenhagen 1954.
E. Buschor, Das hellenistische Bildnis. München 1949.
G. Hafner, Späthellenistische Bildnisplastik. Berlin 1954.
A. Hekler, Bildnisse berühmter Griechen. 2. Aufl., Berlin 1942.
K. Schefold, Die Bildnisse der antiken Dichter, Redner und Denker. Basel 1943.
E. Buschor, Maussolos und Alexander. München 1950.
E. T. Newell, Royal Greek Portrait Coins. New York 1937.
L. Forrer, Portraits of royal ladies on Greek coins. London 1939.
K. Lange, Charakterköpfe der Weltgeschichte. Münzbildnisse aus 2 Jahrtausenden. München 1949.

*

E. Pfuhl, Malerei und Zeichnung der Griechen. 3 Bde., München 1923.   *Malerei*
P. Herrmann, Denkmäler der Malerei des Altertums. München 1905—1934.

S. Reinach, Répertoire de peintures grecques et romaines. Paris 1922.
M. H. Swindler, Ancient Painting. New Haven 1929.
P. Löwy, Polygnot, ein Buch von griechischer Malerei. Wien 1929.
E. Berger, Die Maltechnik des Altertums. München 1904.
A. P. Laurie, Greek and Roman Methods of Painting. Cambridge 1910.
A. Eibner, Entwicklung und Werkstoffe der Wandmalerei vom Altertum bis zur Neuzeit. München 1926.
G. Méautis, Les chefs-d'oeuvre de la peinture grecque. Paris 1939.
E. Pfuhl, Tausend Jahre griechischer Malerei. München 1940.
E. Bielefeld, Von griechischer Malerei. Halle (Saale) 1949.
G. E. Rizzo, La pittura ellenistica-romana. Mailand 1949.
G. A. Mansuelli, Ricerche sulla pittura ellenistica. Bologna 1950.
K. Kübler, Altattische Malerei. Tübingen 1950.
G. E. Rizzo, Monumenti della pittura antica scoperti in Italia. Rom 1935.
K. Schefold, Pompejanische Malerei. Basel 1952.

*

Vasen

A. Furtwängler und K. Reichhold, Griechische Vasenmalerei. 3 Bde., München, seit 1904f.
Karl Reichhold, Skizzenbuch griechischer Meister. Ein Einblick in das griechische Kunststudium auf Grund der Vasenbilder. München 1919.
E. Buschor, Griechische Vasenmalerei, 2. Aufl., München 1921.
J. D. Beazley, Attische Vasenmalerei des rotfigurigen Stils. Tübingen 1925.
Bilder griechischer Vasen. Herausgegeben von J. D. Beazley und P. Jacobsthal. 7 Hefte, Leipzig 1930—1933.
Paul Hartwig, Die griechischen Meisterschalen der Blütezeit des strengen rotfigurigen Stiles. 2 Bde., Berlin 1893.
W. Klein, Die griechischen Vasen mit Meistersignaturen. 2. Aufl., Wien 1887.
— Die griechischen Vasen mit Lieblingsinschriften. 2. Aufl., Leipzig 1898.
P. Jacobsthal, Ornamente griechischer Vasen. Berlin 1927.
W. Reizler, Weißgrundige attische Lekythen, nach Furtwänglers Auswahl. 2 Bde., München 1914.
Corpus Vasorum Antiquorum.
E. Buschor, Griechische Vasen. München 1940.
J. D. Beazley, Potter and painter in ancient Athens. London 1945.
W. Schmalenbach, Griechische Vasenbilder. Basel 1948.
H. Metzger, La céramique grecque. Paris 1953.
A. Furumark, Mycenian Pottery. Stockholm 1941.
H. G. G. Payne, Protokorinthische Vasenmalerei. Berlin 1933.
J. D. Beazley, The development of Attic black-figure. Berkeley, London 1951.
E. Löwy, Der Beginn der rotfigurigen Vasenmalerei. Berlin 1933.
J. D. Beazley, Der Kleophrades-Maler. Berlin 1933.
K. Schefold, Untersuchungen zu den Kertscher Vasen. Berlin u. Leipzig 1934.
H. Metzger, Les représentations dans la céramique attique du 4e siècle. Paris 1951.

*

Kunstgewerbe

Erich Pernice und Georg Swarzenski, Das Kunstgewerbe im Altertum. (In Lehnerts Illustr. Geschichte des Kunstgewerbes, Bd. I., Berlin o. J.)
Helmut Th. Bossert, Das Kunstgewerbe des ägäischen Kulturkreises. (In Bosserts Geschichte des Kunstgewerbes, Band I). Berlin 1928.
Albert Ippel, Das griechische Kunstgewerbe. (In Bosserts Geschichte des Kunstgewerbes, Band IV,) Berlin 1930.
Georg Lehnert, Geschichte des Kunstgewerbes. I. Das Kunstgewerbe im Altertum. (Sammlung Göschen Nr. 819.) Berlin 1921.
A. Furtwängler, Die antiken Gemmen. 3 Bde., Leipzig und Berlin 1900.
G. Lippold, Gemmen und Kameen des Altertums und der Neuzeit. Stuttgart o. J.
D. Osborne, Engraved Gems, Signets, Talismans, and Ornamental Intaglios, Ancient and Modern. New York 1912.
Imhoof-Blumer, Griechische Münzen. Berlin 1876.
Kurt Regling, Die antiken Münzen. Nach Alfred von Sallet. 3. Aufl., Berlin 1929.
G. F. Hill, Slect Greek Coins: a Series of Enlargements Illustrated and Described. Paris 1927.
K. Miller, Die Münzen des Altertums. 1933.
A. Kisa, Das Glas im Altertume. Leipzig 1908.

Johannes Sieveking, Antike Metallgeräte. München o. J.
Wilhelm Schubart, Das Buch bei den Griechen und Römern. Berlin 1921.
F. de Waele, Edele Smeedkunst en Juweelen in Oud-Hellas. Gent 1932.
O. Ippel, Guß- und Treibarbeit in Silber. Untersuchungen zu antiken Modellabgüssen des Pelizaeus-Museums. Berlin u. Leipzig 1937.
W. Reiches, Griechische Goldreliefs. Berlin 1942.
G. Bruns, Schatzkammer der Antike. Berlin 1947.
D. Ohly, Griechische Goldbleche des 8. Jhs. v. Chr. Berlin 1953.
W. Züchner, Griechische Klappspiegel. Berlin 1942.
F. Stefan, Münzkunde des Altertums. Graz 1932.
Ch. Seltman, Greek Coins. London 1933.
G. Pierfitte, Monnaies grecques. Paris 1939.
H. Gebhart, Numismatik und Geldgeschichte. Heidelberg 1949.
E. Gabrici, Tecnica e cronologia delle monete greche dal VII al V secolo a.C. Rom 1951.
H. A. Cahn, Griechische Münzen archaischer Zeit. Basel 1947.
M. Hirmer, Die schönsten Griechenmünzen Siziliens. Leipzig 1940. (Insel-Bücherei 559)
K. Lange, Götter Griechenlands. Meisterwerke antiker Münzkunst. Berlin 1941.

*

J. A. Overbeck, Griechische Kunstmythologie. Leipzig 1871—1889. *Allgemein*
L. Curtius, Die antike Kunst und der moderne Humanismus. Vortrag. Berlin 1927.
Walter Pater, Greek Studies. London 1895.
Reinhard Kekulé von Stradonitz, Die Vorstellungen von griechischer Kunst und ihre Wandlungen im 19. Jahrhundert. Berlin 1908.
A. Hildebrand, Das Problem der Form in der bildenden Kunst. 3. und 4. Aufl., Straßburg 1918.
E. Löwy, Typenwanderung. Österreichische Jahreshefte, XII (1909).
J. A. Overbeck, Die antiken Schriftquellen zur Geschichte der bildenden Künste bei den Griechen. Leipzig 1868.
W. Waetzoldt, Du und die Kunst. Berlin 1938.
H. Luckenbach, Kunst und Geschichte. München u. Berlin 1938.
O. Kerber, Die Kunst im Wandel der Zeiten. Die Gesetzlichkeit ihrer Entfaltung. Stuttgart 1949.
H. Kühn, Gegenwart und Vorzeit. Wiesbaden 1948.
F. Adama van Scheltema, Die Kunst der Vorzeit. 2. Aufl. Stuttgart 1950.
E. Buschor, Bildnisstufen. München 1947.
H. Ladendorf, Antikenstudium und Antikenkopie. Berlin 1953.
E. Buschor, Vom Sinn der griechischen Standbilder. Berlin 1942.
E. Langlotz, Griechische Klassik. Ihr Wesen und ihre Bedeutung für die Gegenwart. Stuttgart 1932.
F. W. Schlikker, Hellenistische Vorstellungen von der Schönheit des Bauwerks nach Vitruv. Berlin 1940.
E. Buschor, Grab eines attischen Mädchens. München 1939.
L. Curtius, Interpretation von 6 griechischen Bildwerken. Bern 1947.

VIII. DIE MUSEEN

Athen. J. N. Svoronos, Das Athener Nationalmuseum. Deutsch von W. Barth. 3 Bde., *Griechenland*
Athen 1908—1913.
— V. Stais, Guide illustré du Musée national d'Athènes: la collection myceniènne. 2. Aufl., Athen 1915.
— V. Stais, Guide illustré du Musée national d Athènes: marbres et bronzes. 2. Aufl., Athen 1910.
— S. Papaspiridi, Guide du Musée national: marbres, bronzes, et vases. Athen 1927.
— L. M. Collignon et L. Couve, Catalogue des vases peints du Musée national d'Athènes. Paris 1902—1911.
— G. Dickins, Catalogue of the Acropolis Museum, I: Archaic Sculpture. Cambridge 1912.
— S. Casson, Catalogue of the Acropolis Museum, II: Sculpture and Architectural Fragments, with a section upon the Terracottas by D. Brooke. Cambridge 1921.
— H. Schrader, Auswahl archaischer Marmorskulpturen im Akropolis-Museum. Wien 1913.
— Botho Graef und Ernst Langlotz, Die antiken Vasen von der Akropolis zu Athen. 1909—1931.

— The Monuments of Athens. By Alexander Philadelphus. Athen 1934.
Delphi. P. de la Coste-Messelière, Au Musée de Delphes. Paris 1936.
Eleusis. K. Kuruniotes, Eleusis. A Guide to the excavations and the Museum. Athen 1936.

*

Italien
Rom. Wolfgang Helbig, Führer durch die öffentlichen Sammlungen klassischer Altertümer in Rom. 3. Aufl., 2 Bde., Leipzig 1912.
Walther Amelung, Die Skulpturen des Vatikanischen Museums. I. Band 1903, 2. Band 1908.
— Moderner Cicerone, Rom, die Antiken-Sammlungen. 2. Aufl., Stuttgart 1913.
Florenz. W. Amelung, Führer durch die Antiken in Florenz. München 1897.
Rom. G. Lippold, Die Skulpturen des vatikanischen Museums. Berlin-Leipzig 1936.
— G. Kaschnitz-Weinberg, Sculture del magazzino del Museo Vaticano. Città del Vaticano 1936/37.
— F. Stohlman, Gli Smalti del Museo Sacro Vaticano, Città del Vaticano 1939.
— S. Aurigemma, Le Terme di Diocleziano e il Museo Nazionale Romano. Rom 1946.
— E. Stefani, Il Museo Nazionale di Villa Giulia in Roma. Rom 1934.
— P. Della Pergola, The Borghese Gallery in Rome. Rom 1951.
Neapel. G. Pesce, Il Museo Nazionale di Napoli. Rom 1934.
Florenz. A. Minto. Il R. Museo archeologico di Firenze. Rom 1932.
Palermo. P. Marconi, Il Museo naz. di Palermo. Sez. archeologica. 2. Aufl., Rom 1936.
Aquileia, G. Brusin, Il R. Museo archeologico di Aquileia. Rom 1936.
Parma. G. Monaco, Il R. Museo di antichità di Parma. Rom 1940.

*

Deutschland
Berlin. Staatliche Museen. Kurze Beschreibung der antiken Skulpturen im alten Museum. Berlin 1922.
— Katalog der Sammlung antiker Skulpturen. (Staatliche Museen zu Berlin.) I. Band. Katalog der etruskischen Skulpturen. Von Andreas Rumpf. Berlin 1928f.
— Katalog der Sammlung antiker Skulpturen. (Staatliche Museen zu Berlin.) 3. Band. Katalog der griechischen Skulpturen des fünften und vierten Jahrhunderts v. Chr. von Carl Blümel u. a. Berlin 1928.
— Staatliche Museen. Führer durch das Antiquarium. I. (Bronzen.) Berlin 1924.
— Staatliche Museen. Führer durch das Antiquarium. II. (Vasen.) Von K. A. Neugebauer, Berlin 1932.
— Heinrich Schliemanns Sammlung trojanischer Altertümer. Beschrieben von Hubert Schmidt. Berlin 1902.
— Beschreibung der antiken Münzen (Königl. Museen Berlin). 3 Bde., Berlin 1888—1894.
— Die Papyri als Zeugen antiker Kultur. Zugleich ein Führer durch die Papyrusausstellung im Neuen Museum zu Berlin. Herausgegeben vom Generaldirektor der Staatlichen Museen zu Berlin. Berlin 1925.
— W. v. Massow, Staatl. Museen. Führer durch das Pergamonmuseum. Berlin 1932.
München. Paul Wolters, Führer durch die Glyptothek. München 1928.
— Carl Weickert, Führer durch das Museum antiker Kleinkunst. München 1925.
— Führer P. Wolters, Führer durch die Glyptothek König Ludwigs I. in München. München 1935.
Straßburg. Adolf Michaelis, Führer durch das archäologische Museum der Kaiser-Wilhelms-Universität Straßburg. 2. Bearbeitung, Berlin 1897.
Heidelberg. Sammlung antiker Kleinkunst des Archäologischen Institutes der Universität Heidelberg. I. Band. Die rotfigurigen attischen Vasen. Katalog, bearbeitet von Wilhelm Kraiker. Leipzig 1931.
Dresden. Paul Herrmann, Verzeichnis der antiken Originalbildwerke der Staatlichen Skulpturensammlung. Dresden 1925.
Hamburg, Kunsthalle. Hans Börger, Die antiken Münzen... der Kunsthalle zu Hamburg. Hamburg o. J.
Kassel. H. v. Buttlar, Staatl. Kunstsammlung Kassel. Die Kasseler Antiken. Kassel 1948.
Bremen. H. Schaal, Griechische Vasen und figürliche Tonplastik in Bremen. Bremen 1933.

*

Niederlande
Amsterdam. H. C. van Gulik, Catalogue of the bronzes in the Allard Pierson Museum at Amsterdam. Amsterdam 1940.
— C. S. Ponger, Katalog der griechischen und römischen Skulpturen, der steinernen Gegenstände und der Stuckplastik im Allard Pierson Museum zu Amsterdam. Amsterdam 1942.

UMRISS EINER BIBLIOGRAPHIE

Wien. Fritz Eichler, Führer durch die Antikensammlung. Wien 1926. Österreich
— K. Masner, Die Sammlung antiker Vasen und Terracotten. Wien 1892.
— F. Eichler und E. Kris, Die Kameen im Kunsthistorischen Museum in Wien. Wien 1927.

*

Paris. Villefosse et Michon, Louvre, Marbes Antiques. Paris 1922. Frankreich
— A. de Ridder, Catalogue des vases peints de la Bibliothèque nationale, 2 Bde., Paris. 1901—1902.
— A. de Ridder, Louvre, Les Bronzes Antiques. Paris 1915.
— Léon Heuzey, Louvre, Figurines Antiques. Paris 1923.
— E. Pottier, Vases antiques du Louvre (Album), 3 Bde., Paris 1897—1922.
— A. de Ridder, Louvre, Bijoux Antiques. Paris 1924.
— E. Babelon, Le Cabinet des antiques à la Bibliothèque nationale. Paris 1887.
— E. Babelon et J. A. Blanchet, Catalogue des bronzes antiques de la Bibliothèque nationale. Paris 1895.
— J. Charbonneaux, La sculpture grecque au Musée du Louvre. Paris 1936.
— E. Coche de la Ferté, La sculpture grecque et romaine au Musée du Louvre, guide du visiteur. Paris 1947.
Arles. F. Benoit, Le Musée lapidaire d'Arles. Paris 1936.

F. Poulsen, Sculpture Antique des Musées de Province Espagnols. Kopenhagen 1933. Spanien
Madrid. P. Paris, Le Musée archéologique de Madrid. Paris 1936.
— G. Diaz Lopez, Museo Arqueologico Nacional. Madrid 1940.

*

London. A. H. Smith, Catalogue of Sculpture in the Department of Greek and Roman England
Antiquities of the British Museum. London 1892—1904.
— F. N. Pryce, Catalogue of Sculpture in the Department of Greek and Roman Antiquities of the British Museum. London 1928f.
— British Museum, A Guide to the exhibition illustrating Greek and Roman Life, 3. Ed. London 1929.
— R. P. Hinks, Catalogue of the Greek, Etruscan and Roman paintings and mosaics in the British Museum. London 1933.

*

Kopenhagen. Carl Jacobsen, Ny Carlsberg Glyptothek, De antike Kunstvaerker. Kopenhagen 1907. Der Norden
— Frederik Poulsen, Ny Carlsberg Glyptothek, De antike Kunstvaerker. Kopenhagen 1925.
— P. Arndt, La glyptothèque Ny-Carlsberg: les monuments antiques. München 1912.
— F. Poulsen. Ny Carlsberg Glyptothek. Katalog over antike Skulpturer. Kopenhagen 1940.
Stockholm. (L. Kjellberg:) Förteckning öfver Skulpturarbeten. Stockholm 1911.
Leningrad. Oskar Waldhauer, Die antiken Skulpturen der Eremitage. (Archäologische Mitteilungen aus russischen Sammlungen, Bd. 1 u. 3.) Berlin 1928—1931.
— K. V. Trever, Monuments of culture and art in the collection of the Hermitage. Moskau-Leningrad 1940.

*

Budapest. Anton Hekler, Die Sammlung antiker Skulpturen. Wien 1929. Ost und Süd
Konstantinopel. Martin Schede, Griechische und römische Skulpturen des Antikenmuseums. Berlin 1928.
Kairo. C. C. Edgar, Catalogues of the Greek Bronzes, Greek Vases, Greek Moulds, and Graeco-Egyptian Glass in the Cairo Museum. Kairo 1903—1911.
Bukarest. E. Colin, La Collection de vases grecs du Musée Kalinderu. Bukarest 1937.

*

New York. Gisela Richter, Handbook of the Classical Collections. New York 1930. Amerika
— G. M. A. Richter, Red-figured Athenian Vases in the Metropolitan Museum of Art. New Haven 1936.
G. H. Chase, Greek and Roman Sculpture in American Collections. Cambridge (Mass.) 1924.
J. D. Beazley, Attic Red-figured Vases in American Museums. Cambridge (Mass.) 1918.
Boston. G. H. Chase, Greek and Roman antiquities. Boston 1950.

Baltimore. D. K. Hill, Catalogue of classical bronze sculpture in the Walters Art Gallery. Baltimore 1949.

IX. WERKE ZUR GEISTIGEN UND SACHLICHEN BELEHRUNG

Essay und Vortrag

Karl Lachmann, Kleinere Schriften. 2 Bde., Berlin 1876.
Ernst Curtius, Altertum und Gegenwart. Gesammelte Reden und Vorträge. 2 Bde., I: 5. Aufl., II: 3. Aufl., Stuttgart 1903.
Hermann Usener, Vorträge und Aufsätze. Leipzig 1907.
Theodor Gomperz, Hellenika. 2 Bde., Berlin 1912.
Ulrich von Wilamowitz-Moellendorf, Reden und Vorträge. 2. Bände, 4. Auflage. Berlin 1925—26.
W. Jaeger, Paideia, Berlin 1934.
Immisch, Das Erbe der Alten. Vortrag. Berlin 1911.
Werner Paeger, Die geistige Gegenwart der Antike. Berlin 1929.
E. Stemplinger und H. Lamer, Deutschtum und Antike in ihrer Verknüpfung. Leipzig 1920.
U. v. Wilamowitz-Moellendorff, Kleine Schriften. Berlin 1937.
O. Völckers, Die Unsterblichen. Begegnungen mit den Göttern und Helden der alten Welt. Erfurt 1943.
H. Berve, Das neue Bild der Antike. Leipzig 1944.
E. Buschor, Die Musen des Jenseits. München 1944.
E. Howald, Vom Geist antiker Geschichtsschreibung. München u. Berlin 1944.
K. Buchmann, Der Mensch und die Götter. Betrachtungen zur griechischen Religiosität. Urach 1946.
M. Pohlenz, Der hellenische Mensch. Göttingen 1947.
L. Radermacher, Weinen und Lachen. Studien über antikes Lebensgefühl. Wien 1947.
R. Hamann, Aufsätze über Ästhetik. Marburg 1948.
H. Berve, Gestaltende Kräfte der Antike. Aufsätze zur griechischen und römischen Geschichte. München 1949.
J. Huizinga, Homo ludens. Versuch einer Bestimmung des Spielelementes in der Kultur. Basel 1949.
M. Pohlenz, Gestalten aus Hellas. München 1950.
E. Kornemann, Gestalten und Reiche. Essays zur alten Geschichte. Wiesbaden 1952.
L. Curtius, Humanistisches und Humanes. Fünf Essays und Vorträge. Basel 1954.
K. Kerényi, Apollon. Studien über antike Religion und Humanität. Düsseldorf, Köln 1955.
B. Snell, Die Entdeckung des Geistes. Studien zur Entstehung des europäischen Denkens bei den Griechen. 3. Aufl., Hamburg 1955.

*

Einführung

Einleitung in die Altertumswissenschaft. Herausgegeben von Alfred Gerke und Eduard Norden. 3 Bde., I: 2.Aufl., Leipzig 1912, II: 3. Aufl., Leipzig 1922, III: 2. Aufl., Leipzig 1912.
Tusculum-Schriften. Burger, Antike Mysterien. — Burger, Griechische Frauen. — Stemplinger, Antike Technik. — Boehn, Antike Mode. — Vogt, Der antike Sport. — Stemplinger, Buchhandel im Altertum. — Gaheis, Gaukler im Altertum. — Sigerist, Antike Heilkunde. — Overbeck, Antike Jagd. — Ziebarth, Der griechische Kaufmann im Altertum. — Kahlo, Kenntnis der Erde im Altertum. — Bilabel, Antike Küche. — Stemplinger, Prophezeiungen der Alten. (Im Heimeran-Verlag, München.)
A. Petrie, An Introduction to Greek history, antiquities and literature. Oxford 1932.
M. Wegner, Altertumskunde. Freiburg-München 1951.
M. Wegner, Land der Griechen. Reiseschilderungen aus 7 Jahrhunderten. Berlin 1942.
G. v. Reutern, Hellas. Ein Führer durch Griechenland aus antiken Quellen. München 1943.
W. Kraiker, E. Kirsten, Griechenlandkunde. Ein Führer zu klassischen Stätten. Heidelberg 1955.
Handbuch der klassischen Altertumswissenschaft. Begr. von I. Müller, hrsg. von W. Otto.
E. Manni, Introduzione allo studio della storia greca e romana. Palermo 1952.
K. Ploetz, Auszug aus der Geschichte. 24. Aufl. Bielefeld 1951.
L. Laurand, Manuel des études grecques et latines. Paris 1948.
H. Poeschel, Die griechische Sprache. Geschichte und Einführung. 1950.

F. W. Albright, Von der Steinzeit zum Christentum. Monotheismus und geschichtliches Werden. Bern, München 1950.
K. G. Jung, K. Kerényi, Einführung in das Wesen der Mythologie. Amsterdam 1941.
Handbuch der Philosophie.
Handbuch der Archäologie.
M. Deri, Die Stilarten der bildenden Kunst im Wandel von zwei Jahrtausenden. Berlin u. Leipzig 1932.
H. Lützeler, Grundstile der Kunst. Berlin/Bonn 1934.
H. Weigert, Stilkunde, Berlin-Leipzig 1944.

*

G. Wissowa, W. Kroll und K. Witte, Paulys Real-Encyclopädie der classischen Altertumswissenschaft. Stuttgart, seit 1894f.   Lexika
Lübkers Reallexikon des klassischen Altertums. 8. Aufl., herausgegeben von J. Geffcken und E. Ziebarth u. a., Leipzig 1914.
Hans Lamer, Wörterbuch der Antike (Kröners Taschenausgabe, Bd. 26). Leipzig 1933.
W. H. Roscher, Lexikon der griechischen und römischen Mythologie. Leipzig, seit 1884f.
H. B. Walters, Classical Dictionary of Greek and Roman Antiquities, Biography, Geography and Mythology. Cambridge 1916.
W. Smith, Dictionary of Greek and Roman Antiquities. 3. Aufl., 2 Bde., London 1890 und 1891.
— Dictionary of Greek and Roman Biography and Mythology. 3 Bde., London 1880.
— Dictionary of Greek and Roman Geography. 2 Bde., London 1873 und 1878.
Enciclopedia Italiana.
H. Gunkel, L. Zscharnack, Die Religion in Geschichte und Gegenwart. Handwörterbuch für Theologie und Religionswissenschaft.
P. Grimal, Dictionnaire de la mythologie grecque et romaine. Paris 1951.
H. Hunger, Lexikon der griechischen und römischen Mythologie. 2. Aufl., Wien 1953.
Reallexikon für Antike und Christentum.
U. Thieme, F. Becker, Allgemeines Lexikon der bildenden Künstler von der Antike bis zur Gegenwart.
Wasmuths Lexikon der Baukunst.

*

Revue archéologique. Paris, seit 1844f.   Zeitschriften
Winckelmannsprogramm der Archäologischen Gesellschaft zu Berlin, 1877f.
Bulletin de correspondance hellénique. Athen und Paris, seit 1877f.
Journal of Hellenic Studies. London, seit 1880f.
Jahrbuch des deutschen archäologischen Instituts. Mit Beiblatt, Archäologischer Anzeiger. Berlin, seit 1886f.
Fondation Eugène Piot. Monuments et mémoires publiés par l'Académie des inscriptions et belles-lettres. Paris, seit 1894f.
Jahreshefte des österreichischen archäologischen Institutes in Wien, mit Beiblatt. Wien, seit 1898f.
Die Antike. Zeitschrift für Kunst und Kultur des klassischen Altertums. Herausgegeben von Werner Jaeger. Berlin 1925f.
    L'Année philologique.
    American Journal of Archaeology.
    American Journal of Philology.
    Art Bulletin.
    Archiv für Religionswissenschaft.
    Antike und Abendland.
    Berliner Museen.
    Blätter für Münzfreunde.
    Bollettino di Filologia Classica.
    Bulletin of the Metropolitan Museum of Art.
    Bulletin des Musées de France.
    British Museum Quarterly.
    Annual of the British School at Athens.
    Burlington Magazine.

Clara Rhodos.
Corpus Inscrpitionum Graecarum.
Classical Philology.
Deutsches Jahrbuch für Numismatik.
Etudes Classiques.
Feuilles de Delphes.
From the Ny Carlsberg Glyptothek.
Gazette des Beaux-Arts.
Glotta.
Gnomon.
Hermes.
Hesperia.
Historische Zeitschrift.
Jahrbuch der preussischen Kunstsammlungen.
Mitteilungen des deutschen Archäologischen Instituts.
Metropolitan Museum Studies.
Monumenti Antichi.
Münchener Jahrbuch der bildenden Kunst.
Neue Jahrbücher für das klassische Altertum, Geschichte und deutsche Literatur.
Numismatisches Literaturblatt.
Philologische Wochenschrift.
Philologus.
Revista de arqueologia.
Revue des études grecques.
Revue historique.

Bibliographien Berthold Raabe, Von der Antike. Ein Führer durch die gemeinverständliche Literatur vom klassischen Altertum. Leipzig 1923.
Bibliograhie zum Jahrbuch des Deutschen Archäologischen Instituts.
Bibliographie Linguistique.
W. Trillmich, Kleine Bücherkunde zur Geschichtswissenschaft. Hamburg 1949.

VON THASSILO VON SCHEFFER

erschienen unter anderen Werken:

Homers Ilias, deutsch (Propyläen-Verlag Berlin, 1. Auflage 1913, 2. und 3. Auflage 1920 und 1926).

Homers Odyssee, deutsch (Propyläen-Verlag, Berlin, 1. Auflage 1918, 2. Auflage 1929, 3. Auflage 1934).
Beides gekürzt (Dreiturmbücher bei R. Oldenbourg, München 1925—34, 1.—2. Aufl.).

Die Dionysiaka des Nonnos, verdeutscht, 2 Bände bei F. Bruckmann, München 1925/1933.

Die homerischen Götterhymnen, verdeutscht bei Diederichs, Jena 1927.

Die Werke des *Aristophanes,* nach Seegers Übersetzung, bearbeitet und eingeleitet, 2 Bände im Prophyläen-Verlag, Berlin, 1. Auflage 1914, 2. Auflage 1927.

Die Werke des *Seneca,* nach älteren Übersetzungen, überarbeitet und eingeleitet, 2 Bände im Propyläen-Verlag, Berlin 1927.

Griechische Heldensagen, bei Union, Stuttgart 1924, 1.—8. Auflage (1928).

Die römischen Götter- und Heldensagen (ebenda 1925, 1.—5. Auflage).

Die germanischen Göttersagen (ebenda 1.—4. Auflage 1931).

Die Schönheit Homers. Propyläen-Verlag, Berlin, 1. Auflage 1921, 2. Auflage 1925.

Homer und sein Zeitalter (Menschen, Zeiten und Völker, Band I), erschienen Wien, 1924 bei König, jetzt Berlin, bei Franke.

Die Philosophie Homers (Philosophische Reihe, Band 33, München 1922 bei Rösl u. Co., jetzt Berlin, Paetel).

Moderner Cicerone, Rom III, Die Umgegend. Union, Stuttgart 1903, 2. Auflage 1925.

Neapel (Stätten der Kultur, Bd. 16. Verl. v. Klinkhardt u. Biermann, Leipzig 1909).

Die Eleusinien (bei Schuster und Löffler, Berlin 1898, jetzt Stuttgart, Deutsche Verlagsanstalt).

Die Kyprien, ein hellenisches Epos (Originaldichtung), Verlag C. H. Beck, München 1934.

REGISTER

REGISTER

Achaier 25, 30, 36
Achämeniden 136
Adrastos 280
Agathokles 149
Agathon 298
Agias 268
Agesilaos 144
Agon 164, 169
Agorakritos 262
Agrigent 75, 102, 147, 189
Ägypten 21, 76, 81, 99, 143, 157 f., 208, 210, 212
Aigina 38, 87, 226 f., 252 f.
Aiola 25
Aischines 221
Aischylos 89, 93, 182 f., 279, 287—292
Aitolien 35
Akademie 203
Akanthos 73
Akarnanien 35
Akragas siehe Agrigent
Akropolis 19, 42, 87, 228—232, 257, 283
Alalia 76
Alexander der Große 145, 204, 276
Alexanderbüsten 268
Alkaios 118
Alkamenes 262
Alkibiades 142, 144, 174, 197
Alkmaion 211
Alkman 116
Alkmäoniden 88
Alyattes 80
Amphiktionen 61
Amphitheater 234, 239, 283
Amyklai 38
Anabasis 215
Anakreon 90, 120
Analphabeten 165
Anaxagoras 185, 190, 207, 295
Anaximenes 124, 125
Andros 73
Antenor 106
Anthesterien 163
Aphaia 226
Aphrodite-Altar Ludovisi 106, 254
Aphrodite von Knidos 264
Aphroditekult 144

Apollinisch und dionysisch 95, 280
Apollodoros 244
Apollonkult 29, 34, 35, 41, 91, 184, 109, 278
Apollontempel 236
Apollon von Belvedere 268
Apollon Sauroktonos 264
Apollon Strangford 253
Apollon van Tenea 105
Archelaos 298
Archermos 106
Archilochos 116
Areopag 140
Ares Ludovisi 268
Arete 166
Argolis 23, 27
Argos 19, 30, 37, 151, 173, 252
Ariadne 88
Arion 119
Aristippos 199 f.
Aristophanes 53, 194, 302—304
Aristoteles 69, 73, 124, 174, 203 —206, 208—210, 284
Arkadien 103, 234
Artemis 81, 92
Artemis von Ephesos 81, 236, 244
Artemis Orthia 40
Artemistempel 236
Asklepios 184, 210, 234
Asklepiostempel 211
Aspasia 160
Astronomie 62, 130, 189 f., 207 f., 209
Astydamas 298
Athen 83 f., 106, 110, 137, 142 f., 146, 153, 156 ff., 170, 217
Athene Lemnia 232, 259
Athene Nike 231
Athene des Pheidias 251, 258
Athene Promachos 232, 259
Athene Varvakion 258
Athenekult 87, 91, 230 f.
Athenetempel in Plataiai 243
Athenetempel in Tegea 265
Atonistik 191, 208
Attika 25, 27, 40 f., 177 f.

Baalbek 102

Bachofen 23, 171, 266
Bakchos siehe Dionysos
Bakchylides 146, 274
Banausisch 242
Bankwesen 157
Baustile 100 f.
Bauten 87, 90, 156 f., 158
Beredsamkeit siehe Rhetorik
Bestattung 58
Bewaffnung 170
Bildhauer 87, 103—107
Bildhauerschulen 262
Bildung 169
Biologie 207, 209
Böotien 25, 34 f., 109, 135, 145
Botanik 207
Bronzetechnik 22, 227, 249, 252
Bukolien 120
Burgen 26
Byzanz 73

Cäre 109
Chaironeia 145
Chalkedon 73
Chalkidike 73
Chalkis 73, 109, 204
Charondas 83
Chios 87, 106
Chöre 164, 280 ff., 298, 301
Choregien 164, 284
Chorlyrik 112, 274 f.

Daidalos von Kreta 105
Daphnis 120
Degeneration 174
Delos 41
Delphi 29, 34, 39, 60, 70, 81, 88, 106, 146, 163, 184, 239, 278
Demeter 88, 94, 96, 185
Demokratie 139 f., 174, 194
Demokritos 191, 208
Demosthenes 220 f.
Deus ex machina 284, 297
Diadumenos 262
Diana von Versailles 268
Didymaion 81, 236
Diogenes von Apollonia 211
Diogenes von Sinope, Kyniker 199
Dion 201

REGISTER

Dionysien 163 f.
Dionysios 147 f., 174, 201
Dionysos 88, 95, 164, 184, 185
Dionysoskult 58, 73, 83, 88 f., 94 f., 275, 280 f., 297
Dipylonvasen 56
Diskoswerfer 255 f.
Dithyramben 82, 275 f., 306
Dodona 29, 32, 61
Doloper 33
Doris 30, 33
Dorischer Stil 101
Dorische Wanderung 24 f., 30 f.
Dornauszieher 254
Doryphoros 262
Drakon 83
Dramatik 280

Ehe siehe Frauen
Eherne Kuh 232, 256
Eleaten 130
Elephantine 212
Eleusinische Mysterien 88, 96 f., 181, 211
Eleusinisches Relief 269
Eleusis 88, 97, 288
Elgin-Marbles 260
Elis 19, 36
Elymer 75
Empedokles 147, 187, 207
Enkaustik 246
Entwässerung 27
Epaminondas 145
Ephebengeißelung 40
Ephesos 73, 236
Ephoren 40, 151
Ephoros 215
Epicharmos 300
Epidauros 211, 239
Epigramm 273
Epikureer 199
Epinikien 273 f., 275 f.
Epirus 32
Epos 272, siehe Homer
Eratosthenes 77
Erdmütterkulte 92 f., 182
Erechtheion 102, 226, 230 f.
Erinyen 94
Eros 52 f., 200
Erziehung 40, 52 f., 165 f., 168
Ethik 45, 57, 196 f., 199 f., 203 f.
Etrusker 31, 54, 73, 74, 76, 146, 148
Euboia 19, 27, 40, 42
Euphranor 244
Eupolis 301 f.
Euripides 182, 190, 194, 279, 294—298
Export 72 f., 157

Familie 46, 52, 160
Feste 163 f., 274 f.
Feuerstein 26
Françoisvase 110
Frauen 23, 46, 51 f., 160 f., 303
Fremdenverkehr 158
Fresken 22
Fünfkampf 167

Gela 75
Geld 157 f.
Geldhandel 157
Gelon 146
Genie 16
Geographie 215 f.
Gerusie 39
Geschichtswissenschaft 207, 211—215
Geselligkeit 161
Getreideimport 72, 86, 157
Girgenti siehe Agrigent
Glaukos von Chios 105
Gorgias 147, 192, 194, 217
Gortyn 123
Götterhymnen 112
Grabstelen 27, 269
Gräber 26, 27
Grausamkeit 173
Gyges 80
Gymnasien 168 f.
Gymnastik 103, 167

Hagelaidas 253
Halikarnaß 38, 73, 237 f.
Hallen 168, 234, 243
Handel 53 f., 71 f., 85, 86
Handwerk 54, 55, 157
Hannibal 147
Harmodios u. Aristogeiton 106
Harmonie 170, 191, 222, 249 f., 291
Harpalos 220
Hedonismus 199
Heerwesen 170
Hegias 259
Hekataios 81
Hellanikos 212
Hellanodiken 167
Hellenika 215
Heloten 38, 151, 172 f.
Herakleitos 127, 130
Herakles 92, 105, 225
Herakult 37, 90
Heratempel 90, 263
Hermes von Olympia 264
Herodot 126, 212, 215
Herostrat 236 f.
Hesiod 35, 57, 96, 105, 114, 183
Hetairien 38, 52 f.
Hetären 160, 162

Hethiter 20, 31
Hexapolis 73
Hieron 146, 275, 288
Himera 75, 120, 146, 147
Hinkjambus 120
Hippias, Tyrann 89
Hippias, Sophist 192
Hippokrates 211
Hipponax 120 f.
Hölderlin 189, 197
Homer 15, 19, 34, 43—62, 92, 105, 112, 154, 162, 167, 168 f., 173, 183, 280
Homoerotik 52 f., 118, 160 f., 197, 296
Humanismus 178
Humanität 59, 167, 173
Hyakinthos 40
Hybris 142
Hyksos 22
Hylozoisten 125

Ibykos 90, 120
Ideenlehre 201
Iktinos 228, 234
Illyrien 27
Import 55, 72, 157
Industrie 157
Inszenierung 285
Intellekt 184 f., 188 f., 191 f.
Ionier 25, 40 f., 140 f., 156
Ionischer Stil 100, 101 f.
Isokrates 219 f.
Isonomie 140
Italien 74 f.
Ithaka 35

Jambus 89, 115, 119, 289
Japyges 148

Katmos 62
Kalauria 220
Kalksteinplastik 105
Kallikrates 228
Kallimachos 77
Kallinos von Ephesos 115
Kalokagathie 166, 169, 291
Kamares 22
Kampfrichter 167, 285
Kanachos 253
Kapitalismus 158
Kapitell 100 f.
Karer 21, 24, 29, 236 f.
Karneien 40
Karthago 75 f., 78, 146, 148, 21
Karyatiden 231
Katabothren 27
Katane 75
Keos 273
Kephisodotos 264

REGISTER

Keramik 28, 55, 108 f., 157, 270
Kerkyra 35
Kimerier 80
Kimon 142, 171, 174, 228, 233
Kleinasien 31, 38, 40 f., 73, 112, 190, 223 f., 235—240
Kleisthenes, Tyrann 82 f.
Kleisthenes, athen. Staatsmann 139 f.
Kleobis und Biton 106
Knidos 211
Knossos 21, 47
Kolonisation 35 f., 37, 41, 66 f., 70 f.
Kolophon 130
Komfort 23
Kommunismus 202, 303
Komödie 298—303
Kongreß von Korinth 145
Königtum 28, 49 f.
Korenhalle 231
Korfu 74
Korinth 35, 37, 73, 82, 109, 151, 163, 280
Korinthischer Krieg 145
Korinthischer Stil 102, 239 f.
Korsika 76
Kos 211
Kosmos 13
Kothurn 283
Kottabosspiel 162
Krates 300 f.
Kratinos 300 f.
Kresilas 262
Kreta 19—24, 30, 38, 47, 54, 226, 252, 260
Krim 73
Kritias 107
Kroisos 81
Kroton 75, 211
Kunaxa 215
Kunstgewerbe 37, 55
Kupfer 26
Kuppelgräber 27
Kykladen 40
Kyme 74, 146
Kyniker 199
Kyniskos 263
Kypros 26, 29
Kypseloslade 82
Kyrenaiker 199
Kyrene 77, 109, 199, 200
Kyrnos 121

Lade 126, 135
Lakedaimonien 38
Landschaftliche Gliederung 31
Leichenverbrennung 58, 109
Leleger 21, 24, 35, 237
Leonidas 138

Lenäen 163
Leochares 266, 268
Leontinoi 217
Lesbos 55, 117
Lesche der Knidier 243
Leukippos 191, 208
Leuktra 145
Logographen 126, 212, 215
Lokrer 34
Löwenrelief 26
Luxus 159 f.
Lyder 41, 54, 80
Lykeion 204
Lykien 29, 267
Lykios 262
Lykurg 39
Lyrik 113 f., 182
Lysandros 144, 263
Lysias 218 f.
Lysikrates 102, 240
Lysippos 263, 267

Mahlzeiten 159 ff.
Makedonien 33 f., 145, 170
Malerei 107—110, 240—247
Malia 22
Männerbünde siehe Hetairien
Mantineia 145
Marathon 138
Marinakeramik 34
Markt 158, 163
Marmor 26, 105, 224, 252 f.
Marseille 72, 76
Marsyas 232, 256
Masken 251, 284
Materialismus 190
Mathematik 129, 169, 209
Mausoleum 237 f., 266
Mausolos 237, 266
Medizin 62, 72, 210 f.
Megara 37, 73, 75, 121
Megaron 26, 56, 99
Meleagros 265
Melier 32
Melos 25 f.
Messana 75
Messenien 39, 151 f.
Metallgeld 81, 157 f.
Metaphysik 125 f., 202, 206
Metöken 173
Metopen des Parthenon 260
Metopen des Zeustempels zu Olympia 225
Mikon 243
Milet 73, 76, 80 f., 109, 126, 135 f., 173, 236
Miltiades 138, 171
Mimnermos 117
Mimos 299
Minoische Kultur 21

Mnesikles 230
Moira 60
Monodien 296
Monogamie 51 f.
Monotheismus 130 f., 182, 190, 202, 288
Monumentalbauten 25 f.
Mosaik 247
Münzprägung 157 f., 270
Münzwesen 54, 81, 85
Musik 35, 110 f., 114, 130, 162, 165, 284 f., 287, 296, 305 f.
Mutterrecht siehe Bachofen
Mykenai 19, 26, 34
Myron 232, 253, 255
Myrsilos 118
Mysterien 88, 94 f., 96 f., 181, 184, 200
Mystik 96, 127, 184 f., 207
Mythos 25, 57, 288

Naturphilosophie 124 f.
Naturwissenschaft 207 f.
Naukratis 77, 143, 213
Naxos 87
Neapel 74
Nemea 163
Nesiotes 107
Neues Testament 178 f.
Nikaia 76
Nikestatuen 232
Niketempel 102, 194, 231 f.
Niobe des Aischylos 290
Niobiden 254, 265 f.
Nomos 187
Nonnos 162, 168

Odessa 73
Oedipus des Sophokles 293 f.
Olymp 32 f.
Olympia 36, 65, 87, 102, 224 ff.
Olympiaden 225
Olympische Spiele 65, 163, 167 f.
Qlynth 220
Onasias 244
Onchestos 61
Orakel 60 f., 184
Orchestra 164, 283
Orchomenos 19, 27, 30, 34
Orestie 289
Orpheus-Hermes-Eurydike-Relief 269
Orphiker 96, 128 f., 184, 185
Ortygia 75
Ostrakismos 140

Paestum 75, 102, 130, 233
Paidagogos 166
Palaistra 168

Palermo siehe Panormos
Palmyra 102
Pamphilos 242
Panainos 243, 259
Panathenäen 87, 163, 260
Panegyrikos 218
Panormos 76
Parabase 301
Parmenides 131
Paros 26
Parrhasios 245 f.
Parthenope siehe Neapel
Parthenien 116, 277
Parthenon 228 f.
Parthenonskulpturen 257 f.
Pausanias 172, 243
Pausias 246
Peisianax 233
Peisistratos 85 f., 163, 282
Pelasger 21, 24
Pelopidas 145
Peloponnes 36, 151, 252, 299
Peloponnesischer Krieg 143 f., 213
Pentelikon 87
Pergamonaltar 41
Periander 82, 119
Perikles 143, 160, 164, 174, 176 f., 185, 212, 228, 257, 285
Periöken 33, 36
Perserkriege 106, 134 f.
Perserschutt 106, 228
Persische Kultur 136 f.
Pessimismus 15, 28, 35, 59 f., 199
Pferdeskulpturen 260
Phaiaken 35, 47, 167
Phaidon von Argos 83
Phaistos 22
Phalanx 170
Pheidias 172, 228, 243, 253, 255, 257 f.
Phigalia 234 f.
Philipp von Makedonien 145, 204, 215, 220
Philokles 230
Philologie 193
Philosophie 121—132, 188—206
Phlyakenkomödie 299
Phokis 33
Phönizier 37, 54, 71, 75
Phrygier 31
Phrynichos 282
Phylen 36 f.
Physik 190, 208
Pinakothek 230
Pindaros 35, 146, 183 f., 274, 276—279
Pittakos 83, 118
Plastik siehe Skulptur

Plataiai 138 f.
Platon 129, 148, 162 f., 198, 200—203
Polis 42, 66—69, 174, 196
Polizei 158
Polygnotos 233 f., 242 ff., 259
Polykletos 253, 255, 262 f.
Polykrates 89 ff., 120
Poros 105
Portrait 268
Poseidon 94, 163
Poseidonia siehe Paestum
Pratinos 282
Praxiteles 240, 263 f., 265
Priene 73
Priester 29, 60, 206 f., 210
Prinias 261
Privatleben 159 f.
Prodikos 192, 295
Propyläen 230
Protagoras 192, 199, 295
Protogenes 244
Psychologie 258, 295, 297
Pythagoras 81, 127—130, 190
Pytheos 238, 266
Pythia 60

Rationalismus 181, 195 f., 201, 295
Ratsversammlung 140
Realistik 203
Redeschulen 217, siehe auch Rhetorik
Reiterei 170
Religion 23, 28 f., 57 f., 65 f., 87 f., 91—97, 127 f., 180—188, 280
Religiosität 14, 44, 165, 213
Renaissance 17
Rhegion 75, 90, 120, 148
Rhesos 298
Rhetorik 147, 169, 193, 216 f.
Rhodos 75
Rom 53, 148 f.
Rundbau 239

Salamis 138
Samos 87, 90, 106, 109, 212
Samniten 148
Sappho 117 f.
Sardeis 135
Sardinien 76
Satyrstück 282
Säule 56, 100, 225, 233 f., 235
Schatzhaus der Athener 226
Schatzhaus des Atreus 27
Schatzhaus der Siphnier 226
Schauspieler 281 f., 283 f.
Schiffahrt 28, 54, 236
Schild des Achilleus 49

Schild des Herakles 105
Schmuck 27
Schnurrbart 27
Schrift 22, 62, 110, 122 f.
Schwarzes Meer 73 f., 149, 157
Sebastopol 73
Seekrieg 170
Seeraub 90
Segesta 75, 102
Selinunt 75, 102, 105
Semonides von Amorgos 117
Sidon 55
Sigeion 86
Sikyon 37, 82, 109, 242, 246, 252, 280
Silanion 268
Silberbergwerk 41, 157
Silphion 72, 77
Simonides von Keos 273
Sizilien 75 f., 102, 120, 144, 145 —149, 157, 217, 299 f.
Skene 283
Sklaven 173 f.
Skopas 237, 263, 265
Skulptur 104 f., 229, 247—270
Skylax 216
Skythen 74, 134 f., 150
Smyrna 73
Sokrates 172, 174, 185, 194— 198, 215, 304
Söldnerwesen 168, 170
Solon 83—85, 105, 119, 172
Sophistik 162, 169, 181, 191— 194, 208, 296
Sophokles 182 f., 212, 279, 290 —294
Sophoklesstatue 291
Sophrosyne 168
Soziales 172 f.
Spanien 76
Sparta 30, 38, 79, 138, 140, 147, 151 f., 169 f., 173, 215
Spiele 163, 168
Sport 163, 165, 167 f.
Sprache 65, 177 f., 216—221
Staatsform 39 f., 53 f., 78 f., 84
Stageiros 73, 203
Stelen 27, 269
Stesichoros 119 f.
Stierkampf 168
Stoa poikile 234, 243
Stoiker 199
Strategie 170
Strongylion 232, 262
Sufetula 102
Sybaris 75, 129
Symposien 162 f.
Symposien Platons 197, 200
Synesios 77
Syrakus 75, 144, 146 f., 157,

173, 201, 270

Tarent 75
Tartessos 76
Technik 169
Tel-el-Amarna 21 f.
Tempel 56, 99, 105
Terpandros 116
Terrakotten 107, 270
Tetralogie 285
Thales 81, 124—126
Theatergebäude 234, 283—285
Theatermalerei 244
Theben 30, 34, 138, 170
Themistokles 87, 138, 142, 156, 171
Theognis 121
Theophrast 209
Theopompos 215
Theorikon 164
Thermopylen 138
Theseion 233, 243
Theseus 88, 154
Thespis 89, 281 f.
Thessalien 33
Tholos 239
Thomas von Aquino 205
Thrasybulos 80, 81 f.
Threnos 112, 275
Thron der Aphrodite siehe Aphroditealtar

Thugga 102
Thukydides 176 f., 194, 213 f.
Thurioi 212
Thymele 284
Timanthes 245
Timokratie 84
Timoleon 148 f.
Timotheos 266
Tiryns 19, 37
Tonplastik 22
Totenmasken 27
Tracht 159
Tragödie 88 f., 164 f., 182, 272, 280
Trapezunt 74
Trieren 170
Trimeter 289
Troja 19
Trysa 238 f., 266
Tyche 70
Tyrannis 80 f.
Tyros 75
Tyrsener siehe Etrusker
Tyrtaios 115 f.

Übernahme fremder Götter 184 —186
Unteritalien 74, 102, 148
Urreligion 29

Vasenfunde 23

Vasenkunst 55 f., 108—110, 162, 240, 243, 346 f.
Volkslieder 112, 115
Volksversammlung 84, 140
Votivtafeln 269

Waffen 28
Wagenlenker von Delphi 254
Wagenrennen 168
Wandbilder 22, 26
Wehrpflicht 168, 169 f.
Winckelmann 171
Wissensdrang 208 f.
Wissenschaft 62, 193, 203, 205 f., 206—221

Xanthosgrabmal 238, 266
Xenophanes 130, 216
Xenophon 144, 162 f., 195, 214 f.

Zaleukos 83
Zankle 75
Zenon 131
Zeusaltar zu Mykenai 26
Zeuskultus 29, 92
Zeusstatue des Pheidias 225, 251, 259
Zeustempel zu Olympia 224 f., 253 f., 259
Zeuxis 245

BILDERTEIL

1. SCHLANGENPRIESTERIN. Farbige Fayence, um 1700 v. Chr.
Aus dem Palast von Knossos, gefunden von Sir Evans. Museum Herakleion (Kandia).

2. **SCHLANGENPRIESTERIN.** Elfenbein und Gold, um 1700 v. Chr., Kreta. Boston, Museum of Fine Arts.

3. KOPF DER SCHLANGENPRIESTERIN. Elfenbein. Boston, Museum of Fine Arts.

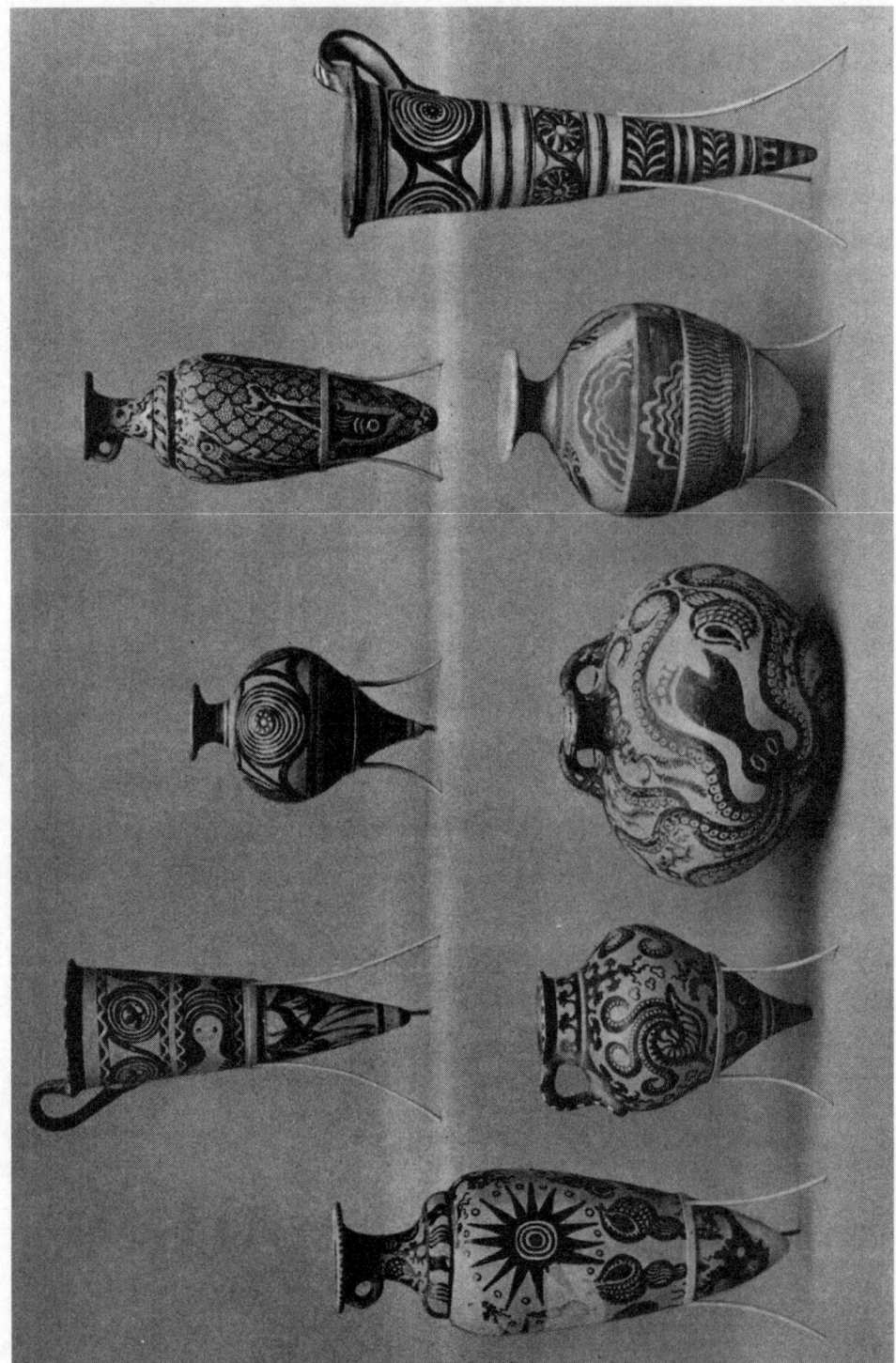

4. KRETISCHE GEFÄSSE DER ERSTEN SPÄTMINOISCHEN EPOCHE. 16. Jahrhundert v. Chr. Herakleion, Museum.

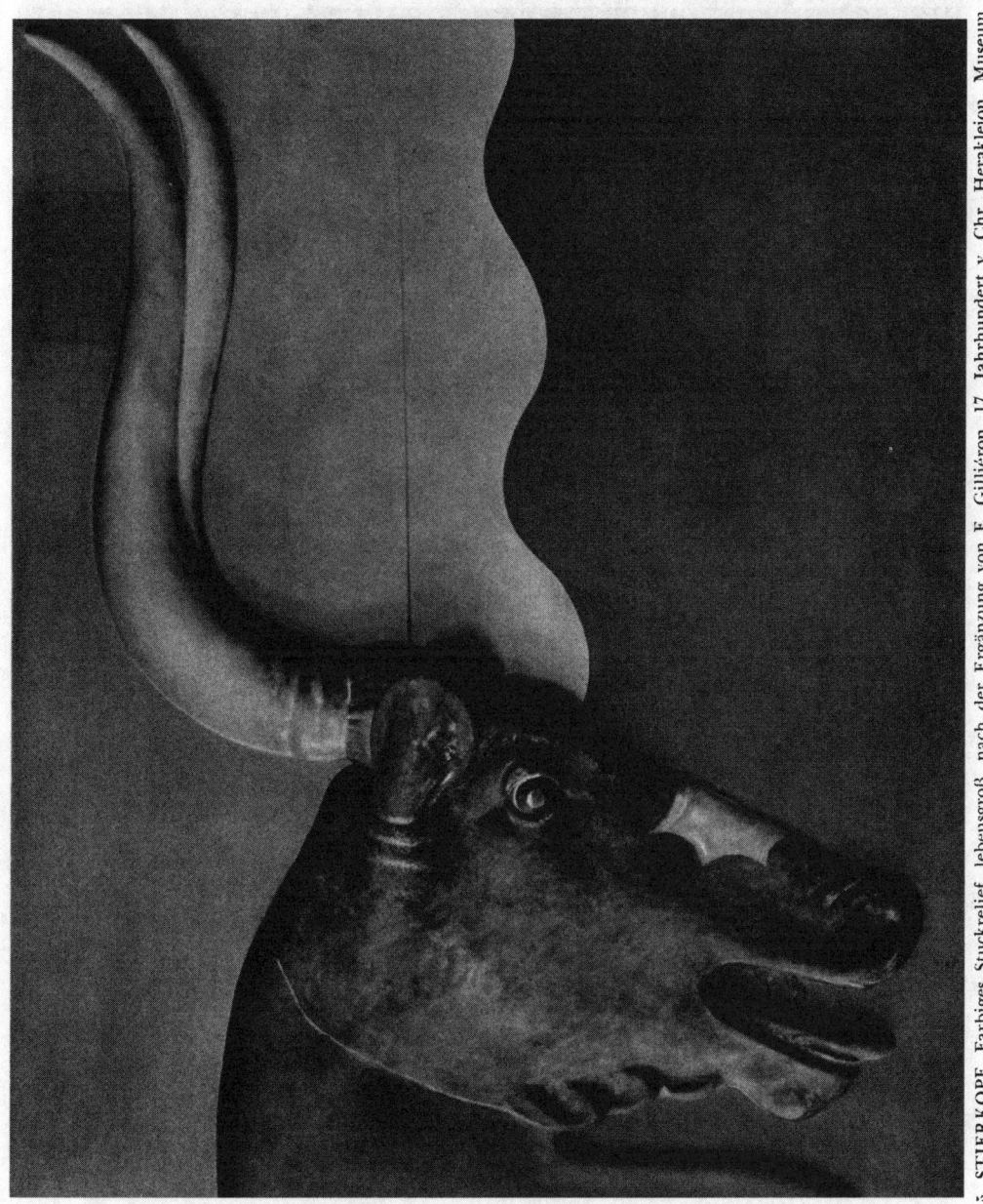

5. STIERKOPF. Farbiges Stuckrelief, lebensgroß, nach der Ergänzung von E. Gilliéron. 17. Jahrhundert v. Chr. Herakleion, Museum.

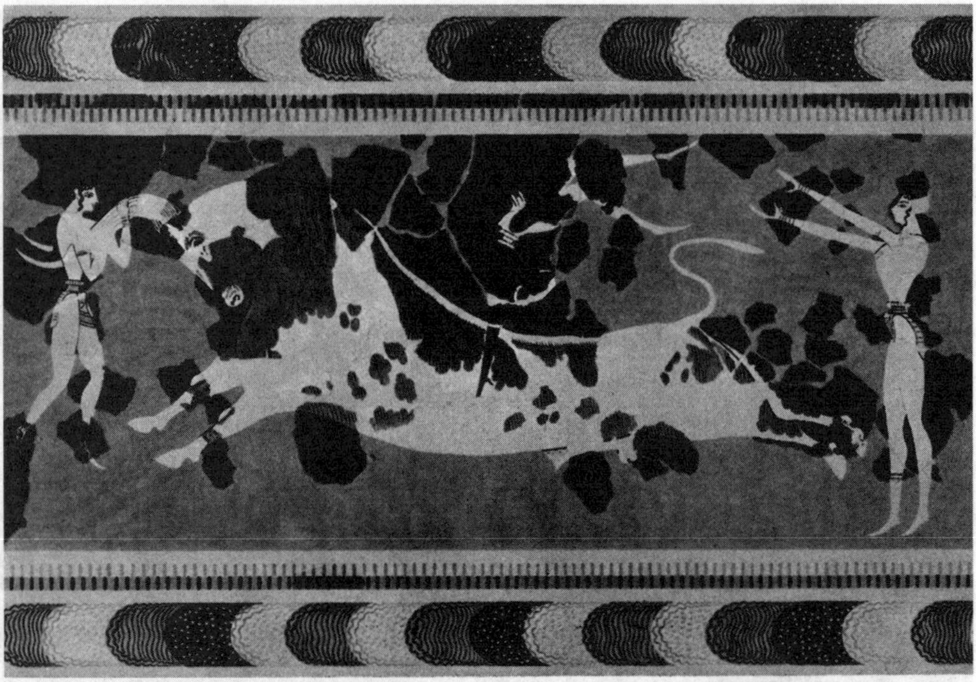

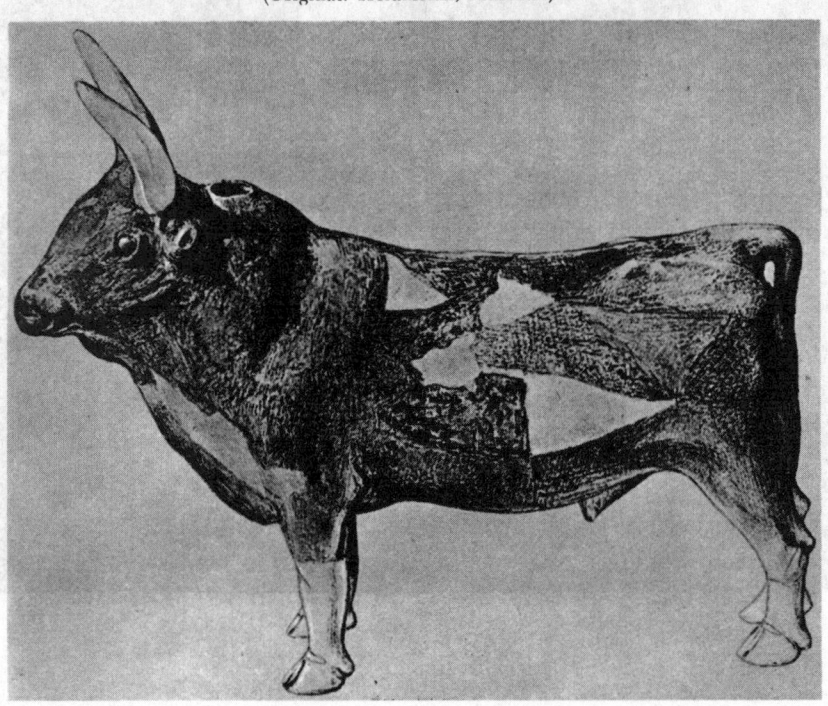

6. STIERSPIEL. Rekonstruiertes Wandgemälde aus dem Palast von Knossos. 16. Jahrhundert v. Chr. (Original: Herakleion, Museum.)

7. STIER. Ton. 16. Jahrhundert v. Chr. Herakleion, Museum.

8. KUH MIT SÄUGENDEM JUNGEN. Farbige Fayence, rekonstruiert. 17 Jahrhundert v. Chr. (Hörner falsch ergänzt. — Original: Herakleion, Museum.)

9. BERGZIEGE MIT ZWEI JUNGEN. Fayence, aus dem Palast von Knossos. (Neuaufnahme des Originals.) 17. Jahrhundert v. Chr. Herakleion, Museum.

10. JÜNGLING MIT RHYTON (Trinkhorn).
Rekonstruierter Teil eines Prozessionsfrieses im Palast von Knossos.
Um 1500 v. Chr. (Kopie von E. Gilliéron. Original: Herakleion, Museum.)

11. JÜNGLING IN SCHWERTLILIEN-LANDSCHAFT.
Rekonstruierter Teil eines bemalten Stuckreliefs im Palast von Knossos. Um 1400 v. Chr.
(Kopie von E. Gilliéron. Original: Herakleion, Museum.)

12. WILDKATZE, EINEN FASAN BELAUERND. Fresko im Palast zu Hagia Triada.
Um 1500 v. Chr. Aquarellkopie von E. Gilliéron, Slg. der Berliner Universität.
(Original: Herakleion, Museum.)

13. VASENFRAGMENT AUS TIRYNS. Um 1300 v. Chr.
Nach lithographischer Umzeichnung, veröffentlicht von Schliemann.
(Original: Athen, Nationalmuseum.)

14. LEBENSGROSSE FRAUENGESTALT MIT ELFENBEINGEFÄSS.
Rekonstruierter Teil eines Prozessionsfrieses im späteren Palast zu Tiryns.
Um 1300 v. Chr. (Original: Herakleion, Museum.)

15. BEMALTE TRINKSCHALE AUS TON.
Kretisch, um 1550 v. Chr. New York, Metropolitan Museum.

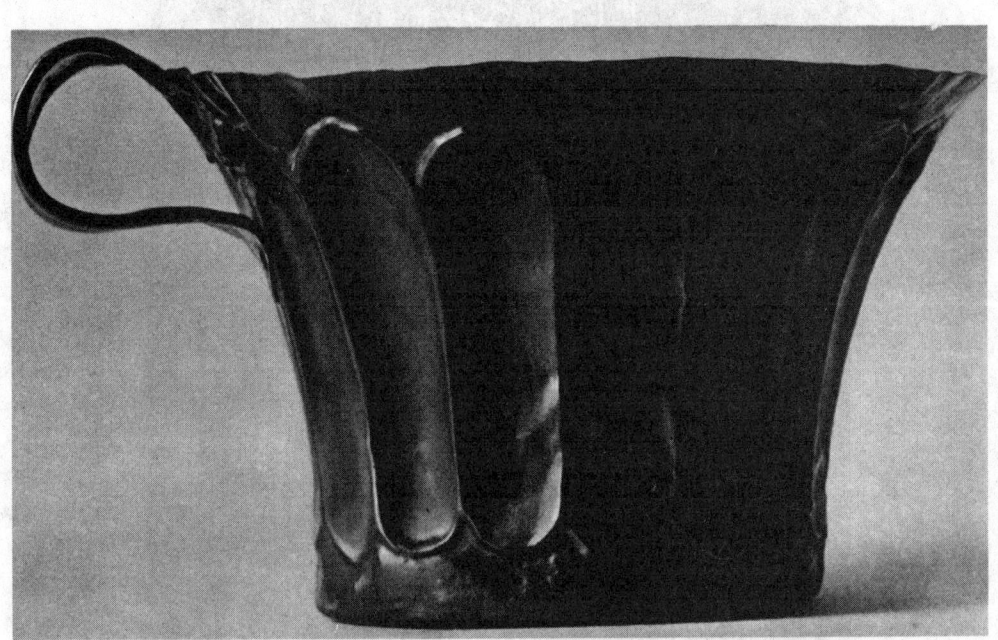

16. GOLDBECHER. Ausgegraben von Schliemann aus dem IV. Schachtgrab von Mykenai.
Um 1500 v. Chr. Athen, Nationalmuseum.

17. LAMPENSTÄNDER. Purpurner Gipsstein.
Aus dem Palast von Knossos. Um 1700 v. Chr.
Herakleion, Museum.

18. TRINKHORN AUS SPECKSTEIN.
Mit Darstellung von Boxer- und Stierkampfszenen.
Aus Hagia Triada. Um 1600 v. Chr.
Herakleion, Museum.

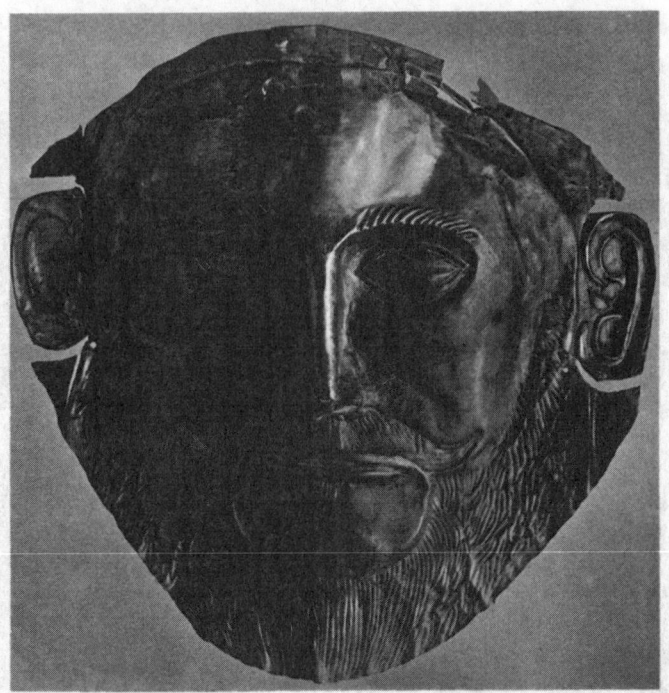

19. GOLDENE TOTENMASKE.
Ausgegraben von Schliemann aus dem V. Schachtgrab von Mykenai.
Um 1500 v. Chr. Athen, Nationalmuseum.

20. GESICHTSVASE. Ton, bemalt. Aus Phaistos. Erste Hälfte des zweiten Jahrtausends v. Chr.
Herakleion, Museum.

21, 22. GOLDBECHER AUS VAPHIO (BAPHEION) BEI SPARTA. (Bändigung eines Stiers und Stierspiel.) Um 1500 v. Chr. Athen, Nationalmuseum.

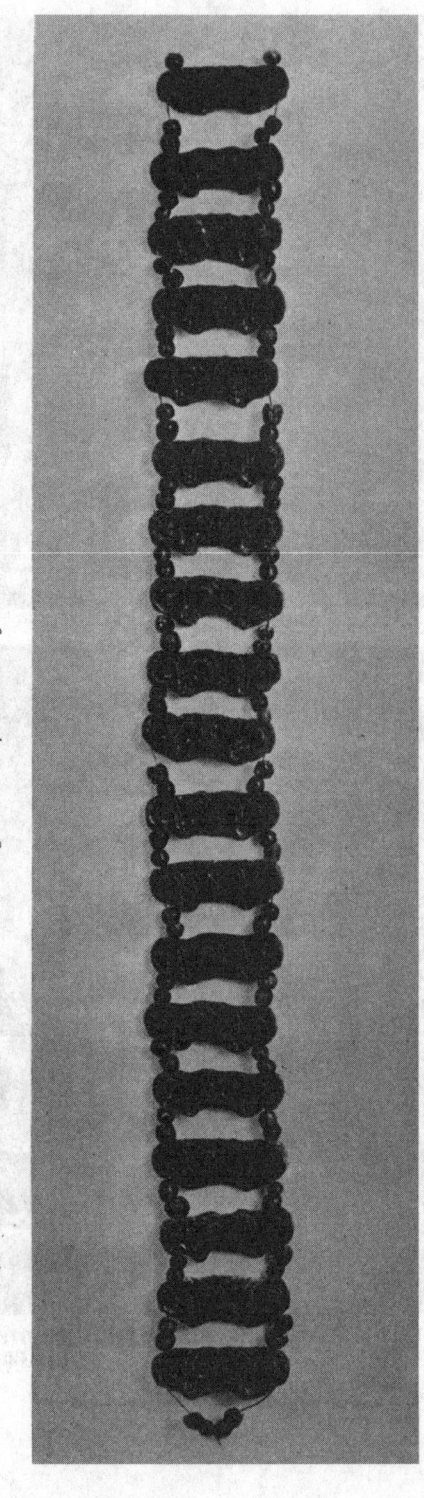

23. GOLDENE NADEL. Aus dem III. Schachtgrab von Mykenai. 16. Jahrhundert v. Chr. Athen. Nationalmuseum.

24. HELLBLAUE MYKENISCHE GLASKETTE MIT BLÜTEN. München, Museum antiker Kleinkunst.

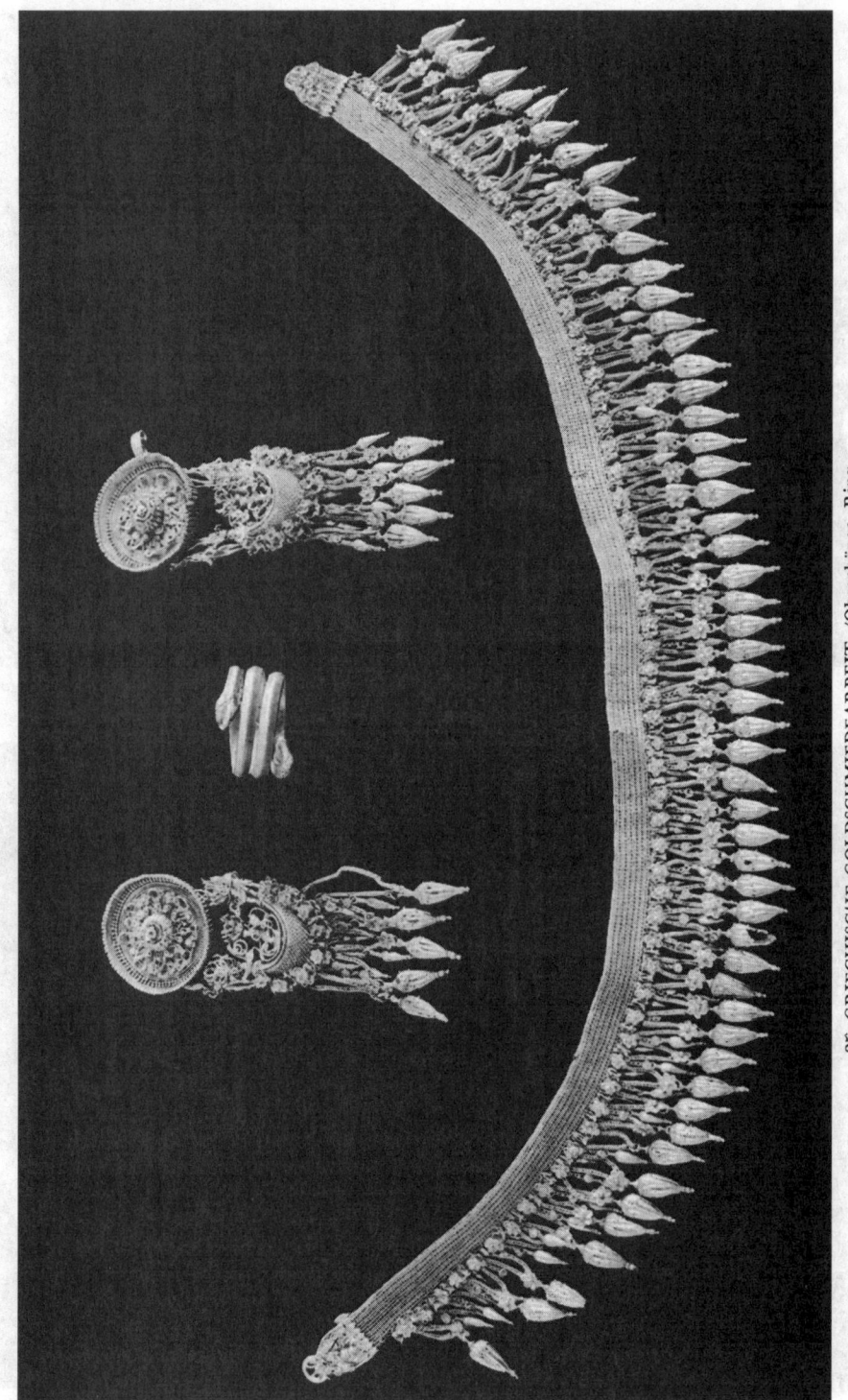

25. GRIECHISCHE GOLDSCHMIEDEARBEIT. (Ohrgehänge, Ring, Halsschmuck mit Spuren alter Emaillierung.) 4. Jahrhundert v. Chr. New York, Metropolitan Museum.

26. PRIMITIVE FRAUENFIGUREN, SOGEN. INSELIDOLE (Grabbeigaben von Paros, Keros, Amorgos u. a. Kykladeninseln) und Klein-Keramik. Um 2000 v. Chr. Paris, Louvre.

27. BAUER BEIM PFLÜGEN. — KRIEGER MIT WAGENLENKER AUF SEINEM ZWEIGESPANN.
Tongruppen aus Tanagra. 8. Jahrhundert v. Chr. Paris, Louvre.

28. DAS TOR AN DER NORDMAUER DER BURG VON MYKENAI.
Spätminoisch, wahrscheinlich um 1400 v. Chr.

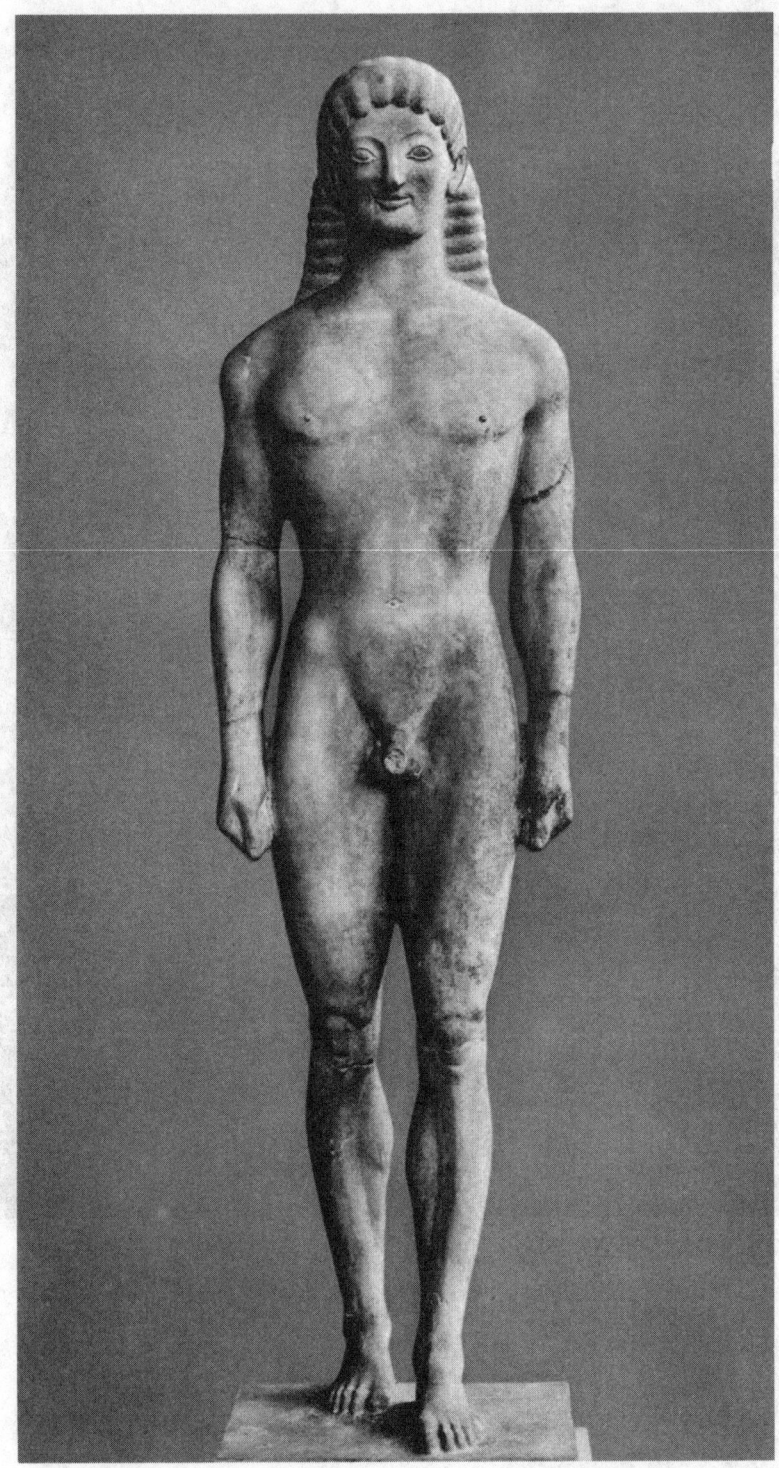
29. GRABSTATUE EINES JÜNGLINGS. (Sogenannter Apollon von Tenea.)
Aus Tenea bei Korinth. Um 600 v. Chr. München, Glyptothek.

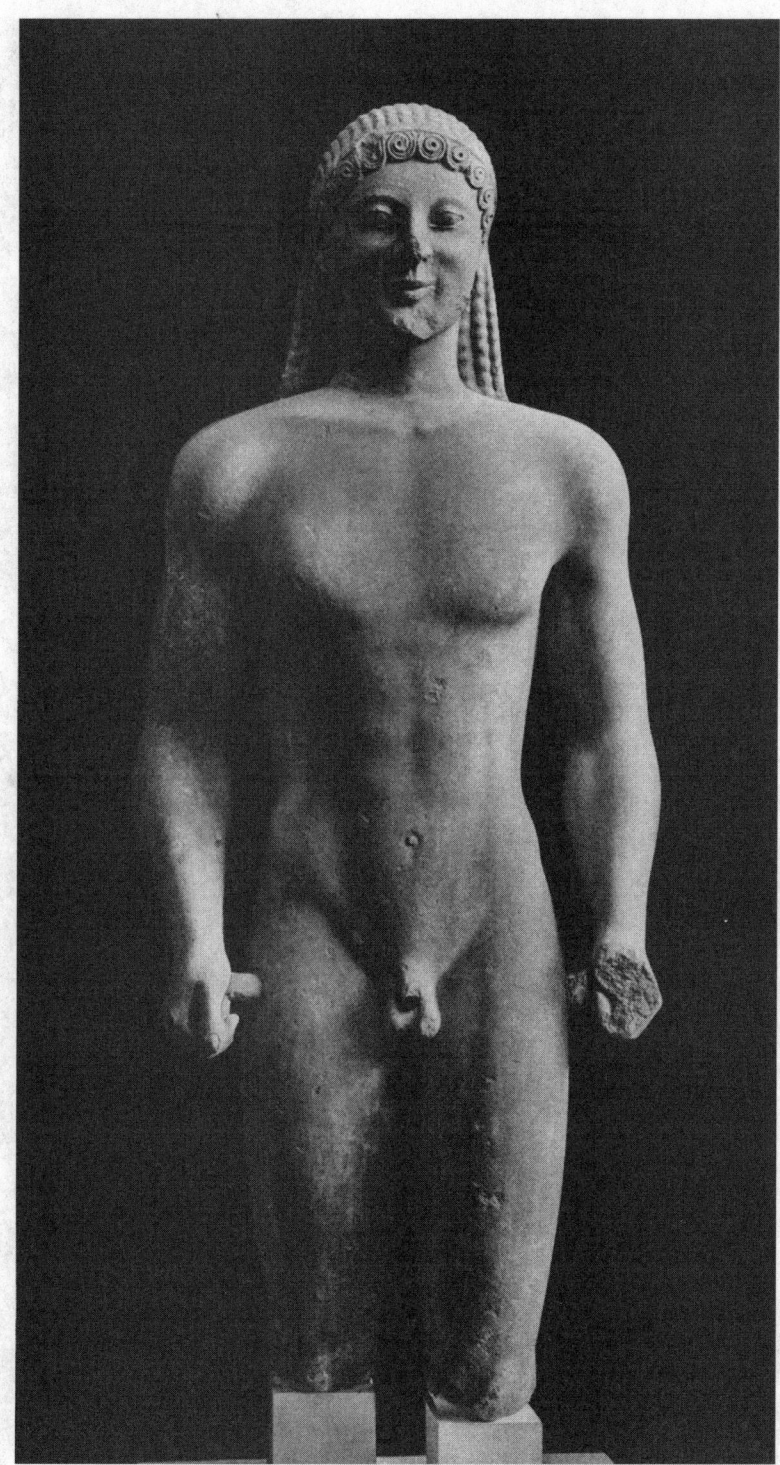

30. JÜNGLINGSSTATUE. Vom Heiligtum des Apollon Ptoios in Böotien. Anfang des 6. Jahrhunderts v. Chr. Athen, Nationalmuseum.

31. JÜNGLINGSSTATUE. Vom Apollonheiligtum in Actium. Um 550 v. Chr. Paris, Louvre.

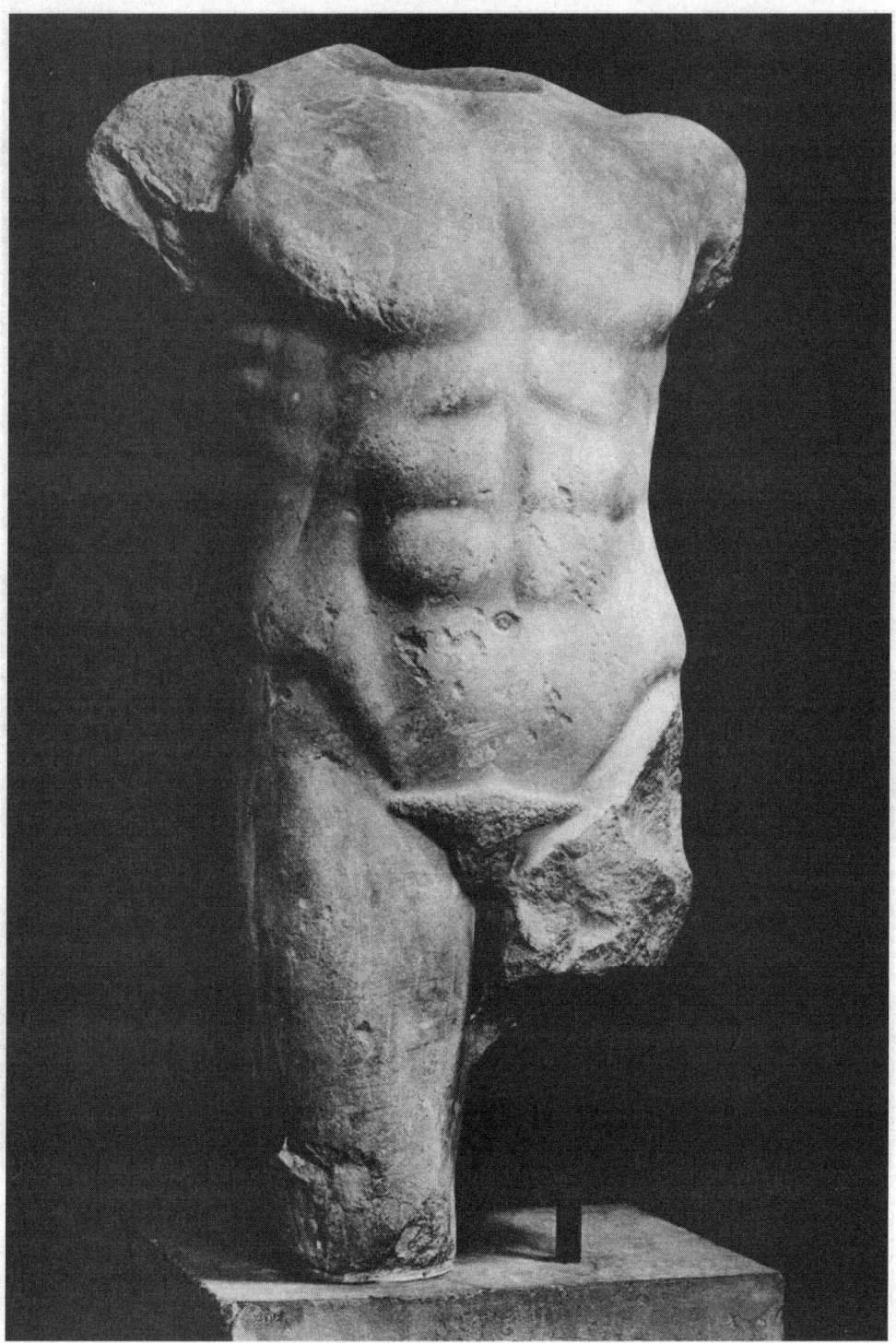

32. TORSO EINER KOLOSSALSTATUE. Gefunden am Theater von Milet; vielleicht vom älteren Apollonheiligtum. Um 500 v. Chr. Paris, Louvre.

33. MARMORMASKE. Anfang des 5. Jahrhunderts v. Chr. Rom, Museo Barracco.

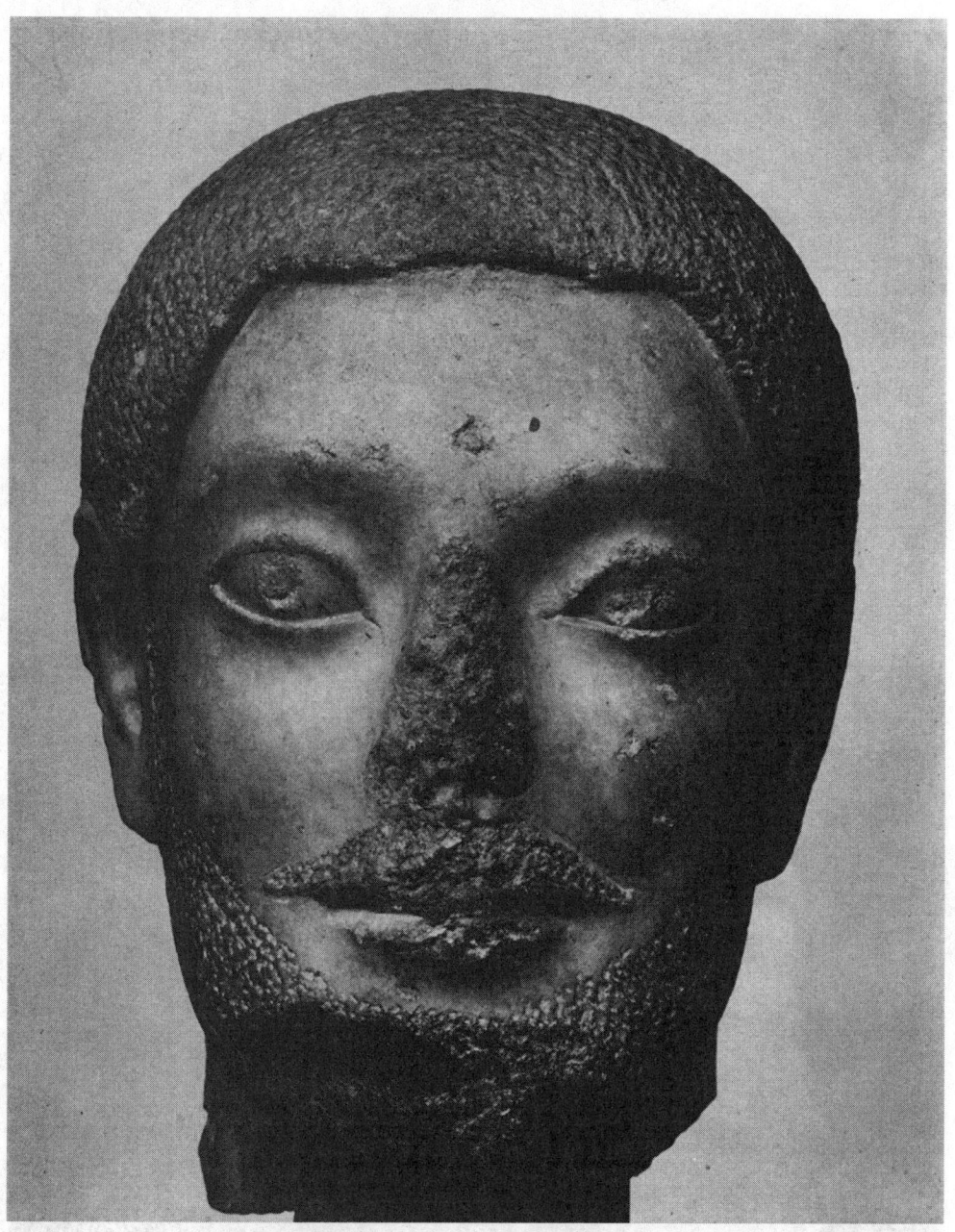

34. KOPF EINES BÄRTIGEN MANNES. (Wahrscheinlich Porträt eines Ägineten.)
Ende des 6. Jahrhunderts. Berlin, Altes Museum.

35. KOPF EINER GÖTTIN. 6. Jahrhundert v. Chr. Syrakus, Nationalmuseum.

36. NIKE VON DELOS. Vielleicht von Archermos von Chios.
1. Hälfte des 6. Jahrhunderts v. Chr. Athen, Nationalmuseum.

37. STEHENDE GÖTTIN. Anfang des 6. Jahrhunderts v. Chr.
Berlin, Altes Museum.

38. MANN MIT STIERKALB. Weihestandbild des Rhombos. (Teilaufnahme.) Um 540 v. Chr. Athen, Akropolismuseum.

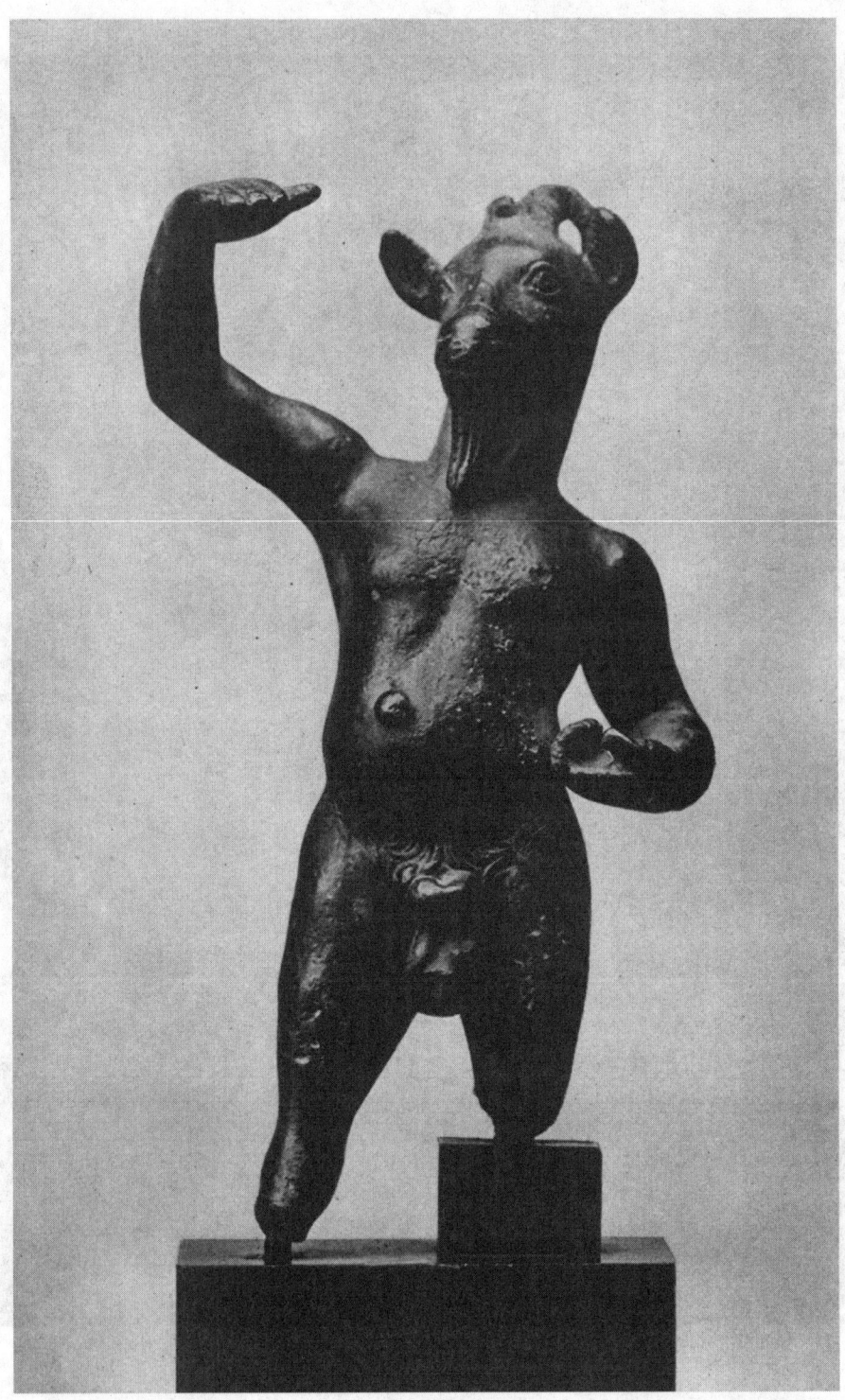
39. PAN. Bronze. Aus Arkadien. Mitte des 5. Jahrhunderts v. Chr. Berlin, Antiquarium.

40. JONISCHES KAPITELL UND SPHINX VON DER TRAGSÄULE DER NAXIER.
Um 560 v. Chr. Delphi, Museum.

1. bis 43. RELIEFS VON STATUENBASEN. Gefunden 1922 von Alexander Philadelpheus in Athen er 478 v. Chr. von Themistokles erbauten Mauer. Um 510 v. Chr. Athen, Nationalmuseum. — (41.) Äg netisch. Kriegswagen und Hopliten. — (42.) Attisch. Jünglinge beim Ringkampf. — (43.) Attisch. Sechs Epheben beim Ballspiel.

44. JÜNGLING AUF SEINEM KRIEGSWAGEN. Weiherelief, um 500 v. Chr.
Athen, Nationalmuseum.

45. und 46. FRIESRELIEFS VOM EPISTYL DES TEMPELS VON ASSOS IN KLEINASIEN.
Grauer Trachyt. Paris, Louvre. — (45.) Herakles tötet den Triton. — (46.) Gelage.

47. FRIESRELIEF VOM HEROON IN GJÖLBASCHI-TRYSA IN LYKIEN.
Belagerung einer Stadt. 5. Jahrhundert v. Chr. Wien, Kunsthistorisches Museum.

48. METOPE EINES TEMPELS IN SELINUNT (SELINUS), SIZILIEN. Europa auf dem Stier. Kalktuff. Anfang des 6. Jahrhunderts v. Chr. Palermo, Museum.

49. METOPE VOM MITTLEREN BURGTEMPEL ZU SELINUNT.
Herakles, von Pallas Athene beschützt, tötet die Medusa, die sterbend den Pegasos gebiert.
Kalktuff. Anfang des 6. Jahrhunderts v. Chr. Palermo, Museum.

50. RELIEFFRIES VOM SOGEN. SCHATZHAUS DER SIPHNIER IN DELPHI.
Streit von Apollon und Herakles um den Dreifuß. Um 525 v. Chr. Delphi, Museum.

51. RELIEFFRIES VOM SOGEN. SCHATZHAUS DER SIPHNIER IN DELPHI Kampf der Götter und Giganten. Um 525 v. Chr. Delphi, Museum.

52. KOPF EINES KRIEGERS. Um 480 v. Chr. Athen, Nationalmuseum.

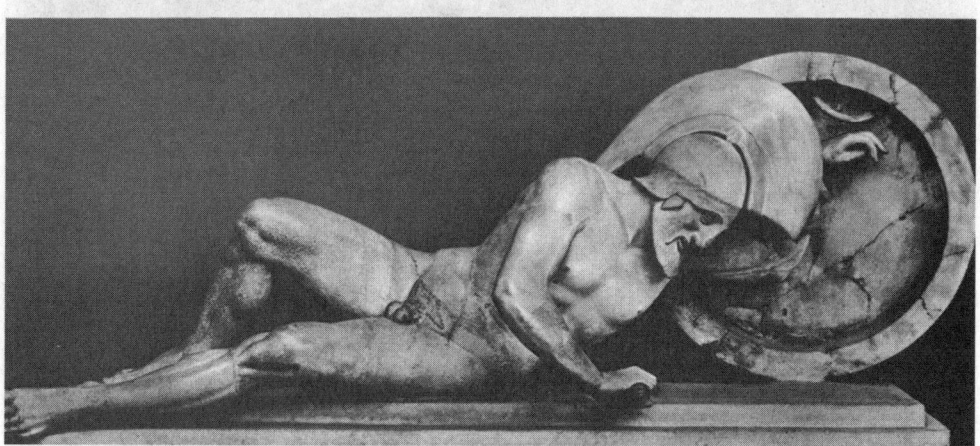

53 und 54. AUS DEM OSTGIEBEL DES APHAIATEMPELS AUF AEGINA. Um 480 v. Chr.
(53.) Herakles. — (54.) Gefallener Krieger. — München, Glyptothek.

55. THESEUS UND ANTIOPE. Aus dem Giebel des Tempels des Apollon Daphnephoros in Eretria. Um 520 v. Chr. Chalkis, Museum.

56. OBERTEIL EINER MÄDCHENFIGUR. Weihgeschenk des Euthydikos. Um 480 v. Chr. Athen, Nationalmuseum.

57. THRONENDE GÖTTIN. Parischer Marmor mit Farbresten.
Um 480 v. Chr. Berlin, Altes Museum.

58. KOPF DER THRONENDEN GÖTTIN. Berlin, Altes Museum.

59. MÄDCHEN MIT WEIHGABEN.
6. Jahrhundert v. Chr.
(Im 5. Jahrh. überarbeitet, besonders der Kopf.)
New York, Metropolitan Museum.

60. MÄDCHEN AUS SPARTA. Stützfigur eines Gerätes. Bronze. 6. Jahrhundert v. Chr.
Berlin, Antiquarium.

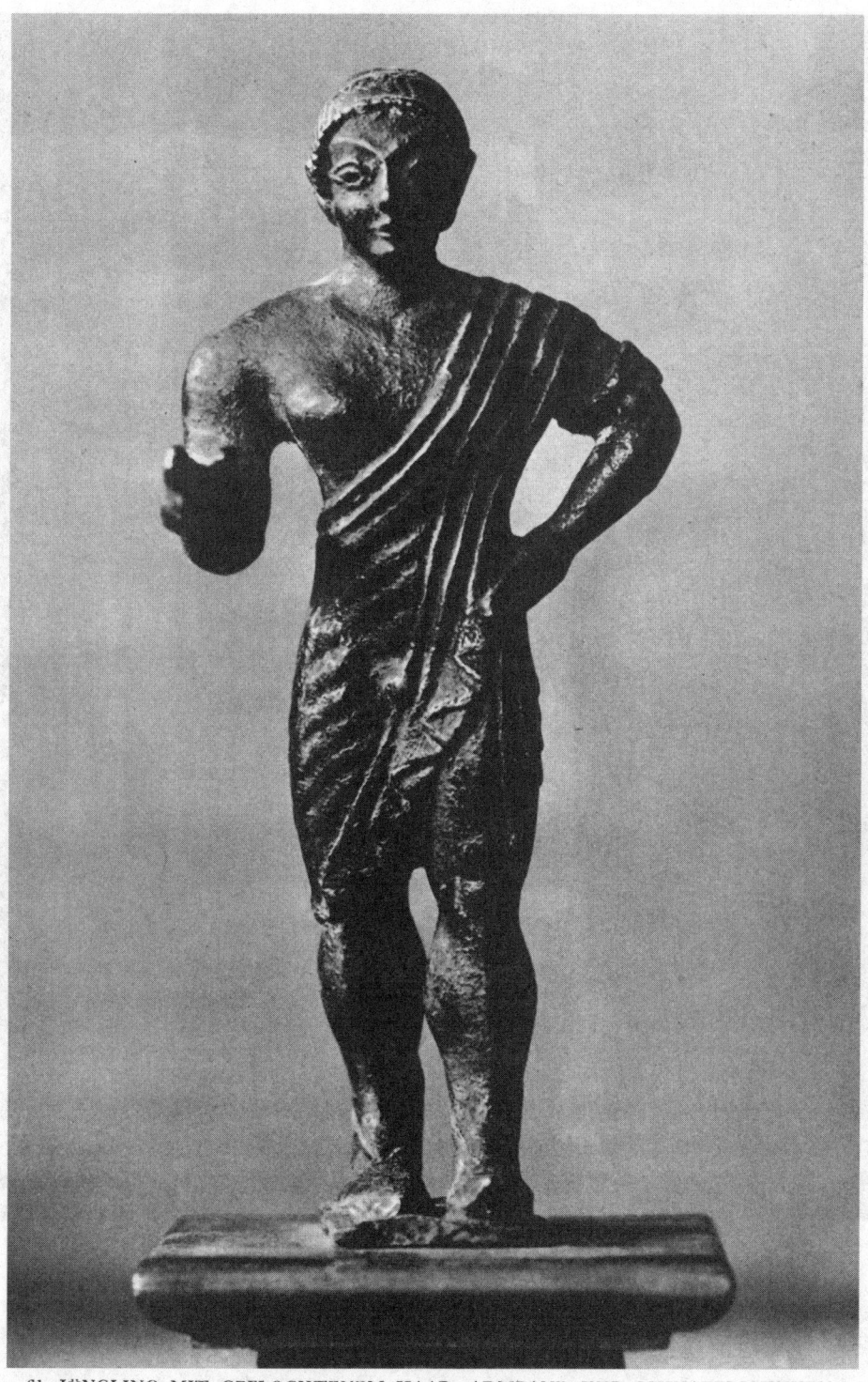
61. JÜNGLING MIT GEFLOCHTENEM HAAR, ARMBAND UND SCHNABELSCHUHEN.
Bronze. 6. Jahrhundert v. Chr. Kassel. Hessisches Landesmuseum.

62. FASSADE DES SCHATZHAUSES DER SIPHNIER IN DELPHI.
(Rekonstruktion. — Nach anderen das Schatzhaus der Knidier. — Vgl. Abb. 50, 51.)
Um 525 v. Chr. Delphi, Museum.

63. MÄDCHENFIGUR VON DER AKROPOLIS.
Marmor, mit Erhaltung der alten Bemalung. Um 500 v. Chr. New York, Metropolitan Museum.

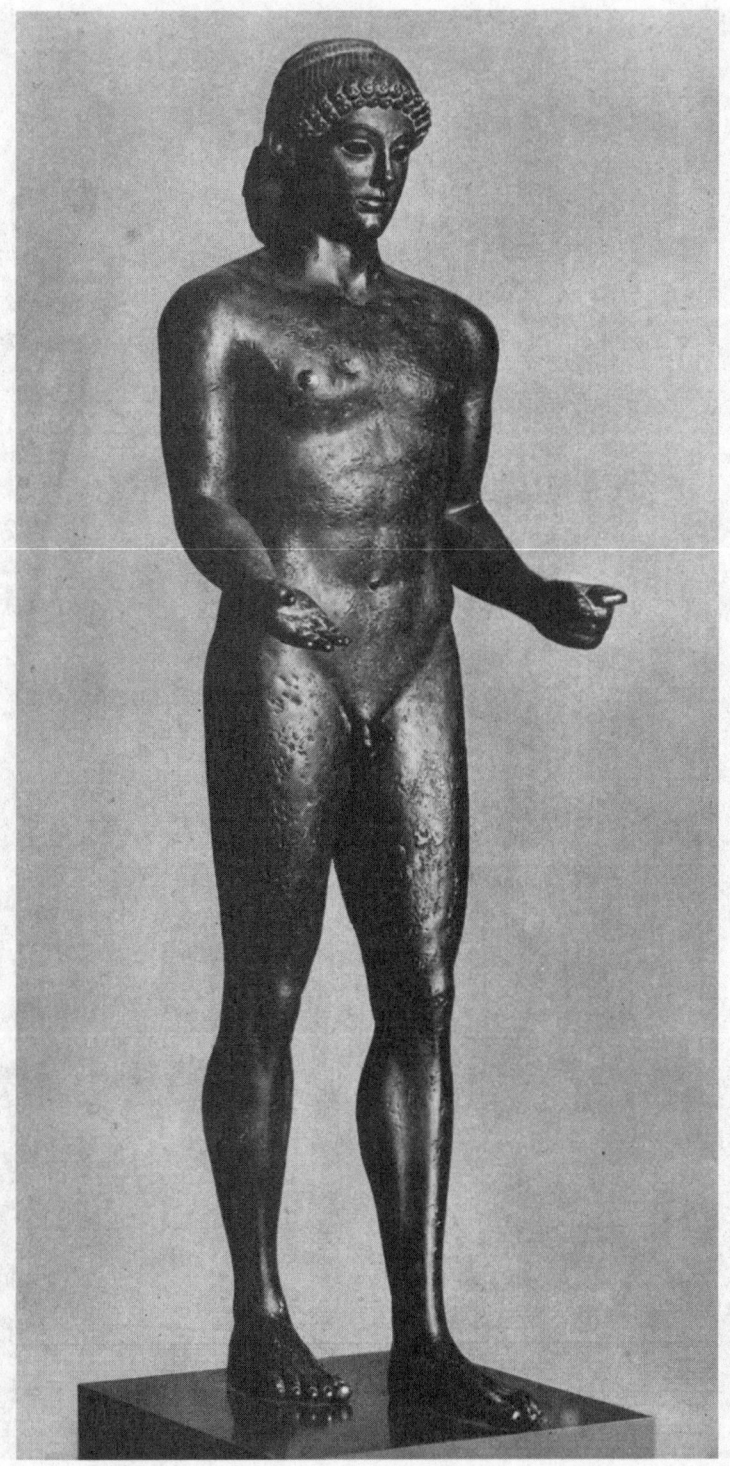
64. JÜNGLINGSFIGUR. Mit Weihinschrift an Athena. Aus dem Meer bei Piombino. Bronze. Um 500 v. Chr. Paris, Louvre.

65. WAGENLENKER. Weihgeschenk aus Delphi. Bronze. Um 460 v. Chr. Delphi, Museum.

66. KOPF DES WAGENLENKERS. Um 460 v. Chr. Delphi.

67. KOPF DES APOLLON. Aus dem Westgiebel des Zeustempels zu Olympia. Um 460 v. Chr. Olympia, Museum.

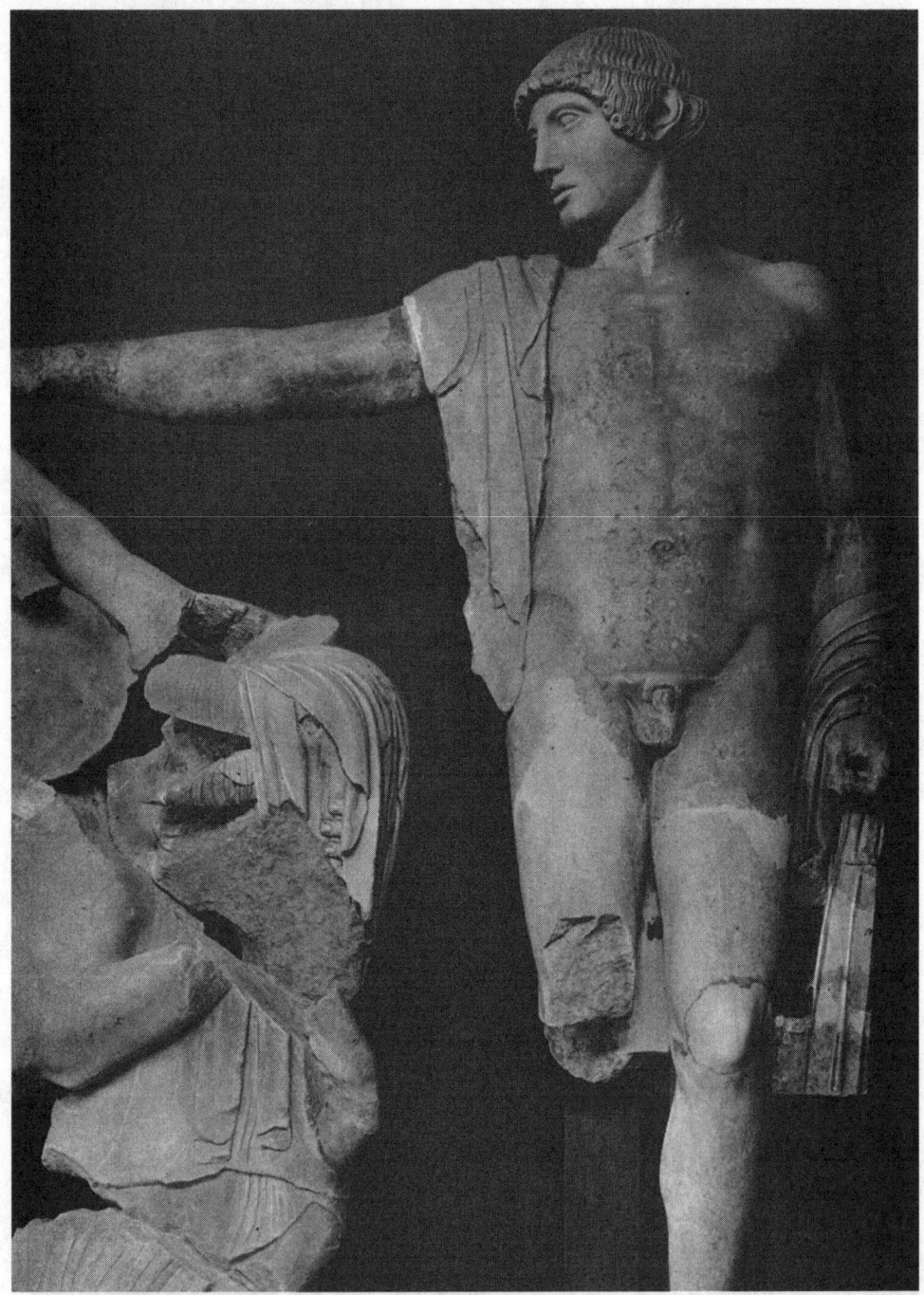
68. APOLLON. Aus dem Westgiebel des Zeustempels zu Olympia. Um 460 v. Chr. Olympia, Museum.

69. LAPITHIN. Aus dem Westgiebel des Zeustempels. Um 460 v. Chr. Olympia, Museum.

70. KÖNIG. Aus dem Ostgiebel des Zeustempels zu Olympia. Um 460 v. Chr. Olympia, Museum.

71. KÖNIGIN. Aus dem Ostgiebel des Zeustempels zu Olympia. Um 460 v. Chr. Olympia, Museum.

72. KOPF EINER LAPITHIN. Aus dem Westgiebel des Zeustempels zu Olympia. Um 460 v. Chr. Olympia, Museum.

73. ALTE FRAU. Aus dem Westgiebel des Zeustempels zu Olympia. Um 460 v. Chr. Olympia, Museum.

74. KOPF DER LAPITHIN DEIDAMIA. Aus dem Westgiebel des Zeustempels zu Olympia. Um 460 v. Chr. Olympia, Museum.

75. KOPF EINES KÄMPFENDEN LAPITHEN. Aus dem Westgiebel des Zeustempels zu Olympia. Um 460 v. Chr. Olympia, Museum.

76. KOPF EINER JUNGEN LAPITHIN. Aus dem Westgiebel des Zeustempels zu Olympia. Um 460 v. Chr. Olympia, Museum.

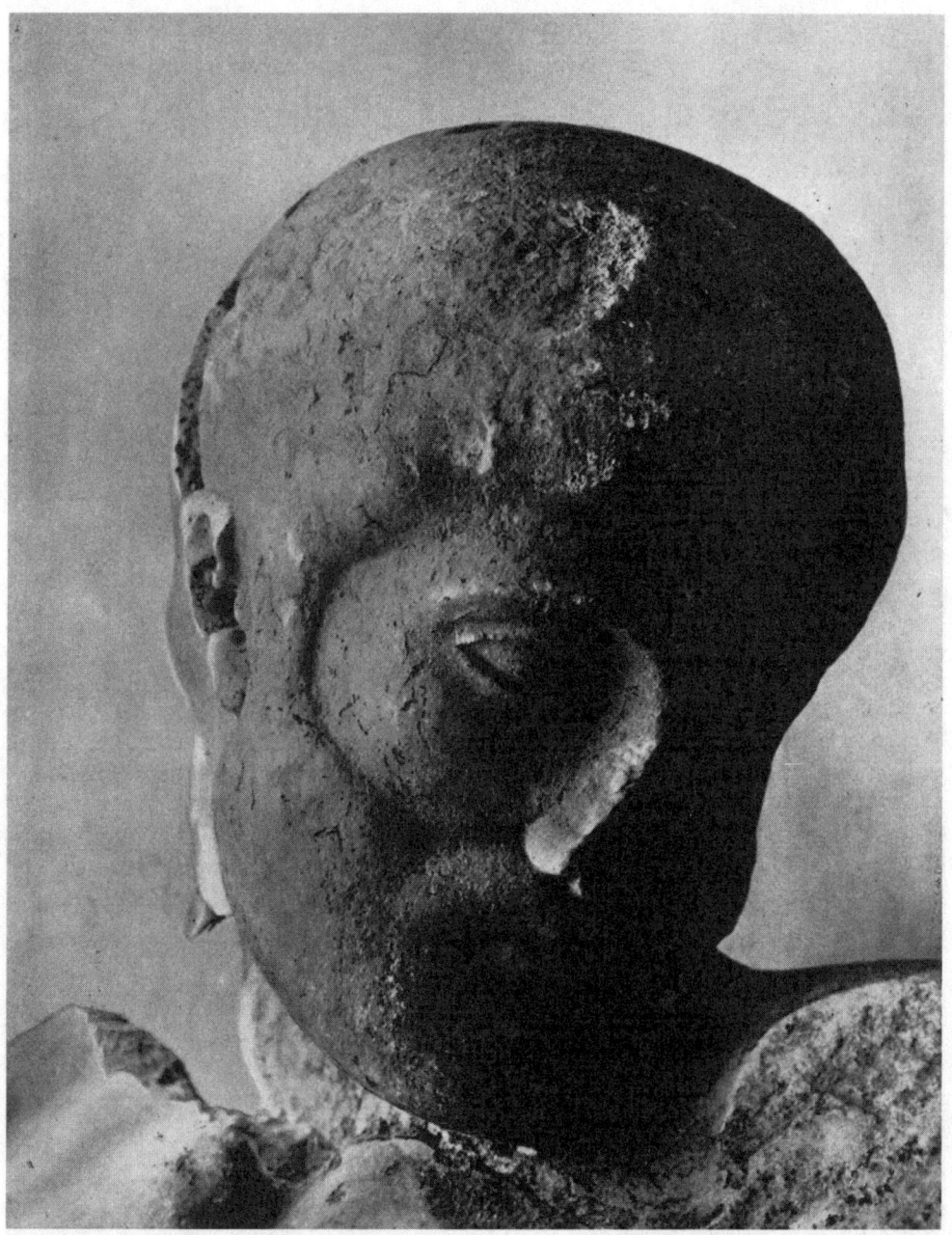
77. KOPF DES HERAKLES. Aus einer Metope des Zeustempels zu Olympia. Um 460 v. Chr. Olympia, Museum.

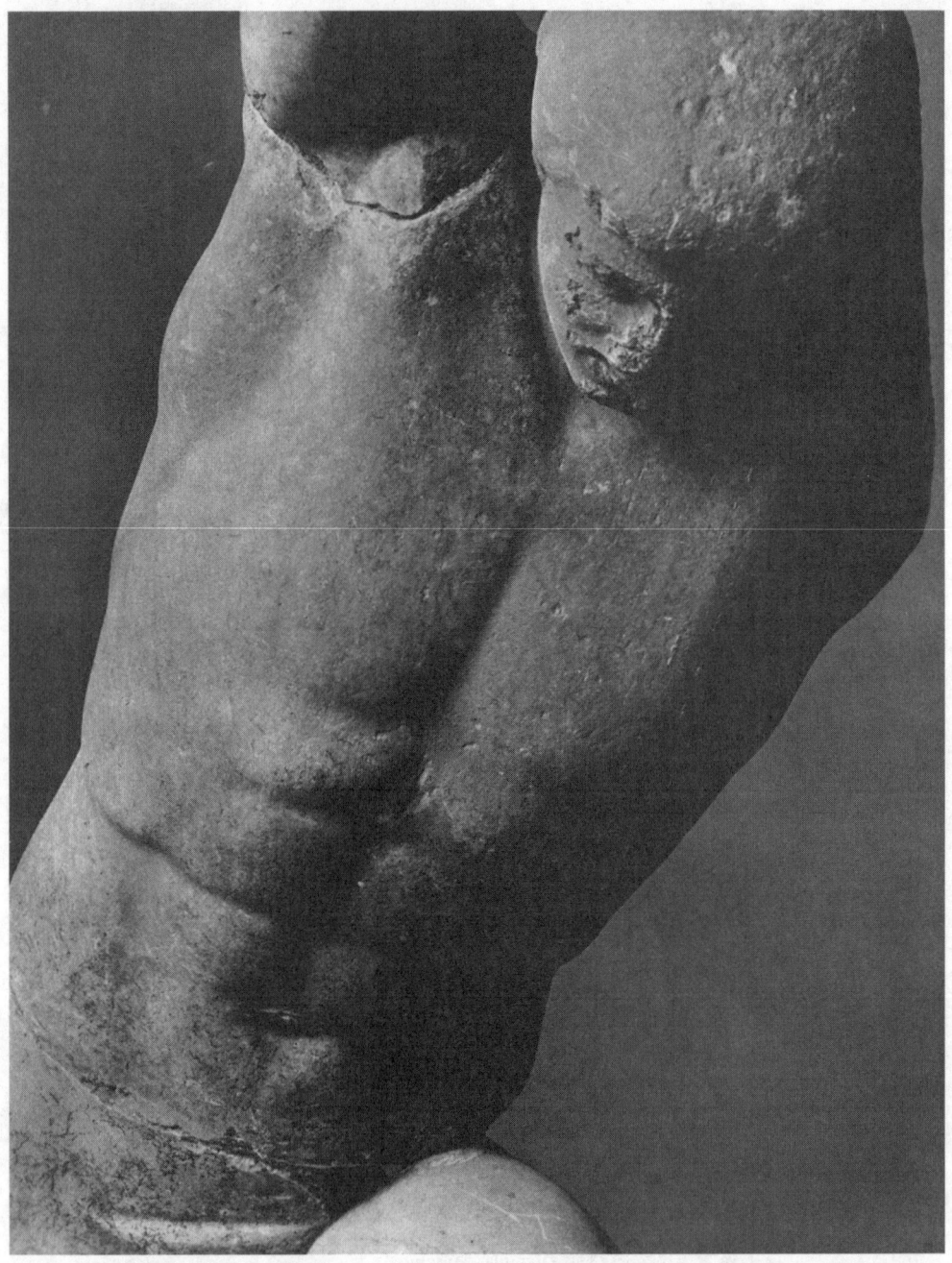
78. KÄMPFENDER LAPITH. Aus dem Westgiebel des Zeustempels zu Olympia. Untersicht. Um 460 v. Chr. Olympia, Museum.

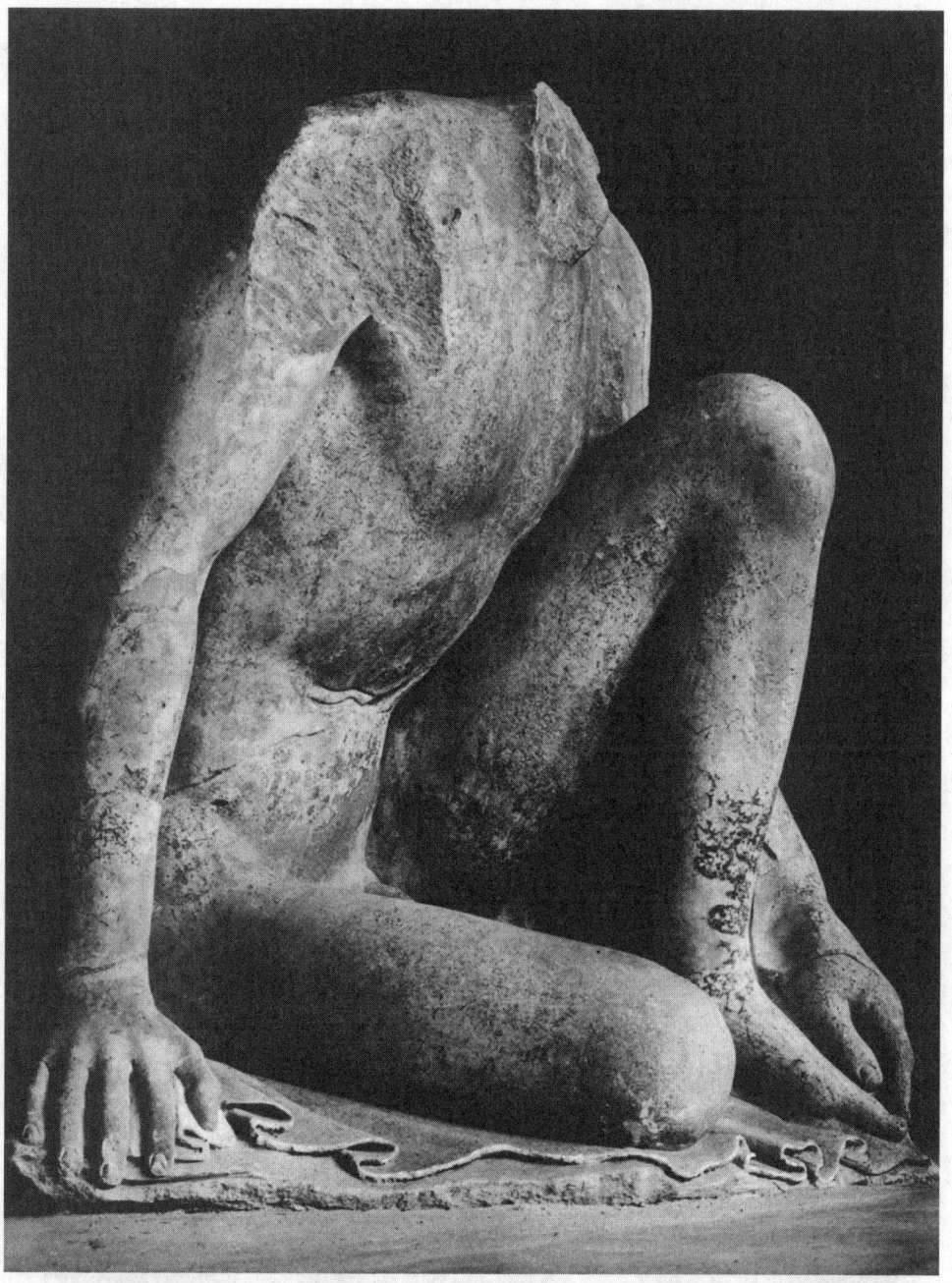
79. HOCKENDER JÜNGLING. Aus dem Ostgiebel des Zeustempels zu Olympia. Um 460 v. Chr. Olympia, Museum.

80. KNIENDER JÜNGLING. Aus dem Ostgiebel des Zeustempels zu Olympia. Um 460 v. Chr. Olympia, Museum.

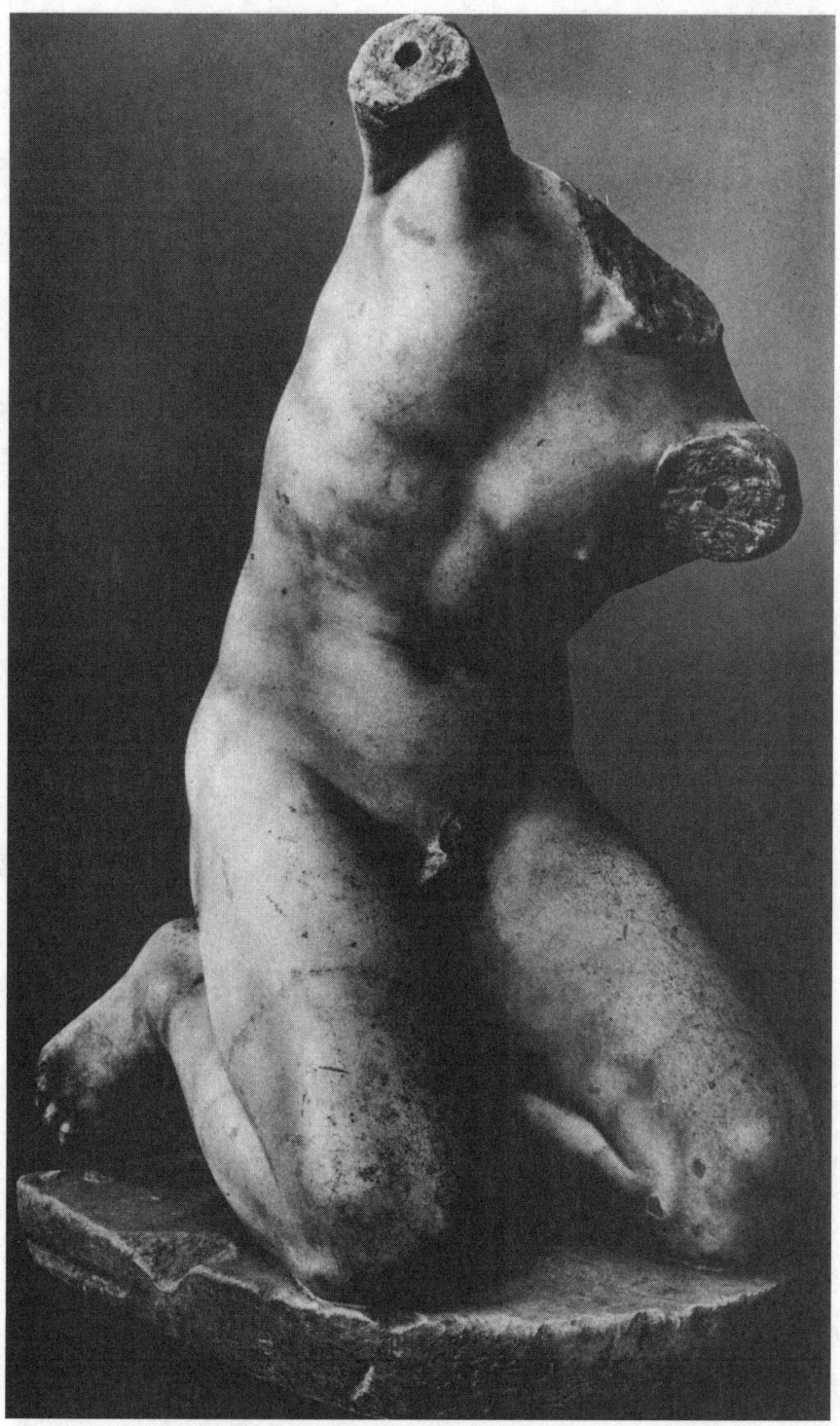
81. TORSO EINES KNABEN. Um 350 v. Chr. München. Glyptothek.

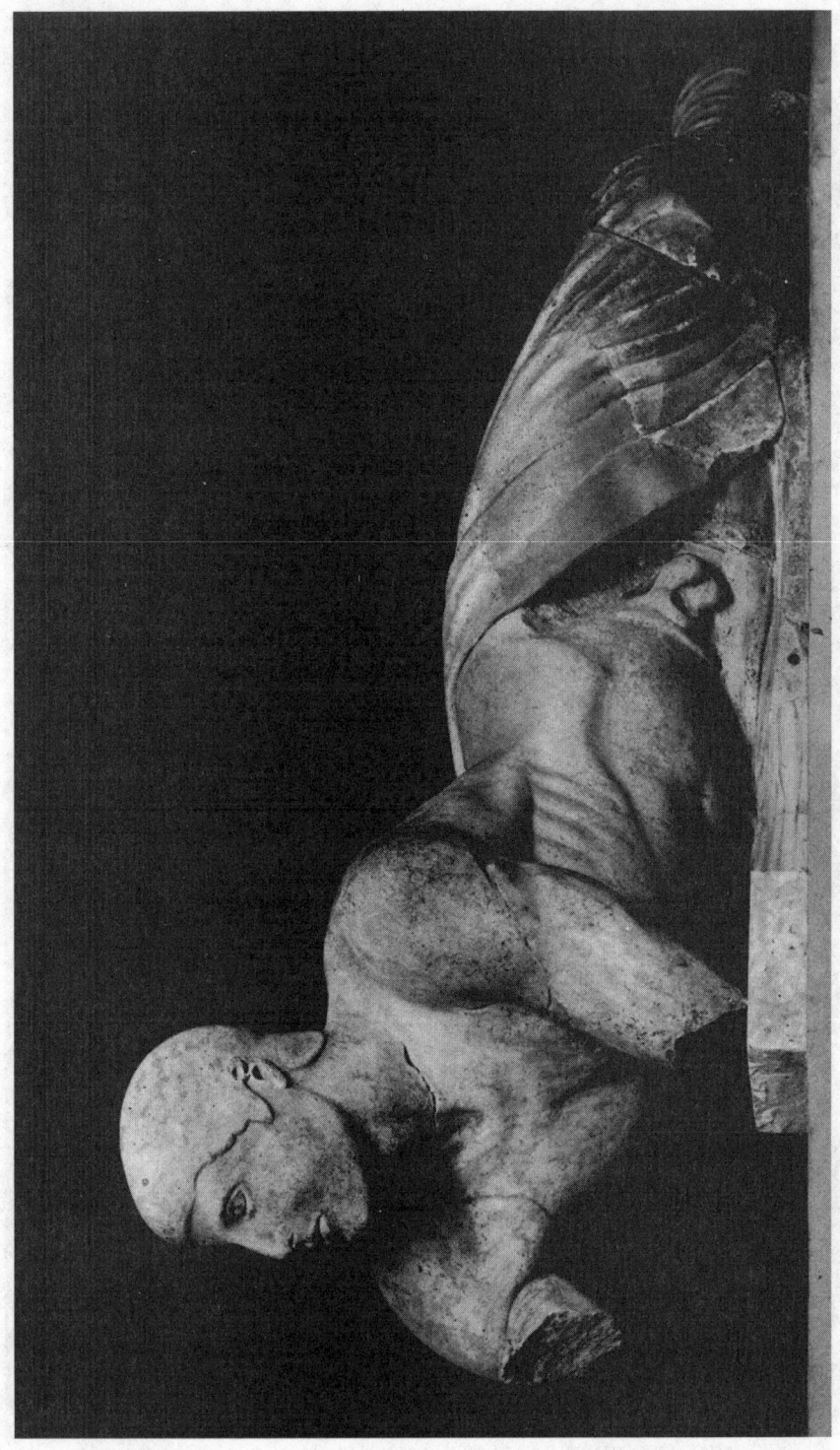

82. LIEGENDER DIENER. (Sogen. Flußgott Kladeos.) Aus dem Ostgiebel des Zeustempels zu Olympia. Um 460 v. Chr. Olympia, Museum.

83. OLYMPIA, TEMPEL DES ZEUS. Westgiebel.

84. OLYMPIA, TEMPEL DES ZEUS. Ostgiebel.

85. HERAKLES BÄNDIGT DEN KRETISCHEN STIER. Metope vom Zeustempel zu Olympia. Um 460 v. Chr. Paris, Louvre, und Olympia, Museum.

86. ATLAS BRINGT HERAKLES DIE ÄPPEL DER HESPERIDEN.
Metope vom Zeustempel zu Olympia. Um 460 v. Chr. Olympia, Museum.

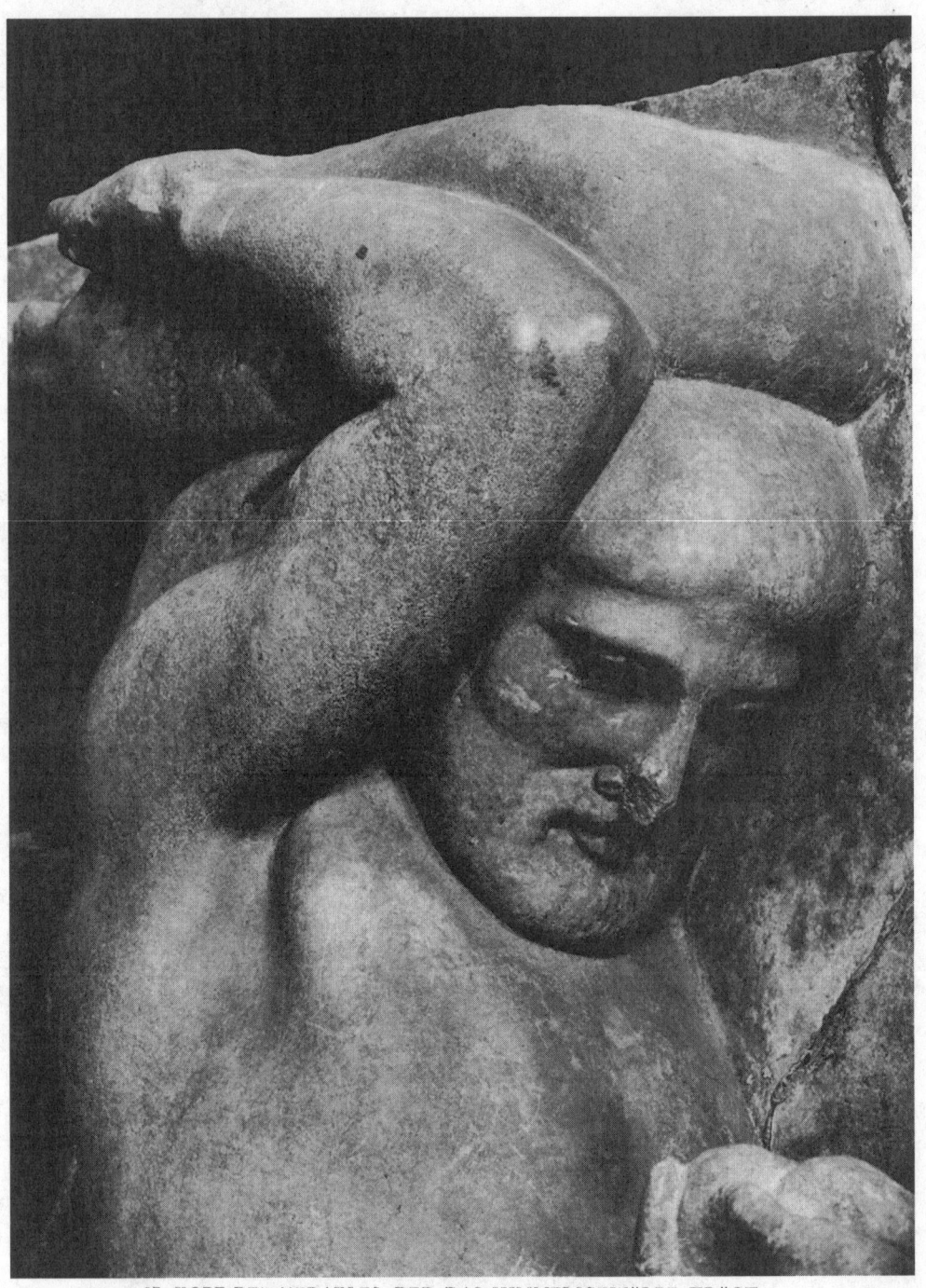
87. KOPF DES HERAKLES, DER DAS HIMMELSGEWÖLBE TRÄGT.
Von einer Metope des Zeustempels zu Olympia. (Vgl. Abb. 86.)

88. KOPF DES ATLAS. Von einer Metope des Zeustempels zu Olympia. (Vgl. Abb. 86.)

89. KOPF DER ATHENA. Aus der Metope „Herakles besiegt den nemeïschen Löwen", vom Zeustempel zu Olympia. Um 460 v. Chr. Olympia, Museum.

90. FRAUENKOPF. Aus Selinunt. Um 460 v. Chr. Berlin, Altes Museum.
(Höhe des Originals 9 cm.)

91. TRAUERNDE MAGD VON EINEM GRABMAL. Aus Attika. 4. Jahrhundert v. Chr. Berlin, Altes Museum.

92. TOCHTER DER NIOBE. Aus einer Giebelgruppe. Gefunden in Rom. Um 450 v. Chr. Rom, Nationalmuseum.

98. GEBURT DER APHRODITE. (Sogen. Ludovisische Thronlehne.) Wahrscheinlich Altaraufsatz. Hauptseite. Um 470 v. Chr. Rom, Nationalmuseum.

95. WEIHRAUCHOPFERNDE FRAU.

94. FLÖTENSPIELERIN.

Nebenseiten der sogen. Ludovisischen Thronlehne. Um 470 v. Chr. Rom, Nationalmuseum.

96. METOPE VOM HERATEMPEL IN SELINUNT. Artemis und Aktaion. Kalkstein; Gesicht und Hände der Artemis Marmor. Mitte des 5. Jahrhunderts v. Chr. Palermo, Museum.

97. METOPE VOM HERATEMPEL IN SELINUNT. Herakles im Kampf mit der Amazonenkönigin. Kalkstein; Gesicht und Hände der Amazone Marmor. Mitte des 5. Jahrhunderts v. Chr. Palermo, Museum.

98. DEMETER UND KORE. Relief aus Eleusis. Um 440 v. Chr. Eleusis, Museum.

99. AUSSENDUNG DES TRIPTOLEMOS. Relief aus Eleusis. Um 440 v. Chr. Athen, Nationalmuseum.

100. EPHEBE MIT SEINEM SKLAVEN. 5. Jahrhundert. Rom. Vatican.

101. BALLSPIELENDER JÜNGLING MIT SEINEM SKLAVEN. 5. Jahrhundert.
Gefunden am Piraeus. Athen, Nationalmuseum.

102. KÄSTCHEN MIT DECKEL. Ton. Aus Theben. Um 640 v. Chr. Berlin, Antiquarium.

103. KORINTHISCHE KERAMIK. Um 600 v. Chr. New York, Metropolitan Museum.

104. KORINTHISCHE WEINKANNE. Um 600 v. Chr.
Syrakus, Nationalmuseum.

105, 106. GROSSER ATTISCHER KRATER. Von dem Töpfer Ergotimos und dem Maler Klitias. (Sogen. François-Vase.) Gefunden in Etrurien. Um 560 v. Chr. Florenz, Archäologisches Museum. — (106: Detail.)

107—108. EUPHRONIOS-SCHALE. Kampf des Herakles mit dem dreileibigen Geryoneus. — Entführung der Rinderherde. — 6. Jahrhundert v. Chr. München, Museum antiker Kleinkunst.

109. ATHENISCHE MÄDCHEN AM BRUNNEN. Schwarzfiguriges Wassergefäß (Hydria.)
6. Jahrhundert. New York, Metropolitan Museum.

110. MÄDCHEN AM BRUNNEN. Wassergefäß. 2. Hälfte des 6. Jahrhunderts v. Chr. Paris, Louvre.

111. PALÄSTRA-SZENE. Amphora. 2. Hälfte des 6. Jahrhunderts. Neapel, Nationalmuseum.

112—113. DARSTELLUNGEN AUS DER PALÄSTRA.
Kelchkrater, dem Maler Euphronios zugeschrieben.
Um 510 v. Chr. Gefunden in Capua. Berlin, Antiquarium.

114. CHARON UND HERMES GELEITEN DIE VERSTORBENE IN DIE UNTERWELT. Ölfläschchen (weißgrundiger Lekythos). Um 400 v. Chr. München, Museum antiker Kleinkunst.

115. **DIE WÜRFELSPIELERINNEN.** (Niobe und Leto beim Astragalenspiel.) Gemälde auf Marmor von dem Athener Alexandros, im Hause des M. Caesius Blandus zu Herculaneum, um 80 v. Chr., Nachbildung eines Originals von Zeuxis, dem bedeutendsten griechischen Maler im 5. Jahrhundert v. Chr. — Neapel, Nationalmuseum.

116. ACHILLEUS TÖTET PENTHESILEIA. Schalengemälde im Anschluß an ein Original des großen Malers Polygnotos, um 450 v. Chr. München, Museum antiker Kleinkunst.

117. DIE KINDER DER LETO TÖTEN DEN TITYOS. Gemälde vom Meister der Penthesileiaschale. 5. Jahrhundert v. Chr. München, Museum antiker Kleinkunst.

118. INNENBILD EINER SCHALE DES TÖPFERS SOSIAS. Um 510 v. Chr.
(Achilleus verbindet die Wunde des Patroklos.) Berlin, Antiquarium.

119. INNENBILD EINER SCHALE DES MALERS DURIS. Nach 480 v. Chr.
(Eine Frau bei der Wollbereitung in Gegenwart einer Freundin; die
Wollfäden werden über dem Schienbein ausgezogen.) Berlin, Antiquarium.

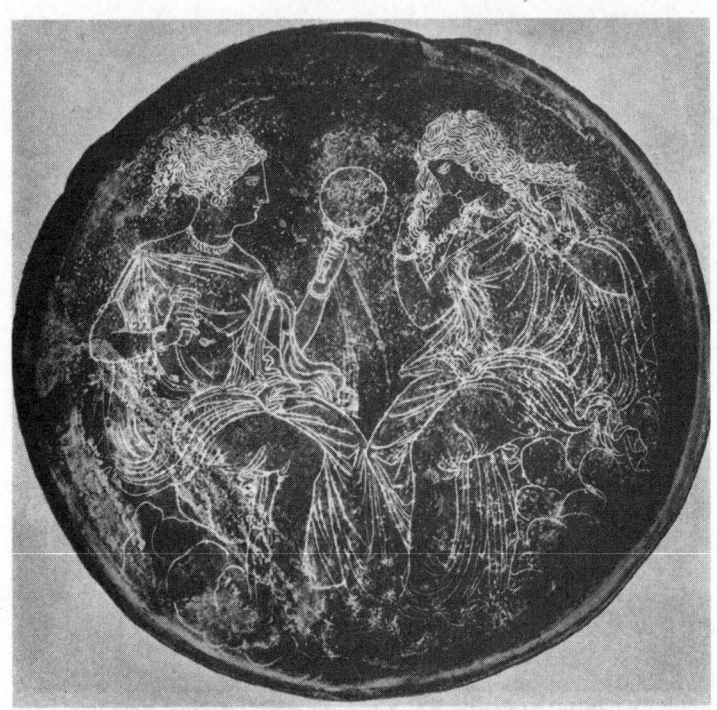

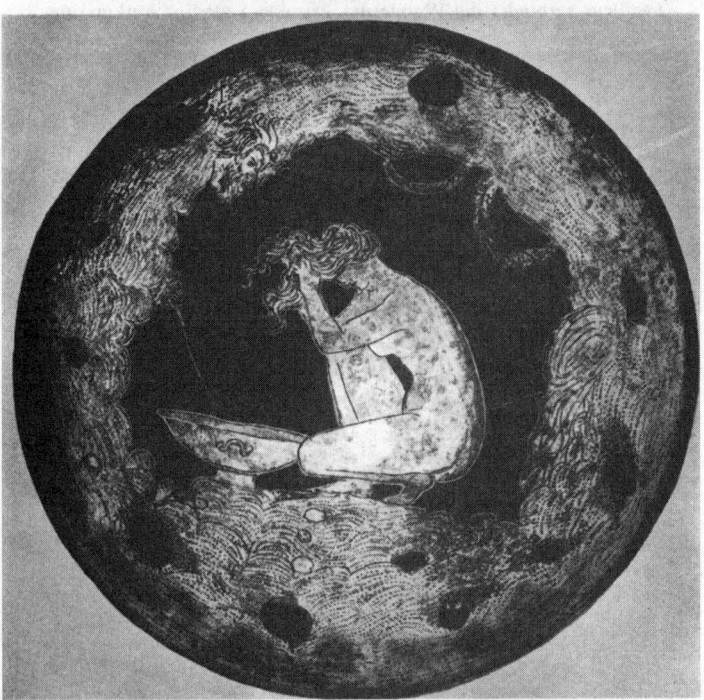

120, 121. INNENBILDER VON KLAPPSPIEGELN. 4. Jahrhundert v. Chr. — (120.) Toiletteszene. New York, Metropolitan Museum. — (121.) Badende Frau, von Pan belauscht. Berlin, Antiquarium. — Versilberte Bronze mit eingravierter Zeichnung.

122. STANDSPIEGEL. Bronze. 1. Hälfte des 5. Jahrhunderts. Berlin, Antiquarium.

123. RAUB DES GANYMEDES. Außenrelief einer Klappspiegelkapsel.
4. Jahrhundert v. Chr. Berlin, Antiquarium.

124. LEDA UND DER SCHWAN. Marmorrelief.
Ende des 4. Jahrhunderts. London, British Museum.

125. ODYSSEUS. Relief auf der Wangenklappe eines Prunkhelms. Bronze mit Silberknöpfen. Aus Megara. 5. Jahrhundert v. Chr. Berlin, Antiquarium.

126. GRIECHISCHE MÜNZEN. London, British Museum. — a. Elektronmünze aus dem ionischen Kleinasien, 7. Jahrhundert. — b. Goldmünze des Kroisos, Königs von Lydien, Anfang des 6. Jahrhunderts. — c. Altpersischer Golddarikus des Cyrus, von internationaler Geltung, 5. Jahrhundert v. Chr. — d. Silbergeld von Aegina. — e. Korinthische Silbermünze mit Athenekopf und Pegasos. — f, g, h. Athenische Dekadrachme, Tetradrachme und Drachme. — i. Obolos. — k. Tetartemorion, der Viertelobolos. — l. Athenisches Geld mit dem Kopf des Antiochos, Königs von Syrien. — m. Elektronmünze aus Kyzikos in Mysien, 4. Jahrhundert v. Chr. — n bis q. Makedonisches Gold- und Silbergeld aus der Zeit Alexander des Großen.

127. MÜNZEN DER GRIECHISCHEN BLÜTEZEIT. Hamburg, Kunsthalle. — a. Didrachmon aus Thurii, um 420 v. Chr. — b. Didrachmon aus Agrigentum, um 480 v. Chr. — c. Goldmünze (20 Drachmen) aus Syrakus, um 420 v. Chr., vom Münzkünstler Euainetos signiert. — d. Silbermünze aus Syrakus, um 413 v. Chr., vom Münzkünstler Kimon. — e. Tetradrachmon aus Thurii, um 400 v. Chr. — f. Silbermünze aus Amphipolis in Makedonien, um 380 v. Chr. — g. Tetradrachmon aus Rhegium, um 480 v. Chr.

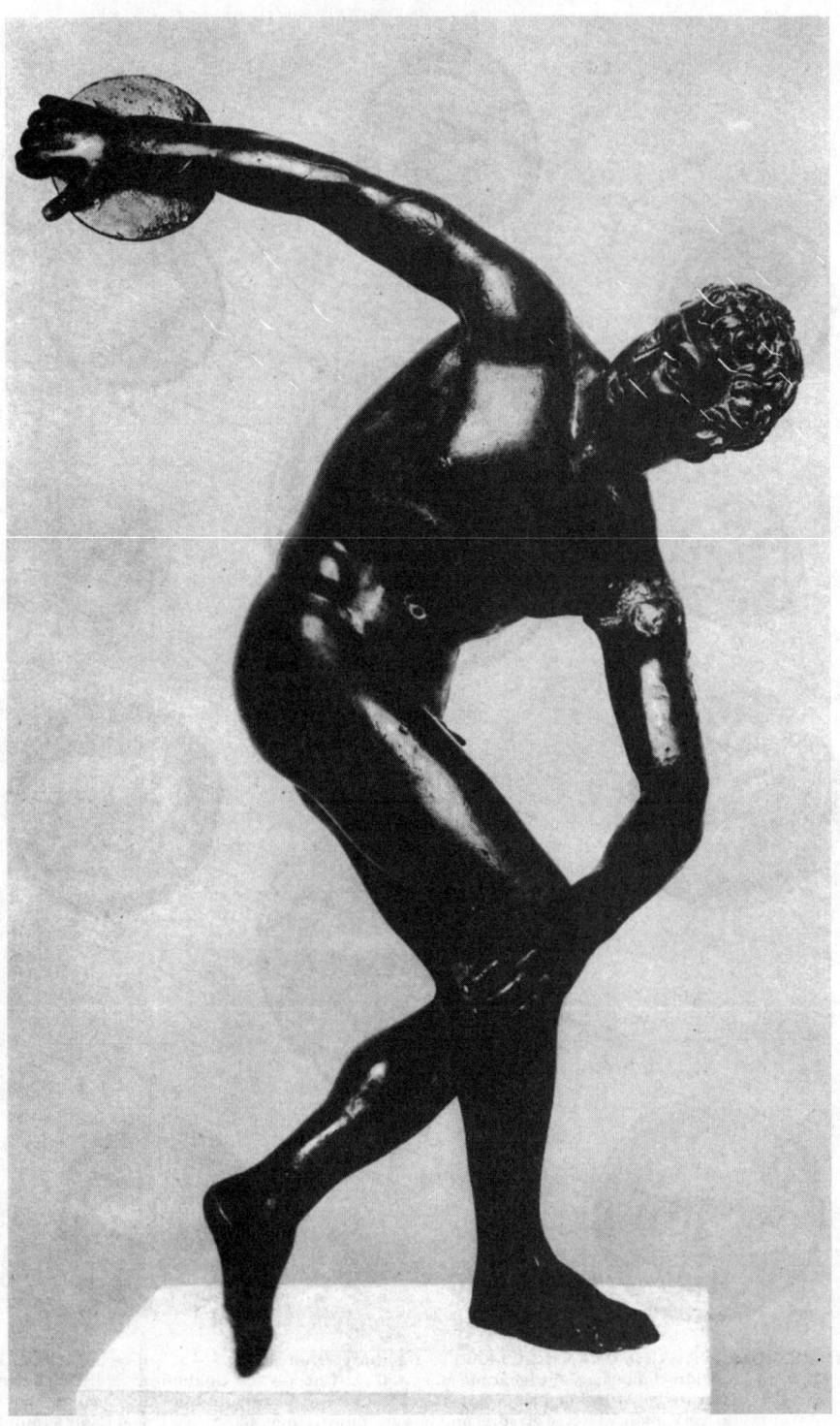
128. DISKOSWERFER. Römische Bronzekopie nach dem verlorenen Original von Myron um 460 v. Chr. München, Museum antiker Kleinkunst.

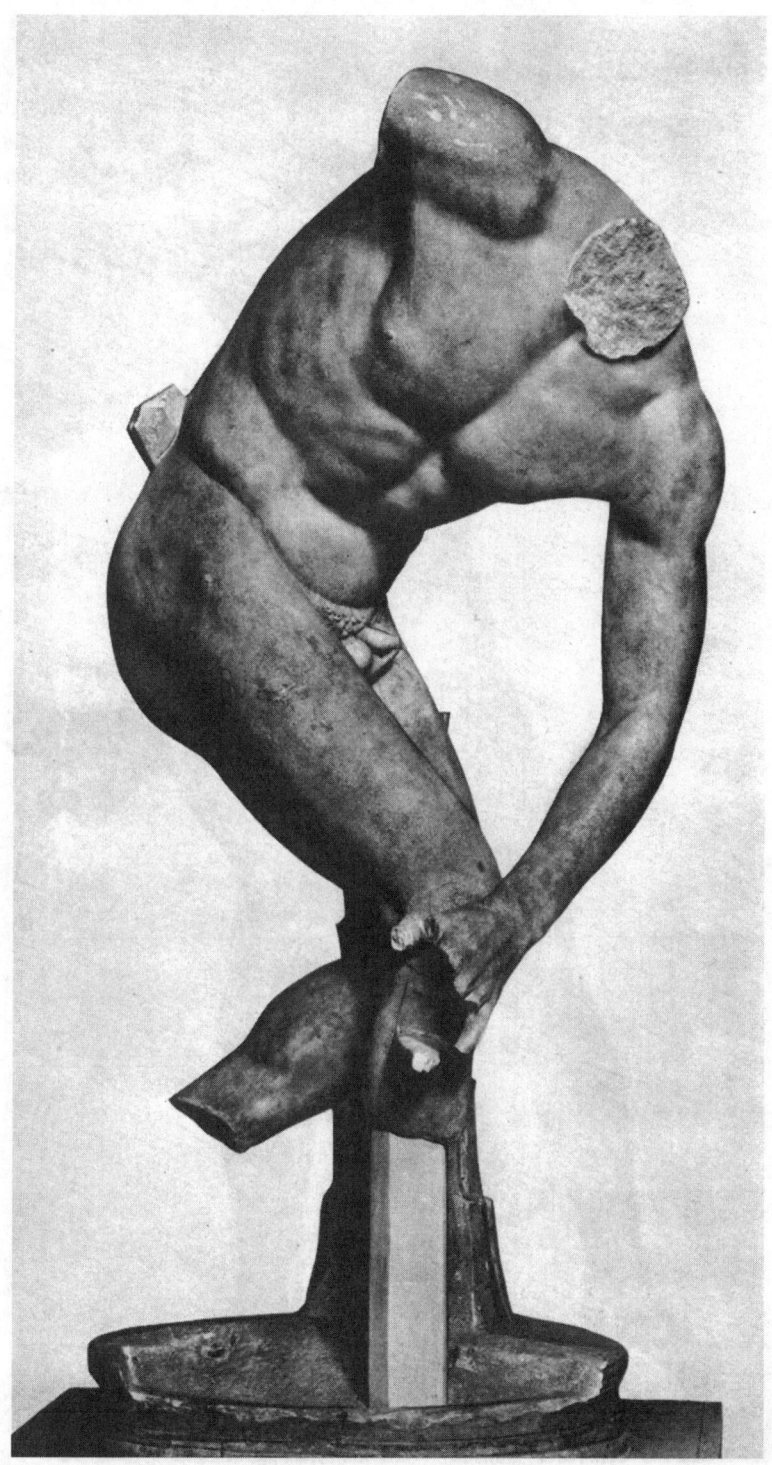

129. DISKOSWERFER. Römische Marmorkopie nach dem Bronzeoriginal von Myron um 460 v. Chr. Rom, Thermenmuseum.

130. SATYR. Bronze, aus Pergamon. Um 300 v. Chr. Berlin, Antiquarium.

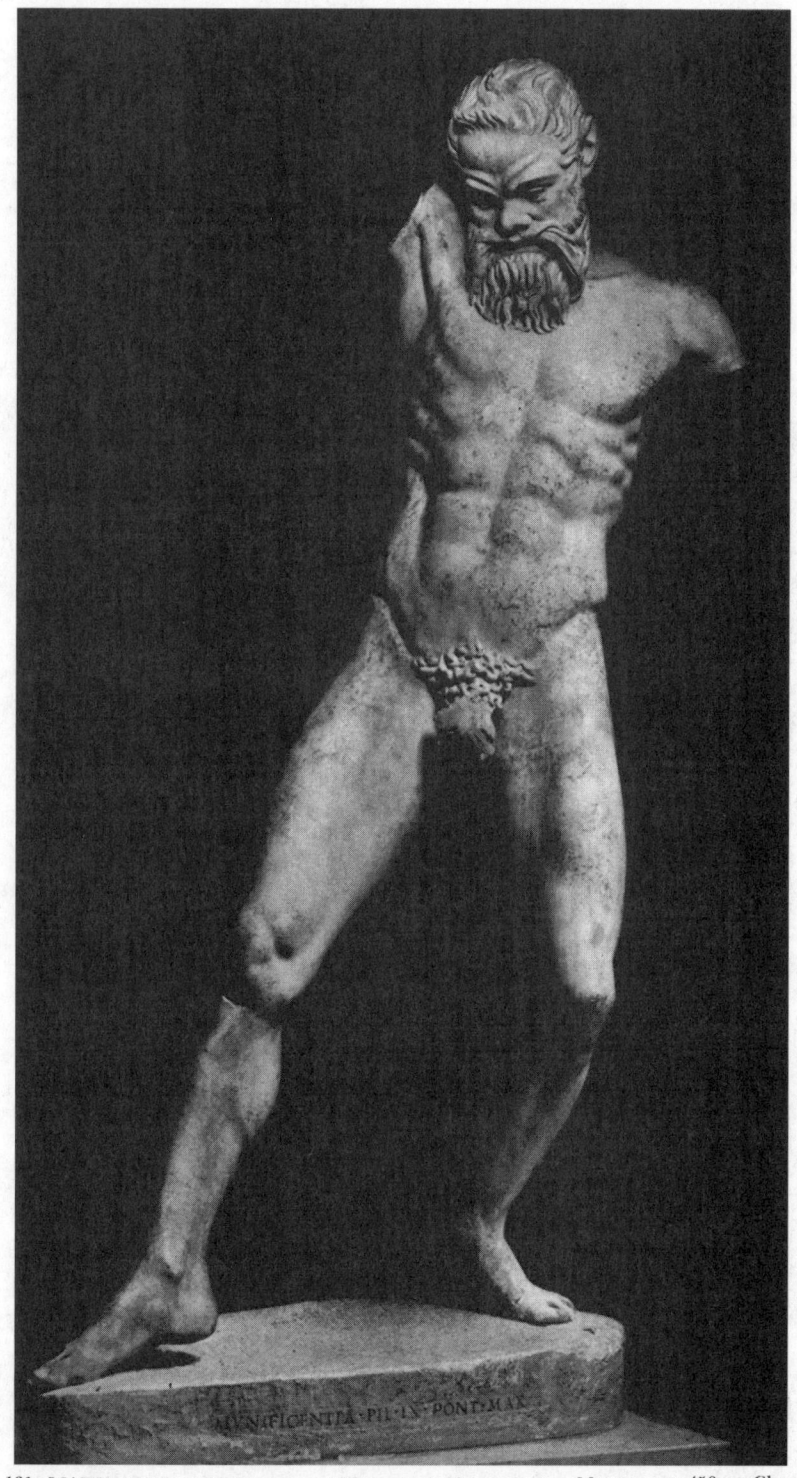

131. MARSYAS. Aus der Gruppe „Athena und Marsyas" von Myron, um 450 v. Chr. Kopie. (Vergl. Abb. 132.) Rom, Lateran.

132. ATHENA. Aus der Gruppe „Athena und Marsyas" von Myron, um 450 v. Chr. Kopie. (Vergl. Abb. 131.) Frankfurt a. M., Skulpturensammlung.

133. KOPF EINER ATHENA. Art des Myron und Kresilas. 5. Jahrhundert v. Chr. Rom, Museo Barracco.

134. ATHENAKOPF. Gute Marmorkopie nach dem Bronzeoriginal der Athena Lemnia des Phidias, um 440 v. Chr. Bologna, Museo Civico.

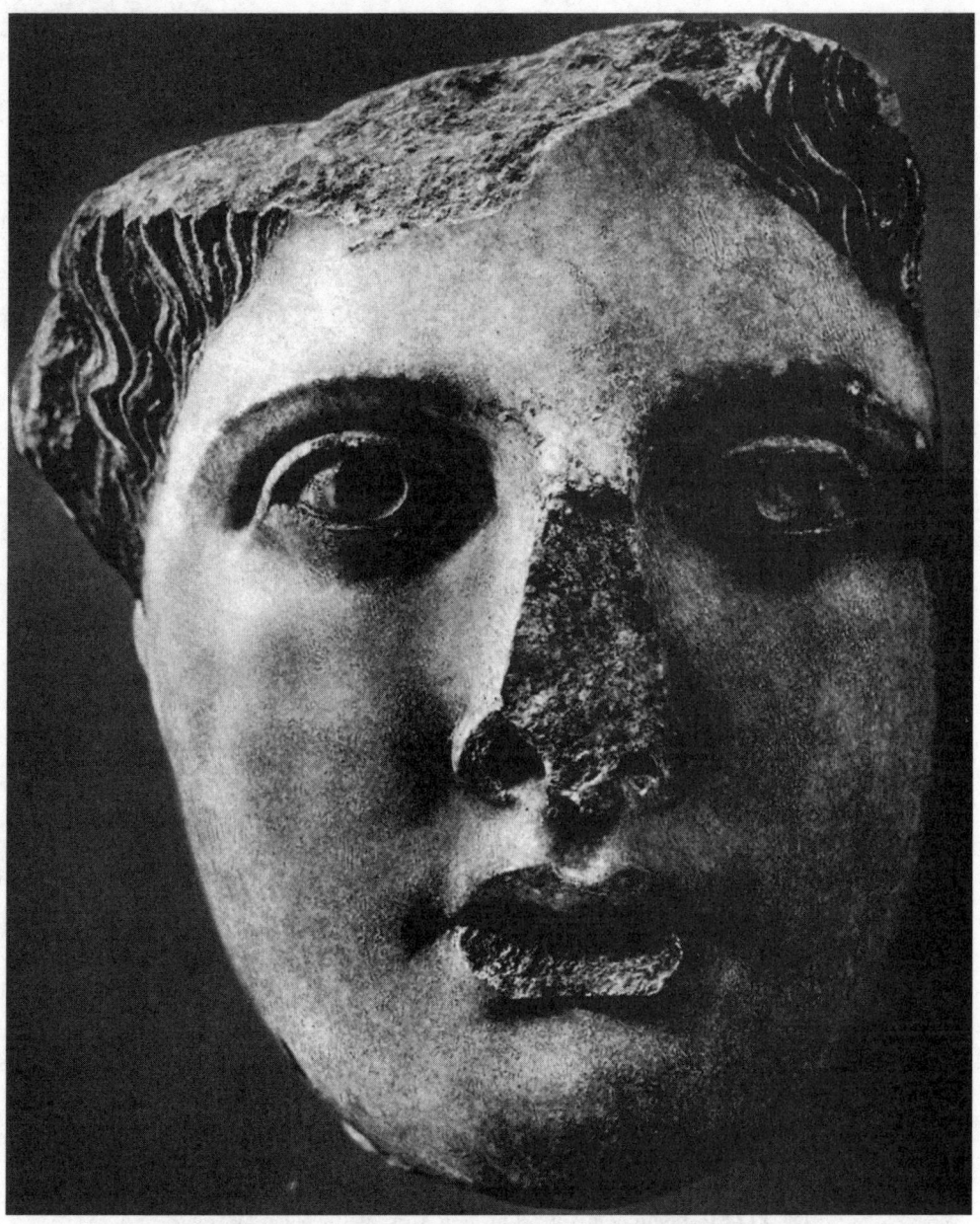

135. KOPF DER ATHENA PARTHENOS. Von Phidias, um 438 v. Chr.
Gute Marmorkopie nach dem verlorenen Original aus Elfenbein und Gold.
Athen, Nationalmuseum.

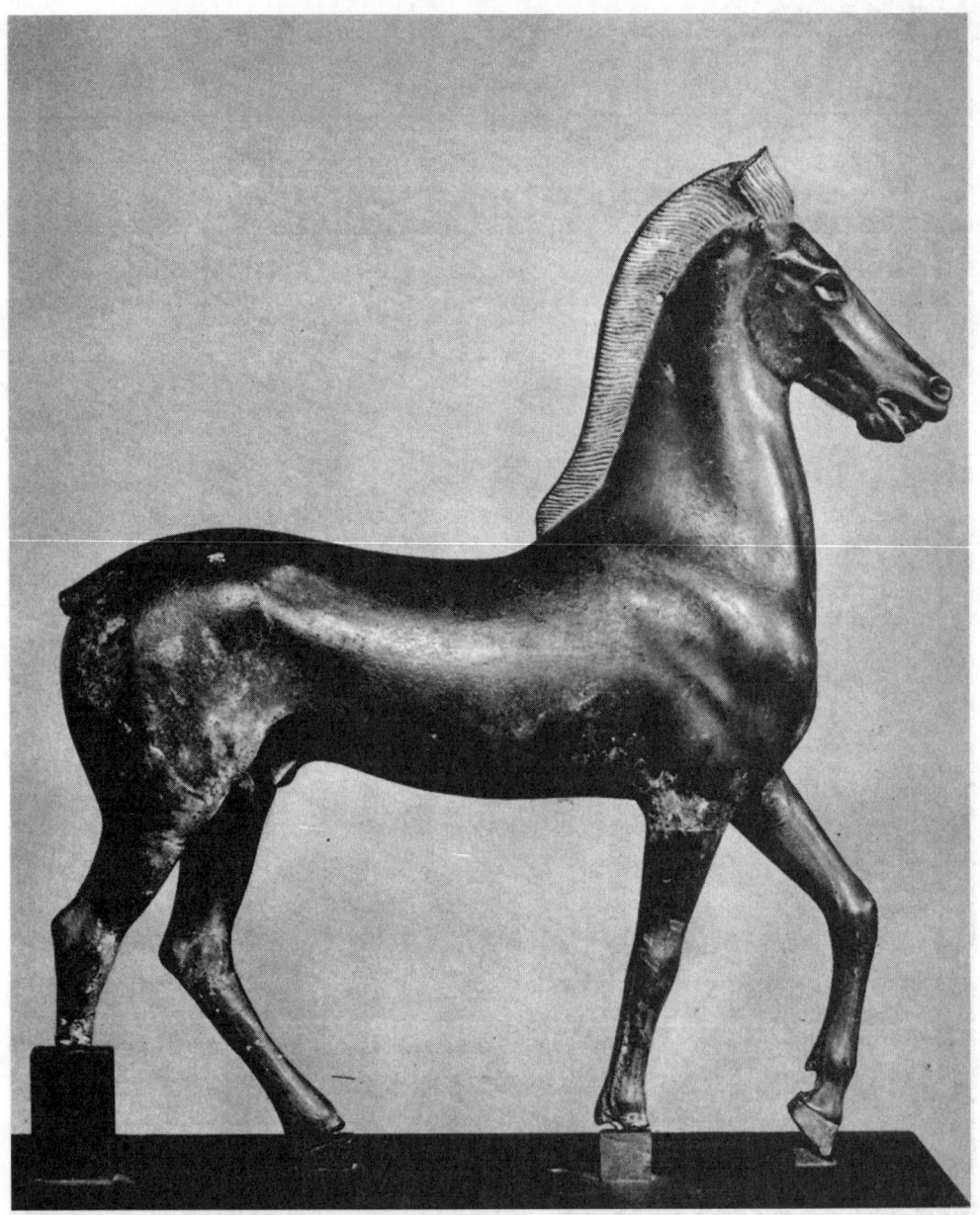
136. PFERD. Bronze. Um 470 v. Chr. New York. Metropolitan Museum.

137. KLEINE EULE. Aus Athen. Sandstein. (Originalgröße.) Weihgeschenk für Athena. Ende des 6. Jahrhunderts v. Chr. Berlin, Altes Museum.

138. SALBGEFÄSS. Ton, bemalt. (Originalgröße.) Protokorinthisch, Ende des 7. Jahrhunderts v. Chr. Berlin, Antiquarium.

139. TANAGRA-FIGUREN. 4. Jahrhundert v. Chr. New York, Metropolitan Museum.

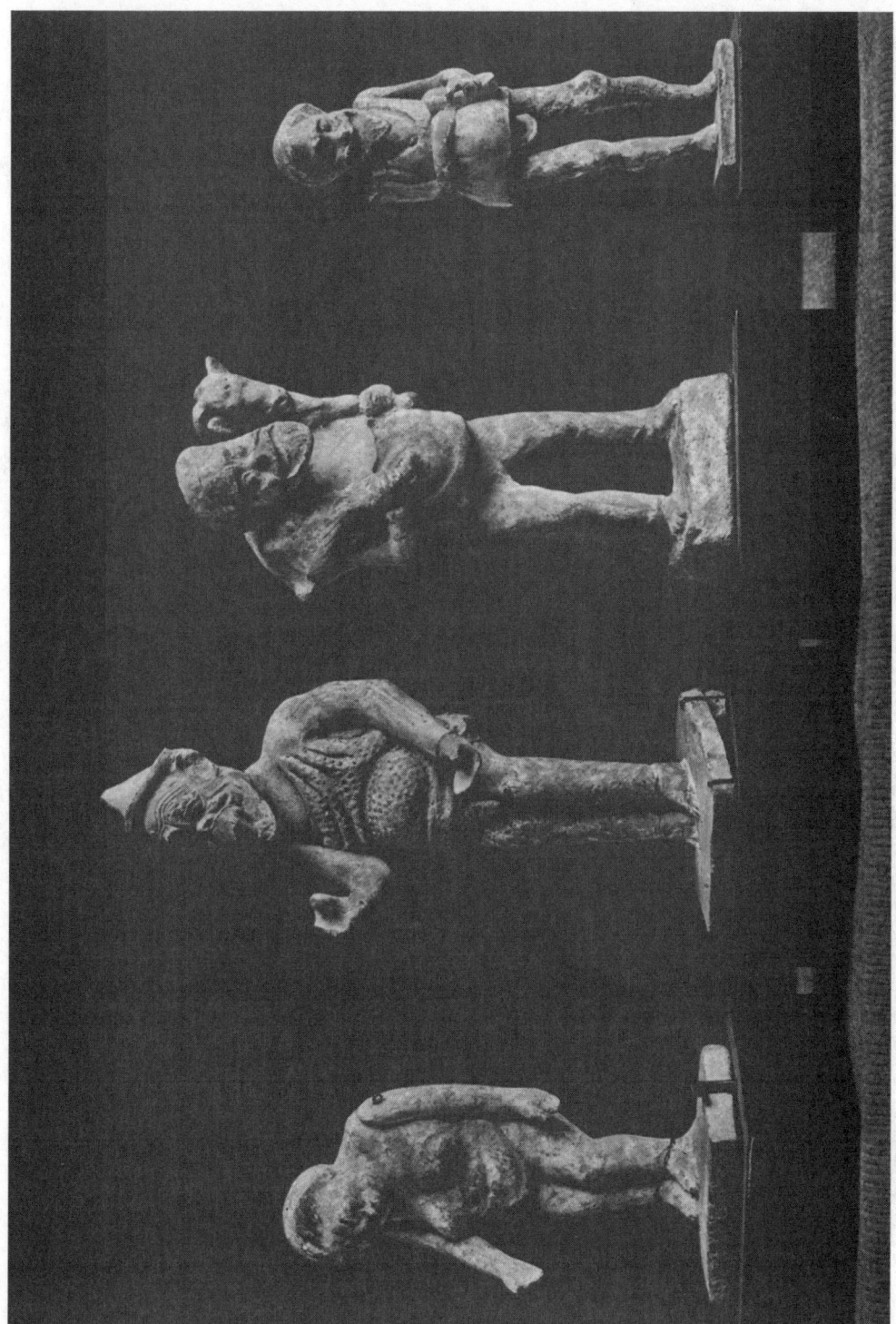

140. SCHAUSPIELER DER KOMÖDIE. Tonfigürchen. Ende des 4. Jahrhunderts. Paris, Louvre.

141. TRAGISCHE MASKE. (Dekorative Nachbildung in Marmor; wahrscheinlich von einer Badeanlage.) Rom, Nationalmuseum.

142. TRAGISCHE MASKE. Marmor, New York, Metropolitan Museum.

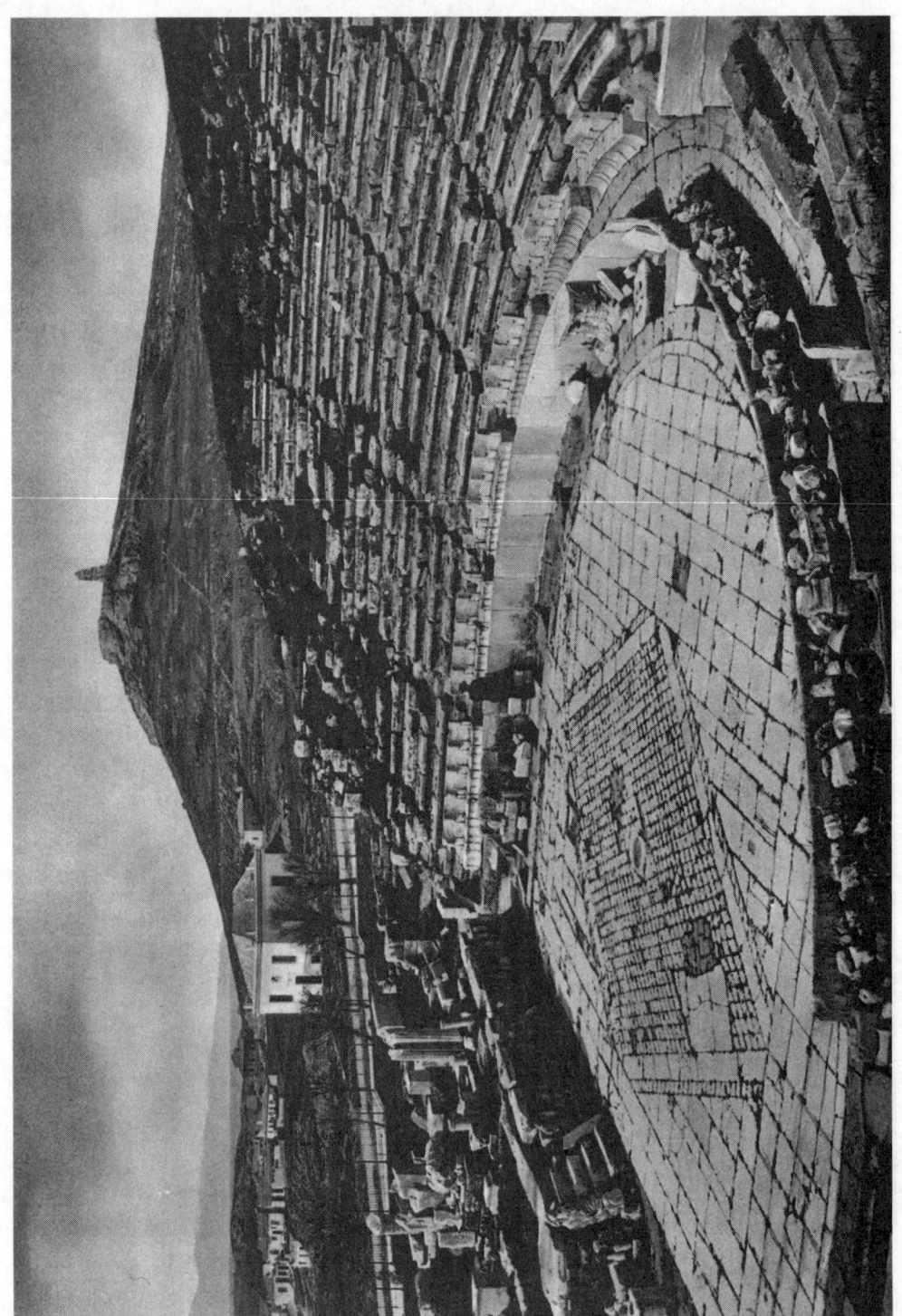
143. DAS DIONYSOS-THEATER IN ATHEN. Umbau vollendet um 326 v. Chr.

144. TATEN DES DIONYSOS. Skenenrelief am Dionysos-Theater in Athen.

145. DAS THEATER IN EPIDAUROS. Erbaut vom jüngeren Polykletos. 2. Hälfte des 4. Jahrhunderts v. Chr.

146. DAS HEILIGTUM ZU DELPHI. Rekonstruktion. New York, Metropolitan Museum.

147. SÄULEN DES JUNOTEMPELS IN AGRIGENT. 5. Jahrhundert v. Chr.

148. SÄULEN DES PARTHENONTEMPELS ZU ATHEN. Mit Ansicht der Stadt.

149. DER SOGEN. POSEIDONTEMPEL IN PAESTUM. Mitte des 5. Jahrhunderts v. Chr.

150. DER PARTHENON ZU ATHEN. (Tempel der Pallas Athene auf dem Burgberg.) Erbaut unter Perikles, 447—438 v. Chr.

151. KAMPF DER KENTAUREN UND LAPITHEN. Metope von der Südseite des Parthenon. Um 440 v. Chr. London, British Museum.

152. KAMPF DER KENTAUREN UND LAPITHEN. Metope von der Südseite des Parthenon. Um 440 v. Chr. London, British Museum.

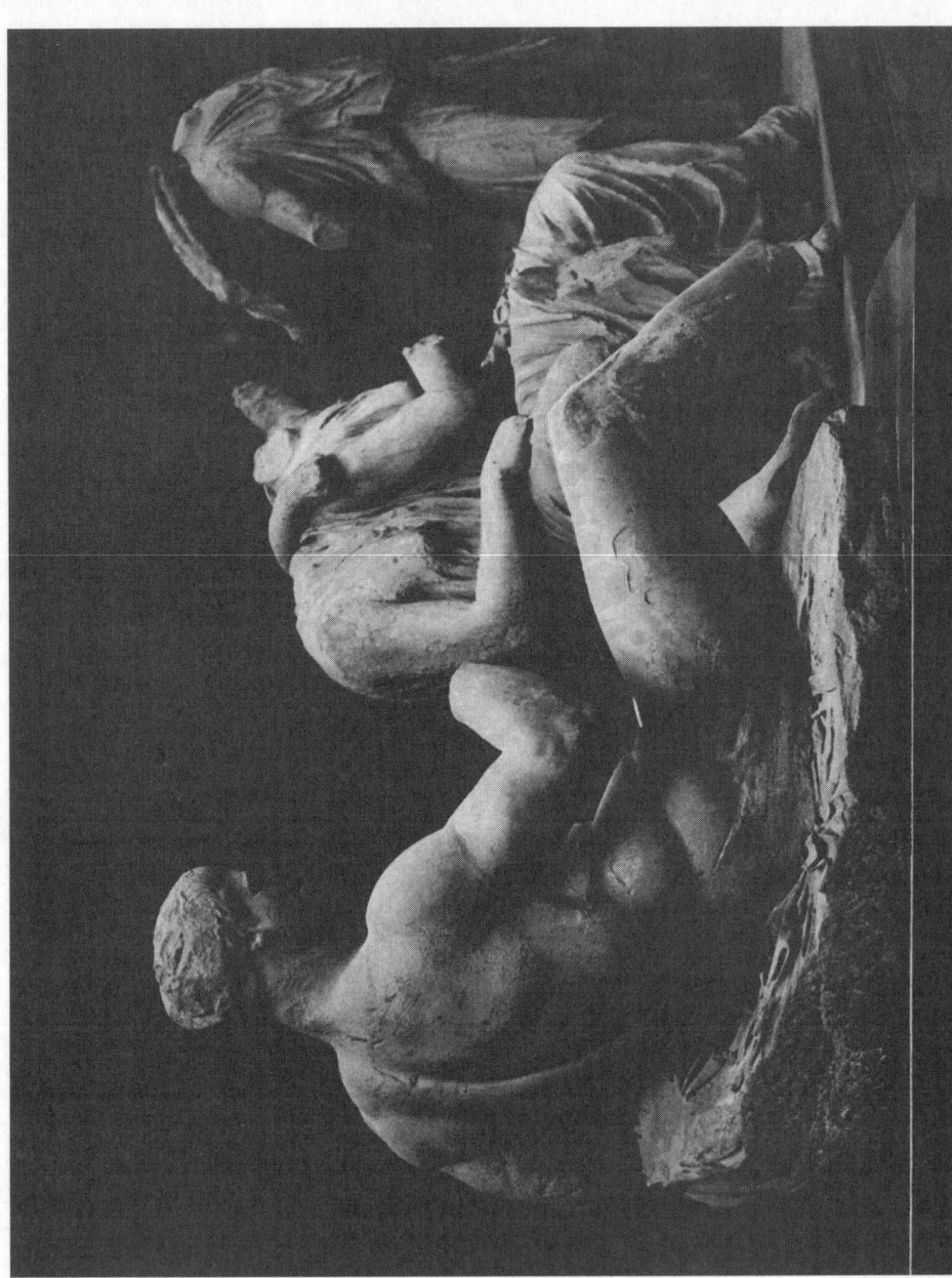

153. SOGENANNTER THESEUS (oder Dionysos). Aus dem Ostgiebel des Parthenon. Kreis des Phidias. Um 435 v. Chr. Im Hintergrund drei Göttinnen, angeblich Demeter, Persephone und Iris. London, British Museum.

154. SOGENANNTER THESEUS. Um 485 v. Chr. London, British Museum.

155. DER FLUSSGOTT KEPHISSOS. Aus dem Westgiebel des Parthenon. Kreis des Phidias. Um 435 v. Chr. London, British Museum.

156. APHRODITE UND PEITHO. Aus dem Ostgiebel des Parthenon. Kreis des Phidias. Um 435 v. Chr. London, British Museum.

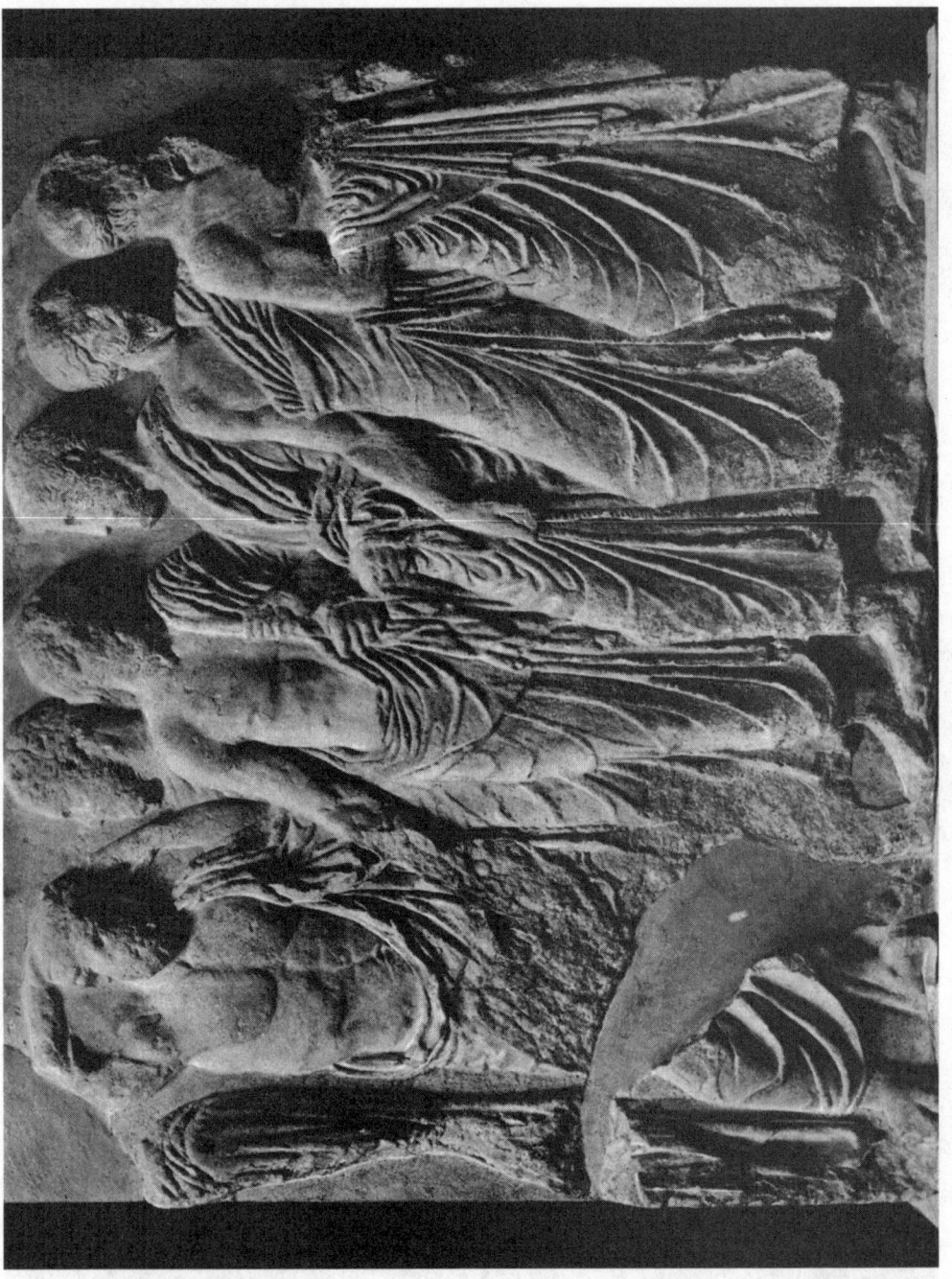

157. GRUPPE ÄLTERER MÄNNER. Vom Nordfries des Parthenon. Um 435 v. Chr. Athen, Akropolismuseum.

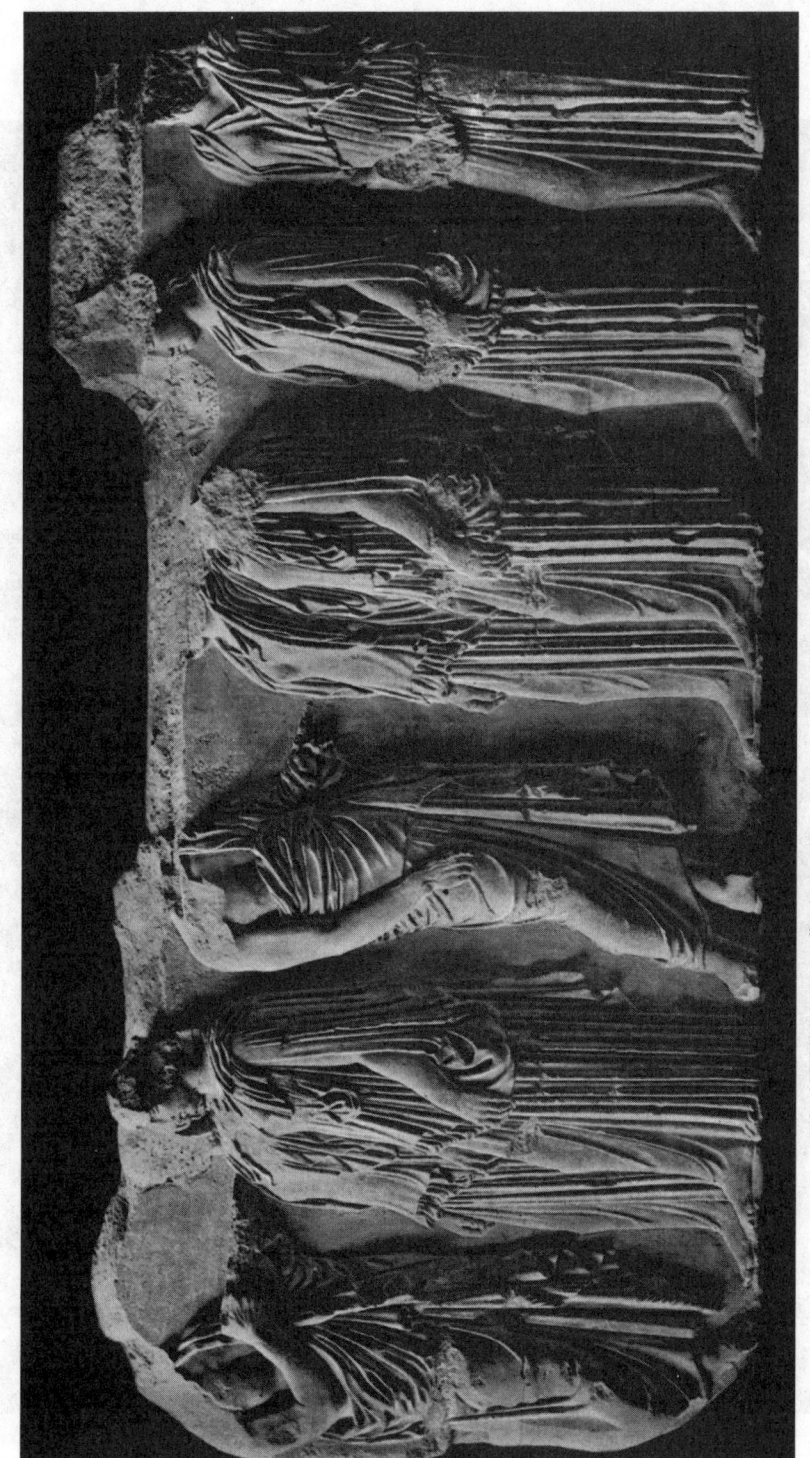

158. ATHENISCHE BÜRGER. Vom Ostfries des Parthenon. Um 435 v. Chr. Paris, Louvre.

159. JÜNGLINGE MIT GEFÜLLTEN KRÜGEN. Vom Nordfries des Parthenon. Um 435 v. Chr. Athen, Akropolismuseum.

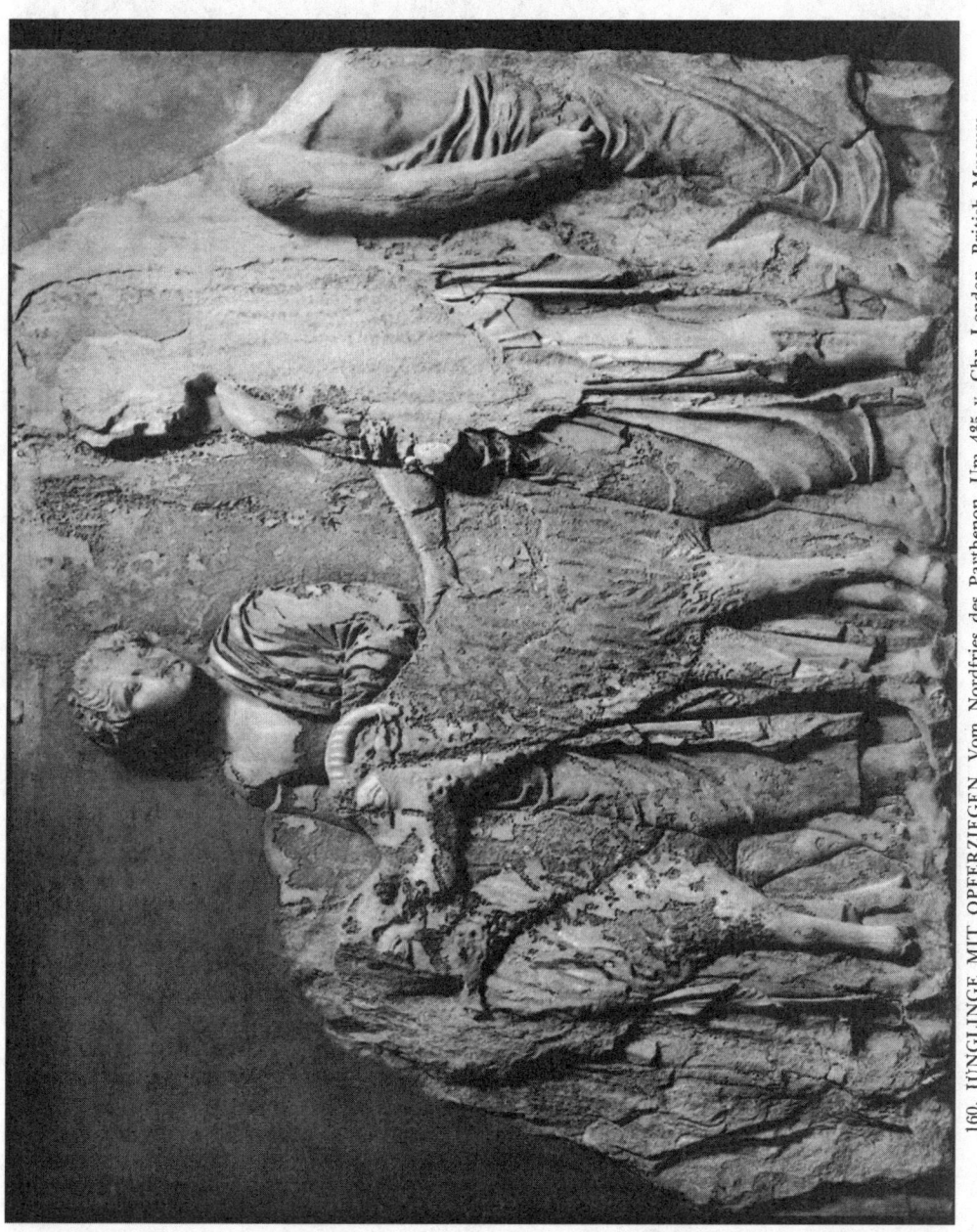

160. JÜNGLINGE MIT OPFERZIEGEN. Vom Nordfries des Parthenon. Um 435 v. Chr. London, British Museum.

161. JÜNGLINGE MIT OPFERKÜHEN. Vom Südfries des Parthenon. Um 435 v. Chr. London, British Museum.

162. JÜNGLINGE MIT OPFERKÜHEN. Vom Nordfries des Parthenon. Um 435 v. Chr. Athen, Akropolismuseum.

163. REITERZUG. Vom Westfries des Parthenon. Um 435 v. Chr. London, British Museum.

164. REITERZUG. Vom Westfries des Parthenon. Um 435 v. Chr. London, British Museum.

165. REITERZUG. Vom Nordfries des Parthenon. Um 435 v. Chr. Athen, Akropolismuseum.

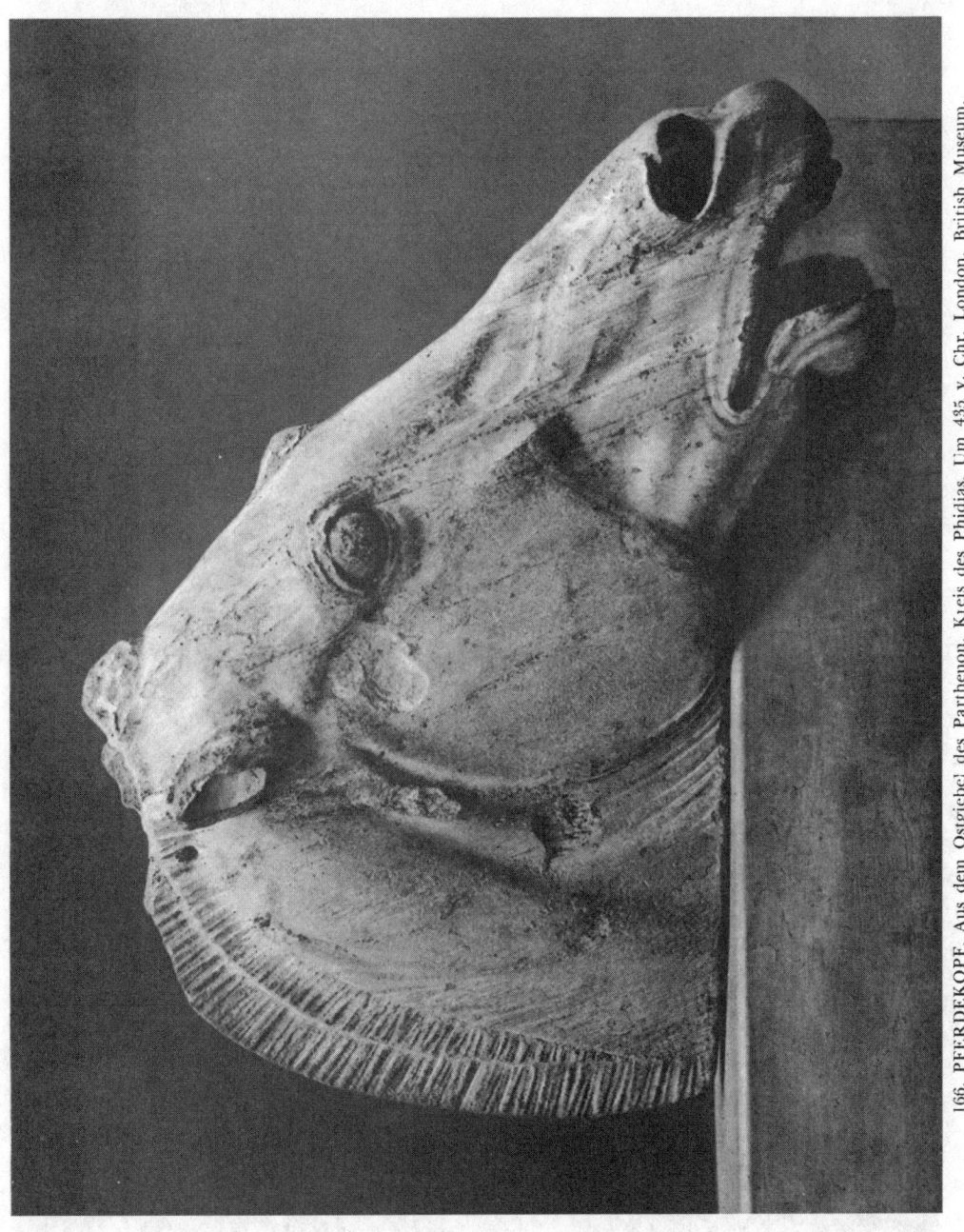

166. PFERDEKOPF. Aus dem Ostgiebel des Parthenon. Kreis des Phidias. Um 435 v. Chr. London, British Museum.

167. JÜNGLING MIT PFERD. Aus dem Westfries des Parthenon. Um 435 v. Chr.
Athen, an der ursprünglichen Stelle des Parthenon.

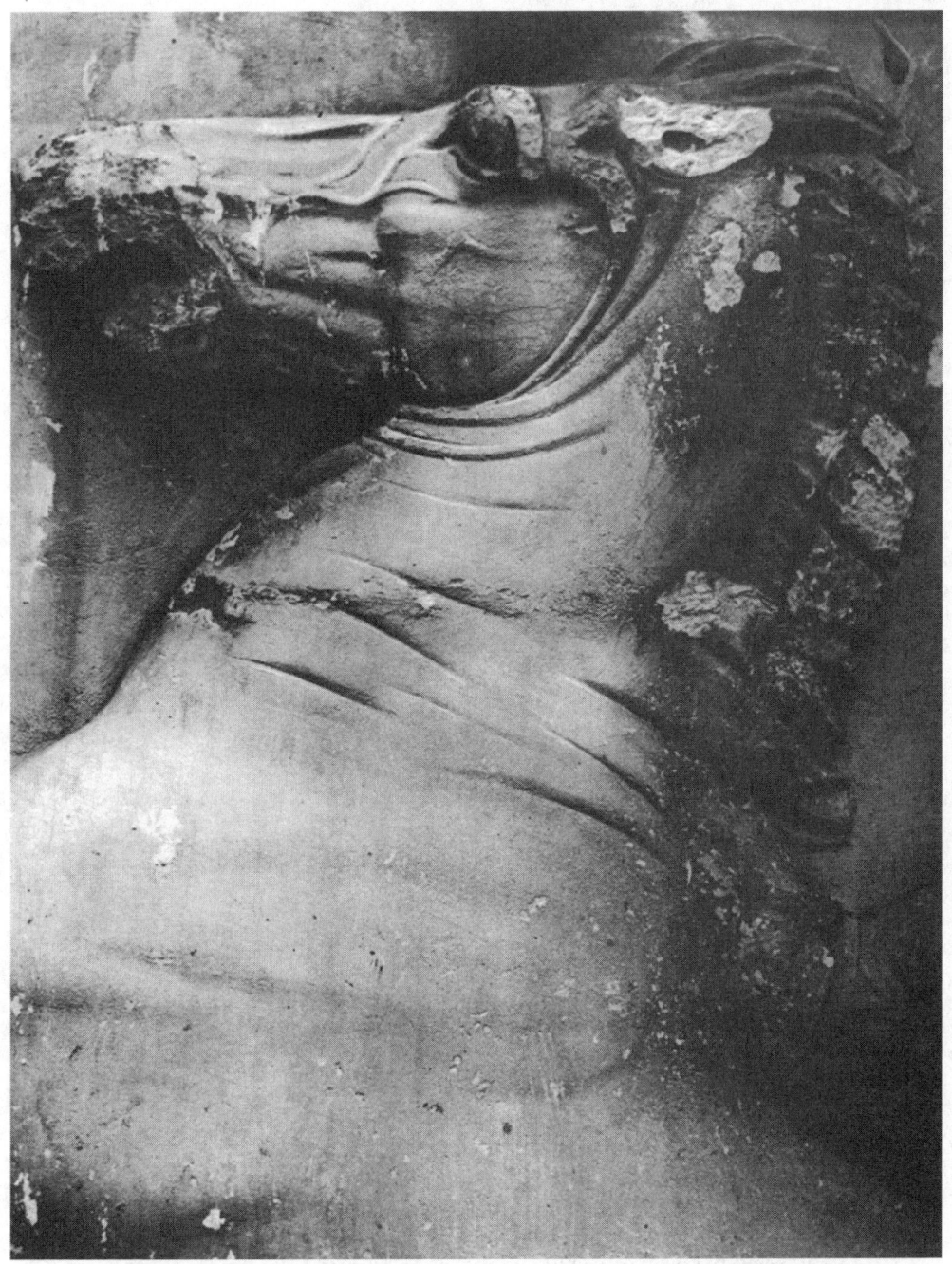

168. AUFBÄUMENDES PFERD. Aus dem Westfries des Parthenon. Um 435 v. Chr. Athen, an der ursprünglichen Stelle des Parthenon.

169. KOPF DES FESTORDNERS. Vom Westfries des Parthenon. Um 435 v. Chr. Athen, an der ursprünglichen Stelle des Parthenon.

170. REITER MIT BREITEM HUT. Vom Westfries des Parthenon. Um 435 v. Chr.
Athen, an der ursprünglichen Stelle des Parthenon.

171. SANDALENBINDENDER KRIEGER. Vom Westfries des Parthenon. Um 435 v. Chr. Athen, an der ursprünglichen Stelle des Parthenon.

172. SANDALENLÖSENDE NIKE. Von der Balustrade des Niketempels auf der Akropolis. Um 409 v. Chr. Athen, Akropolismuseum.

173. NIKE DES PAIONIOS. Um 425. v. Chr. Olympia, Museum.
(Im Hintergrund Gipsrekonstruktion.)

174. GRUPPE DER DREI TÄNZERINNEN. 2. Hälfte des 5. Jahrhunderts.
Art des Kallimachos. Delphi, Museum.

175. DIE KORENHALLE DES ERECHTHEIONS AUF DER AKROPOLIS VON ATHEN.
Um 420 v. Chr.

176. KOPF EINER KORE. Um 420 v. Chr. Athen, Erechtheion.

177. VERWUNDETE AMAZONE. Marmorkopie nach einem Bronzeoriginal des Polyklet (?). 5. Jahrhundert v. Chr. Berlin, Altes Museum.

178. AMAZONE. Kopie nach einem Original des Phidias. Trier, Rheinisches Landesmuseum.

179. SINNENDE ATHENA AM GRENZSTEIN. Weihrelief. Um 460 v. Chr.
Athen, Akropolismuseum.

180. MÄDCHEN MIT TAUBEN. Grabrelief aus Paros. Ende des 4. Jahrhunderts.
New York, Metropolitan Museum.

181. GRABMAL DER DAMASISTRATA (Abschied). 4. Jahrhundert v. Chr. Athen, Nationalmuseum.

182. GRABRELIEF DES ARKESILAS. Anfang des 4. Jahrhunderts v. Chr.
Dresden, Staatliche Skulpturensammlung.

183. ATTISCHES GRABMAL. 4. Jahrhundert. Paris, Louvre.

184. FRAU MIT HUND (Artemis?). Um 420 v. Chr. Schulkreis des Phidias.
Berlin, Altes Museum.

185. ORPHEUS, EURYDIKE UND HERMES. Kopie eines verlorenen Originals aus dem Schulkreis des Phidias. Um 420 v. Chr. Neapel, Nationalmuseum.

186. APHRODITE. (Vielleicht Kopie der sogen. Venus Genetrix von Alkamenes.) Um 400 v. Chr. Rom, Nationalmuseum.

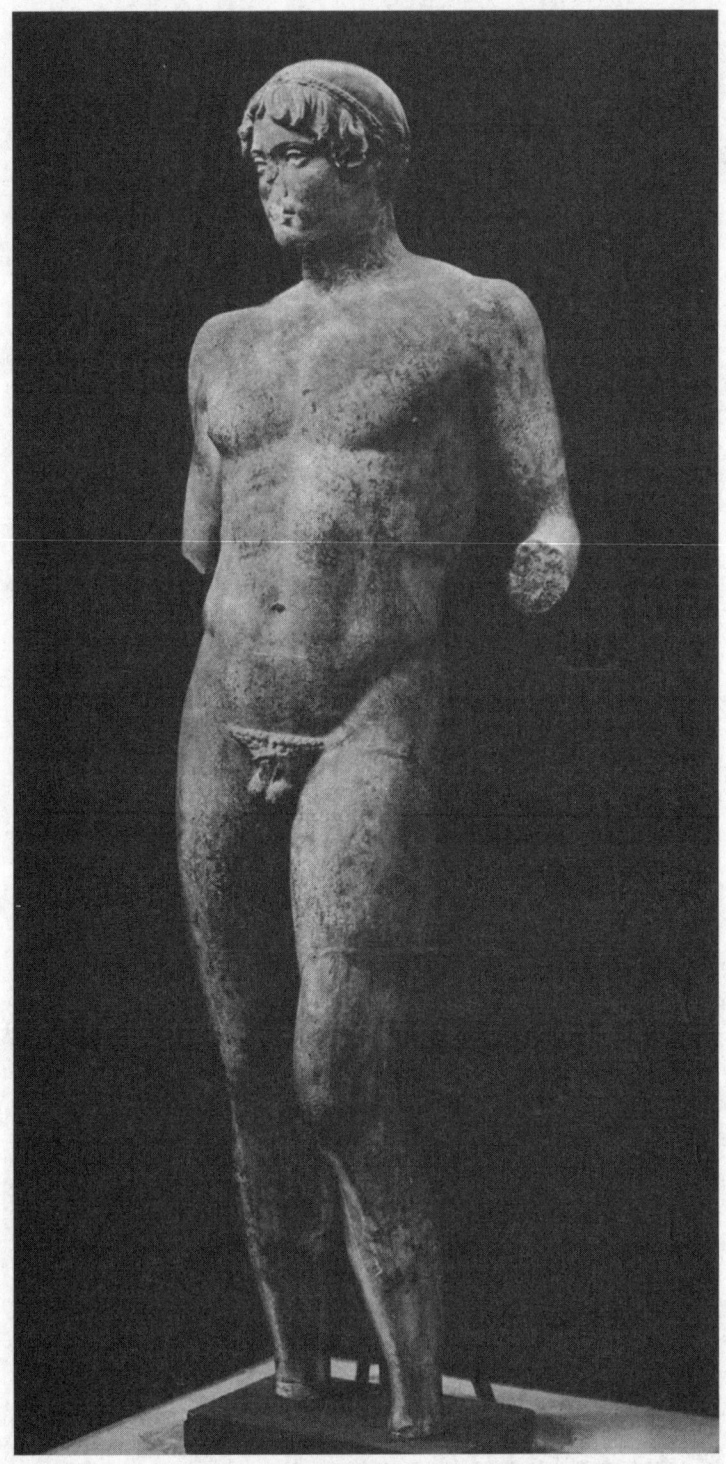

187. JÜNGLINGSSTATUE. (Sogenannter Omphalosapollon.)
Vom Theater zu Athen. 6. Jahrhundert v. Chr. Athen, Nationalmuseum.

188. HERMES ALS SEELENGELEITER. Kopie, vermutlich nach Praxiteles. Mitte des 4. Jahrhunderts v. Chr. London, British Museum.

189. HERMES DES PRAXITELES. Um 340 v. Chr. Olympia, Museum.

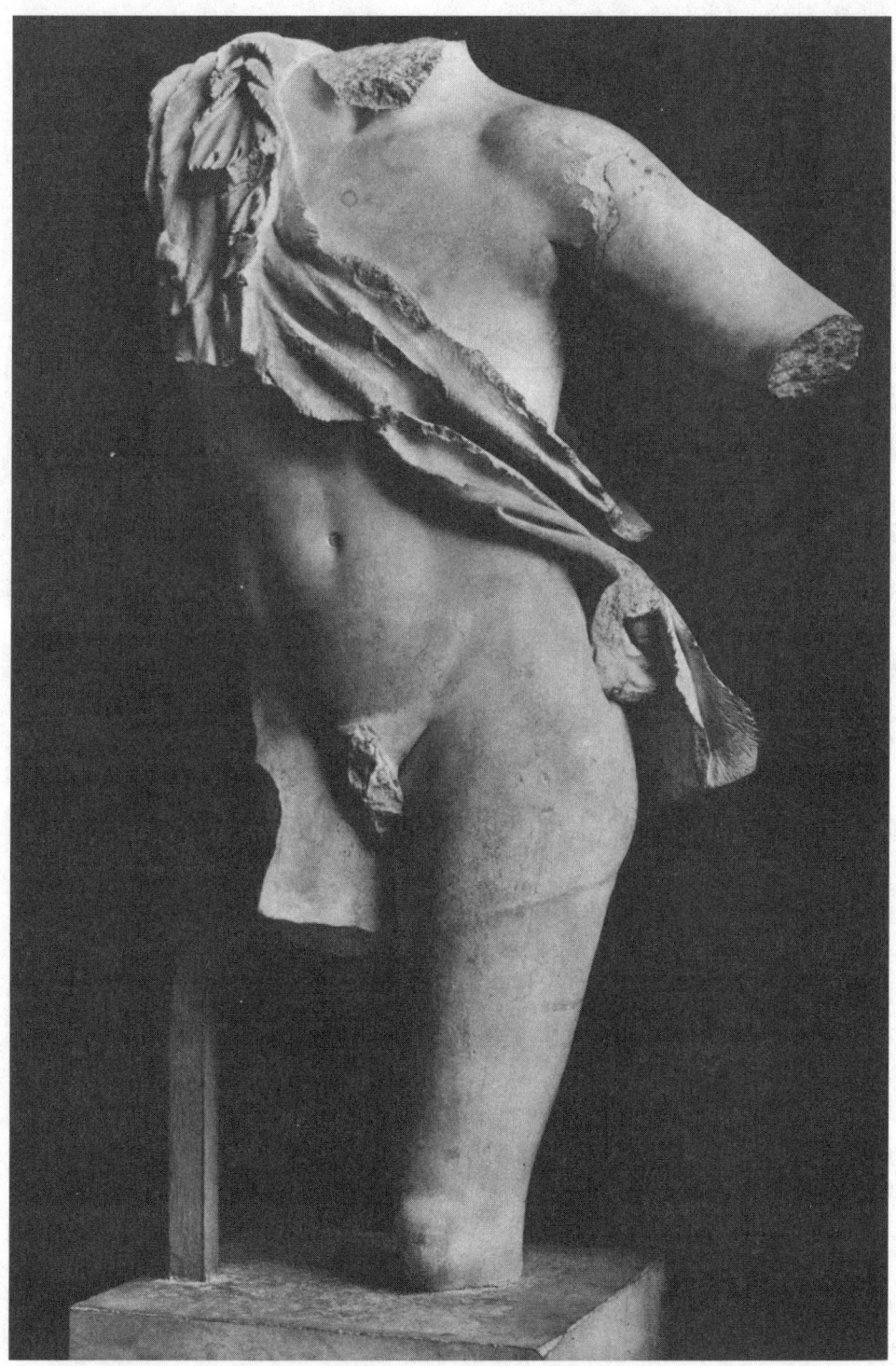
190. SATYR-TORSO. Gute Kopie nach einem Werk des Praxiteles (?), um 340 v. Chr. Paris, Louvre.

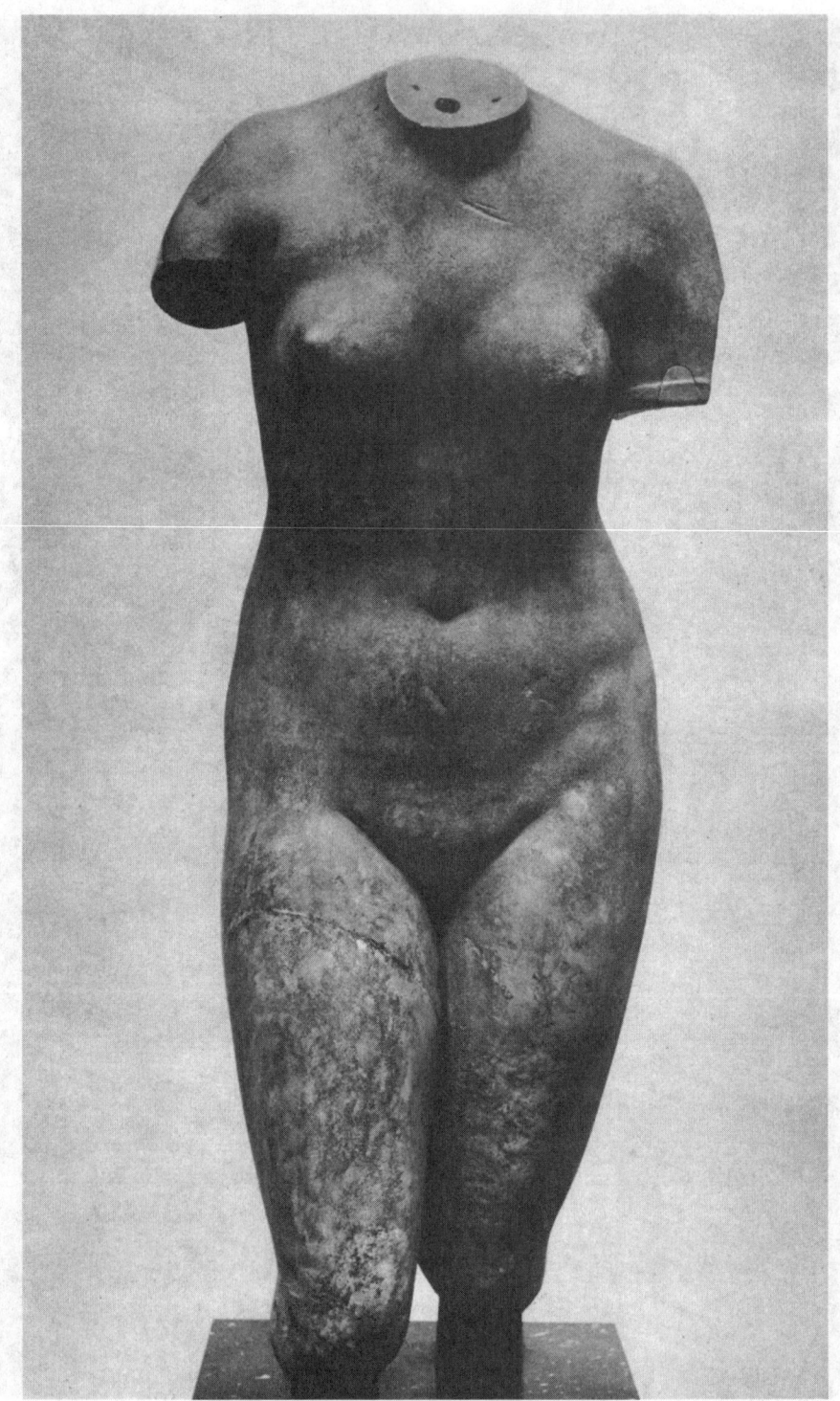

191. APHRODITE. Art des Praxiteles. Um 340 v. Chr. Berlin, Altes Museum.

192. DIE DREI GRAZIEN. (Römische Kopie des 3. Jahrhunderts n. Chr. nach einem verlorenen griechischen Original, das nur aus einem pompeianischen Wandgemälde und aus Gemmenreliefs bekannt ist.) Siena, Dombibliothek.

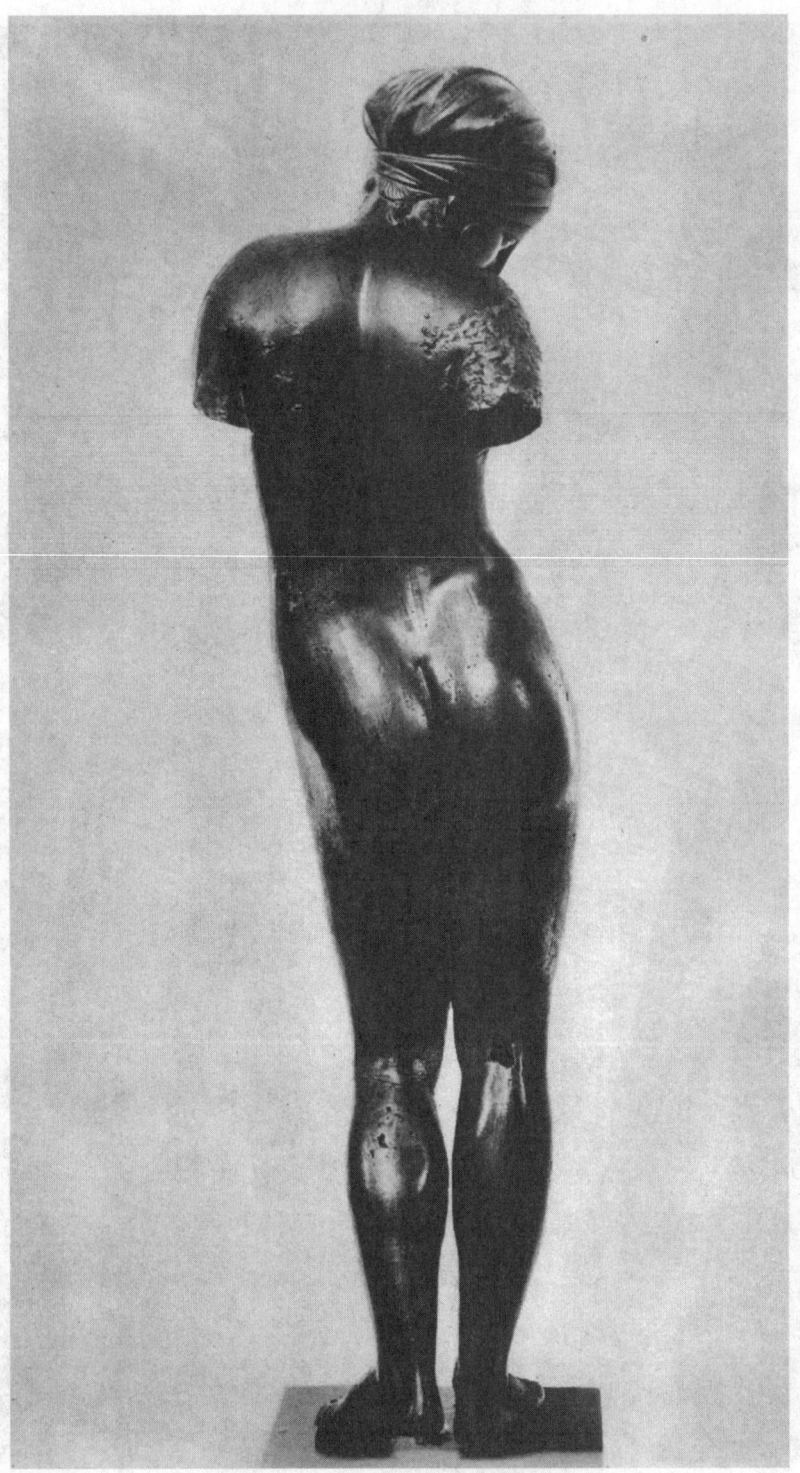

193. BADENDES MÄDCHEN. Makedonische Bronze.
2. Hälfte des 5. Jahrhunderts v. Chr. München, Museum antiker Kleinkunst.

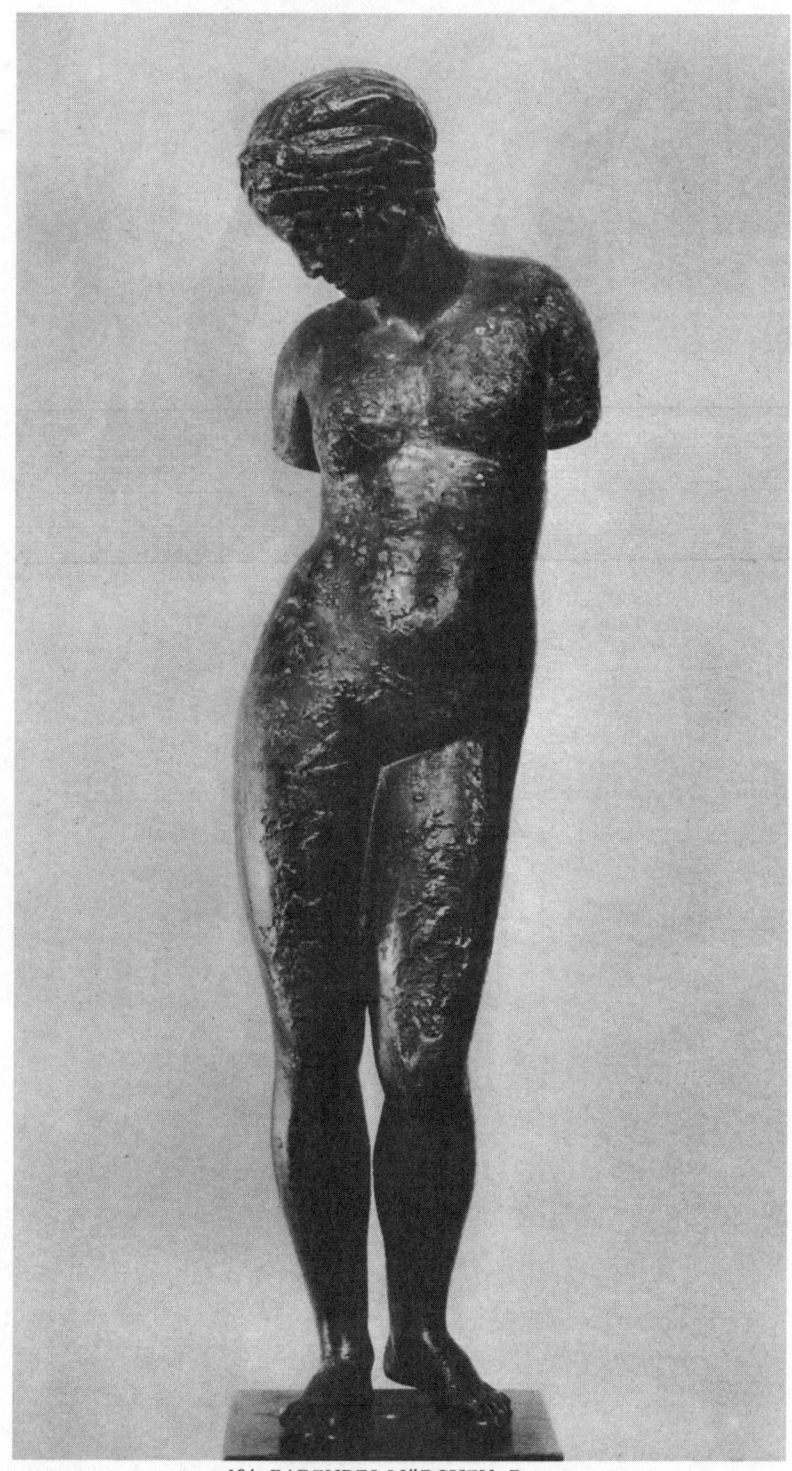
194. BADENDES MÄDCHEN. Bronze.
2. Hälfte des 5. Jahrhunderts v. Chr. München, Museum antiker Kleinkunst.

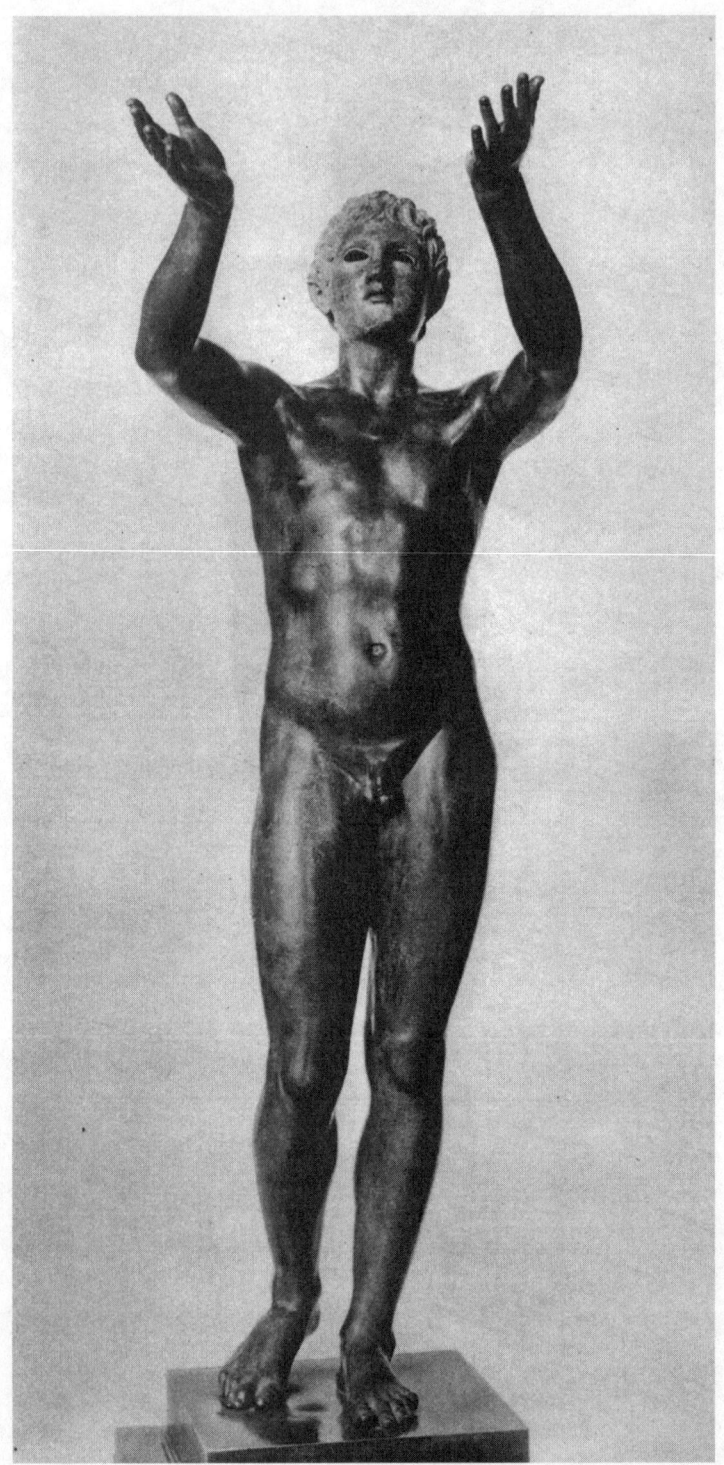

195. BETENDER KNABE. Bronze, Oberfläche von Restauratorenhand gewaltsam überbearbeitet. Schule des Lysippos, Ende des 4. Jahrhunderts. Berlin, Antiquarium.
(Aus dem Besitz Friedrich des Großen.)

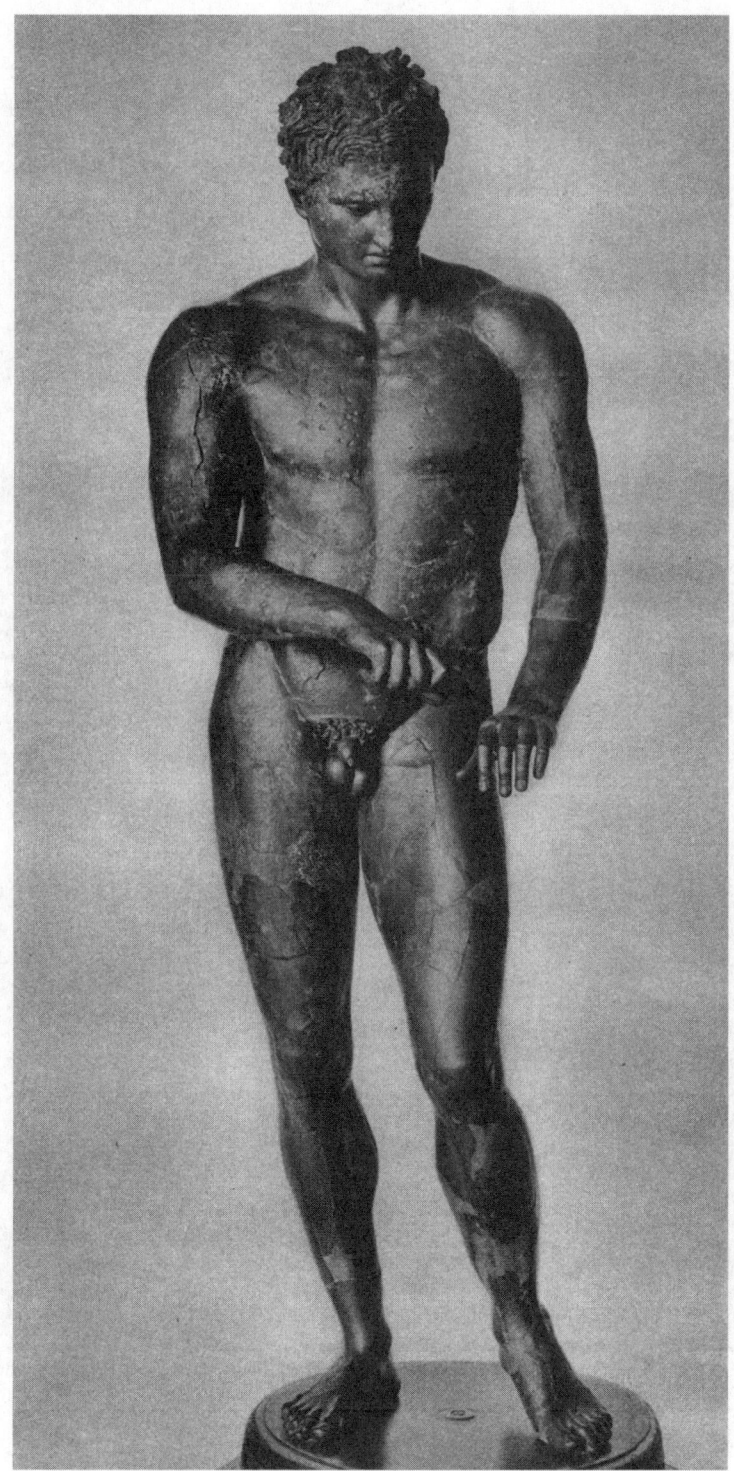

196. ATHLET (mit Schabeisen). Lebensgroße Bronze aus Ephesos.
Kopie, wahrscheinlich nach Euphranor, um 350 v. Chr.
Wien, Kunsthistorisches Museum.

197. KNABE MIT SIEGERBINDE. Bronzewiederholung einer Siegerstatue des 5. Jahrhunderts v. Chr. München, Glyptothek.

198. KOPF EINES SIEGREICHEN ATHLETEN. Vorzügliche römische Kopie nach einem griechischen Werk, vielleicht nach Kresilas. 5. Jahrhundert v. Chr.
New York, Metropolitan Museum.

199. KOPF EINES ATHLETEN. 2. Hälfte des 4. Jahrhunderts. Delphi, Museum.

200. KOPF EINES JÜNGLINGS. Aus einem Relief. Schule des Skopas, um 350 v. Chr. New York, Metropolitan Museum.

201. KOPF EINES APOLLON. Gute Kopie nach einem verlorenen Werk des Phidias, um 430 v. Chr. Gefunden im Tiber. Rom, Nationalmuseum.

202. SCHLUMMERNDE ERINYS. Hellenistische Kopie nach einem älteren Original. Rom, Thermenmuseum.

203. SCHLUMMERNDE ERINYS. Hellenistische Kopie nach einem älteren Original. Rom, Thermenmuseum.

204. MEDUSENMASKE. Wahrscheinlich 4. Jahrhundert v. Chr. München, Glyptothek.

205. APHRODITEKOPF. (Bessere Teilwiederholung der „Venus von Milo"; wahrscheinlich auf einen älteren Aphrodite-Typus zurückgehend.) Pergamenisch, 3. Jahrhundert v. Chr. Berlin, Altes Museum.

206. APHRODITEKOPF. (Bessere Teilwiederholung der „Capitolinischen Venus".)
4. Jahrhundert v. Chr. München, Glyptothek.

207. MÄDCHENKOPF. Marmor; die aufgesetzte Stuckfrisur verloren. Von einem Nachfolger des Praxiteles. Gefunden in Giseh bei Memphis. Dresden. Staatliche Skulpturensammlung.

208. MÄDCHENKOPF. Marmor, lebensgroß, aus Chios. Ende des 4. Jahrhunderts v. Chr. Boston, Museum.

209. DER DORNAUSZIEHER. Bronzekopie. Rom, Capitolinisches Museum.

210. DORNAUSZIEHER. Marmorkopie. Von einem Brunnen. London, British Museum.

211. REITERRELIEF. Ende des 4. Jahrhunderts v. Chr. New York, Metropolitan Museum.

212. PFERDETORSO. Von der Pyramidenspitze des Grabmals des Königs Maussolos zu Halikarnassos. Um 350 v. Chr. Dem Pythios zugeschrieben. London, British Museum.

213. REITENDE AMAZONE. Gefunden beim Asklepiostempel in Epidauros. Athen. Nationalmuseum.

214. AUS DEM FRIES VOM GRABMAL DES KÖNIGS MAUSSOLOS ZU HALIKARNASSOS IN KLEINASIEN. Amazone. Um 350 v. Chr. London, British Museum.

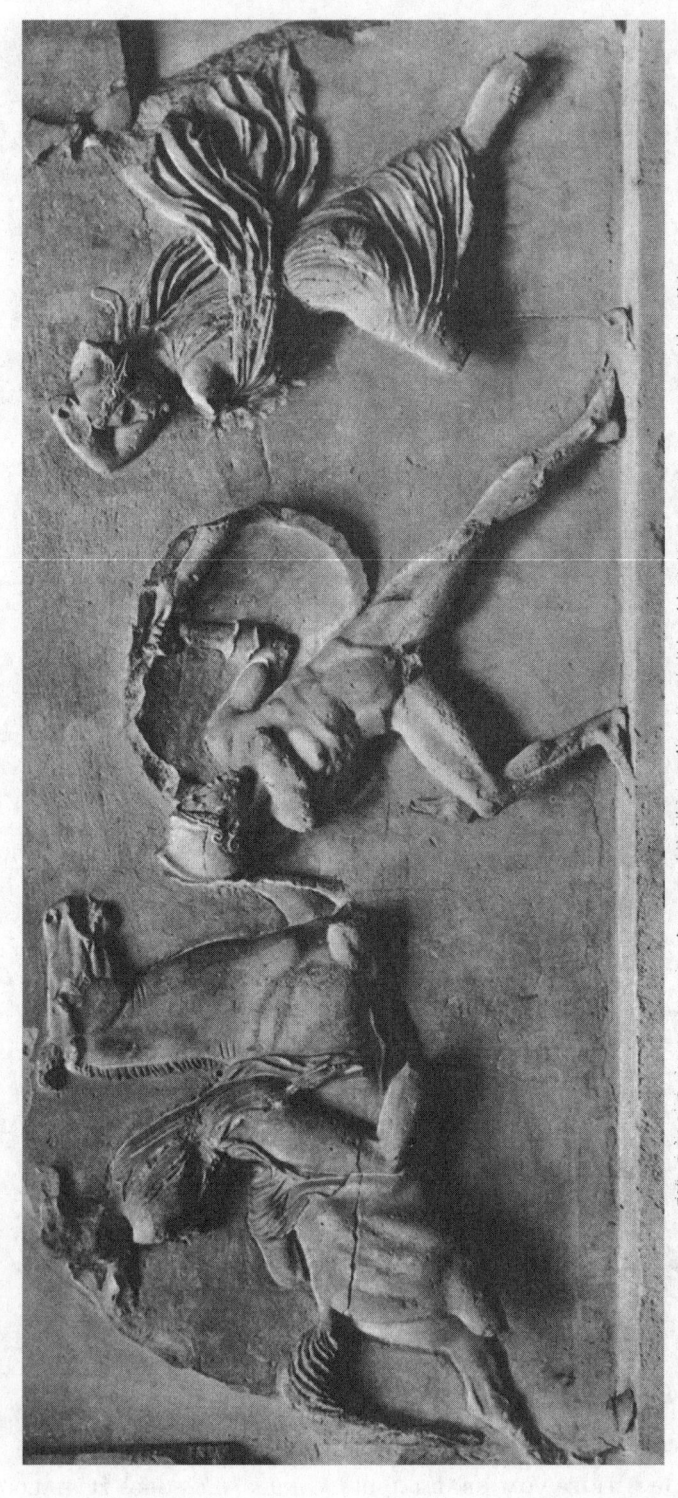

215. RELIEF VOM FRIES DES GRABMALS DES KÖNIGS MAUSSOLOS ZU HALIKARNASSOS.
Kämpfe der Griechen und Amazonen: Kreis des Skopas und Bryaxis. Um 350 v. Chr. London, British Museum.

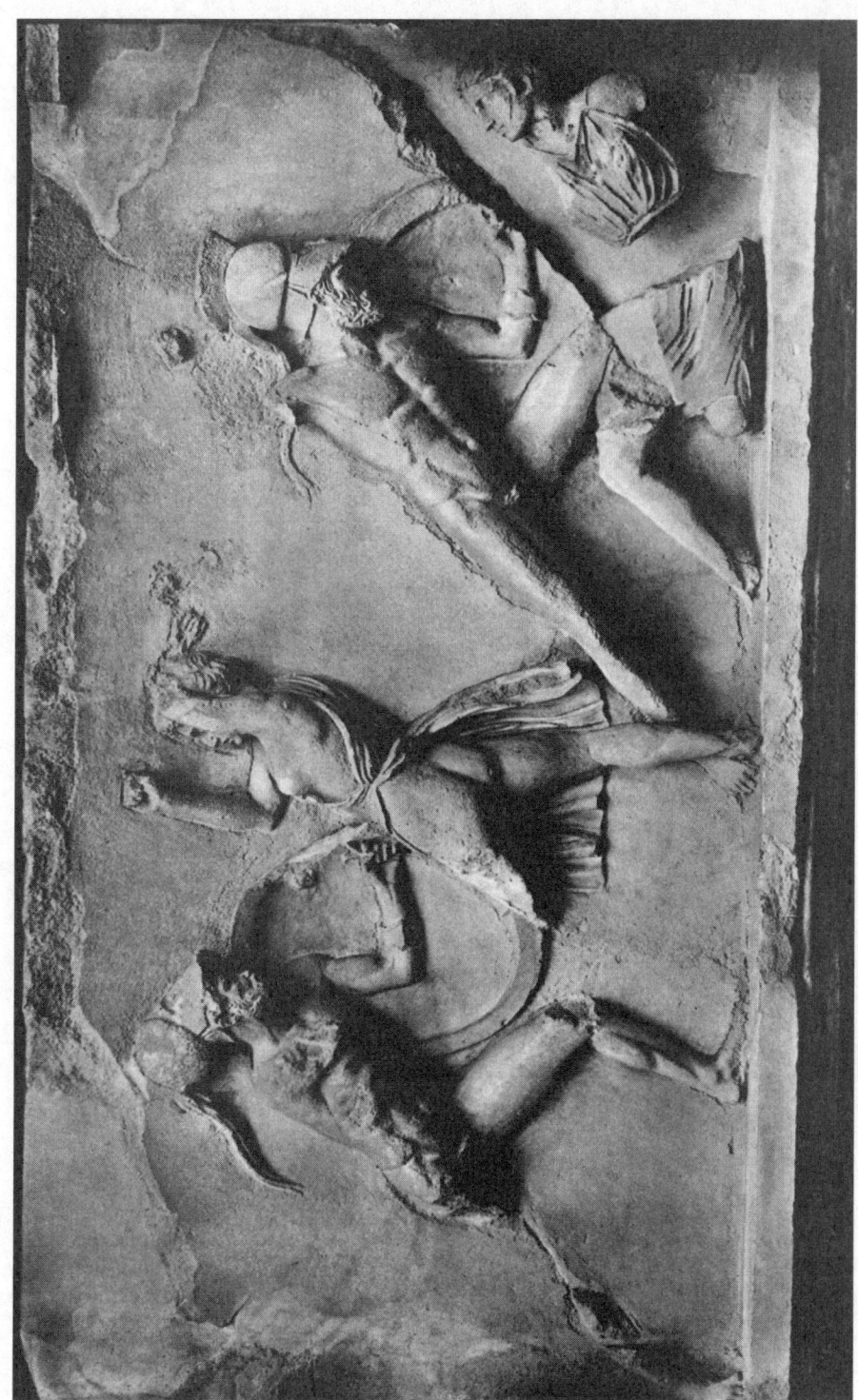

216. RELIEF VOM FRIES DES GRABMALS DES KÖNIGS MAUSSOLOS ZU HALIKARNASSOS.
Kreis des Skopas und Bryaxis. Um 350 v. Chr. London, British Museum.

217. DEMETER VON KNIDOS. Um 350 v. Chr. London, British Museum.

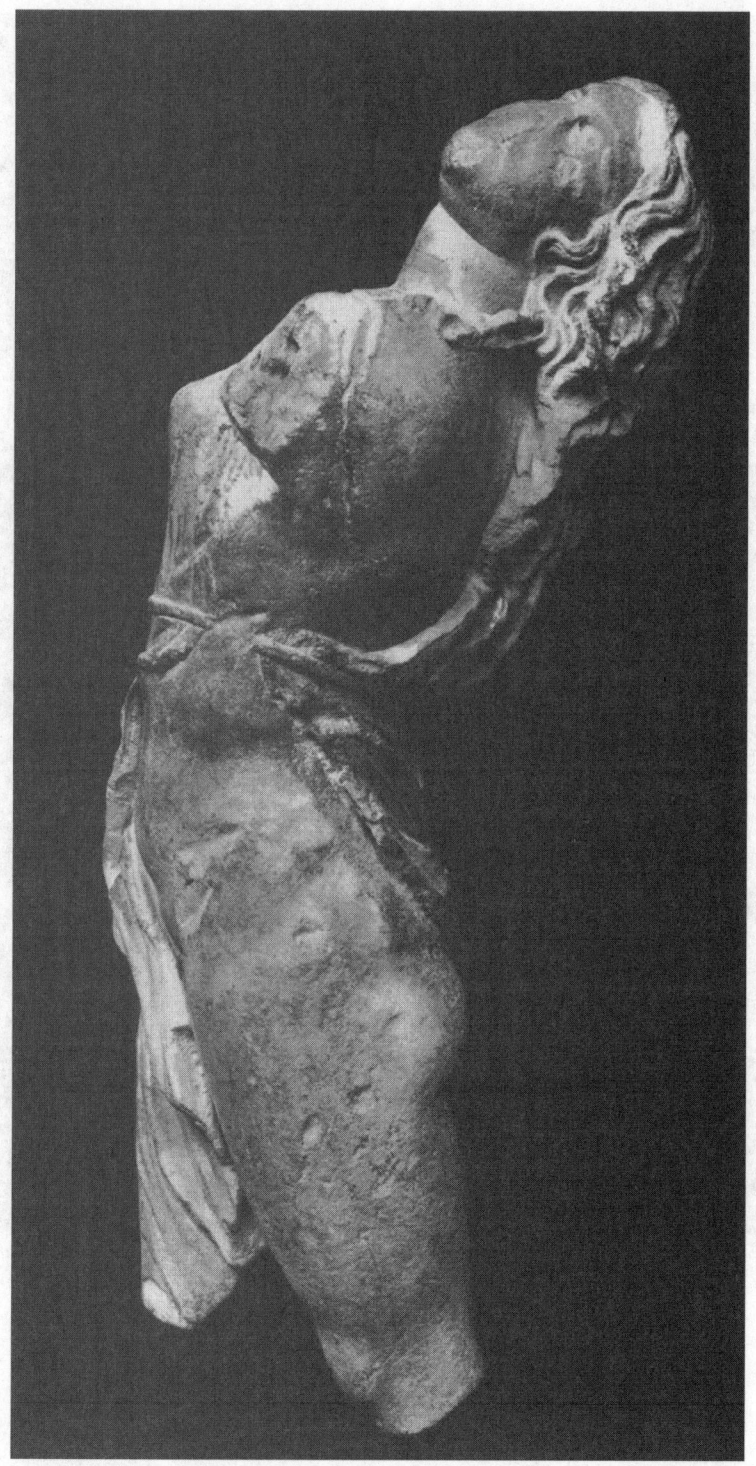
218. MÄNADE. Art des Skopas. Dresden, Skulpturensammlung.

219. KOPF EINES PERSERS. Vom Alexandersarkophag. Um 330 v. Chr. Konstantinopel, Antikenmuseum.

220. KOPF ALEXANDER DES GROSSEN. Vom Alexandersarkophag. Um 330 v. Chr. Konstantinopel, Antikenmuseum.

221. ALEXANDER DER GROSSE. Idealbildnis, Anfang des 3. Jahrhunderts. Durch Rudolf Herzog im Asklepion auf der Insel Kos ausgegraben. Konstantinopel, Antikenmuseum.

222 DEMOSTHENES. Marmorkopie nach dem Bronzeoriginal von Polyeuktos, 280 v. Chr. München, Glyptothek.

223. SOKRATES. Idealporträt aus der Zeit Alexanders des Großen. Rom, Villa Albani.

224. PLATON. 4. Jahrhundert v. Chr. Stockholm, Nationalmuseum.

225. ARISTOTELES. Kopie. Ende des 4. Jahrhunderts v. Chr. Wien, Kunsthistorisches Museum.

226. EPIKUROS. Vorzügliche römische Kopie nach einem realistischen griechischen Porträt, das vermutlich zu Lebzeiten des Philosophen gearbeitet wurde.
New York, Metropolitan Museum.

227. HERODOT. Römische Kopie nach einem griechischen Original des 4. Jahrhunderts v. Chr. Gefunden in Unterägypten. New York, Metropolitan Museum.

228. PERIKLES. Römische Kopie nach einem Original des Kresilas um 440 v. Chr. London, British Museum.

229. HOMER. Idealbildnis aus hellenistischer Zeit. London, British Museum.

230. HOMER. Idealbildnis aus hellenistischer Zeit. Boston, Museum of Fine Arts.

231. MÄDCHENBILDNIS. Ende des 4. Jahrhunderts v. Chr. Richtung des Lysippos. München, Glyptothek.

232. BILDNIS EINES JÜNGLINGS. Vom Heiligtum des Pluton zu Eleusis. Sogenannter Eubuleus (chthonische Gottheit). Angeblich Original des Praxiteles. Um 350 v. Chr.
Athen, Nationalmuseum.

233. REALISTISCHES PORTRÄT EINES FAUSTKÄMPFERS. Bronze, gefunden in Olympia. Zeit des Lysippos. Athen, Nationalmuseum.

VERZEICHNIS DER ABBILDUNGEN

ZUR GESCHICHTE DER ABENDMAHLSLEHRE

VERZEICHNIS DER ABBILDUNGEN

1. *Schlangenpriesterin.* Farbige Fayence, um 1700 v. Chr. Aus dem Palast von Knossos, gefunden von Sir Evans. Museum Herakleion. (Aufnahme nach Abguß: Metropolitan Museum, New York.)
2. *Schlangenpriesterin.* Elfenbein und Gold, um 1700 v. Chr., Kreta. Boston, Museum of Fine Arts. (Aufnahme Dr. F. Stoedtner, Berlin.)
3. *Kopf der Schlangenpriesterin.* Elfenbein. Boston, Museum of Fine Arts. (Aufnahme Dr. F. Stoedtner, Berlin.)
4. *Kretische Gefäße der ersten spätminoischen Epoche.* 16. Jahrhundert v. Chr. Herakleion, Museum. (Aufnahme Metropolitan Museum, New York.)
5. *Stierkopf.* Farbiges Stuckrelief, lebensgroß, nach der Ergänzung von E. Gilliéron. 17. Jahrhundert v. Chr. Herakleion, Museum. (Aufnahme Metropolitan Museum, New York.)
6. *Stierspiel,* Rekonstruiertes Wandgemälde aus dem Palast von Knossos. 16. Jahrhundert v. Chr. Original: Herakleion, Museum. (Aufnahme Metropolitan Museum, New York.)
7. *Stier.* Ton. 16. Jahrhundert v. Chr. Herakleion, Museum. (Aufnahme Dr. F. Stoedtner, Berlin.)
8. *Kuh mit säugendem Jungen.* Farbige Fayence, ergänzt. 17. Jahrhundert v. Chr. Hörner falsch ergänzt. — Original: Herakleion, Museum. (Aufnahme Metropolitan Museum, New York.)
9. *Bergziege mit zwei Jungen.* Fayence, aus dem Palast von Knossos. 17. Jahrhundert v. Chr. Herakleion, Museum. (Neuaufnahme des Originals von Prof. Marinatol.)
10. *Jüngling mit Rhyton (Trinkhorn).* Rekonstruierter Teil eines Prozessionsfrieses im Palast von Knossos. Um 1500 v. Chr. Kopie von E. Gilliéron. Original: Herakleion, Museum. (Aufnahme Metropolitan Museum, New York.)
11. *Jüngling in Schwertlilien-Landschaft.* Rekonstruierter Teil eines bemalten Stuckreliefs im Palast von Knossos. Um 1400 v. Chr. Kopie von E. Gilliéron. Original: Herakleion, Museum. (Aufnahme Dr. F. Stoedtner, Berlin.)
12. *Wildkatze, einen Fasan belauernd.* Fresko im Palast zu Hagia Triada. Um 1500 v. Chr. Aquarellkopie von E. Gilliéron, Slg. der Berliner Universität. Original: Herakleion, Museum. (Aufnahme Dr. F. Stoedtner, Berlin.)

VERZEICHNIS DER ABBILDUNGEN

13. *Vasenfragment aus Tiryns.* Um 1300 v. Chr. Nach lithographischer Umzeichnung, veröffentlicht von Schliemann. — Original: Athen, Nationalmuseum.
14. *Lebensgroße Frauengestalt mit Elfenbeingefäß.* Rekonstruierter Teil eines Prozessionsfrieses im späteren Palast zu Tiryns. Um 1300 v. Chr. Original: Herakleion, Museum. (Aufnahme Metropolitan Museum, New York.)
15. *Bemalte Trinkschale aus Ton.* Kretisch, um 1550 v. Chr. New York, Metropolitan Museum. (Aufnahme des Museums.)
16. *Goldbecher.* Ausgegraben von Schliemann aus dem IV. Schachtgrab von Mykenai. Um 1500 v. Chr. Athen, Nationalmuseum. (Aufnahme Dr. F. Stoedtner, Berlin.)
17. *Lampenständer.* Purpurner Gipsstein. Aus dem Palast von Knossos. Um 1700 v. Chr. Herakleion, Museum. (Aufnahme Dr. F. Stoedtner, Berlin.)
18. *Trinkhorn aus Speckstein.* Mit Darstellung von Boxer- und Stierkampfszenen. Aus Hagia Triada. Um 1600 v. Chr. Herakleion, Museum. (Aufnahme Metropolitan Museum, New York.)
19. *Goldene Totenmaske.* Ausgegraben von Schliemann aus dem V. Schachtgrab von Mykenai. Um 1500 v. Chr. Athen, Nationalmuseum. (Aufnahme Dr. F. Stoedtner, Berlin.)
20. *Gesichtsvase.* Ton, bemalt. Aus Phaistos. 1. Hälfte des 2. Jahrtausends. Herakleion, Museum. (Aufnahme Dr. F. Stoedtner, Berlin.)
21—22. *Goldbecher aus Vaphio bei Sparta.* (Bändigung eines Stiers und Stierspiel.) Um 1500 v. Chr. Athen, Nationalmuseum. (Aufnahme des Metropolitan Museum, New York.)
23. *Goldene Nadel.* Aus dem III. Schachtgrab von Mykenai. 16. Jahrhundert v. Chr. Athen, Nationalmuseum. (Aufnahme Dr. F. Stoedtner, Berlin.)
24. *Hellblaue mykenische Glaskette mit Blüten.* München, Museum antiker Kleinkunst. (Aufnahme des Museums.)
25. *Griechische Goldschmiedearbeit.* (Ohrgehänge, Ring, Halsschmuck mit Spuren alter Emaillierung.) 4. Jahrhundert v. Chr. New York, Metropolitan-Museum. (Aufnahme des Museums.)
26. *Primitive Frauenfiguren, sog. Insel-Idole* (Grabbeigaben von Paros, Keros, Amorgus u. a. Kykladeninseln) *und Klein-Keramiek.* Um 2000 v. Chr. Paris, Louvre. (Aufnahme Braun & Cie., Dornach.)
27. *Bauer beim Pflügen.* — *Krieger mit Wagenlenker auf seinem Zweigespann.* Tongruppen aus Tanagra. 8. Jahrhundert v. Chr. Paris, Louvre. (Aufnahme Fratelli Alinari, Florenz.)
28. *Das Tor an der Nordmauer der Burg von Mykenai.* Spätminoisch, wahrscheinlich um 1400 v. Chr. (Aufnahme Braun & Cie., Dornach.)
29. *Grabstatue eines Jünglings* (sog. Apollon von Tenea). Aus Tenea bei Korinth. Um 600 v. Chr. München, Glyptothek. (Aufnahme des Museums.)
30. *Jünglingsstatue.* Vom Heiligtum des Apollon Ptoios in Böotien. Anfang des 6. Jahrhunderts v. Chr. Athen, Nationalmuseum. (Aufnahme des Museums.)

VERZEICHNIS DER ABBILDUNGEN

31. *Jünglingsstatue.* Vom Apollonheiligtum in Actium. Um 550 v. Chr. Paris, Louvre. (Aufnahme Fratelli Alinari, Florenz.)
32. *Torso einer Kolossalstatue.* Gefunden am Theater von Milet; vielleicht vom älteren Apollonheiligtum. Um 500 v. Chr. Paris, Louvre. (Aufnahme Fratelli Alinari, Florenz.)
33. *Marmormaske.* 5. Jahrhundert v. Chr. Rom, Museo Barracco. (Aufnahme Anderson, Rom.)
34. *Kopf eines bärtigen Mannes.* (Wahrscheinlich Porträt eines Ägineten.) Ende des 6. Jahrhunderts. Berlin, Altes Museum. (Aufnahme Treue, Berlin.)
35. *Kopf einer Göttin.* 6. Jahrhundert v. Chr. Syrakus, Nationalmuseum. (Aufnahme Anderson, Rom.)
36. *Nike von Delos.* Vielleicht von Archermos von Chios. 1. Hälfte des 6. Jahrhunderts v. Chr. Athen, Nationalmuseum. (Aufnahme Fratelli Alinari, Florenz.)
37. *Stehende Göttin.* 6. Jahrhundert v. Chr. Berlin, Altes Museum. (Aufnahme des Museums.)
38. *Mann mit Stierkalb.* Weihestandbild des Rhombos. (Teilaufnahme.) Um 540 v. Chr. Athen, Akropolismuseum. (Aufnahme Dr. F. Stoedtner, Berlin.)
39. *Pan.* Bronze. Aus Arkadien. Mitte des 5. Jahrhunderts v. Chr. Berlin, Antiquarium. (Aufnahme des Museums.)
40. *Ionisches Kapitell und Sphinx von Tragsäule der Naxier.* Um 560 v. Chr. Delphi, Museum. (Aufnahme des Museums.)
41–43. *Reliefs von Statuenbasen.* Gefunden 1922 von Alexander Philadelpheus in Athen in der 478 v. Chr. von Themistokles erbauten Mauer. Um 510 v. Chr. Athen, Nationalmuseum. — (41.) Äginetisch. Kriegswagen und Hopliten. — (42.) Attische Jünglinge beim Ringkampf. — (43.) Attisch. Sechs Epheben beim Ballspiel. (Aufnahme Prof. Alexander Philadelpheus, Athen.)
44. *Jüngling auf seinem Kriegswagen.* Weiherelief, um 500 v. Chr. Athen, Nationalmuseum. (Aufnahme Fratelli Alinari, Florenz.)
45–46. *Friesrelief vom Epistyl des Tempels von Assos in Kleinasien.* Um 560 v. Chr. Grauer Trachyt. Paris, Louvre. — (45.) Herakles tötet den Triton. — (46.) Gelage. (Aufnahme Fratelli Alinari, Florenz.)
47. *Friesrelief von Heroon in Gjölbaschi-Trysa in Lykien.* Belagerung einer Stadt. 5. Jahrhundert v. Chr. Wien, Kunsthistorisches Museum. (Aufnahme Wlha, Baden.)
48. *Metope eines Tempels in Selinunt (Selinus), Sizilien.* Europa auf dem Stier. Kalkstein, Anfang des 6. Jahrhunderts v. Chr. Palermo, Museum.
49. *Metope vom mittleren Burgtempel zu Selinunt.* Herakles, von Pallas Athene beschützt, tötet die Meduse, die sterbend den Pegasus gebiert. Kalktuff, Anfang des 6. Jahrhunderts v. Chr. Palermo, Museum.
50. *Relieffries vom sog. Schatzhaus der Siphnier in Delphi.* Streit des Apollon und Herakles um den Dreifuß. Um 525 v. Chr. Delphi, Museum.
51. *Relieffries vom sog. Schatzhaus der Siphnier in Delphi.* Kampf der Götter und Giganten. Um 525 v. Chr. Delphi, Museum.

VERZEICHNIS DER ABBILDUNGEN

52. *Kopf eines Kriegers.* Um 480 v. Chr. Athen, Nationalmuseum. (Aufnahme Alinari, Florenz.)
53—54. *Aus dem Ostgiebel des Aphaiatempels auf Aegina.* Um 480 v. Chr. — (53.) Herakles. — (54.) Gefallener Krieger. — München, Glyptothek. (Aufnahmen des Museums.)
55. *Thesus und Antiope.* Aus dem Giebel des Tempels des Apollon Daphnephoros in Eritrea. Um 520 v. Chr. Chalkis, Museum.
56. *Oberteil einer Mädchenfigur.* Weihgeschenk des Euthydikos. Um 480 v. Chr. Athen, Nationalmuseum. (Aufnahme Alinari, Florenz.)
57. *Thronende Göttin.* Parischer Marmor mit Farbresten. Um 480 v. Chr. Berlin, Altes Museum. (Aufnahme des Museums.)
58. *Kopf der thronenden Göttin.* Berlin. (Aufnahme Bard-Verlag, Berlin.)
59. *Mädchen mit Weihgaben.* 6. Jahrhundert v. Chr. (Im 5. Jahrh. überarbeitet, besonders der Kopf.) New York, Metropolitan Museum. (Aufnahme des Museums.)
60. *Mädchen aus Sparta.* Stützfigur eines Gerätes, Bronze. 6. Jahrhundert v. Chr. Berlin, Antiquarium. (Aufnahme des Museums.)
61. *Jüngling mit geflochtenem Haar, Armband und Schnabelschuhen.* Bronze. 6. Jahrhundert v. Chr. Kassel, Hessisches Landesmuseum. (Aufnahme des Museums.)
62. *Fassade des Schatzhauses der Siphnier in Delphi.* (Rekonstruktion. — Nach anderen das Schatzhaus der Knidier. — Vgl. Abb. 50, 51.) Um 525 v. Chr. Delphi, Museum. (Aufnahme Alinari, Florenz.)
63. *Mädchenfigur von der Akropolis.* Marmor, mit Erhaltung der alten Bemalung. Um 500 v. Chr. New York, Metropolitan Museum. (Aufnahme des Museums.)
64. *Jünglingsfigur.* Mit Weihinschrift an Athena. Aus dem Meer bei Piombino. Bronze. Um 500 v. Chr. Paris, Louvre. (Aufnahme des Museums.)
65. *Wagenlenker.* Weihgeschenk aus Delphi. Bronze. Um 460 v. Chr. Delphi, Museum. (Aufnahme Alinari, Florenz.)
66. *Kopf des Wagenlenkers.* Um 460 v. Chr. Delphi. (Aufnahme Alinari, Florenz.)
67. *Kopf des Apollon.* Aus dem Westgiebel des Zeustempels zu Olympia. Um 460 v. Chr. Olympia, Museum. (Aufnahme des Kunstgeschichtl. Seminars Marburg.)
68. *Apollon.* Aus dem Westgiebel des Zeustempels zu Olympia. Um 460 v. Chr. Olympia, Museum. (Aufnahme des Kunstgeschichtl. Seminars der Universität Marburg.)
69. *Lapithin.* Aus dem Westgiebel des Zeustempels. Um 460 v. Chr. Olympia, Museum. (Aufnahme des Kunstgeschichtl. Seminars Marburg.)
70. *König.* Aus dem Ostgiebel des Zeustempels zu Olympia. Um 460 v. Chr. Olympia, Museum. (Aufnahme des Kunstgeschichtl. Seminars Marburg.)
71. *Königin.* Aus dem Ostgiebel des Zeustempels zu Olympia. Um 460 v. Chr. Olympia, Museum. (Aufnahme des Kunstgeschichtl. Seminars Marburg.)
72. *Kopf einer Lapithin.* Aus dem Westgiebel des Zeustempels zu Olympia. Um 460 v. Chr. Olympia, Museum. (Aufnahme des Kunstgeschichtl. Seminars Marburg.)

VERZEICHNIS DER ABBILDUNGEN 559

73. *Alte Frau.* Aus dem Westgiebel des Zeustempels zu Olympia. Um 460 v. Chr. Olympia, Museum. (Aufnahme des Kunstgeschichtl. Seminars Marburg.)
74. *Kopf der Lapithin Deïdameia.* Aus dem Westgiebel des Zeustempels zu Olympia. Um 460 v. Chr. Olympia, Museum. (Aufnahme des Kunstgeschichtl. Seminars Marburg.)
75. *Kopf eines kämpfenden Lapithen.* Aus dem Westgiebel des Zeustempels zu Olympia. Um 460 v. Chr. Olympia, Museum. (Aufnahme des Kunstgeschichtl. Seminars Marburg.)
76. *Kopf einer jungen Lapithin.* Aus dem Westgiebel des Zeustempels zu Olympia. Um 460 v. Chr. Olympia, Museum. (Aufnahme des Kunstgeschichtl. Seminars Marburg.)
77. *Kopf des Herakles.* Aus einer Metope des Zeustempels zu Olympia. Um 460 v. Chr. Olympia, Museum. (Aufnahme des Kunstgeschichtl. Seminars Marburg.)
78. *Kämpfender Lapith.* Aus dem Westgiebel des Zeustempels zu Olympia. (Untersicht.) Um 460 v. Chr. Olympia, Museum. (Aufnahme des Kunstgeschichtl. Seminars Marburg.)
79. *Hockender Jüngling.* Aus dem Ostgiebel des Zeustempels zu Olympia. Um 460 v. Chr. Olympia, Museum. (Aufnahme des Kunstgeschichtl. Seminars Marburg.)
80. *Kniender Jüngling.* Aus dem Ostgiebel des Zeustempels zu Olympia. Um 460 v. Chr. Olympia, Museum. (Aufnahme des Kunstgeschichtl. Seminars Marburg.)
81. *Torso eines Knaben.* Um 350 v. Chr. München, Glyptothek. (Aufnahme des Museums.)
82. *Liegender Diener* (sog. Flußgott Kladeos). Aus dem Ostgiebel des Zeustempels zu Olympia. Um 460 v. Chr. Olympia, Museum. (Aufnahme des Kunstgeschichtl. Seminars Marburg.)
83. *Olympia, Tempel des Zeus.* Westgiebel. Olympia, Museum.
84. *Olympia, Tempel des Zeus.* Ostgiebel. Olympia, Museum. (Alte Photographie.)
85. *Herakles bändigt den kretischen Stier.* Metope vom Zeustempel zu Olympia. Um 460 v. Chr. Louvre- und Olympia-Museum. (Aufnahme Alinari, Florenz.)
86. *Atlas bringt Herakles die Äpfel der Hesperiden.* Metope vom Zeustempel zu Olympia. Um 460 v. Chr. Olympia, Museum. (Aufnahme des Kunstgeschichtl. Seminars Marburg.)
87. *Kopf des Herakles, der das Himmelsgewölbe trägt.* Von einer Metope des Zeustempels zu Olympia. (Aufnahme des Kunstgeschichtl. Seminars Marburg.)
88. *Kopf des Atlas.* Von einer Metope des Zeustempels zu Olympia. (Aufnahme des Kunstgeschichtl. Seminars Marburg.)
89. *Kopf der Athena.* Aus der Metope „Herakles besiegt den nemeïschen Löwen" vom Zeustempel zu Olympia. Um 460 v. Chr. Olympia, Museum. (Aufnahme des Kunstgeschichtl. Seminars Marburg.)
90. *Frauenkopf.* Aus Selinunt. Um 460 v. Chr. Berlin, Altes Museum. (Höhe des Originals 9 cm.) (Aufnahme Dr. F. Stoedtner, Berlin.)

VERZEICHNIS DER ABBILDUNGEN

 91. *Trauernde Magd von einem Grabmal.* Aus Attika. 4. Jahrhundert v. Chr. Berlin, Altes Museum. (Aufnahme des Museums.)
 92. *Tochter der Niobe.* Aus einer Giebelgruppe. Gefunden in Rom. Um 450 v. Chr. Rom, Nationalmuseum.
 93. *Geburt der Aphrodite* (sog. Ludovisische Thronlehne). Wahrscheinlich Altaraufsatz. Hauptseite. Um 470 v. Chr. Rom, Nationalmuseum.
 94–95. *Nebenseiten der sog. Ludovisischen Thronlehne.* Um 470 v. Chr. — (94.) Flötenspielerin. — (95.) Weihrauchopfernde Frau. — Rom, Nationalmuseum.
 96. *Metope vom Heratempel in Selinunt.* Artemis und Aktaion. Kalkstein; Gesicht und Hände der Diana Marmor. Mitte des 5. Jahrhunderts v. Chr. Palermo, Museum.
 97. *Metope vom Heratempel in Selinunt.* Herakles im Kampf mit der Amazonenkönigin. Kalkstein; Gesicht und Hände der Amazone Marmor. Mitte des 5. Jahrhunderts v. Chr. Palermo, Museum.
 98. *Demeter und Kore.* Relief aus Eleusis. Um 440 v. Chr. Eleusis, Museum. (Aufnahme Alinari, Florenz.)
 99. *Aussendung des Triptolemos.* Relief aus Eleusis. Art des Phidias. Um 440 v. Chr. Athen, Nationalmuseum. (Aufnahme Alinari, Florenz.)
100. *Ephebe mit seinem Sklaven.* 5. Jahrhundert. Rom, Vatican. (Aufnahme Anderson, Rom.)
101. *Ballspielender Jüngling mit seinem Sklaven.* 5. Jahrhundert. Gefunden am Piraeus. Athen, Nationalmuseum. (Aufnahme des Museums.)
102. *Kästchen mit Deckel.* Ton. Aus Theben. Um 640 v. Chr. Berlin, Antiquarium. (Aufnahme des Museums.)
103. *Korinthische Keramik.* Um 600 v. Chr. New York, Metropolitan Museum. (Aufnahme des Museums.)
104. *Korinthische Weinkanne.* Um 600 v. Chr. Syrakus, Nationalmuseum.
105. *Großer attischer Krater.* Von dem Töpfer Ergotimos und dem Maler Klitias. (Sogenannte François-Vase.) Gefunden in Etrurien. Um 560 v. Chr. Florenz, Archäologisches Museum. (Aufnahme Alinari, Florenz.)
106. *Detail von der François-Vase.* Um 560 v. Chr.
107–108. *Euphronios-Schale.* Kampf des Herakles mit dem dreileibigen Geryoneus. — (108.) Entführung der Rinderherde. — 6. Jahrhundert v. Chr. München, Museum antiker Kleinkunst. (Aufnahme des Museums.)
109. *Athenische Mädchen am Brunnen.* Schwarzfiguriges Wassergefäß (Hydria). 6. Jahrhundert. New York, Metropolitan Museum. (Aufnahme des Museums.)
110. *Mädchen am Brunnen.* Wassergefäß. 2. Hälfte des 6. Jahrhunderts v. Chr. Paris, Louvre. (Aufnahme Alinari, Florenz.)
111. *Palästra-Szene.* Amphora. 2. Hälfte des 6. Jahrhunderts. Neapel, Nationalmuseum. (Aufnahme Anderson, Rom.)
112–113. *Darstellung aus der Palästra.* Kelchkrater, dem Maler Euphronios zugeschrieben. Um 510 v. Chr. Gefunden in Capua. Berlin, Antiquarium. (Aufnahme des Museums.)
114. *Charon und Hermes geleiten die Verstorbene in die Unterwelt.* Ölfläschchen (weißgrundige Lekythos). Um 400 v. Chr. München, Museum antiker Kleinkunst. (Aufnahme des Museums.)

VERZEICHNIS DER ABBILDUNGEN 561

115. *Die Würfelspielerinnen.* (Niobe und Leto beim Astragalenspiel.) Gemälde auf Marmor von dem Athener Alexandros im Hause des M. Caesius Blandus zu Herculaneum, um 80 v. Chr., Nachbildung eines Originals von Zeuxis, dem bedeutendsten griechischen Maler im 5. Jahrhundert v. Chr. — Neapel, Nationalmuseum.
116. *Achilleus tötet Penthesileia.* Schalengemälde im Anschluß an ein Original des großen Malers Polygnotos, um 450 v. Chr. München, Museum antiker Kleinkunst. (Aufnahme des Museums.)
117. *Die Kinder der Leto töten den Tityos.* Gemälde vom Meister der Penthesileiaschale. 5. Jahrhundert v. Chr. München, Museum antiker Kleinkunst. (Aufnahme des Museums.)
118. *Innenbild einer Schale des Töpfers Sosias.* Um 510 v. Chr. (Achilleus verbindet die Wunde des Patroklos.) Berlin, Antiquarium. (Aufnahme des Museums.)
119. *Innenbild einer Schale des Malers Duris.* Nach 480 v. Chr. (Eine Frau bei der Wollbereitung in Gegenwart einer Freundin; die Wollfäden werden über dem Schienbein ausgezogen.) Berlin, Antiquarium. (Aufnahme des Museums.)
120—121. *Innenbilder von Klappspiegeln.* 4. Jahrhundert v. Chr. — (120.) Toiletteszene. New York, Metropolitan Museum. — (121.) Badende Frau, von Pan belauscht. Berlin, Antiquarium. — Versilberte Bronze mit eingravierter Zeichnung. (Aufnahmen der Museen.)
122. *Standspiegel.* Bronze. 1. Hälfte des 5. Jahrhunderts. Berlin. Antiquarium. (Aufnahme des Museums.)
123. *Raub des Ganymedes.* Außenrelief einer Klappspiegelkapsel. 4. Jahrhundert v. Chr. Berlin, Antiquarium. (Aufnahme des Museums.)
124. *Leda und der Schwan.* Marmorrelief, Ende des 4. Jahrhunderts. London, British Museum. (Aufnahme des Museums.)
125. *Odysseus.* Relief auf der Wangenklappe eines Prunkhelms. Bronze mit Silberknöpfen. Aus Megara. 5. Jahrhundert v. Chr. Berlin, Antiquarium. (Aufnahme des Museums.)
126. *Griechische Münzen.* London, British Museum. — a) Elektronmünzen aus dem ionischen Kleinasien, 7. Jahrhundert. — b) Goldmünze des Kroisos, Königs von Lydien, Anfang 6. Jahrhundert. — c) Altpersischer Golddarikus des Cyrus, von internationaler Geltung, 5. Jahrhundert v. Chr. — d) Silbergeld von Aegina. — e) Korinthische Silbermünze mit Athenakopf und Pegasos. — f, g, h) Athenische Dekadrachme, Tetradrachme und Drachme. — i) Obolos. — k) Tetratemorion, der Viertel-Obolos. — l) Athenisches Geld mit dem Kopf des Antiochos, Königs von Syrien. — m) Elektronmünze aus Kyzikos in Mysien, 4. Jahrhundert v. Chr. — n—q) Makedonisches Gold- und Silbergeld aus der Zeit Alexanders des Großen. (Aufnahmen des Museums.)
127. *Münzen der griechischen Blütezeit.* Hamburg, Kunsthalle. — a) Didrachmon aus Thurii, um 420 v. Chr. — b) Didrachmon aus Agrigentum, um 480 v. Chr. — c) Goldmünze (20 Drachmen) aus Syrakus, um 420 v. Chr., vom Münzkünstler Euainetos signiert. — d) Silbermünze aus Syrakus, um 413 v. Chr., vom Münzkünstler Kimon. — e) Tetradrachmon aus Thurii, um 400 v. Chr. — f) Silbermünze aus Amphipolis in Makedonien, um 380 v. Chr. — g) Tetradrachmon aus Rhegium, um 480 v. Chr. (Aufnahmen F. Rompel, Hamburg.)

VERZEICHNIS DER ABBILDUNGEN

128. *Diskoswerfer.* Römische Bronzekopie nach dem verlorenen Original von Myron um 460 v. Chr. München, Museum antiker Kleinkunst. (Aufnahme des Museums.)
129. *Diskoswerfer.* Römische Marmorkopie nach dem Bronzeoriginal von Myron um 460 v. Chr. (Sog. Torso von Castel Porziano.) Rom, Thermenmuseum.
130. *Satyr.* Bronze, aus Pergamon. Um 300 v. Chr. Berlin, Antiquarium. (Aufnahme des Museums.)
131. *Marsyas.* Aus der Gruppe „Athena und Marsyas" von Myron, um 450 v. Chr. Kopie. Rom, Lateran.
132. *Athena.* Aus der Gruppe „Athena und Marsyas" von Myron, um 450 v. Chr. Kopie. Frankfurt a. M., Skulpturensammlung.
133. *Kopf einer Athena.* 5. Jahrhundert v. Chr. Art des Myron und Kresilas. Rom, Museo Barracco. (Aufnahme Alinari, Florenz.)
134. *Athenakopf.* Gute Marmorkopie nach dem Bronzeoriginal der Athena Lemnia des Phidias, um 440 v. Chr. Bologna, Museo Civico. (Aufnahme Alinari, Florenz.)
135. *Kopf der Athena Parthenos.* Von Phidias. Um 438 v. Chr. Gute Marmorkopie nach dem verlorenen Original aus Elfenbein und Gold. Athen, Nationalmuseum. (Aufnahme Dr. F. Stoedtner, Berlin.)
136. *Pferd.* Bronze. Um 470 v. Chr. New York, Metropolitan Museum. (Aufnahme des Museums.)
137. *Kleine Eule.* Aus Athen. Sandstein. (Originalgröße.) Weihgeschenk für Athena. Ende des 6. Jahrhunderts v. Chr. Berlin, Altes Museum. (Aufnahme des Museums.)
138. *Salbgefäß.* Ton, bemalt. (Vergrößert.) Protokorinthisch, Ende des 7. Jahrhunderts v. Chr. Berlin, Antiquarium. (Aufnahme des Museums.)
139. *Tanagrafiguren.* 4. Jahrhundert v. Chr. New York, Metropolitan Museum. (Aufnahme des Museums.)
140. *Schauspieler der Komödie.* Tonfigürchen. Ende des 4. Jahrhunderts. Paris, Louvre. (Aufnahme Alinari, Florenz.)
141. *Tragische Maske.* (Dekorative Nachbildung in Marmor; wahrscheinlich von einer Badeanlage.) Rom, Nationalmuseum.
142. *Tragische Maske.* Marmor. New York, Metropolitan Museum. (Aufnahme des Museums.)
143. *Das Dionysos-Theater in Athen.* Umbau vollendet um 326 v. Chr. (Aufnahme Alinari, Florenz.)
144. *Taten des Dionysos.* Skenenrelief am Dionysos-Theater in Athen. (Aufnahme Alinari, Florenz.)
145. *Das Theater in Epidauros.* Erbaut vom jüngeren Polykletos. 2. Hälfte des 4. Jahrhunderts v. Chr. (Aufnahme Staatliche Lichtbildstelle Berlin.)
146. *Das Heiligtum zu Delphi.* Rekonstruktion. New York, Metropolitan Museum. (Aufnahme des Museums.)
147. *Säulen des Junotempels in Agrigent* (Girgenti). 5. Jahrhundert v. Chr. (Aufnahme Anderson, Rom.)
148. *Säulen des Parthenontempels zu Athen.* Mit Ansicht der Stadt. (Aufnahme Alinari, Florenz.)

VERZEICHNIS DER ABBILDUNGEN 563

149. *Der sog. Poseidontempel in Paestum.* Mitte des 5. Jahrhunderts v. Chr. (Nach einer Photographie um 1890.)
150. *Der Parthenon zu Athen.* (Tempel der Pallas Athene auf dem Burgberg.) Erbaut unter Perikles, 447—438 v. Chr. (Aufnahme Alinari, Florenz.)
151. *Kampf der Kenauren und Lapithen.* Metope von der Südseite des Parthenon. Um 440 v. Chr. London, British Museum. (Aufnahme Braun, Dornach.)
152. *Kampf der Kentauren und Lapithen.* Metope von der Südseite des Parthenon. Um 440 v. Chr. London, British Museum. (Aufnahme Braun, Dornach.)
153. *Sogenannter Theseus* (oder Dionysos). Aus dem Ostgiebel des Parthenon. Kreis des Phidias. Um 435 v. Chr. — Im Hintergrund drei Göttinnen, angeblich Demeter, Persephone und Iris. London, British Museum. (Aufnahme Braun, Dornach.)
154. *Sogenannter Theseus.* Um 435 v. Chr. London, British Museum. (Aufnahme Braun, Dornach.)
155. *Der Flußgott Kephissos.* Aus dem Westgiebel des Parthenon. Kreis des Phidias. Um 435 v. Chr. London, British Museum. (Aufnahme Braun, Dornach.)
156. *Aphrodite und Peitho.* Aus dem Ostgiebel des Parthenon. Kreis des Phidias. Um 435 v. Chr. London, British Museum. (Aufnahme Braun, Dornach.)
157. *Gruppe älterer Männer.* Vom Nordfries des Parthenon. Um 435 v. Chr. Athen, Akropolismuseum. (Aufnahme Alinari, Florenz.)
158. *Athenische Bürger.* Vom Ostfries des Parthenon. Um 435 v. Chr. Paris, Louvre. (Aufnahme Alinari, Florenz.)
159. *Jünglinge mit gefüllten Krügen.* Vom Nordfries des Parthenon. Um 435 v. Chr. Athen, Akropolismuseum. (Aufnahme Alinari, Florenz.)
160. *Jünglinge mit Opferziegen.* Vom Nordfries des Parthenon. Um 435 v. Chr. London, British Museum. (Aufnahme Braun, Dornach.)
161. *Jünglinge mit Opferkühen.* Vom Südfries des Parthenon. Um 435 v. Chr. London, British Museum. (Aufnahme Braun, Dornach.)
162. *Jünglinge mit Opferkühen.* Vom Nordfries des Parthenon. Um 435 v. Chr. Athen, Akropolismuseum. (Aufnahme Alinari, Florenz.)
163. *Reiterzug.* Vom Westfries des Parthenon. Um 435 v. Chr. London, British Museum. (Aufnahme Braun, Dornach.)
164. *Reiterzug.* Vom Westfries des Parthenon. Um 435 v. Chr. London, British Museum. (Aufnahme Braun, Dornach.)
165. *Reiterzug.* Vor Nordfries des Parthenon. Um 435 v. Chr. Athen, Akropolismuseum. (Aufnahme Alinari, Florenz.)
166. *Pferdekopf.* Aus dem Ostgiebel des Parthenon. Kreis des Phidias. Um 435 v. Chr. London, British Museum. (Aufnahme des Museums.)
167. *Jüngling mit Pferd.* Aus dem Westfries des Parthenon. Um 435 v. Chr. Athen, an der ursprünglichen Stelle des Parthenon. (Aufnahme Staatl. Lichtbildstelle, Berlin: Walter Hege.)
168. *Aufbäumendes Pferd.* Aus dem Westfries des Parthenon. Um 435 v. Chr. Athen, an der ursprünglichen Stelle des Parthenon. (Aufnahme Staatl. Lichtbildstelle, Berlin: Walter Hege.)

VERZEICHNIS DER ABBILDUNGEN

169. *Kopf des Festredners.* Vom Westfries des Parthenon. Um 435 v. Chr. Athen, an der ursprünglichen Stelle des Parthenon. (Aufnahme Staatl. Lichtbildstelle, Berlin: Walter Hege.)
170. *Reiter mit breitem Hut.* Vom Westfries des Parthenon. Um 435 v. Chr. Athen, an der ursprünglichen Stelle des Parthenon. (Aufnahme Staatl. Lichtbildstelle, Berlin: Walter Hege.)
171. *Sandalenbindender Krieger.* Vom Westfries des Parthenon. Um 435 v. Chr. Athen, an der ursprünglichen Stelle des Parthenon. (Aufnahme Staatl. Lichtbildstelle, Berlin: Walter Hege.)
172. *Sandalenlösende Nike.* Von der Balustrade des Niketempels auf der Akropolis. Um 409 v. Chr. Athen, Akropolismuseum. (Aufnahme Staatl. Lichtbildstelle, Berlin: Walter Hege.)
173. *Nike des Paionios.* Um 425 v. Chr. Olympia, Museum. — Im Hintergrund Gipsrekonstruktion. (Aufnahme Prof. Treu.)
174. *Gruppe der drei Tänzerinnen.* 2. Hälfte des 5. Jahrhunderts. Art des Kallimachos. Delphi, Museum. (Aufnahme Alinari, Florenz.)
175. *Die Korenhalle des Erechtheions auf der Akropolis von Athen.* Um 420 v. Chr. (Aufnahme Staatl. Lichtbildstelle, Berlin: Walter Hege.)
176. *Kopf einer Kore.* Um 420 v. Chr. Athen, Erechtheion. (Aufnahme Staatl. Lichtbildstelle, Berlin: Walter Hege.)
177. *Verwundete Amazone.* Marmorkopie nach einem Bronze-Original des Polyklet (?), 5. Jahrhundert v. Chr. Berlin, Altes Museum. (Aufnahme des Museums.)
178. *Amazone.* Kopie nach einem Original des Phidias. Trier, Rheinisches Landesmuseum. (Aufnahme des Museums.)
179. *Sinnende Athena am Grenzstein.* Weiherelief. Um 460 v. Chr. Athen, Akropolismuseum. (Aufnahme Alinari, Florenz.)
180. *Mädchen mit Tauben.* Grabrelief aus Paros. Ende des 4. Jahrhunderts. New York, Metropolitan Museum. (Aufnahme des Museums.)
181. *Grabmal der Damasistrata.* (Abschied.) 4. Jahrhundert v. Chr. Athen, Nationalmuseum. (Aufnahme Alinari, Florenz.)
182. *Grabrelief des Arkesilas.* Anfang des 4. Jahrhunderts v. Chr. Dresden, Staatliche Skulpturensammlung. (Aufnahme des Museums.)
183. *Attisches Grabmal.* 4. Jahrhundert. Paris, Louvre. (Aufnahme Alinari, Florenz.)
184. *Frau mit Hund* (Artemis?). Um 420 v. Chr. Schulkreis des Phidias. Berlin, Altes Museum. (Aufnahme des Museums.)
185. *Orpheus, Eurydike und Hermes.* Kopie eines verlorenen Originals aus dem Schulkreis des Phidias. Um 420 v. Chr. Neapel, Nationalmuseum. (Aufnahme Alinari, Florenz.)
186. *Aphrodite.* (Vielleicht Kopie der sog. Venus Genetrix von Alkamenes.) Um 400 v. Chr. Rom, Nationalmuseum.
187. *Jünglingsstatue.* (Sogenannter Omphalosapollon.) Vom Theater zu Athen. Anfang des 6. Jahrhunderts v. Chr. Athen. Nationalmuseum. (Aufnahme Alinari, Florenz.)
188. *Hermes als Seelengeleiter.* Kopie, vermutlich nach Praxiteles. Mitte des 4. Jahrhunderts v. Chr. London, British Museum. (Aufnahme des Museums.)
189. *Hermes des Praxiteles.* Um 340 v. Chr. Olympia, Museum.

VERZEICHNIS DER ABBILDUNGEN

190. *Satyr-Torso.* Gute Kopie nach einem Werk des Praxiteles (?), um 340 v. Chr. Paris, Louvre. (Aufnahme Giraudon, Paris.)
191. *Aphrodite.* Art des Praxiteles. Um 340 v. Chr. Berlin, Altes Museum. (Aufnahme des Museums.)
192. *Die drei Grazien.* (Römische Kopie des 3. Jahrhunderts n. Chr. nach einem verlorenen griechischen Original, das nur aus einem pompeianischen Wandgemälde und aus Gemmenreliefs bekannt ist.) Siena, Dombibliothek.
193. *Badendes Mädchen.* Makedonische Bronze. 2. Hälfte des 5. Jahrhunderts v. Chr. München, Museum antiker Kleinkunst. (Aufnahme des Museums.)
194. *Badendes Mädchen.* Bronze. 2. Hälfte des 5. Jahrhunderts v. Chr. München, Museum antiker Kleinkunst. (Aufnahme des Museums.)
195. *Betender Knabe.* Bronze. Oberfläche von Restauratorenhand gewaltsam überarbeitet. Schule des Lysippos, Ende des 4. Jahrhunderts. Berlin, Antiquarium. Aus dem Besitz Friedrichs des Großen. (Aufnahme des Museums.)
196. *Athlet* (mit Schabeisen). Lebensgroße Bronze aus Ephesos. Kopie, wahrscheinlich nach Euphranor, um 350 v. Chr. Wien, Kunsthistorisches Museum. (Aufnahme Wolfrum, Wien.)
197. *Knabe mit Siegerbinde.* Bronzewiederholung einer Siegerstatue des 5. Jahrhunderts v. Chr. München, Glyptothek. (Aufnahme des Museums.)
198. *Kopf eines siegreichen Athleten.* Vorzügliche römische Kopie nach einem griechischen Werk, vielleicht nach Kresilas. 5. Jahrhundert v. Chr. New York, Metropolitan Museum. (Aufnahme des Museums.)
199. *Kopf eines Athleten.* 2. Hälfte des 4. Jahrhunderts. Delphi, Museum. (Aufnahme Dr. F. Stoedtner, Berlin.)
200. *Kopf eines Jünglings.* Aus einem Relief. Schule des Skopas, um 350 v. Chr. New York, Metropolitan Museum. (Aufnahme des Museums.)
201. *Kopf eines Apollon.* Gute Kopie nach einem verlorenen Werk des Phidias, um 430 v. Chr. Gefunden im Tiber. Rom, Nationalmuseum. (Aufnahme des Museums.)
202. *Schlummernde Erinys.* Hellenistische Kopie nach einem älteren Original. Rom, Thermenmuseum. (Aufnahme Alinari, Florenz.)
203. *Schlummernde Erinys.* Hellenistische Kopie nach einem älteren Original. Rom, Thermenmuseum. (Aufnahme Alinari, Florenz.)
204. *Medusenmaske.* Wahrscheinlich 4. Jahrhundert v. Chr. München, Glyptothek. (Aufnahme des Museums.)
205. *Aphroditekopf.* (Bessere Teilwiederholung der „Venus von Milo"; wahrscheinlich auf einen älteren Aphrodite-Typus zurückgehend.) Pergamenisch, 3. Jahrhundert v. Chr. Berlin, Altes Museum. (Aufnahme des Museums.)
206. *Aphroditekopf.* (Bessere Teilwiederholung der „Capitolinischen Venus".) 4. Jahrhundert v. Chr. München, Glyptothek. (Aufnahme F. Kaufmann, München.)
207. *Mädchenkopf.* Marmor; die aufgesetzte Stuckfrisur verloren. Von einem Nachfolger des Praxiteles. Gefunden in Gise bei Memphis. Dresden, Staatliche Skulpturensammlung. (Aufnahme des Museums.)
208. *Mädchenkopf.* Marmor, lebensgroß, aus Chios. Ende des 4. Jahrhunderts v. Chr. Boston, Museum. (Aufnahme Dr. F. Stoedtner, Berlin.)

209. *Der Dornauszieher.* Bronzekopie. Rom, Capitolinisches Museum. (Aufnahme Anderson, Rom.)
210. *Dornauszieher.* Marmorkopie. Von einem Brunnen. London, British Museum. (Aufnahme des Museums.)
211. *Reiterrelief.* Ende des 4. Jahrhunderts v. Chr. New York, Metropolitan Museum. (Aufnahme des Museums.)
212. *Pferdetorso.* Von der Pyramidenspitze des Grabmals des Königs Maussolos zu Halikarnassos. Um 350 v. Chr. Dem Pythios zugeschrieben. London, British Museum. (Aufnahme des Museums.)
213. *Reitende Amazone.* Gefunden beim Asklepiostempel in Epidauros. Athen, Nationalmuseum. (Aufnahme Alinari, Florenz.)
214. *Aus dem Fries vom Grabmal des Königs Maussolos zu Halikarnassos in Kleinasien.* Amazone. Um 450 v. Chr. London, British Museum. (Aufnahme Braun, Dornach.)
215. *Relief vom Fries des Grabmals des Königs Maussolos zu Halikarnassos.* Kämpfe der Griechen und Amazonen. Kreis des Skopas und Bryaxis. Um 350 v. Chr. London, British Museum. (Aufnahme Braun, Dornach.)
216. *Relief vom Fries des Grabmals des Königs Maussolos zu Halikarnassos.* Kreis des Skopas und Bryaxis. Um 350 v. Chr. London, British Museum. (Aufnahme Braun, Dornach.)
217. *Demeter von Knidos.* Um 350 v. Chr. London, British Museum. (Aufnahme Braun, Dornach.)
218. *Mänade.* Art des Skopas. Dresden, Skulpturensammlung. (Aufnahme des Museums.)
219. *Kopf eines Persers.* Vom Alexandersarkophag. Gegen Ende des 4. Jahrhunderts v. Chr. Konstantinopel, Antikenmuseum. (Aufnahme F. Bruckmann, München.)
220. *Kopf Alexanders des Großen.* Vom Alexandersarkophag. Gegen Ende des 4. Jahrhunderts v. Chr. Konstantinopel, Antikenmuseum. (Aufnahme F. Bruckmann, München.)
221. *Alexander der Große.* Idealbildnis, Anfang des 3. Jahrhunderts. Durch Rudolf Herzog im Asklepion auf der Insel Kos ausgegraben. Konstantinopel, Antikenmuseum. (Aufnahme Dr. F. Stoedtner, Berlin.)
222. *Demosthenes.* Marmorkopie nach dem Bronzeoriginal von Polyeuktos, 280 v. Chr. München, Glyptothek. (Aufnahme des Museums.)
223. *Sokrates.* Idealporträt aus der Zeit Alexanders des Großen. Rom, Villa Albani.
224. *Platon.* 4. Jahrhundert v. Chr. Stockholm, Nationalmuseum. (Aufnahme des Museums.)
225. *Aristoteles.* Kopie. Ende des 4. Jahrhunderts v. Chr. Wien, Kunsthistorisches Museum. (Aufnahme Wolfrum, Wien.)
226. *Epikuros.* Vorzügliche römische Kopie nach einem realistischen griechischen Porträt, das vermutlich zu Lebzeiten des Philosophen gearbeitet wurde. New York, Metropolitan Museum. (Aufnahme des Museums.)
227. *Herodot.* Römische Kopie nach einem griechischen Original des 4. Jahrhunderts v. Chr. Gefunden in Unterägypten. New York, Metropolitan Museum. (Aufnahme des Museums.)
228. *Perikles.* Römische (?) Kopie. Nach einem Original des Kresilas um 440 v. Chr. London, British Museum. (Aufnahme des Museums.)

229. *Homer*. Idealbildnis aus hellenistischer Zeit. London, British Museum. (Aufnahme des Museums.)
230. *Homer*. Idealbildnis aus hellenistischer Zeit. Boston, Museum of Fine Arts. (Aufnahme des Museums.)
231. *Mädchenbildnis*. Ende des 4. Jahrhunderts v. Chr., Richtung des Lysippos. München, Glyptothek. (Aufnahme des Museums.)
232. *Bildnis eines Jünglings*. Vom Heiligtum des Pluton zu Eleusis. Sogenannter Eubuleus (chthonische Gottheit). Angeblich Original des Praxiteles. Um 350 v. Chr. Athen, Nationalmuseum. (Aufnahme des Museums.)
233. *Realistisches Porträt eines Faustkämpfers*. Bronze, gefunden in Olympia. Zeit des Lysippos. Athen, Nationalmuseum. (Aufnahme Alinari, Florenz.)

VERZEICHNIS NACH STANDORTEN

AGRIGENT

Junotempel 147

ATHEN

Akropolismuseum:
Mann mit Stierkalb 38
Parthenonfries 157, 159, 162, 165
Sandalenlösende Nike 172
Sinnende Athena am Grenzstein 179

Dionysostheater:
Gesamtansicht 143
Skenenrelief 144

Erechtheion:
Korenhalle 175, 176

Nationalmuseum:
Vasenfragment aus Tiryns 13
Mykenischer Goldbecher 16
Goldene Totenmaske 19
Goldbecher aus Vaphio 21, 22
Mykenische Goldnadel 23
Boiotische Jünglingsstatue 30
Nike von Delos 36
Reliefs von Statuenbasen: Ballspiel usw. 41—43
Jüngling auf seinem Kriegswagen 44
Kopf eines Aegineten 52
Oberteil einer Mädchenfigur 56
Aussendung des Triptolemos 99
Ballspielender Jüngling mit seinem Sklaven 101

Kopf der Athena Parthenos 133
Grabmal der Damasistrata 181
Omphalos-Apollon 187
Reitende Amazone 213
Bildnis eines Jünglings (Eubuleus) 232
Porträt eines Faustkämpfers 233

Parthenon:
Der Tempel 148, 150
Westfries 167—171

BERLIN

Altes Museum:
Kopf eines bärtigen Mannes 34
Stehende Göttin 37
Thronende Göttin 57, 58
Frauenkopf aus Selinunt 90
Trauernde Magd von einem Grabmal 91
Kleine Eule 137
Verwundete Amazone 177
Frau mit Hund 184
Aphroditetorso 191
Aphroditekopf 205

Antiquarium:
Pan 39
Mädchen aus Sparta 60
Tonkästchen mit Deckel 102
Vase mit Darstellungen aus der Palästra 112—113
Schale des Sosias: Achilleus verbindet die Wunde des Patroklos 118

Schale des Duris: Frauen bei der
  Wollbereitung 119
Innenbild eines Klappspiegels: Ba-
  dende Frau 121
Standspiegel 122
Spiegel mit Relief: Raub des Ga-
  nymedes 123
Wangenklappe eines Helms: Odys-
  seus 125
Satyr 130
Salbgefäß in Entenform 138
Betender Knabe 195

BOLOGNA

Museo Civico:

Kopf der Athena Lemnia 135

BOSTON

Museum of Fine Arts:

Schlangenpriesterin 2, 3
Mädchenkopf 208
Homer 230

CHALKIS

Museum:

Theseus und Antiope 55

DELPHI

Heiligtum des Apollon:

Rekonstruktion 146

Museum:

Tragsäule der Naxier 40
Schatzhaus der Siphnier (oder Kni-
  dier) 50, 51, 62
Wagenlenker 65, 66
Gruppe der drei Tänzerinnen 174
Kopf eines Athleten 199

DRESDEN

Staatliche Skulpturensammlung:

Grabrelief des Arkesilas 182
Mädchenkopf aus Gise 207
Mänade 218

ELEUSIS

Museum:

Demeter und Kore 98

EPIDAUROS

Theater:

Gesamtansicht 145

FLORENZ

Achäologisches Museum:

François-Vase 105, 106

FRANKFURT AM MAIN

Skulpturensammlung:

Athena des Myron 132

HAMBURG

Kunsthalle:

Münzen der griechischen Blütezeit
  127

HERAKLEION

Museum:

Schlangenpriesterin 1
Kretische Gefäße der ersten spät-
  minoischen Epoche 4
Stierkopf 5
Stierspiel 6
Stier 7
Kuh mit säugendem Jungen 8
Bergziege mit zwei Jungen 9
Jüngling mit Rhyton 10
Jüngling in Schwertlilien-Land-
  schaft 11
Wildkatze, einen Fasan belauernd
  12
Frauengestalt mit Elfenbeingefäß
  14
Lampenständer 17
Trinkhorn aus Speckstein 18
Gesichtsvase 20

KASSEL

Hessisches Landesmuseum:

Jüngling mit geflochtenem Haar
  61

VERZEICHNIS NACH STANDORTEN

KONSTANTINOPEL

Antikenmuseum:

Köpfe vom Alexander-Sarkophag 219, 220
Alexander der Große 221

LONDON

British Museum:

Leda und der Schwan 124
Griechische Münzen 126
Metopen vom Parthenon 151, 152
Giebelskulpturen vom Parthenon 153—156
Parthenonfries 160—164
Pferdekopf vom Parthenon 166
Hermes des Praxiteles 188
Dornauszieher 210
Pferdetorso vom Maussoleum 212
Reliefs vom Maussoleum 214—216
Demeter von Knidos 217
Perikles 228
Homer 229

MÜNCHEN

Glyptothek:

Apollon von Tenea 29
Aegineten-Skulpturen 53, 54
Torso eines Knaben 81
Knabe mit Siegerbinde 197
Medusa Rondanini 204
Aphroditekopf (Capitolinische Venus) 206
Demosthenes 222
Mädchenbildnis 231

Museum antiker Kleinkunst:

Mykenische Glaskette 24
Euphronios-Schale: Herakles und Geryoneus 107—108
Weißgrundige Lekythos mit Charon-Szene 114
Schalenbild: Achilleus tötet Penthesileia 116
Schalenbild: Die Kinder der Leto töten den Tityos 117
Diskoswerfer 128
Badendes Mädchen 193, 194

MYKENAI

Burg:

Das Löwentor 28

NEAPEL

Nationalmuseum:

Vasenbild: Palästraszene 111
Marmorgemälde: Die Würfelspielerinnen 115
Orpheus, Eurydike und Hermes 185

NEW YORK

Metropolitan Museum:

Bemalte Trinkschale aus Ton 15
Griechische Goldschmiedearbeiten 25
Mädchen mit Weihgaben 59
Mädchenfigur von der Akropolis 63
Korinthische Keramik 103
Vasenbild: Athenische Mädchen am Brunnen 109
Innenbild eines Klappspiegels: Toilettszene 120
Bronzepferd 136
Tanagrafiguren 139
Tragische Maske 142
Mädchen mit Tauben 180
Kopf eines siegreichen Athleten 198
Kopf eines Jünglings 200
Reiterrelief 211
Epikur 226
Herodot 227

OLYMPIA

Museum:

Skulpturen vom Zeustempel 67—89
Nike des Paionios 173
Hermes des Praxiteles 189

PAESTUM

Poseidontempel:

Gesamtansicht 149

VERZEICHNIS NACH STANDORTEN

PALERMO

Museum:

Metopen vom mittleren Burgtempel zu Selinunt 48, 49
Metopen vom Heratempel zu Selinunt 96, 97

PARIS

Louvre:

Insel-Idole und Keramik 26
Bauer beim Pflügen. — Krieger mit Wagenlenker auf seinem Zweigespann 27
Jünglingsstatue 31
Torso einer Kolossalstatue 32
Friesreliefs vom Tempel zu Assos 45—46
Apollon Piombino 64
Vase: Mädchen am Brunnen 110
Schauspieler der Komödie 140
Parthenonfries 158
Attisches Grabmal 183
Satyrtorso 190

ROM

Capitolinisches Museum:

Der Dornauszieher 209

Lateranmuseum:

Marsyas des Myron 131

Museo Barracco:

Marmormaske 33
Kopf einer Athena 134

Nationalmuseum:

Tochter der Niobe 92
Ludovisische Thronlehne 93—95
Diskoswerfer 129
Tragische Maske 141
Aphrodite 186
Kopf eines Apollon 201
Schlummernde Erinys 202, 203

Vaticanmuseum:

Ephebe mit seinem Sklaven 100

Villa Albani:

Sokrates 223

SIENA

Dombibliothek:

Die drei Grazien 192

STOCKHOLM

Nationalmuseum:

Platon 224

SYRAKUS

Nationalmuseum:

Kopf einer Göttin 35
Korinthische Weinkanne 104

TRIER

Rheinisches Landesmuseum:

Amazone 178

WIEN

Kunsthistorisches Museum:

Friesrelief vom Heroon in Gjölbaschi-Trysa in Lykien 47
Athlet 196
Aristoteles 225

INHALTSVERZEICHNIS

VORWORT 9
EINLEITUNG: Sinn und Wesen der hellenischen Kultur 11
FRÜHESTE SPUREN 19
   Kreta 19
   Die mykenische Kultur 24
   Die frühhellenische Epoche 30
DIE WELT HOMERS 43
DIE ERSTEN GESCHICHTLICHEN JAHRHUNDERTE 63
   Allgemeines 63
   Staat und äußeres Leben 78
   Religion 91
   Kunst: Architektur 97
      Bildhauerkunst 103
      Malerei 107
      Die Musik 110
   Poesie 111
   Wissenschaft und Philosophie 121
FÜNFTES UND VIERTES JAHRHUNDERT 133
   Geschichtlicher Überblick / Staatsentfaltung / Äußeres Leben . . . 133
   Religion, Philosophie und Wissenschaft 180
      Religion 183
      Philosophie 188
      Wissenschaft 207
   Kunst 222
      Allgemeines 223
      Architektur 223
      Malerei 241
      Skulptur 247
   Die Dichtung 271
BIBLIOGRAPHIE 315
REGISTER 337
DIE KUNST DER GRIECHEN: BILDERTEIL 343
   Bilderfolge 345
   Verzeichnis der Abbildungen 553
   Verzeichnis nach Standarten 569